U0032679

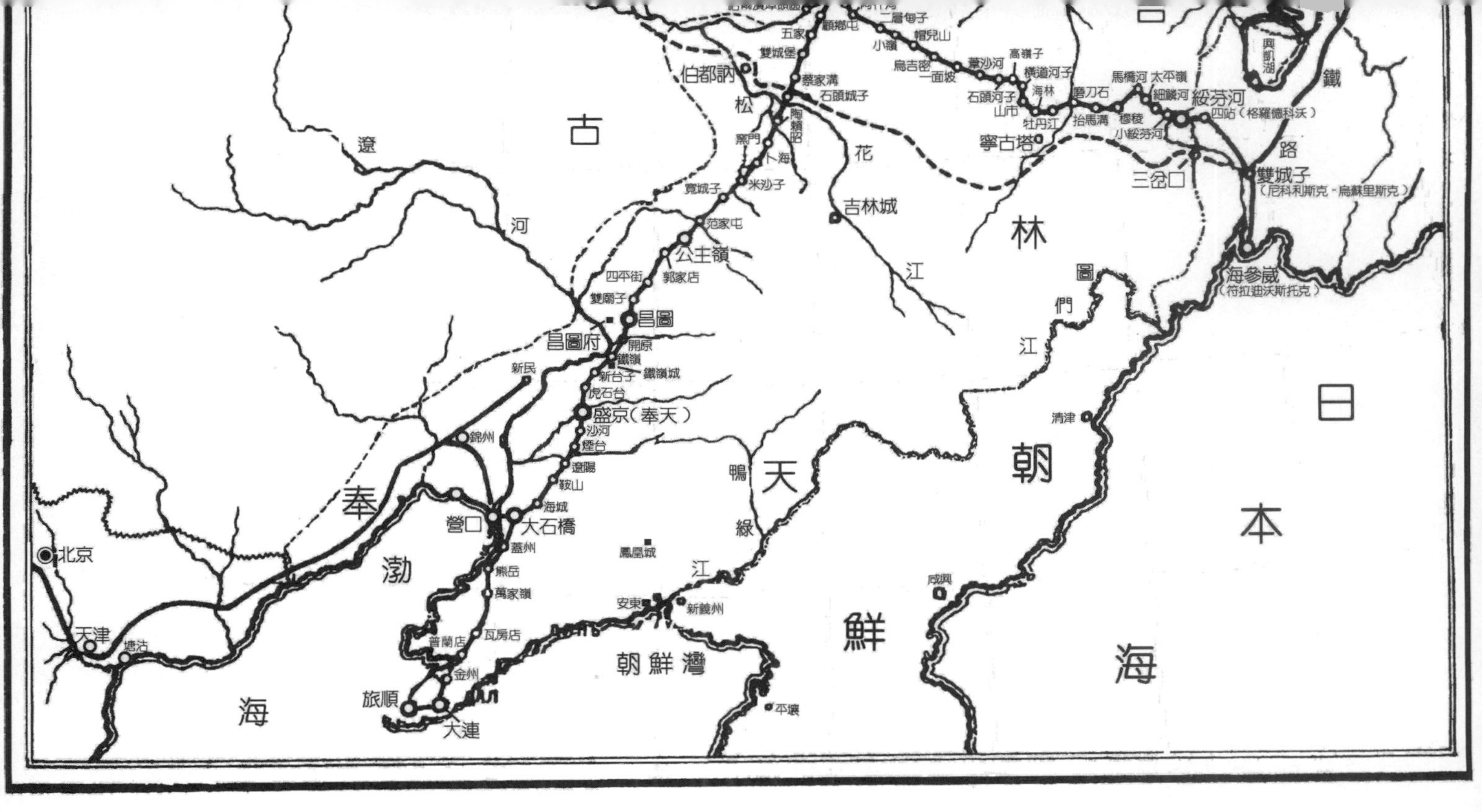

說明：1903 年時俄國遠東地區鐵路，除烏蘇里鐵路、外貝加爾鐵路外，由於取得中東鐵路修築權後，沿石勒喀河的鐵路僅修抵斯列堅斯克，轉而以中東鐵路替代沿黑龍江修築的阿穆爾線。

附圖一：1903 年中東鐵路走勢圖

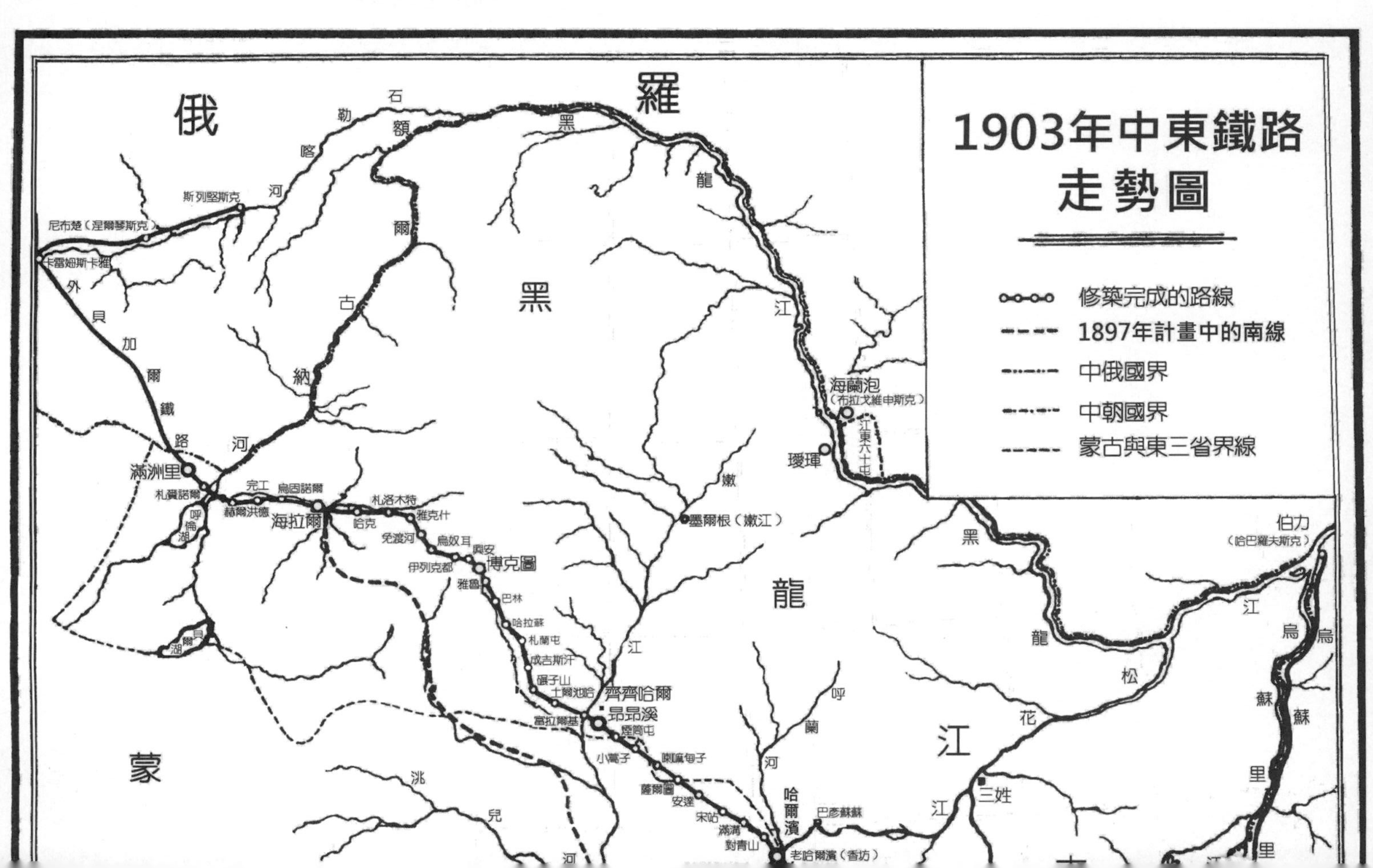

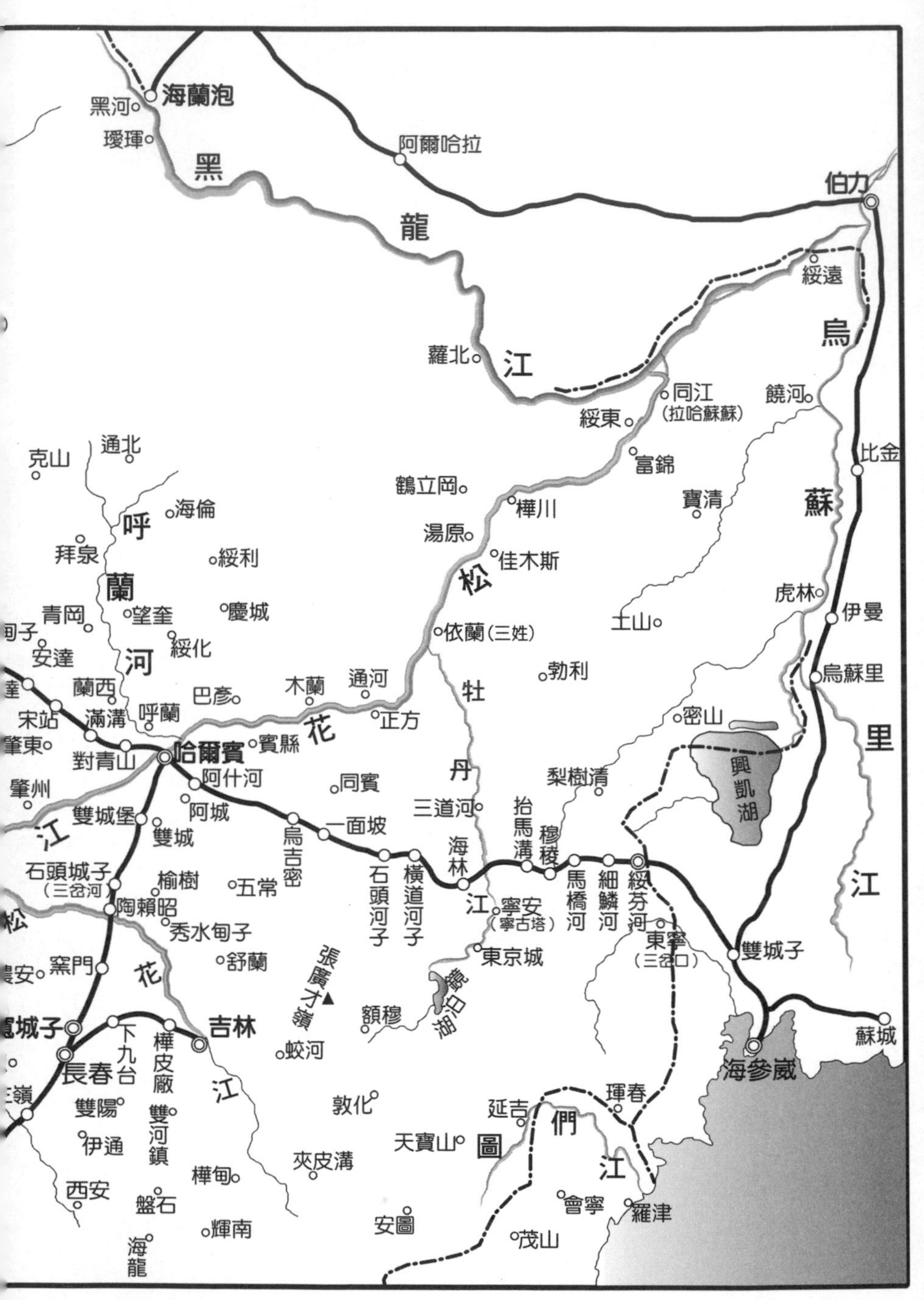

究年限，將年代設定在 1917 年。在此之前，北滿地區除中東鐵路之外，僅有齊昂

，全長 29 公里。後者於 1912 年建成，全長 127 公里。

附圖二：1917 年中東鐵路周邊城鎮示意圖

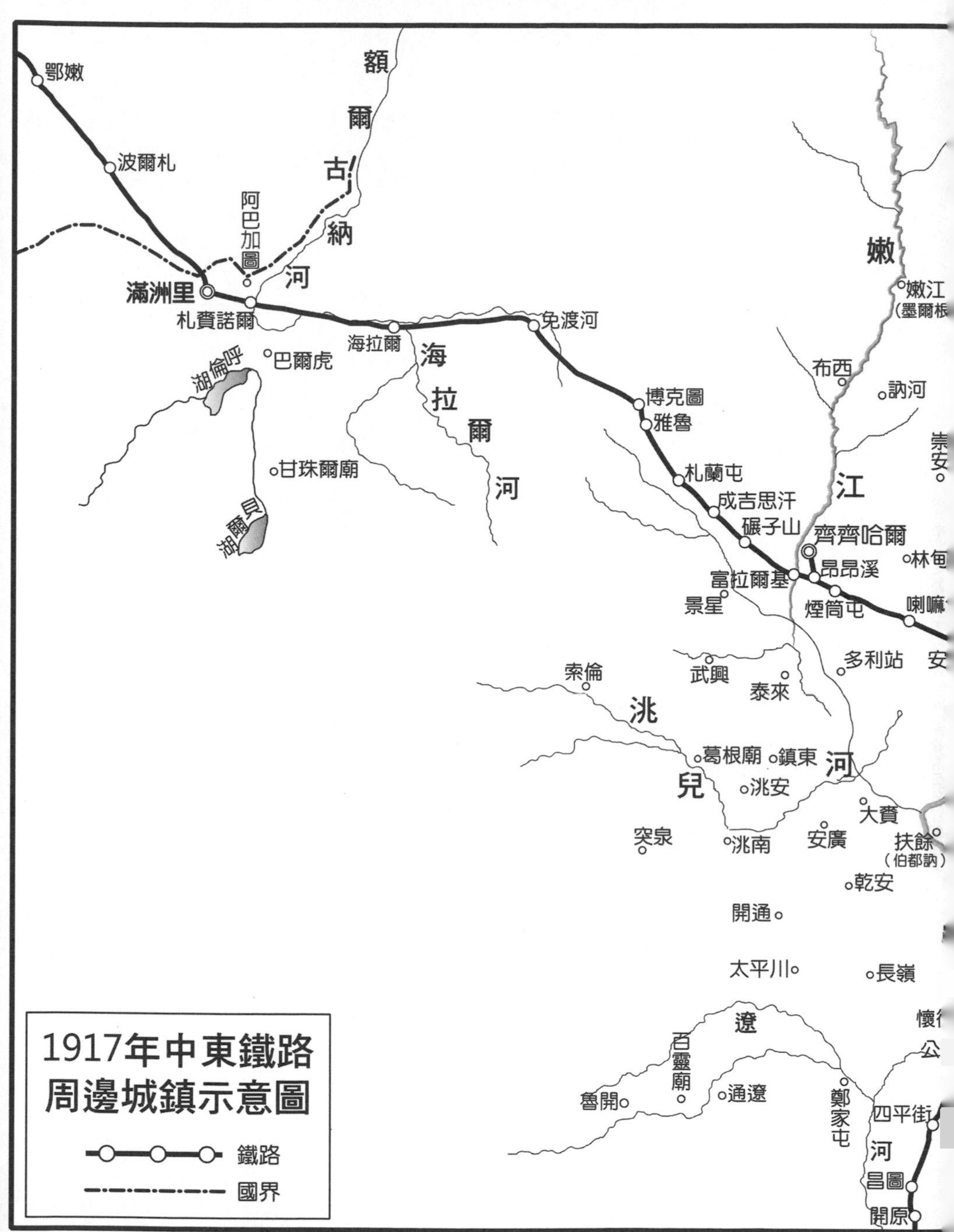

說明：1905 年 8 月日俄戰爭結束後，中東鐵路支線僅餘寬城子至哈爾濱，配合本書的研
鐵路和吉長鐵路。前者完成於 1909 年，最初與中東鐵路並未連接，1914 年才接通

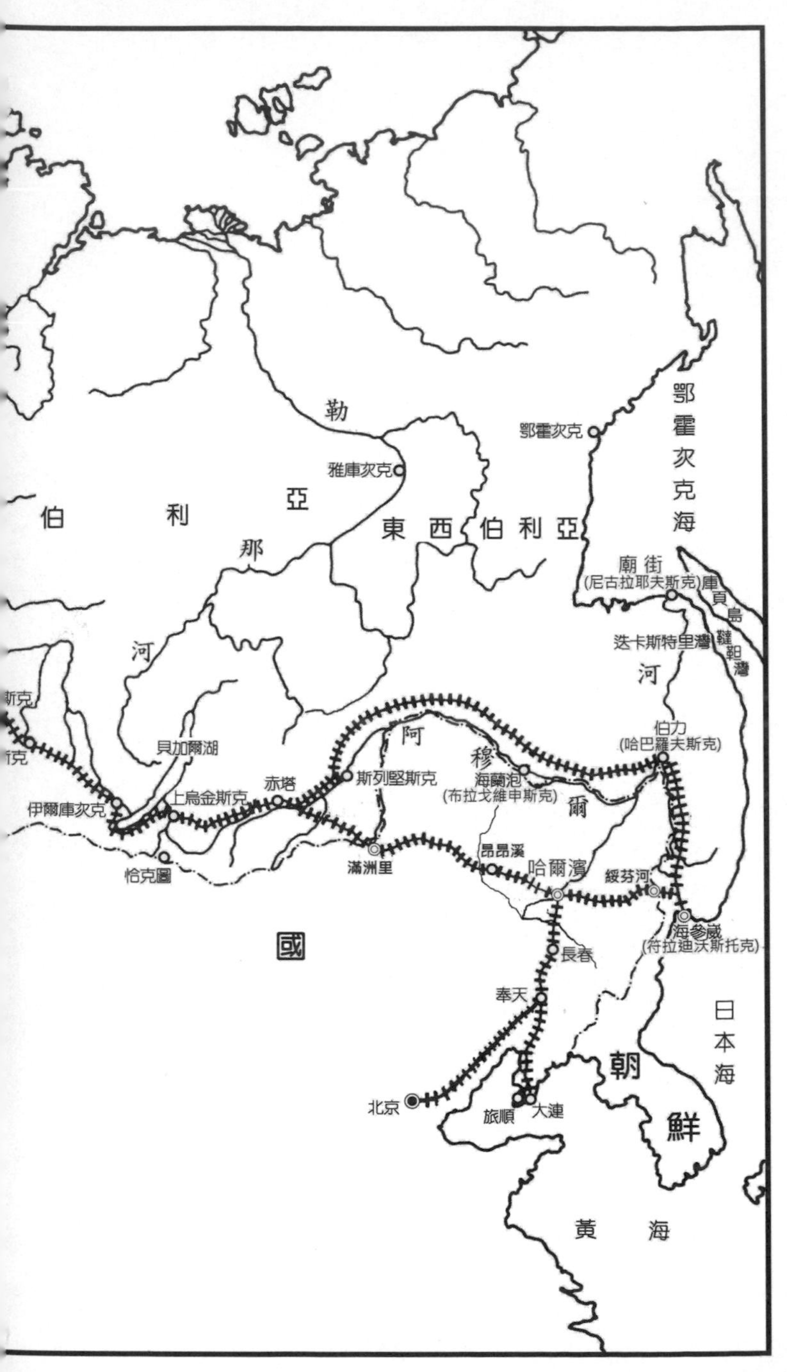

年開始動工修建，歷時八年，於 1916 年完成，至此大西伯利亞鐵路

附圖三：1916 年西伯利亞鐵路走勢圖

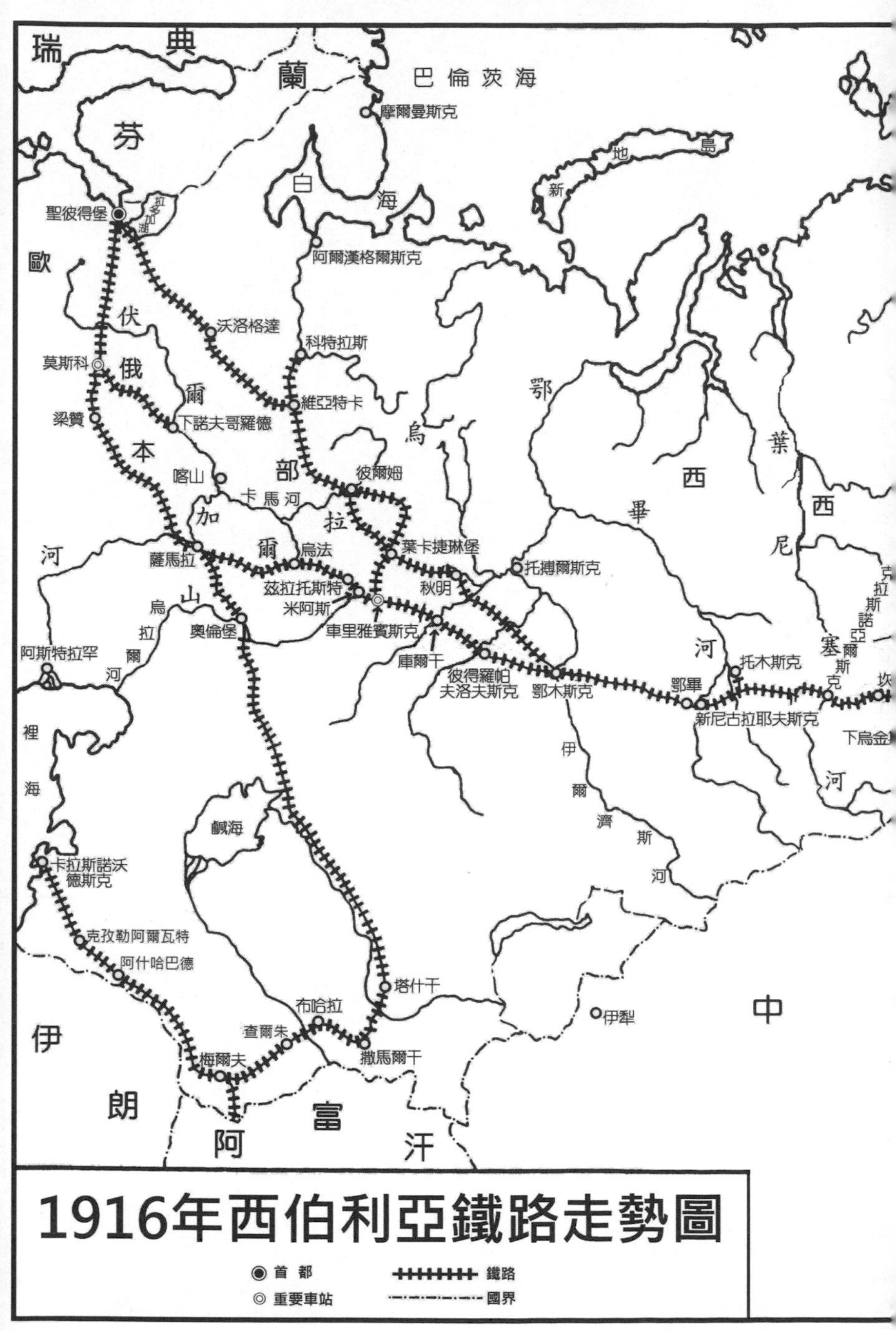

說明：阿穆爾鐵路係在日俄戰爭結束後，俄國政府才開始計畫興修，於 1908

才宣告全部完成。

中東鐵路的修築與經營

(1896-1917)

俄國在華勢力的發展

譚桂戀◎著

目次

地圖目錄

統計表目次

圖片目次

凡　例

一、俄國人名及地名的中文譯音，清末民初譯法多與俄文原音差距頗大，除已有既定譯名外，屬於 1917 年以前的人名，本書一律沿用《沙俄侵華史》第 4 卷（中國社會科學院近代史研究所編，北京：人民出版社，1990）的譯名，其餘均採用中文版《蘇聯百科詞典》（中國大百科全書出版社譯本，1986）譯名，無譯名者則根據其譯音擷取適當詞彙。而內文的俄國人名和地名則採用美國國會圖書館的羅馬拼音法，另於書後列英、俄、中等三種文字參照。

二、內文論及的營運統計數字等度量衡單位，因資料來源不同而出現中制、俄制、公制、英制的差異，文中如須參照對比才換算成公制，其餘見下表對照。

各類度量衡對照表

分項	長　度		體　積	面　積	重　量
俄制	1 俄里	1 俄丈	1 立方俄丈	1 俄畝	1 普特
公制	1.066 公里	2.134 公尺	9.713 立方公尺	10,924 平方公尺	16.38 公斤（1 公噸＝62 普特）
華制	1.851 里	6.668 尺	291.407 立方尺	1.482 垧（1 垧＝12 畝＝0.648 俄畝）	0.271 擔
英制	0.662 哩（1 哩＝1.6 公里）	7 呎	343 立方碼	2.7 英畝	0.01612 英噸

資料來源：據南滿洲鐵道株式會社庶務部調查課譯，《北滿洲と東支鐵

道》（大連：南滿洲道株式會社，1923），上卷，「凡例」附表改製，頁 1-2。

說　　明：1 垧＝12 畝＝0.648 俄畝據交通鐵道部交通史編纂委員會編，《交通史路政編》，第 17 冊（上海：編者印行，1930），頁 276 附表。

緒　論

追溯中國早期鐵路的修築與經營，莫不與西方列強有密切的關係。19 世紀末葉，甲午戰爭結束後，是列強爭取在華鐵路利權最為積極的時期。而其投資鐵路修築利權方式有二種，即直接投資與間接投資。直接投資分外資築路，以及清廷或華商與外國公司、銀行合資築路；間接投資分借款代築和借款自辦[1]。其實，無論是直接或間接投資，中國政府均無主動權，完全聽憑列強的需索，其中損失權益最大者，莫過於外資築路。所謂外資築路，從字義上看，是由外國出資修築鐵路，實際上，鐵路的經營權亦在外國公司手中，而且在完工通車營運之後，鐵路沿線利權亦隨之喪失，在鐵路附屬地內構築成另一種形式的租界——「鐵路租界」，雖無租界之名，卻有租界之實。

19 世紀末，外資修築、經營的中國鐵路，計有四條：中東鐵路、南滿鐵路、膠濟鐵路、滇越鐵路，四路中以俄國承修經營的中東鐵路路線最長，行經地區最廣，所涉及問題也最為廣泛複雜。回顧中東鐵路早期發展史，可以說是沙皇時代俄國在中國東北擴張的縮影，它為俄國在北滿建立了龐大的「鐵路租界」與殖民地。與此同時，列強在中國東北勢力的角逐由此展開，先有日俄之間的對立，1905 年日俄戰爭結束後，復有美、英兩國的加入，演成「滿洲問題」的出現。有謂「滿洲問題」是遠東各勢力衝突的本源，鐵路是此一衝突的核心，中東鐵路則是衝突核心之根本。換言之，環繞於中東鐵路而產生的國際問題，是遠東和平

1　楊公素，《晚清外交史》（北京：北京大學出版社，1991），頁 345。

安全之所繫[2]。這一特質在 1920 年代至 1930 年代期間，尤為明顯，如 1929 年中俄的武力衝突，以及 1933 年日俄的緊張關係[3]，都是導因於中東鐵路。

如上所述，無論就中俄關係史，或近代中國東北國際關係史而言，中東鐵路均是一重要課題。尤其就中俄關係史論之，其意義更是重大。從 19 世紀中葉以來，中俄再度頻繁接觸，俄國以蠶食鯨吞的手法，逐漸囊括中國北疆領土。甲午戰爭結束後，透過「借地修路」的方式，取得中東鐵路的修築經營權，無異是對華擴張政策的一大轉變。換言之，當英、法、德等國在 1880 年代，開始向中國爭取鐵路修築權益時，俄國也不甘落於他國之後，以捷足先登的方式，獲取中東鐵路的修築經營權，成為晚清以來經費與規模最為龐大的鐵路投資。根據 1896-1906 年間的統計，中東鐵路投資金額為 32,940 萬元（國幣），占列強直接投資在華鐵路投資額的 83.6%；鐵路里程以 1904 年計算有 2,544 公里，占列強直接投資里程的 78.9%[4]。當時俄國工商業發展情況

---

2 Tao-shing Chang（張道行）, *International Controversies over the Chinese Eastern Railway*（Shanghai: The Commercial Press, Ltd., 1936）, p. v.

3 1931 年九一八事變日本占領東北後，中東鐵路受此變故影響，營運開始轉趨困難。1932 年起，營運情況益差，營業收入甚至無法支付薪水。1933 年 8 月，滿鐵株式會社所興建的敦圖鐵路（即吉會鐵路）即將完工通車，屆時必會對中東鐵路營運造成更嚴重的影響。有鑑於此，蘇聯政府於同年 4 月起，即陸續將該路各種車輛，約計 3,400 多輛，撤至西伯利亞，因而引起日方不滿，遂將滿洲里封鎖，外貝加爾、烏蘇里兩路的聯絡運輸因之中斷。5 月 11 日，蘇聯對外宣布願將中東鐵路售予日本。5 月 23 日，日本內閣會議做成決議，由「滿洲國」出資購買中東鐵路。日俄雙方歷經一年半交涉，於 1935 年 3 月在東京簽約，以 1.4 億日圓成交。

4 1906 年以前列強直接投資中國鐵路，計有俄、德、法等三國，德、法兩國的投資金額、里程及所占比重，前者為 2,530 萬元（國幣）、占 6.4%及 433

遠不如西方各國，且其國內鐵路的修建方興未艾，卻要做如此鉅額的投資，其目的何在？日後的經營成效如何？再者，中東鐵路的經營，於俄國在華政治、經濟、軍事力量的發展，究竟有何影響？凡此均是值得探討研究的問題。

歷年來學者有關中東鐵路的研究專書，為數不少，惟其研究方向多側重在政治外交層面，不外乎中東鐵路的興築背景及利權取得經過、十月革命後利權收回及中蘇共管交涉、中東路事件等課題[5]。吳文銜、張秀蘭合著《霍爾瓦特與中東鐵路》，以及薛銜天寫的《中東鐵路護路軍與東北邊疆政局》二書，是少數針對中東鐵路個別專題進行研究的專書[6]。至於郭俊勝主編《中東路與中東路事件》、馬蔚雲《中東鐵路與黑龍江文化》[7]、麻田雅文

公里、占 13.5%；後者 3,920 萬元、占 10%及 246 公里、占 7.6%。日本的南滿鐵路，原是日俄戰爭結束後取自於俄國之手（中東鐵路長春至大連路段），改軌工程於 1907 年才完成，故其投資金額此處未予計入（參見宓汝成，《帝國主義與中國鐵路》，上海：人民出版社，1980，頁 279 表 7-2，282 表 7-4）。

5 上世紀有關中東鐵路研究概況，詳見拙著，〈關於中東鐵路研究評述〉，《近代中國研究通訊》，第 21 期，1996 年 3 月。

6 吳文銜、張秀蘭合著《霍爾瓦特與中東鐵路》（長春：吉林文史出版社，1993）一書，詳述霍爾瓦特以中東鐵路為基地，執行俄國在北滿的擴張政策，以及十月革命後進行的反革命活動；薛銜天寫的《中東鐵路護路軍與東北邊疆政局》（北京：社會科學文獻出版社，1993）一書則詳述中東鐵路護路軍發展史，至 1924 年〈中俄北京協定〉、〈奉俄協定〉簽署為止。

7 郭俊勝主編《中東路與中東路事件》，係張學良研究中心系列叢書之一，共收錄 33 篇專文，主要聚焦在中東路事件發生背景、經過及影響。馬蔚雲《中東鐵路與黑龍江文化》（哈爾濱：黑龍江大學出版社，2010）一書，原是黑龍江與俄羅斯文化關係叢書之一，為中東鐵路沿革史的探討，從中東鐵路修築至歸還中國為止，研究範疇不脫政治外交層面，與黑龍江文化發展關係似難連結。

《中東鉄道経営史——ロシアと満洲（1896-1935）》等書，是近年來新出版的專著。而中東鐵路作為晚清以來俄國在華最大投資，象徵俄國以資本主義的手法，擴張其在華經濟勢力，其經營手法是否成功？成效是否卓著？均是極其重要的課題。令人遺憾的是，關於這些課題的研究，僅見於麻田雅文的著作，未見其他的專書研究。該書分別就鐵路人事、客貨運輸、海港與鐵路國際聯運，以及鐵路附屬地、林礦資源、護路軍等問題，探討中東鐵路的經營。實際上，中東鐵路的經營，由於時局的變化，主導權數變，因而影響及於其營運發展。在 1935 年之前，可細分成三個階段：1917 年以前，是俄國獨力經營時代，此為第一階段；十月革命之後，直到 1924 年〈中俄北京協定〉、〈奉俄協定〉簽訂結束混亂局面，開始進入中俄共管時代，是為第二階段；1931 年九一八事變後，至 1935 年出售日本南滿鐵道株式會社為止，是第三階段。綜觀麻田氏的研究，以俄國為中心，探討中東鐵路的經營發展，有其意義；然未清晰呈現各個階段因經營權的變化，對中東鐵路的營運發展所造成的影響。

基於上述因素，本書擬就前人研究基礎，參考中外史料及相關論著，期以宏觀的角度，全盤探討沙皇時代的中東鐵路發展史，以了解清末民初之際，俄國如何利用中東鐵路的修築與經營，擴大在中國的勢力。全書計分三篇，共九章，第一篇：中東鐵路的興築，敘述西伯利亞鐵路的修築與俄國向中國「借地修路」的關係，說明中東鐵路興築由來，以及第一條橫貫中國東北的鐵路，是如何修建完成。第二篇：中東鐵路的營運，分就鐵路本身的客貨運營業，及附屬事業的經營，分析其營運概況，並檢討其營運績效，說明其營運績效是否良好卓著。第三篇：中東鐵路的利權，分從政治、軍事、經濟及其他利權等項，敘述中東鐵路公司利用鐵路合同的規定，以合法、非法兼而有之的方式，取得並擴充中東鐵路地帶的各項利權之緣由。這三篇主題的研究宗旨與目的，見如下說明。

第一篇，有關中東鐵路興築源起，大陸學者已有相當的研究[8]，惟在俄國向中國「借地修路」政策的形成，以及中俄交涉原委，部分敘述或立論不脫馬列主義史觀的意識型態，以帝國主義侵華觀點詮釋中俄關係史。因此，關於此項問題的探討，本篇擬根據中外史料及相關論著，針對上項缺憾，盡可能完整而客觀的論述其間原委。

第二篇中東鐵路的營運。本篇的研究，如前所述，除麻田雅文外，少見學者針對中東鐵路的商業營運進行探討。本書有別於前書，聚焦於俄國獨力經營時代，研究目的在了解俄國在華經營鐵路的能力與成效。須知，從甲午戰爭結束後，俄國對華政策在財政大臣維特（Sergei Iu. Witte, 1849-1915）的規劃下，借助法國金融資本的支持，利用華俄道勝銀行（Russo-Chinese Bank）在華的金融活動，以及中東鐵路的修築經營，並以軍事武力為後盾，將俄國在華勢力推向前所未有的高峰，此有別於傳統的侵華手法，通稱為「銀行」、「鐵道」政策。中東鐵路既是該項政策

8　有關中東鐵路興築源起及各項利權的取得，大陸學者的研究，專著及文章計有：（1）李濟棠，《沙俄侵華的工具——中東鐵路》（哈爾濱：黑龍江人民出版社，1979）；（2）哈爾濱鐵路分局及中國社會科學院歷史研究所史地組合編，《中俄密約與中東鐵路》（北京：中華書局，1979）；（3）葛鳳花，〈沙俄與中東鐵路〉，《河北師範大學學報》，1981 年第 4 期；（4）吳文銜、張秀蘭，《霍爾瓦特與中東鐵路》（長春：吉林文史出版社，1993）等。另外，中俄關係史專書亦有論及者，如佟冬主編，《沙俄與東北》（長春：吉林文史出版社，1985）、中國社會科學院近代史研究所編，《沙俄侵華史》，第 4 卷（北京：人民出版社，1990）等均是。

的核心，在 1903 年通車營運後，其經營管理及財務收支狀況之良窳，不僅意味著其發展之榮枯，更顯示俄國在華經營鐵路的能力。同時，也象徵「銀行」、「鐵道」政策的實施，其所獲得的經濟利益，是否多於投資？是否如維特所預期的，俄國將成為列強在華經濟勢力最大者？凡此均希望透過中東鐵路的營運分析，獲得一初步的理解，嘗試提出一些新觀點。

第三篇中東鐵路各項利權方面，此為俄國向中國「借地修路」最重要的目的，也是中東鐵路所肩負的最大使命。從入境中國東北築路伊始，鐵路人員即已獲得俄國政府指示，展開各項利權的爭取，以至於鐵路完工通車營運之後，持續不斷侵權、擴權，終至完成俄國政府交付使命，在中東鐵路地帶建立所謂的「黃俄羅斯」（“Yellow Russia”）[9]。本篇在前人研究基礎上，分就司法、警察、行政、駐軍、煤礦、地畝、伐木、關稅、租稅、電信、郵政、教育等等利權，徵引中外各相關檔案、史料，盡可能詳述各項利權的取得原委，及其所造成的中俄糾紛與影響，最後概述利權收回經過，彌補前人研究不足之處。

本書對中東鐵路的研究，以沙皇時代俄國獨力經營時期為限。在相關資料方面，台灣各圖書館及研究單位的收藏不多。以

9　「黃俄羅斯」一詞最早提出者是俄國滿洲問題專家列維多夫（I. S. Levtov）。1900 年夏，義和團事變期間，俄國乘機出兵中國東北，此後俄國在滿洲勢力達於巔峰，俄國民間遂出現在滿洲建立「黃俄羅斯」的言論。1901 年，列維多夫發表了《黃俄羅斯報告》（*Желтая Россия, Доклад*）。另見哈爾濱當代俄國著作曾提及，《新時報》（*Новое время*）也出現類似的言論，宣稱：「把新領地命名為黃俄羅斯，是很恰當的。」（Н. Штейнфельд, *Русское дело в Маньчжурии, с XVII века о наших дней,* Харбин: Русско-Китайско-Монгольская тип. газ. „Юань-дун-бао“, 1910, с. 38.）俄國官方雖未引用這一詞彙，惟就其性質而言，與殖民地並無不同。

第一手史料而言，僅有中央研究院近代史研究所檔案館的外交檔藏有《中東鐵路》檔，不過該館收藏，除路界內自治會問題外，以 1917 年至 1925 年為主，性質係屬中俄交涉範圍，若論及中東鐵路營運發展，僅該所圖書館藏有中東鐵路管理局出版的《北滿與東省鐵路》（1927）微縮本，其他有關的史料及調查報告，均付諸闕如。所幸美國哥倫比亞大學、史丹佛大學胡佛研究所，以及國會圖書館等處有相當的收藏，彌補了在台灣研究中東鐵路資料不足之缺憾。最值得一提的是，胡佛研究所檔案館所收藏的 *Исторический обзор Китайской Восточной железной дороги, 1896-1923 г.г.*（《中東鐵路沿革史》，第二冊）打字稿，以及沙皇時代唯一的中東鐵路局長霍爾瓦特（Dmitrii L. Khorvat, 1895-1937）回憶錄，最為珍貴。前書原是 1923 年為紀念中東鐵路二十五週年（自 1898 年動工興建算起），由尼魯斯（E. Kh. Nilus）主編而成，原計畫分二冊出版，然第一冊於 1923 年出版後，不知何故，第二冊未能編輯成冊出版，僅見三部分打字稿，珍藏於胡佛研究所檔案館。此文稿的重要性，乃在於鐵路的營運狀況（各種貨物的運輸統計）、地畝的取得與經營情形、稽察制度的運作概況等問題的介紹，以及各種文件的附錄，如 1909 年秋財政大臣科科弗曹夫（Vladimir N. Kokovtsov, 1853-1943）視察中東鐵路後，對該路員工的談話稿、哈爾濱交易會上書財政大臣的報告、中東鐵路利權文件等等。本書第二篇的撰寫，借助該文稿之處頗多。而霍爾瓦特的回憶錄文稿，係其秘書克雷姆（Klem）根據其生前的口述完成，共分十五章，計 372 頁。內容以 1917 年十月革命後，霍爾瓦特與布爾什維克（Bolshevik）的周旋，及其在路界內建立「全俄臨時政府」，並和遠東地區白俄政府的聯絡等活動為主，關於鐵路的經營管理，著墨較少，於本書的寫作幫助有限，殊為可惜。

本書撰寫過程中，最感困擾的是中東鐵路的營運一篇。首先是營運概況分析方面，在營業運輸（貨運）、財務收支等統計，當代資料關於 1917 年以前部分，包括中東鐵路管理局本身的出版品[10]，日人及南滿鐵路當局的著作和調查報告，既非十分完整，各書之間也有部分出入。其次，附屬事業的經營與營運績效檢討等問題方面，前者因屬於附帶或輔助性質的事業，營業報告多未另行列表統計；後者則因聖彼得堡總公司及長期給予赤字貼補的俄國財政部，均無任何營運績效的調查檢討。因此，若欲將附屬事業經營情形作較為完整的說明，並深入檢討中東鐵路整體的營運績效，客觀上確有其困難。

關於上述困擾，在營運統計上，只得憑藉個人的史學訓練與研究經驗，作一適當的選擇引用。原則上，以中東鐵路管理局出版品為主。在貨運量上，首先，各年的統計，1903-1907 年間以《東省鐵路概論》（1928）為準，1908-1917 年以《北滿與東省鐵路》（1927）為準；其次，分析各種貨物的運輸狀況時，凡前二書所欠缺者，則視 *Исторический обзор Китайской Восточной*

10 中東鐵路經濟調查局陸續於 1928 年、1930 年、1931 年編定這三年統計年鑑（Экономическое Бюро Кит. Вост. жел., дор., *Статистический ежегодник на 1928, 1930, 1931*, Харбин: Типография Китайской Восточной железной дороги, 1928, 1930, 1932），詳載營運統計報告，遺憾的是，其年限係自 1924 年起，缺乏 1917 年以前的統計，南滿鐵路哈爾濱營業所曾將這三份年鑑譯印出版（南滿洲鐵道株式會社哈爾濱事務所編譯，《東支鐵道年報》（1929 年版）（1930 年版）（1932 年版），哈爾濱：南滿洲鐵道株式會社哈爾濱事務所，1929 年；1930 年；1932 年）。而在此之前，該事務所也曾編印《東支鐵道貨物運輸統計》一書，然亦僅止 1924 年度而已（1926 年出版）。

железной дороги, 1896-1923 г.г.（第二冊）；*Северная Маньчжурия и Китайская Восточная железная дорога*（《北滿與東省鐵路》）；*North Manchuria and Chinese Eastern Railway* 等書[11]，以及相關日文資料翔實與否，分別擷取引用。營業收支及財務狀況的統計上，除 1903 年以《北滿與東省鐵路》（1927）為準外，其餘各年均以《東省鐵路概論》為準；個別營業收支，包括附屬事業，處理情形亦如貨運統計。在營運績效檢討方面，主要取材於Головачев, *Россия на Дальнем Востоке*（《俄國在遠東》）；С.-Харбинский, *Что такое КВЖД и куда идут его миллионы?*（《中東鐵路及數百萬盧布是如何花用的？》）；Мартынов, *Работа наших железнодорожных дельцов в Маньчжурии*（《俄國鐵路實業家在滿洲的活動》）[12]以及 *Исторический обзор Китайской Восточной железной дороги, 1896-1923 г. г.*（第二冊）。前三書均是對中東鐵路營運績效發生質疑，列舉各項事例，指陳其弊病所在；後書則有「稽察制度」篇章及 1909 年秋科科弗曹夫的視察報告，可了解其營運管理上的部分問題。當然，僅憑這些資料，要深入檢討中東鐵路本身的營運績效不彰原因，實在是力有未

---

11 Экономическое Бюро Китайской Восточной железной дороги, *Северная Маньчжурия и Китайская Восточная железная дорога*（Харбин: Типография Китайской Восточной железной дороги ,1922）; The Economic Bureau of the Chinese Eastern Railway ed., *North Manchuria and Chinese Eastern Railway*（Harbin: The CER Printing Office, 1924）.

12 П. Головачев, *Россия на Дальнем Востоке* С.- Петербург: Издание Е. Д. Кусковой,1904; С.- Харбинский, *Что такое КВЖД и куда идут его миллионы?*（С.-Петербург, 1908）; Е. И. Мартынов, *Работа наших железнодорожных дельцов в Маньчжурии*（Москва:Типогафия П. П. Рябушинкаго, 1914）.

逮，目前只能作一概略分析，日後若有新資料發現，再行增添補述。

此外，有關中東鐵路名稱的由來與變遷，在此亦有必要作一說明。中東鐵路的命名和當時大多數鐵路不同，即非以鐵路的起訖點命名，且因受時局影響，經營管理權幾經變革，名稱出現多次的變易，清季時稱「東清鐵路」，俄文名稱為“Китайской Восточной железной дороги”，譯為「中國東省鐵路」，簡稱「東省鐵路」，鐵路當局沿用此一簡稱至中國東北淪陷，蘇聯片面將之售予日本為止。不過，民國成立以後，通常稱之為「中東鐵路」，其涵義據學者李濟棠說法，是指該路「位於中國東北三省境內而言」[13]。1935 年 3 月，日、蘇兩國買賣中東鐵路議妥成交，「滿洲國」將之更名為北滿鐵路，以與南滿鐵路並稱為「滿洲國」二大幹線。中國抗戰勝利後，日本勢力退出東北，南、北滿二路合併，稱中國長春鐵路，簡稱中長鐵路。1952 年 12 月 31 日，蘇聯政府放棄中長鐵路權利，無償移交中國，改稱哈爾濱鐵路[14]。本書研究的年代，跨越中國兩個政權的交替，基於民國以後使用「中東鐵路」一詞較為普遍，故以「中東鐵路」一詞稱之，而不用「東清鐵路」或「東省鐵路」。

最後，本書為增加讀者對書中的人物與場景的認識，盡可能

---

13 李濟棠，《沙俄侵華的工具——中東鐵路》，頁 1。

14 哈爾濱鐵路初以哈爾濱為中心，分成哈滿（滿洲里）、哈綏（綏芬河）、哈大（大連）等三線，由原哈爾濱鐵路管理局營運管理。1956 年 1 月起，哈爾濱鐵路管理局劃分成哈爾濱、瀋陽兩個鐵路局，以陶賴昭—新陳山站分界。昔日中東鐵路幹線、支線，現今改稱濱綏、濱洲（滿洲里）、長濱三線，歸哈爾濱鐵路局轄內管理（哈爾濱鐵路局志編審委員會編，《哈爾濱鐵路局志（1896-1949）》，上冊，北京：中國鐵道出版社，1996，頁 7、282）。

附上照片與圖片，並加註說明。圖片來源以《中東鐵路沿革史》及黑龍江省博物館複製 1905 年出版的《中東鐵路大畫冊（1897-1903）》（哈爾濱：黑龍江人民出版社，2013）為主，其他圖片包括俄國沙皇、俄國大臣、相關場景等，則取材自俄國網站、當代相關書籍，以及滿洲里中國國門展示廳照片，特此說明。

第一篇

中東鐵路的興築

追溯中東鐵路的興築源起，首先必須要對 16 世紀末以來，俄國的東進政策有一概略的認識。歷經近三百年的東進政策推行結果，為俄國囊括了甚為可觀的疆土，從而使其勢力伸展至遠東地區。俄國為移民實邊，鞏固遠東疆土的安全，而有西伯利亞鐵路的興築，進而利用甲午戰爭中國戰敗之機，以訂定中俄密約為餌，取得「借地修路」之權，西伯利亞鐵路得以取道吉林、黑龍江兩省抵達海參崴。中東鐵路勘路期間，俄國再取得旅大租界，「借地修路」之權由是擴大，延伸至遼東半島，而有南滿支線的展築。在取得鐵路修築經營權後，俄國即在聖彼得堡成立中東鐵路公司，訂定公司章程，公司股票全由俄國政府掌控，公司營運須受俄國政府監督。名義上，中東鐵路雖是私人企業，實質上，卻是俄國國營企業。根據鐵路合同規定，鐵路須在六年內完工，在正式動工興建前，鐵路公司先於 1897 年 7 月派員入境滿洲勘路，至 1903 年 7 月如期完工通車。勘路、築路期間，曾因勘路之不當釘樁劃線，禾苗、土地的補償徵購價格過低，初期即有反勘路、反占地事件發生，後來伴隨義和團事變的爆發，演成全面性的仇俄運動。

本篇針對上述問題，分就俄國的東進政策、「借地修路」交涉，以及鐵路修築經過，說明中東鐵路的興築原委。

第一章

俄國的東進與西伯利亞鐵路的修築

從 16 世紀中葉伊凡四世（Ivan IV, 1533-1584）以來，俄國即不遺餘力的向外開拓疆土，在西伯利亞疆土方面，派遣探險武裝部隊，越過烏拉爾山（Ural Mts.），首先征服西伯利亞汗國，然後逐漸向東推進，至 1639 年，抵達鄂霍次克海（Sea of Okhotsk），再進入黑龍江地區。其後，中俄雙方在 1689 年訂定〈尼布楚條約〉，暫時遏止了俄人入侵黑龍江地區的野心，俄人在西伯利亞疆土的開拓，始終局限於黑龍江地區以西。進入 19 世紀中葉，俄國利用中國國勢衰微之際，再度進入黑龍江地區，經由〈瑷琿條約〉與〈中俄北京條約〉的訂定，取得黑龍江以北、烏蘇里江以東的龐大土地。為確保其遠東疆土的安全，而有移民實邊政策的推行，然囿於交通不便，成效極為有限，修築西伯利亞鐵路計畫由是而起。西伯利亞鐵路修建過程中，由於遠東路段（沿黑龍江而行）施工困難，因而有向中國「借地修路」的提議。

第一節　19 世紀末俄國的遠東政策

自 15 世紀末起，俄國以莫斯科公國為中心，開始逐漸擺脫蒙古金帳汗國（Goldern Horde）統治，建立統一國家；至伊凡四世時，陸續在 1552 年至 1556 年征服喀山（Kazan）及阿斯特拉罕（Astrakhan）等汗國，整個伏爾加河（Volga R.）流域遂為其掌控。其後，有關西伯利亞的東進行動，則在斯特羅干諾夫家族（The Stroganovs）主持下，得以逐次展開[1]。斯特羅干諾夫家族為諾夫哥羅德（Novgorod）鉅商，其商業活動不僅遍及全俄各地，甚且達於西伯利亞地區，當伊凡四世征服喀山及阿斯特拉罕兩汗國時，斯特羅干諾夫家族的勢力已發展至卡馬河（Kama R.）盆地。1558 年，該家族要求沙皇賜予其在卡馬河地區的經商、墾殖、築城、徵兵等特權[2]；1574 年，伊凡四世再特許其越過烏拉爾山，向塔格爾（Tagil）、托博爾（Tobol）、額爾濟斯（Irtysh）、鄂畢（Ob'）等河流域發展[3]，俄國開拓、征服西伯利亞的活動，由此揭開序幕。

在斯特羅干諾夫家族的策劃下，以葉爾馬克（Ermak）為首的哥薩克（The Cossacks）[4]，於 1581 年 9 月攜帶大批糧食、武

1　陳復光，《有清一代之中俄關係》（昆明：雲南大學，1947），頁 9。

2　中國社會科學院近代史研究所編，《沙俄侵華史》（北京：人民出版社，1978），第 1 卷，頁 78-79；V. A. Yakhontoff, *Russia and Soviet Union in the Far East*（New York: Coward-McCann, Inc., 1931）, pp. 5-6.

3　《沙俄侵華史》，第 1 卷，頁 79。

4　「哥薩克」一詞出自突厥語，意為「自由的人」、「自由遊蕩者」。原指 16 世紀起，脫離俄羅斯本土逃往南俄草原地帶的農民。他們在邊區與游牧民族結合，建立自治獨立的軍事組織，以畜牧、漁獵為生，並從事戰爭劫掠活動。哥薩克分布區域極廣，從德聶伯河（Dnieper R.）、頓河（Don R.）、

器，展開西伯利亞的探險行動。這批遠征軍計有 840 人，首先進攻位於烏拉爾山東部的西伯利亞汗國。歷經一番激戰，雖能攻克其首都伊斯堪城（Isker），卻無法徹底征服之，經向莫斯科尋求援兵後，始於 1598 年迫使其統治者庫臣汗（Khan Kuchum）退入南方草原，俄國遂得在此建立秋明（Tiumen）、托博爾斯克（Tobolsk）、彼雷姆（Pelym）、別廖佐夫（Berezov）、奧布多爾斯克（Obdorsk）、塔拉（Tara）等城統治之[5]。受到此次遠征行動成功的激勵，再加上俄國國內外貿易對毛皮需求量的急劇增長[6]，俄國對西伯利亞的擴張行動，從此未曾中斷。接下來，即以托博爾斯克為中心，利用西伯利亞北部鄂畢河、葉尼塞河（Enisei R.）、勒那河（Lena R.）等水系支流多為東西走向的有利條件，派遣哥薩克遠征軍，逐次渡河東行，以各個擊破方式，征服各地土著政權[7]。1639 年，哥薩克遠征軍的足跡，已抵達鄂霍次克海，所建立的重要據點有托木斯克（Tomsk）、雅庫次克（Iakutsk）[8]。從 1581 年葉爾馬克首次進入西伯利亞算起，至此不到六十年，即能從烏拉爾山抵達太平洋沿岸，哥薩克遠征軍的成效，實在驚人！無怪乎日後俄國在遠東地區的擴張，莫不倚

伏爾加河、烏拉爾河（Ural R.）、捷列克河（Terek R.）等流域，均有其活動足跡。至於以葉爾馬克為首的哥薩克，興起於 16 世紀中葉，最初在頓河一帶活動，後遷往伏爾加河流域，因劫掠前往莫斯科宮廷的波斯及布哈拉商隊，遭伊凡四世派兵清剿，而畏罪潛逃至卡馬河。後來經斯特羅干諾夫家族招安，開拓西伯利亞疆域，其罪名遂得赦免。

5　參見 Россия.Переселенческое управление, *Азиатская Россия*（С.- Петербург: Товарищество“А. Ф. Маркс”, 1914）, Т. I, с. 8-12.

6　《沙俄侵華史》，第 1 卷，頁 84。

7　*Азатская Росся*, Т. I, с. 13.

8　Yakhontoff, *op. cit*., p. 7.

重、鼓勵哥薩克投入其中。

隨著俄國在西伯利亞的勢力抵達太平洋沿岸後，原屬於中國領土的黑龍江地區，就成為哥薩克遠征軍入侵的下一個目標。有關中國內河黑龍江[9]，俄人本來一無所知，然隨著其勢力向東西伯利亞擴展後，在 1636 年得知外興安嶺以南有一條河流名為黑龍江，便開始進行探查，但並未能尋得黑龍江的所在位置[10]，直到 1643 年 7 月，波雅科夫（Vasilii D. Poiakov, 1610-1667）探尋黑龍江的行動成功後，攜回有關黑龍江地區人口繁盛，物產富饒的報告，俄人銳意經營黑龍江地區的野心，由是而起[11]。繼波雅科夫之後，陸續有以哈巴羅夫（Erofei P. Khabarov, 1603-1671）、斯捷潘諾夫（O. Stepanov）為首的哥薩克遠征軍，在 1650-1658 年間，多次入侵黑龍江地區，築有雅克薩（Albazin，阿爾巴津）、尼布楚（Nerchinsk，涅爾琴斯克）等城。這批哥薩克所到之處，劫掠、殘殺土著財物及生命，時有所聞。時清廷在寧古塔的駐軍，先後由海色、明安達禮、巴海等人率領，予以痛擊，至 1660 年始將之全部肅清，整個黑龍江地區暫告平靜[12]。未久，俄人復以雅克薩、尼布楚二地為據點，不時寇擾黑龍江地區土著，清聖祖雖曾派大軍攻克雅克薩，並毀其城堡，惟未能徹底解決俄人入侵問題，1689 年中俄簽訂〈尼布楚條約〉，此一問題始得解決。在中俄東段邊界問題上，〈尼布楚條約〉規定兩國以外興安嶺至海、格爾必齊河及額爾古納河為界，確認外興安嶺以南，以

9 俄國稱黑龍江為阿穆爾河（Amur R.）。

10 參見《沙俄侵華史》，第 1 卷，頁 89-97。

11 陳復光，《有清一代之中俄關係》，頁 14。

12 陳復光，《有清一代之中俄關係》，頁 16；《沙俄侵華史》，第 1 卷，頁 127。

及黑龍江、烏蘇里江流域的廣大疆土，歸屬中國所有。此後一百五十年期間，俄國在西伯利亞地區疆土的開拓，始終局限於黑龍江地區以西[13]。

進入 19 世紀，俄國對外政策重心，以歐洲為主。儘管亞歷山大一世（Alexander I, 1801-1825）仍持續關注「黑龍江問題」，亦曾遣使來華，要求航行黑龍江及在江口設立商埠；不過，歐洲事務終究是其注目焦點，1815 年，拿破崙戰爭（Napoleonian War）結束後，俄國積極介入歐洲秩序的重整，即是明證。繼任沙皇尼古拉一世（Nicholas I, 1825-1855）在東部疆土的開拓，遠較亞歷山大一世積極，登基未久，即銳意經營西伯利亞，並以外貝加爾為根據地，伺機徐圖向黑龍江地區推進[14]。

圖 1-1 俄國沙皇尼古拉一世，在位期間積極拓展遠東疆土，沿黑龍江流域及其出海口，建立重要據點，奠定了俄國日後在遠東勢力擴張的基礎。

當此之時，中國政局已步入中衰，又發生鴉片戰爭，遂予俄國一展雄圖的良機。因此，從 1840 年代後期起，俄國對黑龍江地區的政策轉趨積極，其活動也愈為頻繁。為解決長期以來停滯未決的「黑

13 Leo Pasvolsky, *Russia in the Far East*（New York: MacMillan Company, 1922）, p. 12.

14 陳復光，《有清一代之中俄關係》，頁 77、80。

龍江問題」，尼古拉一世採取了一連串政策，如：1847 年，任命穆拉維約夫（Nikolai N. Murav'ev, 1809-1881）為東西伯利亞總督（治所在伊爾庫次克 Irkutsk）兼該地俄軍司令官，以整飭歷年來東西伯利亞行政紊亂、事權不一的弊病；1849 年 2 月，下令成立「阿穆爾（黑龍江）問題特別委員會」，統籌規劃黑龍江地區的探勘與擴張活動[15]。

圖 1-2　東西伯利亞總督穆拉維約夫，從 1847 年到任至 1861 年卸任，近二十年積極派遣探險隊至黑龍江流域調查，開疆拓土，建立數個重要據點。在其任內，俄國取得黑龍江以北烏蘇里江以東的土地，終於解決二十餘年來的「黑龍江問題」，是俄國開拓遠東疆土的大功臣，故有「阿穆爾的穆拉維約夫」之稱。

「黑龍江問題」的解決，主要執行者為東西伯利亞總督穆拉維約夫。他在 1848 年 3 月抵達伊爾庫次克後，首先加強西伯利亞東部地區兵力部署，擴編外貝加爾哥薩克軍，將外貝加爾地區成年男性一律納編，1852 年 9 月，其兵力達到近 5 萬人的編制[16]。其次，多次派遣探險隊前往黑龍江流域進行調查。其中成就最大者，首推海軍軍官涅維爾斯科伊（Gennadii I. Nevelskoi, 1813-1876）率領的探險隊，於 1850 年在黑龍江口建立據點，名為廟街（Nikolaevsk，

15　陳復光，《有清一代之中俄關係》，頁 81；《沙俄侵華史》，第 2 卷，頁 74-75。

16　《沙俄侵華史》，第 2 卷，頁 69-70。

尼古拉耶夫斯克）。二年後，俄國因準備對土耳其的戰爭，不願在遠東地區與中國發生爭端，遂撤除該據點[17]。經由多次的調查、探勘結果，至 1854 年時，俄國沿著黑龍江左岸及下游，已建立不少據點，如海蘭泡（Blagoveshchensk，布拉戈維申斯克）、伯力（Khabarovsk，哈巴羅夫斯克）、馬林斯克（Mariinsk）、廟街（1853 年 7 月占領庫頁島及附近海灣時於原據點重建）等[18]。1857 年 6 月，穆拉維約夫利用英法聯軍進攻中國之際，派兵入侵黑龍江上、中游，進占了黑龍江以北的大片土地；次年 5 月，再兵臨瑷琿城下，逼迫黑龍江將軍奕山（1790-1878）簽訂〈瑷琿條約〉，取得黑龍江以北、外興安嶺以南 60 多萬平方公里的土地，以及烏蘇里江以東至海約 40 萬平方公里土地的共管權。

圖 1-3　俄國遠東考察專家涅維爾斯科伊，於 1848 年至 1855 年間，數度至薩哈林（庫頁島）及黑龍江下游及韃靼海峽，進行探險考察，成就非凡，受封海軍上將。

〈瑷琿條約〉的訂定，在俄國看來，並未能完全解決「黑龍江問題」，所謂烏蘇里江以東至海中俄共管的規定，不過是俄國併吞該地區的前奏罷了。因此，為達成其目的，穆拉維約夫除籌組外阿穆爾哥薩克軍駐防黑龍江以北，以及派兵屯駐烏蘇里江東岸外（1858 年底兵力有 7,776 人，其人口連同眷屬在內，達 2

17 Pasvolsky, *op. cit*., p. 12;《沙俄侵華史》，第 2 卷，頁 89。

18 Yakhontoff, *op. cit*., p. 21.

萬人之多），又繼續推展武裝移民政策，鼓勵外貝加爾地區的哥薩克、農民、礦工、刑徒向遠東省分遷移。結果，1859 年一年之中，俄國移民及軍隊在烏蘇里江以東地區已建有二十座新村鎮。1860 年 6 月，穆拉維約夫又命令濱海省駐軍司令兼西伯利亞地區艦隊司令卡扎凱維奇（Peter V. Kazakevich, 1816-1887），率艦隊由廟街南下，進占海參崴（Vladivostok，符拉迪沃斯托克，意為「控制東方」）和諾夫哥羅德港（Port of Novgorod）。至此，俄國完成了對烏蘇里江以東地區的占領[19]。同年 7 月，英法聯軍第二次進犯中國，俄國乘機逼迫清廷於 11 月與之簽訂〈中俄北京條約〉，讓出烏蘇里江以東的中俄共管之地。俄國接連利用二次英法聯軍之役，迫令中國退讓黑龍江以北、外興安嶺以南及烏蘇里江以東，總計 100 多萬平方公里的土地，成果可謂「豐碩至極」，解決「黑龍江問題」之宿願，終告付諸實現。

俄國在短短的十年內，竟能迫使中國讓出如此龐大的疆土，固然是由於其長期以來處心積慮的結果，但是，中國對該地區的疏於經營，實亦難辭其咎。儘管〈尼布楚條約〉簽訂以後，清廷開始實施定期巡查邊境制度，並在黑龍江以北設立數處卡倫（哨所），派兵駐防。然而，以如此廣大地區，僅賴巡查設哨的措施，要防範俄人入侵，成效實屬有限，在盛世時期已是如此，何況在清廷政局步入中衰後，這些措施無法確實執行，成效更差，此可由俄國順利在黑龍江北岸建立據點看出。其實，要有效防範俄人入侵，莫過於移民實邊，惟清廷從入關至 1860 年為止，對東三省向來採取封禁政策，遑論開放黑龍江以北、烏蘇里江以東的土地，移民墾荒。相對地，俄國在 1854 年於黑龍江北岸建立

19 參見《沙俄侵華史》，第 2 卷，頁 170-171、173。

據點後，即鼓勵外貝加爾地區的俄國移民遷移來此，在 1857 年底移民人數已達 6,000 人[20]，〈璦琿條約〉訂定後，俄國移民人數更形增加；中國方面，則是除了有限的土著零落分布外（1858 年的統計，黑龍江以北土著不及 11,000 人）[21]，並無中國移民定居於此。在此種情況之下，伴隨鴉片戰爭後，中國國際地位的日益下降，只得任由俄國予取予求了。

俄國在遠東地區既然取得大批土地，再加上此時西方各國在中國勢力的角逐已然展開，依理俄國的遠東政策應更為積極才是。然而，實際上，從 1860-1890 年為期三十年間，其遠東政策基本上是採取守勢。在此期間，俄國經歷兩任沙皇——亞歷山大二世（Alexander II, 1855-1881）、亞歷山大三世（Alexander III, 1881-1894）。亞歷山大二世有「解放沙皇」（"Tsar-liberator"）之譽，其統治政策著重於內政的改革，農奴解放問題尤其是其關注焦點。因此，俄國對外政策的強化，以及正式投入西方列強在華勢力的角逐，則須等到亞歷山大三世晚期與尼古拉二世（Nicholas II, 1894-1917）時代。由於亞歷山大二世的自由開放作風，卻遭虛無主義分子（Nihilist）暗殺，致使亞歷山大三世即位後，內政上轉趨保守，而將其施政重心

圖 1-4　俄國沙皇亞歷山大二世，雖有「解放沙皇」之譽，卻悲劇性的遭遇暗殺身亡。

20　《沙俄侵華史》，第 2 卷，頁 123。

21　Yakhontoff, *op. cit.*, p. 23.

朝向對外發展。初期以歐洲大陸和近東為主，直到 1880 年代末，此項政策的推動並不順遂，始有所轉變。先是在巴爾幹地區的發展因與奧國交惡，從而影響及其與德國的和諧關係；其次，俄國在波斯與阿富汗兩地勢力的擴張，也造成其與英國的對立[22]。基於上述原因，俄國決定調整對外政策，1890 年代遠東政策的轉向積極，即根源於此。

俄國對外擴張政策的調整，起於 1887 年 7 月，先與英國就阿富汗問題，在聖彼得堡簽署協定，結束彼此的敵對關係，公開宣示中亞事務不再是俄國外交政策重心。與此同時，在保加利亞國王的推舉上，俄、奧兩國彼此互相競爭，各自有其扶持者，最後奧國獲勝，俄國乃退而求其次，擬透過攝政會議（regency council）來左右保國政局，卻未能如願。歷經此次的挫敗，俄國決定承認保加利亞的現狀，不再干涉該國內政；次年 1 月，俄國外交部正式將上項政策通告歐洲各相關國家[23]。此時，它既暫時放棄在近東與中亞的擴張政策，遠東地區自然成為其目標所在。

除上述因素外，俄國與德、法兩國關係發生變化，亦對俄國的遠東政策轉趨積極有所影響。俄國與德、法兩國關係，從 1871 年普法戰爭結束以來，在德國首相俾斯麥（Otto Edward Leopold von Bismarck, 1815-1898）主導下，為孤立法國，極力拉攏俄國，造成俄國對德、法兩國關係，呈現一熱一冷的鮮明對比。俄、德兩國的友好關係，係以 1881 年 6 月德、奧、俄三國

22 參見安・米・潘克拉托娃、康・瓦・巴濟列維奇、謝・費・巴赫魯申、安・維・福赫特合著，《蘇聯通史》（莫斯科：外國文書籍出版社，1995），第 2 卷，頁 300-301；Andrew Malozemoff, *Russian Far Eastern Policy, 1881-1904*（Berkeley and Los Angeles: University of California Press, 1953）, p. 37.

23 參見 Malozemoff, *op. cit.*, pp. 37-39.

祕密結成的「三帝同盟」為基礎。此同盟以三年為期，1884 年期滿後再次續約。1887 年由於俄、奧兩國在巴爾幹的競爭日益激烈，以致該同盟二度期滿未能續行訂定；同年的 6 月 18 日，德、俄兩國另行訂定祕密條約，即通稱的〈再保條約〉（The Re-insurance Treaty），以維持兩國的結盟關係。1890 年 3 月，俾斯麥去職；6 月，〈再保條約〉期滿，德國僅聲明保持對俄國的友誼，不願續結盟約。

德俄關係的生變，為法俄關係發展提供一有利的機會。1891 年 8 月，法、俄兩國簽訂〈八月協約〉（The August Convention），結束了兩國多年來的冷淡關係。法俄結盟於俄國助益最大者，莫過於財政危機的化解。在此之前，法國金融資本早已大量投入俄國金融市場，其中最鉅額的一筆投資，是 1887 年法國銀行家提供俄國政府 5 億法郎貸款[24]。不過，法國以雄厚的金融資本，紓解俄國財政困境，固然是為擺脫孤立，結合俄國共同對抗德國的威脅；另一方面，也想借助俄國在遠東地區既有的勢力，為其過剩的金融資本找尋出路。日後俄國在華勢力的角逐，得以揚棄傳統的軍事、政治手法，改採經濟方式，即是源自於法國金融資本的大力支持。

法俄結盟儘管是德國所不樂見，惟德國所重視的同盟國乃是奧國，故未針對德俄關係的生變進行補救，但因德皇威廉二世（William II, 1859-1941）意圖雄霸歐洲，擔心法俄結盟會對其歐陸的擴張構成威脅；同時，俄、奧兩國在巴爾幹的衝突如持續不斷，也會對德國造成不利的影響。有鑑於此，威廉二世認為，若能將俄國在歐陸的注意力轉移至遠東，不僅可以化解德國在歐陸

24 Malozemoff, *op. cit.*, p. 38.

擴張的阻礙，而且還能削弱英國在遠東獨霸一方的局面。基於自身利益考量，德國極力鼓吹「黃禍論」（“Yellow Peril”），誘導、鼓勵俄國朝向遠東發展[25]。

如前所述，進入 1890 年代，有了法國金融資本的贊助，俄國開始仿效西方列強，以經濟的手段，利用貸款、築路、開礦、設廠、開辦銀行等方式，擴張其在華勢力。其中最具代表性者，厥為華俄道勝銀行（Russo-Chinese Bank）在中國設立分行營運，以及中東鐵路在滿洲的修築與經營。這兩項事業的開辦，象徵俄國新型遠東政策的體現，即所謂的「銀行」、「鐵道」政策的落實，而其籌劃運作者，則是亞歷山大三世及尼古拉二世在位期間的財政大臣維特，經其悉心策劃，奠定了俄國在華勢力擴張的基礎。

第二節　西伯利亞鐵路的修築

西伯利亞鐵路的修築源起，與俄國的移民事業有關。從 1581 年葉爾馬克首度越過烏拉爾山，開拓西伯利亞疆土以來，至 1860 年〈中俄北京條約〉簽訂，為期近三百年的時間，整個西伯利亞完全淪為俄國所有。為確保俄國在此一地區的統治，移民實邊無疑是最佳的方式，然在 19 世紀中葉以前，西伯利亞的移民，以刑徒為主，其對西伯利亞的開發貢獻最大；其次為屯駐各邊防要塞的軍人，再次為往來歐俄本部與西伯利亞之間貿易的

---

25 參見中國社會科學院近代史研究所編，《沙俄侵華史》（北京：人民出版社，1990），第 4 卷（上），頁 4；Barbara Jelavich, *A Century of Russian Foreign Policy, 1814-1914*（New York: J.B. Lippin Company, 1964）, pp. 233-234.

商人，自由移民人數最少。此種移民社會結構，至 1861 年農奴解放以後，始稍有改變；開始有部分恢復自由之身的農民越過烏拉爾山，到西伯利亞尋求新天地，自由移民遂較前增加。儘管如此，囿於交通不便，移民人數的成長，仍屬緩慢[26]。

1858-1860 年間，俄國陸續取得阿穆爾省及濱海省兩處新疆土，此後對移民實邊問題益為重視，而且，遠東移民的重要性，更甚於西伯利亞其他地區。在此之前，即 1854 年起，東西伯利亞總督穆拉維約夫在向黑龍江北岸擴張時，便開始實施移民遠東的計畫，先是強迫外貝加爾的哥薩克家庭整批遷往黑龍江北岸；1858 年，進行第二批遷移計畫，計有 1,000 戶哥薩克家庭，不過，最後在此落戶者僅占其一半而已。其次，1858 年起阿穆爾省、濱海省相繼建立後，再次展開濱海省的移民計畫，其施行對象仍以哥薩克和刑徒為主[27]。鑑於強迫性的移民政策成效不彰，為鼓勵自由移民，俄國政府在 1861 年 4 月頒布移民阿、濱兩省條例，給予俄國移民及非俄國移民享有土地使用權與免稅等優惠[28]。此條例的有效期限為十年，1871 年期滿，再延長十年，惟移民人數未見顯著增加。分析其因，係與移民多取道陸路有關。蓋移民橫越西伯利亞，長途跋涉，路程約六千哩（合 9,600 公里），須一年半的時間始能抵達，旅途的艱難勞苦，可想而知，故移民多半未抵達目的地，即中途落戶或半途折返[29]。

1881 年，阿、濱兩省移民條例實施期限再度屆滿，東西伯

26 參見 Pasvolsky, *Russia in the Far East*, pp. 14-16.

27 Головачев, *Россия на Дальнем Востоке*, с. 68-69.

28 移民條例詳細內容參見翁特爾別格著，黑龍江大學俄語系研究室譯，《濱海省》（北京：商務印書館，1980），頁 64-66。

29 參見翁特爾別格，《濱海省》，頁 67-68。

利亞總督阿努欽（Dmitrii G. Anuchin, 1833-1900）決定修改移民辦法，改以官費補助方式，鼓勵移民取道海路前來遠東定居。此項新移民條例經報呈沙皇核准，在 1882 年 6 月公布實施；而濱海省地方政府則在海參崴添設移民局，統籌辦理移民業務[30]。在此之前，俄國志願船隊航運公司（The Volunteer Fleet Company）於 1879 年開闢了黑海至遠東的航線，取道海路移民者遂得利用此一航線安抵遠東。其運費每航次俄國政府提供 31.5 萬盧布的補貼[31]。新移民法實施三年期間，平均每遷移一戶，俄國政府須補助 1,300 盧布；而且，官費移民多屬怠惰之徒，鮮少能忍受惡劣的物質條件而落戶者。相較之下，非官費移民反而較能克服難關，順利定居下來。針對上述情形，1887 年，俄國政府再度修改移民條例，廢止官費移民辦法，改以低利貸款及各種優惠鼓勵自費移民前來定居[32]。經過俄國政府多年的鼓勵提倡，遠東移民人數成長，較往年顯著，然其幅度仍無法與移入的中國及朝鮮二國人民相比。以烏蘇里地區為例，根據 1885 年統計，在該地的俄國人口有 17,000 人，其中 13,000 人是政府官員、駐軍及短期居留者，中國移民則有 10,350 人，此外，尚有 4,000 人未登記戶籍，如加上土著、朝鮮移民，則東方人口和俄國人口的比例則為 1.43 比 1[33]。

以全俄國人口分布的密度而言，遠東地區堪稱最低，且與歐俄本部差距極其懸殊。這種現象可由 1888 年統計看出。是年，歐俄本部人口密度每平方俄里 5.7 人，西伯利亞地區為 0.6 人，

30 翁特爾別格，《濱海省》，頁 70、72。

31 Malozemoff, *Russian Far Easten Policy, 1881-1904*, p. 13.

32 翁特爾別格，《濱海省》，頁 74-75。

33 Malozemoff, *op. cit.*, p. 11.

遠東地區則遠低於此數，其人口數：阿穆爾省 61,000 人，濱海省 20,000 人，合計不過 81,000 人[34]。這些統計數字說明了俄屬遠東地廣人稀的嚴重性。與此同時，西方列強開始競逐遠東地區的勢力，俄屬遠東的安全及戰略地位愈趨重要，如何再擴增移民人數，乃成為迫切問題。海路移民雖較陸路移民便利、快捷，然旅費較高，移民仍多取道陸路，經由海路移入者，年平均不足 2,000 人[35]。因此，改善歐俄本部與遠東地區的陸路交通，使其便利、快捷如同海路，費用又較低廉，方能根本解決遠東移民不足問題。

促成俄國修築西伯利亞鐵路的次要因素，則是 1881 年以後清廷在滿洲移民與防務的推行、強化。由於伊犁歸還問題，影響及於中俄在遠東邊界的緊張關係。其時，俄國特別加強黑龍江口和烏蘇里江以東地區的軍事布防，中俄之戰似有一觸即發之勢。再者，俄人越界至漠河盜採金礦情形日增，且已逐漸在漠河地區建立勢力範圍[36]。因此，伊犁問題解決後，清廷為防範伊犁事件在滿洲邊區重演，乃決定增加滿洲的駐兵，並配合局部弛禁政策的實施，鼓勵移民墾荒，以鞏固強化邊區防務。駐兵方面，1885 年時達於 85,000 名，其中 50,000 名是擴編而來[37]。移民方面，開放地區以吉林省寧古塔、琿春一帶為主[38]；此外，在黑龍江省當

---

34 Steven G. Marks, *Road to Power, the Trans-Siberian Railroad and the Colonization of Asian Russia, 1850-1917*（Ithaca: Cornell University Press, 1991）, pp. 14-15.

35 Malozemoff, *op. cit*., p. 13.

36 許淑明，〈清代東北地區土地開墾述略〉，收入馬汝珩、馬大正主編，《清代邊疆開發研究》（北京：中國社會科學出版社，1990），頁 112。

37 Malozemoff, *op. cit*., p. 22.

38 許淑明，〈清代東北地區土地開墾述略〉，頁 112。

局鼓勵下，亦有遠從齊齊哈爾取道墨爾根、瑷琿，向海蘭泡移居者，故整個北滿移民在 1882-1890 年間的成長，約為阿穆爾、濱海兩地區俄國移民的 30 倍[39]。

儘管此時俄國對中國在滿洲的新措施，亦有所因應，如 1882 年實施官費移民；1884 年在伯力設外阿穆爾總督，強化遠東地區的行政效率等措施，惟其成效究竟有限，遠東疆土防務的薄弱與空虛問題依然存在，一旦中、俄兩國在此地區發生衝突，以俄國現有兵力（哥薩克移民不計，1886 年有 15,000 名，其中 11,000 名集中在海參崴及其附近），勢必須從歐俄調兵東來，抵達阿穆爾軍區最快也要一年半，如此則緩不濟急。移民實邊本是解決邊防問題的根本之策，然鼓勵移民措施，受限於路途遙遠，交通不便，成效難以令人滿意。另一方面，俄國政府投入遠東地區的建設經費，甚為可觀，俄國人民無法蒙受其利，反而嘉惠中國人及居住在庫頁島南部的日本人[40]。

基於上述因素，為提高俄國移民在遠東邊省人口的占有率，以彌補其邊防不足的缺憾，興建橫越西伯利亞全境，至太平洋沿岸的鐵路，乃屬刻不容緩之事。而最早提議在西伯利亞修建鐵路者為東西伯利亞總督穆拉維約夫。他在〈瑷琿條約〉簽訂後，基於戰略需要，提議修建下諾夫哥羅德（Nizhnii-Novgorod）至黑龍江口的鐵路[41]。同年，又有索佛羅諾夫（Sofronov）者，提議

39 Malozemoff, *op. cit.*, p. 22.

40 由於遠東邊省經費的支出，以致 1880 年以前的財政赤字高達 5.5 億盧布以上。參見 Malozemoff, *op. cit.*, p. 8, 24-25.

41 穆拉維約夫的提議，係據美人格林斯（P. M. Collins）及一英人建議而來。前者在 1857-1858 年建議修築伊爾庫次克至赤塔（Chita）的鐵路；後者則在 1858 年建議修築莫斯科，經下諾夫哥羅德、喀山、彼爾姆（Perm），穿

修建由吉爾吉斯高原經阿穆爾地區，直抵北京的鐵路[42]。當時，俄國甫獲遠東疆土，尚未考慮其與歐俄本土的聯絡問題，更何況歐俄本土的鐵路建設適在起步階段[43]；加上財政的拮据，根本無力負擔龐大的鐵路修築經費。

此後，不乏提議修築鐵路者，只是其計畫較為保守，多以修築歐俄本土與烏拉爾山間的鐵路為主。如 1861 年礦苗師拉施特（Vladimir K. Rashet, 1813-1880）提議修建彼爾姆至秋明間的鐵路；1866 年內務部官員波格丹諾維奇（Evgenii V. Bogdanovich, 1829-1914）提議修建下諾夫哥羅德、喀山、葉卡捷琳堡（Ekaterinburg）、秋明間的鐵路；1869 年彼爾姆市長兼企業家留比莫夫（I. Liubimov），提議修建彼爾姆、葉卡捷琳堡、別洛澤爾斯科耶（Belozerskoe）間的鐵路等均是。

越西伯利亞至太平洋沿岸的馬車鐵道（參見李國祁，《中國早期的鐵路經營》，台北：中央研究院近代史研究所，1976 年再版，頁 86；宮本平九郎，〈西伯利亞鐵道の完成〉，《外交時報》，第 5 卷第 50 號，1902，頁 48；愉之譯，〈西伯利亞鐵路〉，《東方雜誌》，第 14 卷第 12 期，1917 年 12 月，頁 58-59；Marks, *op. cit*., p.32）。與此同時，又有阿穆爾地區鐵路計畫的提出，即 1857 年羅曼諾夫上校（Romanov）建議修築位於黑龍江下游左岸地區的索菲斯克（Sofiisk）至迭卡斯特里灣（De-Kastri Bay）的鐵路，以便於通往俄國在太平洋沿岸唯一的港口廟街（參見李國祁，《中國早期的鐵路經營》，頁 86；宮本平九郎，〈西伯利亞鐵道の完成〉，頁 48）。

42 宮本平九郎，〈西伯利亞鐵道の完成〉，頁 48-49；愉之譯，〈西伯利亞鐵路〉，頁 59。

43 俄國的鐵路修築，最早在尼古拉一世時代，1835 年完成第一條鐵路——沙皇村鐵路（Tsarskoye Selo Railway，由聖彼得堡至沙皇村的夏宮），其次為 1851 年冬完成的聖彼得堡至莫斯科間的鐵路。1850 年時雖有其他路線的規劃，但因財政困難，始終無法付諸實施，直到 1860 年以後才再有鐵路的興修（參見 I. N. Westwood, *A History of Russian Railways*, London: George Allen and Unwin Ltd., 1964, p. 23, 33, 48）。

上述的築路方案，於 1875 年 5 月提交大臣會議討論。由於牽涉企業家的經濟利益，以及各大臣間對西伯利亞開發觀點的歧異，經一番激烈爭辯，有關在西伯利亞的築路計畫，最後決議採行波格丹諾維奇的提議[44]。同年，南方各省發生饑荒，1877-1878 年又有俄土戰爭，導致修築鐵路的預算緊縮，上項決議未能付諸實施。1880 年，彼爾姆統計委員會（Statistical Committee）委員奧斯特羅夫斯基（N. Ostrovskii）又提議修建由歐俄至葉尼塞河的克拉斯諾亞爾斯克（Krasnoiarsk）間的鐵路[45]，然其提議未獲重視。因此，從 1860 年至 1880 年為止，俄國鐵路的修築，仍以歐俄本部為主，有關西伯利亞鐵路的修建，僅止於倡導而已。

圖 1-5　俄國沙皇亞歷山大三世，1881 年即位後，特別重視遠東邊省的聯絡，積極推動修築西伯利亞鐵路。在位期間雖未能完成西伯利亞鐵路，仍可謂為「大西伯利亞鐵路的締造者」（Builder of the Trans-Siberian Railway）。

1881 年，亞歷山大三世即位，鑑於歷年來西伯利亞鐵路的修築計畫，始終無法付諸實行，乃於次年責令大臣會議辦理其事。葉卡捷琳堡至秋明間鐵路的動工修建，即源於此。此路線的作用，係在聯絡伏爾加河及鄂畢河間的交通，屬於西伯利亞鐵路的支線而非幹線[46]。1886 年，伊爾庫次克總督伊格納季耶夫

44　參見 Marks, *op. cit.*, pp. 59-61, 66.

45　Marks, *op. cit.*, p. 79; 宮本平九郎，〈西伯利亞鐵道の完成〉，頁 49。

46　Marks, *op. cit.*, p. 76.

（Aleksei P. Ignatiev, 1842-1906）、外阿穆爾總督科爾夫（Andrei N. Korf, 1831-1893）上書沙皇表示，基於戰略需要，宜加緊修建伊爾庫次克至托木斯克，以及外貝加爾至斯列堅斯克（Sretensk）等兩段鐵路。亞歷山大三世再責付大臣會議辦理其事[47]。同年，12 月 26 日，大臣會議決議，從戰略上的考慮，先行修建外貝加爾線、伊爾庫次克至托木斯克，以及海參崴至興凱湖附近等路線[48]。1887 年 6 月，交通部組成鐵路勘察團，擬展開西伯利亞鐵路東線（遠東地區至海參崴）及中線（托木斯克至斯列堅斯克）的調查，然因財政大臣維什涅格拉茨基（Ivan A. Vyshnegradskii, 1832-1895）拒絕撥款而作罷[49]。

圖 1-6　俄國財政大臣維什涅格拉茨基，亞歷山大三世在位期間的第三位財政大臣，1887 年上任，因不支持修築西伯利亞鐵路，於 1892 年被迫去職。

與此同時，有關西伯利亞鐵路從貝加爾湖至海參崴一段的修建計畫方面，俄國海軍上將科佩托夫（Nikolai V. Kopytov, 1883-1901）在 1887 年於俄國皇家工程學會

47 Marks, *op. cit.*, p. 94; 鮑里斯・羅曼諾夫著，陶文釗、李金秋、姚寶珠譯，《俄國在滿洲（1892-1906）》（北京：商務印書館，1980），頁 51。

48 Е. Х. Нилус, *Исторический обзор Китайской Восточной железной дороги,1896-1923 г.г.,*（Харбин: Типографии Кит. Вост. жел. дор. и Т-ва „Озо“, 1923）, Том I-й, c.5. 書名中的 *Китайской Восточной железной дороги* 一詞以後簡寫為 *КВЖД*。

49 Marks, *op. cit.*, p. 95; Нилус, *Исторический обзор КВЖД,1896-1923 г.г.*, T. I, c.5; 羅曼諾夫，《俄國在滿洲（1892-1906）》，頁 51。

（Russian Royal Technical Association）上，宣讀〈論橫貫全俄的東方大鐵路幹線的最有利方向〉一文時，建議取道中國而行。依其計畫，此路線可由伊爾庫次克南行至恰克圖後，進入中國境內，沿途經阿巴加圖、海拉爾、齊齊哈爾、吉林、寧古塔，再出中國邊境抵達雙城子（尼科爾斯克－烏蘇里斯克，Nikol'sk-Ussuriisk）、海參崴[50]。為爭取俄國政府的支持，科佩托夫又於1890年4月致函交通大臣丘別涅特（Adol'f Ia. Giubbenet, 1830-1901，任期1889-1892）提出上述計畫，但未能獲得贊同[51]。直到1895年俄國政府有向中國「借地修路」的想法後，科佩托夫的方案才獲得重視。

儘管亞歷山大三世即位之初，就宣示西伯利亞鐵路的重要性，西伯利亞各省的總督也一再上書，強調其戰略價值與意義，惟多數首長均抱持冷淡態度。如交通大臣波西耶特（Konstantin N. Pos'et, 1819-1899）認為此路的修建時機並未成熟，主張先從與歐俄本部接壤的烏拉爾段起修。又如財政大臣維什涅格拉茨基以國庫困窘為由，拒絕撥款支持西伯利亞鐵路東線和中線的勘察[52]。總之，1880年代西伯利亞鐵路的修築計畫，多停留在紙上作業階段，勉強堪稱有成果者，不過是彼爾姆經葉卡捷琳堡至秋明間的一段支線，至於幹線部分則付諸闕如。另外，歐俄本部向烏拉爾山以西的鐵路修建，已由聖彼得堡經莫斯科修抵薩馬拉（Samara），此於日後西伯利亞鐵路與歐俄本部鐵路的快速接通，頗有助益[53]。

---

50 Нилус, *Исторический обзор КВЖД,1896-1923 г.г.*, T. I, c. 5.

51 羅曼諾夫，《俄國在滿洲（1892-1906）》，頁77。

52 Westwood, *op. cit*., p. 108, p. 104.

53 參見 Westwood, *op. cit*., pp. 108-109.

1890 年 5 月，清廷派遣英籍工程師金達（Claude W. Kinder, 1852-1936）赴東三省勘察關外鐵路的興修，其行經路線遠及於中俄邊境的琿春。7 月，俄國政府獲悉此事，警覺遠東邊省（濱海省）交通問題的迫切，決定先行修建烏蘇里鐵路（北起伯力，南抵海參崴）[54]，以為因應。次年起，為加速西伯利亞鐵路的修建，俄國政府決定在東西兩端同時展開鐵路修築，亦即烏蘇里鐵路的海參崴至格拉夫斯卡雅（Grafskaia）段，以及西伯利亞鐵路最西端烏拉爾線（米阿斯 Miass 至車里雅賓斯克 Cheliabisk 段）同時動工修建，延宕三十餘年的西伯利亞鐵路修築計畫至此得以雲開霧散，邁入一個新的里程碑。為展現完成西伯利亞鐵路的決心，亞歷山大三世於同年 2 月 15 日、2 月 21 日先後兩次頒布詔令，宣示西伯利亞鐵路的修築工程正式展開；3 月，又命令正在日本訪問的皇太子尼古拉，於 5 月抵達海參崴，代表他主持烏蘇里鐵路的開工典禮[55]。7 月，交通大臣丘別涅特提出西伯利亞鐵路全線施工計畫，分六段三期修建[56]，預計十二年完工，所需經費約 3.5 億盧布[57]。財政大臣維什涅格拉茨基再次反對，他認為

---

54 羅曼諾夫，《俄國在滿洲（1892-1906）》，頁 51。

55 Нилус, *Исторический обзор КВЖД, 1896-1923 г.г.*, T. I, c. 6-7.

56 西伯利亞鐵路全線施工計畫如下，第一期分四段：（1）車里雅賓斯克至鄂畢；（2）鄂畢至伊爾庫次克；（3）烏蘇里鐵路的海參崴至格拉夫斯卡雅；（4）米阿斯至車里雅賓斯克及車里雅賓斯克至葉卡捷琳堡。第二期分兩段：（1）烏蘇里鐵路的格拉夫斯卡雅至伯力；（2）貝加爾湖至斯列堅斯克。第三期：貝加爾湖之南的環湖線及斯列堅斯克沿石勒喀河（Shilka R.）繞至黑龍江抵達伯力，和烏蘇里鐵路接通（宮本平九郎，〈西伯利亞鐵道の完成〉，頁 54-55）。

57 羅曼諾夫，《俄國在滿洲（1892-1906）》，頁 52。關於西伯利亞鐵路造價費預估，中國方面分別有許景澄、李家鏊二人在給總理衙門報告中，提出不同說法，許景澄指該路造價費為 4.18 億盧布（許景澄，《許文肅公遺稿》，

此筆預算過於龐大，遠非政府財力所能負擔；而且，就經濟利益而言，先修西段即可，以後再視實際需要，順其自然向東延伸，故目前實無須冒著增加財政赤字危機，去修築一條商業利潤有限、經濟價值不高的鐵路[58]。維什涅格拉茨基的觀點既與政府的決策相違，不得不於 1892 年 8 月辭去財政大臣之職。西伯利亞鐵路興建之議，至此終告定案，而整個築路計畫的快速推動，則有待於繼任的財政大臣維特來主持。

維特進入俄國財政部服務之前，曾在鐵路界服務近二十年，1887 年受維什涅格拉茨基委託，研究俄國鐵路公司長期虧損的原因（時俄國國有鐵路交付私人經營，俄國政府每年須貼補鐵路公司 4,000 萬盧布），其研究報告經財政部轉呈沙皇，因而大受重視。1889 年，俄國政府採納維特建議，將原屬交通部主管的鐵路事務改隸財政部，並設鐵路事務局專司其事，維特獲聘為局長，開始為期十餘年的宦途生涯[59]。1892 年 2 月，交通大臣丘別涅特去職，改由維特接任；半年後，維什涅格拉茨基被迫離職，亞歷山大三世為貫徹修建西伯利亞鐵路的決心，特別借重維特的鐵路事務才華，任命他為財政大臣。

同年，11 月 18 日，維特就修建西伯利亞鐵路的意義，奏呈〈論西伯利亞大鐵路建築方案〉的報告書，分別從經濟、政治、

台北：文海出版社重印，1968，奏疏 1，頁 17）；李家鏊則說是 3.49 億盧布（〈北洋翻譯官李家鏊面遞節略〉，收入《海防檔：鐵路》，中央研究院近代史研究所編印出版，1957，頁 270）。

58 羅曼諾夫，《俄國在滿洲（1892-1906）》，頁 53。

59 維特對當時俄國鐵路經營虧損的原因分析，及其接掌鐵路事務局長原委，參見拙著，〈維特與俄國的對華政策（1894-1896）〉，《復興崗學報》，51 期，1994 年 6 月，頁 423-424。

軍事的意義，詳述修建西伯利亞鐵路的重要性。他認為西伯利亞鐵路一旦完成，首先能解決歐俄本部耕地與糧食的不足問題，農民可遷移至西伯利亞，促進當地的開發。其次，此一鐵路能縮短歐洲至東方的旅程，如取道海運經蘇伊士運河，所須航程為 45 日，經由鐵路則僅須 18-20 日。此於俄國的貿易助益頗大，俄國將可成為歐洲與東亞貿易的中介人，且是最接近「最大消費地與生產地（東亞）」的國家。以中、日、韓三國對外貿易額總計不下 5 億盧布的情形而論，將來俄國若能掌控此一市場，貿易量必極其可觀。而僅就中俄貿易言之，英國掌控外國對華貿易的三分之二，它同時也是中國在世界貿易的最大競爭者。蓋中國茶原經英國銷售歐洲各地，但自印度茶興起後，中國茶在歐洲市場的銷售量，因之減少。將來西伯利亞鐵路完成後，中國茶便能取道該路，運抵歐洲，提前在歐洲市場上銷售，俄國可從而取代英國在歐洲茶市場的地位。再者，俄國的棉毛織品及金屬製品，也可經由西伯利亞鐵路運抵中國市場銷售，由此擴大俄國在華的貿易量，就此取代英國在中國的貿易地位。至於政治、軍事的利益，亦將伴隨經濟勢力的

圖 1-7　俄國財政大臣維特，1892 年接替維什涅格拉茨基擔任財政大臣，至 1903 年轉任總理大臣、首任大臣會議主席，於 1908 年卸任退隱。在財政大臣任內，完成西伯利亞鐵路的修建；同時也是中俄密約的主談人、中東鐵路的催生者、俄國工業化主要推動者。

擴大而愈益增強[60]。

從維特對修築西伯利亞鐵路的意義分析，可以看出他所重視者，乃在經濟利益，在他看來，如能取得經濟利益，則政治、軍事的利益自然伴隨而來，這與俄國其他官員著眼於戰略的動機全然不同。日後維特因主持西伯利亞鐵路的修建，開始與聞俄國的遠東事務，甚至主導 1896-1903 年的對華政策，也都是抱持此種觀點。為達成其目的，維特提出「銀行」、「鐵道」政策，發展俄國在華勢力；「華俄道勝銀行」與「中東鐵路」，這對維特「雙生子」的誕生，即是此一政策的具體成果。

鑑於過去西伯利亞鐵路的推動，因大臣會議和國務會議的消極作為而延誤，為避免重蹈覆轍，1892 年 11 月，維特奏請沙皇核准成立西伯利亞鐵路委員會，賦予全權的執行權。其次，為強化該委員會的權力，維特特別建議由皇太子尼古拉擔任該委員會主席[61]。1895 年，尼古拉二世登基以後，仍兼該職，顯見其對修建西伯利亞鐵路的重視亦如其父。1893 年 1 月 26 日，西伯利亞鐵路委員會成立；2 月 22 日，舉行第一次會議，通過組織章程；3 月 8 日，經沙皇核准，該委員會宣告正式運作[62]。

西伯利亞鐵路的修築工作，在維特的主持及該委員會人力和財力的強大奧援等因素之下，進展頗為快速，至 1895 年時，已修抵外貝加爾地區的上烏金斯克（Verkhneudinsk），自最西端的

---

60 參見 Нилус, *Исторический обзор КВЖД, 1896-1923 г.г.* T. I, c. 7-8；羅曼諾夫，《俄國在滿洲（1892-1906）》，頁 55-57；岩間徹，《露國極東政策とウイツテ》（東京：博文館刊，1941），頁 24-27。

61 S. Ia. Witte, *The Memoirs of Count Witte*, Translated and Edited by Sidney Harcave（New York: M. F. Sharpe Inc. 1990）, p. 25.

62 宮本平九郎，〈西伯利亞鐵道の完成〉，頁 54。

車里雅賓斯克算起，計完成了 1,254 俄里[63]。此後鐵路的走向，依規劃由赤塔經斯列堅斯克沿石勒喀河至波克洛夫斯克（Pok-lovsk），再循黑龍江北岸至伯力與烏蘇里鐵路銜接。而此一路線的地形狀況，經 1894 年夏勘察結果，發現全路線山高澤多，地形複雜，施工不易，尤其西段部分，崇山峻嶺，氣候酷寒，施工難度更高。其次，若沿黑龍江北岸而行，其走向須由北直行再彎至伯力，始能與烏蘇里鐵路銜接，如此一來，西伯利亞鐵路的遠東路段成一曲線，與原先的直線計畫相違。再就經濟效益而言，該路線行經區域，人煙稀少，物產不多，將來鐵路通車營運，獲利有限。故有關西伯利亞鐵路遠東路段的走向，究竟應依照原線（阿穆爾線，即黑龍江線），或改經滿洲與烏蘇里鐵路銜接，成為俄國政府內部爭論的焦點。隨著 1895 年兩次滿洲線的勘察，以及甲午戰爭結束後三國干涉還遼的成功，滿洲線遂取代阿穆爾線，成為西伯利亞鐵路的遠東路段。為達成此一目的，向中國「借地修路」，一變而為俄國對華外交的重要課題。

誠如維特所說的，西伯利亞鐵路的修築，確實是世界史上的一大創舉。它為歐俄本部與遠東疆土的聯絡，提供便捷的服務，也縮短了歐洲與東方的旅程，然而，其對遠東局勢的發展，卻造成極大的影響。當時，日本外務大臣青木周藏就認為俄國興修西伯利亞鐵路，無異是在遠東增兵；陸軍大臣山縣有朋也說，西伯利亞鐵路一旦完成，俄國可能會侵吞蒙古，進而擴展至中國內地，而有「東洋禍患，不出今後十年」的說法[64]。其後，中日戰爭的爆發，固然是中、日兩國在朝鮮勢力衝突的結果，但與日本

63 李濟棠，《沙俄侵華的工具——中東鐵路》，頁 22。

64 《沙俄侵華史》，第 4 卷（上），頁 6-7。

想利用俄國在朝鮮、滿洲的勢力尚未形成之前，先發制人，不無關聯[65]。西伯利亞鐵路的修築，最初係基於戰略的需要與移民實邊的考慮，但後來竟以施工困難為由，向中國「借地修路」，又視滿洲為其禁臠；西方列強不願見俄國獨霸滿洲，亦加入競逐行列，所謂「遠東的巴爾幹」——「滿洲問題」於焉形成。而「借地修路」非僅擁有鐵路修築經營權而已，另有其他相關利權的相繼取得，俄國遂得以此為基礎，極盡擴權之能事，終致中、俄兩國從清末以迄民國以來，不時因「中東鐵路問題」而糾紛衝突不斷，1929 年甚至爆發嚴重的軍事衝突，這一切均源於西伯利亞鐵路的修築而來。

65 岩間徹，《露國極東政策とウイッテ》，頁 34、40。

第二章

中東鐵路修築交涉

所謂的中東鐵路，自俄國方面而言，乃是西伯利亞鐵路的遠東路段。此一取道北滿全境的築路計畫，本非維特主持西伯利亞鐵路修築初期的路線，其後因原先規劃的阿穆爾線施工困難，乃有向中國「借地修路」的想法。於是，利用中國在甲午戰爭新敗之後，「聯俄制日」思想的盛行，以祕結抗日軍事同盟為餌，取得「借地修路」特權，開啟了俄國在中國東北勢力的發展。是故，李鴻章（1823-1901）使俄交涉，表面觀之，是以中俄密約為主軸，詳究其實，「借地修路」才是焦點所在。蓋中俄能否結盟，全視中國是否同意「借地修路」。此所以中俄密約訂定，尚須附帶鐵路與銀行合同的簽署，這一切乃是維特的「銀行」、「鐵道」政策的具體施行，中俄密約不過是其巧妙包裝而已。俄國取得中東鐵路修築權，隨即展開勘路工作，二年後，復利用膠州灣事件，占有旅大租地，進一步要求將鐵路向南展築，取得南滿支線修築權。此後中東鐵路幹線及支線宛如一倒丁字形，斜掛於中國東北全境。

第一節　中俄密約與「借地修路」

一、俄國向中國「借地修路」計畫的形成及初期交涉

前章提及 1894 年夏阿穆爾線勘察結果，得知該路段施工困難頗多後，維特仍未考慮科佩托夫所提議的滿洲線。1895 年 2 月，阿穆爾輪運與貿易公司經理馬克耶夫（Makeev）致函維特，建議修築新祖魯海圖（Novo-Tsrukhaitui）經墨爾根（嫩江），抵達海蘭泡的鐵路，如此則可避開阿穆爾線最西區段，減少施工難度，撙節費用，又可免除鐵路與江輪的競爭。此線僅取道滿洲西北一隅，和科佩托夫取道北滿全境的計畫相較，牽涉範圍較小，維特認為可行性較高，遂請外交大臣洛巴諾夫－羅斯托夫斯基（Aleksei B. Lobanov-Rostovskii, 1824-1896，舊譯羅拔諾夫）向中國交涉[1]。因此，同年 3 月起，俄國輿論界即有鼓吹「借地修路」的言論，以試探清廷的反應。時中國駐俄公使許景澄（1845-1900）曾將此一狀況報呈總理衙門，他指出：「悉畢利（西伯利亞）之

圖 2-1　俄國外交大臣洛巴諾夫－羅斯托夫斯基，歷任俄國駐土耳其、英國、奧地利等國公使，1895 年 3 月由維也納返國擔任外交大臣，開始向中國試探「借地修路」。1896 年 6 月，代表俄國簽訂中俄密約，8 月過世。

1　羅曼諾夫，《俄國在滿洲（1892-1906）》，頁 78。

取道我境，彼報言之不已，必將有向我明商之舉。」[2]

3 月 20 日，甲午戰爭結束，李鴻章赴日訂定和約。4 月 1 日，中日和約公布，其中有日本割取遼東一事，立即引起俄國政府的關注。維特首先向尼古拉二世建言，應力阻此事。4 月 11 日，俄國政府舉行特別會議，討論日本割取遼東問題[3]。維特在會議上發表冗長報告，聲援外交大臣洛巴諾夫－羅斯托夫斯基、陸軍大臣萬諾夫斯基（Peter S. Vannovskii, 1822-1904）等人的主張——干涉還遼。該報告的基本論點，是沿續 1892 年〈論西伯利亞大鐵路建築方案〉而來。維特表示，滿洲既鄰近俄國，自是俄國擴張勢力的最佳據點。當歐洲各國尚未插足於此之時，俄國可藉由西伯利亞鐵路的通車營運開發這片處女地，此一觀點與萬諾夫斯基等人基於戰略的考量，略有不同。4 月 16 日，在御前會議上，俄國決定聯合德、法兩國，干涉日本割取遼東。

1895 年 4 月 23 日，德、法、俄三國公使正式向日本遞交聲明，勸告日本放棄遼東的割取。5 月 5 日，日本通知三國，同意放棄遼東。三國干涉還遼的成功，可說是俄國在 1890 年代中期，朝向遠東發展的一大勝利。此後，其內部對遠東政策的主張形成兩派，即武力冒進派與和平漸進派。武力冒進派多為軍方人士，主張以武力的手段，占領滿洲，控制朝鮮。具體的成果，如強行租借旅大，進軍滿洲，最後演成日俄戰爭。代表人物如陸軍大臣庫羅帕特金（Aleksei N. Kuropatkin, 1848-1925，繼萬諾夫斯基之職）[4]、海軍大臣蒂爾托夫（Pavel P. Tyrtov, 1836-1903）、御

2　許景澄，《許文肅公遺稿》，函牘 4，頁 45。

3　關於俄廷官員對日本割取遼東問題的討論，參見拙著，〈維特與俄國的對華政策（1894-1896）〉，頁 436-437。

4　庫羅帕特金雖主張以武力方式，擴張俄國在滿洲和朝鮮的勢力，但在部分

圖 2-2 俄國外交大臣拉姆斯多爾夫。1897 年起即任副外交大臣；1900 年 6 月，外交大臣穆拉維約夫去世；次年 1 月，升任外交大臣；1906 年 5 月，去職。任職期間在遠東政策方面，雖反對「別佐勃拉佐夫集團」的武力冒進作為，卻無能改變，終致難以避免日俄戰爭的發生。

前大臣別佐勃拉佐夫（Alexsandr M. Bezobrazov, 1855-1931）等人[5]。和平漸進派多為財經外交界人士，主張以「銀行」、「鐵道」政策，達到控制滿洲的目的。維特是其靈魂人物，其支持者有洛巴諾夫－羅斯托夫斯基、拉姆斯多爾夫（Vladimir N. Lamsdorf, 1845-1907，舊譯拉姆斯獨夫）、烏赫托姆斯基親王（Prince Esper E. Ukhtomskii, 1861-1921，舊譯吳克托穆或稱吳王）、璞科第（Dimitrii D. Pokotilov, 1865-1908）。其具體的成果，包括提供中國 1 億兩借款（四釐借款）、中俄合辦華俄道勝銀行，以及取得中

做法上與別佐勃拉佐夫仍有不同，尤其在 1903 年起，日、俄兩國在遠東勢力衝突方面。其時，庫羅帕特金主張在西伯利亞鐵路全線尚未完工之前，不宜與日本發生戰爭，應以協商方式暫緩雙方的衝突，否則一旦開戰，俄國的軍事動員及後勤補給均會發生問題，惟其意見未獲尼古拉二世採納。他在日俄戰爭前後時期的日記，對別佐勃拉佐夫的做法有不少批評。

5 別佐勃拉佐夫原是退職禁衛軍官，1898 年起周旋於聖彼得堡官場，得到沙皇寵信，爭取滿洲和朝鮮等地林礦資源開發利權，形成所謂的「別佐勃拉佐夫集團」（“Bezobrazov Circle”）。其重要成員包括海軍元帥亞歷山大米海伊洛維奇大公（Grand Duke Alexander Mikhailvich）、海軍少將阿巴扎（A. M. Abaza）、內務大臣普列維（Vyacheslav K. Plehve, 1846-1904）等人，影響俄國的遠東政策。1903 年 5 月，別佐勃拉佐夫獲沙皇提拔，任御前大臣，維特去職後，其影響力增強，最後終致造成日俄戰爭的發生。1905 年 8 月，該集團勢力伴隨日俄戰爭的戰敗瓦解。

東鐵路修築權。這兩派對俄國遠東政策的影響力，各有消長。以在中國勢力的擴張而言，強租旅大以前，和平漸進派占居上風；在此之後，以迄日俄戰爭爆發為止，武力冒進派占居優勢。當然，儘管這兩派手段雖有不同，但目的則為一致，故為獲取在華利益，維特等人雖不盡然同意採用冒進做法，最終仍協同合力謀取在華權益。

圖 2-3　中東鐵路公司董事璞科第，華俄道勝銀行北京分行經理，俄國財政部駐北京代表，1905-1908 年任俄國駐華公使。

關於「借地修路」要求，在三國干涉還遼成功後，俄國並未立即向中國提出；但是，有關滿洲鐵路的勘察計畫，經交通大臣希爾科夫（Mikhail I. Khilkov, 1834-1909）於 5 月 24 日報呈尼古拉二世核准後展開。希爾科夫認為西伯利亞鐵路的遠東路段，若採行滿洲線，則可縮短 700 俄里的里程（實際勘察結果為 600 俄里），省卻 3,700 萬盧布的費用[6]。此項勘察行動並未知會俄國外交部，以徵求中國政府核可，而是擅自於 8 月、10 月兩

圖 2-4　俄國交通大臣希爾科夫，任期 1895-1905 年。任內完成西伯利亞鐵路修築，從聖彼得堡至海參崴暢行無阻，於俄國交通建設貢獻卓著。

6　羅曼諾夫，《俄國在滿洲（1892-1906）》，頁 79。

次入境滿洲調查（負責人是鐵路勘察專家斯維雅金 Nikolai S. Sviagin，舊譯司維牙金），其足跡遍達吉、黑兩省，甚至遠及於遼東灣一帶[7]。經中國抗議，維特始知悉此事，誤以為該項勘察行動是亞歷山大三世御醫巴德馬耶夫（Peter A. Badmaev, 1850-1920）所為[8]。

在此之前，維特並不贊同取道北滿全境的築路計畫，惟自是年 7 月中俄〈四釐借款同合〉簽訂後，其想法已完全改觀，在他看來，「借地修路」的時機，已趨向成熟。所謂〈四釐借款合同〉，係指俄、法兩國銀行提供中國 4 億法郎（1 億兩）貸款的借款合同[9]。該項貸款是維特主動爭取而得，其目的在藉此控制

---

7 1895 年 8 月滿洲鐵路路線勘察情形，吉林將軍恩澤曾致電總理衙門言，「據琿春電稱俄官帶人十數名」，「擬取道南省赴白馬山奉天遊歷」，「囑令來吉換照，竟不允從」而逕行之（〈吉林將軍恩澤致總署報俄員來商松花江通商章程並俄官等逕赴長白山奉天遊歷電〉，光緒二十一年 7 月 30 日，收入王彥威輯，《清季外交史料》，台北：文海出版社重印，1973，卷 117，頁 11）。總署接電後向俄使抗議，俄使在第二批勘察隊於 10 月已入境吉、黑兩省，始請中國派員保護，曹廷杰乃「率員司、通事、繪圖、翻譯、弁兵等分道前往，一面與之款接，一面查勘山川道里，為自修路之計」（叢佩遠、趙鳴岐編，《曹廷杰集》，北京：中華書局，1985，頁 389）。此外，羅曼諾夫，《俄國在滿洲（1892-1906）》（頁 79，註 1），以及《中東鐵路沿革史》（Нилус, *Исторический обзор КВЖД, 1896-1923 г.г.*, Т. I, с. 41）等書，均論及此次俄國進入滿洲勘路之事。

8 巴德馬耶夫曾於 1893 年 2 月給維特一份「備忘錄」，他主張俄國除修建西伯利亞鐵路外，應再築一支線深入中國內地（由伊爾庫次克至蘭州）。維特將此構想上奏沙皇後，撥款贊助他成立公司，前往中國活動。有關巴德馬耶夫的計畫，詳見羅曼諾夫，《俄國在滿洲（1892-1906）》，頁 59-61。

9 四釐借款是由俄法銀行分攤 1 億兩貸款，俄國銀行占五分之一，法國銀行占五分之四，借款以九四又八分之一的折扣給付，分三十六年還清，以中國海關收入存票作為押保。俄國政府在此項借款所取得的權利是：如中國無法還清借款本金利息時，可由借款銀行代墊，但須由俄國政府「以別項

中國的財政。另外，借款合同簽訂的同日（7 月 6 日），維特已思及向中國「借地修路」的方法，因而邀請參與四釐借款的法國銀行家霍丁格爾（G. Hottinger）、諾伊茲林（E. Noetzlin）等人，商討合組俄華銀行（Russo-Chinese Bank，中國譯為華俄道勝銀行），推動在華的經濟活動[10]，並透過該銀行達成「借地修路」的目的。

進款加保」；其次，中國如許他國「辦理照看稅入等項權利」，「亦准俄國均沾」（〈使俄許景澄致總署中俄四釐借款合同請知照喀使電〉附件：〈中俄四釐借款合同〉，光緒二十一年閏 5 月 14 日，收入《清季外交史料》，卷 115，頁 13）。

10 俄華銀行譯為華俄道勝銀行，係因 1896 年 9 月 2 日〈中俄銀行合同〉簽訂後，中國投資該銀行庫平銀 500 萬兩，且中東鐵路由該銀行籌組公司承修經營，故中文加譯「道勝」兩字，寓有鐵道勝利之意。華俄道勝銀行創行資本額為 600 萬盧布，法國銀行團承擔 62.5%，俄國承擔 37.5%，然在董事名額的分配上，維特為確保俄國能控制此一銀行，堅持八名董事，俄方要占五名，法方對此十分反感，以致交涉近五個月，始達成協議。1895 年 12 月，該銀行在聖彼得堡宣告成立，烏赫托姆斯基任董事長，羅啟泰（A. Iu. Rotshtein，音譯為羅特什捷英）任總經理，俄籍董事均為原財政部官員（參見 Rosemary Quested, *The Russo-Chinese Bank: A Multi-National Financial Base of Tsarism in China*, Birmingham: University of Birmingham Prees, 1977, pp. 6-7）。

1896 年 2 月，華俄道勝銀行於上海成立分行，以後陸續在天津、北京、煙台、漢口、鎮江、廈門、福州、廣州、汕頭，以及關外的哈爾濱、長春、齊齊哈爾、海拉爾、滿洲里、吉林、牛莊、大連、芝罘、寧遠、庫倫、伊犁、塔城、烏魯木齊、恰克圖等地成立分行。1910 年，該銀行因營業不佳，與北方銀行（Northern Bank）合併，改稱俄亞銀行（Russo-Asiatic Bank，中文名稱不變）。此一變動，銀行當局不僅未通知中國，還擅將中國股本，由 500 萬兩折為 350 萬兩，公積金定為 175 萬兩。清廷由報紙通告知悉此事，派施肇基前往查問，其北京分行經理威爾法（Wilfourt）以公事忙碌未及通知為詞搪塞（金世鑄，〈揭開華俄道勝銀行的內幕〉，《歷史研究》，1997 年第 6 期，頁 102）。

圖 2-5　鐵路勘察家斯維雅金，在鐵路合同未簽訂前，即奉命入境在寧古塔一帶進行勘察，是最早一批鐵路勘察團成員。1897 年 3 月，鐵路勘察團組成，他是尤哥維奇最為倚重的勘路工程師。1898 年 6 月，鐵路工程展開後，任邊境分段（綏芬河）段長至 1901 年止。

7 月 26 日，維特將上述構想奏呈尼古拉二世。由於籌組銀行一事，俄、法兩國尚未議妥，且中日歸還遼東交涉仍在進行，故維特在奏摺內未便直接點明「借地修路」計畫，只表示在關係到西伯利亞鐵路完工的「最後一批設施」時，「銀行可能成為俄國政府手中極其有益的工具」[11]。所謂「最後一批設施」，就是指取道滿洲修築鐵路。為試探中國的態度，維特曾數次向許景澄表示，「俄國防日甚亟，現已趕造西伯利亞鐵路」，勸中國自己「造路與彼接連，兩收通商調兵之利」[12]。10 月 14 日，俄國政府訓令駐華公使喀西尼（Artur P. Kassini, 1835-1919）照會總理衙門，謂該國所興建西伯利亞鐵路，將來或與中國「在滿洲地方興造鐵路相接」[13]。其用意亦與維特如出一轍。

11　羅曼諾夫，《俄國在滿洲（1892-1906）》，頁 86。

12　〈總署奏俄國派員分往東三省查勘修接鐵路事宜摺〉，光緒二十一年 9 月 2 日，收入《清季外交史料》，卷 118，頁 1。

13　〈總署奏俄國派員分往東三省查勘修接鐵路事宜摺〉，光緒二十一年 9 月 2 日，收入《清季外交史料》，卷 118，頁 2。

圖 2-6　1895 年夏，未經中國同意，斯維雅金奉命率鐵路勘察團從濱海省波爾塔夫村（Poltav）入境王龍溝山嶺間，向東路方向勘測。該勘察團共入境兩次，分別是 8 月、10 月。

1895 年 11 月，中日〈遼南條約〉簽訂，維特正式向許景澄提出「借地修路」要求，並開始研擬達成此一目的之方法。與此同時，是年夏秋之際的滿洲鐵路勘察報告出爐，更增強維特主張「借地修路」的決心。該報告指出，西伯利亞鐵路的遠東路段，若由赤塔取道滿洲抵達海參崴，可縮減 600 俄里，撙節築路費用，且黑龍江以南 600 俄里地帶，氣候溫和，土壤肥沃，物產富饒，尤其是松花江流域一帶，有利於未來鐵路營運。若採行阿穆爾線，不但施工困難，工程費用極其可觀，且江輪運輸收費較廉，勢必影響未來鐵路營運。因此，從施工、經費與未來鐵路營運等因素考慮，宜採行滿洲線[14]。

14　Нилус, *Исторический обзор КВЖД, 1896-1923 г.г.*, Т. I, с. 13-14.

12 月 5 日，俄法雙方在巴黎簽署華俄道勝銀行章程，該銀行章程係由西伯利亞鐵路委員會所草擬，顯示維特已決定將向中國「借地修路」的租讓權，交由該銀行所有。果然，12 月 9 日，維特上書尼古拉二世，提交「借地修路」的實施方案，建議鐵路的承修權，可交由華俄道勝銀行辦理，其中並提及以賄賂方法達成「借地修路」目的[15]。12 月 27 日，尼古拉二世批准維特的方案，著令其依循外交途徑爭取，以免引起各國干涉[16]。

「借地修路」計畫，獲得尼古拉二世批准後，曾引起俄國政府內部的反對聲浪，以外交部亞洲司司長卡普尼斯特（D. A. Kapnist）及阿穆爾省總督杜霍夫斯科伊（Sergei M. Dukhovskoi, 1838-1901）二人最具代表性。卡普尼斯特認為，在外國領土上修築一條長達 1,500-2,000 俄里的鐵路，「從軍事觀點看來在歷史上是絕無僅有的」。而純就「經營開發的觀點看」，也需要掌控該區域的一切行政管理機構，如此則意味非進行著軍事占領不可，進而招致瓜分中國的局面。因此，他批評維特的計畫是「帶有巨大的政治冒險性」，卻「沒有提供相應的利益」[17]。而杜霍夫斯科伊身為阿穆爾省總督，寄望西伯利亞鐵路的遠東路段能帶來該區域的繁榮興盛，自然主張幹線應沿阿穆爾河修築，至於滿洲地區則可修支線，甚至通往中國內地，以擴大俄國的勢力。為此，他特別上奏沙皇，反對西伯利亞鐵路的滿洲線，他認為在「外邦的區域」建築長達 2,000 俄里的鐵路，可謂是「一個巨大

---

15 羅曼諾夫，《俄國在滿洲（1892-1906）》，頁 86；Malozemoff, *Russian Far Eastern Policy, 1881-1904*, pp. 72-73.

16 竇宗一，《李鴻章年譜》（台北：文海出版社，1980），頁 5091。

17 轉引自《俄國在滿洲（1892-1906）》，頁 90-91。

的歷史錯誤」[18]。

儘管卡普尼斯特和杜霍夫斯科伊等人的反對聲浪強烈，但並無礙於「借地修路」計畫的執行。不過，為強化沙皇的支持，1896 年 4 月 12 日，維特針對杜霍夫斯科伊的質疑（同年 1 月 23 日上書沙皇），寫成一份「節略」奏呈沙皇，他分別從經濟、政治及戰略觀點，分析修築滿洲鐵路的利益。他說，從經濟意義而言，滿洲鐵路完成後，海參崴將成為「滿洲大部分地區的主要港口」，於俄國的貿易提供有利的條件，並增強其在鄰近滿洲的中國各省的發展；滿洲鐵路的爭取只是一個開始，將來還可伺機爭取中國內地其他鐵路的修築權。在政治和戰略的意義方面，滿洲鐵路可使俄國軍隊能在任何時間內，在最短的路程，抵達海參崴，並調駐於滿洲、黃海沿岸，以及臨近中國首都之處，從而增強俄國在中國和遠東的威信與影響力，「並將促進附屬於中國的部族和俄國接近」。至於「借地修路」是否會引發各國的反對而出現緊張關係？維特認為，當歐洲各主要強國如英、德、法等國均已紛紛在中國展開鐵路權益的角逐，俄國豈能自絕其外？尤其不能容許「中國北方省分（滿洲也不除外）的最重要的鐵路會落入他們手裡」。因此，必須竭盡各種方法將中國北部的鐵路網掌控在手，而首要之途即是滿洲鐵路的取得[19]。在維特看來，與俄國共同干涉還遼的法、德兩國，既已在 1896 年 1 月分別取得滇越鐵路修築權、津京鐵路貸款。此時，俄國只要採取適當的外交

18　〈阿穆爾總督杜霍夫斯科伊的節略〉，1896 年 1 月 11 日（23 日），收入張蓉初譯，《紅檔雜誌有關中國交涉史料選譯》（北京：三聯書店，1957），頁 164。

19　〈財政大臣維特的節略〉，1896 年 3 月 31 日（4 月 12 日），收入《紅檔雜誌有關中國交涉史料選譯》，頁 169、171-172、178。

手段，應是不難達成目的才是。

這份「節略」顯示維特主張向中國「借地修路」，是以經濟利益為著眼。其以為若能在中國占有經濟優勢，政治利益自然伴隨而來，戰略問題亦可一併解決。此種認知從西伯利亞鐵路修築計畫的提出以來，在俄國遠東政策會議的討論，始終如一，也與俄國其他贊同該計畫的官員如伊格納季耶夫、科爾夫、庫羅帕特金等人單從戰略觀點考量，有明顯的差異。

中國方面對於俄國修築西伯利亞鐵路，以及「借地修路」之說，在 1895 年 11 月維特正式提出要求之前，並非毫無警覺。早在 1888 年依克唐阿（1833-1899）於琿春副都統任內，即上奏俄人在海參崴至伯力間進行路線勘察，以修造鐵路。1890 年，又有駐俄公使洪鈞（1839-1893）致函總理衙門表示，西伯利亞鐵路一旦完成，「則我東顧之慮日亟」[20]。為此，總理衙門為防俄禦日，經營東北，依李鴻章建議，奏請修建關東鐵路[21]，遂有延請英人金達勘路至琿春之舉[22]。未料，此舉卻刺激俄國於 1891 年

20 依克唐阿、洪鈞等人的報告，見〈吉林將軍依克唐阿奏俄勘造伯力鐵路片〉，光緒十五年 7 月 26 日；〈使俄洪鈞奏俄造東方鐵路我有東顧之憂〉，光緒十六年 4 月 20 日，收入《清季外交史料》，卷 81，頁 18-19；卷 83，頁 10-11。按，洪鈞兼德、奧、荷等國公使，任期 1887-1892 年，駐地在柏林。

21 李國祁，《中國早期的鐵路經營》，頁 85。

22 中國勘察關東鐵路源起與經過如下：1890 年，李鴻章向金達表示，他計畫修築一條由西到東橫貫奉天的鐵路，路線是從山海關經錦州到新民屯，越過遼河抵達奉天，然後再向東北展築，經寧古塔至琿春。此外，由奉天至牛莊也打算築一支線。1890 年 5 月，金達受清廷委託進行關東鐵路路線勘察。金達的行程原本相當保密，卻為俄國人偵知。勘察隊抵達琿春，越過阿穆爾及濱海兩省行抵海參崴，再由該地返回中國境內。當其行經俄境時，沿途均受俄人款待（參見肯特著，李抱宏等譯，《中國鐵路發展史》，

2 月，提早展開西伯利亞鐵路的修建工作，同年 5 月初，繼洪鈞之後的駐俄公使許景澄向總理衙門報告，詳述俄國修路情形。1892-1893 年間許景澄又陸續傳回有關西伯利亞鐵路辦理情形的報告，並附有路線詳圖[23]。相對於西伯利亞鐵路的快速進展，關東鐵路的修建受經費不足的限制，至中日戰爭爆發前為止，僅修抵中後所，出山海關不過 40 哩[24]。

甲午戰爭期間，西伯利亞鐵路已修抵外貝加爾地區，有關由此地東行通往濱海省的路線問題，俄國朝野紛紛討論向中國「借地修路」的可行性；而西方各國又謠傳中國將以東三省路權予俄，以獲取中、俄兩國結盟抗日[25]。許景澄曾多次將這些情況報呈總理衙門，請其密切注意，並防範俄國有「借地修路」之舉。隨著甲午戰爭結束後，中日訂定和約，整個局勢發展，於俄國「借地修路」要求，營造了極其有利的氣氛。

1895 年 4 月 1 日，中日和約公布，其中有日本割取遼東一款，俄國視此為其未來在滿洲發展的一大障礙，遂聯合德、法二國，促成三國干涉還遼，俄國此舉本是為其自身利益，但在清廷

北京：三聯書店，1958，頁 37-38、40-41。

23 參見《許文肅公遺稿》，奏疏 1，頁 16-19；奏疏 2，頁 5-6。

24 李國祁，《中國早期的鐵路經營》，頁 93。

25 西方各國謠傳東三省利權予俄一事，起因於 1894 年 11 月，湖北布政使王之春奉使俄國，弔唁亞歷山大三世之喪。當時，路透社報導，言王之春使俄，以東三省路權交換聯俄。1895 年 1 月，英駐上海總領事電其外交大臣言：「中國專使王之春在俄商滿洲鐵路修建及同盟之事。」同年，4 月 19 日，上海字林西報報導，盛傳有中俄密約的訂定（竇宗一，《李鴻章年譜》，頁 5046、5055、5072）。另外，王之春，《使俄草》（台北：文海出版社重印，1967）詳述使俄經過，言尼古拉二世曾表示對中日戰爭關切之意，並未論及中俄結盟事宜（參見卷 4，頁 5）。

看來卻是一「救命恩人」善行，往後有關中日還遼交涉，希冀再借俄力，達成無償收回遼東及避免割台等願望。於是，與俄國祕結盟約以抗日，遂成為朝野共同的想法。最早提議聯俄抗日者為張之洞（1837-1909），他在日本尚未同意放棄遼東以前，即在1895年4月26日，致電總理衙門，言日約極無理，可商請英、俄兩國相助，中國可分別以後藏、新疆之南疆或北疆之地酬謝。此電雖是聯英、俄主張，卻是「聯俄制日」論之先聲[26]。次日，軍機處致電許景澄，令其詢問俄國政府，「能否先以兵艦來泊遼東海面，為我臂助；儻真用兵力，中國願與俄立密約相酬」[27]。這是清廷首次提出與俄國祕結盟約的想法。5月8日，兩江總督劉坤一（1830-1902）致電總理衙門大臣兼戶部侍郎張蔭桓（1837-1900），言「約俄、德、法，酌許分地給款，請為我擊日並密訂後約」[28]。5月14日，張佩綸（1848-1903）致李鴻章信函，言請借俄力保台灣[29]。

---

26 〈署江督張之洞致總署日約極無理請商英俄相助電〉，光緒二十一年4月2日，收入《清季外交史料》，卷110，頁3-5。按，張之洞時任湖廣總督，因甲午戰爭爆發後，兩江總督劉坤一奉命北調督理關內外對日作戰事務，兩江總督暫由張之洞署理。

27 〈軍機處電寄許景澄諭旨〉，光緒二十一年4月3日，收入北平故宮博物院編，《清光緒朝中日交涉史料》（台北：文海出版社重印，1963），上冊，卷39，頁23。

28 〈江督劉坤一致張蔭桓請約俄法德酌許分地給款代我擊日電〉，光緒二十一年4月14日，收入《清季外交史料》，卷111，頁22。

29 張佩綸致李鴻章信函未收入《李文忠公全集》，此處引自竇宗一，《李鴻章年譜》，頁5077-5078。按，張佩綸庶吉士出身，歷任編修、侍講、署左副都御史、署總理衙門大臣、署福建船政大臣、李鴻章幕僚。1884年中法戰爭，馬尾海戰福建水師全軍覆沒，被革職後充軍，1884年回京，復任李鴻章幕僚。

7 月 8 日，劉坤一復遞呈二封奏摺，一則言「聯俄拒日」，並借俄款 1 億兩，償付對日賠款；一則請飭電許景澄與俄國商訂密約，建議「果能使日還遼而不再索賠款，則我即割新疆數城予俄為謝」[30]。7 月 29 日，倉場侍郎許應騤（1848-1903）亦奏請「聯俄拒日」，謂「昔當聯英以拒俄，今則當聯俄以拒日」[31]。8 月 8 日，張之洞上奏，言「今日救急要策，莫如立密約以結強援」，「欲立約結援，自惟有俄國最為便緣」[32]。8 月 30 日、9 月 23 日，軍機大臣翁同龢（1830-1904）先後與李鴻章及湖北布政使王之春（1842-1906）的晤談，亦均論及與俄國祕結盟約問題[33]。由此可見，「聯俄制日」主張非倡始於李鴻章使俄時期，

30 〈江督劉坤一奏密陳大計聯俄拒日以維全局摺〉；〈江督劉坤一奏請飭密商俄國促日還遼予以新疆數城為謝片〉，光緒二十一年閏 5 月 16 日，收入《清季外交史料》，卷 115，頁 19。「聯俄拒日」奏摺亦見之於劉坤一，《劉忠誠公遺集》（台北：文海出版社重印，1967），奏疏 24，頁 12。

31 〈倉場侍郎許應騤奏日患方殷請聯俄以資控制摺〉，光緒二十一年 6 月 6 日，收入《清季外交史料》，卷 116，頁 6。

32 〈署江督張之洞奏今日救急要策莫如與俄立密約以結強援片〉，光緒二十一年 6 月 18 日，收入《清季外交史料》，卷 116，頁 35-36。張之洞在光緒二十一年 2 月 12 日、3 月 23 日、4 月 8 日、4 月 13 日、4 月 14 日、4 月 21 日，陸續致電許景澄，設法尋求俄援，阻日割台，則可允俄在台開礦，或抵押台灣借俄款，以及如能助華無償索回遼東，必有酬謝等語（參見張之洞，《張文襄公全集》，台北：文海出版社重印，1970，卷 143，電牘 22，頁 12；卷 144，電牘 23，頁 19；卷 145，電牘 24，頁 7；卷 145，電牘 24，頁 12、14、25-26），顯見張之洞主張「聯俄制日」態度的積極。

33 趙中孚編輯，《翁同龢日記排印本》（台北：中文研究資料中心，1980）（四），光緒二十一年 7 月 11 日、8 月 5 日，頁 1972、1976。按，湖北布政使王之春曾於 1895 年 1 月出使俄國，弔唁亞歷山大三世之喪和祝賀尼古拉二世登基，並有「借俄力以制倭人」之意；然因王之春未返，馬關條約已簽訂，以致後項目的功敗垂成。

亦非李鴻章一人所獨倡。此一親俄、聯俄氣氛，恰是俄國提出「借地修路」的最佳時機。

值得注意的是，「聯俄制日」的言論，雖甚囂塵上，然無論是中央要員或地方疆吏，從未有以東三省路權相讓之主張，此與甲午戰爭前，修造關東鐵路以防俄禦日的用意一致。如積極主張「聯俄制日」的張之洞，在聞知俄國趕造西伯利亞鐵路，即於 8 月 27 日奏請清廷借俄款自造鐵路與俄境相接[34]。又如 10 月 14 日，俄使喀西尼照會總理衙門，希望中國在「滿洲地方興造鐵路」，與西伯利亞鐵路相接之時，恭親王奕訢（1833-1898）等人即疑俄國「竟有借地修路之勢」，乃請旨電飭許景澄向俄國外交部查明詳情，並力主鐵路「自俄境入華境以後，無論鴨綠江南岸、黑龍江南岸達於海口」，「均由中國接造」[35]。凡此均可證實舉朝官員並未因心存「聯俄制日」之念，而放棄東三省鐵路自造的想法，但後來演變成同意俄國「借地修路」，卻是此一「幻想」使然，中國所付出代價，可謂重大至極。

由於「借地修路」茲事體大，主持其事的維特自三國干涉還遼成功後，步步為營，先取得〈四釐借款合同〉，再籌組華俄道勝銀行，以作為將來向中國「借地修路」之工具。在前述條件一一具備，以及中日〈遼南條約〉簽訂、日軍撤出遼東後，11 月，維特正式向許景澄提出「借地修路」要求。維特表示，「本部為中國代計，目前未必有款，又無熟悉工程之人」，中國自造鐵

34 〈署江督張之洞致總署俄造西伯利亞鐵路意在網羅東方貿易利權電〉，光緒二十一年 7 月 8 日，收入《清季外交史料》，卷 117，頁 6。

35 〈總署奏俄國派員分往東三省查勘修接鐵路事宜摺〉；〈總署奏俄人在東三省借地造路關係甚大應自行查勘興辦片〉，光緒二十一年 9 月 2 日，收入《清季外交史料》，卷 118，頁 1-2。

路，「恐難迅速」，建議「莫如准俄人集立一公司，承造此路，與中國訂立合同」。許景澄以此不合本國訓令為由拒絕，同時致函總理衙門，謂維特「明係托名商辦，實則俄廷自為，蓋即借地修路之謀，變通其策，以免諸國之忌而釋我之疑」[36]。

「借地修路」要求遭到回拒，維特決定將之交付喀西尼直接向總理衙門交涉。12 月 9 日，他正式向沙皇奏呈「借地修路」主張，並呈上附件，說明取得的方法，此項附件後來隨同外交部的訓令交付喀西尼，作為向中國交涉的指導方針。1896 年 2 月，喀西尼得知西伯利亞鐵路取道滿洲的原則已確定；3 月底，接獲俄國政府訓令；4 月 18 日，向總理衙門提出「借地修路」要求。喀西尼從政治、經濟與軍事的利益，向慶親王奕劻等人遊說，指稱滿洲線一旦築成，於當地的商業繁榮，以及軍事的防禦均有助益。其次，中國無須為滿洲線負擔任何費用，俄國也會尊重中國主權，鐵路修築可交付中、俄兩國核可的私人公司承辦[37]。總理衙門經過十二天考慮後，於 4 月 30 日拒絕了喀西尼的要求，並表示今後中國「不把類似租讓權，給予任何外國和任何外國公司」，只同意「盡可能在最短的時間內，借助俄國工程師的幫助」，並使用俄國的材料，修建滿洲鐵路[38]。當日，喀西尼與總理衙門各王公大臣談判了近三小時，仍無結果，最後竟以幾近威脅的口吻說：「中國不顧邦交，我與日本聯絡，另籌辦法。」事後，喀西尼向聖彼得堡報告表示，惟有警告中國政府拒絕「借

36 《許文肅公遺稿》，函牘 4，頁 54。

37 施阿蘭著，袁傳章、鄭永慧譯，《使華記》（北京：商務印書館，1989），頁 109-110。

38 羅曼諾夫，《俄國在滿洲（1892-1906）》，頁 96-97；《翁同龢日記排印本》（五），光緒二十二年 3 月 18 日，頁 2016-2017。

地修路」的嚴重性，方能迫其就範[39]。

喀西尼交涉「借地修路」的失敗，維特並不訝異，他早已為此事的交涉預留後路，亦即將交涉地點轉移至聖彼得堡及莫斯科，交涉對象以李鴻章為主，尼古拉二世的加冕典禮正可利用。因此，如何促成李鴻章赴俄訪問，早在喀西尼向總理衙門提出「借地修路」要求之前，維特已開始進行規劃。

二、李鴻章使俄與中俄密約的簽訂

1896 年 5 月 26 日是尼古拉二世的加冕典禮，清廷因湖北布政使王之春「前次奉使俄邦，辦理得體」[40]，擬派他前往祝賀。該項任命自然不符維特的期望，1896 年初，喀西尼即向總理衙門表示，俄方希望清廷能派王公或大學士充任祝賀專使，王之春「位望未隆，與各國遣使相形，難於接待」[41]，意在暗示「可勝任者，獨李中堂（鴻章）耳」[42]。2 月 10 日，御史胡孚宸（1846-1910）亦上奏，言王之春資望太輕，應改派李鴻章為正使，王之春為副使，以示敦睦邦交[43]。清廷礙於俄國要求，2 月 22 日，正式任命李鴻章為「欽差頭等出使大臣」，赴俄參加沙皇加冕典

39 羅曼諾夫，《俄國在滿洲（1892-1906）》，頁 97。

40 勒德洪奉敕撰，《清德宗實錄》（台北：大通出版社重印，1973），卷 379，頁 35。

41 朱壽朋纂，《十二朝東華錄》，光緒朝（台北：文海出版社重印，1963），總頁 3726-3727。

42 梁啟超，《李鴻章傳》（湖南望城：海南出版社，1993），頁 65。

43 〈御史胡孚宸奏俄君加冕宜派重臣前往致賀片〉，光緒二十一年 12 月 27 日，收入《清季外交史料》，卷 119，頁 25。

禮，並前往英、法、德、美等四國訪問，「聯絡邦交」[44]。李鴻章於 3 月出發前，曾蒙慈禧太后召見，據他事後告訴黃遵憲，表示此行目的在「聯絡西洋，牽制東洋」[45]；翁同龢也與其論及「密結外援」事宜[46]。可見李鴻章訪俄的最主要任務，乃在落實三國干涉還遼以來，中國朝野「聯俄制日」的想法，至於中俄雙方如何合作，李鴻章心中尚無具體計畫。

1896 年 3 月 28 日，李鴻章自上海出發，隨行文武職人員（含外籍譯員），計有三十餘人[47]。維特擔心李鴻章抵俄前，先經他國，妨礙其計畫，故請喀西尼與李鴻章商妥行程，先在上海搭乘法輪至埃及亞歷山大港（Alexandra），改乘俄輪至敖德薩（Odessa），再坐火車前往莫斯科[48]。其次，為防範在亞歷山大港發生差錯，另派李鴻章舊識華俄道勝銀行董事長烏赫托姆斯基裝成不期然而遇的方式，將李鴻章迎往敖德薩。維特的思慮果然周密，當李鴻章一行抵達亞歷山大港時，歐洲各國曾派代表邀請其

---

44 〈諭派李鴻章為出使俄英法德美五國親遞國書大臣敕書並著李經述隨使前往〉，光緒二十二年 1 月 10 日，收入《清季外交史料》，卷 120，頁 1。

45 黃遵憲，《人境廬詩草》（北平：文化學社，1933），頁 310。竇宗一據美使報告及羅曼諾夫之說，言慈禧召見李鴻章，已同意以滿洲鐵路利權及一不凍港，換取中俄結盟抗日（《李鴻章年譜》，頁 5106）。此一說法不盡然可信，如已先奉有指示，則李鴻章在初抵俄國談判時，就不至於以未奉交涉「借地修路」為由，拒絕維特的請求；而且，證諸所有當代相關人物文集與清季相關史料，以及今人研究，均未見有此一說。

46 《翁同龢日記排印本》（五），光緒二十二年 1 月 4 日，頁 2003。

47 李玄伯，〈李文忠公使俄與中俄密約〉，收入《中國近現代史論集》，清季對外交涉（二）（台北：臺灣商務印書館，1987），頁 503。

48 〈寄彼得堡許欽差巴黎慶欽差等電〉，光緒二十二年 1 月 3 日，見中華民國開國五十年文獻編纂委員會編，《光緒中俄密約全卷》（台北：編者印行，1965），頁 76；*The Memoirs of Count Witte*, p. 230.

前往訪問，因維特事先防範而無功折返[49]。4 月 27 日，李鴻章一行抵達敖德薩，維特為顯示俄國對李鴻章來訪的重視與禮遇，特別奏呈沙皇准允其一行人旅俄期間的一切花費，悉由俄國政府供給，同時還以隆重軍禮迎接李鴻章，並加派專門衛隊保護，博取其歡心，以利於「借地修路」談判[50]。

距離莫斯科的加冕典禮尚有二十多天，這正是中俄密談的最佳時機。維特請示沙皇，迎接李鴻章前來聖彼得堡；洛巴諾夫－羅斯托夫斯基則持反對意見，他認為李鴻章應留在敖德薩或直赴莫斯科，等待加冕典禮[51]。這位外交大臣完全不清楚維特大力促成李鴻章使俄之企圖，故聖彼得堡的中俄密談，全由維特一手安排，由他直接與李鴻章洽談，至事情底定後，再由外交大臣出面簽署密約，達成「借地修路」的目的。

圖 2-7 中國赴俄特使李鴻章，1896年3月末從上海出發，歷經一個月航程，始抵達俄國黑海港口敖德薩，後轉往首都聖彼得堡覲見尼古拉二世。

4 月 30 日，應維特邀請，李鴻章一行人來到聖彼得堡。5 月 2 日，總理衙門致電李鴻章，告知喀西尼「來商接築東三省鐵路事」，已予拒絕，決定「中國自辦，無須代籌款、

49 *The Memoirs of Count Witte*, p. 230.

50 參見李玄伯，〈光緒中俄密約之交涉與簽訂〉，收入《光緒中俄密約全卷》，頁 42、73；*The Memoirs of Count Witte*, p. 231.

51 *The Memoirs of Count Witte*, p. 231.

代薦公司」[52]。次日，李鴻章、維特開始進行祕結盟約會談。基於過去失敗教訓，維特先從關心中國領土主權的完整為起點，以鬆弛李鴻章的戒心，再切入「借地修路」議題。他表示，俄國主動促成三國干涉還遼的結果，中國領土主權得以維持完整，此係俄國對華政策的基本原則，但若要確保此一政策的持續不變，有必要修築取道蒙古、北滿以抵達海參崴的鐵路，以便於將來中國有事時，俄國可出兵相助。甲午戰爭期間，俄國曾出兵相助，但因缺乏鐵路運輸，軍隊未抵達吉林，戰爭已宣告結束，顯見鐵路興修於俄國兵援中國的重要性。其次，就經濟價值而言，此路亦有助於中、俄兩國鐵路行經區域的經濟繁榮，可說是彼此互蒙其利。何況中國若要自行修路，「恐十年無成」，不如由中、俄兩國政府核可的俄國公司承辦較有助益[53]。李鴻章主持中國對外交涉事宜二十餘年，對於維特說辭背後的動機，自然不會不明白，他以未奉交涉「借地修路」，以及「代薦公司，實俄代辦，於華權利有礙，各國必多效尤」等理由，拒絕其要求[54]。

圖 2-8　年輕的末代沙皇尼古拉二世，1896 年 5 月，兩次在皇宮接見李鴻章。

52　〈北京總署來電〉，光緒二十二年 3 月 20 日，收入《光緒中俄密約全卷》，頁 80。

53　*The Memoirs of Count Witte*, p. 232;〈寄總署電〉，光緒二十二年 3 月 21 日，收入《光緒中俄密約全卷》，頁 80。

54　〈寄總署電〉，光緒二十二年 3 月 21日，收入《光緒中俄密約全卷》，頁80。

為軟化李鴻章的態度，維特安排尼古拉二世親自與之會談。尼古拉二世共接見李鴻章二次，在第二次時，即5月7日，向李鴻章提出「借地修路」要求，並建議鐵路可由華俄道勝銀行承辦。尼古拉二世又表示，俄國地廣人稀，絕無侵占中國領土的野心；而且，鐵路一旦築成，「將來調兵捷速，中國有事亦便幫助，非僅利俄」而已[55]。同日，李鴻章將上述情況，電呈總理衙門，謂沙皇之說，「較微德（維特）前議和厚」[56]，顯然，沙皇的召見晤談，軟化了中俄談判的障礙。

5月8日，洛巴諾夫－羅斯托夫斯基在外交部宴請李鴻章，維特在場作陪。會中維特再度提起「借地修路」由華俄道勝銀行承辦一事，希望就此擬定章程。李鴻章以此路山險頗多，人跡罕至，修造不易等理由，回拒其請，轉而論及昨日沙皇同意「出兵援助」一事。洛巴諾夫－羅斯托夫斯基表示，須俟鐵路事項議妥，始能另訂密約。李鴻章見俄方定要先有鐵路合同，才肯訂定密約，乃於5月9日致電總理衙門說：「我自辦接路實恐無力，又難中止，兩事相因，應否先修訂援助，後議公司，請代奏候旨。」[57]由這封電文可知李鴻章已同意「借地修路」，此和先前態度完全相左，亦有違總理衙門的指示。這種轉變可能是受沙皇「出兵相助」的允諾，而有「聯俄制日」幻想的影響所致[58]。

---

55 〈寄總署電〉，光緒二十二年3月25日，收入《光緒中俄密約全卷》，頁81。

56 〈寄總署電〉，光緒二十二年3月25日，收入《光緒中俄密約全卷》，頁81。

57 〈寄總署電〉，光緒二十二年3月27日，收入《光緒中俄密約全卷》，頁81。

58 對於李鴻章態度的轉變原因之一，《沙俄侵華史》一書，採信羅曼諾夫之說（《俄國在滿洲（1892-1906）》，頁86，註1，頁107-109、151），認為可能是「俄國盧布已經發生效力」（第4卷〔上〕，頁65），暗示李鴻章因得到尼古拉二世給付300萬盧布的承諾才改變其態度（頁63-64）。

李鴻章主持晚清外交長達三十年，儘管有諸多爭議，然其謀國之忱，殆無中俄「借地修路」交涉，自 1896 年 5 月 9 日以後，在李鴻章方面已無障礙，接下來是如何由他來促成清廷接受俄方條件。5 月 13 日，俄方擬妥中俄密約文稿，交付李鴻章。先前維特與李鴻章已談妥大致內容，再由維特轉知洛巴諾夫－羅斯托夫斯基，由他草擬文稿。該文稿共計六款，前三款不外是中俄結盟抗日，後三款才是約文重點，其大要為：第四款，「為將來轉運俄兵禦敵並接濟軍火、糧食」，「議於黑龍江、吉林邊地接造鐵路，以達海參崴」；第五款，「無論和時戰時俄國均可用上款所開之鐵路運兵、運糧、運軍械」；第六款，「此約應由第四款所讓之事舉行之日算起照辦」。關於此約稿，原則上，李鴻章並無異議，只是惟恐鐵路承修權交由華俄道勝銀行，難保俄國不藉此控制該路。為防範之，並彌補「借地修路」的損失，李鴻章提議於第四款末添加：「其事（修路）可由中俄公司經理，其款由兩國妥善商訂」等字句[59]。對此，維特未表反對，蓋「借地修路」既已獲得李鴻章首肯，鐵路承修權由華俄道勝銀行取得一項，可在日後的協商爭取。

疑義。以其身分地位，誠如梁啟超所言為「數千年中國歷史上一人物」、「19 世紀世界歷史上一人物」（《李鴻章傳》，頁 99），似無可能會因數百萬盧布而毀其清譽；何況僅憑俄國方面資料即論斷「受賄」為真，實與史學研究講求多方證據之法相牴觸，故此處存而不論。

另外，後續有關旅大租借交涉事宜，維特在其回憶錄中提及，他曾指示財政部駐北京代表璞科第賄賂李鴻章與張蔭桓，並強調這是「唯一的一次」（*The Memoirs of Count Witte*, p. 277）；以及蘇聯時代出版的《紅檔雜誌》（*Krasnyi Arkhive*）收錄巴甫洛夫和璞科第等人密電，其中有：「付給李鴻章五十萬兩」（合 70 萬盧布）等字眼，遂為學者引用，指涉李鴻章收受俄國賄款的著作為數不少，可參見馬忠文，〈旅大租借交涉中李鴻章、張蔭桓的「受賄」問題〉，《學術界》，2003 年第 2 期。

59　〈寄總署電〉，光緒二十二年4月1日，收入《光緒中俄密約全卷》，頁 82。

5 月 14 日，李鴻章再致電總理衙門，一言「約文無甚悖謬，若回絕必至失歡，有礙大局」，請核准約稿；二言維特「續示中俄公司合同草底」，「鴻謂事體重大，猝難定議」[60]。翁同龢等人對於 5 月 7 日、9 日電文，遲遲無法定奪[61]，直到 5 月 14 日，才回覆李鴻章，提交三項指示：（一）沙皇盛情可感，請其代達申謝；（二）鐵路之事，中國自辦，原因有二，「一則興中國商務，一則杜他人援請」，「用俄公司，雇俄工匠，購俄物料皆可行」；（三）加添密約三條，「一、如有兵事，俄與中國彼此援助。一、松花、混同（即黑龍江）兩江彼此行船。一、中國令資本五百萬附入俄華銀行。」[62]由此可見，清廷仍堅持鐵路自造的立場，但為與俄國結為軍事同盟，同意開放松花江的航行權，以及投資華俄道勝銀行作為交換條件。5 月 15 日、17 日，總理衙門先後接獲李鴻章電文，送來中俄密約文稿並催請核可[63]。然直到 5 月 21 日，總理衙門始做成決議，電付李鴻章，僅同意約稿前四款，即同意「借地修路」，但不同意五、六兩款——俄國在平時、戰時均可利用鐵路運兵，以及密約必須等到鐵路合同正式實施才生效等條文[64]。

---

60 〈寄總署電〉，光緒二十二年4月2日，收入《光緒中俄密約全卷》，頁 82。

61 翁同龢在日記中言：「晨與慶邸議俄事，毫無主意」，《翁同龢日記排印本》（五），光緒二十二年 3 月 30 日，頁 2019。

62 《翁同龢日記排印本》（五），光緒二十二年 4 月 2 日，日記原文：「接到俄提密約後，遂提出密約三條者也。」頁 2019；〈北京總署來電〉，光緒二十二年 4 月 4 日到，收入《光緒中俄密約全卷》，頁 83。

63 參見《翁同龢日記排印本》（五），光緒二十二年 4 月 3 日、5 日、6 日，頁 2019-2020。

64 《翁同龢日記排印本》（五），光緒 22 年 4 月 9 日，頁 2020；〈北京總署來電〉，光緒二十二年 4 月 11 日到，收入《光緒中俄密約全卷》，頁 84。

由於距離 5 月 26 日沙皇的加冕典禮日期已近，李鴻章於 5 月 18 日轉赴莫斯科，展開另一階段的談判。首先，李鴻章依據總理衙門指示，進行鐵路自辦與另結密約三款的交涉。惟俄國方面堅持不讓步，並主動修改密約文稿：第四款鐵路承修由「中俄公司經理」，改為「中國國家准交俄華銀行承造經理」；第六款鐵路合同正式實施後，密約生效等語，改為鐵路合同簽訂後，密約即宣告生效[65]。這次約稿的修改，將鐵路承修權交付華俄道勝銀行，與原先李鴻章主張鐵路由中俄公司辦理相違，而李鴻章未持異議原因，主要是他已同意維特所擬鐵路合同草案，其中除鐵路交付華俄道勝銀行承修的規定外，並允中國投資 500 萬兩於鐵路公司。在他看來，此與中俄公司合辦鐵路並無不同，故未予反對。其次，第五、六兩款的修訂方面，俄方僅願就第五款作一修訂，即平時無事俄國可在所開之鐵路運兵糧，「除因轉運暫停外，不得借他故停留」；至於第六款全文，維特與洛巴諾夫－羅斯托夫斯基毫不讓步，謂「六款為通篇結穴，一字不能改動，否則此約作罷論」[66]。俄方態度既如此強硬，李鴻章一心要祕結盟約，未再堅持，而將交涉結果報呈總理衙門。5 月 26 日，總理衙門接獲李鴻章電文後，知俄方無退讓之意；次日，翁同龢邀同總理衙門各大臣，包括吳廷芬（1833-？）、張蔭桓、李鴻藻（1820-1897）、榮祿（1836-1903）、恭親王奕訢、慶親王奕劻（1838-1917）等人商議，決定請旨准予李鴻章在密約上簽字畫

---

65 參見〈覆總署電〉，光緒二十二年 4 月 7 日，收入《光緒中俄密約全卷》，頁 83-84。

66 〈寄總署電〉，光緒二十二年 4 月 12 日，收入《光緒中俄密約全卷》，頁 84-85。

押[67]。5 月 30 日，李鴻章接獲總理衙門電文，受命「與俄國外部大臣畫押」[68]。

1896 年 6 月 3 日，李鴻章赴俄國外交部，與洛巴諾夫－羅斯托夫斯基、維特等人，互看彼此的全權諭旨，並於覆校中法約文無誤後，各自畫押蓋印。6 月 8 日，為防密約事洩，總理衙門請旨電付李鴻章，言「約本或親賚，或派員」，攜回北京；6 月 22 日，清廷正式批准此約[69]。該約本於 8 月 23 日始由塔克什納（同文館譯員），攜抵北京面交翁同龢；9 月 28 日，中俄雙方在北京換約；9 月 29 日，翁同龢奏呈光緒皇帝，言明密約事，「將管鑰及兩要件（約本）繳上」[70]。中俄密約全名稱為〈中俄禦敵互相援助條約〉，其內容與俄國最初所擬約稿實質上並無不同，全約共計六款，要點為：中、俄兩國共結十五年軍事同盟防日，故須修造鐵路以利運兵，不論平時或戰時，俄國均可利用此路運兵糧，鐵路則由華俄道勝銀行承辦。

李鴻章完成祕結盟約的任務，逗留俄國一週後，即離俄赴德，繼續未完成的敦睦邦交之旅。有關中國投資 500 萬兩於華俄道勝銀行，以及該銀行承辦鐵路等事宜，另由駐俄公使許景澄率

67 《翁同龢日記排印本》（五），光緒二十二年 4 月 15 日，頁 2021。

68 〈北京總署來電〉，光緒二十二年 4 月 18 日到，收入《光緒中俄密約全卷》，頁 85。

69 《翁同龢日記排印本》（五），光緒 二十二年 4 月 27 日，頁 2023；〈北京總署來電〉，光緒二十二年 4 月 28 日到，〈總署來電〉，光緒二十二年 5 月 12 日到，收入《光緒中俄密約全卷》，頁 88-89。

70 參見《翁同龢日記排印本》（五），光緒二十二年 7 月 15 日、7 月 20 日、8 月 22 日、8 月 23 日，頁 2037、2039、2045。維特回憶錄言，中俄密約藏於慈禧太后寢宮，八國聯軍之役時，為俄兵所劫，由俄駐華使館轉呈外交大臣拉姆斯多爾夫再交還中國（*The Memoirs of Count Witte*, p. 280）。

同柯樂德（V. Iu. Grot，隨李鴻章赴俄譯員、中國海關俄籍稅務司），就李鴻章與維特所商妥之銀行與鐵路合同草案，繼續與華俄道勝銀行總經理羅啟泰進行協商，於 9 月 2 日簽訂〈中俄銀行合同〉、9 月 8 日簽訂〈東省鐵路公司合同〉，至此，整個「借地修路」交涉宣告完成。

綜觀中俄密約的訂定，於清季東北政局的影響既深且鉅。李鴻章主持晚清外交二十餘年，論者常以馬關條約及中俄密約是其一生事功之二大敗筆，尤其是後者，所造成的後遺症遠超過前者。國人在論及此事時，每每責怪李鴻章之顢頇，以及俄國之欺人太甚。其實，重新檢視中俄密約與鐵路及銀行兩合同的訂定，非僅李鴻章之誤國和俄國之侵略等二因所能言明者，詳究其實，當是中俄雙方各有所需的結果。此次中俄交涉，以中俄密約為主軸，就中方而言，目的在「聯俄制日」，希圖藉由中俄軍事結盟，以對抗日本；就俄方面而言，目的在「借地修路」，中俄軍事結盟不過是一幌子。俄國為達成其目的，在財政大臣維特的悉心規劃下，於三國干涉還遼後，開始步步為營，利用中國殷切「聯俄制日」的心理，掌控談判的主動權，從密約文稿到鐵路及銀行合同草案，悉由俄方草擬，中方完全處於被動地位，以致路權相讓所換得的僅是一紙無用的密約，焉能不令人扼腕、慨歎！中國所蒙受的損失，在責任歸屬上，李鴻章固然要負重責，惟翁同龢等總理衙門各王公大臣亦難辭其咎，而從當代時局觀之，毋寧說是「以夷制夷」外交思想的遺害。總之，晚清中國主持洋務者，受「以夷制夷」毒害之深，莫此為甚，從此，東三省門戶洞開，「滿洲問題」於焉形成。

第二節　〈東省鐵路公司合同〉及〈中俄銀行合同〉的簽訂與中東鐵路南滿支線展築交涉

一、〈東省鐵路公司合同〉及〈中俄銀行合同〉的簽訂

「借地修路」既是俄國與中國祕結盟約的最大目的，故鐵路合同草案的擬定，於中俄密約文稿提出次日，即 5 月 14 日，維特就送交李鴻章商議。其內容約略是鐵路公司「中俄集股，不准收別國商股，無論盈虧，歲貼中國二十五萬（兩）」；「俟路成五十年或八十年，中國可自收回，均照各國商路通例」[71]。5 月 19 日，雙方續就該合同草案，進行協商，達成下列決議：（一）鐵路由華俄道勝銀行承辦；（二）中國投資 500 萬兩於鐵路公司，「該公司於路成運價內，每年報效（中國政府）二十五萬，可先提五百萬」；（三）「鐵路進款中國不能保利，如不敷由公司自行彌補」；（四）「批准合同日起，限十二個月開工，六年工竣」；（五）鐵路行經地區，「所遇城市、村莊、廬墓均應避讓」；（六）「中俄鐵路交界處分設稅關，查核應徵應免」；（七）「中國政府派妥員總辦，督查保護」[72]。

總理衙門於該合同草案大致無意見，惟對欲投資華俄道勝銀行的 500 萬兩，竟被轉成投資鐵路一事表示不認可。5 月 23 日，李鴻章接獲總署電文，重申該款「係欲與該銀行夥開，不為接路資本」，指示其向俄方言明改定[73]。後經維特同意另與羅啟

71　〈寄總署電〉，光緒二十二年 4 月 2 日，收入《光緒中俄密約全卷》，頁 82。
72　〈寄總署電〉，光緒二十二年 4 月 8 日，收入《光緒中俄密約全卷》，頁 84。
73　〈北京總署來電〉，光緒二十二年 4 月 11 日到，收入《光緒中俄密約全卷》，頁 84。

泰相商，擬定銀行合同草案，俟中俄密約簽訂後，連同鐵路合同草案一併討論。

許景澄所接辦的鐵路合同訂定事宜，除以上述協議為基礎外，還包括鐵路的軌距、俄貨經鐵路運輸的關稅、鐵路沿線礦產的開挖、鐵路的收回期限等事項。翁同龢於 6 月 13 日接獲李鴻章寄發之鐵路與銀行合同草案後[74]，至 7 月 1 日始與慶、恭二親王，以及榮祿、李鴻藻、張蔭桓、吳廷芬等人商議[75]。由於鐵路合同草案未提及鐵路沿線礦產開挖問題，又規定路軌採俄式、俄貨過境免稅；鐵路八十年後始能收回，眾人研商結果，遂就這四項問題，於 7 月 4 日電示許景澄設法添改[76]，大要為：（一）「鐵軌應照中國定式」，「交界設棧換車」；（二）「開出礦苗處所另議辦法」；（三）「俄貨經此路仍入俄界者」，「擬徵半稅」；（四）「八十年歸還太遠，應改三十六年」[77]。許景澄即就上項指示，交付柯樂德轉告俄方。7 月 17 日，總理衙門接獲許景澄電文，謂俄方僅同意鐵路沿線礦產的開採辦法另訂，至於其他三項俄方仍堅持：（一）鐵路無價收回，以八十年期限，如中方執意三十六年，「可議價收回」；（二）過境貨物不得徵稅；（三）用俄軌距，如中方堅持，「不如並密約俱廢」[78]。

74　李鴻章電文翁同龢日記言曰：「戌刻接李寄密碼十四葉，無暇譯之矣。」次日，即 6 月 14 日方譯出，始知該電文為鐵路與銀行合同草案（參見《翁同龢日記排印本》（五），光緒二十二年 5 月 3 日、4 日、5 日，頁 2024；李玄伯，〈李文忠公使俄與中俄密約〉，頁 516）。

75　《翁同龢日記排印本》（五），光緒二十二年 5 月 21 日，頁 2027。李玄伯，〈李文忠公使俄與中俄密約〉，頁 535。

76　李玄伯，〈李文忠公使俄與中俄密約〉，頁 535。

77　〈寄總署電〉，光緒二十二年 6 月 1 日，收入《光緒中俄密約全卷》，頁 90。

78　〈柏林許大臣來電〉，光緒二十二年 6 月 5 日到，收入《光緒中俄密約全

圖 2-9　中國駐俄公使許景澄，1896 年 8 月，接續李鴻章未完成的鐵路合同談判，簽訂中東鐵路公司合同，並被任命為中東鐵路公司首任總辦，也是唯一的一任鐵路公司總辦。由於中東鐵路的修建，帶動了哈爾濱城市的出現，遂有「哈爾濱開城元老」之譽。1923 年，為紀念哈爾濱建城二十五週年，地方當局特別將新建成的山街（今景陽街南段），命名為許公路，並修建一座紀念碑，供人憑弔，周圍綠草如茵，稱為許公花園。此外，還興辦一所許公學校（原名為鐵路儲材學校），以為紀念。文化大革命期間，許公紀念碑遭致拆毀，許公花園、許公路不復存在，至此從哈爾濱人的記憶中消失。

由上述情形看來，雙方爭議最大者，乃在軌距問題上。中國堅持採行中式軌距（1.435 公尺），自不希望俄國藉鐵路方便出入東北，危及國防安全。其次，若採俄式軌距（1.524 公尺），與本國鐵路的接駁聯運不便，於交通運輸、商務發展均有妨礙。這是中國在喪失路權之後，唯一能採行的一種補救。俄方堅持採取俄式軌距，自然從其自身利益考慮，如果換成中式軌距，則「借地修路」的目的，豈不功虧一簣？其時，正在法國訪問的李鴻章，竟然也遊說總理衙門同意俄方要求，他說：「羅（羅啟泰）謂俄軌係獨創之式，若易中軌，兩頭換車多費需時，有礙成本。……微德（維特）性急堅持，似不必因此中廢，俟收回後再議改。」[79]李鴻章使俄最重要目的，即在訂定中俄密約，

卷》，頁 90。

79　〈復總署電〉，光緒二十二年 6 月 15 日，收入《光緒中俄密約全卷》，頁 91。

他畢竟不希望看到該密約，因鐵路軌距問題而遭廢約。為此，他未考慮到軌距對中國的國防經濟所造成的影響，只想到如何配合俄國要求，以換取中俄密約的生效。這種心態引起總理衙門各王公大臣的質疑，於回覆其電文時表示，「兩頭換車，交界類如此」，「微德性急堅持，動言廢約，設因他求不遂，又言廢約，則此約適增要挾之端，非真心和好之據。若俟收回另議，三十六年後恐成虛願」，「特事關邊要，豈能徒顧目前」？令李鴻章要「藎籌周妥，顧邦交，存定制，杜口舌為要」[80]。

8 月 9 日，李鴻章在英國回覆總理衙門電文指稱，其人「距俄遠，無由面商」，「已轉許大臣商辦」[81]。與此同時，他又聽聞日、俄兩國可能因朝鮮問題而簽訂密約[82]，擔心鐵路合同「若久不定，恐生枝節」[83]，故當許景澄於 8 月 20 日告知俄方堅持不允改軌後，隨即發電建議他：「改軌不允，當即定議。」[84]顯見李鴻章為及早促成中俄密約生效，不以鐵路軌距「特關邊要」為重，一味屈從俄方要求，由此焉能不令人懷疑在鐵路合同草案的協商過程中，李鴻章似未盡力謀求中方利益，以彌補「借地修路」所造成的損失？

軌距問題既是中俄雙方最為堅持者，且攸關中國的國防經

---

80 〈總署來電〉，光緒二十二年 6 月 28 日到，收入《光緒中俄密約全卷》，頁 92。

81 〈復總署、許大臣電〉，光緒二十二年 7 月 1 日，收入《光緒中俄密約全卷》，頁 92。

82 〈寄總署電〉，光緒二十二年 7 月 2 日，收入《光緒中俄密約全卷》，頁 93。

83 〈復總署、許大臣電〉，光緒二十一年 7 月 1 日，收入《光緒中俄密約全卷》，頁 92。

84 〈許大臣來電〉，光緒二十二年 7 月 12 日到；〈復許大臣電〉，光緒二十二年 7 月 13 日，收入《光緒中俄密約全卷》，頁 93。

濟，尤其是國防安全。有鑑於此，許景澄建議清廷不妨同意俄貨過境免稅、鐵路八十年後歸還等兩項，換取俄方對軌距的讓步。結果，此一做法仍無法獲得俄方善意回應。清廷方面，起初寄望許景澄能稍加彌補「借地修路」之損失，惟亦知此事早經李、維二人議妥，在無可回轉的情形之下，只有「徒呼負負」地令其畫押，中俄雙方遂於 1896 年 9 月 8 日正式簽訂〈東省鐵路公司合同〉。在此合同交涉最後階段，軌距和過境俄貨徵稅等項，未能依中方要求添改，整個中俄密約的交涉，中國可謂一敗塗地。

〈東省鐵路公司合同〉共計十二款，主要內容如下：

（一）華俄道勝銀行承辦此鐵路，另立一公司，名曰中國東省鐵路公司，公司鈐記由中國政府刊發，公司的組織章程依俄國鐵路公司辦理。中國得派一總辦，查核銀行及公司經理鐵路相關事宜。公司股票只准中、俄兩國人民購買。

（二）自合同批准之日起，十二個月內，鐵路應動工修築，六年之內完工，軌距採俄式。「凡該公司建造鐵路需用料件、雇覓工人及水陸轉運之舟車夫馬並需用糧草等事」，「由中國政府設法使其便捷」。

（三）鐵路公司「建造、經理、防護鐵路所必需之地」，及「鐵路附近開採沙土、石塊、石灰等項所需之地，若係官地，由中國政府給與，不納地價；若係民地，按照時價，或一次繳清，或按年向地主納租」。「凡該公司之地段，一概不納地稅，由該公司一手經理；准其建造各種房屋工程，並設立電線，自行經理，專為鐵路之用」。「除開出礦苗處所，另議辦法外」，凡該公司之收入，概免稅釐。

（四）「凡俄國水陸各軍及軍械過境，由俄國轉運經此鐵路者，應責成該公司逕行運送出境」。「中國所有因公文書信函，該公司例應運送不須給費；至運送中國水路各軍及一切軍械，該公司只收半價」。

（五）凡有「貨物行李由俄國經此鐵路，仍入俄國地界者，免納一概稅釐」。「貨物由俄國經此鐵路運往中國，或由中國經此鐵路運赴俄國者，應照各國通商稅則分別交納進口出口正稅，惟此稅較之稅則所載之數減三分之一交納；若運往內地仍應交納子口稅，即所完正稅之半」。「中國應在此鐵路交界兩處各設稅關」。

（六）「凡該鐵路及鐵路所用之人，皆由中國政府設法保護」；「所有鐵路地段，命盜詞訟等，由地方官照約辦理」。

（七）從鐵路完工通車之日起三十六年後，「中國政府有權可給價收回」；八十年後，「所有鐵路及鐵路一切產業，全歸中國政府，毋庸給價」。「路成開車之日，由該公司呈繳中國庫平銀五百萬兩」[85]。

由上述條文看來，中東鐵路表面上似為中俄合辦企業，其實則不然，蓋鐵路的建造經理是由新成立的中東鐵路公司負責，「借地修路」之權已由華俄道勝銀行移轉至該公司。從此，該銀行與鐵路事務無涉，兩者為各自獨立的企業。其次，鐵路公司總辦雖由中國政府派任，公司鈐記由中國政府核發，但實際上總辦只是一空頭銜，除負責辦理該路有關之中俄交涉事項外，因未具董事身分，根本無權參與鐵路的經營管理。至於鐵路公司股票只准中俄人民購買，證諸後來招股情形，千股的成立資金全部為俄

85 〈中俄合辦東省鐵路公司合同〉，收入《東省鐵路合同成案要覽》，初編，線裝鉛印本，編者、印行者、出版年次不詳，頁 1-4，該合同亦收入許同莘等編，《光緒條約》（台北：文海出版社重印，1974），卷 45，頁 6-10。

國政府購有。因此，名義上，所謂中俄合辦鐵路說法，不過是維特騙取李鴻章同意「借地修路」的障眼法。

中東鐵路既為俄國獨辦企業，俄國遂可藉由此路享有種種特權，如利用鐵路運兵運械，隨意進出中國東北，自此中國北疆門戶洞開。又如俄貨免稅或減免部分關稅，造成中國關稅收入的損失。當然，各種特權之中於中國權益侵害最嚴重者，莫過於鐵路附屬地的統治權。俄方根據「凡該公司之地段……由該公司一手經理」等條文的「經理」一詞，曲解成對鐵路地帶有地方行政之權，將之視同租界，有所謂「鐵路租界」的出現。隨著鐵路的完工通車，俄國政府以鐵路公司為代理人，進行種種違法侵權的行為，演成中俄糾紛不斷（詳見利權篇）。

另外，鐵路合同第十二款末言：「路成開車之日，由該公司呈繳中國政府庫平銀五百萬兩。」歷來有學者據此而言中國政府擁有鐵路公司股權[86]，此應為一誤解。鐵路公司呈繳中國政府庫平銀 500 萬兩，原是根據鐵路合同草案有關築路經費「中國助五百萬，該公司於路成運價內，每年報效二十五萬，可先提五百萬」等條文改訂而來。維特故意將中國投資華俄道勝銀行的 500 萬兩，蒙混為投資鐵路修築的資金；又言鐵路完工後，該公司願提撥 500 萬兩予中國攻府作為報酬，以使李鴻章誤認鐵路是中俄合辦，轉而支持鐵路合同的訂定。對此，學者徐曰彪認為維特為使鐵路如期竣工，防範築路期間有意外，而以 500 萬兩為「誘

86 李濟棠，《沙俄侵華的工具——中東鐵路》（頁 52）、田鵬編著，《中俄邦交之研究》（南京：正中書局，1937，頁 30），以及丁名楠等著，《帝國主義侵華史》（北京：人民出版社，1986，第 2 卷，頁 33）等書，均指稱中國政府擁有鐵路公司股權。

餌」，作為該路之「保險係數」所致[87]。無論如何，李鴻章對維特之老謀深算，懵然不知，還認為他已為中國爭取到鐵路合辦及總辦之任命權，又能保證中俄結盟十五年共同禦敵（日），堪稱不辱使命，返國後對黃遵憲得意言曰：「二十年無事，總可得也。」[88]其墮入維特之彀中而不自知，可謂昏聵至極！

這筆 500 萬兩的給付，在 1903 年 7 月路成通車之次日，清廷外務部即照會鐵路當局履行合同規定，後者卻以鐵路並未完全竣工為由，要求展期至 1907 年[89]，惟遲至 1917 年十月革命為止，該公司始終未曾給付該筆款項。1920 年 10 月，北京政府與華俄道勝銀行訂定〈管理東省鐵路續訂合同〉時，重申此項規定。儘管如此，鐵路公司依然未支付該筆款項。1924 年〈中俄北京協定〉及〈奉俄協定〉簽訂時，附帶訂定中俄共管中東鐵路條例，未再提及此項規定，鐵路公司呈繳中國政府 500 萬兩一事，就如此不了了之。

〈中俄銀行合同〉的訂定，在整個中俄交涉過程係處於次要的地位。其實，中國最初原是欲藉投資華俄道勝銀行 500 萬兩，以換取俄國放棄「借地修路」要求。此一目的既無法達到，投資一事當可棄而不論，豈料，李鴻章誤認該款是投資鐵路之用，當總理衙門去電更正時，即應申明該款目的既未達成，該事毋庸續議。若能如此，鐵路合同訂定之餘，就不會衍生銀行合同之事，翁同龢等人未思及於此，可謂是一大失策。其後，有關銀行合同

87 徐曰彪，〈俄國在華投資與東省鐵路財政〉，《近代史研究》，1992 年第 2 期，頁 131。

88 黃遵憲，《人境廬詩草》，頁 310。

89 清廷多次催促中東鐵路公司呈繳 500 萬兩之照會，參見《東省鐵路合同成案要覽》，續編，頁 22-27。

的訂定，總理衙門照理應詳加審查才是；然從交涉後期李鴻章、許景澄與總理衙門往來電文觀之，但見鐵路合同的添改，而無隻字片語涉及銀行合同的指示。結果，五款銀行合同，其要點不過是中國以「庫平銀五百萬兩，與華俄道勝銀行伙做生意」，賺賠照股攤認，銀行收歇時，「核明中國政府股本折耗若干外，其餘本銀仍應照數歸還」[90]。

按，500 萬兩相當於 700 餘萬盧布[91]，這筆金額超過華俄道勝銀行的創行資金（600 萬盧布），然而，銀行合同卻未規定中國對該銀行的管理權限，甚至無董事之派任。俄方既漠視中國權益，李、許及總署各王公大臣復不知盡力爭取，而身兼戶部尚書一職的翁同龢於接獲鐵路與銀行合同草案後，雖為俄國如此「百方餂我」，而感到「可恨可歎」[92]，但當戶部官員以銀行合同「約文粗略」，提議「應定合辦之法並詳細條文」時，其反應竟是：「與外人交接，以少與作緣為是」，阻止彼等議論此事[93]。此又為另一大失策。等到中國正式入股，始知其利潤，「多不過四、五

---

90 〈中國政府與道勝銀行訂立入股夥開合同〉，收入《東省鐵路公司合同成案要覽》，續編，頁 1-2。

91 關於 500 萬兩兌換盧布數額，各家說法不一，如尼魯斯（Е. Х. Нилус）認為 500 萬兩折合 450 萬盧布（*Исторический обзор КВЖД, 1896-1923 г.г.*, T. I, c. 18）；羅曼諾夫稱折合 700 萬盧布（《俄國在滿洲（1892-1906）》，頁 113）；《沙俄侵華史》（第 4 卷上，頁 48）及《華俄道勝銀行在華三十年》（黑龍江金融歷史編寫組編，哈爾濱：黑龍江人民出版社，1992，頁 16）等二書均稱折合 756.2 萬盧布；學者楊培新則認為當折合 765 萬盧布（《華俄道勝銀行與歐亞大陸第一橋》，北京：中國金融出版社，1992，頁 13）。此處取多數說法折衷之數，約為 700 餘萬盧布。

92 《翁同龢日記排印本》（五），光緒二十二年 5 月 4 日，頁 2024。

93 汪康年，《汪穰卿先生筆記》（台北：文海出版社重印，1967），頁 19。

釐，少且無有」[94]，為求補救，提議將「五百萬兩作為存款，不作股本，徵收利息，不問銀行之贏虧」，卻遭俄方回絕；復擬按資本額辦理抵押借款，亦未能如願，蓋「股本不能為借款的抵押，若非銀行收歇，亦斷不能提取」[95]。以當時中國財政之窘迫，投資如此鉅額款項，與外人合辦銀行，其利潤既不多，又須支付四釐借款利息予俄法銀行（500 萬兩係由俄方自四釐借款扣抵撥付），相較之下，真可謂得不償失。

二、〈旅大租地條約〉與〈東省鐵路公司續訂合同〉

根據〈東省鐵路公司合同〉，俄國所取得的鐵路修築權，僅是一取道北滿的幹線，然俄國為將其勢力向南滿延伸，有意再修一支線抵達黃海沿岸。莫斯科會談期間，維特曾向李鴻章論及此事，李鴻章以此一支線接近京津地區，主張鐵路軌距必須採行窄軌，否則如與中東鐵路幹線的寬軌一致，將來鐵路接通後，勢必危及京津地區安全；維特堅持支線與幹線一律採行寬軌，雙方各堅持己見，導致南滿支線修築談判，未達成任何協議[96]。

1897 年初，在中東鐵路的走向上，俄國內部出現南、北兩線的爭議。北線是由滿洲里入境，不經齊齊哈爾、吉林兩省城，此為中俄協議的路線；南線則將此兩省城納入，並擬另築一支線延伸至黃海口岸。歷經一番討論後，鑑於主張南線者較多，鐵路

---

94 《汪穰卿先生筆記》，頁 20。

95 清外務部檔，第 340 宗，俄字第 60 號，轉引自金世鑄，〈揭開華俄道勝銀行的內幕〉，頁 102-103。

96 〈中東鐵路公司董事會特別會議記錄〉，1897 年 1 月 22 日，轉引自羅曼諾夫，《俄國在滿洲（1892-1906）》，頁 145；矢野仁一，《滿洲近代史》（東京：弘文堂，1941），頁 217。

公司於 1897 年 2 月 3 日的董事會議上，作成決議，以南線為中東鐵路的修築路線，但因此路線並非中俄協議者，故須設法取得中國同意，而南滿支線的展築，亦須再向中國交涉[97]。其時，適逢烏赫托姆斯基欲前往中國主持華俄道勝銀行北京分行的開設，維特即指示他藉機向李鴻章提出上項要求。5 月 27 日，烏赫托姆斯基主持華俄道勝銀行北京分行開幕典禮，數日後，在璞科第及中東鐵路總監工尤哥維奇（Alexander I. Iugovich, 1842-1925，舊譯茹格維志）陪同下，前往會見李鴻章及清廷官員，進行冗長的晤談[98]。結果，李鴻章對其要求極為不悅地說：「我們讓你們進入院裡，你們卻想闖進我們家小住的內宅。」[99]烏赫托姆斯基此次的試探交涉失敗後，俄國並未就此放棄，中東鐵路勘察團仍依原有的計畫，對南線及南滿支線展開勘察，至於如何取得中國同意，只有等待適當的時機了。

圖 2-10　中東鐵路築路總監工尤哥維奇，1892 年維特擔任交通大臣時即獲得倚重。1897 年 9 月，從三岔口入境滿洲，開始進行鐵路的路線勘察及修建工作。1903 年 7 月，中東鐵路全線完工通車，功成身退，返回俄國。

7 月 31 日，清廷任命胡燏棻（1840-1904）為督辦，繼續興建關東鐵路。由於該鐵路在甲午戰爭前已修抵山海關外的中後所，故此次的築路工程除中後所

97　參見羅曼諾夫，《俄國在滿洲（1892-1906）》，頁 148-151；Malozemoff, *Russian Policy in the Far East, 1881-1904*, pp. 93-95.

98　施阿蘭，《使華記》，頁 160-161。

99　轉引自羅曼諾夫，《俄國在滿洲（1892-1906）》，頁 151。

至新民屯外，尚有溝幫子至營口的幹線與支線。築路經費借自英款，並續令金達主持其事[100]。俄國對此甚表不滿，認為中國有意藉關東鐵路的修建，將英國勢力引入南滿，用以對抗俄國。俄國駐華代辦巴甫洛夫（Alexander I. Pavlov, 1860-1923，舊譯巴布羅福）先是在 8 月 17 日照會總理衙門，稱：「錦州迤北一路，因將來與中國鐵路相接之故」，「修造之時，必不能置俄人於度外，應先與俄國相商」；復謂：「若借助於俄礦師，更屬秉公之道，如有用款，亦可相助覓求。」[101]數天後，又親赴總理衙門表示，奉俄政府訓令，「要求以俄國工程師替換金達的職位」[102]。清廷面對俄國接連而來的要求，不知如何因應，最後，由英、俄兩國駐華公使，以及英國駐俄公使和俄外交部，各自協商。未久，山東發生德國傳教士被殺事件，德國海軍進占膠州灣，俄國以「助華抗德」為名，派船艦前往旅順口、大連灣，進而有租借旅大及展築中東鐵路南滿支線等二項要求。

德國自三國干涉還遼後，首先在 1895 年 10 月取得漢口、天津二處租界；1896 年 1 月，又取得京津鐵路貸款。由於在中國沿海覓一海軍基地和貿易據點，為德皇威廉二世（William II, 1888-1918）之宿願，早在三國干涉還遼之初，他即向尼古拉二世論及於此。因此，從 1895 年起，德國前後任公使紳珂

100 徐文述、金士宣編，《中國鐵路發展史》（北京：中國鐵道出版社，1986），頁 121。

101 〈總署行順天府尹胡燏棻文〉，光緒二十三年 7 月 26 日，收入宓汝成編，《中國近代鐵路史資料（1863-1911）》（北京：中華書局，1963），第 1 冊，頁 332-333。

102 〈竇訥樂致沙士伯雷函〉，1897 年 10 月 17 日，收入《中國近代鐵路史資料（1863-1911）》，頁 333。

（Gustav Adolf Schenck zu Schweinsberg, 1843-1909）、海靖（Baron Edmond F. G. von Heyking, 1850-1915）陸續向中國試探「借地泊船」的可能性，總理衙門未予明確答覆，轉請駐德公使許景澄向德外交部解釋中國的苦衷[103]。1896 年 11 月末，德國決定以膠洲灣為目標，派專家前來遠東視察，並擬妥占領計畫；12 月，德國公使海靖向總理衙門提出租借膠州灣五十年要求，清廷恐列強援例，雖回拒其請，但暗示如德國能保證列強不援例要求，則對其租借港口一事願予以考慮[104]。

鑑於膠州灣鄰近俄國勢力範圍，且中國又允俄艦在此過冬，故德國在爭取膠州灣之前，須先取得俄國諒解。1897 年春，德國駐俄公使拉多林（Prince G. Radolin, 1841-1917）向俄國外交大臣穆拉維約夫（Mikhail N. Murav'ev, 1845-1900）論及租借膠州灣事，後者即表示德國可相機另覓較南的海岸港口[105]。為尋求俄國支持，8 月，德皇威廉二世親赴俄國訪問，探詢尼古拉二世的態度，所得到的回應是不置可否，令其誤為已得俄國默許[106]，乃決定著手進行租借膠州灣的計畫。

10 月 1 日，德國再度向清廷提出租借膠州灣，又被婉拒；11 月 1 日，德國教士在山東被殺；11 月 6 日，威廉二世下令德艦開赴膠州灣，並致電尼古拉二世，詢問其意見，所得答覆仍是

103 參見《許文肅公遺稿》，函牘 5，頁 8-9；〈總署奏山東膠州海口形勢緊要擬建設船塢屯紮兵輪摺〉，光緒二十三年 1 月 12 日，收入《清季外交史料》，卷 125，頁 8；王芸生編著，《六十年來中國與日本》（北京：三聯書店，1980），第 3 卷，頁 169-170。

104 陳復光，《有清一代之中俄關係》，頁 281-282。

105 Malozemoff, *op. cit.*, p. 96.

106 *The Memoirs of Count Witte*, p. 269.

不置可否[107]。尼古拉二世的曖昧態度，等於化解了德國的顧慮，深信俄國不會反對德國占領膠州灣的行動。未料，正當德艦開赴膠州灣之際，俄國外交部竟訓令巴甫洛夫，轉知俄國艦隊司令官尾隨德艦進入該港灣，目的在保留俄國在該處的優先停泊權[108]。俄國此舉令德國大感錯愕，轉而尋求英國的支持。英國的反應是，希望德國在選擇港口時，愈往北愈好[109]；並表示德國的行動絕不會威脅英國的利益[110]。英國的用意，在藉此造成德俄的對立衝突，以削弱俄國在華勢力。事態演變至此，俄國外交當局不得不修正原先的做法，轉而支持德國進占膠州灣的行動，同時，設法在黃海沿岸爭取一港口，以求補償[111]。

11 月 20 日，俄國政府取消俄艦駛往膠州灣的命令；11 月 23 日，穆拉維約夫向尼古拉二世上奏，建議俄國要利用這千載難逢的機會，解決在黃海取得不凍港問題[112]。11 月 26 日，尼古拉二世親自召集大臣會議討論此事，與會者包括穆拉維約夫、維特、陸軍大臣萬諾夫斯基、海軍代理大臣蒂爾托夫等四人。會議上，穆拉維約夫重申其前述主張，鼓吹基於戰略意義，俄國應占

---

107 參見〈尼古拉二世致外交大臣穆拉維約夫伯爵電〉，1897 年 11 月 7 日（10 月 26 日）；〈尼古拉二世致威廉二世電〉，1897 年 11 月 7 日（10 月 26 日），收入《紅檔雜誌有關中國交涉史料選譯》，頁 88-89。

108 參見〈外交大臣穆拉維約夫上尼古拉二世〉（奏文），1897 年 11 月 7 日（10 月 26 日）；〈外交大臣穆拉維約夫伯爵致駐北京代辦巴夫洛夫密電〉，1897 年 11 月 8 日（10 月 27 日），收入《紅檔雜誌有關中國交涉史料選譯》，頁 89-90、92。

109 羅曼諾夫，《俄國在滿洲（1892-1906）》，頁 163。

110 《沙俄侵華史》，第 4 卷（上），頁 97。

111 羅曼諾夫，《俄國在滿洲（1892-1906）》，頁 164。

112 羅曼諾夫，《俄國在滿洲（1892-1906）》，頁 164。

有旅順口、大連灣，以增強俄國在遠東地區的軍事優勢[113]。萬諾夫斯基完全贊同其主張；蒂爾托夫未表示認可，只說俄國海軍在遠東所需要的港口，應是在朝鮮海岸；維特則極力反對。他認為此種做法，必招致「嚴重災難」。維特接著列舉三項理由，說明此時不宜占領旅大的原因。第一，旅順口、大連灣位於遼東，它們原是俄國助華逼日放棄之地，俄國沒有理由再去占領它。第二，中俄訂有共同抗日盟約，占領旅大無異是一種背盟行為，進而使中俄關係從友好轉為敵對。而為確保旅大的占有，中東鐵路勢須築一支線通往南滿，包括滿人龍興之地所在的奉天，則中國人對俄國的敵意必然加深。第三，要占領旅大，不能不顧慮英、日兩國的反對。穆拉維約夫並未反駁維特的質疑，僅樂觀地表示，他深信占領旅大既非冒險的行動，亦不會引發英、日兩國的反對[114]。當然，維特並非不想占領旅大，或為俄國爭取一不凍港，只是眼前時機尚未成熟，他相信隨著中東鐵路的完工通車，基於「中俄友好」和「經濟利益」的前提下，透過「友好協商的手段」，俄國將會比其他國家獲得更多的在華利益[115]。

歷經此次會議討論，尼古拉二世決定暫時擱置強占旅大一事，但數天後，穆拉維約夫指稱有消息顯示英國的遠東艦隊正駛向旅順口，並於大連灣海面巡弋，俄國如不立即派兵前往，屆時這些港口可能會讓英國奪走，尼古拉二世遂改變初衷，決意進占旅大[116]。12 月 1 日，俄國外交部向中國駐俄公使楊儒（1840-1902）宣稱：「德事願效力而難於措辭，或請中國指定海口，俾

113 《沙俄侵華史》，第 4 卷（上），頁 100。

114 *The Memoirs of Count Witte*, pp. 273-274.

115 《沙俄侵華史》，第 4 卷（上），頁 101。

116 *The Memoirs of Count Witte*, p. 274.

泊俄艦，示各國中俄聯盟之證，俄較易為藉口，德或稍斂跡。」楊儒疑「膠事俄先知情，貌似交好，恐不足恃」[117]；而膠州灣事件發生後，李鴻章雖曾透過巴甫洛夫向俄國尋求協助，但清廷終究懷疑俄國的誠意，而於 12 月 11 日電示楊儒，謂中國不願俄國「因華而開罪於德」，婉拒其調停的好意[118]。同日，俄外部通知巴甫洛夫，俄國艦隊將向旅順口前進[119]；四天後，俄艦以「助華抗德」為名，駛入旅順口，巴甫洛夫向總理衙門表示，此為暫時行動[120]，顯示俄國已為租借旅大預作準備。清廷先前已婉拒俄國調停，但「膠事問題」處於一籌莫展之際，毋寧相信俄國確有「助華抗德」誠意，故於 12 月 17 日指示旅順守將宋慶，謂「俄船在旅所有應用物件隨時接濟」[121]。

俄艦進駐旅大後，俄國政府隨即開始策劃強租旅大辦法。1898 年 2 月中旬，大臣特別會議作成租借旅大以及爭取中東鐵路南滿支線承修權等二項決議，報請尼古拉二世批准後實施[122]。此次大臣特別會議，由海軍總司令阿列克謝．亞歷山德羅維奇大公（Grand Duke Aleksei Aleksandrovich, 1850-1908）主持，與會者包括維特、穆拉維約夫、新任未久的陸軍大臣庫羅帕特金、陸軍參謀長薩哈羅夫（Victor V. Sakharov, 1848-1905）、海軍大臣

117 〈使俄楊儒致總署俄外部云德事願效力但俄貌示交好恐不足恃〉，光緒二十三年 11 月 8 日，收入《清季外交史料》，卷 127，頁 28。

118 《翁同龢日記排印本》（五），光緒二十三年 11 月 18 日，頁 2134。

119 阿瓦林著，北京對外貿易學院俄語教研室譯，《帝國主義在滿洲》（北京：商務印書館，1980），頁 37。

120 《翁同龢日記排印本》（五），光緒二十三年 11 月 22 日，頁 2135。

121 〈旨寄宋慶俄船在旅應用物件著隨時接濟電〉，光緒二十三年 11 月 24 日，收入《清季外交史料》，卷 127，頁 33。

122 羅曼諾夫，《俄國在滿洲（1892-1906）》，頁 177。

蒂爾托夫、海軍參謀長阿維蘭（Fedor K. Avelan, 1839-1916）等人。會議上，庫羅帕特金的主張最具影響力。他認為俄國不僅應租借旅順口及大連灣，甚至應租借整個遼東，作為俄國的關東省，南滿支線的承修權亦須一併取得。維特的看法和前次沙皇主持的會議（1897 年 11 月 26 日）一樣，仍是會中唯一的反對者。他認為租借旅大時機尚未成熟，貿然行之必招致「災難」。會後，維特以其主張未獲認同而請辭財政大臣一職，但為尼古拉二世慰留，並令其協助外交部設法完成該項任務[123]。

在正式向中國提出租借旅大之前，鑑於英、日兩國在俄艦進駐旅大以後的種種舉措[124]，俄國乃尋求外交途徑，化解其阻力。當此之時，中國為償還最後一期對日賠款，曾於 1897 年 12 月 4 日向俄國商借 1 億兩，俄國要求以中東鐵路南滿支線修築權以及俄船自由進出遼東海港等條件交換。未久，俄國再增列中國海關總稅務司出缺時由俄人擔任的條件[125]。英國惟恐俄國藉此獲得更多利權，亦加入對華借款的競逐。其所提出借款條件有：「由緬甸修鐵路抵達揚子江流域的任何地點」，以及「開放大連灣為商

---

123 *The Memoirs of Count Witte*, p. 276.

124 英、日兩國在俄艦進駐旅大後，英國先是警告清廷，此時不可同意任何租讓權，否則其亦將有所求（羅曼諾夫，《俄國在滿洲（1892-1906）》，頁 172）；繼之，派遣遠東艦隊前往旅順口，監視俄艦行動，並要求比照「俄船一律停泊於口外」（〈提督宋慶致總署英船來旅與俄相持之意請議准示覆電〉，光緒二十三年 12 月 7 日，收入《清季外交史料》，卷 128，頁 4）。日本方面的因應，則是向總理衙門表示關切，並派代表赴鄂與張之洞密談，請其向清廷建言「聯英日抗德」（參見〈鄂督張之洞致總署各國乘機謀我擬藉日以聯英電〉，光緒二十三年 12 月 23 日；〈湘撫陳寶箴奏密陳日本欲與我聯英或助戰或排解電〉，光緒二十三年 12 月 25 日，收入《清季外交史料》，卷 128，頁 17-20）。

125 羅曼諾夫，《俄國在滿洲（1892-1906）》，頁 169-170、173。

埠」[126]。如此一來，對華借款與租借旅大，糾結一起，為化解雙方的對立，英、俄兩國由是展開協商。1898 年 2 月中旬，俄國決定放棄對華借款，以換取英國對其租借旅大的認可[127]。2 月 19 日，在英國政府擔保下，清廷與英德銀行團簽署 1,600 萬英鎊借款草合同，英國政府獲得清廷二項承諾，即：（一）不租讓長江流域；（二）只要英國對華貿易占居首位，英人可持續擔任中國海關總稅務司一職[128]。同日，俄國副外交大臣拉姆斯多爾夫向英國駐俄公使歐格納（Sir Nicholas R. O'Conor, 1843-1908）表示，俄國不反對英德銀行團對華借款，也希望英國同意俄國租借旅大。英國既已獲得借款等項利益，內閣會議乃作成決議，不抵制俄國占有旅大，但為求補償，訓令駐華公使竇訥樂（Claude M. MacDonald, 1852-1915）加緊爭取威海衛的「優先租借權」[129]。

至於日、俄兩國的外交協商，亦於 1898 年 2 月中旬展開。從三國干涉還遼以來，日、俄兩國在遠東勢力的角逐，以朝鮮為主。1896 年 5 月、6 月，為解決彼此在朝鮮的對立問題，雙方雖曾訂定〈漢城議定書〉（Souel Protocol）及〈莫斯科議定書〉（Moscow Protocol），確立兩國在朝鮮的地位相等，但事後俄國並未遵守協議，繼續擴張在朝鮮的勢力。日本對俄國做法，自然大表不滿，如今又見俄國有意侵占旅大，更是萬分憤怒。此時，

---

126 中國人民銀行參事室編，《中國清代外債史資料》（北京：中國金融出版社，1991），頁 206-207。

127 參見波波夫著，李嘉谷譯，〈英俄瓜分中國的協定（1899 年）〉，《國外中國近代史研究》，第 1 期，1980 年 2 月，頁 8-9。

128 羅曼諾夫，《俄國在滿洲（1892-1906）》，頁 178；〈總署奏續借英德商款訂定合同以稅釐作抵摺〉，光緒二十四年 2 月 10 日，收入《清季外交史料》，卷 129，頁 22-28。按，〈英德借款合同〉訂於 1898 年 3 月 1 日。

129 《沙俄侵華史》，第 4 卷（上），頁 110。

日本國內復出現一股反俄浪潮，據英國駐日公使報告，日本政府甚至已有對俄宣戰的打算。二個月後，為舒緩彼此的緊張關係，日本主動在 1898 年 2 月 16 日提議就朝鮮問題進行協商；3 月 19 日，雙方達成初步協議，互相承諾彼此各自在滿洲、朝鮮有其利益。為履行此項協議，4 月 12 日，俄國撤回在朝鮮的財政顧問及軍事教官，並關閉俄朝銀行（Russo-Korean Bank）[130]。4 月 25 日，俄國駐日公使羅森（Roman R. Rozen, 1847-1921）與日本外務大臣西德二郎簽署協定，俄國承認日本在朝鮮的優勢，日本同意俄國享有滿洲及其沿海地區的權利[131]。

正當俄國分別與英、日兩國進行協商之際，泊於旅順口的俄艦士兵竟在金州登陸，非法向當地居民徵糧，設卡搜查過往行人，並擊斃當地居民[132]。另外，俄兵又在青泥窪海口「丈量沿海口岸十二里」，為修造碼頭預作準備[133]。清廷眼見於此，由是對俄國「助華抗德」動機大感懷疑，乃訓令楊儒向俄國政府交涉，請其速令俄艦撤離旅順口。1898 年 2 月 17 日，楊儒蒙尼古拉二世接見，乘機提出此事，然並未獲得其肯定答覆，尼古拉二世反而提出中東鐵路展築至黃海口岸的要求[134]。3 月 3 日，巴甫洛夫

---

130 Malozemoff, *op. cit.*, pp. 108-110.

131 參見 *The Memoirs of Count Witte*, p. 278；岩間徹，《露國極東政策とウイッテ》，頁 121-122；R. R. Rozen, *Forty Years of Diplomacy*（New York: Alfred A. Knope, 1922）, pp. 157-159.

132 〈盛京將軍依克唐阿致總署金州俄兵轟斃華民請與俄使酌辦電〉，光緒二十四年 1 月 2 日；〈盛京將軍依克唐阿致總署稱金州俄隊設卡殺人電〉，光緒二十四年 1 月 6 日，收入《清季外交史料》，卷 129，頁 2、5。

133 〈盛京將軍依克唐阿致總署俄欲在青泥窪修碼頭電〉，光緒二十四年 1 月 8 日，收入《清季外交史料》，卷 129，頁 8。

134 〈使俄楊儒致總署稱見俄君討論俄船借泊情形電〉，光緒二十四年 1 月 27

親赴總理衙門，正式提出「旅大租地及造支路達黃海兩事」，「限五日照覆」[135]；次日，再遞交照會，限定 3 月 27 日前議妥[136]，否則俄國將不履行中俄密約「援助」中國「禦敵」的義務[137]。在俄國軍事與外交的雙重壓力下，清廷決定加派許景澄為頭等欽差大臣赴俄交涉，另以楊儒為會辦協助之[138]。

許景澄抵達俄國後，3 月 12 日，開始進行交涉。穆拉維約夫向許景澄表示，德、英、法等國藉由膠州灣事件，均已獲得利益，俄國也不能落人之後，定要「租得不凍海口，為各（水）師屯地」；「至租界內收稅理民，仍歸中國自主，中俄兵船二口均可同泊」；鐵路問題，亦請「准聽東省公司，自鴨綠江至牛莊一帶水口，擇宜接通」。許景澄答稱，如中國同意俄國要求，其他各國必然援例辦理，「事關東方大局」，請俄國顧念中俄交情，體察中國難處，中國仍准俄艦在旅大過冬，並放寬屯煤地段；南滿支線一事，「俟鐵路成時，酌議接通」。對中國的讓步，穆拉維約夫並不領情，且其「詞意堅持，大非昔比」[139]。

與此同時，俄國政府訓令巴甫洛夫繼續向清廷施加壓力。3

日（2 月 17 日），收入《清季外交史料》，卷 129，頁 18。按，原電文編者誤為許景澄所發，清廷派許景澄交涉旅大租地事宜係在 3 月 3 日，而此電發出時間為 2 月 17 日，顯見發電人是楊儒，是以改正電文名目。

135 《翁同龢日記排印本》（五），光緒二十四年 2 月 11 日，頁 2156。

136 《翁同龢日記排印本》（五），光緒二十四年 2 月 12 日，頁 2156。

137 《沙俄侵華史》，第 4 卷（上），頁 112-113。

138 〈總署致楊儒已派許景澄為欽差專論旅大泊船及黃海鐵路事電〉，光緒二十四年 2 月 11 日（3 月 3 日）；〈專使許景澄致總署請派楊儒會辦旅大事電〉，光緒二十四年 2 月 13 日，收入《清季外交史料》，卷 130，頁 3。

139 《許文肅公遺稿》，電報，頁 28-29；〈專使許景澄致總署俄外部言必須租不凍海口為各師屯地電〉，光緒二十四年 2 月 23 日，收入《清季外交史料》，卷 130，頁 11-12。

月 12 日，巴甫洛夫前往總理衙門，聲稱：「旅大租地、開通鐵路，斷不能改。已奉訓條，在此議論，限一日復，至緩兩日。」總理衙門答曰，已有專使在俄交涉，何來限日答覆[140]？巴甫洛夫謂：「可將許使擱開，在我商辦」[141]；言畢，「竟拂衣而去」[142]。次日，巴甫洛夫再赴總理衙門，重申其要求，並語帶威脅曰：「如過三月初六（3 月 27 日）亦未成訂，俄國另有辦法。」[143]

3 月 15 日，許景澄進謁尼古拉二世，向其分析俄國強租旅大的後果，「必致東方大局擾亂」，希望俄國能遵守僅在旅大過冬的諾言，放棄租借旅大。尼古拉二世答稱，自英德借款簽訂後，遠東局勢已然改變，俄國不能不爭取一東方港口，請其轉達清廷，「早日允辦」[144]。3 月 16 日，穆拉維約夫通知許景澄，奉沙皇指示，旅大事宜全權交由巴甫洛夫在北京交涉，「並須如期在京議結」[145]。

3 月 17 日，總理衙門電告許景澄、楊儒謂：「巴使急欲圖功，性情剛愎，本署實難與議」；令其等「以過冬辦法，略拓屯煤地段，口隘由中國自行保護，鐵路幹路成，酌議接通」等原則，續與俄外部商議[146]。許景澄乃再赴俄外部協商，所得答覆

140 《翁同龢日記排印本》（五），光緒二十四年 2 月 20 日，頁 2157。

141 〈總署致許景澄前議四條請見俄君後速覆奏電〉，光緒二十四年 2 月 20 日，收入《清季外交史料》，卷 130，頁 9。

142 《翁同龢日記排印本》（五），光緒二十四年 2 月 20 日，頁 2157。

143 〈專使許景澄致總署見俄君遞國書電並問答情形〉，光緒二十四年 2 月 24 日，收入《清季外交史料》，卷 130，頁 13。巴甫洛夫赴總理衙門日期（3 月 13 日，俄曆 3 月 1 日），見羅曼諾夫，《俄國在滿洲（1892-1906）》，頁 180，註 4。

144 《許文肅公遺稿》，函牘 5，頁 33-34。

145 《許文肅公遺稿》，電報，頁 29。

146 〈總署致許景澄、楊儒應付要索旅大辦法甚中肯希與俄外部磋磨電〉，光緒

是，租借旅大無可更改，中國須「將大端允定，其詳細節目或有為難，尚可酌商，但須在三月初六前訂定，過期無覆，俄國即自行辦理，不能顧全聯盟交誼」；復稱：「俄計已決，無論何國出阻，均所不計。」[147]3 月 20 日，許景澄以期限即將屆滿，欲會見穆拉維約夫，後者避不見面，他只好致函外交部，希望能「展緩期限，以便徐議」。俄方答稱：「巴使所索各款及期限，萬難改動，來函別無可論。」[148]許景澄的交涉，至此完全宣告失敗。

同日，巴甫洛夫再至總理衙門，提交租借旅大約稿六款，要清廷在 3 月 27 日以前接受[149]。消息傳出，中國人民群情激動，紛紛上書反對旅大租讓。面對輿情的強烈反對，總理衙門各王公大臣未敢允諾，要求俄方延長商談期限，以緩和輿情壓力。為逼清廷就範，早於 3 月初，俄國即訓令俄艦在必要時登陸旅大，進占整個遼東半島，並陸續加派軍隊向旅順口推進[150]。在中俄交涉處於膠著之際，俄國政府一度考慮強行登陸旅大[151]，然其採取行動之前，清廷適時發布李鴻章、張蔭桓為談判的全權代表，轉而改採外交談判方式達成其目的。

3 月 22 日，光緒皇帝召見李鴻章、張蔭桓、慶親王、翁同龢等人，商議因應之策，但見「諸臣皆揮涕」，均認為除允俄國要求外，別無選擇[152]。次日，光緒皇帝令翁同龢傳知：「派李鴻

二十四年 2 月 25 日，收入《清季外交史料》，卷 130，頁 12-13。

147 〈許景澄、楊儒致總署報與俄外部剖辯租地事電〉，光緒二十四年 2 月 26 日，收入《清季外交史料》，卷 130，頁 14。

148 《許文肅公遺稿》，電報，頁 30。

149 《翁同龢日記排印本》（五），光緒二十四年 2 月 28 日，頁 2159。

150 《沙俄侵華史》，第 4 卷（上），頁 112，頁 116。

151 *The Memoirs of Count Witte*, p. 276.

152 《翁同龢日記排印本》（五），光緒二十四年 3 月朔，頁 2159。

章、張蔭桓畫押。」[153]3 月 23 日、24 日兩天的談判，李、張兩人無異議接受俄方要求；3 月 27 日，〈旅大租地條約〉簽訂，5 月 30 日，在聖彼得堡換約生效。〈旅大租地條約〉共計九款，要點為：「旅順口、大連灣暨附近水面租與俄國」，租期二十五年，其中旅順口劃為軍港，僅供中俄船隻停泊，大連港除一部分供作俄國軍港外，餘均劃為通商口岸，供各國商船自由出入。而與中東鐵路有關者，見之於第八款——中國同意中東鐵路公司自中東鐵路某站起，築一支線至大連灣；或依其所需「至遼東半島、營口、鴨綠江中間沿海較便地方築一枝路」[154]。

圖 2-11　俄國財政副大臣羅曼諾夫，中東鐵路續訂合同的俄方代表，1901 年 10 月曾來哈爾濱視察，籌劃設定哈爾濱作為中東鐵路的總樞紐。

〈旅大租地條約〉簽訂以後，有關旅大租地和隙地的界限，以及中東鐵路支線的路線等事項，續由許景澄、楊儒在聖彼得堡分別與俄國外交部、中東鐵路公司商訂。旅大租地和隙地的界限劃定交涉，歷經月餘，始於 1898 年 5 月 7 日簽訂〈續訂旅大租地條約〉。接下來隨即議商中東鐵路支線事宜，俄方代表為財政副大臣羅曼諾夫（Peter M. Romanov, 1851-1911）和中東鐵路公司董事齊格勒（Eilei K. Tsigler，舊譯齊格列爾）。5 月下旬，

153 《翁同龢日記排印本》（五），光緒二十四年 3 月 2 日，頁 2159。

154 參見〈中俄訂立旅大租地條約〉，光緒二十四年 3 月 6 日，收入《清季外交史料》，卷 132，頁 16-18。

圖 2-12　中東鐵路公司董事齊格勒，中東鐵路續訂合同的俄方代表。

俄方提交續訂鐵路合同草案，除中東鐵路支線的興築外，還要求「暫築枝路至營口及隙地海口」、開採鐵路沿線各種礦產，以及關稅比照原合同減收三分之一等權利。對這些新增的要求，許景澄認為：（一）「暫築枝路」既是為造路「運載料件糧草便捷」，全路竣工通車，即應拆除；（二）開採各項礦產，是「在鐵路外，另索利益」；（三）原合同所訂關稅減收三分之一，「係指陸路而言，今大連灣海口開作商埠，貨物來往內地，若援減徵稅，則恐牛莊、津海兩關必致窒礙」。為對「利權主權稍有裨益」，乃極力與俄方辯駁，終於取得其讓步，同意：「暫築枝路」，「自勘定撥給日起，一過八年必定拆去」；礦產開採限於煤礦；進出租地貨物，比照海關稅則徵稅[155]。7 月 6 日，〈東省鐵路公司續訂合同〉正式簽訂。

〈東省鐵路公司續訂合同〉，共計七款，主要內容如下：

（一）中東鐵路支線取名「東省鐵路南滿洲枝路」。

（二）為築路需要，准中東鐵路公司船隻，航行遼河及其支流，運送物料。同時，允其「暫築枝路至營口及隙地海口」，「惟造路工竣」，「自勘定路線撥給地段起，一過八年必須拆去」。

（三）允許鐵路公司「開採木植煤斤，為鐵路需用」，「官地

155 〈許景澄、楊儒奏照約議築東省枝路續訂合同摺〉，光緒二十四年 7 月 16 日，收入《清季外交史料》，卷 134，頁 12-13。

樹林內，自行採伐，每株繳價若干，由總監工或其代辦與地方官公同酌定」。「鐵路需用之煤礦，計斤納價」。

（四）關稅徵收方面，中國在「交界徵收貨物從該租地運入或運經該租地之稅」，此事「委派東省鐵路公司」，「代為徵收」，並按時呈報北京政府，中國則另派文官駐紮該處。由俄境出入遼東租地之過境貨物免稅，但「貨物經鐵路從中國內地運往租地，或從租地運入內地，應照中國海關稅則，分別完納進口、出口稅」[156]。

由上述內容看來，鐵路公司除取得南滿支線修築經營權之外，尚可開採、砍伐鐵路沿線的煤礦、林木，以及航行遼河及其支流，運送物料。這些利權原是鐵路合同所未有，經由此次支線合同的簽訂，幹線亦得援例辦理。不過，新增加的利權之中，內河航行權的時效限於築路期間，一旦鐵路完工通車，該項利權即宣告失效。只是，後來鐵路公司未遵守規定，其船隊在鐵路完工通車後，仍繼續航行中國東北各內河，日俄戰爭結束後，更擴展松花江航運經營，衍生中俄航權糾紛。另外，暫築至營口及隙地海口之支線，該公司亦未遵守合同，鐵路完工後仍未拆除，日俄戰爭結束，隨同南滿支線的寬城子至大連路段，一併移交日本所有。

綜觀〈旅大租地條約〉、〈續訂旅大租地條約〉的簽訂，俄國不僅一償遠東不凍港之宿願；而且，經由旅大租界的取得，俄國得以在此設立關東省治理，成為其在遠東勢力擴張的總指揮部。同時，配合鐵路合同及續訂鐵路合同的相繼簽訂，中東鐵路

156 〈中俄續訂東省鐵路枝路合同〉，收入《東省鐵路合同成案要覽》，初編，頁 1-3。

幹線、支線的修築，連成一倒丁字形，斜掛於中國東北疆土上，以此為基礎，更形擴大其勢力範圍。隨著 1900 年義和團事變的爆發，俄軍大舉進占滿洲，整個滿洲形同俄國「禁臠」，其在華勢力可謂達於巔峰。只是，此一「成就」卻為俄國帶來「悲劇性」的結局，一方面，遼東利權的獲取是利用三國干涉還遼奪自日本之手而來；一方面，在俄國遠東政策上，主張武力冒進一派勢力抬頭，從軍事占領滿洲以至重返朝鮮勢力角逐，均為其所主導，最後終將俄國送上了戰場。1904-1905 年的日俄戰爭，即是此一勢力過度膨脹的結果。戰後，俄國被迫放棄旅大租界，以及中東鐵路南滿支線的寬城子至大連路段，奪自日本之手者，終究須還之於日本。當然，處於日、俄兩強競逐夾縫中，最大的受害者則是中國，任由強國在其疆土劃分勢力範圍，雖激憤無比，卻無力回天，只有在列強的宰割侵凌之下，苟活倖存。

第三章

中東鐵路修建經過

俄國在取得中東鐵路修築權之後，由華俄道勝銀行籌集 500 萬盧布的資金，於 1897 年 3 月正式在聖彼得堡成立中東鐵路公司。鐵路動工興建之前，鐵路公司先於 1897 年 7 月派鐵路勘察團抵達滿洲，展開路線的勘察。1898 年 2 月，勘路工作結束；3 月，鐵路公司取得南滿支線修築權，復展開該支線的勘察。5 月，全線以哈爾濱為中心，分西、東、南三線動工興建；1903 年 7 月，中東鐵路全線完工通車。從勘路至築路，工程期約為六年，在此期間，當地居民對俄人修築鐵路的反應，1900 年夏義和團事變發生以前，有反勘路、反展地的行動；義和團事變發生以後，則有大量破壞鐵路工程之舉，對鐵路公司造成嚴重的損失。

第一節　中東鐵路公司的成立

根據鐵路合同第一款規定，鐵路的興辦，由華俄道勝銀行籌集資金，另立一公司負責，名為中國東省鐵路公司，簡稱中東鐵路公司。維特為使俄國政府能全盤掌握鐵路的經營，分從股權的取得和債票的持有，以及對鐵路公司的監督等方面著手。在股權的取得上，早在鐵路合同未簽訂定前，即 1896 年 3 月 18 日，華俄道勝銀行便和俄國政府達成祕密協議，其內容為：公司股票本金預定為 500 萬信用盧布，分為 1,000 股，每股面額 5,000 盧布。全部股票由華俄道勝銀行承購後，70%留歸俄國政府所有，交由俄國國家銀行保管，國家銀行即以此為抵押，提供華俄道勝銀行無息貸款，其數額與股票面值相等；其餘 30%的股票由私人承購，屆時若無人承購，亦可比照辦理。在私人承購資格上，限於中、俄兩國人民，以排除資本雄厚的法國人認股的可能性[1]。1896 年 9 月 8 日，鐵路合同簽訂，華俄道勝銀行董事會在維特指示下，草擬鐵路公司章程。11 月 16 日，將此章程草案提交維特審議時，建議：「把行將獲准的中東鐵路公司的股票，提供第三者是不必要的」，「銀行完全可以使全部股本聽任俄國政府支配，並歸俄國政府所有」[2]。因此，所謂公開招股，「股票只准華俄商民購買」的規定，事實上，是形同一騙局。

1896 年 12 月 16 日，尼古拉二世核准〈東省鐵路公司章程〉，鐵路公司預計籌集的 500 萬盧布資金，依上述協議，全部的股票統由俄國政府持有，但惟恐引起外界質疑，形式上仍須將 30%的股票公開招股，然後再設法使俄國政府取得此份股權。為達成目的，鐵路公司事先並未公開刊登招股消息，而是於招股當

1 雷殷，《中東路問題》（台北：文海出版社重印，1967），頁 259。

2 〈華俄道勝銀行 1896 年 11 月 16 日給財政大臣的呈文〉，轉引自羅曼諾夫，《俄國在滿洲（1892-1906）》，頁 110-111。

日才在俄國《政府公報》（*Правителствений весник*）上刊載此項消息，招股時間定在 1896 年 12 月 29 日上午九時。由於股票每股面額 5,000 盧布，非一般人所能承購，而俄國大資本家則過慣聖彼得堡的夜生活[3]，縱使得知消息有意承購，亦為時晚矣。該日上午九時，鐵路公司在聖彼得堡華俄道勝銀行總行掛牌出售股票。當時的情形，據該銀行總經理羅啟泰向維特報告說：「上午九時，聚集了很多職員參加認股儀式，認股在開始後只過幾分鐘就結束了，我們連公眾的影子也沒看到。」[4]如此一來，鐵路公司的 500 萬股本，全部落入俄國政府手中，俄國政府因而成為鐵路公司唯一的股票持有者。

在債票的取得上，公司股本 500 萬盧布，本不敷築路所需，其餘資金依需要報呈俄國財政部核准後，發行鐵路債票募集之。據〈東省鐵路公司章程〉第十一款規定，「債票之償付利息，歸還本款，由俄政府給予擔保」，債票的銷售、兌換，「悉應託付華俄銀行辦理」，但俄國政府有權將此債票全數收歸己有，「按照公司與銀行商定之實價付給公司現款」。於是，俄國政府又成為中東鐵路公司債票唯一的法定持有者。同時，該章程第十六款又規定，鐵路公司總收入，如「不足供彌補常年經費，及歸償債票按年本利之用，則下虧之數全由俄政府擔任墊補」，「此項墊款可預支應用，每年按六分行息」[5]。

俄國政府對鐵路公司的監督方面，據該公司章程第二十七款規定，俄國政府監督的事項有：（一）鐵路公司和管理局組織及

3　Malozemoff, *Russian Far Eastern Policy, 1881-1904*, p. 82.

4　〈羅特什捷英（羅啟泰）致維特信函〉，轉引自羅曼諾夫，《俄國在滿洲（1892-1906）》，頁 111，註 3。

5　〈東省鐵路公司章程〉，收入《東省鐵路合同成案要覽》，初編，頁 5、7。

人事的推選任免，如會辦（副董事長）、正副總監工、鐵路管理局正副局長、各處正副處長、工程師、稽核局人員等；（二）鐵路路線的走向，及一切鐵路工程等計畫、預算；（三）公司濟養費、預備金等儲款辦法。凡此均須呈俄國財政大臣批准，始能生效執行[6]。又據第三款規定，旅客貨物之運費，「及電報之轉遞費，由公司呈准俄國政府定擬」，「在鐵路租借期限之內，無俄國政府許可，公司不得私自增加」，「通車運費及電報費之價目，由公司會同度支大臣協商釐定」。而該公司對俄國政府擔負之「責任」有：（一）「鐵路行車之手續」，應與俄國鐵路一致，行車速度不得低於西伯利亞鐵路，並對「外貝加爾及南烏蘇里鐵路兩面來往開行之各等車輛」，應全部接管轉運至指定地點。（二）應於鐵路沿線「安設電線與兩面接近之俄國鐵路電線相聯」，「凡兩面交界站通過之電報及中、俄兩國往來之電報，均應一律隨時接轉傳遞」。（三）「俄國政府郵政信件、包裹等類及遞送之執事人員」之運輸，不收運費[7]。結果，中東鐵路的營運，不僅要受俄國政府監督，而且還要擔負諸種「責任」，其未來的營運，俄國政府的介入與左右之深，可想而知。

另外，〈東省鐵路公司章程〉有兩款規定，已明顯侵害中國的司法權和警察權，即第七款——凡路界內之「一切刑民事訴訟各案件，由中、俄兩國當地官署，按照約章會同審判」，以及第八款——「為防護鐵路界內秩序起見，由公司委派警察人員擔負警衛之職任，並由公司特定警察章程」辦理[8]。其實，有關鐵路

6 〈東省鐵路公司章程〉，收入《東省鐵路合同成案要覽》，初編，頁 11-12。
7 〈東省鐵路公司章程〉，收入《東省鐵路合同成案要覽》，初編，頁 2-3。
8 〈東省鐵路公司章程〉，收入《東省鐵路合同成案要覽》，初編，頁 4-5。

沿線的治安、鐵路人員與鐵路設施的保護、路界內訴訟案件等，在〈東省鐵路公司合同〉已有明確規定，悉由當地官員負責維持、審理。俄國政府在中俄密約生效未久之時，即訂定違反鐵路合同之條款，顯然毫不尊重中國主權，遑論誠心與中國結盟抗日。其後隨著鐵路的開辦，俄國政府在鐵路沿線派任法官、警察，即是依據該項章程而來。

1897 年 1 月 8 日，中東鐵路公司於聖彼得堡舉行股東大會，選舉第一屆董事，組成董事會，俄國政府既是該公司唯一的股東，自然可以操縱董事的選舉。果然，此次股東大會所選出的 6 名董事，多與俄國政府有關係，他們分別是：羅曼諾夫、烏赫托姆斯基、羅啟泰、璞科第、克爾別茲（E. I. Kerbedz）、齊格勒[9]。其中羅曼諾夫是財政副大臣，璞科第是財政部駐北京代表，兼華俄道勝銀行北京分行經理，烏赫托姆斯基和羅啟泰分別是華俄道勝銀行的董事長、總經理，與維特關係至為密切。克爾別茲和齊格勒二人則是以技術人員身分擔任董事，與俄國政府無直接淵源。董事會成立後，分別聘任資深鐵路工程師尤哥維奇、伊格納齊烏斯（S. V. Ignatsius）二人為正、副總監工，主持鐵路的勘察及修建工作。

圖 3-1　中東鐵路公司董事克爾別茲，1897 年 1 月起，獲選中東鐵路公司首任會辦，至 1903 年 6 月卸任。

9　Нилус, *Исторический обзор КВЖД, 1896-1923 г.г.*, Т. I, с. 24-25.

圖 3-2　中東鐵路築路副總監工伊格納齊烏斯，1903 年 7 月，中東鐵路完工通車，擔任鐵路管理局副局長；1906 年 1 月去職，6 月病逝。

圖 3-3　中東鐵路公司會辦文哲理，繼克爾別茲後任會辦，任期從 1903 年 6 月至 1920 年 11 月止。任職期間，多次前來滿洲視察中東鐵路的營運情況。

根據公司章程規定，董事會的職權，舉凡「中東鐵路修建工程，經理營業一切事務，以及編定公司營業簿、報告書等件」均歸屬之[10]。公司總辦（董事長）由中國政府簡派，董事會只能推選會辦（副董事長），經 6 名董事互相推舉，由克爾別茲當選會辦一職，他於 1903 年 6 月卸任，改由另一名工程師出身的文哲理（A. N. Wentzel，另一譯名溫策爾）接任。文哲理於 1899 年 10 月被選為董事，他擔任會辦一職，至 1920 年 11 月為止[11]，達十七年之久，稱得上和俄國中東鐵路公司相終始。

1897 年 1 月 19 日，清廷簡派駐德公使許景澄為鐵路公司總辦。他於 1898 年夏返國任職，歷任總理衙門行走、禮部右侍

10　〈東省鐵路公司章程〉，收入《東省鐵路合同成案要覽》，初編，頁 8。

11　Нилус, *Исторический обзор КВЖД, 1896-1923 г.г.*, Т. I, c. 24-26（克爾別茲、文哲理照片說明）。

郎、吏部左侍郎等職。1900 年 7 月，因上書反對義和團，遭誣陷處死[12]。許景澄兼任鐵路公司總辦期間，該公司所發給的歲俸 1 萬餘兩，他並未支領分文，除撥出 5,000 兩充作新設的俄文學堂常年經費，餘則用於支付 1 名翻譯官、2 名文案的薪資。

圖 3-4　吉林補用道方朗。1903 年 12 月，繼許景澄之後，清廷派任為中東鐵路公司總辦，但未為俄方接受，至沙皇時代結束前為止，總辦一職始終虛懸。

關於總辦一職，在許景澄死後，清廷一直未簡派繼任者，直到 1903 年 7 月中東鐵路正式通車營運，12 月，清廷始以吉林補用道方朗為總辦，惟未獲俄方同意[13]。日俄戰爭結束後，黑龍江將軍程德全（1860-1930）於 1905 年 12 月，上書建議應續派公司總辦，以使「主權利益不至盡為外人所奪」[14]。1907 年 10 月，東三省總督徐世昌（1855-1939）亦致函外務部表示，「南北兩段鐵路與地方交涉各事，日見繁多」，亟應依照鐵路合同規定，與日、俄兩使協商公司總辦派任事宜[15]。對於東

12　《許文肅公外集》，卷首，頁 11-12，附於《許文肅公遺稿》後。

13　〈收軍機處交片〉，光緒二十九年 10 月 18 日；〈咨交通部〉，民國四年 8 月 4 日，中央研究院近代史研究所檔案館藏，《中東鐵路雜件》，檔號：03-32-218-01-003、03-32-219-01-003。

14　程德全，《程將軍守江奏稿》（台北：文海出版社，1967），卷 6，頁 41。

15　〈收東三省總督信〉，光緒三十三年 9 月 12 日，《中東鐵路雜件》，檔號：03-32-219-02-001。

圖 3-5　中東鐵路首任督辦郭宗熙。1917 年十月革命後，中國政府乘機選派鐵路公司總辦，並更名為督辦。郭宗熙以吉林省長身分兼任督辦，任期從 1917 年 12 月至 1919 年 8 月為止。

省當局的建議，清廷始終未有積極的作為。進入民國以後，交通部以鐵路公司總辦的派任，係屬中國權益所在，曾於 1915 年 7 月 31 日函請外交部，設法向日、俄兩使爭取，惟外交部的答覆是，此事在前清時代中日協商〈東三省事宜條約〉時，已遭日方拒絕，今日重提，日方必定不予承認；俄方雖未反對，但因日方不允認，「能否相商，亦難逆料」[16]。其實，縱使中國無權派任南滿鐵路公司總辦，但對中東鐵路公司總辦的任命權，殆無疑義，外交部未能積極向俄方交涉爭取，顯然有虧職守。總之，中東鐵路公司總辦自許景澄一任後，虛懸十餘年，直到 1917 年 12 月 29 日，北京政府始正式派任吉林省長郭宗熙（1878-1934）「兼督辦東省鐵路公司事宜」，「總辦」一職更名為「督辦」[17]。

中東鐵路公司總辦的職權，依鐵路合同第一款規定：「隨時查察該華俄銀行及鐵路公司於中國政府所委辦之事，是否實辦奉行」；並主持「該銀行及該公司所有與中國政府及京外各官」之

16 〈交通部咨一件〉，民國四年 7 月 31 日；〈咨交通部〉，民國四年 8 月 4 日，《中東鐵路雜件》，檔號：03-32-219-01-002~003。

17 〈國務院交抄二件〉附件：〈大總統指令〉（民國六年 12 月 29 日），民國六年 12 月 31 日，《中東鐵路雜件》，檔號：03-32-219-01-015。

交涉事務。鐵路公司章程第十九款也規定：總辦「專為監督鐵路公司切實遵辦對於中國政府所應盡之責任，凡鐵路公司與中國政府及京外各官署之一切交涉事件，均應經由總董（總辦）承轉施行」[18]。由上述規定看來，中國總辦職責只是負責鐵路公司與中國政府的交涉事務，其所應盡責任，具體言之，即確保鐵路順利完工通車營運。至於公司一切事務之管理，則歸屬會辦掌管，會辦才是真正握有公司實權的人，總辦不過純屬「一種名譽的頭銜職位」，徒具虛名罷了。

1897 年 3 月 13 日，中東鐵路公司正式在聖彼得堡成立，董事會之下設有技術、庶務、財務、管理等四個委員會，分由各董事主管。為盡快完成鐵路的修建，在技術委員會之外，別設執行委員會，統籌該項業務，其下計分設四處，即技術處、庶務處、財務處、管理處。技術處負責勘察鐵路地形、路線方向，以及鐵路的興建；庶務處負責承辦興建鐵路的相關材料；財務處負責鐵路興建的一切財政事宜；管理處負責鐵路修築期間的監督，以及將來在華管理局、辦事處的設立等[19]。而為就近和中國政府會商鐵路興建的相關事宜，復於北京設立分公司，經理一職由璞科第兼任，日後有關鐵路興建的相關事務，多由璞科第與總理衙門直接洽談[20]。此外，「為審查修造鐵路」，「一切工程計畫之預算表、估算書」，以及「稽核經理鐵路之全年出款、入款預算」等事務，鐵路公司另設有稽察局，其地位與董事會平行。稽察局設稽察員 5 名，由股東大會選舉未任公司職務者擔任，總稽察由稽察

---

18 〈東省鐵路公司章程〉，收入《東省鐵路合同成案要覽》，初編，頁 1-2、8-9。

19 Нилус, *Исторический обзор КВЖД, 1896-1923 г.г.*, Т. I, c. 25-26.

20 Нилус, *Исторический обзор КВЖД, 1896-1923 г.г.*, Т. I, c. 24.

員互選產生[21]。

綜上所述，俄國政府透過股票的持有、鐵路債票的發行擔保，成為中東鐵路公司唯一的股東、公司債票的唯一持有者，再配合鐵路公司章程的規定——該公司的一切營運均須報呈財政大臣核可，俄國政府得以完全掌控該公司。名義上，鐵路公司總辦由中國政府簡派，公司鈐記由中國政府核發，公司股票只准中俄人民購買，中東鐵路看似為一中俄合辦之鐵路。實際上，這不過是維特為取得鐵路的承修、經營所設計的幌子，所謂中俄合辦的最主要象徵——總辦一職，自許景澄死後，未有續任者。從此之後，中東鐵路公司無論名實均是俄國政府主導的企業，更是「俄國官家之公司」[22]。隨著鐵路的通車營運，鐵路公司在俄國政府的授意下，刻意曲解鐵路合同條文，進行種種擴權活動，為俄國謀求在中國東北的政治、軍事、經濟以及郵政、電信、教育等種種特權，建立以中東鐵路為中心的龐大「鐵路租界」，成為俄國在華最大的利權所在。

第二節　中東鐵路路線的探勘與修築

1897 年 1 月，中東鐵路公司董事會召開後，有關鐵路修築工作即正式展開。在鐵路修築動工以前，首先必須進行路線勘察，再根據勘察結果，擬定路線施工計畫。整個築路工作，全由總監工尤哥維奇負責，他在中東鐵路修築史上，可謂厥功至偉。

21　〈東省鐵路公司章程〉，收入《東省鐵路合同成案要覽》，初編，頁 12。

22　〈俄廓使照會一件〉，光緒三十四年 12 月 29 日，《中東鐵路》，檔號：02-03-010-02-023。

尤哥維奇身為塞爾維亞人（Serbian），俄語並不十分流暢，在俄國鐵路修築史上如此重大的鐵路工程，竟能膺任此一重責，全係憑藉其在鐵路工程的專業能力及豐富的築路經驗而來。

尤哥維奇出身倫敦的皇家學院（King's College），1865 年畢業後，即前往高加索地區投入鐵路工程生涯。首先負責波季梯－弗里斯鐵路（Poti-Tiflis Railway）的修建，繼之於 1870 年受命修築基什尼奧夫（Kishinev，摩達維亞 Moldavia 首府）至雅西（Iassy，羅馬尼亞東部城市，鄰近摩達維亞）間的鐵路。1877 年，適逢俄土戰爭爆發，尤哥維奇轉任前線鐵路處建築科長，主持通往黑海的軍事鐵路工程。不久，這些軍事鐵路併入西南鐵路系統，維特正是西南鐵路局局長，他對尤哥維奇的賞識始於此時。1880 年以後，尤哥維奇復參與外貝加爾鐵路的籌劃，並曾協助土耳其政府進行小亞細亞鐵路的勘察。1892 年，維特擔任交通大臣，開始大力擘畫西伯利亞鐵路工程之際，特別借重尤哥維奇鐵路工程的長才，任命其負責修築其中一段工程（喀山－烏拉爾）。1897 年該段鐵路完工，適逢中東鐵路公司成立，維特再次擢拔尤哥維奇，聘其為中東鐵路築路總監工[23]。

伊格納齊烏斯是中東鐵路工程的另一靈魂人物，他出身聖彼得堡貴族家庭，先畢業於俄國貴族兵工學校，又轉至工程學院就讀。1883 年畢業後，奉命擔任鐵路橋梁的修建。1890 年，調任西南鐵路局所屬鐵路，任技術科長。1893 年，與尤哥維奇共事，修建喀山－烏拉爾鐵路，其後得尤哥維奇推薦，受聘為中東鐵路築路副總監工。1903 年 7 月，中東鐵路完工通車，他繼續留在哈爾濱，任鐵路局副局長，至 1905 年日俄戰爭結束後卸

23　參見 Нилус, *Исторический обзор КВЖД, 1896-1923 г.г.*, Т. I, с. 26-27.

職，返回聖彼得堡[24]。

尤哥維奇就任後，於聖彼得堡成立辦公室，以物色人才，組織鐵路勘察團。有關人才的物色，主要來自尤哥維奇修築喀山-烏拉爾鐵路時期的同僚，如勃察羅夫（Nikolai P. Bocharov，舊譯伯洽羅夫）、阿莫索夫（M. A. Amosov），他們兩人均曾參與過烏蘇里鐵路的修築，對滿洲的地理環境較為熟悉，前者率領義大利工人，負責施工難度極高的興安嶺隧道工程。其他重要的工程師除第二章提及的斯維雅金外，還包括吉利什滿（Feofil S. Girshman，另譯吉爾什曼）、普羅辛斯基（I. L. Prosinskii）、齊霍諾夫（Tikhonov）、齊文斯基（Tsivinskii）、庫茲聶曹夫（Peter I. Kuznetsov，舊譯庫茲尼錯夫）、奧芬貝爾格（Stepan Ts. Offenberg，舊譯沃芬別爾格）、瓦霍夫斯基（Severian M. Vakhovskii）、什得洛夫斯基（Adam I. Shidlovskii，舊譯石得羅夫斯基）、齊霍米羅夫（Tikhon M. Tikhomirov）、蓋爾索夫（Adol'f A. Gershov）、希爾科夫親王（Prince Stepan N. Khilkov）、阿列克山得羅夫（Vladimir I. Aleksandrov，舊譯阿列克三德洛夫）、連托夫斯基（Aleksander N. Lentovskii，舊譯連鐸夫斯基）、瓦爾喀索夫（Nicholai G. Vargasov）、列弗捷耶夫（Aleksei K. Levteev，舊譯列甫竭耶夫）、奧勃洛米耶夫斯基（Ivan I. Oblomievskii，舊譯沃布羅米耶夫斯基）、喀濟吉列（Nicholai A. Kazy-Girei，舊譯喀則吉列）等人。他們之中有部分人員在鐵路完工後留任管理局服務，如希爾科夫親王擔任工務處長，1906 年轉任副局長，至 1915 年止，服務中東鐵路近二十年。又如松花江、嫩江等橋梁工程師阿列克山得羅夫，以及庫茲聶曹夫、奧芬貝爾格、奧勃洛

24 參見 Нилус, *Исторический обзор КВЖД, 1896-1923 г.г.*, Т. I, с. 29-30.

米耶夫斯基等人任職路局時間更久，都在二十年以上。各工程師之中最受尤哥維奇倚重者為斯維雅金，早在 1895 年 9 月，他即曾由三岔口入境，率勘察團進入北滿，對寧古塔一帶進行為期三個月的地形勘察，後來中東鐵路路線的擬定，主要參考他的勘察報告而來。

中東鐵路路線的規劃，計有南、北兩線。最初與中國所協議的路線為北線，而 1897 年 2 月 3 日首次董事會的決議，則是南線。北線的走向，是由滿洲里進入呼倫貝爾，越過大興安嶺沿雅魯河，鄰近齊齊哈爾，穿越呼蘭屯墾區，渡松花江，抵達寧古塔向東出境。南線的走向，是經呼倫貝爾後，「改向東南，沿依奔河、烏奴爾河，過興安嶺，沿綽爾河上流渡河，經蒙古札賚特旗地，渡陀喇河，沿嫩江西岸，經蒙古郭爾羅斯前旗地，渡松花江至伯都訥，沿松花江北岸至寧古塔」，再經瑚布圖河（牡丹江）由三岔口出境[25]。在董事會和工程人員的會議上，支持南線者較多，他們認為南線一帶人口較稠密，城市較多，商業較為發達；而且，若採南線修築，深入滿洲腹地，有助於俄國在滿洲的影響力，其重要的代表人物為中東鐵路公司會辦克爾別茲。主張北線者認為北線（包括東、西段）一帶，根據斯維雅金 1895 年的勘察報告，顯示北線的工程較易進行，經過山區的路段比南線少三分之一，路線總長也比南線縮短 150 俄里。經過一番爭論，最後決議以南線為優先，路線勘察則是兩線同時進行[26]。

在鐵路勘察團動身前往滿洲之前，為取得中國同意將鐵路的走向改為南線，同年 3 月，該公司董事羅啟泰向許景澄表示，由

25　《許文肅公遺稿》，函牘 5，頁 24。

26　Нилус, *Исторический обзор КВЖД, 1896-1923 г.г.*, T. I, c. 41-42.

於「興安嶺山峻雪大」，希望鐵路的走向能「逕由呼倫貝爾之東過嶺，經伯都訥至吉林始折而東，或仍經齊齊哈爾以達伯都訥」。許景澄答稱：「吉林一帶民居較眾，撥地不便，恐國家不願；且自齊齊哈爾之南須經行蒙古境內，為兩國願訂憑件未載，亦有窒礙。」[27]未久，鐵路公司將更改之路線圖送交許景澄，並指稱「若將路線改移向南，山梁較平，穿洞工程較省。嫩江、松花江兩處造橋，亦可減短。」許景澄仍以「腹地畫撥周折」，及「兩國約文未及蒙古」等理由，回拒其請。俄方亦知「迂繞理絀」，願作部分修改，即：「自伯都訥逕行往東，不至吉林邊門以內，亦不繞雙城堡、拉林諸城」，以降低中國的疑慮；至於取道蒙古一節，「因山嶺形勢所限」，堅持無法改動。為確切了解鐵路公司所宣稱的穿洞及橋梁工程詳情，許景澄曾約談總監工尤哥維奇，所得答覆是，原線須穿山洞二次，長度分別是 900 俄丈、800 俄丈，新線「只須穿洞一次，或竟不必穿洞」；新線所經興安嶺，高度亦較原線約低 50 俄丈。在嫩江、松花江兩處橋梁方面，新線可省卻一過江大橋，且「松花江未會嫩江以前，江面尚狹，較原線在下流過江造橋容易」[28]。許景澄遂將上述情形報呈總理衙門，俾便烏赫托姆斯基訪華交涉改路時有所依恃。

1897 年 5 月末，烏赫托姆斯基率同尤哥維奇、伊格納齊烏斯等人抵達北京，提出改路之事，謂「此路較平」，「計移南二百餘里」。清廷諭令吉、黑兩省將軍對此詳加調查，「究竟地勢民情若何？且經內蒙古地方有無窒礙」？[29]黑龍江將軍恩澤

---

27 《許文肅公遺稿》，函牘 5，頁 23。

28 《許文肅公遺稿》，函牘 5，頁 24-25。

29 〈旨寄恩澤、延茂俄人請改設路線著通盤籌畫速覆電〉，光緒二十三年 5 月 8 日，收入《清季外交史料》，卷 126，頁 7。

（1839-1899）奏稱，「俄人欲改初議路線，擬走蒙古草地，直至伯都訥，路雖平坦，究之一片荒土，人煙絕少，毫無生意，竟將齊齊哈爾省城撇在一邊，諸事不便，兩國均無利益」。「再者，俄人請改議路線，實慮包藏禍心」，蓋「齊省既撇在以外，則東邊數千里又將劃為俄有」[30]。總理衙門據此與烏使辯駁，「並告以蒙古地段與中國內地不同，未能相強焉」。鑑於鐵路合同規定，最遲在 1897 年 9 月 8 日以前必須開工，清廷「僅允其先就吉、江兩省界內開工」，「飭令地方官妥為照料」[31]。最後整個改路交涉，因東北地方當局的極力反對，烏赫托姆斯基此行所負使命，終致功敗垂成。

俄方意欲修改中東鐵路的路線，誠如黑龍江將軍恩澤所說的，係屬「包藏禍心」。所謂北線「山峻雪大」、「山峻水寬」等問題，就實際情況而言，南、北兩線均須經興安嶺，亦無法避開松花江，穿洞造橋勢屬必然，只是數量的增減而已。況且，北線山嶺雖稍高，地勢卻較高燥[32]；南線雖較為平坦，卻有許多窪塘泥沼。北線由齊齊哈爾經呼蘭東行，「並不過勞增費」[33]，呼蘭地方且「為江省精華所在，尤為軌道所應經」；南線則須穿越蒙荒，人煙既少，道路迂遠[34]。在施工難度上，南線所繞行山路，

30 〈黑龍江將軍恩澤致總署密陳俄人改設路線居心叵測電〉，光緒二十三年 5 月 10 日，收入《清季外交史料》，卷 126，頁 8。

31 〈總署致延茂、恩澤俄人改路希集各盟長切實開導電〉，光緒二十三年 5 月 22 日，收入《清季外交史料》，卷 126，頁 10。

32 〈黑龍江將軍恩澤奏俄路改行南線遵旨通盤籌畫摺〉，光緒二十三年 6 月 17 日，收入《清季外交史料》，卷 126，頁 22。

33 〈黑龍江將軍恩澤奏俄路改行南線遵旨通盤籌畫摺〉，光緒二十三年 6 月 17 日，收入《清季外交史料》，卷 126，頁 22。

34 〈黑龍江將軍恩澤致總署密陳俄人改設路線居心叵測電〉，光緒二十三年 5

是北線的 3 倍，路線總長亦增為 150 俄里。因此，捨北線就南線，並不符合經濟效益。惟行走南線的最佳利益，卻可囊括吉、黑兩省省城，「邊外七城」劃入北滿，奉天屏障盡失，「根本重地」勢將不保，此所以吉、黑兩省將軍極力反對，而俄方一意爭取的根本原因[35]。儘管清廷未同意俄方的改線要求，中東鐵路勘察團依然進行南線的勘察，直到 1898 年 1 月，因伯都訥及張廣才嶺的地勢、土質均不適合鐵路興建，才放棄南線的計畫。

1897 年 4 月 28 日，中東鐵路大批勘路人員，由希爾科夫率領，從敖德薩港出發；6 月 11 日，抵達海參崴，受到烏蘇里鐵路局局長霍爾瓦特的盛大歡迎。正副總監工尤哥維奇、伊格納齊烏斯二人，因赴北京交涉鐵路改線之事，遲至 7 月 7 日始抵達海參崴，並主持中東鐵路工程局的成立典禮，展開路線勘察[36]。

7 月 11 日，希爾科夫率領首批勘路人員，由海參崴抵達伯力；二週後，乘船上溯黑龍江，行抵中國邊境分二批入境，一批繼續上溯黑龍江至海蘭泡，再由璦琿沿官道抵達齊齊哈爾；一批上溯松花江，經三姓行抵伯都訥，分別展開各路段的勘察[37]。

由於鐵路合同規定，鐵路須於一年內動工修建，為此，工程局趕在期限屆臨之前，於 8 月 28 日在中國邊境小綏芬河右岸三岔口附近（距濱海省波爾塔夫 Poltav 哥薩克村 6 俄里），舉行開工典禮，修築綏芬河站至雙城子以北一段的鐵路，象徵中東鐵路已動工修築[38]。此路段後來因路基所在地不適合築路而廢棄。參

月 10 日，收入《清季外交史料》，卷 126，頁 8。

35 《沙俄與東北》，頁 350。

36 參見 Нилус, *Исторический обзор КВЖД, 1896-1923 г.г.*, Т. I, c. 37-38, 50.

37 Нилус, *Исторический обзор КВЖД, 1896-1923 г.г.*, Т. I, c. 40.

38 Нилус, *Исторический обзор КВЖД, 1896-1923 г.г.*, Т. I, c. 32; 中東鐵路經濟

圖 3-6　1897 年夏，中東鐵路勘察團於濱海省邊境出發圖。

圖 3-7　1897 年夏，保護中東鐵路勘察團的中國護勇與鐵路人員合影。

與此次開工典禮者約 80 餘人，包括鐵路公司人員、俄國在海參崴的行政官員和駐軍代表、法國駐海參崴艦隊司令，以及三岔口的中國地方官。整個會場布置得美輪美奐，有會館、花亭設於河邊，河面上備有畫舫，到處懸掛著中、俄兩國旗幟，並有鐵路公司旗幟穿插其間[39]。

圖 3-8　中東鐵路修建工程開工典禮圖。1897 年 8 月 28 日，鐵路工程人員在中國境內小綏芬河右岸三岔口地方（東寧縣境內），舉行試土開工典禮，作為鐵路動工修建的象徵。

9 月 9 日，總監工尤哥維奇由三岔口入境，在副總監工伊格納齊烏斯等人的陪同下，前往各地路段視察勘路情形。他們一行人於 10 月 22 日抵達吉林省城，由中國譯員劉鏡人（1866-？）

調查局編，《北滿與東省鐵路》（哈爾濱：編者印行，1927），頁 259。

39　Нилус, *Исторический обзор КВЖД, 1896-1923 г.г.*, Т. I, с. 32.

陪同拜會吉林將軍延茂（1843-1900）後[40]，轉往伯都訥（勘察團指揮站），聽取各路段勘察報告；又前往齊齊哈爾、呼蘭、阿什河等地視察。整個視察活動為期五個月，至 1898 年 1 月初結束。此時勘路工程，除南線張廣才嶺一帶外，均已完成[41]。

圖 3-9　中東鐵路修築期間中國總翻譯官劉鏡人。1912 年起任中國駐俄公使，至 1918 年返國。1919 年 3 月，出任中國駐海參崴高等委員，和詹天佑共同代表中國參與協約國監管西伯利亞鐵路（含中東鐵路）委員會。

大體而言，路線的勘察除南線外，北線各路段的勘察，尚稱順利。鐵路公司為博取當地居民的好感，減少勘路過程的阻力，下令工作人員盡可能不和當地居民發生衝突，如以稍高的價格購買糧食，攜帶望遠鏡、音樂盒、酒類、鬧鐘等禮品，贈送居民和官員。根據勘察團第一段副監工奧芬貝爾格的回憶，吉、黑兩省居民稀少，他們對突然湧現而來的外國人並無敵意，反而帶有強

40　中東鐵路勘路及築路期間，清廷選派的譯員除劉鏡人外，見之記載者還有朱與忱、蕢炳榮、李鴻桂等人。鐵路完工通車後，朱與忱、蕢炳榮二人獲聘為中東鐵路管理局翻譯員，前者任職於對華交涉處，於 1921 年 7 月升任路局翻譯室主任；後者 1904 年 7 月至 1910 年 9 月擔任地畝處譯員。朱與忱另有譯著《中東鐵路沿革史》（台北：文海出版社重印，1969），係選譯 Нилус, *Исторический обзор КВЖД, 1896-1923 г.г.*序文及第一章，並附錄中東鐵路二十五年簡明大事紀要。

41　參見 Нилус, *Исторический обзор КВЖД, 1896-1923 г.г.*, Т. I, с. 50-51.

烈的好奇心。而且，俄國人願意以高價購買蔬菜、馬車、牛車、麵粉等物品，居民樂意與之交易。地方官員對勘路人員的態度，亦稱友善，如恩澤在奧芬貝爾格一行人於 10 月 2 日抵達齊齊哈爾拜會時，曾熱誠款待，並派遣 8 名護勇隨行保護至海拉爾。至於勘路人員遭到當地官員留難者，則在海拉爾一處，先是被阻擋在城外，經過三、四天的交涉，始獲准進城紮營；又在糧食的購買上受到限制，如居民出售俄人麵粉不得超過 100 斤[42]。另外，在吉林省曾因勘路人員不當立樁，造成零星的衝突事件（詳見本章第三節）。

圖 3-10　1897 年 9 月，中東鐵路正、副總監工尤哥維奇與伊格納齊烏斯與在松花江上游採辦木料人員合影於吉林省城。

42　參見 Нилус, *Исторический обзор КВЖД, 1896-1923 г.г.*, T. I, c. 45-48.

圖 3-11　中東鐵路總勘察站設於伯都訥，1897 年夏，尤哥維奇、伊格納齊烏斯於拜會伯都訥副都統後合影。

圖 3-12　1897 年夏，尤哥維奇、伊格納齊烏斯與巴彥蘇蘇副都統合影。

南線的勘察未如北線順利，此線由資深勘路工程師齊霍諾夫主持。全線最困難的路段，在臨近寧古塔西部的山區一帶，尤其是張廣才嶺的地形不適於鋪設鐵路。關於此問題，早在勘路計畫擬定時，尤哥維奇因斯維雅金 1895 年的勘察報告，即對此線不表樂觀。1898 年 1 月初，尤哥維奇在伯都訥聽取南線的報告時，已有放棄南線的念頭，只是顧慮鐵路公司會辦克爾別茲的反對，決定再做最後一次勘察。於是，電請在海參崴的斯維雅金前來寧古塔（南線指揮站）會商。1898 年 1 月 24 日，尤哥維奇、伊格納齊烏斯、齊霍諾夫和斯維雅金等四人，為南線問題舉行會議，決定由斯維雅金、齊霍諾夫兩人組團，再次前往張廣才嶺一帶調查。1 月 29 日，勘察團在中東鐵路護路隊陪同下，由寧古塔出發，歷經半個月的調查，再次證實張廣才嶺的河谷地勢，無法架設鐵路橋梁。另外，又派工程師阿莫索夫、庫茲聶曹夫前往海林河及其支流大海林河、二海林河一帶勘察，所得結果依然是張廣才嶺不適合修建鐵路。2 月中，尤哥維奇宣告放棄南線計畫，鐵路走向採行北線，勘察工作結束，並將總勘察站伯都訥遷往呼蘭城附近（即後來哈爾濱所

圖 3-13　中東鐵路工程師庫茲聶曹夫，1897 年 8 月起擔任南線勘察隊隊長，復任松花江分段段長；1906 年轉任工務處中部大段大段長。1917 年十月革命後，仍繼續在鐵路公司服務。1921 年 7 月擔任理事，1922 年 10 月轉任監察局監察員。

在位置），展開築路工作[43]。

正當鐵路工程行將動工之時，3 月 27 日，俄國政府透過〈旅大租地條約〉的簽訂，取得哈爾濱至旅順間的築路權，並委由中東鐵路公司興建經營，此路段即為中東鐵路南滿支線。該線行經地區人煙稠密，地形平坦，氣候溫和，自然與人文條件均比幹線優越。在該合同簽訂前（7 月 6 日），鐵路公司已於 4 月底完成路線的勘察，5 月起，全路正式動工興建。

中東鐵路全線的勘察，以幹線最為艱辛，費時最久（半年餘，支線勘察為期一個月）。蓋北滿地區多崇山峻嶺，氣候嚴寒，人跡罕至，尤其是大興安嶺一帶，工程人員常冒著零下 37 度的酷寒氣候，馬不停蹄地勘察並繪製各種圖表，撰寫勘察報告，手足僵凍，備嘗辛苦。其次，對滿洲的河流水系，如水深、流速等相關資料，勘路人員所知極為有限，他們常在各種險境中摸索，如負責嫩江至松花江這一段的監工希爾科夫，由於不知河流的深度與流速，冒著河水上漲的危險，親自乘船測試，有

圖 3-14　中東鐵路工程師希爾科夫親王，出身王侯之家，1897 年 3 月，遠離家鄉，來到蠻荒之地，投入鐵路工程修建，係屬少見。築路初期任哈爾濱分段總管，1901 年 9 月調任哈爾濱城市建設；鐵路通車後轉任鐵路管理局工務處長；1906 年 3 月，升任副局長至 1915 年 6 月止，後返國調任黑海鐵路管理局長。在中東鐵路公司服務長達二十餘年。

43　參見 Нилус, *Исторический обзор КВЖД, 1896-1923 г.г.*, T. I, c. 51, 53-54.

數次落水的驚險情境[44]。因此，當我們在譴責俄國人，利用中東鐵路侵略中國東北疆土時，也不能不對這些工程人員冒險犯難的敬業精神表示崇高的敬意。

1898 年 5 月 4 日，總監工尤哥維奇宣布中東鐵路幹線、支線的修築方向，以哈爾濱為中心，分成東、西、南三線同時施工，幹線部分（東、西線）計分十三段修築。7 月，又公布南線的施工計畫，計分八段修築，每段長度的劃分，係根據幹線、支線的總長，平均以 70-150 俄里為標準分段。隨著工程進度的推展，至 1902 年，縮減各線的段數，改為以 300 俄里為標準，劃分區段。鐵路沿線重要設施工程，如橋梁、隧道，則另設獨立的單位管理。另外，為配合鐵路興修與未來營運，尚有城市（哈爾濱、大連、旅順）及海灣碼頭（海參崴、伯力、伊曼 Iman）等工程單位的設置[45]。

為直接而有效地管理監督鐵路工程，以及避免來自俄國行政系統的干預，尤哥維奇決定將海參崴的中東鐵路工程局遷移至滿洲境內。因此，早在施工計畫未宣布之前，即於 3 月 20 日派遣工程師什得洛夫斯基帶領 20 名各類專家，組成中東鐵路工程先遣隊入境滿洲。這批先遣人員攜帶價值 10 萬盧布的銀塊、銀片，搭乘 30 輛馬車在三岔口入境後，歷經一個多月的行程，於 4 月 26 日抵達哈爾濱香坊的田家燒鍋大車店。5 月 8 日，什得洛夫斯基以 8,000 兩銀收購田家燒鍋院內的房舍，作為中東鐵路工程局的所在地。6 月 9 日，副總監工伊格納齊烏斯率同鐵路工程局所有員工，乘坐「海蘭泡」號汽船，抵達松花江畔的哈爾濱

---

44 參見 Нилус, *Исторический обзор КВЖД, 1896-1923 г.г.*, T. I, c. 43-49.

45 參見 Нилус, *Исторический обзор КВЖД, 1896-1923 г.г.*, T. I, c. 59-61.

圖 3-15　中東鐵路工程師什得洛夫斯基，從勘路時代即入境滿洲勘路，是鐵路公司第一批入境滿洲的工程人員之一。築路期間，擔任遼陽分段總管。

碼頭，正式在此展開工程的指揮監督。日後，俄國人即以 6 月 9 日（俄曆 5 月 28 日）為哈爾濱城誕生日，中東鐵路當局也以這一天定為中東鐵路建築紀念日[46]。

1898 年 6 月，以哈爾濱為中心，中東鐵路各線工程全面開工，為使鐵路及早完工通車，分由六處同時相向施工，即由哈爾濱向東、西、南三線，以及由雙城子、外貝加爾、旅順等處向哈爾濱施工。工程以軌道鋪設為第一優先，容易施工者，鋪設永久性的軌道，施工難度較高者，先以臨時性的軌道為主，俟全線通車後，再逐步修復為永久性的軌道。沿線所有橋梁、各車站建築、供水設施，多為臨時性質。依施工計畫，各線完工順序依次為南線、東線、西線[47]。

築路期間，所有工程材料及相關的器材、裝備，除木石等建材取之於當地外，一切全部仰賴美國和西歐等地進口，其中鐵路鋼軌及車輛，以美國進口居多。早在 1897 年勘路之前，鐵路公司即派遣工程師瓦霍夫斯基赴英、比等國選購船舶器材，然後運抵海參崴金角灣的中東鐵路公司專屬碼頭——埃格爾協里得

46　參見 Нилус,*Исторический обзор КВЖД, 1896-1923 г.г.*, Т. I, c. 69-71, 127-129.

47　參見 Нилус, *Исторический обзор КВЖД, 1896-1923 г.г.*, Т. I, c. 60, 62-63.

圖 3-16　中東鐵路工程師瓦霍夫斯基，築路期間負責機器、鐵路工程材料等船舶運輸事宜，復兼任臨時車務處處長。

（Egershel'd）碼頭，進行組裝，以載運工作人員赴滿洲勘路。鐵路正式動工後，陸續運抵海參崴的器材，除船舶類外，尚有鋪設路軌所需鋼料，以及未來通車所需的機車、車輛、各種零件材料。築路初期在海參崴、伯力、伊曼等地組裝的船舶與各類車輛，甚為可觀，如組裝的船隻，計有客貨用汽船有 78 艘；車輛方面，計有機車 70 輛、客車 800 輛、貨車 4,600 輛，這些車輛的各項配備，全來自美國工廠打造[48]。

工人的來源，在動工初期以俄國人為主，多由烏蘇里鐵路移轉而來，但因各路段同時開工，所需工人極多，而有華工的招募。最初透過華籍譯員介紹，招募而來的華工以鐵路沿線農民和勞工為主；後來則採用包工的方式，招募大批來自中國關內的農民和勞工，尤以山東、直隸（河北）兩省人民居多[49]。華工數量在 1898 年時，約有 2 萬人，1899 年增為 3 萬人，1900 年初再增為 10 萬人[50]；同年夏天，義和團事變發生前夕，更暴增至 20 萬人[51]，這是雇用華工最多的時期。另外，還有歐洲籍的工人，如

48 Нилус, *Исторический обзор КВЖД, 1896-1923 г.г.*, Т. I, с. 67.

49 Нилус, *Исторический обзор КВЖД, 1896-1923 г.г.*, Т. I, с. 74.

50 《沙俄侵華史》，第 4 卷（上），頁 87。

51 Нилус, *Исторический обзор КВЖД, 1896-1923 г.г.*, Т. I, с. 184.

義大利人、波蘭人、德國人和拉脫維亞人（Latvian），他們多屬於技術性的工人，以 1901-1902 年間的人數最多，其中義大利人占居多數，是修建興安嶺隧道的主要人員[52]。

相較於各國工人以技術性工作為主，華工則是體力勞動的主要來源，故其待遇和福利均較差。在工資方面，華工一日所得不過 30 戈比，當地物價不低，此一工資僅能購買一隻鴨（25.30 戈比）[53]；如遭逢包工、工頭等層層剋扣，工資則可能降至 10 戈比[54]，僅足購買 2 個雞蛋[55]。無怪乎華工「雖日亟勞瘁，不得衣食」[56]。低廉的工資，加上惡劣的工作環境（嚴寒酷暑），以致不時發生華工逃跑情形。如 1898 年 6 月，新募得華工在抵達伯都訥 70 華里處，聽聞「鐵路傭工極苦，凡做苦工皆常手鐲腳鐐」，遂紛紛將隨身攜帶的工具變賣逃跑。副總監工伊格納齊烏斯曾致電吉林將軍，請其設法制止，「並令五城副都統訪拿肇事者」[57]。

大批華工的逃跑，勢必影響到施工進度，中東鐵路北京分公司經理璞科第亦曾致電吉林將軍，指「工人愚魯」，誤信「無知遊民，散布謠言」，謂路局欲將工人充作兵卒，或「拘作苦工」，

---

52 R. K. I. Quested, *The Tsarist Russians in Manchuria, 1895-1917*（Hong Kong: University of Hong Kong Press, 1982）, p. 98.

53 Нилус, *Исторический обзор КВЖД, 1896-1923 г.г.*, Т. I, с. 146.

54 中共中央馬克思、恩格斯、列寧、斯大林著作編譯局編，《列寧選集》（北京：人民出版社，1972），第 1 卷，頁 215。

55 Нилус, *Исторический обзор КВЖД, 1896-1923 г.г.*, Т. I, с. 146.

56 蘇莘，〈中國鐵路紀略〉，《地學雜誌》，第 1 年第 9 期，轉引自《沙俄與東北》，頁 357。

57 原東北檔案館藏件，光緒二十四年 5 月 16 日，轉引自《沙俄與東北》，頁 357。

工人乃有賤價出售公發器具潛逃之事，造成勞動力的嚴重不足。華工的潛逃固然不該，惟路局未設法改善工人的待遇與工作環境，亦難辭其咎。此類謠言甚至由吉林傳至奉天，演成有「（吉林）所需之華工，率皆帶往俄界」的說法，民眾乃「咸視新城（哈爾濱）為畏途也」[58]。

義和團事變爆發以前，中東鐵路的築路工程未曾間斷，施工二年，共築成 1,300 俄里的鐵路，其中輕便軌道、工程軌道，以及錯車道，未計算在內。1900 年 6 月，義和團事變蔓延至東北，築路工作遭受波及，因而停頓。7 月 11 日，總監工尤哥維奇通電全路人員分別向外貝加爾、哈爾濱、綏芬河、旅順、大連等地撤退[59]。8 月，俄軍大舉進入滿洲，攻占各主要城市和據

圖 3-17　1901 年參與修築中東鐵路的中國工人。

58　原東北檔案館藏件，光緒二十四年 5 月 31 日；〈中外日報〉，1898 年 10 月 12 日，轉引自《沙俄與東北》，頁 357-358。

59　參見 Нилус, *Исторический обзор КВЖД, 1896-1923 г.г.*, Т. I, с. 122, 202.

點。10 月，南、北兩路俄軍會師於奉天，中東鐵路沿線全為俄軍控制，鐵路員工、築路工人重返施工地點。12 月，鐵路工程始完全恢復。其幹線和支線的施工進度情況大致如下：

東線部分——1898 年夏，先於俄國境內的雙城子朝向綏芬河鋪軌。同年，12 月 10 日，修抵四站（即格羅德科沃 Grodekovo），開始通行工程列車。1899 年 1 月，東線終點綏芬河站竣工，並向西鋪設軌道。1900 年 3 月，軌道鋪抵穆稜。另一端由哈爾濱東行的鋪軌工作，於 1898 年 10 月動工。次年 3 月，哈爾濱至阿什河間的路軌完工，並展開試行通車，12 月，修抵石頭河子。東線完工通車，因義和團事變發生，延至 1901 年 3 月 3 日於橫道河子舉行接軌儀式後始告完成，自此哈爾濱與海參崴間的列車通行無阻[60]。這是各線中最早完工通車者。

圖 3-18　中東鐵路工程師齊霍米羅夫，築路期間擔任東線一面坡分段總管。

60　參見 Нилус, *Исторический обзор КВЖД, 1896-1923 г.г.*, Т. I, с. 101-102, 119.

圖 3-19　1900 年一面坡村鎮及軌道。

圖 3-20　1901 年 3 月，中東鐵路東線兩端路段在橫道河子接軌，東線全線宣告完成，從此哈爾濱至海參崴暢行無阻。

西線部分——最西端由滿洲里東行鋪軌遲至 1900 年 4 月始有之。另一端由哈爾濱向西動工，於 1899 年 3 月完成了石當站（在哈爾濱臨松花江北岸）以西 20 俄里軌道鋪設。1900 年 4 月，哈爾濱至昂昂溪間的鋪軌工作展開。5 月，由富拉爾基西行鋪軌，後因義和團事變發生而停工，至 1901 年初復工。同年，4 月末，哈爾濱至札蘭屯間鋪軌完成。6 月初，修抵博克圖。9 月，興安嶺「之」字形的臨時盤山軌道完工，哈爾濱至海拉爾間，開始試行通車。11 月 16 日，全線的接軌儀式於烏固諾爾站（距滿洲里 303 俄里）舉行[61]。1902 年 1 月，東、西兩線展開臨時營運。

圖 3-21　興安嶺隧道工程師勃察羅夫，中東鐵路勘路時代即加入路線探勘工作；中東鐵路全線動工後，負責率領義大利工人修建興安嶺隧道，貢獻卓著。

圖 3-22　1901 年建築興安嶺隧道的義大利工人於隧道內合影。這批工人共計 500 名，是鐵路公司特聘的砌石技工。

61　參見 Нилус, *Исторический обзор КВЖД, 1896-1923 г.г.*, Т. I, с. 80-81, 111.

圖 3-23　興安嶺隧道東洞口全景圖。1901 年 3 月開始動工修建；9 月，開鑿隧道洞口。1902 年 11 月，隧道東西兩端貫通，惟全部工程仍未完工，火車行駛暫由臨時修建的「之」字形盤山線替代。1904 年 1 月，日俄戰爭爆發，2 月，驚險通過隧道運兵。5 月，隧道全部工程正式竣工，列車正常行駛。

圖 3-24　1903 年中國工人在興安嶺隧道前施工圖。

圖 3-25　中東鐵路工程師奧芬貝爾格，1897 年 3 月起，加入中東鐵路勘察團。築路期間，擔任西線札蘭屯分段總管。鐵路完工通車後留任，1921 年升任管理局副局長。

圖 3-26　中東鐵路工程師蓋爾索夫，勘路時代即任一分段總管。1901 年 12 月，升任西線齊齊哈爾分段總管。

圖 3-27　中東鐵路工程師瓦爾喀索夫，1898 年 4 月起，即任分段總管。鐵路完工後留任，1908 年 11 月至 1914 年 4 月，任工務處西路總段長。

南線部分——先由南端的旅順口、柳樹屯、營口等地同時向北施工；1898 年 11 月，完成旅順口以北 60 俄里軌道；1900 年 1 月，軌道鋪至鐵嶺。北端的哈爾濱向南施工，始於 1899 年春；1900 年 2 月，修抵窯門[62]。依施工計畫最先完工者，應為南線，但因義和團事變期間，該線招致破壞的情況最為嚴重，復工後極力趕工，始於 1901 年 7 月在公主嶺完成接軌儀式，象徵全

62　鄭長椿編，《中東鐵路歷史編年（1895-1952）》（哈爾濱：黑龍江人民出版社，1987），頁 12；李濟棠，《沙俄侵華的工具——中東鐵路》，頁 70-71。

線接通。不過，沿線主要橋梁第二松花江大橋，以及清河、太子河、渾河等橋梁遲至 1902 年 1 月至 8 月，才陸續竣工；次年 1 月，始加入營運[63]。

除路軌、橋梁、隧道等工程鋪設及興建外，鐵路沿線的附屬建物，如車站、供水設施、鐵路總工廠，以及哈爾濱、大連港市的各項重要建築、設施，亦在 1903 年初陸續完工。同年 7 月，中東鐵路工程局將全線業務移交新成立的中東鐵路管理局，商業營運自此正式展開，董事會任命霍爾瓦特充任管理局長，至 1920 年為止均未曾更換其職。

圖 3-28　中東鐵路工程師喀濟吉列，1899 年 1 月到任。築路期間，擔任南線鐵嶺分段總管；1903 年 7 月，任工務段段長，不久升任工務處副處長。

圖 3-29　中東鐵路工程師吉利什滿，南線築路工程監工。築路期間，兼辦交涉事務，曾代表鐵路公司向奉天交涉該省煤礦鐵路兩旁 30 里內的開採權。

圖 3-30　中東鐵路橋梁工程師阿列克山得羅夫，1898 年 7 月起，即任鐵路工程分段總管，並兼松花江、嫩江、渾河等橋梁副工程師，至 1908 年 6 月止。1918 年 6 月，轉任鐵路局工務處長，服務路局長達二十餘年。

63　Нилус, *Исторический обзор КВЖД, 1896-1923 г.г.*, Т. I, с. 117, 122.

圖 3-31　中東鐵路橋梁工程師連托夫斯基，築路期間，擔任第一松花江及嫩江等橋梁修建工程。

圖 3-32　1900 年 10 月修建第一松花江橋下樁圖。同年 5 月，開始動工修建。

中東鐵路的修築，不但是俄國鐵路史上的創舉，在世界鐵路史上，亦別具意義。工程人員能在滿洲當地不良的自然與人文條件下，克服重重困境，短短的五年間，鋪設長達 5,500 俄里（包括臨時路軌及簡易路軌）的鐵路[64]，誠屬不易。俄籍工程人員固然功不可沒，而來自中國關內的大批華工，更是其中的無名英雄，若非他們任勞任怨地投入，此路能否如期完工通車，實堪懷疑。在鐵路各項工程中最艱難而有重大成就者，莫過於興安嶺隧道工程。在海拔 456 俄丈的山嶺，費時三年餘，完成了總長 1,442.25 俄丈（約合 3,072 公尺）的隧道[65]，以當時的工程技術言，堪稱一絕。鐵路橋梁的建築，亦是當代工程建築的一大傑作，其中以哈爾濱附近橫跨松花江的橋梁（即第一松花江大橋），其鋼梁和花崗石橋腳最為出色[66]。

---

64 Нилус, *Исторический обзор КВЖД, 1896-1923 г.г.*, Т. I, с. 57.

65 Нилус, *Исторический обзор КВЖД, 1896-1923 г.г.*, Т. I, с. 108-109.

66 肯特，《中國鐵路發展史》，頁 74。

圖 3-33　中東鐵路工程師奧勃洛米耶夫斯基，1897 年 3 月到任，1903 年任哈爾濱城市建築監工。1907 年轉任車務處，1920 年 4 月至 1921 年 7 月任車務處長，服務中東鐵路公司達二十餘年。

此外，哈爾濱市的規劃興建，是除了鐵路工程以外值得稱述者。作為中東鐵路的總樞紐，位於松花江沿岸的哈爾濱，經鐵路公司的悉心規劃，由一小漁村躍升為國際知名的現代化城市。若以鐵路地帶的範圍而論，哈爾濱可分老哈爾濱、埠頭區、新哈爾濱等三區。其發展特色概述如下：

老哈爾濱——即香坊地區，是鐵路工程人員最早抵達之地，初期以田家燒鍋為中心，逐漸發展而成。該區內建有火車站，稱老哈爾濱站（又稱香坊站）[67]。1898 年 6 月 9 日，鐵路工程局在此設立後，華俄道勝銀行分行、護路軍司令部，以及各種行業商店，相繼成立開辦[68]。為因應大批人潮的擁入，工程局最初所興建的各型建物房舍，以此處

67　1903 年 7 月，中東鐵路完工通車後，由於老哈爾濱車站設在西香坊，田家燒鍋則位居東香坊，劃出鐵路界外。其後，為區別香坊「老哈爾濱站」與道外「哈爾濱村」，遂將「哈爾濱村」改稱傅家店，1908 年濱江廳試署江防同知何厚祺到任後，以傅家店之「店」字，不如「甸」字意義廣袤，將之更名為「傅家甸」（紀鳳輝，《哈爾濱尋根》，哈爾濱：哈爾濱出版社，1996，頁 115、118；紀書將何厚祺誤寫為何厚琦）。

68　參見 Нилус, *Исторический обзор КВЖД, 1896-1923 г.г.*, T. I, c. 131-132; Г. В. Мелихов, *Маньчжурия, далекая и близкая*（Москва: Издательство «наука», 1991）, c. 73-74, 134.

為主[69]，其後才轉移至新哈爾濱，尤其是鐵路完工通車以後，遠不如其他二區興盛繁榮。

圖 3-34　1899 年啟用的香坊中東鐵路工程局，包括總監工尤哥維奇辦公室、食料採辦處、地畝處，以及鐵路交涉處等均設於此。

圖 3-35　1899 年設立於香坊的華俄道勝銀行，是該銀行在滿洲第一家分行。

69 Нилус, *Исторический обзор КВЖД, 1896-1923 г.г.*, Т. I, с. 134.

圖 3-36　興建於 1898 年的香坊東正教教堂，是滿洲第一座東正教教堂。

埠頭區——松花江左岸碼頭區，即道裡地區，是鐵路材料卸貨組裝之地，鐵路倉庫及臨時總工廠設立於此（鐵路營運後總工廠仍設於此）。中東鐵路興建初期，為配合東線西香坊的鐵路工程材料運送，在此修建沿江的車站，稱松花江站（後更名為沿江站，1903 年再改稱碼頭站）。此一地區，伴隨貨物進出量的快速成長，商旅雲集，遂成為哈爾濱的工商業中心，因缺乏都市計畫，人口以中國勞工為主，建物多為中式房舍，市容較為零亂無序[70]。

70　Мелихов, *Маньчжурия, далекая и близкая*, с. 146.

圖 3-37　哈爾濱埠頭區松花江畔，渡船及卸貨之處。

圖 3-38　1900 年哈爾濱埠頭區中東鐵路臨時總工廠全景。始建於 1898 年 10 月，位於松花江沿岸，包括機械廠及木材加工廠。1903 年修建新廠房，正式命名為中東鐵路哈爾濱總工廠。

圖 3-39　1900 年哈爾濱埠頭區的中國大街。1898 年，中東鐵路修建初期，臨近鐵路工程局的松花江沿岸地段聚居不少來此營生的中國居民，遂將此地段劃撥供其居住。成立初期多為中式房舍，鐵路通車營運後，俄人來此經營各類商店，雖名為中國大街，商店招牌卻多為俄文。1925 年 7 月，改稱中央大街，現已成為哈爾濱著名的景點。

新哈爾濱——俄人稱諾威哥羅德（Novigorod），意為「新城」（新市街），中國人稱秦家崗或南崗。該區位於「城之中央，精華所萃，高埠平地，沃壤相間，江水漲發，無虞淹沒其中」[71]，故鐵路公司以此為新城興建地點，從 1899 年春至 1905 年止分二期進行建設。全區先就車站（哈爾濱中央車站）、街道、廣場、醫院、教堂、鐵路管理局、墓地等項施工，街道的設計採棋盤式，主要街道交會處以圓環方式設計[72]。鐵路完工通車前，完成的建物有鐵路管理局、護路軍司令部、商業學校、鐵路旅館、聖尼古拉教堂、鐵路員工住宅、鐵路醫院、大型商場等建物。其中鐵路管理局大樓、聖尼古拉教堂、鐵路員工住宅等建築，極其精緻、典雅、宏偉，後來被選為哈爾濱的十大建築之列[73]。在鐵路

71　〈俄國戶部大臣維忒奏陳巡閱東省鐵路工程摺〉，收入《東省鐵路合同成案要覽》，初編，頁 40。

72　越沢明，《哈爾浜の都市計画（1898-1945）》（東京：總和社，1989），頁 37、39。

73　參見紀鳳輝，《哈爾濱尋根》，頁 165-169、172-174。按，鐵路管理局木構

完工通車後，此區成為哈爾濱的行政中心，各公共機關均搬遷於此，亦是上流社會聚居之地，哈爾濱有「東方莫斯科」之稱者，即指此一地區。

圖 3-40　聖尼古拉教堂建築師列弗捷耶夫，1898 年起即參與哈爾濱的城市規劃與建設，並設計建造聖尼古拉教堂，以及中東鐵路中央醫院。

圖 3-41　位於哈爾濱秦家崗的聖尼古拉教堂，為一精緻木造建築。1899 年 10 月，舉行奠基儀式。次年 3 月，正式動工；同年夏，雖發生義和團事變，卻能於 12 月如期完工啟用。1966 年 8 月，受文化大革命波及，整座教堂全部被拆毀，如今僅見不鏽鋼製的東正教十字架作為憑弔。

大樓正式完工係在 1904 年 2 月，1905 年末至 1906 年初共發生 5 次火災，該大樓部分建物受損嚴重，鐵路公司乃撥款重建，全大樓改為石製建築，於 1906 年底落成啟用。

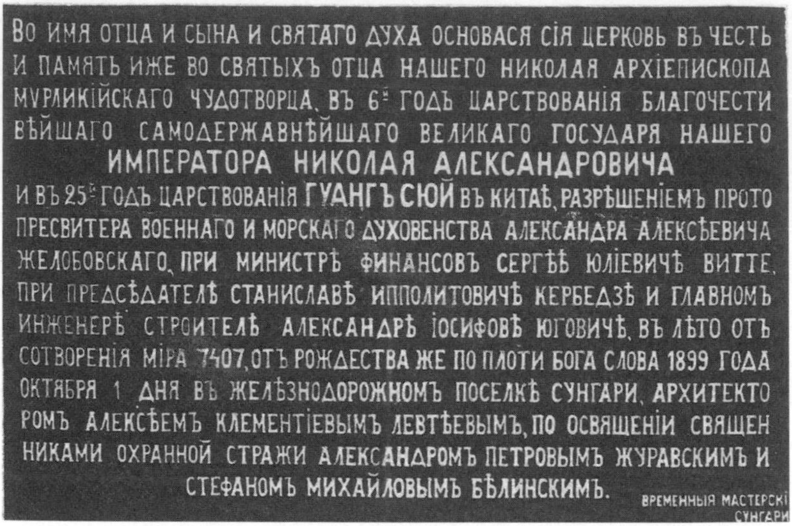

ВО ИМЯ ОТЦА И СЫНА И СВЯТАГО ДУХА ОСНОВАСЯ СІЯ ЦЕРКОВЬ ВЪ ЧЕСТЬ
И ПАМЯТЬ ИЖЕ ВО СВЯТЫХЪ ОТЦА НАШЕГО НИКОЛАЯ АРХІЕПИСКОПА
МУРЛИКІЙСКАГО ЧУДОТВОРЦА, ВЪ 6-й ГОДЪ ЦАРСТВОВАНІЯ БЛАГОЧЕСТИ
ВѢЙШАГО САМОДЕРЖАВНѢЙШАГО ВЕЛИКАГО ГОСУДАРЯ НАШЕГО
ИМПЕРАТОРА НИКОЛАЯ АЛЕКСАНДРОВИЧА
И ВЪ 25-й ГОДЪ ЦАРСТВОВАНІЯ ГУАНГЪ СЮЙ ВЪ КИТАѢ, РАЗРѢШЕНІЕМЪ ПРОТО
ПРЕСВИТЕРА ВОЕННАГО И МОРСКАГО ДУХОВЕНСТВА АЛЕКСАНДРА АЛЕКСѢЕВИЧА
ЖЕЛОБОВСКАГО, ПРИ МИНИСТРѢ ФИНАНСОВЪ СЕРГѢѢ ЮЛІЕВИЧѢ ВИТТЕ,
ПРИ ПРЕДСѢДАТЕЛѢ СТАНИСЛАВѢ ИППОЛИТОВИЧѢ КЕРБЕДЗѢ И ГЛАВНОМЪ
ИНЖЕНЕРѢ СТРОИТЕЛѢ АЛЕКСАНДРѢ ІОСИФОВѢ ЮГОВИЧѢ, ВЪ ЛѢТО ОТЪ
СОТВОРЕНІЯ МІРА 7407, ОТЪ РОЖДЕСТВА ЖЕ ПО ПЛОТИ БОГА СЛОВА 1899 ГОДА
ОКТЯБРЯ 1 ДНЯ ВЪ ЖЕЛѢЗНОДОРОЖНОМЪ ПОСЕЛКѢ СУНГАРИ, АРХИТЕКТО
РОМЪ АЛЕКСѢЕМЪ КЛЕМЕНТІЕВЫМЪ ЛЕВТѢЕВЫМЪ, ПО ОСВЯЩЕНІИ СВЯЩЕН
НИКАМИ ОХРАННОЙ СТРАЖИ АЛЕКСАНДРОМЪ ПЕТРОВЫМЪ ЖУРАВСКИМЪ И
СТЕФАНОМЪ МИХАЙЛОВЫМЪ БѢЛИНСКИМЪ.
ВРЕМЕННЫЯ МАСТЕРСКІ
СУНГАРИ

圖 3-42　聖尼古拉教堂紀念銅板，刻文內容大要：尼古拉即位第六年、中國皇帝光緒第二十五年，財政大臣維特、鐵路總辦（應為會辦）克爾別茲、總監工尤哥維奇於 1899 年 10 月 1 日（13 日），在鐵路護路隊神父茹拉夫斯基祝福下，松阿里市（即哈爾濱）鐵路建築師列弗捷耶夫建於此。

在鐵路修築的費用上，根據鐵路公司 1903 年 7 月的統計，含未完成的工程預估費 5,756.9 萬盧布，以及義和團事變期間受損的追加支出 7,174.5 萬盧布，總計 37,495.5 萬盧布[74]。該路幹線、支線合計 2,373 俄里（約合 2,515 公里），平均每俄里造價 15.8 萬盧布（每公里 14.9 萬盧布）[75]，不僅遠超出俄國鐵路每俄

74 參見 Нилус, *Исторический обзор КВЖД, 1896-1923 г.г.*, Т. I, с. 123.

75 關於中東鐵路每俄里造價，歷年來說法不一，戈洛瓦喬夫引《基輔人》（*Киевлянин*）雜誌的說法，指該路每俄里造價 25.2 萬盧布（Головачев, *Россия на Дальнем Востоке*, с. 165）；尼魯斯則指為每俄里 10.7 萬盧布（Нилус, *Исторический обзор КВЖД, 1896-1923 г.г.*, Т. I, с. 262.）；阿瓦林說法則是每公里是 10.7 萬盧布（《帝國主義在滿洲》，頁 93）；《東省鐵路概論》以全路共費 44,670 萬盧布計算，每公里造價 18 萬盧布（中東鐵路經濟調查

里平均標準造價，而且高於俄國鐵路造價最高的外貝加爾至滿洲里線（高 6.8 萬盧布）[76]。和中國境內的鐵路相較，比有外資參與者，每公里高 36%；比中國自行修築者，每公里高 116%[77]。由此看來，中東鐵路的造價顯然過高，這應和支出浮濫、人謀不臧有莫大的關係（第六章另有討論）。而該公司的創立基金 500 萬盧布，加上 1904 年以前發行的鐵路債票 1,400 萬盧布，合計不過 1,900 萬盧布，焉能支付此一龐大的築路費？俄國政府既是該公司唯一的股東，一切不足之款項，自然全由其負擔。根據 1898 年至 1901 年統計，俄國政府撥款，總計 25,216.7 萬盧布，若加上義和團事變期間的損失，則為 32,391.2 萬盧布；其後至 1904 年前為止，復有 35,100 萬盧布的撥款[78]。這些事實說明了中東鐵路的修築經費，完全仰賴俄國政府的挹注，日後營運虧損，亦復如此。以當時俄國的財政狀況而言，這無異是一鉅額負擔，但由於中東鐵路是俄國遠東政策的首要事業，其政治、軍事意義，遠甚於經濟意義，縱使須為此而增加財政赤字，在主事者維特看來，仍是值得的，何況日後俄國據此擴展其在滿洲之勢力，豈是有形的財政挹注所能比擬。

局編，哈爾濱：編者印行，1928，頁 142）。現今學者如斯拉德科夫斯基（M. I. Sladkovskii）認為每俄里的造價是 15 萬盧布（М. И. Сладковский, *Очерки экономических отношений СССР с Китаем*, Москва: Внешторгиздат, 1957, c. 139）；徐曰彪以中東鐵路建築費在 3 億至 3.75 億盧布之間，認為每俄里造價應為 12.3 萬至 15.8 萬盧布（〈試論俄國在華投資與東省鐵路財政〉，頁 121）。

76 軍司義男，《東清鐵道資料》，頁 156，轉引自徐曰彪，〈試論俄國在華投資與東省鐵路財政〉，頁 121。

77 徐曰彪，〈試論俄國在華投資與東省鐵路財政〉，頁 121。

78 Головачев, *Россия на Дальнем Востоке*, c. 162.

第三節　中國東北居民對中東鐵路修築的反應

東北鐵路自造，本是中國朝野一致的看法，故當清廷同意俄國「借地修路」一事披露後，有識見的官員即紛紛上書，奏陳「借地修路」之害，其中以山東巡撫李秉衡（1830-1899）、河南巡撫劉樹堂（1831-？）兩人反對最為激烈。李秉衡於 1897 年 1 月奏請清廷應與俄國重議此事，否則「彼享其利，我罹其害，假我吉林、黑龍江之道，接鐵路以運陸兵，而東三省非我有也」[79]。3 月，劉樹堂繼李秉衡之後上書清廷。他說，俄人銳意經營西伯利亞鐵路，「鐵路既成之後，必肆之凶燄」，「果如新約所議，准其接築鐵路」，則鐵路所經之地，十年之後，「必非我有矣」[80]。其二人所指陳「借地修路」之害，證之於後來中國東北政局的發展，固然是一真知灼見，惟以晚清國弱財困之局，勢難抵擋這股逆流，作為大清子民除了在其中載浮載沉，也無可奈何！

1897 年 7 月，中東鐵路公司派員入境勘路以後，當地官員雖不滿「借地修路」政策，大致尚能奉命對過往俄人「探迎款接」，偶有抵制排拒之事，如前節提及海拉爾官員拒絕俄人入城及限制其購糧數額；又如三姓副都統慶祺接獲咨文後，表示「不能制人，焉能事鬼」的排拒態度等均是[81]。至於當地居民在俄人

79　〈魯撫李秉衡奏中俄密約中國受制太甚請改議摺〉，光緒二十二年 12 月 10 日，收入《清季外交史料》，卷 124，頁 15-16。

80　〈豫撫劉樹堂奏陳中俄密約於彼有利於我大害摺〉，光緒二十三年 2 月 22 日，收入《清季外交史料》，卷 125，頁 13-14。

81　東北檔案館藏件，光緒二十四年，卷號 2-1/82，轉引自《沙俄與東北》，頁 353。

勘路之初，多持好奇友善態度，雙方的關係尚稱良好。可是，隨著勘路人員的深入各地調查、釘樁劃線後，衝突於焉發生。義和團事變發生以前，從勘路到修路，中國東北居民反勘路、反占地事件，不時有之。最早發生於吉林省的中東鐵路東線路段，其次為黑龍江、奉天兩省。論發生次數及規模，均以奉天省占居第一。義和團事變爆發後，當地居民對俄人築路所造成的損害，多年累積的憤恨，瞬然間宣洩開來，而有攻擊鐵路人員、拆毀路軌等等舉動。

一、勘路及築路初期的反勘路、反占地事件

吉林省反勘路事件，主要是因勘察團阿什河至牡丹江段的段長齊文斯基在該路段釘樁劃線不當所致。先是 1897 年秋，齊文斯基率員在阿勒楚喀境內，「不論田地、荒垠、溝窪、壕甸、居房、墳塋，分路釘立木樁」，甚至「城之以東、以北各屯鄉路向分岐，或進居房障院、墳塋，或在田地、荒甸，亂行釘立木樁」。「而被牲畜踐折，致失木樁，硬向民人索要，勢將尋釁」。同年末，齊文斯基等人在烏吉密以東的螞蜒河一帶勘察，又於居民墾地上釘立木樁，居民以此影響農作甚大，乃拔樁抗議，且焚毀勘察團所砍伐備用的木料[82]。後來，當地居民再次採取報復行動，於 1898 年 6 月趁齊文斯基由帽兒山前往一面坡途中，設伏痛擊之[83]。

82　東北檔案館藏件，光緒二十四年，卷號 2-1/82，轉引自《沙俄與東北》，頁 353-354；李濟棠，《沙俄侵華的工具——中東鐵路》，頁 114。

83　李濟棠，《沙俄侵華的工具——中東鐵路》，頁 114。按，齊文斯基遭伏擊事件，在俄國資料指稱係紅鬍子所為；1898 年 8 月，吉林當局捕得一鬍

圖 3-43　吉林將軍長順（中坐者）、吉林交涉局總辦吉林道文韞（右一）、阿什河副都統達桂（左一）等三要員於 1899 年合影。

除上述反勘路事件外，吉林省由哈爾濱至寬城子一帶，是中東鐵路南滿支線行經區域，係吉林省開發較早、人口較為稠密之地。自 1899 年鐵路公司在此處動工以來，因未對占用地畝及毀損農田作物，給予合理的給價與賠償，引起居民不滿，遂有攻擊鐵路人員事件發生。如 1899 年 4 月 23 日，寬城子以南數俄里，當地居民曾開槍攻擊鐵路人員；5 月 18 日，同一路段（寬城子以南 40-50 俄里）再度發生類似的事件，鐵路工程人員被迫撤離施工地點。5 月 22 日，在 46 名哥薩克及 12 名中國護勇（吉林副都統撥派）的保護下，重返施工地點。不過，這批工程隊於途中，復遭當地民團圍攻，經隨行保護的哥薩克及中國護勇還擊，得以脫困，事後有 14 名村民被捕[84]。

黑龍江省居民反勘路、反占地事件，首先發生於富拉爾基。因鐵路公司「擬由屯內經過，須用地長約二里、寬一里，應撤住

匪，於齊文斯基被伏擊樹林內斬首示眾（戈利岑著，奇恰戈夫、沃洛欽科編輯，李述笑、田宜耕譯，《中東鐵路護路隊參加一九〇〇年滿洲事件紀略》，北京：商務印書館，1984，頁 31-32）。

84 《中東鐵路護路隊參加一九〇〇年滿洲事件紀略》，頁 54-55。

房二十餘座，屢次商買，屯眾不依」，1897 年 7 月，經黑龍江將軍恩澤引鐵路合同規定——「勘定之路，所有廬墓、村莊、城市，皆須設法繞越」，電請總理衙門照會俄使「轉飭繞越」，得以回拒俄人之請[85]。同年，10 月 10 日，《中外日報》報導：「黑龍江各處，有民人聚眾數千，不准俄人修築鐵路，婦孺皆持農具以待，欲與俄人為難。」[86]另有一起礦工反占地的事件，據 1898 年《國聞報》的記載：「俄人在黑龍江查勘地基，為建造滿洲鐵路，民人約齊抗阻，皆係彼處之礦工。」礦工認為「鐵路經過之地，其下皆有金礦，故不願俄人築路，竭力抗拒。」[87]

奉天是東三省人口最為稠密之地，中東鐵路南滿支線行經該省，反占地風潮亦最為激烈。鐵路公司在此一地帶所劃定的土地，數量極為驚人。義和團事變以前，鐵路公司在懷德、奉化、昌圖、開原、鐵嶺、承德、遼陽、海城、蓋平、復州和金州等地，先後占去旗民地畝 10.4 萬餘畝[88]。盛京將軍增祺（1851-1919）奏稱，自鐵路動工以來，「強占民地，苛待土工」，實令人痛心疾首[89]。鐵路沿線民居反占地事件見之於記載者，有海城、蓋平、營口、鐵嶺、昌圖、奉化、四平街等地，其抗爭情形

85　〈黑龍江將軍致總署地方人民請將鐵路線設法繞越電〉，光緒二十四年 6 月 18 日，收入《清季外交史料》，卷 133，頁 11。

86　轉引自《沙俄與東北》，頁 354。

87　汪敬虞編，《中國近代工業史資料》（北京：科學出版社，1957），第 2 輯，下冊，頁 1285。

88　〈盛京將軍增祺為分行東省鐵路續占地畝情形片咨〉，光緒二十八年 6 月 15 日，黑龍江省檔案館編，收入《中東鐵路》（哈爾濱：編者印行，1986），（一），頁 111。

89　〈盛京將軍增祺摺〉，光緒二十六年 6 月 18 日，收入國家檔案局明清檔案館主編，《義和團檔案史料》（北京：中華書局，1959），上冊，頁 307。

略述如下：

（1）海城、蓋平及營口等地區

1898 年 8 月，鐵路公司強迫海城、蓋平兩縣居民，出讓土地，但給價不及市價之半，「土人忿怒不平，咸思激變」。10 月，蓋平縣南正蘭旗屯一帶，有俄人數名前往該地勘察，並「帶人芟艾禾稼，遇有民房、墳墓，亦為削平」。村民見狀與之理論，未成，遂聚眾持械，毆打俄人，俄人寡不敵眾，有五、六人受傷[90]。蓋平知縣孫長青出面交涉，最後，鐵路公司人員同意占用民地「按公估價」，「遇有廬墓，繞道改畫軌線」[91]，才化解居民的抗爭風波。

同年，9 月初，營口牛家屯一帶莊稼將熟，鐵路公司人員擬以每畝 10 兩銀之低價，強買土地，民眾要求提高價格，並等收成後再讓地，但鐵路公司人員不肯，強行「清丈田畝，蹂躪禾麥，騷擾村莊」，居民遂聚眾對抗，俄人不敵，紛紛走避。與此同時，駐防下官屯的護路軍結隊到牛家屯購買食品，買後不如數給價，村民與之理論，俄兵竟「抽刀相向，村眾不平，遂至攢毆」，後為當地官員制止。其後，牛家屯土地的收購問題，經蓋平知縣出面保證，負責向俄人交涉，將每畝價格提高至 14 兩，如俄人不同意，居民可至縣衙領取差價。在知縣的保證之下，牛家屯民眾的拒俄風潮，始宣告結束[92]。

---

90 《中外日報》，1898 年 8 月 28 日、1898 年 10 月 9 日，轉引自《沙俄與東北》，頁 355。

91 石秀峰修，《蓋平縣志》（台北：廣文書局重印，1968），卷 3，職官志．政績，頁 25。

92 《中外日報》，1898 年 9 月 2 日、1898 年 9 月 8 日、1898 年 9 月 13 日，轉

（2）鐵嶺地區

1899 年 7 月 22 日，俄人在鐵嶺車站標定軸線時，因鐵路公司未給付地畝價款及農作物賠償，近郊鄉民手持鋤頭和扁擔逼近，欲迫令其停工。隨行保護鐵路人員的 2 名護路軍，持槍驅散民眾，鄉民在俄兵槍彈威嚇下散去。同月，鐵嶺以南數俄里處，也有村民為阻撓俄人施工，而與護路軍發生衝突[93]。經過這二次的居民圍攻事件，鐵嶺車站的施工，暫告中斷。8 月起，該工段分段長決定率員重返工地。8 月 7 日，動身前往該處附近的大房河村工地，未料，甫進村莊，即遭村民抵拒。村長表示，無鐵嶺當局的同意，不准開工；並要求占用地畝及毀損作物須合理給價、賠償。8 月 11 日，該分段長及數名員工在 13 名護路軍的保護下，並有鐵嶺官員陪同，來到大房河村。經一番談判後，有關地畝及青苗價款一項，村長謂須與鄉民相商，始能回覆。然未等村長回覆，僅得地方官許可，加上 18 名哥薩克援兵已抵達，俄人即於 8 月 13 日開工，進入田地插標劃線。大房河村民見狀，立刻開槍制止，鄰近數個村莊亦加入攻擊俄人的行動，並有民團參與其中。經一天的激戰，村民不敵而潰散，護路軍順利進入大房河村設立崗哨，保護施工人員。事後，鐵路公司曾派醫生前來醫治受傷村民，並依原先的協議，給付地價及青苗賠償[94]。

當此之時，鐵嶺以北雙廟子車站也發生居民阻撓鐵路施工事件。8 月 12 日，俄人正在進行路線的勘測，該地居民百餘人，以鐵路公司未給付地價及賠償青苗損失為由，手持鋤具棍棒抵達

引自《沙俄與東北》，頁 355。

93　參見《中東鐵路護路隊參加一九〇〇年滿洲事件紀略》，頁 55-56。

94　參見《中東鐵路護路隊參加一九〇〇年滿洲事件紀略》，頁 56-59。

勘測現場，要求俄人停止作業。經隨行保護的 12 名護路軍持槍威嚇，始行散去。未久，居民攜來槍械，重返工地，開始抽拔鐵路里程標樁，並令工作人員停止施工，槍戰遂告發生，在護路軍強大火力攻擊下，居民四散逃逸，其訴求遂不了了之[95]。

（3）昌圖府、奉化及四平街等地區

1898 年 12 月，中東鐵路護路軍官兵計有 8 名，前往昌圖府境內測繪地形，其宿營地距昌圖府 20 俄里。12 月 19 日晚，當地居民因不滿俄人占地築路，而夜襲俄軍營地，俄軍不及應付，倉皇間撤出昌圖府。事後，松花江線護路軍指揮官捷尼索夫上校（Peter N. Denisov）率軍前來寬城子，要求地方當局解釋此事。惟寬城子官員未予接待，當地居民則包圍其營地，並朝營區哨兵丟擲土塊。捷尼索夫復要求地方官派巡捕驅散民眾未成，經二個多小時的僵持，捷尼索夫自動撤離寬城子[96]。這次事件顯示寬城子地方官對俄人「借地修路」，影響居民生計，亦有所不滿，因而默許居民的抵制俄人行動。其時，捷尼索夫在無法達成任務的情況下，採取自動撤離的低姿態，可能與護路軍兵力不足有關（至 1898 年底，抵達滿洲的護路軍，約在 2,000 人左右）。此一事件是護路軍在執行護衛勤務之餘，協助鐵路公司進行築路工作，而遭居民抵制攻擊的首例。

同年，昌圖府所屬奉化縣（今梨樹縣）境內的團山盛產青板石，礦主為高鵬喜、劉占一。鐵路公司以築路需要，欲強行購買，遂在該礦山周圍開挖壕界，「鄉民以事關國土」，不願出售，極力抵拒，演成激烈的衝突，最後，民眾的抗拒風潮，亦在護路

---

95 《中東鐵路護路隊參加一九〇〇年滿洲事件紀略》，頁 59-60。

96 《中東鐵路護路隊參加一九〇〇年滿洲事件紀略》，頁 39-40。

軍的槍彈威嚇下結束[97]。

1900 年 2 月下旬，昌圖府轄區的四平街車站附近居民，因鐵路公司未經同意，擅在山區開採砂石，而聚眾將該公司人員驅離，並布哨設防，以阻止俄人重返。未久，旅順口線護路軍指揮官米先科上校（Pavel I. Mishchenko）派軍前來保護該處礦山，居民見狀，復聚集百餘人，準備武裝對抗，然因米先科調來騎兵、步兵各 1 連，經地方官協調，居民被迫繳械，並有 7 名被捕[98]。

由上述情形可知，中國東北居民抵拒中東鐵路的修築，最主要原因，是鐵路公司對土地的徵購及農作物的賠償，未能給付合理的價格，誠如當時護路軍軍官戈利岑（V. V. Golitsyn）所說的，在地畝價款和青苗賠償方面，鐵路公司並未「認真對待」[99]，以致造成當地居民的抵拒風潮。尤其是在南滿支線一帶，不合理的徵購價格及賠償，根本無法令居民另謀生路，如再加上付款過程中，地方官的層層剋扣，居民所得更少，生活愈益困難，對鐵路公司的不滿愈為加重，抗拒風潮因之層出不窮。

二、義和團事變期間全面抵拒築路風潮

中國東北居民抗拒築路風潮的全面爆發，係在 1900 年夏以後，惟居民結合義和團大肆破壞鐵路及其設施，攻擊鐵路人員，就其本質，乃是全國性仇外運動的連鎖效應，只是在此之前的是反勘路、反占地事件，此後仇外情緒益為激化，全面性的抵拒築

---

97 包文峻修，《梨樹縣志》（瀋陽：文化興印書局，1934），卷 2，己編・藝文，頁 37。

98 參見《中東鐵路護路隊參加一九〇〇年滿洲事件紀略》，頁 74-76。

99 《中東鐵路護路隊參加一九〇〇年滿洲事件紀略》，頁 65。

路風潮於焉發生。

1900 年春，義和團在京津地區以「扶清滅洋」為口號，興起仇洋、滅洋的運動，這股勢力很快就蔓延至關外。根據當時在遼河沿岸進行調查的俄國外交官廓索維慈（Ivan Ia. Korostovets, 1862-1933；1908-1911 年任駐華公使）的描述指出，1900 年 4 月，義和團已密遣拳民前往中東鐵路沿線，向「中國苦力進行了宣傳鼓動」，而中國人攻擊中東鐵路員工的消息，亦傳到營口。5 月初，營口以北的熊岳城，「鐵路工人中也出現風潮」[100]。

儘管如此，義和團勢力在中國東北的擴大發展則在 5 月末。拳民首先在營口公開進行宣傳，散發揭帖，號召群眾「扶清滅洋」。其後，迅速在鐵路沿線傳播開來，蓋平、熊岳、海城、遼陽、盛京、鐵嶺、開原和寬城子等地，均出現了義和團組織。6 月中，奉天一省除鐵路沿線各城鎮外，凡是有傳教士的地方，以及離鐵路沿線較遠，但有護路軍哨所及鐵路員工住所等據點，也都有義和團的組織[101]。

當義和團勢力初興於營口時，位於哈爾濱的中東鐵路工程局，已由營口領事轉知，義和團的目標在「反對築路和反對俄人」。6 月 20 日，駐守在鐵嶺的護路軍指揮官米先科去電尤哥維奇表示，中國人已開始破壞鐵路，為確保鐵路及員工的安全，宜火速增派護路軍，保護鐵嶺至關東省的路段[102]。此後破壞鐵路事件，接連傳來。6 月 22 日，拳民企圖燒毀熊岳車站及拆毀該站路軌。次日，蓋州和熊岳兩車站之間的路基招致破壞。6 月 27 日，

100 科羅斯托維茨著，李金秋、陳春華、王超進譯，《俄國在遠東》，（北京：商務印書館，1975），頁 20-22。

101 參見《中東鐵路護路隊參加一九〇〇年滿洲事件紀略》，頁 99、102。

102 參見《中東鐵路護路隊參加一九〇〇年滿洲事件紀略》，頁 103-104。

遼陽車站以北 9 俄里處，以及鞍山車站附近兩座木橋、兩幢營房被燒毀，電報站亦被搗毀。同日，遼陽車站南方又有一座橋梁被燒毀，路軌及電報站均被拆除、搗毀。此時，受護路軍人數不足的限制，鐵路當局無法採取有效的防範措施，鐵路員工、中國工人、包工只得紛紛走避，南滿支線工程進度因之落後，遼陽以北的路段則早已完全停工[103]。6 月底，熊岳城落入義和團的控制。7 月初，熊岳車站的俄國護路軍破壞中國的電線和電線桿，並試圖攻入熊岳城內，遭中國守軍及義和團還擊後，轉往營口撤退[104]。

繼熊岳車站之後，盛京城內的鐵路公司辦事處，以及車站和附近橋梁、營房，陸續在 6 月 30 日至 7 月 6 日，為義和團及該城軍民所焚毀[105]，鐵路員工和護路軍被迫撤離，後分兩路向朝鮮和營口撤退。7 月 6 日，鐵嶺車站一帶的路軌，亦遭義和團焚毀。次日晚 10 時，鐵嶺城軍民結合甫抵該城的仁、奉兩軍，開始向鐵嶺車站及護路軍營地發動總攻擊。是日深夜，護路軍殺出重圍，逃往哈爾濱[106]。

103 參見《中東鐵路護路隊參加一九〇〇年滿洲事件紀略》，頁 104-106。

104 薛銜天，《中東鐵路護路軍與東北邊疆政局》（北京：社會科學文獻出版社，1993），頁 54。

105 參見〈盛京將軍增祺摺〉，光緒二十六年 6 月 18 日，收入《義和團檔案史料》，上冊，頁 306；《中東鐵路護路隊參加一九〇〇年滿洲事件紀略》，頁 173-174。

106 Нилус, *Исторический обзор КВЖД, 1896-1923 г.г.*, T. I, c. 204; 《中東鐵路護路隊參加一九〇〇年滿洲事件紀略》，頁 245-248；〈盛京將軍增祺摺〉，光緒二十六年 6 月 18 日，收入《義和團檔案史料》，上冊，頁 307。

圖 3-44　被義和團拆毀的南線一段鐵路橋梁圖。

大致上，南滿支線的鐵路員工及護路軍，在義和團的攻擊之下，於 7 月中旬分成兩路撤走，盛京以南撤退至旅順、營口、大石橋一帶，鐵嶺以北撤至哈爾濱。義和團為阻斷其撤退路線，將「北至開原，南至海城，計五百里」，除鞍山站外，所有鐵路、橋梁，悉行拆毀[107]。尤以 7 月 26 日蓋州車站一帶的破壞最為徹底，車站、倉庫、車輛均被焚毀，橋梁、電話線亦完全被拆除，以致該車站至大石橋間的聯繫為之中斷[108]。

吉林省出現義和團的組織和奉天省一樣，均在 1900 年 5 月，主要在長春和吉林省城兩地；然義和團掀起全省性的抗俄運

107 〈盛京將軍增祺摺〉，光緒二十六年 6 月 18 日，收入《義和團檔案史料》，上冊，頁 307。

108 〈吉爾什曼工程師自漢城致財政大臣電〉，1900 年 7 月 24 日，收入吉林社會科學院歷史研究所編，董果良譯，《1900-1901 年俄國在華軍事行動資料》（濟南：齊魯出版社，1970），第 3 編第 2 冊，頁 152。

圖 3-45　南線鐵嶺段鐵路員工在監工喀濟吉列率領下撤離，於 1900 年 7 月 20 日抵達香坊。隨行者包括 3 名英法傳教士及 2 名法國修女。

動，則在 7 月上旬以後。先是吉林省城內的拳民於 7 月 12 日，燒毀俄人在城西小孤榆樹修建的房屋；同日，長春府的教堂及二道溝的「俄房」，均被義和團燒毀[109]。7 月 15 日，義和團又轉往圍攻該府境內的寬城子車站，俄人被迫撤離[110]。吉林省另一重鎮伯都訥，義和團在此處的行動，則是拆毀中東鐵路護路軍在沿江放置的木排，阻絕其往來長春之用，並結合該處駐軍「在西拉河地方安置攔江大鐵索」，阻礙俄船來往[111]。繼之，再轉入哈爾濱

109 〈吉林將軍長順摺〉，光緒二十六年 6 月 20 日，收入《義和團檔案史料》，上冊，頁 323。

110 《沙俄與東北》，頁 389。

111 〈嵩崑為催促速拆陶賴昭至哈爾濱鐵路等事復長順函〉，光緒二十六年 7 月 7 日，收入北京大學歷史系中國現代史教研室編，《義和團事變史料叢編》（北京：中華書局，1964），第 2 輯，頁 119-220。

圖 3-46　吉林阿勒楚喀副都統鈕楞額於 1900 年 8 月 15 日派員至香坊鐵路工程局，知照俄人仍可繼續施工；惟須撤退俄兵，並讓出所占華人要塞。

以西的雙城堡一帶，結合當地拳民、築路木工，「或晝或夜，見路即拆」[112]。

繼吉林省城及長春府之後，吉林省其他地區，如懷德、雙城、伊通、賓州、阿勒楚喀、寧古塔、乜河、三姓等地，也陸續出現義和團的組織[113]，其中賓州、阿勒楚喀兩地的義和團，在 7 月上旬西行前往哈爾濱，加入各地義和團圍攻哈爾濱的行動。另外，賓州的義和團又與地方軍合作，於 7 月 9 日剪斷一面坡至葦沙河兩車站間的電報線；次日，哈爾濱至雙城子間的聯絡中斷[114]。

黑龍江省義和團的興起，係在 1900 年 4 月，首先出現於省城齊齊哈爾，對中國工人和居民進行抗俄宣傳[115]。6、7 月間，

112 〈嵩崑為責備長順不發軍火等事致長順、成勳函〉，收入《義和團事變史料叢編》，第 2 輯，頁 225。

113 佟冬主編，《中國東北史》（長春：吉林文史出版社，1998），第 5 卷，頁 271-272；黑龍江博物館歷史部編，《黑龍江義和團的抗俄鬥爭》（哈爾濱：黑龍江人民出版社，1978），頁 6。

114 《中東鐵路歷史編年（1895-1952）》，頁 17；Нилус, *Исторический обзор КВЖД, 1896-1923 г.г.*, T. I, c. 203.

115 《中東鐵路護路隊參加一九〇〇年滿洲事件紀略》，頁 152。

璦琿、呼蘭、北團林子、慶城等處，先後建立義和團的組織[116]。當時，黑龍江省的築路工人約「有十數萬人」[117]，在義和團的號召之下，紛紛放棄築路工作，加入抵拒俄人的行列。如呼蘭「土夫散入城鄉」，與義和團結合，「輒以燒教堂，殺教民為事」[118]。7 月 1 日，海拉爾近百餘居民襲擊護路軍、工長和中國包工所住的木板房[119]。不久，富拉爾基傳來中國工人因工資問題，而與俄監工蓋爾索夫起爭執，數名工人被槍殺，工人轉而將「俄人買賣房屋及江上木橋燒毀」；7 月 11 日，蓋爾索夫率同鐵路員工連夜撤走，奔向哈爾濱[120]。時江省築路工人除加入義和團外，有部分人參加義勝軍，助長了抗俄的聲勢[121]。而這股抗俄浪潮亦蔓延到工程局所在的哈爾濱，凡為俄人工作者，包括廚師、僕役等，悉行放棄工作，以致該局一切業務為之停頓[122]。

在因應東北居民的驅俄行動上，署黑龍江將軍壽山（1860-

116《黑龍江義和團的抗俄鬥爭》，頁 5-6。

117〈黑龍江將軍壽山摺〉，光緒二十六年 6 月 29 日，收入《義和團檔案史料》，上冊，頁 380。

118〈呼蘭府官紳純德等聯名懇請為已故倭副都統領頌功立祠事給東三省總督徐的詳文〉，光緒三十三年 5 月 23 日，收入遼寧省檔案館、遼寧社會科學院歷史研究所選編，《東北義和團檔案史料》（瀋陽：遼寧人民出版社，1981），頁 669。

119《中東鐵路護路隊參加一九〇〇年滿洲事件紀略》，頁 337。

120〈熱河都統色楞額摺〉，光緒二十六年 7 月 12 日，收入《義和團檔案史料》，上冊，頁 441；〈薩保關於俄電誣無力保護鐵路而進兵極應駁辯並請簡放將軍的奏摺〉，光緒二十六年 11 月 4 日，收入《東北義和團檔案史料》，頁 514。

121〈壽山關於商辦江省防務情形並請制兵分別支餉的奏摺〉，光緒二十六年 6 月 29 日，收入《東北義和團檔案史料》，頁 471。

122 Нилус, *Исторический обзор КВЖД, 1896-1923 г.г.*, Т. I, с. 203.

1900）的作為，遠比奉、吉兩省將軍二人積極。事發之初，他即聯合吉、奉兩省將軍致函尤哥維奇，保證俄人安全撤離，請其率員暫時撤出東三省，護路事宜由中國軍隊負責。7 月 8 日，聞知俄國即將調派「馬隊二千，步隊五千，並備車二百輛」，聚集海蘭泡，擬於次日入境護路的消息後，壽山一面分電海蘭泡、伯力兩處俄督，一面逕電楊儒轉達俄外部，告以「該國來兵，民必激變，三省代保，事屬萬全，如有損失，甘願賠償」[123]。同時，為預先防範，壽山將黑龍江全省防務分三路部署，委任璦琿副都統鳳翔、呼倫副都統依興阿、通肯副都統慶祺等人為翼長，節制軍務[124]。在省城方面，又令馬隊統領吉祥、補用佐領金祥二人速行招募馬隊勇丁 5,000 名，組成義勝軍 10 營，除部分留駐省城，餘皆調往富拉爾基、五家子一帶駐防[125]。另一方面，壽山信守俄人安全撤離的承諾，除部分俄人行經雅魯河興安嶺隘口，遭地方軍襲擊而有傷亡外[126]，江省各路段俄人均在地方軍的監護下，安抵目的地。

哈爾濱方面，作為中東鐵路的總樞紐，鐵路工程局所在地的哈爾濱，位於松花江畔，隔江與黑龍江省呼蘭城相望，隸屬吉林省轄區，自中東鐵路興修以來，即成為俄人集結之處。1900 年 6

123 〈黑龍江將軍壽山電報〉，光緒二十六年 6 月 12 日，收入《義和團檔案史料》，上冊，頁 264。

124 〈將軍衙門兵司關於壽山密陳江省布防情形一摺的上諭移知雙城堡協領〉，光緒二十六年 7 月 25 日，收入《東北義和團檔案史料》，頁 481。

125 〈壽山為招募義勝軍及委派官員給吉林將軍的咨文〉，光緒二十六年 6 月 28 日；〈將軍衙門兵司關於壽山密陳江省布防情形一摺的上諭移知雙城堡協領〉，光緒二十六年 7 月 25 日，收入《東北義和團檔案史料》，頁 469、483。

126 參見《中東鐵路護路隊參加一九〇〇年滿洲事件紀略》，頁 129。

月，義和團事變正在奉天省如火如荼展開時，哈爾濱工程局業務未受任何影響，從關內招募的 6 萬名中國工人甫抵哈爾濱，正準備前往各地加入築路工作。總監工尤哥維奇深信南滿的動亂，不至於向北蔓延而波及哈爾濱的安全，更何況滿洲當局曾保證中東鐵路絕對安全無虞[127]。因此，他除著令旅順口護路軍指揮官米先科加強南線路段的防衛外，北滿部分並無任何防範措施，全線亦無撤離的準備。進入 7 月之後，義和團在南線拆毀路軌，焚燒鐵路橋梁和車站，以及攻擊鐵路公司員工等消息，接二連三地傳來，令在哈爾濱的俄人憂心不已。

7 月 3 日，尤哥維奇為安定人心，特別公布財政大臣維特給中國當局的電文。該電文聲明俄國參加八國聯軍之役，目的在「鎮壓中國政府無力處理的暴亂」，「一旦暴亂鎮壓告竣，俄國將竭盡全力，以保障中國和清朝的完整與不可侵犯」[128]。7 月 8 日，增祺、長順（1839-1904）、壽山三人聯名致函尤哥維奇，請其交出中東鐵路及工程局所有財產，保證俄人安全撤離。尤哥維奇雖引用鐵路合同駁斥其要求，亦覺義和團的勢力已非滿洲當局所能控制；且懷疑官方有支持義和團舉動，遂決定先撤離鐵路員工眷屬，並向財政大臣和阿穆爾總督求援[129]。

7 月 9 日，來自吉、黑兩省，包括賓州、呼蘭、北團林子、阿勒楚喀等地的義和團，開始向哈爾濱推進，拆毀哈爾濱四郊的

---

127 倫森著，陳芳芝譯，《俄中戰爭——義和團事變時期俄國侵占中國東北的戰爭》（北京：商務印書館，1982），頁 98。

128 倫森，《俄中戰爭——義和團事變時期俄國侵占中國東北的戰爭》，頁 98-99。

129 Нилус, *Исторический обзор КВЖД, 1896-1923 г.г.*, T. I, c. 201-202; 倫森，《俄中戰爭——義和團事變時期俄國侵占中國東北的戰爭》，頁 99。

通訊設施，破壞周圍的鐵路及橋梁[130]。同日，哈爾濱與雙城子間的電訊中斷。7 月 11 日，哈爾濱與海拉爾間的電訊亦告中斷。至此，尤哥維奇方覺事態嚴重，於同日下令各路段人員，攜帶重要的帳簿、單據、文件、款項以及各種貴重的儀器、工具，迅速向各指定地點撤退。東線石頭河子以東，撤退至濱海省；西線從齊齊哈爾以西經興安，向外貝加爾省撤退；南線遼陽以南，向旅順、大連撤退；臨近哈爾濱的西、東、南各路段，則向哈爾濱集中[131]。其次，為強化哈爾濱的防禦能力，俄軍在護路軍司令葛倫格羅斯（Alexander A. Gerngros）的指揮下，開始挖壕築堡。同時，又以「防禦」為名，焚燒哈爾濱附近的中國村莊，「上百棟的房屋寸木無存」，成群居民露宿曠野，無家可歸；更有哥薩克騎兵四出圍捕村民，強迫他們修建工事，甚至隨意屠殺村民[132]。

圖 3-47　中東鐵路築路時期護路軍司令葛倫格羅斯上校。1898 年 1 月到任；1900 年 5 月，升任少將；1901 年 1 月離任。

130 《沙俄與東北》，頁 391；Нилус, *Исторический обзор КВЖД, 1896-1923 г.г.*, T. I, c. 203.

131 Нилус, *Исторический обзор КВЖД, 1896-1923 г.г.*, T. I, c. 214-215.

132 П. Кузнецов, *Маньчжурское восстание в 1900 году*（С.-Петербург, 1901）, c. 33-34, 轉引自《沙俄侵華史》，第 4 卷（上），頁 234。

當吉、黑兩省義和團聯合向哈爾濱推進時，壽山獲悉「奉省遼陽一帶業與俄人接仗」，認為「江、吉兩省自均不得不及時開戰」，遂密電吉林將軍長順，約定 7 月 10 日夜合攻哈爾濱[133]，以先發制人。長順對壽山的做法並不贊同，其所持理由有二，其一、「俄修東三省鐵路，以通國財力為之，而哈爾濱總車站尤為鐵路根本所繫，我不急於攻哈，彼亦不急於進兵」；其二、該省「保護之新軍散紮千餘里，一時未能調集，省城僅有靖邊親軍三營，新挑旗兵及新募隊勇招募未齊」，無法應敵，故覆電從緩[134]。7 月 14 日，俄軍從海蘭泡渡江，向瑷琿進攻，該處守軍於 7 月 18 日將俄軍逐退。在渡江未成之後，俄軍開始從海蘭泡以大炮轟擊瑷琿城等處，「並將海蘭泡傭工華民數千人驅投諸江」；7 月 20 日，復以馬隊 200 人，焚燒江左旗屯，「老弱婦女半遭殺戮」。事態演變至此，壽山除去電海蘭泡，譴責俄軍暴行外，又電催吉林，「剋日會攻哈爾濱」[135]。在出兵之前，為免傷及無辜，7 月 22 日，致電尤哥維奇表示，海蘭泡和江東六十四屯的慘案發生後，中俄關係已形同戰爭狀態，他將於日內進攻哈爾濱，請其先將俄國婦女、兒童和非武裝人員撤離[136]。在此之

133 〈將軍衙門兵司關於壽山密陳江省布防情形一摺的上諭移知雙城堡協領〉附件：〈壽山奏摺〉，光緒二十六年 6 月 13 日，收入《東北義和團檔案史料》，頁 482-483。

134 〈長順關於吉境官兵與俄兵接仗情形並兵力過單請派勁旅接應的奏摺〉，光緒二十六年 7 月 8 日，收入《東北義和團檔案史料》，頁 328。

135 〈壽山為瑷琿各營渡江戰勝並派兵駐紮各路情形的奏摺〉，光緒二十六年 8 月 7 日，收入《東北義和團檔案史料》，頁 505。

136 倫森，《俄中戰爭——義和團事變時期俄國侵占中國東北的戰爭》，頁 102；〈格羅杰科夫陸軍中將自哈巴羅夫斯克致陸軍大臣〉，1900 年 7 月 16 日，收入《1900-1901 年俄國在華軍事行動資料》，第 3 編第 2 冊，頁 1。

前，哈爾濱已撤出第一批婦女、兒童和非武裝人員抵達伯力[137]，在接獲壽山電文二天後，再撤出 2,500 人，總計有 3,000 餘人安全抵達伯力[138]，故中國軍民會攻哈爾濱時，該地俄人僅餘護路軍以及鐵路員工編組成的義勇兵，加入戰鬥行列。

7 月 25 日清晨，來自呼蘭城慶祺所屬江省部隊結合義和團，兵分二路向哈爾濱右翼及江北船塢進攻。江省另一路部隊和吉林部隊一則進駐石頭河（呼蘭廳轄境），一則進攻阿什河車站，作為支應；而駐紮哈爾濱一帶由王忠泰所統領的半營吉林部隊，則留在原防地作為內應[139]。時駐防哈爾濱的護路軍計有 8 個步兵連和 10 個騎兵連，加上臨時招募成軍的部隊，共約 3,000 餘人。葛倫格羅斯將兵力集中在埠頭區，計集結了近 6 個步兵連的兵力，約有 1,950 人；其餘兵力分別布防於香坊、新市街，以及哈爾濱至阿什河車站間、南線西屯車站一帶[140]。由此看來，哈爾濱的俄軍兵力相當薄弱，而且，自 7 月中旬以後，因電線被義和團剪斷，與外界的通訊完全斷絕；復在中國軍民的逐步包圍下，瀕臨斷糧的危機[141]，情勢之危急，可想而知。

---

137 Нилус, *Исторический обзор КВЖД, 1896-1923 г. г.*, Т. I, с. 215.

138 〈格羅杰科夫陸軍中將自哈巴羅夫斯克致陸軍大臣〉，1900 年 7 月 16 日、7 月 27 日，收入《1900-1901 年俄國在華軍事行動資料》，第 3 編第 2 冊，頁 1、201。

139 參見黃維翰編，《呼蘭府志》（黑龍江軍用被服廠鉛印本，1915），卷 8，武事略，頁 32；〈格羅杰科夫陸軍中將自哈巴羅夫斯克致陸軍大臣〉，1900 年 7 月 27 日，收入《1900-1901 年俄國在華軍事行動資料》，第 3 編第 2 冊，頁 201；〈吉林將軍長順摺〉，光緒二十六年 7 月 8 日，收入《義和團檔案史料》，上冊，頁 425。

140 參見 Нилус, *Исторический обзор КВЖД, 1896-1923 г.г.*, Т. I, с. 215-216;《中東鐵路護路隊參加一九〇〇年滿洲事件紀略》，頁 278-279。

141 Нилус, *Исторический обзор КВЖД, 1896-1923 г.г.*, Т. I, с. 203.

圖 3-48　1900 年夏，吉林、黑龍江兩省清軍圍攻哈爾濱時，鐵路員工聚集於道裡警察街飯店，並派兵在飯店外防守。

在吉、江兩省軍隊會攻哈爾濱前一週，江省部隊已陸續向江北船塢附近的村莊推進，並挖築戰壕，故 7 月 25 日清晨慶祺所部春山部隊，進攻江北船塢，極其順利；次日上午十時，駐防該處的 130 名護路軍不敵，被迫放棄該陣地，渡江返回江南埠頭區，春山部隊得以進占江北船塢[142]。另一路由哈爾濱右翼進攻的定祿部隊，在渡江後，7 月 26 日上午八時，向新市街揮軍前進，「直至五道街，無抵抗者」[143]，進入新市街以後，並與先前占據元聚燒鍋的部隊，聯合向磚廠進攻，逐退該處俄軍，於其附

142 參見《中東鐵路護路隊參加一九〇〇年滿洲事件紀略》，頁 272、280；《呼蘭府志》，卷 8，武事略，頁 32。

143 《呼蘭府志》，卷 8，武事略，頁 32。

近部署四門大炮，炮轟該區各據點及埠頭區[144]。其後，定祿率部進駐元聚燒鍋，「屠牛宰豕，眾大醉噉」[145]，以致為俄軍所乘，調集兵力反攻，至下午三時，燒鍋內 400 餘名官兵，全部陣亡[146]。次日下午五時，江北船塢的部隊得知元聚燒鍋慘敗消息，亦無心駐留，向埠頭區連發數炮後，即焚燒船塢而去[147]。

7 月 28 日，俄軍重新占領船塢，又尾隨春山部隊沿松花江向下追擊 40 餘華里，沿途所見中國村莊，均被俄軍焚毀[148]。占據香坊田家燒鍋的王忠泰部隊，在 7 月 26 日曾向香坊車站的城高子會讓站襲擊；7 月 29 日上午，再度兵分三路向香坊車站出發，為俄軍發現，撤返營地。是日下午，俄軍集中兵力，向田家燒鍋進攻，以化解王忠泰部隊對香坊車站的威脅。面臨 3 個騎兵連、1 個預備步兵連，以及一門大炮的圍攻，在無援兵到來的情況下，王忠泰部隊於深夜撤出田家燒鍋，奔向阿什河而去[149]。至

144 《中東鐵路護路隊參加一九〇〇年滿洲事件紀略》，頁 280。

145 《呼蘭府志》，卷 8，武事略，頁 32。

146 參見《中東鐵路護路隊參加一九〇〇年滿洲事件紀略》，頁 281-284。

147 《中東鐵路護路隊參加一九〇〇年滿洲事件紀略》，頁 288。按，春山部隊在占有江北船塢後，並未繼續渡江進攻，故定祿被包圍時，遂未予以救援，此係奉慶祺在出師之前的指示所致。慶祺謂：「此松花江一水，南為吉屬，北為黑屬。如逾江一步，即為越界。若戰於限外，不但敗潰可恥，即勝亦無光，總不如犯我界之來攻之有理。」（孫蓉圖修，《璦琿縣志》，1920 年鉛印本，卷 9，頁 63。）因此，會攻哈爾濱一役失敗，論者均謂長順的畏葸不前（令阿什河駐軍按兵不動），以及慶祺的本位主義，是其原因所在（《沙俄侵華史》，第 4 卷（上），頁 235-236；薛銜天，《中東鐵路護路軍與東北邊疆政局》，頁 69）。

148 〈格羅杰科夫陸軍中將自哈巴羅夫斯克致陸軍大臣〉，1900 年 7 月 27 日，《1900-1901 年俄國在華軍事行動資料》，第 3 編第 2 冊，頁 202。

149 參見《中東鐵路護路隊參加一九〇〇年滿洲事件紀略》，頁 290-296；〈吉林將軍長順摺〉，光緒二十六年 7 月 8 日，收入《義和團檔案史料》，上冊，

此，吉、江兩省軍隊圍攻哈爾濱一役，宣告失敗。

8 月起，俄軍分就：海蘭泡—齊齊哈爾、伯力—哈爾濱、斯列堅斯克—齊齊哈爾、海參崴—吉林、旅順口—盛京等五路，在關東總督阿列克謝耶夫中將（Evgenii I. Alekseev, 1843-1917）及阿穆爾軍區司令格羅杰科夫中將（Nikolai I. Grodekov, 1843-1913）的指揮下，大舉入侵滿洲。其中由薩哈羅夫少將（Vladimir V. Sakharov, 1853-1920）率領的伯力—哈爾濱一路溯松花江而上，經三姓、巴彥蘇蘇，於8月3日抵達哈爾濱後，再向東推進，佔領哈爾濱至牡丹江的鐵路，以與雙城子入境的俄軍會合。[150]隨著俄國援軍的源源到來，在俄軍強大火力攻擊下，義和團不敵，逐漸潰散，持續近二個月的驅俄運動，由是宣告結束。此次的驅俄運動，東三省居民長期以來的仇俄情緒，雖然得到相當的宣洩，由種種破壞鐵路設施，以及攻擊俄人的舉動看來，民氣似為可用，其實則不然。一般以為東三省除黑龍江一省外，吉、奉兩省作為的消極猶豫，是此一運動功敗垂成的原因。實際上，就如同華北義和團的行動，盲目地依恃民族主義，終致一事無成，反而帶來更大的災難。以東三省的兵力及民氣，雖能挫俄人銳氣於一時，最後仍難抵擋俄軍壓境性的入侵，造成東三省全境的淪陷。

義和團事變期間，東三省軍民對中東鐵路的破壞情形，據鐵路公司統計，鐵路被拆毀達 550 俄里，電話線全遭剪斷，毀壞的土方工程 17,000 立方俄丈、石方工程 12,000 立方俄丈、燒毀的

頁 425。

150 參見 Нилус, *Исторический обзор КВЖД, 1896-1923 г.г.*, Т. I, с. 217；〈格羅杰科夫陸軍中將自哈巴羅夫斯克致陸軍大臣〉，1900 年 7 月 27 日，《1900-1901 年俄國在華軍事行動資料》，第 3 編第 2 冊，頁 199-120。

圖 3-49　1900 年 8 月，俄軍由薩哈羅夫少將率領抵達哈爾濱登岸圖。

橋梁有 4,500 俄丈、枕木 50 萬根、毀損的機車 45 輛、車輛 1,600 輛、駁船 10 艘，連同其他相關設施，總計損失達 7,000 萬盧布[151]，於中東鐵路延後竣工通車，影響極其重大。

俄軍大舉入境後，除在黑龍江省遭到壽山領導該省軍民激烈的抵抗外，吉、奉兩省的清軍因長順、增祺兩將軍的傾向言和，未能堅決抵拒俄軍的入侵，約計二個月東三省全境淪入俄軍之手。1901 年 9 月 7 日，〈辛丑條約〉簽訂，清廷要求俄軍撤出東三省，歷經近一年在聖彼得堡及北京兩地交涉，中俄雙方始於 1902 年 4 月 8 日在北京簽訂〈交收東三省條約〉。該條約規定俄軍須在一年半內撤離，但俄方並未依約撤兵，直到 1904 年日俄戰爭爆發前為止，仍有大批俄軍駐留。在俄軍占領期間，吉、奉

151 Нилус, *Исторический обзор КВЖД, 1896-1923 г.г.*, Т. I, с. 121.

兩省有以劉單子領導的忠義軍，及中東鐵路西線雅克石一帶的漢蒙民族武裝隊伍，不時攻擊駐防各地的俄軍[152]。而東北居民對中東鐵路的破壞，亦時有所聞[153]，只是懾於俄軍之威勢，其規模與破壞力，難以與義和團事變期間相比。

1903 年 7 月，中東鐵路完工通車後，鐵路公司與東北居民的關係，因其擴權行為不斷，糾紛衝突仍不時發生。另見「利權篇」說明。

圖 3-50　義和團事變結束後，中東鐵路公司會辦克爾別茲於 1901 年視察時，特地拜會奉天府尹，以利鐵路工程的復工。

152 參見《沙俄與東北》，頁 421-434。

153 參見〈廓米薩爾為時有毀壞鐵路之事照會〉，光緒二十八年 4 月 20 日；〈軍督部堂為飭催各地方官遵將保護電桿情形具報札〉，光緒二十八年 5 月 10 日，收入《中東鐵路》（一），頁 107-108。

第二篇

中東鐵路的營運

1903 年 7 月，中東鐵路正式展開營運，在沙皇時代為期十五年的營運期間，由於中東鐵路在商業營運之外，兼具政治目的，為此而訂定運輸運則，作為其營運方針。依據鐵路公司所訂定的運輸運則，將鐵路營運分前、後二期，1903-1907 年為前期，1908-1917 年為後期。1905 年 8 月，日俄戰爭結束後，由於南部支線部分路段割讓日本，遂有前後期不同的運輸運則。此外，鐵路公司在本業之外，還利用其所取得的各項利權，經營附屬事業，如地畝的租放、煤礦林木的採伐、航運的經營等等，不一而足。這些附屬事業或可增加其營業收入，或輔助其本業的營運。整體而言，和其競爭對手南滿鐵路比較，中東鐵路營運績效顯然不佳。

本篇分就中東鐵路本身的運輸營業成績、附屬事業的經營，以及營運績效檢討等單元，說明沙皇時代中東鐵路的營運狀況，以凸顯其企業經營能力，是否能與其他列強並駕其驅？

第四章

營運概況分析

中東鐵路在 1901 年 11 月全線接通，1902 年 1 月，試行營運，1903 年 7 月，正式營運，原有的鐵路工程局撤銷，在哈爾濱改設管理局，管理鐵路營運事宜。鐵路運則、運價的制定，攸關鐵路營收利益，亦能反映其營運政策。沙皇時代的中東鐵路營運，依運則的訂定，分前、後二期：1903-1907 年為前期，1908-1917 年為後期，第一個運則於 1903 年頒布，第二個運則於 1908 年頒布。後項運則雖因南滿路段割讓日本，營運政策作了部分調整，然以滿洲為俄國商品市場及原料供應地的原則，並無任何改變。因此，俄國商品輸入滿洲，以及滿洲穀物出口，其運費均以低費率核計。大體而言，前期營運賠累情形嚴重，後期營運雖轉虧為盈，但為支付非關營業的民政、軍事等費用，以致遲至 1915 年才開始出現淨利。在營運狀況方面，本章擬從貨物、旅客的運輸量，以及營業收支等項，進行分析；其次，在運輸狀況敘述上，因貨運為營業收入主要來源，內容將以此為主，分就貨運量增減分析，說明時局及北滿社會經濟變化對中東鐵路營業的影響。不過，有關貨運量狀況說明，前期統計資料不足，未能如後期詳細，僅能略知一二。另外，東三省弛禁與中東鐵路沿線經濟區域特質，攸關鐵路營業成績；而中東鐵路營運，亦與俄國對華輸出變化，有所關聯，凡此均於本章內一併討論。至於中東鐵路營運狀況的相關統計表，一律置放本章最後。

第一節　中東鐵路管理局的成立

一、中東鐵路管理局的行政組織

1903 年 7 月 14 日，中東鐵路總監工尤哥維奇在大連通電全線，宣布中東鐵路全線完成，即將正式營運，鐵路工程管理局將修築完成的鐵路，幹線、支線合計約 2,400 俄里（合 2,544 公里），以及所有鐵路周邊建物、設施，全部移交新成立的鐵路管理局。由於為趕在鐵路合同規定的六年內完工通車，有不少鐵路工程為臨時性質，或相關設施未臻完善，故營運初期鐵路工程的修建補強，仍是管理局的重要業務[1]。

霍爾瓦特是中東鐵路管理局首任局長，也是沙皇時代中東鐵路唯一的一任局長。霍爾瓦特於 1858 年出生在烏克蘭南部波爾塔瓦省（Poltava）的貴族之家。1878 年，霍爾瓦特自尼古拉軍事工程學校（Nikolaevskii Military Engineering School）畢業後，適逢俄土戰爭進行期間，遂被派往前線作戰。戰後繼續在軍中服役，擔任禁衛軍中尉軍官，後轉往軍事工程學院（Military Engineering Academy）進修。1885 年畢業後，獲派赴裡海地區（俄

1　Нилус, *Исторический обзор КВЖД, 1896-1923 г.г.*, Т. I, с. 263-264.

屬中亞）修建外裡海軍用鐵路。在俄屬中亞地區工作十年，霍爾瓦特曾協助當地居民修復水利設施，引進美國棉花種植，興辦榨油廠、製粉廠等等，於當地經濟情況的改善，貢獻良多。1895 年，烏蘇里鐵路南段完工通車，霍爾瓦特轉任該路管理局局長兼負該路北段（伯力至伊曼）的修建工程。1897 年，烏蘇里鐵路全線完工通車。二年後，霍爾瓦特重返俄屬中亞地區，擔任中亞鐵路局局長。任職三年期間，積極推動該地區的俄羅斯化政策，強化俄國在中亞的統治[2]。由於他具有優異的鐵路工程才華，再加上在遠東和中亞地區十七年的工作經驗，尤其是在中亞地區推動俄羅斯化，成績斐然，因而獲聘為中東鐵路管理局長之職。

1903 年 7 月 14 日，正當尤哥維奇在大連通電全線，宣告中東鐵路完工通車的同時，霍爾瓦特亦抵達哈爾濱接管中東鐵路[3]；次日，霍爾瓦特發布中東鐵路管理局第一號命令，自本年 7 月 1 日（即公曆 7 月 14 日）起，中東鐵路及其一切財產和設備，由鐵路工程管理局移交經營管理局；並發布鐵路管理局組織編制、鐵路沿線各路段的區分管理，以及管理局各處的人事等二項命令[4]。

2　關於霍爾瓦特在 1902 年以前的略歷，取材自 Klem ed., *The Memoirs of Khorvat*（Manuscript, Stanford: Hoover Institution Archives, Stanford University）, preface, pp. 1-3, Chap. II, pp. 8 -9; Joseph L. Wieczynskii ed., *The Modern Encyclopedia of Russian and Soviet History*（Gulg Breeze, FL: Academic International Press, 1979）, Vol. XIV, pp. 82-83; 吳文銜、周秀蘭著，《霍爾瓦特與中東鐵路》，頁 8-9、11-12。

3　*The Memoirs of Khovart*, Chap. IV, p. 1.

4　Нилус, *Исторический обзор КВЖД, 1896-1923 г.г.*, T. I, c. 264-265.

圖 4-1　中東鐵路管理局局長霍爾瓦特。1903 年 7 月到任，到任時軍階為上校，一年後升任少將，1911 年 8 月晉升中將。1917 年十月革命之後，曾建立所謂的「全俄臨時政府」，宣稱暫代俄國政府統治中東鐵路附屬地；還以中東鐵路公司名義，與華俄道勝銀行合作，在哈爾濱發行貨幣（霍爾瓦特票），流通於鐵路地帶。1920 年 3 月，為中東鐵路督辦鮑貴卿解職。

圖 4-2　哈爾濱中東鐵路管理局大樓，時人稱為「大石頭房子」，現為哈爾濱鐵路管理局。始建於 1902 年 5 月秦家崗大直街，1904 年 2 月完工啟用。1905 年 11 月至 1906 年 1 月，歷經五次火災，多次修復。1945 年 9 月，抗戰勝利後，更名為中國長春鐵路管理局。1953 年 1 月，為表彰蘇聯政府歸還中長鐵路，大門內廣場建有「中蘇共同管理中國長春鐵路紀念塔」。1966 年 8 月，文化大革命爆發，為反蘇修，該座紀念塔遭致拆毀。1968 年 10 月，原地修建毛澤東銅像。

中東鐵路管理局組織，係根據俄國財政部核准的〈中東鐵路管理局組織機構總則〉而來，共設有：管理局總辦公廳、法律處、會計處、商業部（含進款稽核）、醫務衛生處、材料處、工務及房產處、經理處（含電報業務）、車輛及機務處、民政及地畝管理處、軍事部（主管護路軍及鐵道旅團之業務）[5]。人員任用方面，除副局長伊格納齊烏斯、工務處長希爾科夫及分處長奧芬貝爾格、什得洛夫斯基等人，係原鐵路工程局人員留任外，餘各處主管均為新聘者。

1904-1905 年日俄戰爭期間，隨著鐵路業務量增多，以及鐵路利權擴增，中東鐵路管理局陸續增設進款審查處、礦務處、船舶處、地畝處、學務處、電信處、對華交涉處、新聞發行處、宗教處、獸醫處、撫恤處等十一處[6]。其中進款審查處、地畝處、學務處、電信處等處，是分別自商業部、民政及地畝管理處、經理處等單位獨立出來的。而地畝處的設立，別具意義。蓋鐵路完工通車後，為實行俄國移民中東鐵路地帶計畫，鐵路公司繼續向當地官員要求擴展鐵路用地，而有地畝處的設立。該公司所取得的地畝有近八成並非真正鐵路所需，經地畝處規劃後出租營利，成為該公司的附屬事業之一；其他如礦務處、船舶處等，亦是主管相關附屬事業的單位。這些鐵路運輸以外事業的經營，對鐵路營運利潤的增加，助益雖有限，但於俄國在滿洲經濟勢力的發展，卻極有幫助。

日俄戰爭結束後，中東鐵路失去寬城子至大連的南滿支線，

---

5 Нилус, *Исторический обзор КВЖД, 1896-1923 г.г.*, Т. I, с. 265, 268.

6 南滿洲鐵道株式會社哈爾濱事務所編，湯爾和譯，《北滿概觀》（上海：商務印書館，1937），頁 36。

約 715 俄里（約合 758 公里）[7]，為因應此一變局，擴大俄國在北滿的勢力，俄國財政部於 1907 年核准〈中東鐵路管理局組織大綱〉，特別增設民政部，主管所有鐵路地帶的民政業務。1913 年 8 月，俄國財政部又核准〈中東鐵路公司一般分掌規程〉，鐵路管理局組織再度進行若干調整，變動最大者為民政部擴大成八處，即民政處、地畝處、學務處、宗教處、新聞發行處、對華交涉處、醫務處、獸醫處[8]。至 1918 年 5 月以前，其組織大致如下：設局長一人，主管全局業務，包括會計處、收入審查處、商業部、法律處、總辦公廳（含印刷業務）、軍事部、民政部和鐵路技術部；另設副局長三人，分別主管軍事部、民政部、鐵路技術部。軍事部設有動員處、軍務處、運兵局，協調外阿穆爾軍區司令部（即護路軍司令部）、鐵道旅等軍事勤務的執行，以維持中東鐵路全線安全[9]。民政部仍轄有八處，其中民政處所主管業務最多，堪稱為路界內的民政機關，舉凡一切民政事務，悉由其直接管理、監督。1908 年，俄國在路界內推行自治會，規定一切自治市業務，悉歸民政處監督、核准，始能施行，未實行自治的地區，劃歸民政處直接管理。鐵路技術部統轄船舶處、礦務處、電信處、材料處、營業處、車務處、工務處、機務處、撫恤處等九處[10]。

---

7 Нилус, *Исторический обзор КВЖД, 1896-1923 г.г.*, Т. I, с. 333.

8 Нилус, *Исторический обзор КВЖД, 1896-1923 г.г.*, Т. I, с. 598-599.

9 Нилус, *Исторический обзор КВЖД, 1896-1923 г.г.*, Т. I, с. 535. 按，關於中東鐵路管理局軍事部的組織，若依久間猛說法，則是陸軍部下轄動員處、軍務處、中東鐵路附屬地俄國軍隊司令部。該司令部統有工程兵、滿洲特別軍和中東鐵路護路軍（《北滿洲ノ政治経済的價值》，大連：滿蒙文化協會，1923，頁 14）。

10 久間猛，《北滿洲ノ政治経済的價值》，頁 14-15。

由上述情形可知，中東鐵路管理局與一般的鐵路管理局不同，它非僅是單純的商業管理機關，而且還是鐵路地帶的民政、軍事統治機關。單就民政機關而論，其與列強在華租界管理機關職權雷同，所不同者是，後者為官方機構，前者為一私人公司。因此，中東鐵路管理局的性質極其特殊，除了商業營運外，兼具民政、軍事的功能，此種特質於其商業營運，反而造成不良影響，每年鉅額的民政及軍事業務支出，嚴重地侵蝕中東鐵路的商業利潤，導致其營運截至 1914 年為止，均無淨利可得。

二、1903 年的運則及運價

鐵路運則、運價的制定，於鐵路營運極其重要，亦能反映出鐵路公司的營運政策。中東鐵路原是西伯利亞鐵路的遠東路段，它雖在中國土地上修築，卻是不折不扣的俄國鐵路。準此而言，其營運政策係以俄國利益為優先，而非促進當地的經濟開發與繁榮。運價的制定原則，首先是拓展俄國的經濟勢力，將其商品輸往滿洲、蒙古及中國內地等市場銷售，以擴大俄國對華貿易量。其次，利用中東鐵路的旅客過境運輸，結合海陸聯運，使西伯利亞鐵路成為東西方的主要交通幹線。最後，才是發展本地運輸，來增加鐵路營業收入；同時，須防制其他國家商品流入滿洲，影響俄國商品在當地市場銷售[11]。1903 年 7 月 14 日，中東鐵路正式營運後，即根據上述原則，於 10 月頒布鐵路運輸運則，訂定各項運價。

11　參見 *Исторический обзор КВЖД, 1896-1923 г.г.,* Т. II, Часть I, “Краткий очерк организации и деятельности коммерческой части и тарифной политики К. В. ж. д.”, с. 2；久間猛，《北滿洲ノ政治経済的價值》，頁 520。

貨物運輸為中東鐵路營運的主要項目，故其運輸運則以貨運為主，共制定了三項運則，即「本路運輸運則」、「中俄聯運運則」和「特別運則」。運價費率核定，視貨物種類及運輸方向而有不同的標準，茲就此三項運則逐一說明之。

（1）「本路運輸運則」

中東鐵路貨物的本路運輸，在營運政策上，居於最次要地位，運價核定採高費率制，根據貨物類別，訂定不同運價。貨物分等方面，本路運則不同於俄國鐵路之詳細龐雜，僅簡單分成十一等；普通貨物分一至八等，穀物糧食列入特別等級，共分二等，另有「快運」一等。普通貨物採高費率制（「快運」一等除外），最高費率每普特／俄里為 1/7 戈比（合每噸／公里 8.17 戈比），而俄國國內鐵路則為 1/10 戈比（合每噸／公里 5.72 戈比），兩者相較，約成十與七之比（費率詳見本節末表 1）[12]。以高費率核計，一則在增加中東鐵路營運利潤，一則在阻止外國商品取道中東鐵路進入滿洲，減少俄國商品的競爭壓力。因此，凡外國商品如紡織品、鐵製品、砂糖等項運費核定，劃歸第一等（合每噸／公里 8.17 戈比）及第二等（合每噸／公里 7.15 戈比）。其時，輸入滿洲的棉布以美國居多，次為英、日兩國；其他日用品主要來自英、美、德、日等國，為抵制之，故採高費率核定運費[13]。穀物糧食採特別費率核定，每普特／俄里在 1/16.6 戈比至 1/50 戈比（合每噸／公里 3.44 戈比至 1.14 戈比）之

12 中東鐵路經濟調查局編，《北滿與東省鐵路》，頁 312。按，俄國重量單位為普特（pud），1 噸＝62 普特，1 盧布＝100 戈比。

13 和田耕作，〈東支鐵道運賃政策と北滿市場〉，《滿鐵調查月報》，第 17 卷第 1 號，1937 年 1 月 1 日，頁 26。

間[14]。由於農產品是滿洲貨物運輸最重要的貨品，若採行高費率，則難以和當地馬車運輸業競爭，故採低費率核定運費，俾使該項運輸移轉至鐵路上。

其次，為促進大連港的商務繁榮，「本路運輸運則」特別針對滿洲進出口貨物由該港進出者，訂定減價費率。當時，中東鐵路出海港計有營口、海參崴、大連等三處，以營口開埠最早，商務最為繁榮興盛。海參崴、大連兩港同屬俄國所有，隨著中東鐵路通車營運，商務發展必會有競爭，1902 年 10 月，財政大臣維特前來滿洲視察時，即注意到此問題，因而就該二港商務營運作一劃分，擬於「滿洲南面一帶商務歸青泥窪大連港；阿穆爾省及滿洲北面一帶商務歸海參崴」[15]。未料，維特於 1903 年 8 月去職，有關海參崴、大連兩港商務劃分，遂改採該公司會辦文哲理的計畫，將中東鐵路進出口運輸「完全移至大連口岸，以便抵制營口及遼河運輸」[16]。因此，「本路運輸運則」特別規定，凡滿洲物產由中東鐵路南行運抵大連出口，其運費遠比東行至海參崴出口，平均約低一半[17]。穀物糧食出口，運費更是低廉，從第六等（每普特／俄里為 1/16.6 戈比，合每噸／公里 3.44 戈比）起算，再依運輸路段的不同，運輸里程的長短，有所增減。例如，哈爾濱至海參崴全長 740 俄里（約合 784 公里），運費每普特 29.45 戈比（費率每普特／俄里 1/25 戈比，合每噸／公里 2.28

---

14 《北滿與東省鐵路》，頁 312。

15 〈俄國戶部大臣維忒（特）奏陳巡閱東省鐵路工程摺〉，收入《東省鐵路合同成案要覽》，初編，頁 44。

16 《北滿與東省鐵路》，頁 312。

17 The Economic Bureau of the Chinese Eastern Railway ed., *North Manchuria and the Chinese Eastern Railway*（Harbin: CER Print Office, 1924）, p. 399.

戈比）；哈爾濱至大連全長 892 俄里（約合 946 公里），運費每普特 17.60 戈比（費率每普特／俄里 1/50 戈比，合每噸／公里 1.14 戈比），前者比後者少 152 俄里，運費卻多 1.5 倍[18]。

（2）「中俄聯運運則」

「中俄聯運運則」制定目的，是傾銷俄國商品至滿洲，以擴大俄國對華貿易量。此項運則又分「中俄陸運出口運則」、「中俄陸運入口運則」、「阿穆爾及烏蘇里陸運河運運則」[19]，以前二項運則最為重要，其施行辦法及運費制定原則，說明如下。

「中俄陸運出口運則」，係為俄國貨物自俄國鐵路經滿洲里入境，由中東鐵路輸往滿洲各地的運輸辦法（滿洲里至海拉爾一段除外）。在運費核定上，此項運則採行低費率。貨物分類上，較為詳細，計分五十一類，且為鼓勵俄國商品輸往滿洲，對不同類別貨物的運費，列入同等費率計算，而未依貨物實際價值訂定；如布匹、化妝品及其他工業製品，其運費與沙土、肥料等物品列入同等費率計算。其費率共分十等，以莫斯科至哈爾濱為例，最高費率每普特／俄里為 1/45 戈比（合每噸／公里 1.27 戈比），最低 1/88 戈比（合每噸／公里 0.65 戈比）[20]，將之與本路運輸相比，「低賤殊甚」。蓋由莫斯科至哈爾濱全長 7,511 公里，由大連至哈爾濱全長 946 公里，「路線之長短，相差極鉅，而運

---

18 和田耕作，〈東支鐵道運賃政策と北滿市場〉，頁 27-28。哈爾濱至大連里程，和田耕作原文為 887 俄里，此處據《北滿與東省鐵路》（946 公里約合 892 俄里，頁 313）改正。

19 《北滿與東省鐵路》，頁 312。

20 每普特／俄里 1/88 戈比合每噸／公里 0.65 戈比，見南滿洲鐵道株式會社調查局編，《東支鐵道運賃政策史》（大連：南滿洲鐵道株式會社，1943），（上），頁 51。

費所差甚微，其低廉已可概見」[21]。再與其他國家商品輸入滿洲相比，運費差距更是懸殊。以紡織品、鐵製品、砂糖、酒精等產品為例，從莫斯科、葉卡捷琳堡、基輔等地運入，費率為 1/56-1/40 戈比，由其他各國運入，則為 1/8-1/7 戈比[22]，差距之大，由此可見。

「中俄陸運入口運則」，係為中國貨物由中東鐵路各站，經滿洲里運入俄國的運輸辦法。此運則制定目的，是將中國對俄陸路貿易路線，從蒙古、新疆擴大至滿洲。由於「中俄聯運運則」所重視者，乃在俄國對華貿易，而非中國對俄貿易，故此項運則貨物分類及運輸費率，均和出口運則大不相同。貨物分類僅有十類，即「蜂臘、獸畜、皮革、棉花、毛品、絲品、豆油及各種油品、禽鳥、中日各項瓷器、骨殼等」。運費核定採特別費率，計有五等，每普特／俄里從 1/98 戈比至 1/20.7 戈比不等（合每噸／公里 2.76 戈比至 5.88 戈比）[23]。和本路運輸相比，其費率雖較低，但平均值卻高於俄國產品的費率。

此外，有關滿洲物產對俄輸出，相同物產的運費，卻因輸出方向不同，所採行的費率迥然有別。例如，小麥、麵粉、牲畜等物產，東行運入濱海省，運費以低費率核計，但西行運入外貝加爾及西伯利亞等地，則以高費率核計。採行此種差別費率，完全是以各該地產業特質為考量。濱海省農業不發達，麵粉業適在起步階段，鼓勵滿洲小麥輸入，可提供充裕而低廉的原料，滿洲小麥的輸入，會降低美國麵粉在當地市場占有率；呼倫貝爾的牲畜

21　《北滿與東省鐵路》，頁 313。關於鐵路里程該書係以「公里」核計。

22　參見《東支鐵道運賃政策史》（上），頁 51。

23　《北滿與東省鐵路》，頁 313。按，該書將每噸／公里錯置為 5.88 戈比至 2.76 戈比。

輸入，能抵制澳洲牛肉在當地的銷售，並降低肉品價格。至於這些物產在外貝加爾、西伯利亞等地區均有生產，自然不歡迎外來產品輸入[24]。

（3）「特別運則」

「特別運則」係針對部分過境貨物而訂定。舉凡由漢口、上海、可倫坡，經大連運入白毫茶葉，前往俄國各地，或紡織品經大連由上海運至敖德薩；以及牲畜、麵粉、官鹽運抵濱海省，或濱海省漁類及其製品，過境滿洲運抵俄國境內等，均適用此項運則。其運費有減價優惠，目的在鼓勵這些物產取道中東鐵路輸往俄國境內，以供其所需[25]。

關於旅客及行李的運費方面，中東鐵路列車分四種：特快車、郵務車（含客車、行李車）、客貨車、貨車。前三種均有載運旅客。客車共分四等，特快車分一、二等，附設餐車；郵務車分一至三等；客貨車分一至四等。票價費率，一等每俄里 4 戈比，二等 2.5 戈比，三等 1.5 戈比，四等 1 戈比；特快車一、二等加 50%。行李運費核計，1 普特以內免費，超過此數，依里程遠近分九級，每件由 0.75 戈比至 69.25 戈比不等。依此費率所核定的票價，以哈爾濱至滿洲里為例，特快車分一、二等，票價分別是 54 盧布、33.75 盧布；普通車分一至四等，票價由 36 盧布至 9 盧布不等[26]。

除本路運輸外，另有中俄旅客陸路聯運和國際旅客海、陸兩

---

24 和田耕作，〈東支鐵道運賃政策と北滿市場〉，頁 29。

25 參見《北滿與東省鐵路》，頁 313；外務省編，《北滿洲之產業》（東京：金港堂書籍株式會社，1908），頁 276-283。

26 參見《北滿洲之產業》，頁 269-271。

路聯運等項，前項由海參崴、大連取道中東鐵路，抵達莫斯科、聖彼得堡；後項僅實施由長崎、敦賀，以及上海等港口，取道中東鐵路抵達聖彼得堡及莫斯科等路線，海路部分由俄國「志願船隊」負責運輸[27]。至於由西歐取道西伯利亞鐵路、中東鐵路抵達日本的路線，前期營運尚無規劃，至後期營運始訂定路線，陸續付諸實施。

三、1908 年的運則及運價

1903 年的運則實施未及半年，即發生日俄戰爭，中東鐵路交付軍方管制，無法正常營運。1905 年 8 月，戰爭結束，日、俄兩國代表維特、小村壽太郎於 9 月 5 日，在美國簽訂〈朴資茅斯條約〉（The Treaty of Portsmouth），涉及中東鐵路權益者，計有兩款，即：（一）俄國政府將旅順、大連灣，及其附屬領土、領海一切租借地，連同該地建築與財產讓予日本；（二）俄國政府將寬城子至旅順間的鐵路及其支線，連同所屬地段之全部利權、財產，以及鐵路公司所經營煤礦，均無條件讓予日本政府[28]。10 月 30 日，雙方代表又於吉林省四平街車站簽訂〈四平街協議〉，規定日、俄兩國自滿洲撤軍及交接寬城子至大連的鐵路等事宜。關於鐵路交接問題協議，第二款規定：（一）鐵路移交由雙方各派一委員會協商辦理；（二）公主嶺車站以南鐵路的交接手續，應於 1906 年 6 月 1 日前完成，該車站及其以前區

27 參見中東鐵路經濟調查局編，《東省鐵路概論》，頁 83；《北滿洲之產業》，頁 271-272。

28 參見〈日俄樸司茂斯和約〉二件，光緒三十一年 8 月 9 日，收入《清季外交史料》，卷 191，頁 14-17。

段，應於 1906 年 8 月 1 日移交完畢；（三）移交日本的鐵路最北終點確切界限，雙方再行協商[29]。

為確定移交日本的鐵路最北終點，日、俄兩國再次舉行會談。日方希望以寬城子車站（即二道溝車站）為最北終點，並以此作為雙方共同使用的車站；俄方反對此一提議，主張以寬城子車站以南的 78 號會讓站為最北終點。另外，長春附近的石碑嶺、陶家屯等處煤礦，也是雙方爭執焦點。這些問題歷經十四次聯席會議，仍無法達成協議，最後只得交由兩國政府裁決。直到 1907 年始達成協議，寬城子車站劃歸俄國所有，俄國將石碑嶺、陶家屯等處煤礦讓予日本，日本自行在長春修建車站（即頭道溝車站）[30]。此後，寬城子車站即成為中東鐵路南線的終點，日本將大連至長春間的鐵路改換成窄軌，易名為南滿鐵路，其最北終點在長春車站。

失去寬城子以南的路段和大連港，對中東鐵路的營運影響極鉅。在正式營運第一年，南線貨運量占居全線第一，其中又以寬城子以南的路段最為重要，失去此一路段，所餘寬城子以北至哈爾濱一段，在貨源的吸納上，遂為之失色。其次，以往鼓勵滿洲物產南運大連港出口的減價費率，不能再繼續施行，整個營運政策有必要作一修正，以因應未來南滿鐵路的競爭。

日俄戰爭結束後，中東鐵路並未能立即恢復正常營運，大批俄軍撤返尚須仰賴鐵路運輸。1906 年 6 月，俄軍撤返工作結束，中東鐵路開始恢復正常營運，只是受戰爭軍事動員的影響，一時之間，還無法完全恢復正常，故至 1908 年 7 月新運則頒布

---

29 Нилус, *Исторический обзор КВЖД, 1896-1923 г.г.,* T. I, c. 360.

30 Нилус, *Исторический обзор КВЖД, 1896-1923 г.г.,* T. I, c. 299, 314.

前為止，其營運方針暫由鐵路局頒布數種臨時運則代替。其中最重要者，是鼓勵北滿物產東行運抵海參崴港出口，尤其針對穀物一項，訂定特別運則，實施優惠運價。例如，由哈爾濱至海參崴，每普特運費原為 29.45 戈比（小麥、麵粉例外，運費遠低於此）[31]，現則調降為 18.58 戈比，但和俄國鐵路的穀物運費比較，仍貴 20%[32]。

為配合鼓勵北滿物產東行出口的營運政策，與此同時，鐵路公司還向俄國政府爭取在海參崴港設立專屬碼頭，以便於辦理進出口運輸業務。該公司在海參崴港設有專屬碼頭——埃格爾協里得碼頭，於築路期間已有先例。該碼頭位於金角灣，花費 1,062,883 盧布修建而成，供鐵路材料卸運之用。鐵路完工後，碼頭專屬權取消，一切設施全部移交海參崴航運局。1906 年 9 月，鐵路公司重新提出海參崴港設立專屬碼頭要求，即獲沙皇批准；同時，俄國政府還宣布海參崴為自由港，凡進出該港的外國船隻貨物一律免徵關稅[33]。

---

31 和田耕作，〈東支鐵道運賃政策と北滿市場〉，頁 28-29。

32 *Исторический обзор КВЖД, 1896-1923 г.г.,* Т. II, Часть I, “Краткий очерк организации и деятельности коммерческой части и тарифной политики К. В. ж. д.”, с. 23.

33 Нилус, *Исторический обзор КВЖД, 1896-1923 г.г.,* Т. I, с. 369-371.

圖 4-3　海參崴港埃格爾協里得碼頭，1900 年修建完成，原是中東鐵路工程進口材料的卸貨專用碼頭，1906 年起，成為中東鐵路公司專屬碼頭。

除取得海參崴港專屬碼頭外，中東鐵路公司又接受俄國政府委託，經營管理烏蘇里鐵路。中東、烏蘇里兩鐵路合併經營，主要是來自於海參崴市交易會的建議。蓋中東鐵路通車營運以來，其與烏蘇里鐵路雖訂有聯運協議，但因隸屬不同的管理局，兩路貨物在交接站的轉運相當不便，海參崴市交易會屢次建議，請俄國政府將該二路合併經營，以提高烏蘇里鐵路的營運能力，促進濱海省商務發展，惟其提議未獲重視。日俄戰爭結束後，該市交易會和市杜馬（Duma，即議會）重提舊議，1906 年 7 月 12 日，獲得沙皇核可。10 月 5 日，俄國政府批准烏蘇里鐵路委託中東鐵路經營的協議，期限二十五年，至 1931 年 1 月 14 日（俄曆 1 月 1 日）截止。10 月 17 日，兩路管理局正式合併，烏蘇里鐵路幹線、支線以及所有車輛、設施、資產，全部交付中東鐵路公司經營管理[34]。由於烏蘇里鐵路的營業支出、虧損，悉由俄國政府

34　Нилус, *Исторический обзор КВЖД, 1896-1923 г.г.,* Т. I, с. 364-365.

撥款貼補，故兩路合併非僅不會加重中東鐵路的財政負擔，而且經由兩路直接運輸，反而有助於其營運量的提升。

1908 年 7 月，中東鐵路公司董事會頒布新運輸運則，作為未來鐵路營運準則。關於新運則訂定，早於 1906 年末即開始研議。時鐵路局長霍爾瓦特為因應南滿鐵路將於 1907 年正式通車營運，乃召集哈爾濱俄國商會人士，討論貨物運費訂定問題。1908 年 2 月，路局將研議方案報呈聖彼得堡總公司核定。總公司復就該方案邀請各有關人員舉行會議討論，與會者除鐵路公司人員外，尚包括滿洲工商會主席瓦霍夫斯基（Z. M. Vakhovskii）、滿洲穀物商代表貝爾格（Evgeii E. Berg，舊譯比爾克）、俄國國家審計員納坦松（S. K. Natanson），以及俄國國有鐵路局長吉阿欽特（N. E. Giatsint）等人[35]。會議上，鐵路公司會辦文哲理提出報告指出，中東鐵路的主要任務，就是擴大俄國「在遠東這個國際激烈競爭舞台上的經濟影響力」，是故，中東鐵路運則、運價必須以此為前提訂定之[36]。會議上，遂作成二項決議：（一）運費制定，係保障俄國國內產品在滿洲市場占有

圖 4-4　滿洲穀物商代表貝爾格，1908 年哈爾濱自治會成立後，曾當選為哈爾濱第一屆公議會議長。

35 *Исторический обзор КВЖД, 1896-1923 г.г.,* Т. II, Часть I, “Краткий очерк организации и деятельности коммерческой части и тарифной политики К. В. ж. д.”, с. 26-27.

36 Нилус, *Исторический обзор КВЖД, 1896-1923 г.г.,* Т. I, с. 577.

率，而非促進滿洲工業發展；（二）運費的制定，要鼓勵「由滿洲和蒙古運輸原料，以供應和發展俄國外貝加爾、烏蘇里、阿穆爾等地區的工業」[37]。

此次會議後，聖彼得堡總公司就費率部分詳加審查，同年 7 月，正式頒布新運則[38]。新運則係以 1903 年的運則為基礎，「中俄聯運出口入口運則」、「阿穆爾、烏蘇里陸運河運運則」等項變異不大，修改幅度較大者為本路運輸、中東、烏蘇里兩路聯運等項運則，另有海外出口運則（海陸聯運）的增訂。在費率的調整上，又以「本路運輸運則」的變動最大。1903 年的運則，本路運輸採行高費率政策，當時無其他鐵路與之競爭，高費率政策尚可施行，然 1907 年南滿鐵路加入營運後，有了競爭對手，費率上不得不作一調整。新運則費率修訂原則，由原先的直線主義改為曲線主義，亦即依照貨物之實際價值訂定運費，並取消統一運費規定，改依路線之不同、運輸距離之遠近訂定之。根據此一原則，在貨物分等上，捨棄過去的簡單分等法，改按貨物負擔運費能力（貨物價值），詳細分等，由原來的十一等擴大為三十五等（實際上是八十五等）[39]。費率訂定上，最高仍為每普特／俄里 1/7 戈比（合每噸／公里 8.17 戈比），最低 1/60-1/75 戈比（合每噸／公里 0.95-0.76 戈比），詳見表 2。其中由中國內地運入的雜貨降價幅度最大，即由每普特／俄里 1/7-1/8 戈比（合每噸／公里 8.17-7.15 戈比），調至 1/8-1/25 戈比（合每噸／公里 7.15-

37 *Северная Маньчжурия и Китайская Восточная железная дорога* , с. 678.

38 *Исторический обзор КВЖД, 1896-1923 г.г.,* Т. II, Часть I, “Краткий очерк организации и деятельности коммерческой части и тарифной политики К. В. ж. д.”, с. 26-27.

39 《北滿與東省鐵路》，頁 315-316。

2.28 戈比）[40]，主要是為與馬車業競爭之故。營運五年以來，鐵路當局發現中國雜貨以馬車運輸最為便利，而哈爾濱至寬城子間的馬車業，頗為興盛，如不核減其費率，恐難以將之吸引至鐵路運輸上[41]。

至於運輸路線不同而採行不同的費率，係針對特定貨物及其運輸方向而來，即以哈爾濱為中心，南行、北行的費率差異極大。所謂特定貨物，包括穀物及外國商品（俄國商品除外）。凡穀物南行運抵大連出口，以及外國商品由大連北行運抵哈爾濱，採行高費率；反之，穀物北運東行運抵海參崴出口，以及外國商品由海參崴西行再南行運抵南滿，採行低費率。其目的一則在鼓勵北滿穀物東行出口，增加海參崴港的營運量；一則在抵制外國商品在哈爾濱的銷售，提高俄國商品的競爭力。以哈爾濱至寬城子間的運費為例，穀物北行至海參崴出口，每噸 4.70 盧布，南行至大連出口則為 8.24 盧布。外國商品如砂糖，北行運入（至哈爾濱），每噸 20.07 盧布，南行運出（至長春）則為 14.03 盧布[42]。其他路段運費詳見表 3。南行、北行路線里程兩者完全相同，運費卻是迥然有別，殊非企業經營以利潤為本者所當為，中東鐵路如此做法，首要目的在促進海參崴港的商務發展，其次則是與南滿鐵路競爭貨物承攬。就全局觀之，此又是日、俄兩國在滿洲勢力的競逐使然。

基本上，為擴大俄國商品在滿洲市場的占有率，中東鐵路公司並不鼓勵滿洲的工業發展，故對當地工業製品未提供優惠運

40　參見和田耕作，〈東支鐵道運賃政策と北滿市場〉，頁 32，註四。

41　《北滿與東省鐵路》，頁 317。

42　和田耕作，〈東支鐵道運賃政策と北滿市場〉，頁 32，註五表。

價。不過，麵粉業卻是一例外。按，俄人在滿洲製造業以麵粉業的發展最早，亦最為興盛。日俄戰爭期間，為供應百萬俄軍的需求，從 1900 年哈爾濱第一家麵粉廠設立，五年之內，中東鐵路地帶俄人麵粉廠增至十三家，發展之快速，堪稱特例。但是，隨著戰爭結束，俄軍撤返，麵粉需求量銳減，遂造成生產過剩問題，再加上戰後哈爾濱整體的經濟蕭條，麵粉業的生存問題愈益惡化。幾經俄商請求紓困，鐵路公司除提供部分貸款，並從運費上給予優惠措施，俾使過剩的麵粉得以向外輸出。1910 年 10 月，「本路運輸運則」乃針對哈爾濱及中東鐵路沿線各站運出的麵粉，經寬城子運往南滿各地，訂定特別運則，採行低費率，每普特／俄里 1/40 戈比，以哈爾濱至寬城子為例，每普特僅 5.8 戈比（約合每噸 3.32 盧布），較之外國麵粉運入須 16.56 戈比（費率 1/14 戈比，約合每噸 9.46 盧布），兩者差距約達 3 倍。因此，北滿俄人麵粉業後來的蓬勃發展（至 1913 年為止，增至十九家），完全拜中東鐵路優惠運費之賜[43]。此外，哈爾濱酒廠、阿什河糖廠等生產的各類酒及砂糖，亦列入此項特殊運則之中，其費率較外來輸入者為低[44]。

中東、烏蘇里兩路聯運運則修訂方面，由於其前提在促進濱海省工商業繁榮，以及拓展海參崴港商務，除「本路運輸運則」所規定的穀物、麵粉及外國商品的輸出入，訂有南行、北運東行等高低不同的費率外，復針對中、俄兩國產品的輸入與過境，訂定特別運則。這些產品及運輸方向為：（一）濱海省洋灰、煤炭、蘑菇、漁類等輸入北滿；（二）骨革、皮張獸毛、蒙古（呼

43 和田耕作，〈東支鐵道運賃政策と北滿市場〉，頁 35、36。

44 *North Manchuria and the Chinese Eastern Railway*, p. 400.

倫貝爾地區）牲畜及肉品等輸往濱海省；（三）中國內地所產茶葉、鹽、米、土布、絲織品等輸入北滿，或過境運往俄國，其運費均採低費率[45]。此項運則和 1903 年運則最大不同者，如中國內地的米、土布等雜貨，原無減價優惠，而此次修訂，不僅在本路運輸部分予以調降，俾便將該項運輸由馬車移轉至鐵路上；同時，為抵制其取道大連港，經由南滿鐵路北運進口，凡取道海參崴西行入境北滿，採行低費率，反之，則以高費率核計。以哈爾濱至寬城子間運費而言，由哈爾濱南運（海參崴港輸入者）每噸 17.57 盧布；由寬城子北運（大連港輸入者），則為 20.07 盧布[46]，顯示中國內地雜貨輸入北滿，儘管里程相同，卻因入口不同而有差別運費。

至於中東、南滿兩路聯運，以及滿、日兩地陸路海路聯運等問題，從 1907 年 5 月起陸續展開談判。由於費率訂定問題，雙方歧見頗大，歷經近二年的協商，始於 1909 年 3 月達成初步的協議，同意訂定兩路聯運運則，費率等相關細節，再另行協商。旅客聯運問題較為單純，於次年 3 月完成費率核定，付諸實施。貨物聯運費率涉及兩路訂定標準不同，欲達成一致協議，頗為不易。時南滿鐵路為與馬車業及中東鐵路競爭，並促進日本商品輸往滿洲，以及滿洲物產經大連港出口，採行低費率政策，運費低於中東鐵路。有鑑於此，中東鐵路代表在聯運會議上，多次提議南滿鐵路調高費率，以與哈爾濱至寬城子間的費率一致，惟未獲南滿鐵路代表同意[47]。

45　《北滿與東省鐵路》，頁 317。

46　和田耕作，〈東支鐵道運賃政策と北滿市場〉，頁 32，註五表。

47　參見 Правления Общества Китайской Восточной железной дороги., *Протокол*（С.-Петербург: Типо-литография «Евг.ТИЛЕ пр.», 1909）, с. 3, 19, 26.

有關中東、南滿兩路聯運的費率訂定，由於雙方各自堅持其立場，又歷經三年的談判，才在 1912 年 5 月定案，兩路貨物聯運得以正式付諸實施。費率訂定方面，兩路聯運運則並未統一，而是按照彼此的本路運輸運則的費率各自核定[48]。另外，該兩路聯運運則尚就各路重要貨物，訂定特別運則，費率低於兩路之本路運輸運則，這些貨物包括由中東鐵路運往南滿之木材、麵粉、牛油、砂糖、火酒、布匹等；以及由南滿鐵路輸往北滿之煤炭、果品、漁類、麻袋、蔬菜、煤油等，均適用特別運則[49]。南運貨物，木材為南滿地區所欠缺者，其餘為俄國商品輸入北滿，或北滿俄人工廠生產者。北運貨物，多為北滿所需產品，基於互利原則，雙方得以取得統一的低費率協議。

滿、日兩地鐵路及海路聯運方面，在 1908-1909 年間的聯運會議，僅達成客運聯運協議，於 1910 年 2 月付諸實施。其後，又在聖彼得堡繼續就貨物聯運問題，進行談判。此項貨物聯運遠比中東、南滿兩路聯運要為複雜，涉及大連、海參崴兩港的競爭問題，一直無法取得共識，歷經數年協商，於 1914 年才定案實施[50]。

國際旅客聯運方面，1906 年 8 月時已作了相當幅度的增訂，亦即將 1903 年時的歐陸至遠東路線，擴大延伸，聯結成

---

48 參見《北滿與東省鐵路》，頁 318；“Правила о разсчетах”, 收入 Правления Общества Китайской Восточной железной дороги, *Прямое Китайско-Восточное—Южно-Маньчжрское грузовое сообщение*（С.-Петербург: Типография А. Бенке, 1912）, с. 46-53.

49 《北滿與東省鐵路》，頁 318；*Исторический обзор КВЖД, 1896-1923 г.г.,* Т. II, Часть I, “Краткий очерк организации и деятельности коммерческой части и тарифной политики К. В. ж. д.”, с. 52.

50 《北滿概觀》，頁 39。

歐、亞、美三洲國際鐵路交通網。該路線西起倫敦，經聖彼得堡、莫斯科，轉至西伯利亞鐵路、中東鐵路，再與日本及加拿大的鐵路銜接。此一國際鐵路網的建立，於 1910 年 2 月滿、日旅客聯運付諸實施後，得以宣告完成。而中國鐵路加入該國際鐵路聯運，最早先有京奉鐵路與南滿鐵路。依據〈東三省事宜條約〉第七條規定，京奉、南滿兩路於 1908 年 10 月簽署聯運協約，次年起正式施行。繼之，中東、南滿兩路貨運聯運協議達成後，復於 1913 年 4 月邀約中國政府在東京召開會議，討論日本鐵路、朝鮮鐵路、南滿鐵路、中東鐵路以及京奉鐵路等五路旅客聯運事宜，會後簽訂中日旅客聯運合同，從 1915 年 10 月起，開始施行[51]。

綜觀 1908 年中東鐵路運輸運則的訂定，基本上，其營運政策並無太大改變，仍是以滿洲為俄國商品的市場及原料供應地為主。同時，由於出現競爭者——南滿鐵路，再加上俄國在遠東的主要商港海參崴也有大連港的競爭，使得其費率必須兼顧這些因素而有所調整。如此一來，整個費率的訂定，往往非以增加鐵路營運利潤為主要的考量，以致出現貨物種類相同，但運輸方向不同，其費率迥然有別的現象。北滿穀物南行大連港出口與東行海參崴港出口，兩者採行高低不同的費率，即是一例。事實上，此種差別費率在遏阻北滿穀物運抵大連出口上，成效有限[52]。其次，俄國商品運費以低費率核計，使其得以壟斷北滿市場，但至 1913 年以後，此種優勢不復存在。相對地，原先的目的，最後

51 王同文，《東北鐵路問題之研究》（上海：交通大學，1933），下冊，頁 22。

52 《北滿與東省鐵路》，頁 318。

非僅未能實現，商業利潤也為之受損，營運績效遂難與南滿鐵路匹敵。

第二節　前期營運（1903-1907）

一、東三省的弛禁與中東鐵路沿線區域經濟特質

鴉片戰爭前，清廷對東三省採行封禁政策，禁止漢人移民開墾。此後，從咸豐同治年間的局部弛禁，以迄光緒末年全部開放，為期六十餘年。隨著土地開墾，農業發展，以及中東鐵路興修，東三省的經濟情況發生急劇的變化。而鐵路營運與當地農業經濟發展，二者之間的關係，乃是互相依存，不可分離，本單元擬從中東鐵路修建前後，北滿移民墾荒情形，以及中東鐵路沿線區域經濟特質等項，概略說明其對該路營業成績的影響。中東鐵路營運之初，雖橫貫東三省，然未久日俄戰爭爆發，南滿路段無法進行商業運載，戰後該路段又割讓予日本，成為其競爭對手，故有關滿洲農業經濟的變化，僅就與該路有密切關聯的北滿地區進行探討，南滿地區係屬南滿鐵路的經濟區域，此處不予討論。

（一）東三省弛禁政策實施概況

清廷對東三省的局部弛禁，始於 1860 年〈中俄北京條約〉訂定之後，鑑於俄國勢力入侵，加上關內直、魯、豫三省饑荒連年，災民不斷擁向關外，不得不局部弛禁，一則移民實邊，一則開荒濟餉與安民濟食。此項政策，首先實施於黑龍江省呼蘭地區（約 200 多萬垧荒地）、吉林省的綏芬河與烏蘇里等邊區山場，以及舒蘭以北、吉林省城以西、阿勒楚喀以東、雙城堡邊荒等處

（總計 30 萬餘垧荒地）；同治年間，再開放奉天省邊門外（旺清門外渾江以西）[53]。光緒年間，從 1880 年起，由於中俄〈伊犁條約〉交涉，清廷日益重視吉、黑兩省邊防，弛禁放墾地區由是擴大，先是吉林省有三岔口招墾總局的設立，招攬山東和遼南流民前來墾荒；其後，又有琿春、寧古塔等處招墾局相繼設立，至 1894 年甲午戰爭之前，僅三姓江北五站，開墾土地計有 4 萬餘垧[54]，若從 1851 年起至 1894 年為止作一統計，可知吉林省放墾荒地總計 137.9 萬垧，其中屬於中東鐵路經濟區域者，計有伯都訥、阿勒楚喀、五常、雙城堡、穆稜、三岔口等地。黑龍江省方面，從 1886 年至 1897 年為止，先後放墾地區有呼蘭、青岡、蘭西、巴彥、綏化、通肯、克音河、湯旺河、觀音山等地方，放墾荒地僅以 1897 年呼蘭一處統計，已有 159.7 萬垧[55]。其中除觀音山外，餘皆為中東鐵路經濟區域。

1900 年義和團事變發生後，俄軍大舉進占東三省，面臨國土淪喪窘境，清廷再次實施弛禁政策，以達「移民實邊」與「開荒濟用，就地籌餉」的目的。此次弛禁放墾範圍包括各省蒙旗荒地，例如，1905 年黑龍江省所屬郭爾羅斯後旗荒地的折價放墾；1906 年吉林省旗地實施清丈，並「勘放零荒」等均是。1907 年東三省改制，全面弛禁，黑龍江省於呼倫設邊墾局，實施軍墾編制。宣統年間，為有效實施移民墾荒政策，東省當局及農工商部頒布招民墾荒辦法，會同丈量吉、黑兩省荒地，除補助車船費用外，還酌予分配土地，提供房舍、種籽、牛馬等費。放

53　參見許淑明，〈清代東北地區土地開墾述略〉，頁 110-112。

54　《清德宗實錄》，光緒二十年 4 月乙丑，卷 339，頁 5。

55　參見許淑明，〈清代東北地區土地開墾述略〉，頁 113-114。

荒地區，黑龍江省集中於呼倫貝爾、璦琿、興東等處，吉林省則在郭爾羅斯前旗蒙地，以及牡丹江、綏芬河、穆稜河上游地區[56]。這些放墾地區，除璦琿、興東兩處外，餘均為中東鐵路經濟區域。

清末東三省開放移民墾荒，對吉、黑二省人口的增長，影響究竟如何？根據官方統計，該二省人口的變動情形如下：1887-1891 年間 147.1 萬人，1908 年 567.8 萬人，1914 年 807.9 萬人[57]。若以 1871-1891 年間統計為基數 100，則 1908 年為 386，1914 年為 549，可知二十餘年來該二省人口總計增加為 5 倍餘。至於移民所開墾的耕地，在 1908 年時，吉林省所屬十二個府縣，計有 309.2 萬垧；黑龍江所屬九個府縣，計有 178 萬垧[58]，總共 487.2 萬垧，以是年人口換算，平均每人開墾耕地 0.86 垧，約合 10.3 畝（每垧＝12 畝）。此種發展固然是半世紀來實施弛禁政策的結果，不過，中東鐵路興築亦有推波助瀾之功。蓋中東鐵路不僅提供可觀的勞動力與消費市場，帶動移民浪潮；同時，也將北滿物產向外輸送，造成農產品的商品化，改變當地農作物種植的結構（以出口為導向，如大豆等農作物為主），從而促進北滿經濟繁榮發展。

---

56 參見許淑明，〈清代東北地區土地開墾述略〉，頁 115-116，頁 118-119。

57 Е. Е. Яшнов, *Китайская колонизация Северной Маньчжурии и ее перспективы*（Харбин: Типография Китайской Восточной железной дороги, 1928）, c. 54.日譯本為《支那農民の北滿植民と其前途》（南滿洲鐵道株式會社總務部事務局調查課編譯，大阪：每日新聞社，1931）。

58 《北滿墾務農業志》，附表 6，轉引自孔經緯主編，《清代東北地區經濟史》（哈爾濱：黑龍江人民出版社，1990），頁 313。

（二）中東鐵路沿線區域經濟特質

日俄戰爭結束後的中東鐵路，幹線部分西起滿洲里，東抵綏芬河，支線部分北起哈爾濱，南抵寬城子。鐵路興修以前，幹線、支線區域除齊齊哈爾為黑龍江將軍所在，以及阿勒楚喀（阿什河）、寧古塔等地設副都統治理外，其餘地區分別為郭爾羅斯、札賚特、杜爾伯特等蒙旗王公轄地。其時，東三省局部弛禁政策實施之下，移民主要集中在哈爾濱以南及阿勒楚喀一帶，其次是哈爾濱至呼蘭地區，海倫與寧古塔之間則是方興未艾，其餘地區尚無人煙[59]。直到義和團事變以迄日俄戰爭期間，關內及南滿而來的移民紛沓而來，以哈爾濱為中心，向呼蘭與寧古塔移民數量為之增加，因而帶動東、西兩線經濟區域的開發。

中東鐵路全線經濟區域，計分四個區段，里程最長者為西線地區，全長 935 公里，行經區域最廣，次為東線地區（540 公里），南線地區（239 公里，長春至旅大路段日俄戰爭結束後割讓日本，中東鐵路支線減少 704 公里，日本改稱南滿鐵路）路線最短。各區段經濟區域的物產及產業發達狀況各有不同，於中東鐵路營運有相當的影響，茲就各區段經濟特質，概略說明中東鐵路貨源差異，以了解其與該路營運之關係。

西線地區——西起滿洲里，東抵廟台子，橫貫黑龍江省西布特哈、龍江、安達、肇東、呼蘭等地，以及呼倫貝爾地區[60]，其經濟勢力所及範圍，包括肇州、青岡、蘭西、綏化、海倫、慶城

---

59 *North Manchuria and the Chinese Eastern Railway*, p. 8.

60 Коммерческой части Китайской Восточной железной дороги, *Северная Маньчжурия*, Том II-й, *Хэйлунцзянская провинция*（Харбин:Типография Китайской Восточной железной дороги, 1918）, с. 645-646.中譯本《黑龍江》（湯爾和譯，上海：商務印書館，1929）。

圖 4-5 1903 年滿洲里車站正門。中東鐵路西線起點，也是中國東北地區國境門戶，由西伯利亞鐵路而來的俄人入境第一站，係俄國移民主要大站，俄式建築林立。1900 年俄人入境修路，取名為「滿洲里」，路成遂以此命名。最初機關以鐵路公司所屬，如站務、工務、醫務等設分段運作，其後軍警、法院、學校、自治會等機構陸續興辦。1908 年，東北當局設臚濱府統轄路界外區域，並於車站內設稅關徵稅。

等縣。依天然物產、當地富源及收運貨物，全線可分成三個區域：滿洲里至雅克什（石）間極西草原區城（呼倫貝爾地區）；雅克什至成吉斯汗間的中央森林區域（大興安嶺山脈蜿蜒其間）；碾子山至廟台子的東部農業區域（以呼蘭平原開發最早）。沿線大小車站計有三十八站，主要車站包括滿洲里、札賚諾爾、海拉爾、興安、博克圖、札蘭屯、富拉（勒）爾基、昂昂溪、安達、滿溝、對青山等站。運出貨物以穀物為最重要，其次為牲畜肉品、煤炭、木材等；運入貨物則以各種製造品，如布匹、衣物、機械及鐵製品、雜貨、茶葉、糖等為主，係由哈爾濱和中東鐵路其他各線運抵者[61]。1911 年以前，此一區域開發較遲，運輸量極為有限，是全路最少者，其後隨著移民湧入，墾地日廣，農業愈發達，乃有為數可觀的穀物發運量。

圖 4-6　遠眺札蘭屯車站。距滿洲里車站 519 公里，地理位置屬興安嶺支脈，雅魯河流經其間，河水沖積土壤，適於農耕。路局在此設工務、機務、醫務等分段，以及森林警察隊、地畝視察員，另有醫院、學校興辦。2008 年，呼倫貝爾市以森林警察隊舊址，設立中東鐵路博物館，這也是目前唯一的中東鐵路博物館。

61　參見中東鐵路經濟調查局編，《北滿與東省鐵路》，頁 351-354。

圖 4-7　昂昂溪車站內全景。距離滿洲里車站 664 公里，西線東段最重要車站，臨近黑龍江將軍衙門治所約 29 公里。亦如札蘭屯，路局在此設工務、機務、醫務等分段。站內另設有商務事務所，以招攬該路段穀物運輸。1908 年以後，也設立自治會。1909 年，程德全主持黑龍江省政，原欲從省城修路至此，稱為齊昂鐵路；但因俄國認為昂昂溪屬鐵路附屬地，故實際僅修至紅旗營子屯，直到 1914 年才由紅旗營子屯修至昂昂溪車站，連接中東鐵路。

圖 4-8　橫道河子車站內一景。離哈爾濱車站 272 公里，是東線中段主要車站。地理位置屬牡丹江流域，林業資源豐富，是東線最大林場所在，也是俄人聚居主要地區，以鐵路公司員工及移民為主。車站內設有機車庫，為東線之最。另路局在此設有工務、電務、郵政、醫務等處所，以及各行政與軍警、法院、學校等機關。1908 年以後，設有自治會管理市政。

東線地區——西起成高子小站，東抵綏芬河，橫貫吉林省計有八縣（阿城、雙城、五常、賓縣、同賓、寧安、穆稜、東寧）[62]。全線可分成四個區域，由西至東分別為：阿什河至石頭河子的螞蜒河與阿什河流域；橫道河子至抬馬溝的牡丹江流域；穆稜至馬橋河的穆稜河流域；細鱗河至綏芬河間的沿邊區域。沿線大小車站計有四十四站[63]，主要車站包括阿什河、橫道河子、海林、牡丹江、穆稜、綏芬河等站。地理形勢為山林、河川交錯分布，物產以木材為主，是中東鐵路全線最大的林場所在。而各河流間的平原谷地，土壤肥沃，適合農耕，尤其是螞蜒河至阿什

圖 4-9　綏芬河車站正門全景。東線終點站，離哈爾濱車站 547 公里，地理位置屬沿邊區域，為東部國境門戶大站。鐵路通車營運之初，人口以鐵路員工為主，其後除俄國移民外，尚有朝鮮及來自奉天和山東移民來此營生。行政機關林立，包括鐵路局所屬相關單位，另有中國海關在此設關徵稅。

62　參見東清鐵道廳編，外務省通商司編譯，《北滿洲——吉林省》（東京：啟成社，1917），頁 195、269-270、354、395、424；南滿洲鐵道株式會社總務部事務局調查課編，《吉林省東北部松花江沿岸地方經濟事情》（大連：南滿洲鐵道株式會社，1921），頁 175。

63　參見《北滿與東省鐵路》，頁 377-379。

河流域，農業最為發達，故東線運出之穀物，以此一區域為主。其他運出貨物尚有石材（大理石）及阿什河糖廠所產砂糖[64]。運入貨物以煤炭、牲畜肉品、各種原料、雜貨為主[65]。此外，阿城、寧安兩縣原為阿勒楚喀、寧古塔兩副都統轄治之地[66]，開發較早，1909 年以前，東線地區穀物運出量多於西線地區，與此有關。

南線地區——北起顧鄉屯，南抵寬城子，行經吉林省西南部的長春、扶餘、德惠、雙城等四縣[67]，其經濟區域還包括農安、榆樹、濱江等縣[68]，是吉林省開發最早、人煙最為稠密地區，地理位置介於南、北滿之間，農業極為發達。沿線大小車站有十八站，除寬城子、陶賴昭兩站外，各站運輸均以穀物為主。寬城子是南、北滿門戶，貨載多為進出口產品，包括穀物、布匹、衣物、雜貨、煤炭、木材等；陶賴昭則因臨近松花江上游林地，林場所伐木材由此運往南滿市場銷售[69]，然自 1912 年吉長鐵路（吉林省城至長春頭道溝站）完工通車後，吉林改由吉長鐵路運輸[70]，該站貨運遂以穀物為主。

64 《吉林省東北部松花江沿岸地方經濟事情》，頁 133。

65 《北滿與東省鐵路》，頁 379。

66 《北滿洲——吉林省》，頁 192、341。

67 《北滿洲——吉林省》，頁 27、160、455。

68 南滿洲鐵道株式會社總務部事務局調查課編，《東清鐵道南部沿線地方經濟調查資料》（大連：南滿洲鐵道株式會社，1917），頁 3。

69 イワシュケエウツチ著，南滿洲鐵道株式會社庶務部調查課編譯，《滿洲の森林》（大阪：每日新聞社，1928），頁 27。

70 《北滿與東省鐵路》，頁 404。

圖 4-10　陶賴昭車站內一景。距離哈爾濱車站 123 公里，居於南線中段，附近有第二松花大橋。

圖 4-11　寬城子車站內全景。距離哈爾濱車站 239 公里，因長春以南至大連段的支線割讓日本，遂成為南線終點站，客貨南行須在此換車。遠觀車站水塔與陶賴昭車站大為不同，水塔上半為木造建築，凡大車站如海拉爾、札蘭屯、昂昂溪等均屬此類型。

圖 4-12　旅順車站全景。位於旅順口內，背倚白玉山（俄人稱鵪鶉山），面向旅順軍港，是中東鐵路支線終點站。日俄戰爭結束後，連同旅順軍港一併轉至日本手中。

哈爾濱地區——係指吉林省濱江縣境內哈爾濱市的三個車站（香坊車站、中央車站、埠頭區車站，濱江縣後來改隸黑龍江省）。此地區在中東鐵路修建前，原屬荒涼的小漁村，1898 年 5 月，中東鐵路公司在此設立鐵路工程局，展開築路工程，人潮紛紛湧入。其後，鐵路完工通車營運，鐵路管理局、鐵路總工廠均設立於此，各種商行、政治和金融機關亦相繼設立，工商業得以繁榮興盛，哈爾濱遂成為北滿最大的商業、貿易、金融中心。除鐵路外，哈爾濱另有松花江水運通行，其經濟勢力範圍不僅止於

圖 4-13　哈爾濱中央車站正門，1903 年落成，1959 年拆除重建，現今哈爾濱車站已不復當年容貌。

濱江一縣，還包括呼蘭、綏化、拜泉、慶城、巴彥、木蘭、賓縣等縣[71]，堪稱北滿最大的農產品集散中心，以及外國商品輸入北滿的轉運中心。因此，中東鐵路的貨運量以此一區域為最多。

二、前期營運概況

（一）貨物運輸

中東鐵路於 1901 年底全線接通，次年 1 月，展開試行營運。在此期間，客貨運量未見詳細統計，僅知連同軍用物資、軍人、鐵路貨物，以及其他各種附加收入，營業收入總計 9,671,507 盧布，其中貨運收入 3,982,177 盧布，占四成左右[72]。

---

71 《北滿洲——吉林省》，頁 813。

72 《北滿與東省鐵路》，頁 260。

而這一年的軍用物資及軍隊等項運輸，主要是協助執行〈交收東三省條約〉規定俄軍第一期撤離滿洲的業務，其中運輸軍用物資計有 2,457,373 普特[73]，和 1903 年及日俄戰爭期間，甚至戰後俄軍撤返比較，其運量尚屬有限。

1903 年 7 月 14 日，中東鐵路正式通車營運；10 月，頒布運輸運則，訂定各項運費，開始進入商業營運階段。處於臨時及正式營運時期的 1903 年，貨物運量有 1,989.6 萬普特[74]。半年後，日俄戰爭爆發，為因應對日作戰需要，1904 年 2 月起，全線營運以軍事運輸為主，商業運輸成為次要任務，直到 1906 年 6 月，中東鐵路才結束軍事管制，重新進行正常的商業運輸。日俄戰爭期間，中東鐵路為達成軍方所交付的任務，其通車能力由最初平均每晝夜 3 對列車（一對列車係指從兩地相向而開的二列車），最高極限 7 對列車[75]，驟增至 1904 年 10 月以後的東、西兩線 16 對及南線的 19 對[76]，運輸力大為增加，只是軍事運輸高達總貨運量的 95%，以致純屬商業運輸的貨運量大幅萎縮，和前一年相比，1904 年僅有 882.8 萬普特[77]，不及其半數；1905 年 8 月，日俄戰爭結束，得以陸續清運囤積車站倉庫的大批私人貨物（哈爾濱一站最多，有 2 萬車）[78]，但因俄軍及軍用物資的撤返，仍須仰賴中東鐵路，故其貨運量雖增為 1,411.8 萬普特，然亦僅及 1903 年的 71%而已。相對地，1904-1905 年軍用物資運

73 《清代東北地區經濟史》，頁 621。

74 《北滿洲之產業》，頁 257。

75 Klemed, *The Memoirs of Khorvat*（打字稿）, Chap. V, p. 2, 5.

76 Нилус, *Исторический обзор КВЖД, 1896-1923 г.г.,* T. I, c. 296.

77 《北滿洲之產業》，頁 257。

78 Нилус, *Исторический обзор КВЖД, 1896-1923 г.г.,* T. I, c. 317.

量卻相當可觀，分別為 18,103 萬普特、25,702.2 萬普特，占總貨運量的 95%（詳見表 4），與商業運量差距之大，實令人駭然。

1906 年 6 月，俄軍撤返完畢，軍方交還管理權，商業營運始得重新步入正軌，只是南滿路段的割讓日本，對中東鐵路而言，不僅喪失了貨運的精華路段（1903 年其貨運量為全線第一位，占總運量的 32.6%）[79]，同時，也造成其出海港僅餘海參崴一處，營運政策不能不有所調整。其次，歷經二年半的軍事管制，要完全恢復正常，也須有相當時日的調適。因此，1906-1907 年間的營運，可說是調整恢復時期，而運輸運則的修訂，在聖彼得堡總公司核定前，暫由路局頒布臨時運則替代。在此期間，由於軍事運輸比率降低，貨運量不僅較前二年平均增加 1 倍餘，也比第一年的運量多三成（詳見表 5），顯見貨運承攬漸有起色，營運逐步邁向正常化。

貨物運輸走向方面，本路運輸占居多數，顯示貨物發運、起運多在北滿地區移轉輸送，不過，其運量和所占比重卻是逐年下降，運量由 27.80 萬噸降至 17.37 萬噸，所占比重由 85%降至 39%。相較之下，出口運輸則是逐年增長，由 0.60 萬頓增為 16.70 萬噸，所占比重由 2%上升為 38%，幾與本路運輸平分秋色。進口運輸的變動最大，而且和出口運輸比較，呈現彼消我長的鮮明對比，分析其因，當與俄軍在滿洲的消費需求有關。事實上，從 1904 年 2 月日俄戰爭爆發，俄軍開始動員，以迄 1906 年 6 月俄軍完全撤離為止，中東鐵路進口貨運量逐年增加，俄國商品取道滿洲輸入的數量與貨值，以及俄國對華輸出總值，均隨之擴大（另於「中東鐵路營運與俄國對華輸出」單元討論）。1907

79 《北滿洲之產業》，頁 266。

年中東鐵路營運正常化後，進口貨運量銳減至 4.25 萬噸，僅為前一年（12.79 萬噸）的 33%；而出口運量則增為 16.7 萬噸，為前一年（5.33 萬噸）的 3 倍，進、出口運量的消長關係，由此可見。本路、進出口等項運輸量統計，詳見表 5。

至於和各鐵路的聯運量，以及各區段貨運量等項變動方面，此期因缺乏完整的統計資料，只能作一概略說明。先論聯運一項，實施路線只有外貝加爾、烏蘇里兩鐵路，至於與南滿鐵路正式聯運，遲至 1912 年始有之。就外貝加爾、烏蘇里兩鐵路運入者而言，以 1903 年、1906 年為例，作一比較，1903 年外貝加爾鐵路運入量多於烏蘇里鐵路運入量，達 5 倍餘；1906 年則相反，只是兩者差距不及 1 倍[80]。而由中東鐵路向該二路運出者，僅知穀物輸出一項，1907 年以前，絕大多數運往外貝加爾鐵路，1907 年起，因鼓勵穀物東行出口，運往烏蘇里鐵路者，驟增為 7 倍餘[81]。其次，各路段貨運量的變動情形，全路四區段，在發運量上，以各區段主要車站運量統計而論，1903 年南線地區占居全路第一，其後因時局的變化，轉為哈爾濱地區所取代；西線地區由於開發較遲，運量最少。到運量上，其變動情形，亦是如此[82]。

---

80 1903 年、1906 年由外貝加爾、烏蘇里兩路運入，再經中東鐵路轉運各地的貨運量如下：由外貝加爾鐵路運入者，分別為 1,207,700 普特、1,997,200 普特；由烏蘇里鐵路運入者，分別為 197,100 普特、3,599,800 普特（《北滿洲之產業》，頁 266-267）。

81 1903 年北滿穀物出口者 1 萬噸，東行 0.4 萬噸，西行 0.5 萬噸；1905 年 1.4 萬噸，東行 0.1 萬噸，西行 1.2 萬噸；1907 年 13.2 萬噸，東行 11.3 萬噸，西行 1.5 萬噸（參見塚瀨進，《中国近代東北経済史研究》，東京：東方書店，1993，頁 61，表 11）。

82 參見「東清鐵道諸驛出荷穀物數量年度別比較表」、「東清鐵道重要驛著荷貨物運輸種類，包括穀物、煤炭、各種建材、木桴、鹽、茶葉、砂糖、酒精、礦產、油類製品、牲畜肉品、皮張、機器及各種金屬製品、棉毛織物及日用品等。其中穀物為貨運大宗，第一年的運量即有 690 多萬普特，占貨物總運量的 35%[83]，其中又以南線的發運量居多，占 60%左右[84]，顯示從中東鐵路營運伊始，穀物即是該路主要貨源，只是其運輸性質以當地市場的往來為主。而此時北滿穀物出口多取道松花江水運下行，向俄屬遠東地區輸出，其次是經松花江上溯至吉林城再轉至奉天，由遼河下行抵達營口輸出。直到 1907 年中東鐵路營運正常化後，穀物運輸方向始轉成出口為主，計有 13.2 萬噸，約占其運量七成；輸出方向東行往海參崴者 11.3 萬噸，占 86%，南行大連出口者僅 4,000 噸[85]。這一年南滿鐵路甫通車營運，其對中東鐵路南線經濟區域穀物的吸納尚無作用，兩路的競爭穀物貨源係在 1912 年以後。

此外，1904-1905 年間的穀物運量，如表 6 所見，是前期營運各年中最少者，僅有 5 萬餘噸，較第一年減少 1 倍。在此期間滿洲穀物產量並未減少，根據俄國陸軍部調查，日俄戰爭期間，俄軍耗去糧食計有 6,643.8 萬普特，取自滿洲當地者占 85%（5,639 萬普特），其中穀物、麵粉的需求量最大，占各類糧食的

貨物數量年度別比較表」（《北滿洲之產業》，頁 258-260，頁 261-266）。

83 《北滿洲之產業》，頁 266。

84 南線穀物發運量計有 6.8 萬噸（參見塚瀨進，《中国近代東北経済史研究》，頁 57，表 8），全線穀物總運量 690 多萬普特（《北滿洲之產業》，頁 266），約合 11.13 萬噸。

85 參見塚瀨進，《中国近代東北経済史研究》，頁 61，表 11。

85%[86]。麵粉多來自北滿地區中東鐵路地帶十三家俄人麵粉廠，而這些麵粉廠多數集中在哈爾濱，為供應俄軍所需，其所消耗的農產品原料，計有 4,000 萬普特[87]。受日俄戰爭的波及，在軍事運輸優先的限制之下，這些麵粉原料運抵哈爾濱，絕大多數仰賴馬車及船隻運入（占八分之七），僅有一小部分取道中東鐵路運入[88]，由此可知日俄戰爭對中東鐵路營運的不良影響。

其他物產如木材（包括燃料之用的木柈）、煤炭、鹽、茶葉、砂糖，亦是中東鐵路的重要貨源。木材為北滿當地物產，主要由東線運出銷往各地市場。木材運量以 1906-1907 年為最多，分別有 375.1 萬普特、442.6 萬普特，各占總貨運量 16%、18%，其中建材因哈爾濱各項建築工程需要，運量遠較前三年為多（1903-1905 年分別有 101.7 萬普特、52.2 萬普特、154.5 萬普特）。煤炭運量以 1905 年的 194.5 萬普特，占 14%最多，此係因是年哈爾濱麵粉廠需求量大之故；其餘各年運量極少，則是因北滿民間燃料以木柈為主所致。鹽、茶葉、砂糖等均屬輸入產品，鹽、茶葉主要由營口及中國內地運入。鹽運量以 1906 年最多，有 214.9 萬普特，占 9%，供應當地消費。茶葉運輸，依特別運則訂有優惠運價來看，當以過境運輸為主。茶葉運量以 1903 年、1907 年最多，分別有 199.7 萬普特、288.5 萬普特，占

86　《北滿洲之產業》，頁 370。

87　《北滿洲之產業》，頁 215；孔經緯、朱顯平，《帝俄對哈爾濱一帶的經濟掠奪》（哈爾濱：黑龍江人民出版社，1986），頁 24。

88　*Северная Маньчжурия и Китайская Восточная железная дорога,* с. 42.另據俄國軍方調查，日俄戰爭期間，來往於中東鐵路沿線各糧食貿易點的馬車，總計有 5,300 輛，分布在伯都訥、雙城堡、呼蘭城、北團林子、巴彥蘇蘇、三姓、枷板站、齊齊哈爾、賓州等地（參見《北滿洲之產業》，頁 289-292）。

10%、11%，因缺乏詳細統計資料，無法獲悉輸往俄國內地的數量。砂糖運量不及鹽，以 1905 年的 71.1 萬普特及 1906 年的 68.5 萬普特最多，其餘三年大致為 20 多萬普特，顯示 1905-1906 年間運量較多，乃是供應俄軍消費結果[89]。

（二）旅客運輸

中東鐵路載客列車分三種：特快車、郵務車、客貨車，設備以特快車最為豪華，主要以過境運輸為主，每週發車一次，由聖彼得堡直達海參崴，中東鐵路一段僅停滿洲里、海拉爾、昂昂溪、綏芬河等站，票價最貴，里程最長，對營業收入增加最有助益。郵務車行駛路線分兩種，一為由聖彼得堡至海參崴，一為行駛於中東鐵路各站，票價均分一至三等，其中一等車廂設備亦稱完善華麗。客貨車主要來往於中東鐵路沿線，票價分二至四等，每二日發車一次，三、四等票價最低廉，搭乘者多為中國勞工農民[90]。

和貨運營業量比較，中東鐵路為期十五年的營運期間，客運量成長極為有限。蓋其所行經地區有大半以上，如西線在安達以西、東線在橫道河子以東，皆屬地廣人稀之地，旅客來往運量有限。因此，整體而論，客運量無法和貨運量一樣，能伴隨北滿移民的增加與物產的發達而逐漸上升。前期旅客運量變化起伏頗大，後期則是平穩成長，但至 1916 年前為止，均無法突破第一年營運的數額。旅客運輸就其來往方向，可分本路、聯運、過境等三類。其中以本路運輸旅客居多，此類旅客包括從河北、山

---

89 1903-1907 年中東鐵路木材、煤炭、鹽、茶葉、砂糖等物產運量，參見《北滿洲之產業》，頁 254。

90 參見李澍恩編，《吉林行省賓州府政書》（上海：商務印書館，1909），頁 106-107；《北滿洲之產業》，頁 272-273。

東、奉天等省北上的農民勞工。在中東鐵路營運前期，他們主要受雇鐵路公司，擔任鐵路及哈爾濱建築等各項工程，從事體力勞動；後期則因北滿農業發達，農場雇工需求量大，他們多利用春耕時北上，秋末時再返鄉過冬[91]。其對中東鐵路客運量的變動，有舉足輕重的影響。

如表 9 所見，1903 年的客運量有 175.5 萬人，是 1916 年以前最多者。分析其因，當與是年中東鐵路地帶及哈爾濱的勞動市場需求有關。須知，此時中東鐵路雖已正式通車營運，但有不少工程係屬臨時性質，仍須繼續施工補強；而哈爾濱（新市街）第二期都市計畫，尚在實施之中[92]。這些工程的勞動力來源，以關內各省的中國工人為主，遂有大批應募工人取道中東鐵路北上，工程結束即返回關內。再就 1904-1907 年間的觀察，前二年處於日俄戰爭期間，軍隊運輸占 80%左右（見表 10），客運量為之銳減，僅及前一年的二至三成餘，後二年處於戰後調整恢復階段，客運量驟增，約是日俄戰爭期間的 2 倍，若從三、四等旅客百萬人以上的運量觀察，可能是戰後中東鐵路復原工作勞動力需求多之故。以哈爾濱地區為例，鐵路管理局大樓受 1905 年末 1906 年初工人罷工風潮波及，連續發生五次大火，總公司乃撥款 52 萬盧布，重建該大樓[93]；同時，哈爾濱都市計畫相關工程還持續進行[94]。因此，1906-1907 年由關內而來的勞工增多，影響所及，三、四等旅客運量大增，一旦勞動市場需求減少，南來人數亦下

---

91 Яшнов, *Китайская колонизация Северной Маньчжурии и ее перспективы*, с. 55.

92 越沢明，《哈爾浜の都市計画（1898-1945）》，頁 54。

93 Нилус, *Исторический обзор КВЖД, 1896-1923 г.г.,* Т. I, с. 360.

94 Мелихов, *Маньчжурия, далекая и близкая*, с. 137.

降，此可由 1908-1911 年客運量結構變化看出，亦即其三、四等旅客運量，均遠較 1906-1907 年間為少，平均約下降三成餘。

（三）營業收支

中東鐵路第一年營運，包括客貨運收入，以及軍事運輸、其他附加營業等收入，總計 15,995,420 盧布[95]，扣除各項支出，虧損金額 4,516,606 盧布[96]。虧損原因，應是該年鐵路工程材料運量過多（占 80%，參見表 4）所致。鐵路材料運費極低，再加上軍用物資按優惠運價核計，自然影響其營收。惟須注意者，所謂的「特別營業」支出，包括鐵路地帶的民政等相關業務經費，以及護路軍等軍事用費，尚未計入，而此項金額未見路局核算，不得而知。第二年起，由於日俄戰爭的需要，運輸力大為擴增，如表 11 所見，1904 年、1905 年收入可觀，分別是 2,370 萬盧布、3,390 萬盧布，後者更是 1915 年以前僅見，只是若將其收入對照總營運量，顯然不成比例。以 1905 年客運為例，普通旅客 620,500 人，收入 2,106,028 盧布；軍隊運輸 2,687,400 人，收入 3,493,557 盧布，軍隊運量為普通旅客的 4 倍，收入卻不及其 1 倍[97]。而這二年收入雖多，但支出亦不少，仍難有盈餘，再加上 1904 年起鐵路地帶各項民政業務陸續開辦，龐大的護路軍經費亦列入「特別營業」一項核計，赤字金額由是劇增，尤其是 1905 年高達 3,600 萬盧布，是中東鐵路營業史上絕無僅有。

1906-1907 年，客貨運量均較前增加，惟營業支出仍多，再加上「特別營業」支出居高不下，虧損金額平均有 2,315 萬盧

---

95 《清代東北地區經濟史》，頁 621。

96 《北滿與東省鐵路》，頁 283。

97 《清代東北地區經濟史》，頁 283。

布。特別的是，1906 年、1907 年客貨運量，相差無幾，但營業收入，一為 2,920 萬盧布，一為 1,700 萬盧布，相差達 1,220 萬盧布。造成此種懸殊差距，客貨運載里程遠近，應是一重要原因。按，營業收入除視客貨運量多寡外，還與運載里程遠近有關。所謂運載里程，係由客貨運量乘其行程所得之積，又稱延人里、延噸里[98]。1906 年客貨運載里程（包括軍事運輸）183,300 萬人・噸・公里，1907 年為 71,800 萬人・噸・公里，前者較後者多 1.5 倍，係因 1906 年前半俄軍撤返之故（由哈爾濱至滿洲里，計 935 公里）。是年，軍事運輸里程占 71%，若非該項運輸以優惠費率核計，則其收入非僅止於多 0.7 倍而已。而從 1907 年軍事運輸比重降至 30%以後，除 1914-1915 年外（第一次世界大戰爆發，中東鐵路護路軍調赴歐作戰），大致維持此種狀況，軍事運輸對中東鐵路營運的不良影響，遂不復如此明顯（客貨運載里程統計詳見表 12）。

總結前期營運受日俄戰爭牽連，客貨運載里程雖是可觀，然營業支出亦為數不少，加上鉅額的「特別營業」支出，五年營運所累計的虧損，總計 11,202 萬盧布；而鐵路公司至 1904 年為止，用於築路及相關設施，各項建築包括大連港市、旅順港等工程，已達 49,290 萬盧布[99]，僅就在巴黎金融市場發行的鐵路債票，根本難以支應，這些鉅額虧損，若無俄國政府貼補，可能該公司早已宣告倒閉，遑論日後藉由鐵路各項利權的擴充，發展俄國在華勢力。

---

98 參見王同文，《東北鐵路問題之研究》，上冊，頁 121-122、125。

99 М. И. Сладковский, *Очерки экономических отношений СССР с Китаем*（Москва: Внешторгиздат, 1957）, с. 154.

（四）中東鐵路與俄國對華輸出

中東鐵路營運政策，第一要務在以滿洲為俄國商品的市場，擴大俄國對華輸出貿易。在運價的訂定上，俄國商品一律以低費率核計。此項政策在營運前期確實發揮相當的功效。中東鐵路修建以前，中、俄兩國在滿洲的貿易，主要是在黑龍江沿邊地區進行，俄國對華輸出，微不足道。隨著中東鐵路的修建，俄商陸續湧入滿洲地區，設立工廠、商行，從事各種經濟活動，俄國在滿洲的陸路貿易由是展開。1903 年 7 月，中東鐵路通車營運，俄國商品開始取道滿洲里和綏芬河輸入，其中滿洲里一站運入者 120.7 萬普特（約合 1.9 萬噸）[100]，占中東鐵路進口總額 2.5 萬噸的 78%。如表 13 所見，是年，俄國對華輸出總值 2,244.1 萬盧布，為前一年（931.5 萬盧布）的 2.4 倍，輸入滿洲的商品值，由 2 萬盧布驟增為 1,294 萬盧布，占輸華總值的 58%，可見中東鐵路營運後，於俄國對華輸出額的擴大，具有顯著的影響。

1904 年 2 月，日俄戰爭爆發，由於俄軍在滿洲的消費需求，取道中東鐵路輸入的商品大為增加，俄國商品的輸入量與值，亦隨之擴大，1906 年是一高峰期，中東鐵路進口運量有 12.7 萬噸，其中俄國商品占 72%（559.7 萬普特，約合 9 萬噸）[101]，俄國對華輸出總值驟增為 5,753 萬盧布，輸入滿洲者 4,837 萬盧布，占 84%，是 1917 年以前僅見。俄軍於 1906 年 6 月全部撤返，中東鐵路貨運進口量降至 4.3 萬噸，影響所及，俄國對華輸出商品總值與運入滿洲者，同樣大幅滑落，前者為

---

100 《北滿洲之產業》，頁 266。

101 孔經緯、朱顯平，《帝俄對哈爾濱一帶的經濟掠奪》，頁 51。

2,644 萬盧布，後者為 1,720 萬盧布（占 65%）[102]，其中取道中東鐵路運入（滿洲里、綏芬河兩站）者計有 1,372.7 萬盧布，僅有一小部分由黑龍江、松花江運入（347.3 萬盧布）[103]。1907 年起，俄國未在滿洲大量軍事動員，對滿洲的輸出，恢復正常，持續穩定成長。1909 年，俄國政府廢止海參崴港自由化政策，由該港輸入滿洲的商品，絕大多數來自俄國，其商品遂得以壟斷北滿市場，直到 1913 年，此種優勢才被德、日等國商品取代。

第三節　後期營運（1908-1917）

中東鐵路後期營運，至 1914 年第一次世界大戰爆發前為止，大致上，並無太多的外力干擾，其營業成績遂有顯著成長，但因鉅額「特別營業」支出的侵蝕，直到 1915 年起因過境貨物激增，營業收入巨幅成長，營運十餘年，首次轉虧為盈，有淨利可得。其時，歐俄港口受戰火波及，悉數封閉，歐俄本部所需外

102 Харбинский Биржевой комитет, "Записка Харбинскаго Биржевого комитета, Его высонревосходительству господину Министру финансов", с. 2（收入 *Исторический обзор КВЖД, 1896-1923 г.г.,* T. II, Часть III）按，此報告將俄國商品輸入北滿金額占輸華商品總值的百分比，誤算為 62%，結果 Н. Штейнфельд, *Русское дело в Маньчжурии с XVII века до наших дней*（Харбин: Русско-Китайско-Монгольская тир. газ. „Юань-дун-бао", 1910, с. 71.）一書引用時未核算，照錄為 62%，孔經緯、朱顯平（《帝俄對哈爾濱一帶的經濟掠奪》，頁 52）及張鳳鳴（〈帝俄對中國東北的經濟掠奪及其後果〉，《東北地方史研究》，1987 年第 1 期，頁 13）等，均引用其書，亦持 62%說法。

103 "Записка Харбинскаго Биржевого комитета, Его высонревосходительству господину Министру финансов", с. 2（收入 *Исторический обзор КВЖД, 1896-1923 г.г.,* T. II, Часть III）

來物資，全部仰賴遠東港口海參崴進口，再取道中東鐵路運入。在營運狀況分析上，此期亦如前期，分貨物運輸、旅客運輸及營業收支等三項，惟在貨物運輸方面，第一次世界大戰對中東鐵路的衝擊，營運量激烈變化，有必要分期說明，故以 1914 年為分界點，分一、二兩期；同時，由於後期貨物運輸相關的統計較前期完整，本節分就總貨運量、與各鐵路聯運量、各區段運量，以及各類貨物運量等項，逐一分析之。

一、貨物運輸

（一）1908-1913 年運輸狀況

（甲）總貨運量、與各鐵路聯運量、各區段運量等項分析

此階段是中東鐵路營運邁入正常化的第一期，貨運量較前顯著增加，如表 5 所見，以 1911 年為最多，計有 122.7 萬噸，約為 1903 年的 4 倍。在運輸方向變動上，又以出口運輸成長幅度最大。如前期所述，北滿物產從中東鐵路營運後，取道該路輸出比重逐漸上升，至此一階段，其所占比重平均在五成以上，取代本路運輸，占居第一位。造成如此劇烈轉變，又與大豆出口有關。1908 年以前，滿洲大豆出口市場，主要為中國內地及日本；是年 2 月，俄商納索坦公司（Nasotan Co.）經海參崴，將大豆轉運歐洲市場銷售[104]，此後大豆取道中東鐵路出口量急速增加，成為該路出口運輸的主要貨源。進口運量上，1908 年雖較前一年略有增加，但和出口運量相比，差距頗大。1909 年的運量又較前增加為近 3 倍，往後持續穩定成長，至 1913 年時，增

104 孟憲章主編，《中蘇經濟貿易史》（哈爾濱：黑龍江人民出版社，1992），頁 195。

為 1908 年的近 6 倍。其貨源主要是來自南滿鐵路經寬城子的外國商品，如前節所述，1909 年外國商品由海參崴港輸入不再免稅後，遂改由大連港（自由港）向北滿輸入。此種變化，說明鼓勵外國商品由海參崴運入的低費率政策，已難有作用。

進出口運量在總運量比重的消長，關涉與各鐵路聯運量的變動，對營業收入也有影響。和前期比較，此一階段變化最大者，莫過於與烏蘇里鐵路聯運量的增加。日俄戰爭結束以後，中東鐵路開始鼓勵北滿物產東行海參崴港出口，中東、烏蘇里兩路聯運量由是逐年增長，1911 年是一高峰期，有 66.2 萬噸之多。就發運量觀察，中東鐵路遠比烏蘇里鐵路多，約成 9 與 1 之比，主要是因大豆東行海參崴港出口的結果。和南滿鐵路的正式聯運，雖遲至 1912 年，然 1908 年起兩路透過寬城子、長春間的馬車轉運，已有聯運之實[105]。第二年的聯運量即超過中東、外貝加爾兩路聯運量，且逐年增長，尤其是進口運輸，由 1909 年的 5.1 萬噸，增至 1913 年的 16.7 萬噸，成長 3 倍，占進口運輸的 62%。在發運量上，受到北滿貨物南運出口採高費率影響，南滿鐵路多於中東鐵路，1913 年時，約成 2 與 1 之比。另就南滿、烏蘇里兩路與中東鐵路的聯運量（進、出口合計）作一比較，由 1909 年至 1913 年，南滿、中東兩路聯運量成長幅度 200%，烏蘇里、中東兩路聯運量僅 28%，顯示烏蘇里鐵路在中東鐵路運價政策保障下，其與中東鐵路的聯運量固然占居優勢，但是，在南滿鐵路加入聯運後，其成長幅度有限，反而不如南滿鐵路。至於外貝加爾、中東兩路聯運量，則是敬陪末座，且其數量甚為有限，歷年來變動不大，發運量除 1912 年、1913 年外，亦是中東

105 《東省鐵路概論》，頁 16。

鐵路多於外貝加爾鐵路，說明經由該二路聯運的中俄貿易，對俄輸出多於對華輸出。中東鐵路與各鐵路聯運統計，詳見表 7。

各區段運輸量變動方面，此階段總運量（運出、運入），大致上，以哈爾濱地區為最多。不過若就其貨物運出、運入兩項個別觀察，運入量上，哈爾濱一直高占 50%以上。蓋由外地運入的商品，多以哈爾濱為第一站，再由松花江水運及中東鐵路運抵各市場銷售。運出量上，從 1911 年起，哈爾濱地區不再占居第一，1912 年甚至降至末位，僅占 18%，是歷年來最低者，這和穀物運出量銳減有關。以 1911 年和 1912 年穀物運量為例，1911 年 12,248 萬普特（約合 19.8 萬噸），1912 年 799 萬普特（約合 12.9 萬噸），減少 35%[106]。另就全路各區段運出量作一比較，西線地區成長幅度最大，1908 年時僅有 3.5 萬噸，至 1912 年時有 24.6 萬噸，增加 6 倍。此亦與穀物運出量激增有關。按，該區段農業區域（安達至對青山站）穀物運出量，1908 年時僅有 77.3 萬普特（約合 1.2 萬噸），至 1912 年時達 1,094 萬普特（約合 17.6 萬噸）[107]，約增加 15 倍。其時，該區域由於墾地日廣，穀物產量因之提高，再加上地方官商於 1910 年時合資修建安達廳與安達站，以及青岡縣至安達站等處之間道路，其所產穀物運抵安達站數量由是大增[108]。另一方面，穀物運出量最多的對青山站，在呼蘭所產穀物的吸納上，則與哈爾濱地區形成競爭之勢，

---

106 《北滿洲——吉林省》，頁 825。

107 西線地區穀物運出量據 *Северная Маньчжурия, Хэйлунцзянская провинция* 所列對青山、滿溝、安達、薩勒圖、喇麻甸子、小沙子、煙筒屯等站統計而得（c. 97, 142, 253-254）。

108 *Северная Маньчжурия, Хэйлунцзянская провинция*, c. 243.

圖 4-14　遠觀第一松花江大橋。這是中東鐵路西線——滿洲里至哈爾濱間必經橋梁，工期耗費 1 年 5 個月，全長 949 公尺，於 1901 年 10 月完工落成通車。2008 年列入大陸國家級保護建物，2014 年 12 月，新建哈齊松花江特大橋完工通車，這座百年歷史橋梁正式停用。新建橋梁高於舊橋，兩座橋梁並列，遠眺松花江，昔日美景不復存在，令人為之傷感。

該站運出量的逐年增加[109]，不僅有助於西線地區運量比重的提升，也影響及於哈爾濱地區運量的減少。

再就各區段本身的運出、運入量觀察，東、南兩線地區一直維持運出量多於運入量。西線地區最初是運入量多於運出量，惟從 1909 年起則已改觀，只是兩者差距幅度未如東、南兩線地區大。哈爾濱地區的情況適與西線地區相反，1911 年以後運入量多於運出量，顯示北滿穀物的集散發運，哈爾濱地區不再獨占鰲頭。

由上述情形，可知各區段貨載消長變動，係受其經濟區域開發程度與產業發達與否所左右，同時，其與鐵路營業收入的多寡，關係亦至為密切。

109 哈爾濱地區三車站與對青山站對呼蘭穀物吸納量的競爭，以 1908 年和 1912 年作一比較：哈爾濱——由 889.4 萬普特（約合 14.35 萬噸）減為 799 萬普特（約合 12.88 萬噸）；對青山——由 55.4 萬普特（約合 0.89 萬噸）增至 723.3 萬普特（約合 11.67 萬噸，*Северная Маньчжурия, Хэйлунцзянская провинция*, c. 142）。

（乙）各類貨物運量分析

圖 4-15　第一松花江大橋入口。

在貨物的運輸類別上，穀物是中東鐵路的主要貨源，如表 6 所見，後期各年運量均遠比前期為多，就 1908-1913 年來看，1908 年有 27.5 萬噸，至 1911 年時高達 73.6 萬噸，約增加 2 倍，1912-1913 年運量減少，但其在貨運量比重變動不大，仍占有 50%。穀物運輸以大豆、小麥最重要，其運量在 1908 年以前差距不大[110]，但至 1908 年大豆開始銷往歐洲市場後，大豆運量乃大幅增加，1911 年時增至 45 萬噸[111]，和 1907 年的 2.3 萬噸比較，約增加 18.5 倍，占穀物運輸量的 61%，中東鐵路出口運量也隨之大增。其輸出方向因東行出口運費遠低於南行出口，故多東行運往海參崴港，轉銷歐洲市場；南行運抵長春轉至大連港出口者（含馬車運輸）較少（詳見表 15）。而北滿穀物經海參崴港出口量的增加，顯示中東鐵路鼓勵穀物東行出口政策奏效；同時，該項物產出口對海參崴港的商務發展，具有舉足輕重的影響。茲以 1911 年為例，是年該港出口貨物由北滿運抵者有 2,880 萬普特（約合 45.6 萬噸，其中大豆 43.6 萬噸），占該港出口總額的 94%；由阿穆爾地區出口的貨物只有 190 萬普特（約合 3.1 萬

110 大豆、小麥運量 1903 年分別是 2.5 萬噸、2.4 萬噸，1907 年是 2.3 萬噸、2.6 萬噸，可見 1908 年以前這兩項物產運量相近（參見塚瀨進，《中国近代東北経済史研究》，頁 57，表 8）。

111 *North Manchuria and the Chinese Eastern Railway*, p. 257 表。

噸），占 6%[112]，可見大豆出口對海參崴港的重要性。

小麥在穀物的出口運量占居次位，輸出主要市場不在海外，而在俄屬遠東和南滿等地。中東鐵路為配合濱海省麵粉業發展，抵制美國麵粉在當地銷售，特別以低運費鼓勵北滿小麥輸入。另一方面，為防止北滿小麥銷往外貝加爾地區，以保障西伯利亞農民的利益，對小麥西行出口則採取高運費政策。因此，小麥東行、西行出口額極其懸殊。而小麥南行出口的運費和其他穀物一樣，採行高費率，以致經中東鐵路運抵南滿市場者，遠不如東行出口者，如 1913 年運抵濱海省有 6 萬噸，運至長春僅有 96.8 萬普特（約合 1.6 萬噸）[113]。就 1909-1913 年統計，北滿小麥南行出口，若將馬車運輸合併計算，仍無法和東行出口相比，中東鐵路穀物東行出口的優惠措施，於小麥銷往濱海省確實發揮預期效果。而以高費率抵制西行出口，造成輸往外貝加爾的小麥，不僅微不足道，甚至還出現 1909 年、1913 年無出口的情形（詳見表 15）。

另外，為擴大北滿穀物東運出口，中東鐵路除實施優惠運費外，又在哈爾濱、對青山、滿溝、安達等重要穀物發運站，廣建倉庫，代為保管穀物，為期二個月至六個月不等[114]。當時，北滿穀物交易主要集中在中東鐵路沿線大站，1908 年日商投入北滿穀物貿易以前，該項貿易係由俄商掌控，如 1908 年大豆經由海

---

112 孔經緯、朱顯平，《帝俄對哈爾濱一帶的經濟掠奪》，頁 46。

113 南滿洲鐵道株式會社事務部調查課編，《滿洲に於ける製粉業》（大連：滿蒙文化協會，1924），頁 18。

114 *Исторический обзор КВЖД, 1896-1923 г.г.,* Т. II, Часть I, “Краткий очерк организации и деятельности коммерческой части и тарифной политики К. В. ж. д.”, с. 51/20.

參崴出口有 760 萬普特（約合 12.3 萬噸），其中俄商經手有 580 萬普特（約合 9.4 萬噸），占 76%[115]。俄國糧商於鐵路沿線重要車站，設立穀物收購站，規模較大者如索斯金公司（The Soskin Co.），掌控哈爾濱以東鐵路沿線的穀物收購。又如哈爾濱交易會長兼公議會議長貝爾格的貝爾格公司，結合其他俄商在鐵路沿線廣設穀物收購站，復於哈爾濱修建糧倉，配有穀物乾燥室，以哈爾濱交易會的名義，直接和歐洲市場建立貿易關係[116]。

1908 年起，日本商人開始投入北滿穀物貿易，其活動地點集中於中東鐵路南線、東線一帶。他們除在各車站收購穀物外，並深入鐵路沿線以外的農業地區，直接向農民收購穀物，經營手法較俄商靈活[117]。繼日商之後，英、德等國商人亦加入北滿穀物貿易，如此一來，俄商倍感威脅，為籌措收購穀物的資金，儘管從 1908-1910 年間陸續向中東鐵路公司貸款 587,685 盧布；華俄道勝銀行也提供貸款，不過其限制頗多（例如，貸款一年，回扣金 15%-18%），於俄商助益究屬有限。在此種情況下，俄商不得不自組互助貸款銀行，來解決資金不足問題[118]。相較於日、英兩

---

115 孔經緯、朱顯平，《帝俄對哈爾濱一帶的經濟掠奪》，頁 47。

116 孔經緯、朱顯平，《帝俄對哈爾濱一帶的經濟掠奪》，頁 48。

117 *North Manchuria and the Chinese Eastern Railway*, p. 96.

118 中東鐵路公司提供俄商的貸款金額：1908-1909 年為 38.1 萬盧布（“Записка Харбинскаго Биржевого комитета, Его высонревосходительству господину Министру финансов”, с. 5,收入 *Исторический обзор КВЖД, 1896-1923 г.г.,* Т. II, Часть III）；1910 年為 206,685 盧布（*Исторический обзор КВЖД, 1896-1923 г.г.,* Т. II, Часть I, “ Краткий очерк организации и деятельности коммерческой части и тарифной политики К. В. ж. д.”, с. 51/21）。俄商資金缺乏情形，參見 Харбинский Биржевой комитет, *О положении Русской торговли и промышленности в Маньчжурии*（Харбин:Типография „Труд“, 1913）, с. 6-7, 10.

國商人得到其本國在華銀行（正金銀行、滙豐銀行）的大力奧援，1911 年以後，俄商在北滿穀物貿易地位，遂為日、英兩國商人所取代[119]。

木材（建材、枕木、木柈）和煤炭等物產，是中東鐵路次要貨物。北滿地形多崇山峻嶺，原始森林密布，木材為一重要物產。中東鐵路修築期間，各種木料多取自於北滿森林。鐵路通車營運後，對枕木、木柈的需求仍多。尤其是鐵路所需燃料，以木柈為主，導致北滿所產木材，絕大多數供應其所需。例如，1913 年時北滿木材產量 4,873.4 萬普特，供應中東鐵路所需有 4,354.1 萬普特，占 89%，其餘 11%（519.3 萬普特）運往市場銷售[120]。木材運量視中東鐵路需求多寡而定。以 1911-1913 年為例，在燃料的需求上，中東鐵路逐漸調升煤炭用量在 13%-16%[121]，木材運量亦由 434.8 萬普特增至 519.3 普特[122]。

木材貨源主要來自中東鐵路東線林場。該線林場分布於松花江及其支流，林地面積廣大，由小嶺站至細鱗河站，計有十七處林場[123]，所產木材品質優於興安嶺林區，加上製材廠較多，且離哈爾濱地區較近，故運往各地市場銷售者，平均比西線林場多

---

119 *О положении Русской торговли и промышленности в Маньчжурии*, с. 11.

120 南滿洲鐵道株式會社庶務部調查課編，《吉林省之林業》（大連：南滿洲鐵道株式會社，1928），頁 238。

121 *North Manchuria and the Chinese Eastern Railway*, p. 209.

122 *Исторический обзор КВЖД, 1896-1923 г.г.*, Т. II, Часть I, “Краткий очерк организации и деятельности коммерческой части и тарифной политики К. В. ж. д.”, с. 51/5.

123 *North Manchuria and the Chinese Eastern Railway*, p. 178;《吉林省之林業》，頁 200。

20 倍[124]。西線林場分布於興安嶺一帶，即由碾子山站至雅克石站，林地面積不如東線林場，且林相單純，多為落葉松，不易鋸斷，用途較少，加上距離哈爾濱一帶較遠，運銷市場者較少[125]。除東、西兩線地區林場外，中東鐵路南線陶賴昭站一帶，鄰近松花江上游林地，年產約 50-70 萬普特，多運往寬城子銷售[126]。

木材運輸和穀物不同，本路運輸占居多數，其次為出口運輸，另有一小部分的進口運輸。以 1913 年為例，木材運量有 519.4 萬普特，由各地林場運抵哈爾濱等站銷售者，計有 235.9 萬普特，占 45%，出口運輸有 188 萬普特，占 36%，其中有 154 萬普特經寬城子轉運南滿，占出口額的 82%[127]。這一年北滿物產經中東鐵路運抵南滿者 7.1 萬噸，木材占 35%，是中東鐵路向南滿輸出之大宗貨物。至於木材向烏蘇里地區輸出，在 1909 年以前占居多數，後因每普特須徵收 30-40 戈比的關稅，其數量乃日漸減少，無法和南運出口相提並論[128]。進口運輸方面，1913

124 參見《北滿與東省鐵路》，頁 118，頁 121；《滿洲の森林》，頁 27。按，東、西兩線林場木材運出量相差 20 倍，係以 1910-1913 年間的平均值為準，各年運出量統計：東線林場分別為 369.2 萬普特、330.7 萬普特、337.1 萬普特、384.5 萬普特，西線林場則為 19.6萬普特、15.5 萬普特、12.1 萬普特、25 萬普特（ 1910-1912 年統計，據《滿州の森林》，頁 26-27；1913 年統計，據《吉林省之林業》，頁 240）。

125 參見 *North Manchuria and the Chinese Eastern Railway*, p. 185；《北滿與東省鐵路》，頁 121。

126 《滿洲の森林》，頁 27。

127 參見南滿洲鐵道株式會社庶務部調查課編，《吉林省東北部林業》（大連：滿蒙文化協會，1920 年），頁 132-133。

128 *Исторический обзор КВЖД, 1896-1923 г.г.,* Т. II, Часть I, “Краткий очерк организации и деятельности коммерческой части и тарифной политики К. В. ж. д.”, с. 51/4.

年僅有 94.4 萬普特，占 18%，其中 94.1 萬普特為外貝加爾鐵路運入[129]，這一年俄國產品由中東鐵路輸入，計有 210.5 萬普特[130]，木材即占 45%，顯示該物產在北滿的中俄貿易，亦具有相當的地位。

煤炭在中東鐵路的貨源上原是微不足道[131]，1909 年撫順煤炭北運哈爾濱銷售前，煤炭貨源主要來自鐵路公司所屬的札賚諾爾煤礦。該煤礦所生產的煤炭屬於褐煤，煤質較差，燃燒係數低，多數供應中東鐵路使用，少數運至西線各站銷售[132]。而北滿居民本身對煤炭的需求並不高，由外地（外貝加爾和烏蘇里地區）運入的煤炭，在 1907-1908 年約在數千噸左右，主要供應哈爾濱各種加工業所需。1909 年起，撫順煤炭開始北運哈爾濱銷售，中東鐵路的煤炭運量遂較前增加，至 1913 年時增至為 10 萬噸左右，其中由外地運入者，撫順煤炭即有 7.8 萬噸；相對地，札賚諾爾煤礦運出煤炭尚不足 2 萬噸[133]。是年，南滿鐵路運往北滿的貨物有 16.7 萬噸，撫順煤炭即占 47%，是該路運往北滿的大宗貨物，影響所及，煤炭在中東鐵路貨運的方向，遂由本路運輸一變而為進口運輸為主。

其他貨物的運量，如各種金屬製品、機械工具、煤油、水

---

129 《吉林省東北部林業》，頁 132-133。

130 孟憲章主編，《中蘇貿易史資料》（北京：中國對外經濟貿易出版社，1991），頁 325。

131 煤炭運輸在 1905 年占貨物總運量的 13.8%，是一特例（《北滿洲之產業》，頁 255）。

132 參見 *North Manchuria and the Chinese Eastern Railway*, pp. 213-214.

133 *North Manchuria and the Chinese Eastern Railway*, p. 210, 213, 227; В. А. Барри, “К вопросу о твердом минеральном топливе для Северной Маньчжурии”, *Экономический вестник Маньчжурии* , №. 3, 1923, с. 10.

泥、布匹、衣物、藥品、茶葉、鹽、砂糖、煙草、食品、文具等等，均屬輸入貨物。其中又以鹽、茶葉的運量最多，該二項產品取道海參崴進口，運費有優惠。先論鹽運輸。北滿所產鹽，數量有限，且品質較差，故當地居民用鹽多來自營口。為供應居民所需，吉、黑兩省鹽務局於 1909 年與中東鐵路管理局簽訂運鹽合同[134]，於是，鹽運量遂由 1906 年的 214.9 萬普特增至 1913 年的 403.2 萬普特，其中進口運量有 343 萬普特，占 85%，由海參崴運入者最多，計有 276.7 萬普特[135]。次論茶葉運量。茶葉是中國對俄輸出大宗，根據 1905-1914 年統計，進口至俄國的茶葉，67%來自中國[136]。中國茶葉對俄輸出路線在中東鐵路完工通車前，多取道恰克圖運入，以及由海路運至敖德薩，此後鑑於可觀的茶葉過境運費收入，鐵路公司乃以優惠價格爭取此項貨源；加上俄國政府也鼓勵中國茶葉由海參崴轉經北滿輸入，特別規定由該路運入的茶葉之關稅低於由海路而來者[137]。如此一來，中國茶葉輸往俄國，取道中東鐵路的數量，不僅多於海路運抵者；而且，以往由恰克圖輸入的盛況不復存在，經由新疆運入者，亦幾

---

134 *Исторический обзор КВЖД, 1896-1923 г.г.,* Т. II, Часть I, “Краткий очерк организации и деятельности коммерческой части и тарифной политики К. В. ж. д.”, с. 51/2.

135 *Исторический обзор КВЖД, 1896-1923 г.г.,* Т. II, Часть I, “Краткий очерк организации и деятельности коммерческой части и тарифной политики К. В. ж. д.”, с. 74.

136 《中蘇貿易史資料》，頁 316。

137 *Исторический обзор КВЖД, 1896-1923 г.г.,* Т. II, Часть I, “Краткий очерк организации и деятельности коммерческой части и тарифной политики К. В. ж. д.”, с. 51/1-51/2.

近停頓[138]。至於 1908-1913 年間，中國茶葉由中東鐵路運往俄國內地的數量為何，路局並無詳細統計，僅知其數量逐年增長，平均約占茶葉過境運量的 72%，其餘依次為印度、錫蘭、爪哇等地運入[139]。

（二）1914-1917 年運輸狀況

（甲）總貨運量、與各鐵路聯運量、各區段運量等項分析

此一階段是沙皇時代的中東鐵路營運最後四年，在揮別日俄戰爭的陰影，邁向正常營運而漸入佳境之際，政治、軍事因素，再度左右中東鐵路的營運。先有第一次世界大戰，繼之，二月革命、十月革命緊接而來，中東鐵路營運完全陷入非正常狀態。

1914 年，由於北滿穀物減產，以及煤炭、木材、鹽、茶葉、砂糖等物產貨源的減少，貨運量和 1913 年相比略微下降。是年夏末，第一次世界大戰爆發，最初對中東鐵路營運尚未造成太大影響，直到 1915 年後半，因波羅的海、黑海等港口全遭德軍封鎖，歐俄本部對外聯絡雖有西北的阿爾漢格爾斯克（Arkhangelsk）和摩爾曼斯克（Murmansk）二港口，惟前者的輕便鐵路與俄國內陸各鐵路的聯絡運輸力薄弱，且結冰期長，「航行阻滯，易誤戎機」；後者固屬不凍港，「港灣縱橫長達一千俄里」，惜無鐵路與內陸聯絡，開戰之初，已研議築路，但緩不濟急[140]。因此，對外交通捨遠東一地外別無他途，海參崴遂成為大戰期間

138 參見 Сладковский, *Очерки экономических отношений СССР с Китаем*, с. 165-167.

139 *Исторический обзор КВЖД, 1896-1923 г.г.,* Т. II, Часть I, “Краткий очерк организации и деятельности коммерческой части и тарифной политики К. В. ж. д.”, с. 51/2.

140 《北滿與東省鐵路》，頁 290。

俄國對外聯絡的唯一港口，中東鐵路則是主要的過境路線。

1915 年起，由於戰況日趨激烈，俄國國內所需民生物資，無不仰賴他國供給，連同戰爭初期向美、日等國訂購的槍械子彈及鐵路材料，陸續運抵海參崴，均取道中東鐵路轉運俄境，造成 1915 年以後的過境運輸量大增。尤其是 1916 年高達 73.1 萬噸，總運量亦擴大為 208.7 萬噸，是中東鐵路營運以來僅見，和 1914 年比較，約增為 2 倍，成長幅度之大，亦是後期所未有，這全拜過境運輸巨幅成長之賜。

在貨物運輸走向上，各項運輸均有增加，如前所言，成長幅度最大者為過境運輸，以往該項運量甚為有限，最多不超過 10 萬噸，絕大多數是烏蘇里、外貝加爾兩路的貨物，少有南滿和該二路的聯運貨物，可稱述者，僅有 1912 年、1913 年由南滿鐵路運往烏蘇里鐵路的貨物，分別有 6 萬噸、1 萬噸而已。一般而言，烏蘇里鐵路運往外貝加爾鐵路的貨物，平均占過境運量的 80％[141]。此一階段，受戰爭影響，該路線過境貨物從 1915 年起驟增為 1,958 萬普特（約合 31.6 萬噸），是前一年（369.8 萬普特，約合 6 萬噸）的 5 倍；1916 年再增加 1 倍，為 3,709.1 萬普特（約合 59.8 萬噸）[142]。結果，1915-1916 年過境貨物比重大幅提高，1914 年僅占 8%，1916 年上升為 35％，超過出口運輸，躍居第一位，打破正常營運以來的慣例。

中東鐵路過境貨物量盛況，僅維持二年，1917 年俄國國內經濟政治秩序發生激烈的變動，造成過境貨物運量大為減少。先

141 和田耕作，〈東支鐵道運賃政策と北滿市場〉，頁 15。

142 К. Скорупский и А. Верхоглядов, “Краткий обзор деятельности коммерческой части Кит. Вост. жел. дор. за 25 лет”, *Экономический вестник Маньчжурии,* 1923, №. 21-22, с. 16.

是 1 月末，俄國政府為提高中東鐵路過境軍用物資運量，開始限制民生物資的運入，規定凡由海參崴轉運俄境者，須經炮務總局、軍工總局、總糧台等軍事機關核准，始可輸入[143]。同年 3 月，二月革命發生，臨時政府為控制日益惡化的金融秩序，防止盧布貶值加劇，決定減少採購外國商品；8 月，又嚴格限制外國商品經由滿洲運入俄國；10 月，更進一步全面禁止由遠東、滿洲等地運入任何商品[144]。在一連串的限運、禁運命令之下，是年的過境貨物銳減，僅為前一年的四成而已。

過境貨物運量的增減，影響最大者，則是出口運量。大戰期間，海參崴港擁入大批要輸往俄國國內的貨物，再加上北滿的進出口貨物，一時之間，無法消納。而中東鐵路為因應俄國軍用物資及輸往歐俄貨物等項運輸，只有限制北滿物產東運出口數量，以致 1916 年的出口運量比 1915 年少二成（1915 年有 77.8 萬噸，1916 年有 66.4 萬噸），所占比重 32%，是 1907 年以來最低者。1917 年後半，俄國政府對外國商品由限運到全面禁運，運往俄國的過境貨物減少，出口運輸乃有機會恢復原有的水準，運量達到 98.1 萬噸。本路運輸方面，其運量較前期增加甚多，四年平均近 35 萬噸。探究其因，與哈爾濱的商務繁盛有關。時俄國對外國商品需求增加，中外商人攜入鉅額資金，前來哈爾濱發展，加上俄國政府派軍事人員來此採購，使原本因大戰造成的低

143 〈俄國入口貨之分別〉，《遠東報》，1917 年 1 月 27 日，收入曲友誼、安崎編，《遠東資料——遠東報摘編（1916-1921）》（哈爾濱：哈爾濱市地方史研究所，1980），第 2 章，頁 193。

144 *Исторический обзор КВЖД, 1896-1923 г.г.,* Т. II, Часть I, “Краткий очерк организации и деятельности коммерческой части и тарифной политики К. В. ж. д.”, с. 59-60.

迷不振之商務，驟然之間轉為暢旺。俄商聯合組織採辦局，成立各種商品交易會，進口外國商品轉運俄國；外國領事館、銀行亦不落人後，紛紛投入該項貿易，哈爾濱商務發展，達到前所未有的盛況，伴隨商務的興盛，湧入大量的人潮，從而擴大了哈埠的消費市場[145]。以建築材料而言（如木石材料、洋灰等），1916 年運抵哈爾濱者較 1915 年增加 5.4 萬噸，其他貨載之增加，自不言而喻[146]。進口運輸方面，儘管因過境貨物激增，致烏蘇里鐵路運入者，幾無成長；但是，南滿鐵路運入者，在戰前已占 60% 以上，戰後由該路輸入者，持續增加，故該項運量亦比戰前多。此階段貨運量及其走向情形，參見表 5。

中東鐵路與各鐵路聯運方面，如表 7 所見，聯運量最多者，仍屬烏蘇里鐵路，發運量上，中東鐵路多於烏蘇里鐵路的情況不變，兩者差距最大者在 1915 年，約成 11 與 1 之比。與外貝加爾鐵路的聯運量，在 1914-1915 年幾無成長，至 1916-1917 年，由外貝加爾鐵路運入者，平均減少 1 倍；但由中東鐵路運往該路者，在 1917 年時卻增加為 10.3 萬噸，是中東鐵路營運以來僅見。此與北滿穀物輸往外貝加爾地區有關。在此之前，受高費率限制，穀物少有輸往外貝加爾，或因戰爭緣故，該地區糧食供應不足，不得不自北滿進口以應急。因此，1917 年由北滿輸入的小麥及其他麥類、麵粉等糧食，總計 598.9 萬普特（約合 9.7 萬

---

145 參見 *Исторический обзор КВЖД, 1896-1923 г.г.,* Т. II, Часть I, “Краткий очерк организации и деятельности коммерческой части и тарифной политики К. В. ж. д.”, с. 57-59;《北滿與東省鐵路》，頁 291；《中東鐵路歷史編年（1895-1952）》，頁 105。

146 《北滿與東省鐵路》，頁 291。

噸）[147]，占這一年北滿輸往該路貨物的 94%。與南滿鐵路的聯運，成長幅度超過烏蘇里、外貝加爾兩路。此階段聯運量雖仍不如烏蘇里鐵路，然無論是出口或進口運量，均持續增加，尤其是在出口方面，較戰前為多。其中變動最大的亦是 1917 年。由於二月革命、十月革命相繼發生，中東、烏蘇里兩路聯運開始受影響，無法正常運作，是年運往南滿鐵路的貨物有 33.7 萬噸，其中大豆有 12.2 萬噸，為戰前（1.2 萬噸）的 10 倍[148]，說明北滿穀物南行出口的高費率政策，此時的作用已顯著下降。

就總聯運量而言，中東、烏蘇里兩路終 1917 年為止，均占第一，但其成長幅度仍如前一階段，遠不如中東、南滿兩路，以 1913 年和 1917 年作一比較，前者的成長僅 13%，後者則有 250%。當然，中東、烏蘇里兩路聯運量占居第一，全係因該二路為俄國鐵路，一旦俄國不再具有中東鐵路的獨占權後，整個情勢便為之逆轉，此可由 1918 年以後的營運狀況獲得印證[149]。再者，就烏蘇里、南滿兩路輸往北滿貨運量作一比較，前者不增反減（降至 18%），後者則節節上升，達於 78%。此種消長現象，反映了二個事實：其一，海參崴港對北滿貿易的重要性，已為大連港取代；其二，戰前俄、德兩國在北滿的貿易地位，轉由日、美兩國取代，尤其是日本，利用其在南滿原有基礎，進一步向北滿發展，作為日後囊括全滿洲的準備。至此，中東鐵路藉由進出口差別運費，來抵制他國在北滿的貿易地位，以及減少北滿物產南運大連港出口等做法，可謂徹底失敗。

---

147 小麥和其他麥類合計 4,040,035 普特（約合 65,161 噸），麵粉 1,948,581 普特（約合 31,428 噸），合計 9.7 萬噸，見《滿洲に於ける製粉業》，頁 18。

148 *North Manchuria and the Chinese Eastern Railway*, p. 257.

149 參見《北滿與中東鐵路》，頁 292-293、297-298。

各區段貨物運量變動方面，總運量仍以哈爾濱地區為最多。從運出量看，1914-1916 年間，各路段差距不大，1917 年的情況較為特殊，西線及哈爾濱兩地區的運出量，超出東線、南線地區甚多（詳見表 8），此亦為穀物運出量激增結果。穀物本是西線及哈爾濱兩地區發運大宗，1917 年後半，過境貨物既然減少，乃有多餘列車提供穀物運輸。各區段成長幅度和第一階段一樣，亦以西線最多，為 160%，次為哈爾濱地區 105%，南線 60%，東線居末，僅有 20%。此一數據說明中東鐵路營運，對西線地區農業的發展，助益良多。運入量方面，哈爾濱地區和其他地區比較，超出甚多，1915-1917 年間，伴隨哈爾濱商務的興盛，運抵該區貨物，占全線運輸的 60％以上，差距最大者在 1917 年，計運入 50.2 萬噸貨物，但運入西、東、南等三線地區者，分別僅有 13.2 萬噸、8.4 萬噸、6.7 萬噸。另就各路段的運出量、運入量作一比較，前者至少比後者多 1 倍以上，哈爾

圖 4-16　火車通過興安嶺隧道向哈爾濱方向東行。

圖 4-17　由滿洲里而來的火車通過嫩江大橋，通往富拉爾基車站。嫩江大橋始建於 1900 年 5 月，1902 年 3 月竣工，橋長 650 公尺。

濱地區則是例外，除 1917 年運出量、運入量相近外，餘均是前者少於後者，顯示哈爾濱地區作為北滿農產品的集散中心，及外國商品的轉運中心之餘，還是北滿最大的消費地。

（乙）各類貨物運量分析

在貨物的運輸類別上，穀物運量除 1914 年外，均較戰前增加不少。其時，北滿穀物豐收，但因受過境貨運量激增影響，為數可觀的穀物堆積車站，無法如期運出。1917 年秋，適逢穀物發運尖峰期開始，過境貨物亦減少，穀物得以順利運出。未料，二個月後，十月革命爆發，中東鐵路開往外貝加爾及烏蘇里兩地區的列車，多數無法駛回，造成列車數量減少，大批待運穀物堆積各站，據同年 12 月 12 日調查，待運穀物即有 17,107 車（1 車以 1,000 普特計）[150]，達 1,710.7 萬普特。這批穀物多數是要東運出口，而此時東行列車平均每日僅能發運糧車 17 車，和去年同期的 200 車比較，中東鐵路車輛缺乏之窘況，可想而知[151]。

穀物運輸仍以大豆占居多數，只是其比重略微下降，由戰前的 61%降至 1917 年的 49%，相對地，豆餅的運量因哈爾濱新式榨油業興起，逐年增加，1913 年時僅 1.8 萬噸，1917 年時增至 12.4 萬噸[152]。須知，戰前哈爾濱僅有三家榨油廠，大戰爆發後，歐洲各國對油品需求增加，帶動了哈爾濱榨油業的興盛，1917 年時擴增至十九家榨油廠，年產豆油、豆餅分別由戰前的 110,930 普特（約合 0.2 萬噸）、190,271 普特（0.3 萬噸），增為 830,965 普特（1.3 萬噸）、7,554,226 普特（12.2 萬噸），其中豆

150 《東清鐵道南部沿線地方經濟調查資料》，頁 126。

151 〈火車缺乏之真象〉，《遠東報》，1917 年 12 月 30 日，收入《遠東資料——遠東報摘編（1916-1921）》，第 3 章，頁 89。

152 *North Manchuria and the Chinese Eastern Railway*, p. 257.

餅成長幅度最為驚人，約增加 39 倍[153]。大豆出口方向，由表 15 顯示，此一階段東行雖仍多於南行，但是，南行含馬車運抵寬城子，轉經南滿鐵路運抵大連出口的數量，1917 年時已與海參崴出口者相同，說明北滿大豆的出口，海參崴的地位已不如往昔。

另一重要穀物小麥的出口，其數量雖不如大豆，但因其價格比大豆高三成餘[154]，在北滿穀物貿易占有重要地位。小麥輸出路線，主要運往濱海省，惟亦受一戰及俄國革命影響，1916-1917 年東行出口，較南行出口少（含由馬車運抵長春者）。小麥運量變動情形，參見表 15。

木材、煤炭的運輸方面，運量分別受中東鐵路本身需求，以及撫順煤炭輸入而有消長。1914 年，中東鐵路以木柈為燃料的用量仍居高不下，連同枕木及其他木料的用量，總計占北滿所產木材 90%[155]。第一次大戰爆發後，燃料需求量增加，同時，中東鐵路沿線林場長期砍伐，可伐林地面積日漸減少，木柈價格不斷上漲，乃降低使用比率，增加煤炭用量[156]；然其調降度仍屬有限，至 1917 年，木材用量依然居高不下，占北滿木材產量

---

153 *North Manchuria and the Chinese Eastern Railway*, p. 249；滿鐵・北滿經濟調查所編，《北滿に於ける各種工業の現狀》（哈爾濱：滿鐵・北滿經濟調查所，1938），頁 125。豆油、豆餅年產量，見久間猛，《北滿洲ノ政治経済的價值》，頁 403。另關於哈爾濱榨油廠數，久間猛的統計為十七家，與 *North Manchuria and the Chinese Eastern Railway* 一書統計有出入，此處採用後者說法。

154 參見 *North Manchuria and the Chinese Eastern Railway*, p. 117.

155 М. К. Гордеев , *Леса и лесная промышленность Северной Маньчжурии*（Харбин, 1923）, № 1, с. 24.

156 *North Manchuria and the Chinese Eastern Railway*, p. 210.

80%[157]。儘管如此，北滿木材經中東鐵路轉運市場銷售，則是逐年穩定成長，從 1914 年 420.4 萬普特，增至 1917 年 663 萬普特[158]，成長 57%，其銷售市場仍以本地為主，另有約三至四成輸出，因與南滿鐵路訂有優惠運價，故多輸往南滿市場，輸出量又以 1917 年最多[159]。煤炭運量方面，由於北滿地區以煤炭為燃料情形較戰前普遍，故此一階段除 1914 年外，其餘三年均較前增加，以 1917 年 15.4 萬噸最多。而運輸方向亦發生變化，即從 1913 年撫順煤炭輸入北滿後，開始由本路運輸轉向進口運輸為主，而且，由南滿運入者，99%以上來自撫順煤礦所產煤炭。至於本路運量的增減，全視札賚諾爾煤礦供應中東鐵路多寡而定。煤炭運量統計，詳見表 17、表 18。

另二項重要貨物鹽、茶葉的運輸狀況，鹽運輸亦如戰前，以進口為主，多為營口鹽，經海參崴運入北滿。受過境貨物激增影響，鹽運量較戰前少，減少幅度以 1916 年的 174.4 萬普特為最大，僅及戰前四成餘，主要是因營口鹽由海參崴輸入量，減至 106.6 萬普特，不及戰前四成。為解決北滿鹽的需求問題，1917 年吉、黑兩省鹽務局改由南滿鐵路北運輸入，是年鹽運量遂增為 310.4 萬普特，由南滿鐵路運入者有 144.5 萬普特，占進口運量（184.8 萬普特）的 79%，由海參崴轉經烏蘇里鐵路運入僅 38.6 萬普特，海參崴港商務之不振，又由此可見[160]。

---

157 Гордеев , *Леса и лесная промышленность Северной Маньчжурии*, с. 24.

158 參見《吉林省東北部林業》，頁 132-133；*Исторический обзор КВЖД, 1896-1923 г.г.*, Т. II, Часть I, “Краткий очерк организации и деятельности коммерческой части и тарифной политики К. В. ж. д.”, с. 69.

159 *North Manchuria and Chinese Eastern Railway*, p. 201, Fig. 24.

160 *Исторический обзор КВЖД, 1896-1923 г.г.*, Т. II, Часть I, “Краткий очерк

茶葉素為俄國人生活必需品，且全仰賴國外輸入，一戰爆發後，歐俄港口遭德軍封鎖，俄國所需茶葉的進口，依理應全由海參崴轉運俄境，則中東鐵路的茶葉運量應大幅增加才是。事實則不然，除 1915 年有 570.7 萬普特，較 1913 年 410.7 萬普特多以外，1916 年、1917 年的運量均減至不及 400 萬普特[161]。詳究其實，運抵海參崴港的茶葉並不少，只是運往俄境的其他貨物頗多，無額外的車輛擴增茶葉運輸，以致該港未能運出茶葉為數不少，如 1916 年 3 月，即有 7,500 多車（約 750 多萬普特）[162]。俄國對茶葉需求量既大，其來源又以華茶為主，而中東鐵路又無力多運，影響所及，1915-1917 年間，經恰克圖輸往俄國的茶葉，由是迅速增加，沉寂已久的恰克圖茶葉貿易再度趨於活絡[163]。

二、旅客運輸

後期旅客運量的變動，以 1913 年為分界，從 1908 年至 1913 年，雖無法突破 1903 年的水準，但大致上載客量逐年有成長，而來自中國內地及奉天省的農民、勞工，季節性的進出北滿，其人數約在 24 萬至 44 萬人之間，平均約占旅客運量四成。

организации и деятельности коммерческой части и тарифной политики К. В. ж. д.", с. 74.

161 *Исторический обзор КВЖД, 1896-1923 г.г.*, Т. II, Часть I, "Краткий очерк организации и деятельности коммерческой части и тарифной политики К. В. ж. д.", с. 70.

162 〈崴埠存儲之茶葉〉，《遠東報》，1916 年 3 月 11 日，收入《遠東資料——遠東報摘編（1916-1921）》，第 2 章，頁 189。

163 《中蘇經濟貿易史》，頁 203。

而聯絡過境旅客人數雖少，惟隨著 1908 年國際鐵路交通網的建立（早在 1906 年 9 月 9 日，國際臥車公司即在埠頭區中國大街設立分公司；次日，中東鐵路管理局與該公司簽訂快車合同，用以招攬國際旅客）[164]，其人數略有增加，1913 年時計有 16.7 萬人[165]，占客運量 13%。後期第二階段旅客運輸情況，亦如貨物運輸，從 1915 年起，較戰前為多，1916 年有 178.6 萬人，是中東鐵路營運以來，首度突破 1903 年的客運量，這一年，南來季節性的進出北滿人數有 69.1 萬人，是歷年來增加最多者。1917 年客運量再增為 226 萬人，是戰前的近 2 倍。和貨物運輸不同者，這一年客運量增加，並非來自過境運輸的激增，而是本路運輸增加結果。蓋是年聯絡運輸之過境旅客較戰前減為 9.9 萬人，相對地，本路運輸旅客增為 216.1 萬人，此種增減變化，造成兩者比重亦有升降，各為 4%、96%，又是歷年來變動最大者。分析其因，乃是由於大戰爆發，歐洲的過境旅客運輸中斷，僅餘遠東地區各鐵路聯絡運輸之故。後期客運量統計，詳見表 9。

其次，各區段營運狀況，戰前方面，就 1913 年的車票販售量觀察，全年計有 1,159,255 張：達於 1 萬張以上者，西線有滿洲里、昂昂溪、安達、滿溝、對青山等五站；東線有阿什河、一面坡、橫道河子、小綏芬河、海林、穆稜、綏芬河（邊境站）等七站；南線有雙城堡、陶賴昭、窯門、寬城子等四站。這些車站出入人數較多，係因位於臨近北滿門戶，或為農、林、礦等產業發達地區，或為通商口岸，勞動力需求大及商旅雲集的結果。各

164 《中東鐵路歷史編年（1895-1952）》，頁 57。

165 1913 年聯絡過境旅客 16.7 萬人，係由總客運量 120.8 萬人扣除本路運輸旅客 104.1 萬人而得（參見《東省鐵路概論》，頁 52）。

路線營業額比較，南線里程最短，卻是北滿最早開發地區，農業發達，再加關內農民前來北滿均取道此路，故其營業額居全路之冠，計售出 332,604 張，哈爾濱地區居次，有 325,254 張，兩區段合計，約占近六成；其餘西、東兩線地區，里程差距近 1 倍，營業額相近，各為 246,981 張、254,416 張[166]。若以車站而論，哈爾濱中央車站（含埠頭區車站，計 314,287 張）居首，自不在話下，寬城子（含南滿鐵路長春站代售者，計有 200,837 張）為南、北滿交接站居次，亦屬理所當然。較特別的是，滿洲里、綏芬河兩站均屬北滿西、東兩大門戶，前者客運營業額比後者多 2 倍，計有 98,281 張[167]。此種差距，乃是因綏芬河站雖是北滿穀物輸出必經之地，然中東、烏蘇里兩路均由哈爾濱路局管理，貨物聯運無須交換機車，可直接通行，故該項運輸係屬過境性質，無助於當地商務發展。相對地，滿洲里站鄰近臚濱府治所，復為通商口岸，因之商旅雲集，商業頗為發達，客運營業額遂次於哈爾濱、寬城子，位居第三位。

大戰爆發後，全路各區段營業情形，就 1915 年觀察，達於 1 萬張車票販售量的車站和戰前並無不同，只是東線各站除小綏芬河、綏芬河兩站外，其營業額均不增反減，以致東線車票販售量略有下滑，其他區段則有約一成餘的成長。其中哈爾濱地區因是年秋以後來此採購商品的外商增多，營業額增為 377,892 張[168]，取代南線地區，成為全路之冠。

166 參見《東清鐵道南部沿線地方經濟調查資料》，頁 249-251。

167 《東清鐵道南部沿線地方經濟調查資料》，頁 250-251。

168 《東清鐵道南部沿線地方經濟調查資料》，頁 250-251。

三、營業收支

後期營業收支狀況，先就 1908-1913 年間分析。此一階段在外力干預減少之下，配合中東鐵路沿線經濟區域的開發，提供大量貨源，營業成績乃逐漸好轉，計營業十年以來，貨運量增長近 4 倍（1903 年 32.6 萬噸，1913 年 116.5 萬噸），貨運收入成長近 2 倍（1903 年 753.8 萬盧布，1913 年 1,390 萬盧布）[169]；客運方面，運量雖不如前期（1903 年 175.7 萬人，1913 年 120.8 萬人），收入卻增加二成餘（1903 年 477.9 萬盧布，1913 年 590 萬盧布）[170]，這是因為國際旅客由巴黎經中東鐵路抵達海參崴的聯運辦法，於 1908 年開始實施後，過境國際旅客較前增加的結果（1903 年 15,000 人，1913 年 167,000 人）。

營業總收入方面，大多數來自貨物運輸，以 1913 年為例，總收入 2,120 萬盧布，貨運收入即占 66%。另從延人里程與延貨里程觀察，如表 12 所見，軍事運輸所占里程比重，逐年下降，1908 年時占 30%，1909-1910 年時降至 23%，商業運輸里程客貨運合計，遂由 50,400 萬人．噸．公里增至 63,900-76,500 萬人．噸．公里。影響所及，一方面是軍事運輸量的降低，營業支出隨之減少；一方面是商業營運量的增加，營業收入隨之上升，以致 1910 年時轉虧為盈，而有 100 萬盧布的帳面盈餘出現，其

---

169 《北滿與東省鐵路》，頁 287；Экономическое Бюро Кит. Вост. жел. дор., *Справочник по Северной Маньчжурии и Китайской Восточной железной дороги*（Харбин: Типография Китайской Восточной железной дороги, 1927）, с. 352.

170 《北滿與東省鐵路》，頁 287；*Справочник по Северной Маньчжурии и Китайской Восточной железной дороги*, с. 352.

後持續平穩成長，至 1913 年時增為 640 萬盧布（軍事運輸里程比重降至 17%，為歷年來最低者）。然因非關鐵路營運的「特別營業」支出，始終居高不下，仍有 1,000 餘萬盧布之多，導致此一階段商業營運雖見好轉，財政狀況依然無法維持收支平衡，更難有分毫淨利可得。此種長期虧損賠累現象，直到第一次世界大戰爆發，在過境貨物暴增之下，才有改觀。

次論 1914-1917 年間收支狀況，此一階段和戰前相比，客貨運量均有顯著增加，尤其是貨運量受第一次世界大戰影響，過境貨物激增，為中東鐵路帶來前所未有的鉅額收入，財務狀況自 1915 年起，突破長期以來的虧損，首次出現淨利，在中東鐵路營運史上具有劃時代的意義。另一方面，世界大戰雖發生在歐洲，但中東鐵路作為一俄國鐵路，仍不免遭受波及，除協助俄國政府運送遠東軍隊赴歐洲參戰外，復將購自國外的軍用物資運赴歐俄本部，以供作戰需要，軍事運輸里程由是倍增，所占比重再度上揚，從戰前 17%上升至 41%（參見表 12）。在此期間，軍事運輸性質依動員狀況而有差異，1914-1915 年以調赴遠東軍隊（含中東鐵路護路軍）赴歐作戰為主，1916-1917 年以軍用物資居多。軍事運輸量的增加，於鐵路營業利潤自然有所減損，所幸此期過境貨物暴增，貨運量大為提升，平衡了此項損失。

營收情形方面，由於過境貨物暴增，其運輸里程又長，貨運收入乃節節上升，含軍事、公務運輸，從 1914 年的 1,570 萬盧布，增至 1917 年的 5,570 萬盧布，成長約近 3 倍。客運一項，聯絡運輸之過境旅客人數雖減少，本路運輸卻有增加，收入亦由 1914 年 600 萬盧布增至 1917 年 1,330 萬盧布，成長 1 倍餘[171]。

---

171 客貨運收入，1914 年見《東清鐵道南部沿線地方經濟調查資料》，頁 248-

各年總收入以 1917 年最多，主要是因客貨運費從 7 月末開始調漲，至 12 月共漲 3-6 倍所致。支出方面，各年均較戰前多，一則是營運量增加，支出亦相形上升；一則是盧布貶值，營運成本增高結果。再者，1915-1917 年間，為因應戰爭期間軍事運輸需要，鐵路公司陸續自美國訂購機車、鋼軌及相關零件，其中僅機車貨值即有 1,200 萬海關兩（約合 1,740 萬盧布）[172]，若連同總重量 1,603.3 萬普特的鋼軌及相關零件[173]，則這筆額外的設備材料費將更多。至於該項支出，如何核銷，不得而知，但由 1916-1917 年鐵路局材料處支出分別有 1,146.8 萬盧布、1,625.1 萬盧布，比 1914-1915 年 881.1 萬盧布、876.3 萬盧布為高[174]，有可能大部分攤派在其中。至於「特別營業」支出方面，1915-1916 年間，隨著護路軍調赴歐洲作戰，軍費減少，該項支出因而降至 900 萬盧布，為營運以來所未有之事。1917 年末十月革命爆發，俄國宣布停戰，部分生還的護路軍又重返中東鐵路地帶，該項經費支出再度提高，甚至比戰前還多，但因該年總營業收入為數可觀，計有 7,960 萬盧布，比前一年成長近六成，致總盈餘仍高達

249，頁 256-257；1917 年見〈中東鐵路之營業觀〉，《遠東報》，1918 年 5 月 1 日，收入《遠東資料——遠東報摘編（1916-1921）》，頁 65。

172 〈中華民國五年哈爾濱口華洋貿易情形略論〉，收入上海通商海關造冊處編譯，《中華民國海關華洋貿易總冊》（台北：國史館，1982），民國五年（一），頁 12。

173 *Исторический обзор КВЖД, 1896-1923 г.г.,* Т. II, Часть I, “Краткий очерк организации и деятельности коммерческой части и тарифной политики К. В. ж. д.”, с. 70.

174 Шпаковский, “Краткия сведения о материальной службе за период времени с мая месяца 1903 г. по 1 июня 1923 г.”, *Экономический вестник Маньчжурии,* №. 21-22, 1923, с. 64.

3,080 萬盧布。若以該年幣值平均僅及戰前 31%核算（參見第六章表 28），總盈餘 954.8 萬盧布，依然是歷年最高者。

綜觀中東鐵路後期營運雖至第一次世界大戰爆發，拜過境貨物激增之故，營業收入驟增，得以擺脫長期虧損的陰影，而有利潤可得。儘管如此，從戰前營業收支狀況觀察，其營業績效已漸有起色，戰後的營業成績，亦當視為其營運能力增強的結果，只是伴隨沙皇時代結束，中東鐵路又開始受政治、軍事因素左右，陷入混亂之局。

四、中東鐵路與俄國對華輸出

中東鐵路營運以來，俄國商品經滿洲里、綏芬河二邊境站輸入量，逐年增長，得以壟斷北滿市場。中東鐵路後期營運，所運入俄國商品的量與值，在第一次世界大戰前，如表 13、表 14 所見，均維持穩定成長，在北滿市場占有率至 1912 年為止，始終擁有絕對的優勢。不過，1906 年起哈爾濱等地開放通商，第二年各國商品開始湧入，其數量不斷增加，瓜分北滿市場，造成俄國商品的占有率逐漸滑落，由 1910 年的 73%降至 1912 年 60%，再降至 1913 年的 23%，優勢不復存在，往後每下愈況，1917 年降至最低點 6%。當然，1914-1917 年間，俄國商品在北滿市場占有率大幅下降，亦與當時軍事、政治的變化有關。俄國國內先是忙於戰爭，本無力增加商品製造，以供輸出；同時，又限制部分商品出口[175]，加上歐俄本部鐵路以軍事運輸為主，商用

175 俄國政府於 1915 年 6 月起，禁止火食、麵粉、煙、鹽、馬料、熟皮、生皮、紫銅等產品出口，見〈中華民國四年通商各關華洋貿易情形總論〉，收入《中華民國海關華洋貿易總冊》，民國四年（一），頁 13。

列車不足，以致取道滿洲里運入的商品，大不如前。繼之，1917年二月革命、十月革命接踵而至，生產力愈益降低，商品出口更形萎縮，俄國商品在北滿市場的地位，從此一蹶不振。

相較於俄國商品在北滿市場占有率，逐漸下降，各國商品對北滿輸出卻不斷擴增，取道綏芬河和寬城子運入的各國商品，由1910年49.6萬普特增至1913年704.9萬普特，成長幅度相當驚人，增加13倍。其中又以德國商品輸入額最多，包括鋼鐵製品、機器、電燈，以及藥品、麻袋、布匹、罐頭、煙卷、鞋靴等產品，其「製造之精，價值之廉，非他國所能比擬」[176]，遂能取代俄國商品在北滿的地位。大戰爆發後，德國商品的占有率，同樣受戰爭波及，逐漸喪失原有的地位，至1916年完全退出北滿市場，取而代之的是美、日兩國商品，「其所增加之數，八倍或十倍於疇昔」[177]。

俄國商品經中東鐵路運銷北滿市場，在1914年以前，以紡織品、鋼鐵五金製品、紙煙、砂糖、煤油等最為重要。這些產品的輸入量及占有率，如煤油，1908-1909年由產地巴庫（Baku）、格羅茲尼（Groznyi）等運抵海參崴輸入北滿，計有115,342普特、113,731普特，占有率88%、58%[178]；1910年以後，蘇門答臘、美國等地煤油輸入量增加，俄國煤油的重要性不復有之

176 〈1916年哈爾濱商務〉，《遠東報》，1918年2月2日，收入《遠東資料——遠東報摘編（1916-1921）》，第2章，頁157。

177 〈中華民國五年哈爾濱口華洋貿易情形論略〉，收入《中華民國海關華洋貿易總冊》，民國五年（一），頁13。

178 1908-1909年其他各國煤油輸入北滿，分別有14,841普特、79,587普特。參見 *Исторический обзор КВЖД, 1896-1923 г.г.,* Т. II, Часть I, “Краткий очерк организации и деятельности коммерческой части и тарифной политики К. В. ж. д.”, с. 51/13-51/14.

（1913 年降至 12%）[179]。又如砂糖，在 1908 年以前，由外貝加爾鐵路運入，1909 年起，因海運開始承攬砂糖運送，南俄所產砂糖改由船隻運抵海參崴，再轉至北滿市場，由外貝加爾運入者，乃大為減少[180]。儘管如此，俄國砂糖在北滿市場占有率一直居高不下，即使在 1913 年俄國商品壟斷地位消失時，其占有率仍有 63%。至於五金製品、紙煙、紡織品在 1913 年時，分別占有北滿市場的 47%、53%、26%，紡織品的占有率雖不高，卻居俄國商品總值之冠[181]。

第一世界大戰期間，俄國商品在北滿市場占有率，雖是一蹶不振，然經中東鐵路運入的數量，前三年減少幅度，和戰前比較，尚屬有限。不過，輸入方向由滿洲里改以綏芬河為主，商品內容也與戰前有所不同，主要是來自俄屬遠東地區的魚類、木材、毛皮、海帶、人參、鹿茸等物產[182]，其中以海帶、毛皮的輸入額最多，尤其是毛皮，戰前僅有 8,375 張，1917 年擴增為 175,888 張。工商製品的輸入，僅有紙煙、紡織品二項，由歐俄本部經滿洲里運入，但其數額不增反減，紙煙由戰前的 57,313.7 萬枝減為 2,652 萬枝；紡織品一項，由印花布 286,216 匹、棉剪絨及各種棉布計 2,183,734 碼，縮減至僅餘棉剪絨 40,935 碼[183]。工商製品和土產的輸入額消長，差距之大，由此可見，亦顯示

179 *North Manchuria and the Chinese Eastern Railway*, p. 272.

180 *Исторический обзор КВЖД, 1896-1923 г.г.,* Т. II, Часть I, “Краткий очерк организации и деятельности коммерческой части и тарифной политики К. В. ж. д.”, с. 51/9-51/10.

181 *North Manchuria and the Chinese Eastern Railway*, p. 264, 272.

182 Сладковский, *Очерки экономических отношений СССР с Китаем*, с. 169.

183 《中華民國海關華洋貿易總冊》，民國六年（一），頁 38-39、57。

1917 年若無俄屬遠東物產輸入，則俄國對北滿輸出將是更乏善可陳。

至於後期俄國商品輸出總值方面，先論戰前，1908 年俄國對華輸出總值 2,329 萬盧布，輸往滿洲商品值 1,720 萬盧布，占 74%。此後輸入滿洲的商品值，逐年增加，而對華輸出總值歷年略有消長，其所占比重亦隨之起伏，1908-1912 年間，平均占 76%（參見表 13）。這些商品大多數在北滿銷售，且 80%運往哈爾濱及中東鐵路各站，每年平均不到 20％運往南滿及中國內地[184]，可見北滿市場於俄國對華輸出的重要性。另外，若將 1902 年和 1912 年的俄國對華輸出總值作一比較，會發現十年來成長了 2 倍多。同時，由輸入滿洲的商品值及其占有率，充分說明中東鐵路營運以來，確實於俄國對華輸出以及北滿市場的壟斷，具有顯著的作用。

次論 1914-1917 年間的情況，1914 年俄國對華輸出總值為 2,876.5 萬盧布，略少於 1913 年的 2,880.1 萬盧布[185]，證明大戰爆發第一年，於俄國對華輸出，尚無重大影響，其中輸往滿洲的商品值，計有 16,146 萬盧布[186]，占 56％。1915 年起，戰爭所造成的不良影響出現，其對華輸出總值開始減少。根據中國海關統計，1915 年俄國對華輸出總值有 1,702.7 萬（海關）兩，但 1916 年卻增加為 2,569.4 萬兩，1917 年銳減為 1,121.7 萬兩[187]。1916

---

184 孔經緯、朱顯平，《帝俄對哈爾濱一帶的經濟掠奪》，頁 53。

185 Сладковский, *Очерки экономических отношений СССР с Китаем*, с. 159.

186 Сладковский, *Очерки экономических отношений СССР с Китаем*, с. 163.

187 參見《中華民國海關華洋貿易總冊》，民國六年（一），頁 34-35。俄國海關統計僅至 1914 年止，1915-1917 年對華輸出總值，係據中國海關的統計，包括來自歐俄港口、陸路、黑龍江各口、太平洋各口等口岸合計而得，新

圖 4-18　自美國訂購的 10 萬普特重的機車頭，於 1917 年抵達哈爾濱車站。

圖 4-19　1917 年中東鐵路特快車，又稱花車，車身打造精緻華麗，乘客以過境旅客為主。

年正是大戰方酣之時，何以俄國對華輸出總值反多於戰爭爆發的第一年？有可能是中國海關誤將中東鐵路公司訂購自美國的一批機車貨值 1,200 萬兩計入俄國商品（由海參崴經綏芬河運入）[188]，故 1916 年俄國對華輸出總值應扣除該項貨品，以 1,369.4 萬兩核計，始為合理。在輸入滿洲的商品值方面，就太平洋各港口與黑龍江各港口兩路線合計，1915-1917 年分別有：

疆部分中國海關未列入核計。

188 〈中華民國五年哈爾濱口華洋貿易情形論略〉，收入《中華民國海關華洋貿易總冊》，民國五年（一），頁 12。

1,020.7 萬兩、690.2 萬兩、824.8 萬兩[189]，占輸華總值分別是：60%、51%、74%，除 1917 年外，餘均不如 1907 年中東鐵路正常營運以來的表現。儘管如此，俄國獨自經營中東鐵路時期，北滿始終是俄國對華輸出的主要市場。在此期間，雖因戰爭之故，該路營運於俄國對華輸出的重要性，依然不變。

表 1：1903 年中東鐵路貨物運輸費率表

單位：戈比

等級	快運	一等	二等	三等	四等	五等	六等	七等	八等	A字等	Б字等
每普特／俄里	1/3	1/7	1/8	1/10	1/12	1/14	1/16.6	1/20	1/25	1/33	1/50
每噸／公里	19.07	8.17	7.15	5.72	4.76	4.08	3.44	2.86	2.28	1.73	1.14

資料來源：據中東鐵路經濟調查局編，《北滿與東省鐵路》（哈爾濱：編者印行，1927，頁 312）製作。

說　　明：每噸／公里數字原書小數點後有三位，此處僅取二位，不進位，下表同。又，四等、五等每噸／公里據下表改正。

表 2：1908 年中東鐵路貨物運輸費率表

單位：戈比

等級	一	二	三	四	五	六	七	八	九
每普特／俄里	1/7	1/7-1/8	1/8	1/8-1/10	1/10	1/10-1/12	1/12	1/12-1/14	1/14
每噸／公里	8.17	8.17-7.15	7.15	7.15-5.72	5.72	5.72-4.76	4.76	4.76-4.08	4.08

189 《中華民國海關華洋貿易總冊》，民國六年（一），頁 34-35。按，1916 年俄國由太平洋各口輸入值為 1,858.8 萬兩，扣除 1,200 萬兩由美國輸入的機車貨值，餘 658.8 萬兩，加上黑龍江各口輸入值 31.4 萬兩，合計俄國輸入北滿商品值為 690.2 萬兩。

等級	十	十一	十二	十三	十四	十五	十六	十七	十八
每普特／俄里	1/14-1/17	1/17	1/17-1/20	1/17-1/30	1/17-1/50	1/20	1/20-1/25	1/20-1/60	1/25
每噸／公里	4.08-3.36	3.36	3.36-2.86	3.36-1.90	3.36-1.14	2.86	2.86-2.28	2.86-0.95	2.28
等級	十九	二十	廿一	廿二	廿三	廿四	廿五	廿六	廿七
每普特／俄里	1/25-1/35	1/25-1/40	1/30	1/30-1/50	1/30-1/60	1/30-1/75	1/35	1/35-1/40	1/35-1/60
每噸／公里	2.28-1.63	2.28-1.43	1.90	1.90-1.14	1.90-0.95	1.90-0.76	1.63	1.63-1.43	1.63-0.95
等級	廿八	廿九	三十	卅一	卅二	卅三	卅四	卅五	
每普特／俄里	1/40	1/40-1/60	1/40-1/60	1/50	1/50-1/60	1/50-1/70	1/60	1/60-1/75	
每噸／公里	1.43	1.43-0.95	1.43-0.95	1.14	1.14-0.95	1.14-0.81	0.95	0.95-0.76	

資料來源：據《北滿與東省鐵路》（頁 315-316）製作。

說　　明：第廿九等和三十等費率完全相同，貨物品項有何不同書中未見說明；而和田耕作，〈東支鐵道運賃政策と北滿市場〉（《滿鐵調查月報》，第 17 卷第 1 號，1937，頁 33）一文所列 1908 年貨運費率表第三十等費率則是 1/40。

表 3：1908 年中東鐵路穀物運輸東行與南行出口運費比較表

單位：盧布

起運路線	起運地點	由海參崴港出口			由大連港出口			東行南行差價
		東鐵運費	烏鐵運費	合計	東鐵運費	滿鐵運費	合計	
哈爾濱地區	哈爾濱	7.94	3.36	11.30	8.24	8.82	17.06	5.76
南線地區	雙城堡	8.11	3.19	11.30	6.47	8.82	15.29	3.99
	窯　門	8.51	2.79	11.30	2.87	8.82	11.69	0.39
	寬城子	9.05	2.69	11.74	—	8.82	8.82	2.92

西線地區	滿　溝	8.19	3.11	11.30	9.70	8.82	18.52	7.22
	安　達	8.41	2.89	11.30	11.16	8.82	19.98	8.68
東線地區	烏吉密	5.97	3.37	9.34	11.41	8.82	20.23	10.89
	一面坡	5.67	3.37	9.04	12.14	8.82	20.96	11.92

資料來源：和田耕作，〈東支鐵道運賃政策と北滿市場〉，頁40。

說　　明：（1）運費係以噸計算；（2）烏蘇里鐵路運費收取各線里程相同，但南線起運者最為低廉，寬城子里程最遠，運費最低，南滿鐵路則無此差別。

表 4：1903-1905 年中東鐵路商用、軍用貨物運輸統計

單位：千普特

項目／年次	一般貨物	百分比(%)	軍用貨物				鐵路材料	百分比(%)	總計	百分比(%)
			軍用物資	軍事輔助物資	合計					
1903	19,896	16	5,319	—	5,319	4	103,389	80	128,604	100
1904	8,828	5	54,348	126,682	181,030	95	103	—	189,961	100
1905	14,118	5	114,443	142,579	257,022	95	—	—	271,140	100

資料來源：據孔經緯主編，《清代東北地區經濟史》（哈爾濱：黑龍江人民出版社，1990，頁 621-622）、川俊彥編，《北滿洲之產業》（東京：金港堂書籍株式會社，1908，頁 254-257）、E. X. Нилус, *Исторический обзор Китайской Восточной железной дороги,1896-1923 г.г*（Харбин: Типографии Кит. Вост. жел. дор. и Т-ва „Озо“, 1923, Т. I, с. 315）等書製作。

說　　明：（1）一般貨物統計，據《北滿洲之產業》；軍用貨物統計及 1903 年鐵路材料統計，據《清代東北地區經濟史》，數字取千位，為免失真未四捨五入進位；1904 年鐵路材料統計，據 *Исторический обзор КВЖД, 1896-1923 г.г.*。（2）1903-1905 年一般貨物運量換算成噸與表 5 略有些微出入。

表 5：1903-1917 年中東鐵路貨物運輸統計

單位：千噸

項目／年次	本路運輸	百分比（%）	出口運輸	百分比（%）	進口運輸	百分比（%）	過境運輸	百分比（%）	總計	百分比（%）
1903	278.0	85	6.0	2	24.9	8	17.0	5	325.9	100
1904	83.9	58	23.4	16	33.3	23	3.4	3	144.0	100
1905	107.1	46	43.5	19	69.7	30	11.0	5	231.3	100
1906	195.3	47	53.3	13	127.9	31	38.4	9	414.9	100
1907	173.7	39	167.0	38	42.5	10	59.0	13	442.2	100
1908	222.8	41	217.9	40	47.5	9	58.9	11	547.1	100
1909	150.7	21	386.6	53	136.0	19	58.9	8	732.2	100
1910	224.4	24	496.3	52	155.6	16	70.4	7	946.7	100
1911	242.4	20	719.1	59	190.0	15	75.4	6	1,226.9	100
1912	242.4	22	550.4	49	234.2	21	90.1	8	1,117.1	100
1913	244.1	21	553.7	48	270.3	23	96.6	8	1,164.7	100
1914	226.1	21	506.1	47	270.3	25	83.5	8	1,086.0	100
1915	316.1	17	778.1	43	312.9	17	406.2	22	1,813.3	100
1916	407.9	20	633.9	32	314.5	15	730.5	35	2,086.8	100
1917	404.6	20	981.2	49	332.5	16	303.0	15	2,021.3	100

資料來源：1903-1907 年據中東鐵路經濟調查局編，《東省鐵路概論》（哈爾濱：編者印行，1928，頁 12）。1908-1917 年據中東鐵路經濟調查局編，《北滿與東省鐵路》（哈爾濱：編者印行，1928，頁 288、290-291）。

表 6：1903-1917 年中東鐵路穀物運輸統計

單位：千噸

年次	運量	年次	運量	年次	運量
1903	116	1908	275	1913	574
1904	53	1909	413	1914	539
1905	54	1910	535	1915	866
1906	86	1911	736	1916	764
1907	195	1912	582	1917	1,002

資料來源：1903-1907 年據《東省鐵路概論》（頁 155-156）。1908-1917 年據 The Economic Bureau of the Chinese Eastern Railway ed., *North Manchuria and the Chinese Eastern Railway*（Harbin: CER Printing Office, 1924, p. 86）.

表 7：1908-1917 年中東鐵路和各鐵路貨物聯運統計

單位：千噸

項目／年次	外貝加爾鐵路				烏蘇里鐵路				南滿鐵路				總計			
	出口	%	進口	%	出口	%	進口	%	出口	%	進口	%	出口	%	進口	%
1908	19.7	9	9.8	22	198.2	91	36.0	78	—	—	—	—	217.9	100	45.8	100
1909	13.1	3	11.5	9	345.1	89	73.7	54	27.9	7	50.8	38	386.6	100	136.0	100
1910	26.1	5	9.8	6	414.4	83	62.3	40	55.7	11	83.5	54	496.3	100	155.6	100
1911	41.0	6	8.2	4	594.6	83	67.2	35	83.5	12	114.6	61	719.1	100	190.0	100
1912	29.0	5	27.9	12	457.0	83	58.9	25	63.9	12	147.4	63	550.4	100	234.2	100
1913	16.4	3	32.8	12	466.8	84	70.4	26	70.5	13	167.1	62	553.7	100	270.3	100
1914	18.7	4	29.4	11	404.2	80	62.6	23	82.5	16	177.9	66	505.4	100	270.0	100
1915	23.1	3	30.0	10	582.9	75	54.9	18	171.1	22	228.0	73	777.1	100	312.9	100
1916	23.0	4	17.3	6	428.5	68	73.4	23	182.7	29	224.4	71	634.2	100	315.1	100
1917	102.0	10	12.6	4	542.7	55	61.6	19	337.2	34	258.6	78	981.9	100	332.8	100

資料來源：據《北滿與東省鐵路》（頁 289、292-293）改製。

說　　明：出口係指中東鐵路向各鐵路運出，進口係指由各鐵路運入。

表 8：1908-1917 年中東鐵路各區段往來貨運量統計

單位：千噸

項目／年次	西線地區				哈爾濱地區				東線地區				南線地區				總計			
	運出	%	運入	%	運出	%	運入	%	運出	%	運入	%	運出	%	運入	%	運出	%	運入	%
1908	35	8	50	19	174	40	132	49	125	28	50	19	106	24	37	13	440	100	269	100
1909	71	12	45	15	207	35	164	53	126	23	54	17	175	30	46	15	589	100	309	100
1910	—	—	59	13	—	—	231	53	—	—	90	21	—	—	57	13	—	—	437	100
1911	242	22	84	16	238	23	238	46	415	39	132	26	180	17	61	12	1,057	100	515	100
1912	246	27	106	22	161	18	274	56	340	37	53	11	170	18	57	11	917	100	490	100
1913	206	23	123	24	208	23	291	55	193	21	47	9	298	33	63	12	905	100	524	100
1914	164	21	102	20	244	31	295	58	227	28	41	8	159	20	68	14	794	100	506	100

1915	310	28	116	18	332	30	404	62	266	23	62	10	209	19	66	10	1,117	100	648	100
1916	274	26	132	18	305	28	480	65	256	24	49	7	241	22	76	10	1,076	100	737	100
1917	426	29	132	18	501	34	502	69	278	19	84	11	258	18	67	8	1,463	100	785	100

資料來源：據 В. И. Сурин, *Железные дороги в Маньчжурии и Китае*（Харбин: Типография Китайской Восточной железной дороги, 1932, c. 131-133）改製。

表 9：1903-1917 年中東鐵路旅客運量統計

單位：千人

項目 年次	總計	一、二等	三、四等	三、四等百分比（%）	流入北滿	流出北滿	合計	百分比（%）
1903	1,755	85	1,670	95	—	—	—	—
1904	455	38	417	92	—	—	—	—
1905	621	45	576	93	—	—	—	—
1906	1,453	92	1,361	94	—	—	—	—
1907	1,181	112	1,069	91	—	—	—	—
1908	833	89	744	89	111	130	241	29
1909	905	84	821	91	199	199	398	44
1910	1,004	77	927	92	214	212	426	42
1911	887	87	800	90	167	174	341	38
1912	1,269	81	1,188	94	241	224	465	27
1913	1,208	77	1,131	94	227	210	437	36
1914	1,105	69	1,046	95	235	228	463	42
1915	1,251	79	1,172	94	230	215	445	36
1916	1,786	129	1,657	93	374	317	691	39
1917	2,260	238	2,022	89	—	—	—	—

資料來源：據《東省鐵路概論》（頁 48-49）；Е. Е. Яшнов, *Китайская колонизация Северной Маньчжурии и ее перспективы*（Харбин: Типография Китайской Восточной железной дороги, 1928, c. 59）二書改製。

說　　明：流出、流入北滿人數，是指由寬城子車站進出的旅客。

表 10：1903-1905 年中東鐵路普通旅客、軍人的運量統計

單位：千人

項目／年次	普通旅客	百分比（%）	軍　　人	百分比（%）	總　　計	百分比（%）
1903	1,755	87	265	13	2,020	100
1904	455	20	1,809	80	2,264	100
1905	621	19	2,687	81	3,308	100

資料來源：據《清代東北地區經濟史》（頁 612-622）、《東省鐵路概論》（頁 48）二書改製。

表 11：1903-1917 年中東鐵路營業收支統計

單位：10 萬盧布

項目／年次	營業收入	營業支出	帳面盈餘	新工程支出	特別營業支出	總盈餘
1904	237	332	-95	—	157	-252
1905	339	495	-156	—	204	-360
1906	292	418	-126	—	125	-251
1907	170	272	-102	—	110	-212
1908	149	160	-41	—	115	-156
1909	155	169	-14	10	113	-137
1910	175	165	10	5	113	-108
1911	196	178	18	4	112	-98
1912	190	147	43	9	123	-89
1913	212	148	64	—	123	-59
1914	227	154	73	—	118	-45
1915	393	176	217	—	90	127
1916	503	229	274	4	90	180
1917	796	354	442	3	131	308

資料來源：據《東省鐵路概論》（頁 143-144）；Сурин, *Железные дороги в Маньчжурии и Китае*（c. 137-138）二書改製。

說　　明：「特別營業支出」係指中東鐵路地帶民政、軍事經費及其他相關支出。

表 12：1904-1917 年中東鐵路列車開行里程統計

單位：百萬人・噸・公里

項目／年次	快運旅客、貨載	軍用貨載	旅客	軍人	總計	軍事運輸	
						合計	百分比（%）
1904	68	517	109	430	1,124	947	85
1905	87	1,003	178	984	2,252	1,987	89
1906	217	493	317	806	1,833	1,299	71
1907	240	74	265	139	718	213	30
1908	298	44	206	173	721	214	30
1909	419	25	220	167	831	192	23
1910	533	32	232	194	991	226	23
1911	648	31	201	138	1,018	169	17
1912	585	52	339	199	1,175	251	21
1913	636	37	355	175	1,203	212	17
1914	554	161	334	458	1,507	619	41
1915	1,174	479	305	322	2,280	801	35
1916	1,625	720	438	241	3,024	961	30
1917	1,169	407	550	158	2,284	565	23

資料來源：據《東省鐵路概論》（頁 54-55）改製。

表 13：1902-1912 年俄國對華輸出總值統計

單位：千盧布

項目／年次	總額	輸入滿洲	百分比（%）
1902	9,315	20	—
1903	22,441	12,940	58
1904	22,972	13,390	58
1905	31,588	23,440	74
1906	57,530	48,370	84
1907	26,440	17,200	65
1908	23,285	17,200	74

1909	21,782	19,300	89
1910	20,158（23,758）	19,600	97（82）
1911	25,598	22,100	74
1912	30,688	22,600	56

資料來源：（1）對華輸出總值，據 М. И. Сладковский, *Очерки экономических отношений СССР с Китаем*（Москва: Внешторгиздат, 1957）, с. 159.（2）對滿洲輸出值——1902-1906 年據吉田金一，〈ロシアと清の貿易について〉，《東洋學報》，第 45 卷第 4 號，1963 年 3 月，頁 74。1907-1908 年據 Харбинский Биржевой комитет, "Записка Харбинскаго Биржевого комитета, Его высонревосходительству господину Министру финансов"（收入 *Исторический обзор КВЖД, 1896-1923 г.г.,* Т. II, Часть III）, с. 2；1909-1911 年　據Харбинский Биржевой комитет, *О положении Русской торговли и промышленности в Маньчжурии*（Харбин: Типография „Труд", 1913）, с.13；1912　年　據 В. И. Денисов, *Россия на Дальнем Востоке*（С.-Петербург, 1913）, с. 99.

說　　明：1910 年對華輸出總值部分，斯拉德科夫斯基（M. I. Sladkovskii）的統計疑有誤。據中國海關統計，1910 年有 1,604.7 萬海關兩（上海通商海關造冊處編譯，《中華民國海關華洋貿易總冊》（一），民國三年，台北：國史館重印，1982，頁 34-35），若以 1912 年 1 海關兩＝1.45 盧布計（《中華民國海關華洋貿易總冊》，民國六年（二），頁 1；1912 年以前海關兩、盧布兌換值不得而知），則有 2,326.7 萬盧布。再據《中蘇貿易史資料》所收錄〈庫倫領事報告——去歲蒙俄商務情形〉、〈俄曆 1910 年分譯俄京商務報〉等資料（頁 344，頁 354），1910 年俄國輸往恰克圖、伊犁商品值分別是 184.7 萬盧布、100.3 萬盧布，和輸入滿洲商品值 1,960 萬盧布，合計共 2,245 萬盧布，再加上由歐俄港口輸入的商品值 90.2 萬兩（130.8 萬盧布），總計 2,375.8 萬盧布與中國海關統計相近，疑斯拉德科夫斯基所引俄國海關報告有誤。

表 14：1910-1917 年外國商品由中東鐵路輸入北滿統計

單位：千普特

項目／年次	俄國商品	百分比（%）	其他國家商品	百分比（%）	總計	百分比（%）
1910	1,323	73	496	27	1,819	100
1911	1,578	75	507	25	2,085	100
1912	2,080	60	1,358	40	3,438	100
1913	2,105	23	7,049	77	9,154	100
1914	1,897	17	8,804	83	10,701	100
1915	1,689	18	7,507	82	9,196	100
1916	1,613	13	10,196	87	11,809	100
1917	821	6	12,099	94	12,920	100

資料來源：據孟憲章主編，《中蘇貿易史資料》（北京：中國對外經濟貿易出版社，1991，頁 325、328）改製。

說　　明：俄國商品由滿洲里、綏芬河運入；其他商品由綏芬河、長春（寬城子）運入。

表 15：1909-1917 年北滿大豆、小麥出口統計

單位：千噸

項目／年次	大豆出口總計	經海參崴出口	經長春出口	小麥出總計	向外貝加爾輸出	向濱海省輸出	經海參崴出口	經長春出口	大豆小麥合計
1909	387	258	129	35	—	10	5	20	422
1910	419	290	129	83	3	45	15	20	502
1911	630	436	194	110	8	71	—	31	740
1912	533	339	194	69	6	40	—	23	602
1913	533	339	194(12)	100	—	60	—	40	633
1914	533	275	258(30)	77	—	45	3	29	610
1915	694	404	290(92)	83	—	40	3	40	777
1916	500	258	242(59)	118	2	33	15	68	618
1917	646	323	323(122)	186	21	50	5	110	832

資料來源：據 *North Manchuria and the Chinese Eastern Railway*（p. 111, 114, 257）改製。

說　　明：（1）經海參崴出口，係由中東鐵路運出；經長春出口，大部分由馬車運抵。（2）1913-1917 年括號內數字，係中東鐵路運量。

表 16：1911-1917 年北滿穀物出口統計

單位：千噸

項目 年次	經長春、大連出口	經海參崴出口	向俄屬遠東輸出	總　計	大豆、小麥出口合計	百分比（%）
1911	290	467	225	982	740	75
1912	275	370	160	805	602	75
1913	275	370	178	823	633	77
1914	339	320	178	837	610	73
1915	400	500	127	1,027	777	77
1916	420	355	100	875	618	71
1917	565	434	207	1,206	832	69

資料來源：據 *North Manchuria and the Chinese Eastern Railway*（p. 116）改製。

說　　明：「經長春出口」一項，有大部分由馬車運抵長春；「往俄屬遠東」一項，有一部分由松花江船隻運出，餘均由中東鐵路運出。

表 17：1914-1917 年札賚諾爾煤炭用途分配統計

單位：噸

項目 年次	中東鐵路使用	百分比（%）	經中東鐵路運銷市場	百分比（%）	經其他途徑運銷市場	百分比（%）	總計	百分比（%）
1914	153,324	84	5,924	3	12,909	13	172,157	100
1915	191,924	89	12,169	6	9,750	5	213,843	100
1916	215,665	90	16,794	7	7,079	3	239,538	100
1917	203,172	82	36,746	15	7,716	3	247,634	100

資料來源：據 E. E. Anert, *Mineral Resouces of North Manchuria*（Peiping: National Geological Survey of China, 1929, p. 202）改製。

表 18：1914-1917 年中東鐵路煤炭進口運量分布統計

單位：噸

項目／年次	總運量	進口運量	百分比（%）	南滿運入	百分比（%）	外貝加爾、烏蘇里二地運入	百分比（%）
1914	97,135	91,200	94	85,890	90	5,310	10
1915	151,977	136,846	90	125,966	92	10,880	8
1916	138,573	120,726	87	119,326	99	1,400	1
1917	153,719	113,459	74	96,749	85	16,710	15

資料來源：據 *North Manchuria and the Chinese Eastern Railway*（p. 210, 227）改製。

說　　明：南滿運入者——1914 年、1917 年全來自撫順；1915 年、1916 年來自撫順者，分別有 125,486 噸、96,196 噸。

第五章

附屬事業的經營

中東鐵路公司除經營本業之外，為增加該公司營業利潤，還在鐵路沿線經營各種附屬產業，此即地畝的租放、煤礦的開採、林木的砍伐。同時，又將運輸事業伸展及於航運，組織船隊，航行松花江及其支流，從事客貨運輸。這些事業的經營，與鐵路營運原無直接關聯，多係鐵路公司藉由築路權擴及各種利權的取得而附帶擁有。另外，為配合鐵路的運輸業務，增加其營運量，以及促進鐵路地帶的經濟繁榮和文化發展，鐵路公司並兼辦各種非營利性質的輔助事業，如商務和海關業務代辦，以及電力、電信、醫療、教育、獸醫、衛生、印刷出版等事務均是。

第一節　地畝、煤礦、林木等產業

一、地畝租放

中東鐵路公司利用徵購的鐵路用地，經營地畝拍賣租放，早在鐵路修築期間即已於哈爾濱和大連兩地實施。哈爾濱一地在 1901-1902 年間計有三次地畝的拍賣，得款 127 萬盧布；大連方面則在 1902 年有一次地畝拍賣，得款 42.5 萬盧布。中東鐵路通車營運後，地畝的租放管理，最初是由民事及地畝管理處負責。在 1904 年 11 月地畝處獨立設處之前，地畝的劃分區段、拍賣租放詳情不得而知，僅知 1902-1904 年地畝長短期租放所得，總計 1,744,571 盧布[1]，扣除行政費用 31,793 盧布，以及地畝開發相關支出 774,213 盧布[2]，尚有 938,565 盧布的盈餘。

圖 5-1　1902 年哈爾濱地主領取中東鐵路公司土地收購價款圖。

1907年吉、

1　Нилус, *Исторический обзор КВЖД, 1896-1923 г.г.*, T. I, c. 418.
關於 1902-1904 年地畝租金收入，在 "The Lands and Land Administration of the Chinese Eastern Railway Company and the Incident of August, 1st 1923", Part I, "Historical and Legal Basis"（p. 5, 收入 *Исторический обзор КВЖД, 1896-1923 г.г.*, T. II, Часть III）一文的統計：1903 年以前，有 1,078,093 盧布，1903 年無收入，1904 年有 175,236 盧布，合計 1,253,329 盧布，僅就哈爾濱、大連兩地拍賣所得 169.5 萬盧布，即已超出該文統計，故此處依據該書第一冊的統計。

2　地畝租放所得見 Нилус, *Исторический обзор КВЖД, 1896-1923 г.г.*, T. I (c. 418)，支出見"The Lands and Land Administration of the Chinese Eastern Railway Company and the Incident of August, 1st 1923", Part I, "Historical and Legal Basis"（p. 5, 收入 *Исторический обзор КВЖД, 1896-1923 г.г.*, T. II, Часть III）一文的統計。

黑兩省中東鐵路展地合同簽訂，擴大了鐵路用地範圍，其所占用地畝，遠超過鐵路實際需要用地，鐵路公司有計畫的租放地畝，即於此後展開。在此之前，地畝處於 1905 年設立起，先行就鐵路公司所徵用地畝，進行各種用地規劃。除鐵路用地及公共設施等所需用地外，將可供租放地畝，依耕地、非耕地、放牧地等不同性質，訂定高低不等的地價，出租營利。地畝出租分長期和短期兩種，「租金一次釐定者為長期，租金年有變更者為短期」；「長期租地交租辦法分一次交清及十年分交兩種，其租約均至鐵路合同年滿之日為止」，租戶如無拖欠租金，「可隨時轉讓，名為出租，實與出賣無異」[3]。出租方式最初定有租價，供人認租，後來則先定基本租價，再公開叫價競標，結果租金往往比原定價格高出數倍之多，此種情形多發生在哈爾濱地區。例如，1916 年 8 月，哈爾濱的傅家甸以西，出放地段計有五十九段，原定租金為 354,934 盧布，經叫價拍賣，所得租金 1,184,505.77 盧布，增至 3 倍餘。其中租金最高地段，原定價每平方俄丈 21.5 盧布，最後竟叫價達 137.17 盧布之多，增至 4 倍餘[4]。另外，為扶植俄人在北滿經營各項製造業，凡其所須用地，通常不以公開叫價競標方式出租，而是由租戶自行向地畝處提出申請。例如，據哈爾濱《遠東報》報導，1916 年 8 月，阿什河糖廠在中東鐵路南線地區的蔡家溝（1,337 俄畝）、雙城堡（525 俄畝）、成高子（72 俄畝）、太亞溝（45 俄畝）等地，總計租得地畝 1,979 俄

3　張伯英總纂，《黑龍江志稿》（哈爾濱：黑龍江人民出版社重印，1992），中冊，頁 1622。

4　〈三志放地段事〉，1916 年 8 月 19 日，收入《遠東資料——遠東報摘編（1916-1921）》，第 1 章，頁 44。

畝[5]，種植蘿蔔，作為製糖原料，租期是六至十二年不等，租金每俄畝 11 盧布[6]，較哈爾濱租放地價低廉甚多。

在租戶的國籍方面，日俄戰爭以前，限定中、俄兩國人民始可承租，戰後中國開放北滿通商，才允許其他國家的人民承租。依 1920 年的統計，長短期租地合計，中國人占 50%，俄國人占 45%，其他外國人占 5%（日本人占絕大多數）。若僅論長期租地，中國人占 25%，俄國人占 59%，其他外國人占 16%[7]，可見華人租戶雖占居首位，但大多數屬於短期承租者。

地畝的出租數額，據 1914 年統計，哈爾濱及中東鐵路沿線，計有 54,564.49 俄畝土地，可提供民間興建住宅、工廠、耕作及經營各種行業，實際租放情形：哈爾濱地區有 2,939.80 俄畝，占可供出租土地（4,524.11 俄畝）的 65%；鐵路沿線地區有 15,262.27 俄畝，占可供出租土地（50,040.38 俄畝）的 30%，出租地畝，總計 18,202.07 俄畝[8]。這些出租地畝供作耕地者最多，

---

5 〈阿什河糖廠之地畝〉，1916 年 3 月 18 日，收入《遠東資料——遠東報摘編（1916-1921）》，第 1 章，頁 42。

6 參見〈阿什河糖廠又領新地段〉，1916 年 2 月 15 日；〈阿什河糖廠增加植蘿卜地畝〉，1916 年 3 月 9 日，收入《遠東資料——遠東報摘編（1916-1921）》，第 1 章，頁 41-42。

7 "The Lands and Land Administration of the Chinese Eastern Railway Company and the Incident of August, 1st 1923", Part I, "Historical and Legal Basis", p. 10, 收入 *Исторический обзор КВЖД, 1896-1923 г.г.*, T. II, Часть III.

8 Нилус, *Исторический обзор КВЖД, 1896-1923 г.г.*, T. I, c. 417-418.
關於地畝出租總額，東省特區地畝委員會委員石福鑱 1924 年調查報告指出，長期租地 1,245 垧，短期租地 5,591 垧，合計 6,836 垧，約合 4,429.73 俄畝（1 垧＝0.648 俄畝），與鐵路公司地畝處 1914 年統計 18,202.07 俄畝，出入極大，更何況 1914 年以後地畝租放持續存在，故至 1924 年石福鑱調查前為止，租放總額應更多才是，顯示石福鑱的調查報告並不完整。該調查報告收錄在《黑龍江志稿》（中冊，頁 1622-1623）及交通鐵道部交通史

約占半數以上，租期亦以短期租地為主，長期租地較少，如鐵路沿線地帶僅占 2%。地畝出租用途及長短期配比，參見表 19 說明。

表 19：1914 年中東鐵路地畝出租用途及長短期配比統計

單位：俄畝

<table>
<tr><th>租期</th><th>用　　途</th><th>哈爾濱地區</th><th>百分比（%）</th><th>鐵路沿線地區</th><th>百分比（%）</th><th>總　計</th></tr>
<tr><td rowspan="3">長期租地</td><td>住　　宅</td><td>328.58</td><td rowspan="3">13</td><td>287.30</td><td rowspan="3">2</td><td rowspan="12"></td></tr>
<tr><td>工廠、商行</td><td>67.00</td><td>10.24</td></tr>
<tr><td>小　　計</td><td>395.58</td><td>297.54</td></tr>
<tr><td rowspan="9">短期租地</td><td>住宅、庭園</td><td>9.41</td><td rowspan="9"></td><td>2,975.20</td><td rowspan="9"></td></tr>
<tr><td>耕地（穀物）</td><td>1,700.00</td><td>–</td></tr>
<tr><td>牧 草 地</td><td>295.00</td><td>–</td></tr>
<tr><td>大型農場（經濟作物）</td><td>320.93</td><td>–</td></tr>
<tr><td>大型農場（一年、三年）</td><td>–</td><td>10,634.95</td></tr>
<tr><td>工廠、商行、避寒用地</td><td>63.53</td><td>1,328.70</td></tr>
<tr><td>倉　　庫</td><td>47.08</td><td>–</td></tr>
<tr><td>公議會用地</td><td>86.87</td><td>23.13</td></tr>
<tr><td>俄國民間組織</td><td>21.40</td><td>2.75</td></tr>
</table>

編纂委員會編，《交通史路政編》（上海：編者印行，1930，第 17 冊，頁 273-275）。

	小　　　計	2,544.22	87	14,964.73	98	
合　　　　　計		2,939.80	100	15,262.27	100	18,202.07

資料來源：據 據 E. X. Нилус, *Исторический обзор Китайской Восточной железной дороги,* 1896-1923 *г.г.*（Харбин: Типографии Кит. Вост. жел. дор. и Т-ва „Озо“, 1923）, Т. I（с. 417-418）改製。

至於地畝經營獲利情況，如表 20 所見，1905-1917 年的盈餘總計近 4,000 萬盧布，平均年獲利約 30 萬盧布，各年盈餘最多者，是 1917 年 105.1 萬盧布，這一年租金收入 114.5 萬盧布，比前一年（78.4 萬盧布）多 0.5 倍，此與短期租地增加及租金調高有關。蓋 1916 年短期租金收入約 48 萬盧布，1917 年增為 78.9 萬盧布，約多 0.6 倍[9]。租金調高，係因盧布貶值之故，以哈爾濱地區的耕地為例，原是每俄畝地租 10-15 盧布，後則調高 15%-20%[10]。當然，地畝租放所得利潤，若參照地畝開發建設經費，則是入不敷出，惟純就地畝處收支而論（鐵路管理局疑將地畝開發建設經費列入民政支出核計），地畝經營一項，可說是中東鐵路附屬事業獲利最多者。

表 20：1905-1917 年中東鐵路地畝處收支及地畝開發建設經費統計

單位：盧布

年份	租金收入	行政支出	盈　　餘	地畝開發建設經費
1905	751,477	196,586	554,891	678,740
1906	919,073	199,537	719,949	846,991
1907	224,713	169,124	55,589	1,568,764

9 Нилус, *Исторический обзор КВЖД, 1896-1923 г.г.*, Т. I, с. 418.

10 〈增加地租之決定〉，1916 年 12 月 31 日，收入《遠東資料——遠東報摘編（1916-1921）》，第 1 章，頁 46-47。

1908	140,847	120,646	20,201	1,719,739
1909	152,048	129,234	22,814	1,874,453
1910	177,883	104,830	73,053	1,811,768
1911	247,822	96,674	151,148	1,550,586
1912	259,491	102,194	157,297	1,805,386
1913	318,059	144,613	173,446	1,748,370
1914	341,064	158,533	182,531	1,740,627
1915	440,730	152,455	288,275	1,251,169
1916	783,998	237,144	564,854	2,098,734
1917	1,145,089	94,000	1,051,089	1,280,000

資料來源：據"The Lands and Land Administration of the Chinese Eastern Railway Company and the Incident of August, 1st, 1923", Part I, "Historical and Legal Basis"（p. 5,收入 *Ис-торический обзор КВЖД, 1896-1923 г.г.*, T. II, Часть III）改製。

說　　明：1917 年收入據 Нилус, *Исторический обзор КВЖД, 1896-1923 г.г.*, T. I, c. 418.

二、煤礦的開採

1907 年 8 月，吉、黑兩省鐵路煤礦合同簽訂前，鐵路公司即根據〈東省鐵路公司續訂合同〉及吉、黑兩省煤礦合同，陸續在鐵路沿線展開煤礦的探勘與開採。最初開採的煤礦，以札賚諾爾和石碑嶺二處為主。1909 年以後，又開採滿洲里附近的察漢（罕）敖拉煤礦。茲將此三處煤礦經營概況分述如下。

（一）札賚諾爾煤礦

札賚諾爾礦區，位於中東鐵路西線車站札賚諾爾以南，在臚濱府東部（1913 年改設臚濱縣），距滿洲里車站約 29 公里，是北滿最大的煤礦，也是中東鐵路公司經營的煤礦中最重要者。1901 年，鐵路公司煤礦探勘專家阿聶爾特（Eduard E. Anert,

圖 5-2 中東鐵路礦苗師阿聶爾特。1897 年起任職中東鐵路公司，於勘路期間即在中東鐵路沿線地區進行各種礦產探勘。此外，又兼具水文資料調查工作。1902 年起，在哈爾濱、老少溝及富拉爾基等地設立水流檢測所，進行水文資料蒐集。

1865-1945）在滿洲里一帶探勘礦苗時發現該煤礦。據阿聶爾特的調查報告指出，札賚諾爾礦區分布範圍極廣，南起達賴諾爾湖，北至瑷琿河，總面積達 800 平方公里，煤層有三至四層，平均總厚度 20 公尺，煤含量約 7,000 萬噸[11]。該礦區分布面積雖廣，煤含量亦多，但煤質屬於褐煤，水分含量多，品質差，火力甚低，在空氣中風化速度快，易變為煤塵飛散，不適久存[12]。

同年，鐵路公司在獲悉札賚諾爾蘊藏豐富的煤炭後，派卜郎尼科沃（Bronnikovo）前往開採。經詳加探勘後，於 1903 年正式開挖礦井採煤，此一礦坑即以卜郎尼科沃為名[13]。日俄戰爭期間，煤炭需求大增，中東鐵路公司乃在卜郎尼科沃礦坑之南 11 華里處，開挖第二座礦坑採煤。1908 年，卜郎尼科沃礦坑的坑道失火，停止生產。後來又因西線地區燃料缺乏，復越過鐵路以北開挖新礦，是為那霍得喀（Nakhodka）礦坑。這三座礦坑的褐煤含量，

---

11 E. E. Anert, *Mineral Resources of North Manchuria*（Peiping: National Geological Survey of China, 1929）, p. 69.

12 《北滿概觀》，頁 254。

13 札賚諾爾煤礦 1903 年出煤量 16,457 噸（Anert, *op. cit.*, p. 202），《北滿與東省鐵路》指：「光緒三十年從事開採」（頁 153），與阿聶爾特之說不符。

據阿聶爾特估計，約有 2,300 萬噸[14]。1909 年起，鐵路公司將札賚諾爾煤礦租予俄商斯基杰利斯基家族公司（舊譯協結斯，Firm of L. S. Skidel'skii's Successors）開採，1922 年才收回自行經營，出租期間的租金，在 1913-1920 年間，每噸煤炭收大洋 9.3 元（約合 8.1 盧布）[15]。

札賚諾爾煤礦所產煤炭，主要供應中東鐵路使用，僅少數銷售於興安嶺一帶，在哈爾濱市場上，因其品質較差，難與來自撫順及蘇昌（烏蘇里地區）等處的煤炭競爭。就「照溫素能力」（火力）比較，「每噸撫順炭，等於札炭一・七噸」，若「欲與撫順、蘇昌炭競爭，非照撫順石炭價，減半以下，賤售不可」；然因「札炭其他缺點甚多」，即令賤價出售，「亦不能爭勝」[16]。因此，札賚諾爾煤礦的產量全視中東鐵路需要而定，開採量由 1903 年至 1917 年，總計 266.8 萬噸（歷年產量詳見表 21），僅及阿聶爾特估計藏煤量 7,000 萬噸的 4%而已。

圖 5-3　札賚諾爾煤礦開採現場。

14 《北滿與東省鐵路》，頁 154。

15 《北滿與東省鐵路》，頁 154；*North Manchuria and the Chinese Eastern Railway*, p. 213, 449. 按，9.3 元大洋約合 8.1 盧布，係以 1913 年 1 盧布可兌大洋 1.15 元計（兌換率見 *Северная Маньчжурия, Хэйлунцзянская сровинция,* c. 518）。

16 《北滿與東省鐵路》，頁 154-155。

表 21：1903-1917 年札賚諾爾煤礦產量統計

單位：噸

年　次	產　量	年　次	產　量	年　次	產　量
1903	16,457	1908	117,939	1913	168,776
1904	158,760	1909	136,490	1914	172,157
1905	468,734	1910	86,577	1915	213,843
1906	447,183	1911	99,848	1916	239,538
1907	180,749	1912	114,421	1917	247,634

資料來源：E. E. Anert, *Mineral Resources of North Manchuria* (Peiping: The Geological Survey of China, 1929) , p. 202; 南滿洲鐵道株式會社經濟調查會編，《滿洲の礦業》（大連：滿洲文化協會，1933），頁 343。

（二）石碑嶺煤礦

石碑嶺礦區，係寬城子煤礦的一部分。寬城子煤礦位於寬城子站東南，煤系雖斷續無定，但縱橫所及約達 120 平方公里，產煤區分為南、北兩區，南區有陶家屯、大亭子等；北區有頭道溝、石碑嶺。其中以石碑嶺一處開發最早，煤質屬次煙煤，煤層僅一層，厚約 0.7-0.8 公尺，煤藏量有限[17]。中東鐵路公司開採之前，該處礦山原屬長春府正紅旗台丁趙崇恩所有。1904 年，鐵路公司據〈吉林煤礦合同〉，欲將石碑嶺煤礦占為己有，趙崇恩乃向吉林將軍投訴，遂引發中俄交涉，至 1907 年始獲解決（交涉情形詳見第九章第一節）。交涉期間，鐵路公司即已進行開採，1905-1907 年，總計產煤 18,845 噸[18]，1908 年以後，隨南滿路段割讓，改由滿鐵株式會社經營。

17　Anert, *op. cit.*, p. 94.

18　Anert, *op. cit.*, p. 201.

（三）察漢敖拉煤礦

察漢敖拉礦區，位於中東鐵路西線滿洲里車站西南方 11 公里。煤系分布廣，含煤三層，煤藏量可供開採者，約 48.3 萬噸。1908 年冬，呼倫貝爾副都統飭令卡弁試辦該礦未成。1909 年秋，署臚濱知府張壽增（1876-？）到任後，允卡弁王文興招集商人穆文青等合組公司，重新開採。次年春，中東鐵路公司以其位於鐵路界內，令札賚諾爾煤礦工程師來此開挖採煤，因而與華商發生衝突。幾經地方官員與該公司交涉，華商被迫縮小採礦範圍，以供其開採（交涉詳情見第九章第一節）。察漢敖拉所產煤炭，和札賚諾爾一樣，同屬褐煤，產量不多，鐵路公司認為開採價值不高，後來放棄該處煤礦，僅餘華商開採，所產煤炭全銷往滿洲里，供當地居民充作燃料之用[19]。

由上述情形可知，日俄戰爭結束以前，中東鐵路所屬煤礦開採，以札賚諾爾、石碑嶺兩處為主，後石碑嶺煤礦轉為日本所有。再者，札賚諾爾所產煤質不佳，火力低，即令中東鐵路使用亦不經濟，為減少對進口煤炭的依賴，鐵路公司乃於 1907 年起，在鐵路沿線進行新礦區探勘開採，前述察漢敖拉煤礦，即是一例。其他如東線的烏吉密河、乜河、二層甸子、南大雅溝，以及西線的土爾池哈等車站附近區域也有探勘，可惜毫無斬獲[20]。其中烏吉密河原有西列夫礦坑，1905 年時為中東鐵路礦苗師發現，1906 年開始挖坑採煤，煤質屬於褐煤，1908 年因煤質低劣，廢坑停產，總計二年出煤 136,232 噸，絕大多數供中東鐵路

---

19 參見 Anert, *op. cit.*, pp. 74-75. 關於華商所辦察漢敖拉礦區，於 1912 年起改由義大利人別里諾（Bellino）承租開採，1923 年，再移轉於華商廣信公司經營。

20 《北滿與東省鐵路》，頁 155。

使用，僅有一小部分銷售各地市場[21]。

1915 年，中東鐵路以煤炭作燃料比重增加，再度展開新礦區探勘。結果，在東線綏芬河站一帶，發現二處煤礦，一在車站之南，直到三岔口附近；一在馬橋河站之北，「品質極優，少含灰硫，熱性高強，宜於冶金工業」。只是該二處煤礦距離鐵路幹線有 75-130 華里，鐵路公司雖有意將之劃入路界內，然因有違路界內 30 華里採煤權規定，終究無法如願[22]。

截至 1917 年止，中東鐵路所屬煤礦，產量最多而持續出煤者，僅札賚諾爾煤礦一處，在自營時期全數供應鐵路自用，1909 年起轉租予俄商經營，如前所述，其租金獲利以 1913-1917 年間的產量計（見表 21），年平均 208,390 噸，租金收入則有大洋 1,938,023 元（約合 168.5-2,153.3 萬盧布）[23]，獲利狀況與地畝出租並稱，同為中東鐵路二大附屬事業。

三、林業的經營

滿洲的森林資源，非常豐富，「林木之茂，甲於天下」，尤其是開發較晚的北滿地區，森林資源，最為豐富，中東鐵路修築以前，堪稱車馬不到、人跡罕至之境，林木「閱數千年，斧斤不施，鬱鬱蔥蔥，彌望無際」[24]。北滿林地分布範圍極廣，計有大

21 Anert, *op. cit.*, p. 77、202.

22 《北滿與東省鐵路》，頁 155。

23 盧布與大洋兌換價因第一次世界大戰與俄國革命的爆發而有變動，1913 年 1 盧布可兌 1.15 元，1914 年為 1.20 元，1915 年為 1.25 元，1916 年為 1.10 元，1917 年跌至 0.09 元（*Северная Маньчжурия, Хэйлунцзянская сровинция,* c. 518）。

24 徐世昌，《東三省政略》（吉林文史出版社重印，1986），（上）卷 3，交

興安嶺、小興安嶺、伊勒呼里山，三姓地方，以及中東鐵路東線沿線地帶等五大區域，總面積達 489 萬平方公里之多[25]。中東鐵路動工修築，北滿森林浩劫於焉開始。為撙節經費，築路所需各種木料，無不取自鐵路沿線及其附近林地。因此，築路期間，鐵路公司即與吉、黑兩省當局簽訂伐木合同，惟伐木年限僅止於鐵路完工通車前。

鐵路完工通車後，鐵路公司為繼續砍伐林木，擅與黑龍江鐵路交涉局總辦周冕（1843-？）簽訂伐木合同，經由 1907-1908 年伐木合同問題交涉，正式取得吉、黑兩省伐木權，擁有的林地，在吉林省有石頭河子、高嶺子、一面坡，林地面積計有 3,325 平方華里（約合 840 平方俄里）；在黑龍江省有大興安嶺的火燎溝、皮洛以，及松花江支流的櫂林河，林地面積為 2,350 平方華里（約合 650 平方俄里，伐木合同交涉，詳見第九章第一節）[26]。1912 年，該公司又與黑龍江當局簽訂林地更換合同，放棄原有的林地，代之以大興安嶺以東的綽爾河一帶，以及櫂林河口以北 150 華里（原為河口以北 50 華里）等處林地，所占林地面積增加為 3,250 平方華里[27]。

鐵路公司取得伐木合同後，鑑於林場開發經營，須投入鉅額資金始能為之，時鐵路營運才步入正軌未久，為避免額外的支

涉——森林交涉篇，頁 1。

25 《北滿概觀》，頁 195。

26 參見 Нилус, *Исторический обзор КВЖД, 1896-1923 г.г.*, T. I, c. 419-420；《滿洲の森林》，頁 2。

27 參見〈增訂中東鐵路公司砍備應用木植合同〉，民國元年 7 月 30 日，收入黑龍江省檔案館編，《中東鐵路》（二），頁 12；Нилус, *Исторический обзор КВЖД, 1896-1923 г.г.*, T. I, c. 420；《滿洲の森林》，頁 4。

出，遂將東線一部分林地（即吉林省林地），租予路局工程師古巴諾夫（Gubanov）、富利德（Frid）等人砍伐經營。未久，因租予私人砍伐經營，鐵路公司獲利有限，加上中東鐵路本身所需木枰、枕木，甚為可觀，如向私人訂購，勢將增加其營運成本，乃將出租林地收回，自行經營[28]。

為經營所屬林地，鐵路公司於 1909 年 7 月起至 1910 年秋，總計展開七次林地調查，以了解林木分布狀況[29]。其中最重要成果，即是獲悉已有華人在火燎溝、皮洛以等處林地伐木，所餘林木不多；而權林河一帶林木資源較豐富者，應在其河口 60-80 俄里之處。為獲取更多的林木資源，乃進一步向江省當局要求更換林地，1912 年林地更換合同的訂定，即淵源於此。1911 年 8 月，鐵路公司再次派遣林地調查隊，由地畝處林業工程師伊瓦什凱維奇（B. Ivashkevich）主持其事，以了解各林地的林相及可伐木面積[30]。該項調查工作歷經三年，1914 年 7 月，完成東線林地部分，調查費用總計 106,905 盧布，平均每俄畝花費 1.25 盧布[31]。西線林地調查，改由俄國知名的林業專家戈爾杰耶夫（M.

---

28 Нилус, *Исторический обзор КВЖД, 1896-1923 г.г.*, T. I, c. 421. 關於中東鐵路公司投資林場經營，《北滿與東省鐵路》（頁 132）一書指稱，該公司從 1905 年起，即和瓦倫錯夫兄弟公司（Vorontsov Bros. & Co.）合作，共同投資興安嶺以西的林場開發。惟《滿洲の森林》與 *Исторический обзор КВЖД, 1896-1923 г.г.*以及 *North Manchuria and the Chinese Eastern Railway* 等書，均無此說法。

29 參見《滿洲の森林》，頁 3-4。

30 伊瓦謝凱維奇於 1914 年東線林地調查完成後，同年，中東鐵路管理局印刷所將該調查成果付梓出版（Нилус, *Исторический обзор КВЖД, 1896-1923 г.г.*, T. I, c. 422），即滿鐵所譯《滿洲の森林》一書。

31 參見《滿洲の森林》，頁 6-11。

K. Gordeev）前來主持，先在 1915 年調查綽爾河流域，於 1916 年完成，平均每俄畝的調查費 1.39 盧布；1917 年調查權林河，同年，完成該項工作。經過這二次調查，該公司所屬林地分東、西兩線及松花江（即權林河一帶）等三處林地，實際林地面積共 190,230 俄畝，可伐林木面積 162,330 俄畝，占 85%；平均年可伐木量，總計方木 135,300 根、枕木 253,200 根、木柈 44,900 立方俄丈，林木資源之豐富，由此可見[32]。

1916 年，中東鐵路公司開始投入林木砍伐事業，在石頭河子車站設東線林場，首先砍伐螞蜒河流域南部地方石頭河子的林木。為運輸木材，還在林地修築通往車站的寬軌鐵路；又於伐木區架設運木岔道、房舍、倉庫。負責經營林場的地畝處則添設林業科，選派 80-90 名員工，駐守伐木區，監督管理林木砍伐事宜。至於西線林地，尚無砍伐計畫，但為防止盜伐，派有林地警備隊駐防[33]。東線林場除石頭河子林區外，尚有高嶺子（在米加河及三道窩集河上游、張廣才嶺南方）、七果洛瓦牙（在亞布洛尼站南、賀密黑爾河畔）等二處林區，相繼進行砍伐[34]。東線林場是鐵路公司最大的林地，林木分布面積最廣，可伐木區域有 92%[35]。依路局地畝處的規劃，東線林場所伐木材，用作建材、枕木、木柈的分配比例為 23：10：67，符合當時的伐木用途標準，不若私人林場因市場和鐵路對燃料的需求量大，多將珍貴的

---

32 Нилус, *Исторический обзор КВЖД, 1896-1923 г.г.*, T . I, c. 423-424.

33 Нилус, *Исторический обзор КВЖД, 1896-1923 г.г.*, T. I, c. 425.

34 《北滿與東省鐵路》，頁 126；*North Manchuria and the Chinese Eastern Railway*, p. 182.

35 東線林場林地面積 85,370 俄畝，林木面積 78,321 俄畝（Нилус, *Исторический обзор КВЖД, 1896-1923 г.г.*, T. I, c. 424）。

林木充作燃料用的木柈，僅以 14%的木材作為建材、枕木之用，殊為可惜[36]。

至 1918 年為止，鐵路公司林木事業經營，僅限於東線林場，依據原先規劃，第一年伐木量估計：方木 40,300 根，枕木 70,000 根、木柈 15,825 立方俄丈，扣除伐木成本及各項開支，可獲淨利 83,725 盧布[37]。實際上，由表 22 可知，為期二年伐木量合計，與預計的數量差距頗大；且與中東鐵路年平均需要量相比（方木 10,450 根，枕木 60 萬根，木柈 15 萬立方俄丈）[38]，二年平均供應量，除方木外，亦嚴重不足，須向私人林場採購[39]。而東線林場的財政收支及實際獲利詳情，不得而知，僅能由表 22 所見市價和地畝處定價差額推論，林場的開發，至少能為該公司撙節 190,455 盧布的木料費用。

表 22：1916-1918 年中東鐵路東線林場伐木量及木材總值統計

項目／年次	伐木量			木材總值（盧布）		
	方木（根）	枕木（根）	木柈（立方俄仗）	地畝處定價	市價	兩者差價
1916/1917	6,794	18,940	3,337	77,962	120,403	42,441
1917/1918	14,643	19,259	5,003	159,842	307,838	148,014

資料來源：據 Нилус, *Исторический обзор КВЖД, 1896-1923 г.г.*, Т. I (с. 427-428) 改製。

36 參見 *North Manchuria and the Chinese Eastern Railway*, pp. 181-183.

37 《滿洲の森林》，頁 270、276。

38 參見《滿洲の森林》，頁 21-24。

39 中東鐵路沿線林地除鐵路公司外，俄人取得伐木權所經營的林場，在東線計有十七處，可供伐木面積 4,000 平方俄里；西線有四處，可供伐木面積 3,000 平方俄里（參見《滿洲の森林》，頁 30-32）。

中東鐵路林場最初經營目的，是在供應鐵路所需，以減少鐵路營運成本。在投入經營最初二年，伐木量與鐵路用量差距懸殊，然以其所撙節木料費用約近 20 萬盧布觀之，於其營運成本不無助益；同時，鐵路公司加入林業經營，亦有平抑木料價格的作用，進而減少該公司購木支出。至於鐵路公司投入西線林場的開發經營，遲至 1921 年始有之。該林場是位於興安嶺東南、綽爾河上游（又稱楚洛河）的楚里斯喀牙林場[40]；此後鐵路公司所屬林場供應鐵路所需木料，較前大為增加，約計：木枓在三分之一以上，方木、枕木達三分之二[41]。

在供應鐵路營業所需之餘，鐵路公司林木事業經營，復與一般林業公司無異，於哈爾濱和東線林場開辦各種木料工廠，成為北滿最新型的林木企業，至 1923 年止，其廠房設置、生產概況如下：（1）哈爾濱火鋸廠，配有鋸木機五架，並有附屬機件，如木板削薄機、去皮機、模板機及斷樹尾機；（2）鐵路總工廠設有製木房，製造火車木板，並有蒸汽木料烘乾室；（3）石頭河子站所設製木廠，製造鋪地用木板；（4）一座蒸餾木料廠，以蒸汽為動力，年產各種松脂油 20 噸、焦油 200 噸，作為塗料、醫藥、製炭等用途。另外，石頭河子林場內有四座製炭廠，燒製木炭，年產 6,000 噸；各林場內又設有五座磚窯，年產 150-200 萬磚塊[42]。這些製木廠及相關工廠的設置，獲利情況，不得而知，但隨著伐木量的擴大，各種木製品及附帶產品的生產，亦必增加，利潤獲取，應可想見。

---

40 《北滿與東省鐵路》，頁 131-132。

41 *North Manchuria and the Chinese Eastern Railway*, p. 182.

42 參見 *North Manchuria and the Chinese Eastern Railway*, pp. 182-183.

第二節　航運及輔助事業

一、航運事業

築路期間，中東鐵路公司為運輸鐵路工程材料及工作人員，即建有船隊航行松花江，後來再藉由鐵路續訂合同的簽訂，取得遼河及其支流航行權。1898 年 7 月 12 日，第一艘駁船「伊曼」號首先航行松花江，運送築路器材及工程人員。1899 年，航行松花江的中東鐵路船隊噸數，達於 150 萬普特[43]。時該公司河運船隊規模，計有：客用汽船 18 艘、汽艇 4 艘，木製駁船（平底船）20 艘、鋼製駁船 40 艘[44]。1899-1902 年間，經由該船隊運抵哈爾濱的鐵路材料分別有：1899 年 5,983,914 普特，1900 年 2,445,451 普特，1901 年 1,670,720 普特，1902 年 1,350,432 普特[45]。1902 年 9 月，鐵路材料運輸完畢，該公司未經中國政府同意，令其船隊擅自在松花江沿岸各港口運載木材、穀物及私人物品，進行商業運輸[46]。

1899 年 2 月起，鐵路公司復奉沙皇詔令，籌組海運公司，接駁未來西伯利亞鐵路通車之後的太平洋航運，以免來往於中、日、韓之間的客貨運業務，為日本海運公司所控制。1901 年 7 月，海運公司成立，所開闢航線計有：（1）遼東半島—庫頁島，遼東半島—日、韓港口；（2）海參崴—鄂霍次克海、白令海沿

43 南滿洲鐵道株式會社哈爾濱事務所編，《東支鐵道を中心とする露支勢力の消長》（大連：南滿洲鐵道株式會社，1928），上卷，頁 90-91。

44 Нилус, *Исторический обзор КВЖД, 1896-1923 г.г.*, T. I, c. 67.

45 趙德玖，〈哈爾濱對俄（蘇）貿易五十年〉，收入《哈爾濱文史資料》（哈爾濱：黑龍江人民出版社，1991），第 15 輯，頁 229。

46 《東支鐵道を中心とする露支勢力の消長》，上卷，頁 91。

海港口，海參崴—大連及日、韓港口。1902 年以後，隨著各路線開航，陸續在海參崴、旅順、大連、芝罘（煙台）、上海、長崎等處設置貨倉和儲煤槽；又在海參崴、廟街、杜耶（Duei，位於庫頁島）、芝罘、牛莊（營口）、天津、上海、長崎等地，設立代表處。1903 年，海運船隊規模達 20 艘汽船，資本額 1,150 萬盧布[47]。其營運盛況，據日俄戰爭前在滿洲旅遊的英國記者威爾（P. L. Putnam Weale）描述，由長崎到上海、渤海灣，由朝鮮海岸到海參崴，處處可見中東鐵路公司汽船揚帆其間，提供旅客便捷的海上航行服務[48]。營運期間，俄國政府曾給予 120 萬盧布的貼補[49]。

日俄戰爭爆發前夕，海運船隊有 14 艘停泊在旅順、大連兩港[50]，「滿洲」號在長崎維修，僅有 5 艘船隻來往於日韓航線。

圖 5-4　旅順大連港鳥瞰圖。日俄戰爭前夕，俄國船隻泊於其間，櫛比鱗次。

47 參見 Нилус, *Исторический обзор КВЖД, 1896-1923 г.г.*, T. I, c. 171-172.

48 C. L. Putnam Weale, *Manchu and Muscovite*（New York: The Macmillan Comcany, 1904）, p. 67.

49 Quested, *The Tsarist Russians in Manchuria, 1895-1917*, p. 343，註 41。

50 中東鐵路公司船隻停泊於大連港，計有「蒙古」號、「嫩江」號、「吉林」號、「營口」號、「那加丹」號、「哈爾濱」號、「海拉爾」號、「結雅」號、「布列亞」號、「齊齊哈爾」號；停泊於旅順港，計有「石勒喀」號、「寧古塔」號、「諾維克」號、「西比利亞克」號（Нилус, *Исторический обзор КВЖД, 1896-1923 г.г.*, T. I, c. 385）。

戰爭爆發後，「滿洲」號、「瑷琿」號、「奉天」號於 1905 年 2 月 6-17 日，相繼遭日本政府扣押沒收。4 月，中東鐵路公司向日本法院提出訴訟，請求日本政府予以賠償未成。戰爭期間，俄軍總司令部雖僅徵調 5 艘海運船隊的船隻，然其損失極為慘重，除在此之前被沒收的 3 艘外，其餘無論俄軍徵用與否，全遭日軍擊沉炸毀，1904 年 12 月，僅存「蒙古」號用於運送傷患。戰後鐵路公司廢止海運公司，將僅存的「蒙古」號售予俄國東亞海運公司，並於 1907 年 4 月與該公司簽訂合同，承辦中日韓間的鐵路客貨運轉運業務[51]。

圖 5-5　日俄戰爭期間被徵調充作醫護船的「蒙古」號。

中東鐵路完工通車後，鐵路公司船隊並未解散，繼續航行松花江，俄國船主亦爭相仿效，航行松花江進行商業運輸，嚴重侵犯中國的內河航行權。而為管理松花江的航運，鐵路公司又在路局船舶處下設水利局，並由俄船船主合組水利會，非法徵收船鈔。徐世昌任東三省總督後，於 1908 年起開始向俄方交涉，至 1910 年為止，陸續簽訂有關俄船航行松花江的章程及關稅事宜（詳見第九章第二節），俄船就此取得松花江航行權，此後航行松花江、黑龍江的俄國船隻增長快速。中東鐵路公司船隊不計，

51　參見 Нилус, *Исторический обзор КВЖД, 1896-1923 г.г.*, Т. I, с. 383-386.

航行該二江的各類型俄船，從 1907 年時 78 艘（汽船 17 艘、貨船 58 艘、舢板 3 艘）[52]，增至 1915 年時 505 艘（汽船 245 艘、貨船 260 艘），中國汽船僅有 22 艘，顯示松、黑兩江的航運事業完全掌控在俄人手中[53]。俄國各船公司、船主擁有船隻數量及貨船載重力，詳見表 23。

表 23：1915 年航行松、黑兩江中俄船隻統計

單位：艘、普特

船隻種類／載重／公司及船主	汽　船（艘）	貨　船（艘）	貨船載重力（普特）	貨船載重力百分比（%）
阿穆爾汽船公司	23	53	1,456,000	22
中東鐵路公司	13	29	935,000	14
東西伯利亞汽船公司	12	30	815,000	12
中國船主（10 人）	22	—	—	—
其他俄船公司及船主	210	177	3,412,295	52
總　　計	280	289	6,618,295	100

資料來源：據南滿洲鐵道株式會社總務部調查課編，《吉林省東北部松花江沿岸地方經濟事情》（大連：南滿洲鐵道株式會社，1921，頁 77-78）改製。

說　　明：其他俄船公司及船主的數額——汽船公司有三家，個人船主擁有 3 艘船以下，計有 166 位；貨船公司有二家，個人船主則有 81 位。

由表 23 可知，就貨船載重力而言，中東鐵路公司船隊僅次於阿穆爾汽船公司，是松花江第二大船隊。其航線共五條，分別是由吉林經伯都訥、三姓，行抵拉哈蘇蘇的三條主流航線（航程

52　參見《北滿洲之產業》，頁 301-303。

53　《吉林省東北部松花江沿岸地方經濟事情》，頁 76-77。

圖 5-6 中東鐵路公司汽船通過第一松花江大橋圖。

1,201 俄里），以及嫩江（富拉爾基至河口，航程 400 俄里）、呼蘭河（呼蘭城至河口，航程 25 俄里）的支流航線。其中位於吉林至伯都訥航線的陶賴昭至吉林段（航程約 187 俄里），為中東鐵路客貨運接駁線[54]。各航線運費核算，客貨運均分三等，貨運係依貨物價值而定，逆行費用加收五成；而貨運因有貨物堆放儲存問題，須加徵港口使用費，每普特 1.6 戈比[55]。1917 年 8 月盧布貶值時，復調漲客貨運費各為 1 倍、0.5 倍[56]。另外，為辦理客貨運輸事宜，路局船舶處在松花江沿岸主要港口，如吉林、伯都訥、三姓，設立汽船營業所或船務代辦處，吉林、伯都訥兼設商務代辦所，用以招攬貨物由船運轉經鐵路運出[57]。

至於中東鐵路船隊的營運狀況，僅就有限資料，說明伯都訥至拉哈蘇蘇間，及陶賴昭至吉林間的運輸概況。

---

54 參見《北滿洲之產業》，頁 298-305。

55 《北滿洲之產業》，頁 316。

56 〈輪船運費亦增運費〉，《遠東報》，1917 年 8 月 3 日，收入《遠東資料——遠東報摘編（1916-1921）》，第 3 章，頁 108-109。

57 《北滿洲之產業》，頁 304-305；《北滿洲——吉林省》，頁 40。

（一）伯都訥—拉哈蘇蘇間

此為中東鐵路船隊航行松花江的主要航線，貨運絕大多數為穀物，哈爾濱以上者，多運抵哈爾濱轉運出口；哈爾濱以下者，亦多下行出口，上行運抵哈爾濱者，占極少數。出口的穀物方面，小麥、大麥運抵伯力、海蘭泡，供應俄人所需；大豆運抵廟街，銷售歐洲、日本市場。該航線全長 921 俄里[58]，以吉林省扶餘縣伯都訥為起點，經哈爾濱北流至黑龍江省呼蘭縣白家亮子、巴彥縣滴打嘴子，轉入吉林省境內賓縣、再折入黑龍江省木蘭縣，又進入吉林省方正、通化、依蘭、湯原、樺川等縣，最後抵達同江縣拉哈蘇蘇，和黑龍江會合向北流入俄境。

伯都訥至拉哈蘇蘇航線，首次開航於 1906 年，先有伯都訥至哈爾濱間的營運，計有十六航次，運輸量為旅客 822 人、貨物 48,943 普特[59]。1908 年，路局商業部在伯都訥設商務代辦所，貨運量增加為 30 萬普特。由於伯都訥與哈爾濱間的船期一個月來回僅有三次，為便於貨物的貯存，以等待船期，商業部有意在伯都訥興建倉庫，然限於非屬鐵路用地，無法如願。1912 年起，私人汽船及舢板加入該航線營運，中東鐵路船隊貨物承攬由是日漸減少，1911 年穀物運量有 769,047 普特；1912 年減為 529,354 普特；1913 年再減為 488,005 普特，而這一年扶餘縣穀物運抵伯都訥，由汽船轉運哈爾濱出口，總計有 100 萬普特，其中由鐵路公司船隊運出者占 49%，低於 1912 年以前的 63%[60]。

就全航線營運量而言，以哈爾濱埠頭區的營運量占居第一，

58　《吉林省東北部松花江沿岸地方經濟事情》，頁 74。

59　《北滿洲之產業》，頁 314。

60　參見《北滿洲——吉林省》，頁 37-40。

其次為呼蘭縣白家亮子、巴彥縣滴打嘴子。以 1914 年貨運量 21,307,387 普特為例，哈爾濱埠頭區計有 6,643,958 普特，占總貨運量的 31%，呼蘭縣白家亮子有 3,367,704 普特，占 16%，巴彥縣滴打嘴子有 1,251,292 普特，占 6%，其中由呼蘭、巴彥二縣運出的貨物全是穀物，而該二縣穀物經松花江下行出口，由中東鐵路船隊運出者，各占 48%、71%（總出口量分別為 70,607,704 普特、1,751,292 普特），可見中東鐵路船隊在該二縣穀物出口的重要性[61]。

（二）陶賴昭—吉林間

陶賴昭為中東鐵路南線車站，松花江沿岸港口老少溝在其對面，故此線為中東鐵路的接駁線，吉林運抵陶賴昭的貨物，多於陶賴昭運抵吉林者。由於此線航道的深度有限，且有多處淺灘，只能行駛小型汽船；航行其間的汽船，伯都訥至吉林間的私人過境汽船 3 艘不計，僅有鐵路公司及中國官方所屬汽船各 1 艘。鐵路公司汽船吃水深 2.5 呎，可乘載貨物 1,000 普特、旅客 150 人[62]。1906 年首航之時，計有十個航次，運輸量為旅客 565 人、貨物 8,739 普特[63]；以後逐年增加，1911 年增為旅客 11,015 人、貨物 67,765 普特，但 1912

圖 5-7　位於陶賴昭車站對面的老少溝碼頭船隻卸貨一景。

61　《北滿洲——吉林省》，頁 195、228、805。

62　參見《北滿洲——吉林省》，頁 42、732。

63　《北滿洲之產業》，頁 314。

年起常因水量減少，水深僅及 2 呎，以致屢有船隻停泊碼頭數月無法開航情形，運輸量乃逐年減少，1914 年降至旅客 2,344 人，貨物更是銳減為僅有 299 普特[64]。營運不敷成本，可想而知。

至於中東鐵路船隊所有航線的運輸量詳情，因缺乏資料，不得而知，獲利方面，單就 1903-1917 年船舶處收支表，可以略知一二。如表 24 所見，船舶處營運收入最多年份集中在 1904-1906 年間，其次為 1916-1917 年間，兩者所處時空環境類似，均因戰爭發生，肩負軍事運輸重責；尤其是前者，日俄戰爭的主戰場在滿洲，配合戰爭期間的軍事動員及戰後軍隊撤返，故營業額為歷年之最。對照在此期間的鐵路營運量，再次顯示兩者互為輔助的特質，同時也將以母國利益為優先的營運政策，發揮得淋漓盡致。

當然，純就商業營運而言，中東鐵路公司在松花江航運事業經營，無法與鐵路相比，獲利亦屬有限。該公司經營松花江航線目的，是在輔助鐵路營運範圍以外的運輸業務，藉由河運將穀物轉運至哈爾濱，擴大鐵路的貨運量，就此一作用而言，由於缺乏詳細的統計資料，無法判斷其成效如何。儘管獲利有限，該公司畢竟是松花江的第二大船主，於整個松花江航運發展，仍具有舉足輕重的地位。

64 參見《北滿洲——吉林省》，頁 42、732。1912 年運輸量，旅客 6,476 人、貨物 38,780 普特；1913 年運輸量，旅客 2,953 人、貨物 6,101 普特。

表 24：1903-1917 年中東鐵路管理局船舶處收支統計

單位：盧布

年次＼項目	營業收入	營業支出	淨 利	赤 字
1903	225,989.02	220,784.78	5,204.24	—
1904	814,738.57	677,009.12	137,729.45	—
1905	927,364.53	799,118.38	128,246.15	—
1906	734,782.56	679,519.33	55,263.23	—
1907	150,979.10	411,403.35	—	260,424.25
1908	142,281.03	225,925.21	—	83,644.18
1909	225,085.98	273,899.87	—	48,813.89
1910	313,144.58	286,088.28	27,055.30	—
1911	376,694.35	284,206.15	92,488.20	—
1912	272,707.03	293,818.28	—	21,111.16
1913	314,051.97	305,411.31	8,640.66	—
1914	309,645.43	308,370.26	1,275.17	—
1915	294,756.23	285,632.21	9,224.02	—
1916	428,830.87	310,390.03	118,440.84	—
1917	785,558.59	403,607.43	381,361.26	—

資料來源：據《東支鐵道を中心とする露支勢力の消長》（下卷，頁 875-876）改製。

二、輔助事業

中東鐵路公司的輔助事業，計有商務和海關業務代辦，以及電力、電信、醫療、教育、獸醫、衛生、印刷出版等事務興辦，其經營概況分述如後。

（一）商務和海關業務的代辦

為增加鐵路營運量，中東鐵路公司於北滿重要城市設立商務和海關代辦所，代為販售客車車票，招攬貨物運輸，協助貨主辦理貨物保管、發送、關稅繳納、運輸單據的押保貸款等業務[65]。商務代辦所設立地點，分別在海參崴、哈爾濱、寬城子、伯都訥、吉林、上海等六處；海關代辦所則有滿洲里、綏芬河、海參崴等三處。商務代辦所除海參崴有盈餘外，餘均呈現虧損狀態，惟六處代辦所合計，仍有盈餘。三處海關代辦所業績頗佳，全屬盈餘狀態。此項業務代辦，整體來看，大致不錯，如 1912 年盈餘 232,585 盧布，1914-1916 年的盈餘，依次為 260,406 盧布、646,511 盧布、450,000 盧布[66]。因此，商務和海關代辦所的設立，不僅有助於客貨運輸量的提升，又可提供運輸業務以外的商務服務，所獲利潤，於該公司營業收入，不無小補。

（二）電力和電信事業

電力事業的興辦，始於 1905 年，發電廠設在哈爾濱鐵路總工廠內，計有四台 25,000 瓦的汽輪發電機。最初，發電量僅足供總工廠裝配和維修火車所需，其後，發電量增加，尚可提供哈爾濱火車站及市區各機關、企業、民宅等夜間照明之用[67]。

電信事業於鐵路修築期間已開辦，惟通訊範圍限於中東鐵路公司本身的業務往來。1907 年 10 月 7 月，中國電報總局與該公司簽訂〈路電交接辦法合同〉，允許鐵路公司在路界內經營電信事業，其中最重要者，為路界內電話的經營。中東鐵路電話局最早在 1903 年成立於哈爾濱，通話範圍限於哈爾濱地區，僅有

65　《北滿與東省鐵路》頁 335。

66　1912 年盈餘見 Нилус, *Исторический обзор КВЖД, 1896-1923 г.г.*, T. I, c. 376；1914-1916 年盈餘見〈俄人在遠東運貨之數〉，1916 年 5 月 5 日；〈商稅代辦之收入〉，1917 年 2 月 24 日，收入《遠東資料——遠東報摘編（1916-1921）》，第 3 章，頁 51、79-80。

67　陳江海等，〈三十六棚鐵路工廠〉，《哈爾濱文史資料》，第 15 輯，頁 3。

178 具電話；鐵路沿線主要車站則有簡易型電話，作為各站營業聯絡之用，全線共計十九處可通話往來。隨著鐵路通車營運，路界內人口增多，鐵路沿線車站電話裝設日益增加，並開放民間申請裝設。這些電話的通話功能，除哈爾濱市一處屬於自動電話外，餘均為交換式的叫人電話。長途電話的設置，遲至 1909 年 10 月 1 日始有之，最先在哈爾濱、寬城子間開辦，通話距離 237 公里。1910 年 6 月 1 日，復有哈爾濱、昂昂溪間的長途電話開辦（270 公里）；而全線長途電話往來聯絡，遲至 1927 年才付諸實施[68]。

路界外電話業務的開辦，始於 1915 年 5 月 3 日，由中東鐵路代辦達聶爾（Evgenii V. Daniel）和傅家甸中國商會會長張香亭，訂定〈哈爾濱中東鐵路界內與傅家甸互通電話合同〉，傅家甸商民可向哈爾濱電話局申請電話裝設[69]。

圖 5-8　中東鐵路中央醫院鳥瞰圖。1899 年由建築師列弗捷耶夫設計建造，1900 年完工啟用，是哈爾濱第一家西式醫院。初建成時建物一、二樓層各半，1912 年擴建成全為二層建物，院內花木扶疏。2005 年拆除部分建物，改建成哈爾濱醫科大學第四附屬醫院辦公大樓，今僅存外科樓和藥局。

至於電力和電信事業的營收情況，因缺乏鐵路管理局的營業統計報表，不得而知。

（三）醫療和教育事業

醫療事業的興辦，始於築路期間，早在 1899 年哈爾濱第一

68　參見《東支鐵道を中心とする露支勢力の消長》，上卷，頁 175-176、178-179。

69　參見《東支鐵道を中心とする露支勢力の消長》，上卷，頁 176-178。

期都市計畫開始時，即動工修建中央醫院，1900 年底落成啟用，這是中東鐵路全線規模最大的醫院[70]。此外，伴隨鐵路西、東、南三線的全面施工，醫務單位也仿照鐵路工程分段方式，以 49-224 俄里為限，分別在幹線的滿洲里、海拉爾、免渡河、博克圖、札蘭屯、昂昂溪、安達、哈爾濱、一面坡、橫道河子、磨刀石、穆稜、綏芬河，以及支線的德惠、遼陽、大石橋、瓦房店、旅順等地，共設 19 個醫務段，成立醫務所或助醫所，提供鐵路人員醫療服務。1905 年日俄戰爭結束後，寬城子以南路線割讓日本，遼陽等 4 個醫務段一併取消[71]。

1903 年 7 月，中東鐵路正式通車營運，路界內人口逐漸增加，醫療診所的數量，亦日漸成長，至 1913 年時，鐵路沿線主要車站，共計有十家醫院，分別是：哈爾濱地區有二家，東、西兩線合計五家，南線有三家，平均每千人有 10-30 張病床[72]。未設立醫院地區，則設有小規模診所、醫療站及保健站。在醫生和病人的數量上，以 1914 年為例，醫生 42 人，無牙醫看診；各類病人（門診、住院、開刀）計有 125,765 人，每位病人每天的醫藥費用為 16 美元（約合 32 盧布）[73]，相當昂貴，其中華籍病人僅占 7%，顯示鐵路公司所設置的醫療院所，以醫治俄人及西方人士為主[74]。

---

70 Нилус, *Исторический обзор КВЖД, 1896-1923 г.г.*, Т. I, с. 141.

71 參見哈爾濱鐵路局志編審委員會編，《哈爾濱鐵路局志（1896-1994）》（北京：中國鐵道出版社，1996），下冊，頁 1680-1681。

72 Quested, *The Tsarist Russians in Manchuria, 1895-1917* p. 105, 176.

73 1914 年美元、盧布兌換率，據《中華民國海關華洋貿易總冊》所載海關兩和外幣兌換表，1 海關兩＝0.67 美元＝1.36 盧布，則 1 美元＝2.03 盧布（1917 年第一冊，頁 1）。

74 *North Manchuria and the Chinese Eastern Railway*, p. 451.

學校興辦方面，最早在 1898-1899 年間，於哈爾濱香坊開辦第一所鐵路小學及第一松花江小學，教育鐵路公司人員子女；1900-1901 年間，復有綏芬河、一面坡兩處鐵路學校的開辦。1902 年 8 月，鐵路公司正式獲得財政大臣維特核准，有計畫地興辦各類學校。普通學校分一級、二級制，商業學校分三級、八級制。最初，受日俄戰爭影響，學校興辦無法全面展開，至 1905 年為止，僅在哈爾濱、滿洲里、札賚諾爾、海拉爾、博克圖、昂昂溪、一面坡、橫道河子、穆稜、綏芬河等西、東兩線車站，開辦十二所普通學校[75]。日俄戰爭結束後，鐵路管理局於 1906 年添設學務處，管理該公司所屬學校業務，從 1906 年至 1917 年 10 月止，總計增添三十三所學校[76]；連同 1905 年以前所設立的學校，共計四十五所。其中商業學校的數量較少，且有男女校之別。這些學校的體制和使用教材，完全依照俄國本土的教育制度施行。在學校設施上，美中不足者，為各校多無獨立的校舍，係借用鐵路局或俄人機構的建築物，且其面積狹小，規模無法和俄國本土學校相比[77]。

其次，為培養翻譯人才，鐵路公司於 1902 年 2 月在哈爾濱埠頭區開辦中文學校，招募俄國學生就讀，學生畢業後可至鐵路局服務。1903 年 10 月，又提供獎學金，鼓勵護路軍官兵學習中

75 參見《東支鐵道を中心とする露支勢力の消長》，上卷，頁 209-210。

76 1906-1916 年鐵路公司所設學校有三十所（*Исторический обзор КВЖД, 1896-1923 г.г.,* Т. II, Часть II, "Учебный отдел КВЖД", с. 4）；1917 年 9-10 月，鐵路公司又在哈爾濱秦家崗開辦三所小學（《中東鐵路歷史編年（1895-1952）》，頁 110-111），故 1906-1917 年間鐵路公司所屬學校，合計三十三所。

77 *Исторический обзор КВЖД, 1896-1923 г.г.,* Т. II, Часть II, "Учебный отдел КВЖД", с. 4, 7.

文[78]，可惜後項措施成效有限，除對中國文化有興趣的漢學家外，哈爾濱俄人學習中文的意願不高[79]。

鐵路公司興辦的學校招生情形，見之記載者，僅有當時聲譽最為卓著的哈爾濱男女商業學校，由 1912 年至 1916 年為止，每年學生人數平均約 800 餘人[80]。學校經費方面，由於學費收入微不足道，絕大多數的經費須依賴學務處撥付，始能維持。以 1916 年為例，小學學費收入僅有 4,837 盧布，而支付教職員薪水和校舍費用兩項，即達 125,123 盧布[81]，尚有其他雜項支出，學務處的撥款為 167,696 盧布，是學費收入的 35 倍。其他各級學校的情形，大抵如此。因此，教育經費的撥付，亦是鐵路公司的一筆額外負擔。1911-1916 年教育經費支出，每年平均近 40 萬盧布，詳見表 25。

表 25：1911-1916 年中東鐵路管理局學務處教育經費統計

單位：盧布

各級學校／年次	小　　學	商業學校	商務學堂	總　　計
1911	139,844	16,225	220,736	376,805
1912	152,111	19,278	221,367	392,758
1913	160,294	23,743	216,229	400,266

78 *Исторический обзор КВЖД, 1896-1923 г.г.,* Т. II, Часть II, "Учебный отдел КВЖД", с. 3.

79 Мелихов, *Маньчжурия, далекая и близкая*, с. 273.

80 1912-1916 年哈爾濱男女商業學校學生人數：1912-1913 年 894 人，1913-1914 年 882 人，1914-1915 年 764 人，1915-1916 年 755 人（*North Manchuria and the Chinese Eastern Railway*, p. 450）。

81 〈中東鐵路教育費〉，1916 年 5 月 20 日，收入《遠東資料——遠東報摘編（1916-1921）》，第 3 章，頁 109。

1914	163,743	26,422	209,752	399,915
1915	167,136	30,388	197,991	395,515
1916	167,696	30,433	223,531	421,660

資料來源：據〈中東鐵路教育費〉（1916 年 5 月 20 日，收入曲友誼、安崎編，《遠東資料——遠東報摘編（1916-1921）》，哈爾濱：哈爾濱市地方史研究所，1980，第 3 章，頁 109））改製。

（四）獸醫及衛生事業

中東鐵路西線在滿洲里至牙克什間，穿越呼倫貝爾的草原地帶，原為滿蒙民族放牧區域，又臨近蒙古地區，牲畜及其肉品、毛皮是該區段運輸的重要貨源。因此，為增加該項貨源的運量，鐵路管理局於 1909 年設立獸醫處，招攬牛羊牲畜及其肉品、毛皮的承運，在牲畜運出前，必先檢驗確無疫病，始可放行[82]。最初，獸醫處的業務，限於託運牲畜的檢疫工作，後來擴大推廣及於路界內外一切牲畜疫病之檢驗、防治，並辦理牲畜飼養的改良（配種、疫苗接種）、飼養場所的消毒、牲畜的保管和屠宰等[83]。營業範圍的擴大，於其收入的增加，頗有助益，僅就 1913 年至 1917 年觀察，其收入大致逐年增長，各項營業則以牲畜屠宰收入最多[84]。這五年收支情形，詳見表 26。

82 《北滿與東省鐵路》，頁 349。

83 《北滿與東省鐵路》，頁 349；А. С. Мещерский , “Задачи ветеринарнаго отдела Кит. Вост. жел. дор.”, *Экономический вестник Маньчжурии*, №. 4, 1923, с. 17.

84 參見 Мещерский , “Задачи ветеринарнаго отдела Кит. Вост. жел. дор.”, с. 17.

表 26：1913-1917 年中東鐵路管理局獸醫處收支統計

單位：盧布

項目／年次	收　　入	支　　出	盈　　餘
1913	94,028	79,362	14,666
1914	130,075	96,718	33,357
1915	160,229	108,903	51,326
1916	225,215	54,247	170,968
1917	163,995	146,749	17,196

資料來源：A. C. Мещерский, "Задачи Ветеринарнаго отдела Кит. Вост. жел. дор.", *Экономический вестник Маньчжурии*, №. 4, 1923, с. 16.

（五）印刷出版事業

中東鐵路於 1903 年 7 月正式營運後，於鐵路管理局總辦公廳下設印刷所，用以印製路局各類文件，以及路局所發行的俄文《哈爾濱公報》(*Харбинский вестник*)[85]，1906 年復兼中文《遠東報》[86]、蒙文《蒙古評論》等報紙雜誌的印刷[87]。日俄戰爭結束

85 *Харбинский вестник* 中文譯名《哈爾濱俄僑史》一書亦譯為《哈爾濱公報》（石方、劉爽、高凌合著，哈爾濱：黑龍江人民出版社，2003，頁 299），學者趙永華則譯為《哈爾濱新聞》（〈19 世紀末 20 世紀初沙俄官方和民間在華出版報刊的歷史考察與簡要評析〉，《俄羅斯研究》，2010 年第 6 期，頁 108）。

86 《遠東報》創刊於 1906 年 3 月 14 日，由中東鐵路公司每年撥款 17 萬盧布作為經費，隸屬鐵路理局新聞發行處。每日發行對開共計 8 版，1910 年擴大為三大張 12 版，版面編排仿照上海《時報》、《申報》。社長史弼臣（Alexander V. Spitsyin, 1876-1941）畢業於海參崴東方學院，後來成為知名的俄國漢學家。1916 年，《遠東報》發行十週年，也是其報務最為興盛時期。十月革命後，伴隨中國政府陸續收回中東鐵路各項權利之際，發行十五年的《遠東報》於 1921 年 3 月 1 日奉命停刊。

87 Д. Тернов, "25 лет Типографии К. В. Ж. Д.", *Экономический вестник*

遠東報

圖 5-9 《遠東報》第一版半版影像。由版面編排及日期書寫，看似華人興辦報紙。特別的是，年代日期先中華民國紀元後為俄曆紀元，而 1916 年正是該報發行十週年。

後，隨著鐵路營運的正常化，為增加鐵路的運輸量，路局商業部、地畝處等單位，陸續展開北滿經濟調查，編製各種農林礦等物產的調查報告，作鐵路營運的參考。這些書籍均由印刷所發行出版。印刷所的經營，在 1913 年以前處於虧損狀況[88]，1913-1915 年則有千元至 2 萬餘盧布不等的盈餘[89]。

Маньчжурии, №. 21-22, 1923, с. 59-60.

88 Quested, *The Tsarist Russians in Manchuria, 1895-1917*, p. 227.

89 中東鐵路印刷出版事業經營，1913-1915 年的盈餘：1913 年 1,000 盧布，1914 年 25,000 盧布，1915 年 24,000 盧布（Тернов, “25 лет Типографии К. В. Ж. Д.”, с. 60）。

第六章

營運績效的檢討

中東鐵路自 1903 年 7 月正式通車營運，至 1910 年始有 100 萬盧布的帳面盈餘，但因「特別營業」支出金額過於龐大，遲至 1914 年尚無淨利可得。十二年來的營運虧損累計 17,858 萬盧布[1]，這筆款項全由俄國財政部墊付，連同築路經費和歷年來用以改善各項設施的撥款，合計 70,850 萬盧布[2]，則俄國財政部提供該路的財力支援，總計 88,708 萬盧布，平均每年約 7,392 萬盧布，這筆額外的財政支出，於惡化的俄國財政，無異是雪上加霜。

有關中東鐵路營運績效不彰問題，歷年來俄國朝野的批評、抨擊言論，所在多有，尤其是民間對中東鐵路普遍缺乏好感，與

1 《北滿與東省鐵路》，頁 283。

2 Сладковский, *Очерки экономических отношений СССР с Китаем*, с. 158.俄國政府歷年來對中東鐵路的撥款，羅曼諾夫《俄國在滿洲（1892-1906）》一書的統計，則為 73,329 萬盧布（頁 113，註 1）。

官方的正面評價完全相左。造成此種情況，不外是因中東鐵路耗蝕俄國財力，以及對霍爾瓦特權位顯赫的惡感等所造成的偏見，然來自各方所指陳之弊病，如支出浮濫、貪污舞弊等現象，亦非全屬誣陷之詞。究竟中東鐵路營運長期虧損，或收益不多的原因為何？此一問題，極其複雜，局限於資料不足，在此僅就外在因素——政治、軍事勢力的侵蝕與干擾，以及內在因素——經營不善等項，作一概略分析，檢討其營運績效不彰的原因所在。至於作為佐證的統計表（表 27-29）則附於本章最後。

第一節　外在因素：政治、軍事勢力的侵蝕與干擾

所謂政治、軍事勢力的侵蝕與干擾，一則是指路界內民政、軍事經費支出過於龐大，侵蝕了鐵路本身的收益；一則是指戰爭、革命的發生，影響及於鐵路正常營運，造成營業收益減損，從而出現嚴重賠累現象，詳情見如下分析。

一、路界內民政、軍事經費支出龐大

俄國興建中東鐵路的目的，一則是基於戰略考量，移民實邊，以加強遠東邊省的防禦，就此而言，中東鐵路是西伯利亞鐵路的遠東路段；一則是政治的目的，亦即利用中東鐵路的修築與經營，擴大其在滿洲的勢力，進而將觸角伸及關內，以成為列強在華勢力最大者。因此，中東鐵路在興建之初，即被規劃為政治兼具軍事性質的鐵路，為避免中國疑慮，乃以私人公司的名義經營。實際上，整個鐵路的營運，完全受俄國政府監督控制，其營運方針係以俄國的政治、軍事需要為主，商業利潤的追求乃屬次

要。由是之故，中東鐵路在平時固然以商業運輸為主，一旦遇有戰爭，則軍事運輸第一優先，商業運輸頓時成為「附帶的營業」[3]。此種亦商亦軍的運輸性質，於其整體營運的健全，影響可謂至深且鉅。

作為一政治兼具軍事性質的鐵路，其營收利益招致侵蝕最嚴重者，莫過於額外的民政、軍事經費支出。中東鐵路為配合俄國的政治、軍事目的，負有經營管理實權的鐵路管理局，在商業營運部門之外，別設民政、軍事部門，其組織規模之龐大，堪稱一具體而微的殖民地政府。此種發展，乃是鐵路公司利用鐵路的興建營運，不斷地擴充各種利權，建立所謂的「鐵路附屬地」而有之，不但完成俄國政府交付的使命，亦使中東鐵路成為俄國在華最大的利權所在。

以一鐵路公司要扮演殖民地政府的角色，就其財力狀況而言，勢必力有未逮。由於鐵路公司財力主要來自營業收入，如要支付龐大的民政、軍事費用，其營運量必須相當高，始能在支付該項費用外，尚有餘利可得。而鐵路營運量的多寡，與其行經地區，及其經濟區域的物產是否發達、人口是否稠密，有密切的關係。中東鐵路營運之初，行經區域除南線產業較發達，人口較稠密以外，餘多為荒涼邊遠之地，人煙稀少，產業尚未開發。就此情形觀察，1903 年，中東鐵路第一年營運，南線貨運量即占全線的 45%，約近半數；日俄戰爭結束後，南線減少四分之三的路段，驟時損失三分之一的貨源。為彌補此一損失，鐵路當局運用各種方法，鼓勵農業生產，降低穀物的運費，加上中國政府積極推行移民計畫，來自關內的移民大增，於是，墾地日廣，生產

3　參見《東省鐵路概論》，頁 12、86。

日盛，中東鐵路的營運量，確實有相當的成長。但是，終究受限於行經地廣人稀的路段太長（如西線經呼倫貝爾草原、大興安嶺林地，約 552 公里，占其營業里程近三分之一），貨源有限，營運量難有巨幅成長，以致正常營運期間（1908-1913），如表 11 所見（第四章），營業收入始終無法突破 2,000 萬盧布。此項收入扣除 1,400-1,900 萬盧布的營業支出，獲利金額最多不過 700 餘萬盧布，再支付年平均多達 1,000 餘萬盧布的「特別營業」支出，其財務焉能不赤字連年？

「特別營業」支出方面，絕大多數是來自於軍事、民政費用。軍事費用係支付護路軍的開支，第一次世界大戰前夕護路軍人數在 6 萬人左右，其經費支出每年平均約 1,000 萬盧布[4]。民政費用主要包括鐵路附屬地的市政建設支出，以及法院、警察、教堂、自治市政府等機關經費。以市政建設經費而論，為促進鐵路地帶的繁榮，地畝處於 1905 年起，陸續在鐵路沿線重要車站，廣建各種公共設施，如街道、公園的開闢，教堂、醫院、學校等建物的興建，用以招攬俄國移民來此定居。此項建設經費支出，年約在 100 萬盧布以上（詳見第五章表 20），是民政經費支付最多者。另外，如對法院經費貼補年約 11 萬盧布[5]，支付警政常年經費 26.5 萬[6]；以及對自治市政府（市董事會）的補助，其中以

4　Н. Штейнфельд, *Что делать с Маньчжурией?*（Харбин: Типография „Труд“ В. И. Антуфьева, 1913）, с. 12; Adachi Kinnosuke, *Manchuria, A Survey*（New York: Robert M. McBride & Company, 1925）, p. 67.

5　Нилус, *Исторический обзор КВЖД, 1896-1923 г.г.* T. I, c. 567.

6　〈濱江道尹兼鐵路交涉總辦施紹常為組設鐵路警察事呈〉附三：〈調查俄曆一九一七年中東鐵路界內警察額數經費報告〉，民國六年 1 月 24 日，收入《中東鐵路》（二），頁 220。

哈爾濱市為最多，如 1908-1912 年的借支，計 530 萬盧布，1909-1917 年的貸款，計 107.5 萬盧布[7]。這筆民政經費在 1914 年以前，年平均約 200 萬盧布[8]，連同軍事費用，合計約 1,000 萬盧布。該二項經費支出，即吞噬大多數的營業收入。由此可知，鐵路公司在商業營運之外，代理俄國政府執行鐵路附屬地的統治權，所帶來的非鐵路營業支出，是造成其長期鉅額虧損的根本原因。

二、戰爭、革命等外力的介入與干擾

戰爭與革命是影響中東鐵路正常營運的另一因素，為期十五年的營運，中東鐵路先後遭逢日俄戰爭、第一次世界大戰，以及三次的俄國革命，堪稱命運多舛。日俄戰爭與第一次世界大戰，使中東鐵路成為俄國的後勤補給運輸幹線，尤其是日俄戰爭，對中東鐵路正常營運的影響最為重大。至於俄國革命，本是發生在俄國國內，卻因中東鐵路地帶在鐵路公司長期經營之下，已形同俄國殖民地；再加上該鐵路又是西伯利亞鐵路的一部分，一旦俄國國內有動亂發生，必會遭受波及，其運輸業務自然大受影響而無法正常進行。這些戰爭、革命等時局變化，對中東鐵路營運的影響，見如下說明。

（一）日俄戰爭

7 Нилус, *Исторический обзор КВЖД, 1896-1923 г.г.*, T. I, c. 651, 674；貸款金額據前書頁674後附表：「哈爾濱市董事局負債統計表（1909-1922）」核計而得。

8 Adachi Kinnosuke, *op. cit.*, p. 67；徐曰彪，〈試論俄國在華投資與東省鐵路財政〉，頁 125。

1903 年 7 月，中東鐵路正式營運，半年後，日俄戰爭爆發。中東鐵路既是西伯利亞鐵路的一部分，戰爭期間，自然要肩負俄國軍事動員之要務；再加上遼東及其沿海地區是日俄交戰的主要戰場，該路南滿路段因而淪為戰區的一部分，全路遂進入軍事管制狀態，運輸業務悉以軍事物資及軍隊為主，商業運輸成為次要之事，須經軍方核准，始能運行。為配合戰爭需要，鐵路公司必須在短期之內，提升通車能力，故有關機車、客貨車的增添，以及附加軌道、會讓站、供水設施等工程修建，其數量均相當可觀。雖說車輛及鐵路材料，多數是向西伯利亞鐵路及莫斯科方面借調而來，然其他應軍方要求所增添的設施支出，卻為數不少，計達 1,700 萬盧布[9]。這一筆額外的經費，等於是中東鐵路正常營運時期一年的營業支出。

其次，運輸能力的提升，須仰賴燃料的供應無缺。中東鐵路的燃料，以木柈為主，原是就地取材，由鐵路沿線的林地砍伐而來。日俄戰爭期間，燃料需求量多，鐵路公司乃擴大東線、南線等處林地的伐木面積，增加木柈的供應量[10]。煤炭供應方面，需求量雖未如木柈，然用量亦較平日為多，日俄戰爭前夕，鐵路局長霍爾瓦特警覺日俄之間有可能爆發戰爭，即預為準備，較平常多訂購 4 倍的煤炭。戰爭爆發後，路局復從大連、營口兩港的煤炭貯存地，運出 340 萬普特前往鐵路沿線；同時，又就鐵路公司自有煤礦的增產，以及尋找開發新礦區等方向著手，以增加煤炭儲存量。時鐵路公司所開採的自有煤炭，計有札賚諾爾、昌圖府

---

9 Нилус, *Исторический обзор КВЖД, 1896-1923 г.г.*, Т. I, с. 295-296; *Исторический обзор КВЖД, 1896-1923 г.г.,* Т. II, Часть II, “Краткий очерк исторического развития местного контроля Общества Кит. Вост. ж. д.”, с. 6.

10 Нилус, *Исторический обзор КВЖД, 1896-1923 г.г.*, Т. I, с. 298.

及寬城子等處，為供應戰爭時期需要，特別針對年產量較多的札賚諾爾煤礦，由戰前的 400 萬普特增產至戰時的 3,000 萬普特。另外，南滿最大的煤礦——撫順煤礦，鐵路公司本無開採權，此時卻未經中國政府同意，擅自前往開採，並增築運煤鐵路支線[11]。凡此有關鐵路運輸所需燃料的擴大採購、開採等，均須鐵路公司投入相當經費以為支應。總之，日俄戰爭期間，因應軍事運輸所帶來的相關設備、工程、燃料等項額外經費支出，導致其營業支出極其龐大，連同戰後的俄軍撤返運輸，1904-1906 年三年合計 12,450 萬盧布，年平均 4,150 萬盧布，遠高於 1908-1913 年正常營運時期的 2.5 倍。

除因應軍事動員需要，提升運輸能力外，在全面軍事管制下，整個商業營運難以正常運行，營運量大幅萎縮，以貨運量而言，商業運輸僅占 5%；就列車開行總里程而言，亦僅有 5%（參見第四章表 4、表 12）。另一方面，由於多數車輛用於軍事運輸，軍方又徵調部分車輛充作營房和指揮處所，導致待運貨物堆積如山，又乏貨棧存放，散置於車站附近，失竊、毀損者為數不少。戰後貨主陸續向路局請求賠償，無異增加其營業成本。以 1908 年為例，索賠件數即達 5,253 件之多，金額總計 3,960,835 盧布[12]。戰爭期間，通車次數之頻繁、車輛超載之嚴重，均遠超出車輛及路軌等相關設施所能負荷。例如，1905 年 3 月 5 日起，俄軍在奉天大會戰失敗後，開始向遼陽、奉天、撫順一帶全面撤退，為避免大批軍事輜重落入日軍之手，必須在 12 至 18 小時內，利用火車全部運出，數以萬計的傷兵，亦須一併撤走。在

11 Нилус, *Исторический обзор КВЖД, 1896-1923 г.г.*, Т. I, с. 298.

12 Нилус, *Исторический обзор КВЖД, 1896-1923 г.г.*, Т. I, с. 359.

日軍密集炮火攻擊下，為期一週的撤退，來往於遼陽、奉天至哈爾濱間的列車，平均每日高達 50 次，運輸量約計 6,000 餘車，甚是驚人。如此一來，車輛故障率高，路軌等相關設施毀壞者，甚為可觀，以機車為例，1907 年的統計，機車故障無法開行者，即占四分之一[13]。

總結日俄戰爭對中東鐵路營運之不良影響，連同戰後俄軍撤返運輸，以及調適恢復商業營運等時期，計為期四年之久，前三年營業收入，固然是 1915 年以前最多者；但是，軍事運輸所占比重在 70%以上（見第四章表 12），營業支出、空車率亦居各年之冠[14]，以致其營業百分率高達 140%-160%（見表 27）[15]，中東鐵路營業不健全的嚴重性，由此可見。再者，大批軍事人員駐留路界內，加重路局的軍事費用，「特別營業」支出相對提高，尤以 1904-1905 年間最多，共有 3,610 萬盧布。這筆鉅額的非營業支出，又是日俄戰爭所帶來的另一後遺症，對原已虧損嚴重的

---

13 Нилус, *Исторический обзор КВЖД, 1896-1923 г.г.*, Т. I, с. 319-320; 1907 年中東鐵路機車有 786 輛，故障無法開行者 189 輛（參見《北滿洲之產業》，頁 246-252）。

14 所謂空車率是以機車開行未用之開行里數所占百分數而計，1904-1906 年為 36%，比 1908-1913 年正常營運時期的 29%-33%為高（《東省鐵路概論》，頁 98、100）。

15 所謂營業百分率係指營業支出除以營業收入所得。民國時期鐵路研究學者王同文指出，營業百分率的高低，「一方既受進款之牽動，他方復受用款之影響」。指數的起伏，「原因不一，鐵路管理之善否，特其一端耳」。一般而言，營業百分率指數愈高，表示財務狀況愈差，營業方法愈加失當（《東北鐵路問題之研究》，上冊，上海：交通大學，1933，頁 113-114）。另據鐵路專家的考察，營業百分率在 60%以內，尚不違營業健全之指標（參見張瑞德，《平漢鐵路與華北的經濟發展（1905-1937）》，台北：中央研究院近代史研究所，1987，頁 45）。

財務狀況，無疑是雪上加霜，所幸俄國政府挹注鉅額資金，鐵路公司倖免於破產的命運。

（二）第一次世界大戰

第一次世界大戰對中東鐵路的影響，就營業收入概略觀察，大致上是利多於弊。此時，中東鐵路再度成為俄國的後勤運輸鐵路，但因戰場遠在歐洲，戰爭對其商業運輸所構成的干擾，未如日俄戰爭嚴重。相反地，由於歐俄港口為戰火封鎖，無法進出，俄國國內所需物品改由海參崴運入，中東鐵路過境貨物驟增，營運量較前倍增，貨載里程長，收入因之大幅增長，從而擺脫長期以來毫無淨利所得的窘境，1915 年起，開始有淨利出現，營業百分率由戰前的 68%，降至 45%，說明其營業狀況已趨於健全。這是第一次世界大戰過境貨物的激增，對中東鐵路所造成的正面影響。

然而值得注意的是，第一次世界大戰仍不免對中東鐵路營運造成衝擊，此即軍事運輸比重的上升，影響及於商業正常營運。中東鐵路從 1908 年邁入正軌後，軍事運輸在列車開行里程比重，逐年下降，至 1913 年時，降至最低點 17%。1914 年 7 月，第一次世界大戰爆發，是年，軍事運輸驟然增加，所占比重亦大為提高，達於 41%，是正常營運時期所未有的現象，再加上大量的過境貨物接踵而來，整個營運管理完全失序。就現有的機車、貨車數量，根本難以支應（戰前即向美國訂購機車及客貨車輛），再加上 1914 年 7 月至 1915 年 3 月，先後二次支援外貝加爾鐵路車輛，歸還數量不及三分之一[16]，車荒問題日益嚴重，昔

16　第一次世界大戰期間，中東鐵路支援外貝加爾鐵路車輛情形：1914 年 7 月

日所重視之進出口貨物運輸途徑，亦失去原有步驟，長途與海參崴間及短途與寬城子間的貨物，常有無車發運之窘況，以致南線一帶的貨物多為馬車業所吸納，其貨載之多，「如長蛇蓋地，絡繹於途」[17]。1915 年，軍事運輸比重雖較為減少，而由海參崴運來過境貨物數量頗多，益以車輛缺乏，不得不增加車輛的載重量，敞車由 1,000 普特增至 1,200 普特（約合 19.3 噸），瓦罐車亦達 1,000 普特（約合 16.1 噸，正常載重為 800 普特），平均每一車軸載重噸數，竟由戰前的 3.7 噸增加為 1916 年的 5.5 噸。車輛裝載過重，有起火的危險，然為解決歐俄本土民生物資缺乏問題，除此方法別無他途[18]。營運管理脫序情形之嚴重，概可想像。

再者，第一次大戰期間，中東鐵路盈餘雖大為增加，不過，受盧布貶值的影響，實際盈餘未如帳面所見之多。時俄國政府於戰爭爆發後，一方面凍結紙幣的流通量，禁止金銀外流，一方面卻又擴大紙幣發行量，因而造成盧布不斷地貶值[19]。中東鐵路營收既以盧布為主，其營收利潤自然亦受影響。大戰初期，盧布在中東鐵路地帶的流通量，約在 1 億盧布以上，占全俄流通量的十六分之一[20]，1917 年十月革命後，增為十四分之一[21]。至於盧布的貶值情形，就其與日圓的兌換率變動觀察，戰前盧布與日圓比價為 1 比 1.030，戰爭爆發第一年貶為 1 比 0.935，至 1917 年二

1 日至1915 年 1 月 1 日，計 26,643 輛，結果僅還回 9,002 輛；1915 年 3 月 6 日，提供 29,331 輛，事後還回 8,961 輛（Мелихов, *Маньчжурия, далекая и близкая*, с. 309）。

17 《東省鐵路概論》，頁 86、132。

18 參見《東省鐵路概論》，頁 69-72。

19 孔經緯、朱顯平，《帝俄對哈爾濱一帶的經濟掠奪》，頁 78。

20 侯樹彤，《東三省金融概論》（上海：太平洋國際學會，1931），頁 109。

21 孔經緯、朱顯平，《帝俄對哈爾濱一帶的經濟掠奪》，頁 78。

月革命前，貶至 1 盧布僅能兌換 0.555 日圓。其後，二月革命、十月革命相繼發生，盧布的崩盤更是狂瀉不止，尤其是十月革命以後，跌落至僅值戰前的 12%（0.125 日圓），跌幅達 724%。為因應之，中東鐵路被迫於 1917 年 8 月至12 月間，三度調高客貨運費，這一年的盈餘雖大為增加，但實際價值已減至三分之一。總計 1915-1917 年為期三年的實際盈餘，年平均尚不足 1,000 萬盧布，比原有的年平均盈餘 2,050 萬盧布少 1.2 倍。盧布與日圓兌換率變動及中東鐵路實際盈餘，詳見表 28。

此外，第一次世界大戰對中東鐵路另一重大影響，雖與鐵路營運績效無直接關係，然卻攸關其未來營運發展，此即中東鐵路南線的讓售。此事起因於戰爭爆發未久，俄國為聯合日本驅逐德國在華勢力，並尋求日本貸款和軍援，遂與日本展開第四次日俄密約訂定交涉。交涉期間，日本提出讓售中東鐵路南線（寬城子至哈爾濱），以及共享松花江航行權等條件，換取日俄結盟。歷經 1916 年 2 月至 7 月的密集會談，終於達成協議，俄國允諾讓售中東鐵路寬城子至老少溝一段，老少溝以北至哈爾濱一段則委託日人代為經營，同時，日本船隻可航行松花江上游至嫩江口[22]。此事攸關中東鐵路權益，然俄國外交部事先未徵詢財政部及該公司董事會，事後財政大臣與霍爾瓦特雖表反對，但亦無可奈何。後來南滿、中東兩鐵路公司在讓售價格的談判上，一直未能議妥[23]，隨著沙皇政權的垮台，讓售之事宣告失效。不過，日本欲將其勢力擴張至北滿的野心，並未稍歇，從十月革命後以迄

22　參見 E. B. Price, *The Russo-Japanese Treaties of 1907-1916, Concerning Manchuria and Mongolia*（Baltimore: The John's Hopkins University Press, 1933）, pp. 82-83；阿瓦林，《帝國主義在滿洲》，頁 182-184。

23　阿瓦林，《帝國主義在滿洲》，頁 185。

協約國共管中東鐵路時期，數度企圖染指中東鐵路的監管權，可為例證。

（三）俄國革命

中東鐵路通車營運十五年，歷經三次俄國革命，即 1905 年革命，以及 1917 年二月革命、十月革命，其中又以 1917 年革命對其營運影響最為重大。而 1905 年革命的影響，主要是伴隨革命而來的罷工風潮，對其正常營運造成相當程度的干擾。詳情見如下說明。

（甲）1905 年末 1906 年初革命罷工風潮

1905 年 8 月，日俄戰爭結束，中東鐵路未能立即恢復正常營運，為俄軍撤返工作，全路仍處於軍事管制狀況。其時，俄國國內從年初以來發生的革命風潮，在日俄戰爭結束後益形發展[24]，並沿西伯利亞鐵路由西向東蔓延，最後擴展至遠東地區，中東鐵路地帶亦籠罩在其中。是年 10 月起，哈爾濱開始出現一股騷動不安的勢力。10 月 11 日，俄國鐵路工人為響應革命運動，宣布實施全國鐵路總罷工[25]，西伯利亞與外貝加爾間的交通

24　1905 年俄國革命發生，起源於 1 月 9 日，時加本神父（Father G. Gopon）率領工人群眾，前往聖彼得堡冬宮廣場請願，要求結束日俄戰爭，召開國會，保障民權，建立八小時工制，以及實行各項自由政策。結果，此次請願活動遭到鎮壓，以「血腥的星期日」（"Bloody Sunday"）收場。其後，革命勢力開始在各地蔓延，隨著日俄戰爭的失敗，革命勢力更形增長。為平息這股革命浪潮，尼古拉二世被迫於 10 月 30 日簽署一份「宣言」（"Manifesto"），同意制定憲法，召開國會，保障民權等等自由政策（參見 Walter Sablinsky, *The Road to Bloody Sunday*, New Jersey: Princeton University Press, 1976, Chap. IX）。

25　《中東鐵路歷史編年（1895-1952）》，頁 51。

因之中斷。當時，中東鐵路行將展開撤軍運輸，以致第一批撤軍運輸延誤十二日之久[26]。俄國鐵路總罷工，對中東鐵路工人所造成的影響，先是該路俄國工人於 10 月 22 日要求實施八小時工制；繼之，11 月 27 日，哈爾濱鐵路總工廠的中、俄工人約 1,000 餘名，提出調高工人待遇、禁止軍警監視和責罰工人等項訴求，包圍中東鐵路管理局，後聽聞路局將調派軍警前往鎮壓而自行解散，但是，罷工風潮卻從此蔓延開來[27]。

12 月 8 日，中東鐵路工人開始全面罷工。此項全路大罷工，起因於 10 月底全俄鐵路總罷工宣告結束後，12 月 7 日，卻傳來外裡海鐵路員工遭軍事法庭處決消息，中東鐵路職員擔心會招致同樣的下場，為求自保，當晚乃與鐵路工人合組特別罷工委員會，號召全路罷工。次日，該委員會通電全路，實行總罷工，並掌控了鐵路運輸業務。其時，海參崴、赤塔兩地均有動亂發生，且有軍人參與其中。肩負俄軍撤返工作的里涅維奇將軍（Linevich），擔心鐵路罷工會波及俄軍撤返作業，進而引起兵變。因此，為使中東鐵路罷工不至於延誤俄軍撤返，他並未派兵鎮壓罷工活動，改以協商方式，取得特別罷工委員會承諾，同意撤軍列車照常行駛。與此同時，特別罷工委員會卻發生內訌，工人出身的委員另行成立以工人為主的罷工委員會，與職員罷工委員會形成對立。職員罷工委員會成員本身也有溫和與激進之分，12 月 12 日，溫和派取得職員罷工委員會的控制權，通電全路停止罷工；12 月 14 日，恢復正常通車，從 12 月 8 日總罷工以來，中斷一週的中東鐵路運輸得以恢復，外貝加爾至濱海省的交

26　Нилус, *Исторический обзор КВЖД, 1896-1923 г.г.*, Т. I, с. 388.

27　吳文銜、張秀蘭，《霍爾瓦特與中東鐵路》，頁 106-107。

通，至此完全暢行無阻[28]。

中東鐵路全路大罷工，雖宣告結束，惟因鐵路總工廠工人的訴求未獲路局認可，罷工活動遂持續進行至 1906 年 1 月上旬，於中東鐵路正常營運，造成相當程度的干擾。另一方面，工人罷工期間，鐵路管理局大樓接連發生五次大火，全樓四分之三的建築物被焚毀，其中包括材料處、車輛運行統計處、儲金處、出納處、會計處、商業部等單位，大批財物及重要檔案文件，付之一炬，損失慘重[29]。事後聖彼得堡總公司派員前來調查，懷疑與工人罷工有關，可是，未能查獲確切證據，僅逮捕 3 名員工交付軍法審判，草草了結此案。而參與罷工的總工廠工人，約有 200 多名，於 1906 年 1 月 29 日遭到解雇，整個罷工活動宣告結束，中東鐵路秩序恢復平靜[30]。2 月起，俄國駐哈爾濱遠東後方軍隊總司令部全面調查此次罷工活動。2 月 30 日，逮捕 21 名路局職員，其中包括霍爾瓦特倚重的路局總辦公室主任雷佩辛斯基（Lepeshinskii）。他們以煽動工人罷工、散發革命黨的宣傳單、破壞社會秩序等罪名被起訴。經審判後，部分人無罪開釋，有罪者則分別判處三週至三年不等的徒刑[31]。

此次為期三個月的革命罷工風潮，於中東鐵路整體營運影響不大，只是，經由此次風潮，俄國的革命勢力——社會民主黨、社會革命黨，從此在中東鐵路地帶生根發展，得以將其勢力伸展及於中東鐵路俄國工人和護路軍之中，在哈爾濱、海拉爾、博克

28 Нилус, *Исторический обзор КВЖД, 1896-1923 г.г.*, Т. I, с. 341-342.

29 Нилус, *Исторический обзор КВЖД, 1896-1923 г.г.*, Т. I, с. 334.

30 Нилус, *Исторический обзор КВЖД, 1896-1923 г.г.*, Т. I, с. 348, 350.

31 Нилус, *Исторический обзор КВЖД, 1896-1923 г.г.*, Т. I, с. 348-349; *The Memoirs of Khorva*t, Chap.VI, p. 6.

圖、齊齊哈爾、寬城子、乜河、綏芬河等地，建立工人及軍人組織，不時伺機發動罷工、集會，挑戰鐵路當局，對路界內秩序的安定，多少有所影響[32]。1910-1911 年間，路局及外阿穆爾軍區先後破獲社會革命黨及社會民主黨的組織，逮捕其重要分子，送交哈爾濱的法庭審判，分別判處苦役、流放等徒刑，或逐出路界內[33]。經過此次的鎮壓行動，路界內革命黨的聲勢雖大為重挫，惟其勢力並未完全根絕，1917 年俄國革命再度爆發，遂得捲土重來，中東鐵路全路陷入革命浪潮之中，營運管理由是全然失序，難以恢復。

（乙）二月革命與十月革命

1917 年 3 月 8 日（俄曆 2 月 23 日），俄國革命爆發，以社會革命黨為首的各自由派，宣布成立臨時政府（Provisional Government），推翻沙皇政府，此即俄國史上的「二月革命」。革命消息傳來，哈爾濱及中東鐵路地帶的秩序，開始陷入混亂。3 月 16 日，哈爾濱鐵路總工廠的俄國工人，舉行集會遊行，要求釋放政治犯。次日，鐵路總工廠各車間工人結合路局各處員工，宣告成立「工人代表蘇維埃」（Soviet rabochikh deputatov）。3 月 20 日，哈爾濱衛戍部隊加入「工人代表蘇維埃」，其中包括護路軍第 618 民兵大隊准尉留金（Martem'ian N. Riutin, 1890-1937）。不久，路界內的「士兵代表蘇維埃」（Soviet soldatskikh deputatov）、「鐵路員工代表蘇維埃」（Soviet deputatov zheleznodorzhnykh sluzhashchikh）、「中東鐵路職員、技術工人和工人聯合會」

32　參見 Нилус, *Исторический обзор КВЖД, 1896-1923 г.г.*, Т. I, с. 351-352; Г. И. Андреев, *Революционное движение на КВЖД в 1917-1922 г.г.*（Новосибирск: Издательство «наука», 1983）, с. 25.

33　Андреев, *Революционное движение на КВЖД в 1917-1922 г.г.*, с. 25.

（Soiuza sluzhashchikh masterovykh i rabochikh KVZhD），以及各種行業聯合會，亦紛紛宣告成立。就其政治立場而言，無論是蘇維埃組織或各種聯合會，均以社會民主黨的溫和派孟什維克（Menshevik）和社會革命黨為主，社會民主黨的激進派布爾什維克影響力極其有限[34]。

圖 6-1　中東鐵路管理局副局長阿法納西耶夫，兼民政部幫辦，任期 1908 年 10 月至 1917 年 3 月，被解職後返回聖彼得堡。1918 年 7 月，重返哈爾濱，再任民政部幫辦。1921 年 3 月，因民政部裁撤，改設總務部，轉任總務部部長。

與此同時，哈爾濱各黨派、團體於 3 月 19 日仿俄國境內城市之例[35]，成立「哈爾濱市執行委員會」（Kharbinskii ispouitelinyi komitet）。根據 3 月 24 日通過的決議，該委員會的功能如下：維持哈埠的社會秩序；貫徹臨時政府的綱領和命令；捍衛新制度並對抗反革命勢力；迅速舉行城市自治選舉；著手準備立憲會議選舉；採行戰勝德國的必要措施；以糧食供應俄軍和居民，確保鐵路運輸無礙[36]。

3 月 21 日，哈埠執行委員會舉行第一次會議，通過決議，將主管民政部的副局長阿法納西耶夫（Mikhail E. Afanasiev）、哈埠警察署長阿諾爾德（von Arnol'd）二人免職[37]。未久，又將主管鐵路技術部的副局長欣澤（A. K. Khintse，舊譯金

34　Андреев, *Революционное движение на КВЖД в 1917-1922 г.г.*, с. 27-28, 30.

35　《東支鐵道を中心とする露支勢力の消長》，上卷，頁 297。

36　Андреев, *Революционное движение на КВЖД в 1917-1922 г.г.*, с. 28.

37　《東支鐵道を中心とする露支勢力の消長》，上卷，頁 297；Quested, *The Tsarist Russians in Manchuria, 1895-1917*, p. 296.

圖 6-2　中東鐵路管理局副局長拉琴諾夫。1903 年 4 月起即任機務處副處長，1907 年 10 月升任處長。1918 年 4 月 1 日，升任副局長；4 月 28 日，因霍爾瓦特任中東鐵路公司代理會辦，而任代理局長，至 1920 年 11 月 6 日止，後任中東鐵路公司會辦；1921 年 7 月 6 日，再轉任中東鐵路公司高級顧問，以專業工程師資歷長期服務中東鐵路。1924 年 9 月，〈奉俄協定〉簽訂後，10 月，與霍爾瓦特同時被中東鐵路公司理事會撤銷顧問一職。

次）[38]，以及電信處長扎托普林斯基（Zatopliskii）等鐵路專家免職，另行任命二位副局長拉琴諾夫（Vasilii D. Lachinov）和卡扎凱維奇（Dmitrii P. Kazakevich）、警察署長巴爾斯基（M. S. Barskii）、護路軍指揮官魯茨基（A. N. Lutskii）[39]。在此種情況下，

圖 6-3　中東鐵路管理局代理副局長卡扎凱維奇。以鐵路工程師專業身分於 1902 年 10 月到任；1918 年 6 月，任代理副局長；1920 年 11 月，因拉琴諾夫轉任中東鐵路公司會辦，升任代理局長；1921 年 2 月，奧斯特羅烏莫夫就任局長後回任副局長，同年 11 月請辭。

---

38 欣澤於 1915 年 6 月接替副局長希爾科夫之職（《交通史路政編》，第 17 冊，頁 171）。

39 參見 Quested, *op. cit.*, p. 300；《東支鐵道を中心とする露支勢力の消長》，上卷，頁 297-298。

儘管根據臨時政府的命令，霍爾瓦特仍是路界內的行政長官、路局最高首長，但其權力已大不如前，被迫承認哈埠執行委員會有關路局的人事命令，同意該委員會享有路界內各行政機關的監督權[40]。

大致上，哈埠執行委員會雖掌控路界內的權力，但其政治主張仍屬溫和漸進派，且對霍爾瓦特還算尊重，故至十月革命前為止，霍爾瓦特尚能保有其地位。以留金所代表的激進派，雖於 6 月 22 日將「工人代表蘇維埃」和「士兵代表蘇維埃」合併，成立「工兵蘇維埃」，然其力量還不足以與溫和漸進派抗衡，直到是年 7 月始有所轉變[41]。其時，大批旅美俄國革命黨開始取道中東鐵路返回俄國，其中有一部分布爾什維克分子停留在哈埠，宣傳其政治綱領。7 月底，哈埠「布爾什維克黨委員會」（Bol'shevistskii partiinyi komitet）正式建立，從此，路界內的布爾什維克勢力逐漸增強。

十月革命前夕，哈爾濱舉行俄國立憲會議代表選舉，參與競選的候選人，包括社會革命黨人沃爾福維奇（F. A. Vol'fovich）、孟什維克代表斯特列爾科夫（N. A. Strelkov）、布爾什維克代表留金，以及人民自由黨哈爾濱支部代表霍爾瓦特等人。投票結果，獲得第一高票的是孟什維克代表（13,139 票），留金則獲得第二高票（10,612 票），霍爾瓦特（6,327 票）及社會革命黨代

40 哈埠執行委員會權力高漲，曾引發哈埠董事會的不滿，該會曾向吉林鐵路交涉總局抱怨，指控其「治理不合彼國社會」，「違反民意」，請求中國出面干涉（〈李鴻謨為鐵路界內治理權事稟〉，民國六年 4 月 21 日，《中東鐵路》（二），頁 231）。

41 Андреев, *Революционное движение на КВЖД в 1917-1922 г.г.*, с. 36-37.

表（5,081 票）分別名列第三、第四[42]。由此顯示，社會民主黨已成為路界內勢力最大的政黨，而布爾什維克雖無法超越孟什維克，但較之二個月前，已茁壯甚多。

在此期間，中東鐵路員工受革命風潮影響，對路局的抗爭行動見諸記載者，計有下列數起：（一）4 月，鐵路總工廠停放客車的廠房，遭中國工人放火，燒毀 15 輛修復的客車，事後路局撤換總工廠廠長，並關閉該客車廠房達八個月之久[43]。（二）5 月 1 日，鐵路總工廠中俄工人為慶祝勞動節，號召全路工人總罷工，全路列車停駛，貨物無法運出，哈埠商業活動為之停頓[44]。（三）7 月 27 日，路局總工廠、路局機務處、哈爾濱八區車站倉庫、香坊車站、中央車站、路局印刷廠等 3,000 餘名中國工人，要求增加工資，舉行大罷工，影響及於全路罷工活動達一個月之久[45]。此次全路大罷工期間，適逢俄國臨時政府為防止布爾什維克份子取道遠東返回俄國，一度關閉中俄邊界。結果，運往歐俄的貨物，以及經海參崴出口的北滿穀物，均無法運出，貨物堆積情形嚴重，罷工事件造成貨物發運問題更為惡化。8 月中旬，臨時政府重新開放中俄邊界，湧向中東鐵路各站的旅客和貨物頓時激增，運輸調度問題持續惡化。8 月底，霍爾瓦特不得不同意工人調高工資的要求，一個月的罷工風潮終於落幕[46]。

---

42 《東支鐵道を中心とする露支勢力の消長》，上卷，頁 307。

43 哈爾濱車輛工廠廠史編寫組，〈三十六棚工人的抗俄鬥爭〉，《歷史研究》，1976 年第 3 期，頁 87。

44 《中東鐵路歷史編年（1895-1952）》，頁 107。

45 《中東鐵路歷史編年（1895-1952）》，頁 109。

46 〈運貨者注意〉，1917 年 8 月 19 日，《遠東資料——遠東報摘編（1916-1921）》，第 3 章，頁 86；Quested, *op. cit.*, p. 306.

鐵路工人的罷工活動，固然對商業運輸造成不少困擾，不過，此時影響路務正常運作最大者，仍在於俄國國內政治社會的動盪不安，波及遠東地區的交通運輸，而使中東鐵路缺車問題益為嚴重。早在二月革命發生未久，中東鐵路運抵外貝加爾鐵路的過境貨物，即無法順利抵達歐俄，積貨達 4,281 車之多。中東鐵路車輛受困於外貝加爾鐵路，無法如期返回北滿執行商業運輸，缺車問題又較 1914-1915 年間嚴重，路局只好於 3 月 13 日起，規定除海參崴運來之過境貨物外，鐵路沿線各站貨物一概不准收載，但行李、急行貨物和各站所需糧食，不在此限[47]。3 月 17 日，路局再限制東、西線各站，每日只准運送糧食各 2 車，南線每日 1 車；每人每日發貨不得超過 25 普特[48]。限運政策終究無法解決積貨過多問題。是年夏末，俄國邊界的關閉，以及鐵路工人的罷工，積貨更形增加，直到中俄邊界重新開放，路局得以開始清運積存貨物。8 月 21 日起，每日發運海參崴出口的穀物可達 326 車，南行出口者 15 車[49]。未料，半個月後，因海參崴的中東鐵路所屬碼頭積貨過多，只得從 9 月 7 日起縮減穀物東行出口運量，改為每日 30 車，於是，各車站積貨過多問題再度浮現[50]。

客運方面，自 1917 年春以來，盧布貶值幅度增大，中國內地來哈埠經商者日漸增多，以致所有客車不敷使用，客車擁擠不

---

47 〈關於運貨之種種〉，1917 年 3 月 15 日，《遠東資料——遠東報摘編（1916-1921）》，第 3 章，頁 84。

48 〈運貨者注意〉，1917 年 3 月 17 日，《遠東資料——遠東報摘編（1916-1921）》，第 3 章，頁 84-85。

49 〈運貨之近情〉，1917 年 8 月 24 日，《遠東資料——遠東報摘編（1916-1921）》，第 3 章，頁 86。

50 〈減少東路之貨〉，1917 年 9 月 7 日，《遠東資料——遠東報摘編（1916-1921）》，第 3 章，頁 86。

堪，並有羈留客棧欲行不得者。3 月中旬，路局開始就原有車輛加掛三等車數車，客運擁擠問題，得以解決[51]。7 月 27 日，路局因鐵路工人罷工，加上盧布貶值愈烈，乃停售哈爾濱至寬城子間的車票[52]。另外，盧布貶值亦迫使路局不得不調高運費，8 月 15 日，本路客票、行李加價 50%，本路急行貨、行李加價 1 倍；東行至海參崴出口穀物加價 40%；與各路聯運之貨物，除外貝加爾鐵路加價 2 倍外，餘均為 1 倍[53]。

是年秋末，俄國國內動亂之嚴重，日復一日，布爾什維克勢力日益壯大，盧布行情日見低落。為挽救金融危機，俄國臨時政府於 10 月起，嚴禁外貨進口與盧布出境，海參崴待運的過境貨物因而減少，原先減量發運的東行出口穀物列車，發運量得以再行恢復，積貨問題暫時獲得紓解。哈爾濱的金融危機方面，10 月 11 日，俄國臨時政府透過駐華公使公告，宣稱其政府新發行 1,000 元、40 元、20 元的紙盧布，「擔保品一如舊式鈔票」（即「克倫斯基大帖」，在北滿地區流通至 1919 年 5 月為止）[54]。新紙幣發行，並未能遏止盧布的貶值速度，物價又不斷上漲，哈埠商務日漸蕭條，治安亦不佳，竊事頻傳；而駐哈埠護路軍紀律蕩然無存，酗酒情形極其普遍，常發生醉酒士兵盜賣鐵路鋼軌事

51 〈中東路車輛增加〉，1917 年 3 月 20 日，《遠東資料——遠東報摘編（1916-1921）》，第 3 章，頁 85。

52 《中東鐵路歷史編年（1895-1952）》，頁 109。

53 〈客車及運貨費一律增價〉，1917 年 8 月 2 日，《遠東資料——遠東報摘編（1916-1921）》，第 3 章，頁 58。

54 〈駐京俄使庫達聶夫王爵於報紙上登載之廣告〉，民國六年 10 月 11 日，《雙方賠償之交涉》，檔號；03-32-541-01-001；《中東鐵路歷史編年（1895-1952）》，頁 110。

件[55]。總之，哈爾濱的俄國社會，在金融危機加速惡化下，已瀕臨崩潰邊緣。與此同時，「盧布之低落漸與官帖相平，中國內地商人紛紛來哈埠投資，收買俄人磨坊者有之，購買糧食者有之」[56]，於是，華人商務之暢旺與俄人企業之低落，成一鮮明對比。

11 月 7 日，俄國十月革命爆發，消息傳來，盧布暴跌，各銀行停放盧布貸款，哈埠秩序大亂，中外居民惶惶不安。同日，留金在「工兵代表蘇維埃」會議上，提出支持俄國蘇維埃政府的議案，孟什維克和社會革命黨人則支持臨時政府，經過一番激辯，以 82 票對 50 票，否決留金的主張。從此，布爾什維克與孟什維克及社會革命黨的關係決裂，獨自展開路界內的奪權行動[57]。

當此之時，中東鐵路沿線各站受十月革命波及，行車調度困難，再加上前往俄境的火車，於十月革命後，或遭扣留，或行車延誤，無法如期返回，中東鐵路缺車問題之嚴重，更甚於十月革命前。而每年 10 月以後，又是穀物運輸旺季的開始，各車站待運出口的穀物頗多，從十月革命爆發以來為期二週，未運出之糧車，總計達 15,944 車，十四天內東運出口者，不過 704 車而已，平均每日 51 車[58]。11 月末，由外貝加爾返回的貨車，每日僅 30 輛，各站積貨量再度上升，12 月初，增至 15 萬車之多，

---

55 Quested, *op. cit.*, p. 307.

56 〈一千九百十六年、七年哈爾濱商務（續）〉，1918 年 2 月 2 日，《遠東資料——遠東報摘編（1916-1921）》，第 2 章，頁 158。

57 Андреев, *Революционное движение на КВЖД в 1917-1922 г.г.*, с. 39.

58 〈各站屯集糧貨甚多〉，1917 年 11 月 29 日，《遠東資料——遠東報摘編（1916-1921）》，第 3 章，頁 87。

較二月革命發生初期，增加數十倍[59]。

12 月起，路界內秩序更為混亂，12 月 4 日，蘇俄人民委員會電令哈爾濱「工兵蘇維埃」立即展開路界內的奪權行動[60]，霍爾瓦特意識到其地位即將不保，遂向濱江道尹施紹常（1873-？）緊急求援，濱江知事張曾榘乃令警備隊赴鐵路管理局及各街道巡邏，設警震懾（在此之前中國已派軍警進入路界內維持秩序）[61]。次日，英國公使朱邇典（John S. Jordan, 1852-1925）敦促中國派兵，以維持路界內秩序。12 月 12 日，北京政府特派總統府顧問何宗蓮（1864-1931）、總統府副長官張宗昌（1881-1932）二人赴吉林，洽辦協防哈亂事宜[62]。同日，霍爾瓦特通告各國駐哈領事，表示他已無力保護外國人的生命財產，哈爾濱各國僑民於是紛紛組織「自衛團」，以自我保護[63]。

另一方面，哈爾濱「工兵蘇維埃」雖接獲蘇俄人民委員會的奪權指示，但並未立即行動。主要原因是中東鐵路沿線各站的蘇維埃多主張不宜貿然行動，否則會引發中國和日本的干涉。其次，布爾什維克支持者之間，對霍爾瓦特的地位問題，意見紛

59　〈各路車輛不敷應用〉，1917 年 12 月 6 日，《遠東資料——遠東報摘編（1916-1921）》，第 3 章，頁 88。

60　Андреев, *Революционное движение на КВЖД в 1917-1922 г.г.*, с. 46.

61　中國首度派兵進入路界內，始於 1917 年 5 月 30 日；11 月底，復有吉林部隊入哈埠協防。參見〈吉林督軍咨〉，民國六年 7 月 2 日，中央研究院近代史研究所編，《中俄關係史料》，俄政變與一般交涉（一），頁 82；遠東外交研究會編，《最近十年中俄之交涉》（台北：文海出版社重印，出版年不詳），頁 26-27。

62　參見〈發國務院祕書廳函〉，民國六年 12 月 6 日；〈發哈爾濱施（紹常）道尹電〉，民國六年 12 月 12 日，《中俄關係史料》，中東鐵路（一），頁 5-6、8。

63　《哈爾濱歷史編年（1895-1952）》，頁 113-114。

歧。再者，孟什維克和社會革命黨都極力反對在路界內進行奪權鬥爭。基於上述因素，「工兵蘇維埃」主席留金遂去電蘇俄人民委員會，請其裁示[64]。12 月 13 日，留金接獲蘇俄外交事務全權委員波利瓦諾夫（E. D. Polivanov）覆電，令其即日起選派委員接替霍爾瓦特之職。次日，「工兵蘇維埃」發布第一號命令及奪權公告，將霍爾瓦特、拉琴諾夫、卡扎凱維奇等人免職，由「工兵蘇維埃」副主席斯拉文（B. A. Slavin）接替霍氏之職[65]。又向濱江道尹施紹常提交「備忘錄」，指霍爾瓦特之行政和外交權，已遭彼得格勒政府剝奪，這些職權暫由斯拉文行使[66]。「工兵蘇維埃」的奪權行動，於焉展開。

12 月 15 日晚，留金「進入衙署，強迫霍氏將政權交出。霍氏口頭允許，即於是晚藏匿。而俄領亦於是晚遷到中國界內」[67]。12 月 18 日，「工兵蘇維埃」開始對霍爾瓦特等人發出通緝令。在此之前，吉林當局正式在傅家甸成立中東鐵路警備司令部，北京專使何宗蓮、張宗昌已抵達哈爾濱，並於「工兵蘇維埃」通緝霍爾瓦特之日，赴鐵路管理局，要求霍氏將留金、斯拉文及附和滋事分子，一律解除武裝，即日解送出境。次日，復函請其「限期三日，令將廣義派首領紐（留）金等驅逐回國，並將在哈軍隊解除武裝，一併驅逐回國」[68]。由於霍爾瓦特根本無力

---

64 Андреев, *Революционное движение на КВЖД в 1917-1922 г.г.*, с. 47-48.

65 Андреев, *Революционное движение на КВЖД в 1917-1922 г.г.*, с. 48.

66 《最近十年中俄之交涉》，頁 27。

67 張宗昌，《哈爾濱交涉報告》，頁 2-3，轉引自薛銜天，《中東鐵路護路軍與東北邊疆政局》，頁 187。

68 12 月 18 日至 12 月 19 日，中國特使與霍爾瓦特的交涉，見〈收哈爾濱何（宗蓮）中將、張（宗昌）中將電〉，民國六年 12 月 20 日；〈收黑龍江督軍（鮑貴卿）電〉，民國六年 12 月 23 日，《中俄關係史料》，中東鐵路（一），

解除留金等人武裝，中國方面乃決定以武力逮捕之，並藉此解散中東鐵路護路軍，收回路界內駐軍權。此項行動於 12 月 26 日起陸續展開，至 1918 年 1 月初為止，將駐防鐵路沿線的護路軍，全部遞解出境。留金和斯拉文等人，則易裝逃出哈爾濱，未在遣送之列。

受霍爾瓦特地位不穩，以及布爾什維克奪權行動等因素的影響，中東鐵路營運情況，更形困窘。以 12 月 1 日至12 日東行出口貨車為例，包括經海參崴出口的大豆，合計不過 313 車，平均每日僅能發運 17 車，而這十二日內運抵各站的糧車共有 2,669 車，各站存糧累計達 17,107 車，連同其他貨物未運出者，積貨總額遠多於 12 月初所統計的 15 萬車[69]。僅以積存糧車而論，平均每日 17 車之發運量，非三年不能全部清運完畢[70]，否則無法收載新糧，積貨問題之嚴重，達於極點。其次，盧布的貶值，物價的飆漲，亦使鐵路營業成本為之增加，尤其是燃料費的上漲，以及鐵路員工加薪數倍，迫使路局於 12 月 4 日，再度調高客貨運費，調幅約在 200%-600%之間，如所有急行客貨及本路快慢運貨物，皆增加 2 倍，旅客、行李加價 3 倍，進出口貨物一律調高 6 倍[71]。至年底，西伯利亞地區政局愈為混亂，西伯利亞鐵路

頁 16、18。

69 〈火車缺乏之真象〉，1917 年 12 月 30 日，《遠東資料——遠東報摘編（1916-1921）》，第 3 章，頁 89。

70 〈中東路之困難〉，1917 年 12 月 30 日，《遠東資料——遠東報摘編（1916-1921）》，第 3 章，頁 89。

71 〈中東鐵路公司〉，1917 年 12 月 29 日，《遠東資料——遠東報摘編（1916-1921）》，第 3 章，頁 10；《中東鐵路歷史編年（1895-1952）》，頁 114。按，中東鐵路運費及票價調漲公布日期，《遠東報》刊載日期為俄曆 11 月 22 日，即公曆 12 月 5 日，《中東鐵路歷史編年（1895-1952）》誤載為 12 月 14 日。

全線無法完全暢通，如至伊爾庫次克的運輸已告中斷，運入俄境的貨物，根本無法抵達歐俄本部，行抵外貝加爾鐵路的中東鐵路貨車，亦無法返回北滿。缺車之患，加上路界內秩序的混亂，中東鐵路的行車，已全無章法可言，整個營運，幾已瀕於瓦解之勢。而十月革命對中東鐵路營運狀況的惡化，由貨運量的變動，可獲得印證。在此之前，10 月，全線穀物運量有 3,420 車，東行海參崴出口者 2,134 車；12 月，分別降至 1,748 車和 748 車，約減少 1-2 倍。總計十月革命後的二個月，未能運出的貨運總值達 1.5 億盧布[72]，無論對貨主或中東鐵路公司而言，都是一筆龐大的損失。

總結 1917 年二月革命、十月革命對中東鐵路的影響，堪稱前所未有。其中影響最大者，莫過於十月革命之後共產政權的建立，結束了俄國獨自經營中東鐵路的時代，路界內各項利權亦陸續為中國政府收回。其次，對中東鐵路營收最直接的影響，則是前往俄境貨車或遭扣留，或行車延誤，多數車輛無法駛回，導致缺車問題更形嚴重，待運貨物為數之多，行車秩序之亂，前所未有；適逢北滿穀物出口旺季，中東鐵路既無力承運，糧商轉而以馬車運抵長春，由南滿鐵路運至大連出口，其損失之大，可想而知。再者，盧布貶值更甚於十月革命之前，以致 1917 年盈餘雖不少，然其實際價值卻僅及帳面價值的三成，此又是另一項重大損失。當然，十月革命對中東鐵路所造成的更嚴重損害，則是 1918 年以後數年，直到 1924 年〈中俄北京協定〉、〈奉俄協定〉

---

72 〈一千九百十六、七年哈爾濱商務（續）〉《遠東報》，1918 年 2 月 2 日，《遠東資料——遠東報摘編（1916-1921）》，第 2 章，頁 158。

先後簽訂，邁入中俄共管時期，脫序現象轉趨減少，商業營運得以逐漸恢復正常。

第二節　內在因素：經營不善

中東鐵路本身經營不善，亦是該路長期虧損或收益不多的另一重要因素。自中東鐵路興建營運以來，俄國政府即不斷地給予鉅額的貸款貼補，然對其經營不善問題，負有監督職責的財政部，並未建立監察制度，隨時糾舉其各項缺失，加以督促改善。鐵路公司本身，雖設有稽察系統，但成效有限，影響所及，無論是董事會或管理局均無隻字片語的績效檢討報告。因此，要分析其經營績效不彰的原因，只能就散見於各方的有限資料，作一概略分析，茲分紀律不良、營業方法失當、稽察成效不彰，以及人事用度過高等項，逐一說明之。

一、紀律不良

所謂紀律不良，最嚴重者，乃是貪污舞弊問題。此一弊端早在鐵路修築期間，即已浮現。根據當時報刊報導，中東鐵路修築期間，經費支出浮濫，工作人員貪污舞弊之事，俯拾皆是。例如，鐵路人員利用職權勾結包商，虛報工程種類、規模以及施工進度，即能輕易獲取 20-30 萬盧布的非法利益，其中尤以挖土工程的監工，隨意填寫工作進度，舞弊情形最為普遍。又如負責工程材料承運人員，時有虛報貨載數量情形，以便從中溢領運費撥款（如材料承運僅 3-4 車，卻填具 10 車）。義和團事變期間，浮報情形最為嚴重，如包商雇用華工破壞一些鐵路設施，或偷竊鐵路材料虛報損失，又或鐵路人員將無建物之處虛報為有建物受損等等不一而足，如此一來，有不少賠償金落入私人荷包[73]。當時大連的俄人社會流傳如下諺語：「20 萬盧布不算太多，不過是中東鐵路的二千分之一而已」[74]，或可反映貪污舞弊現象的嚴重與普遍。

上述非法之事在報刊披露後，引起社會各界的震驚，學者專家投書報刊，或著書立說，抨擊中東鐵路公司。如知名的經濟學者米古林（P. P. Migulin）即於《國家經濟》（*Народном хозиаистве*）刊物為文批評該公司經費支用及舞弊情事，簡直令人匪夷所思，整個中東鐵路彷彿是冒險家的天堂[75]。輿論界如《基輔人》（*Киевлянин*）、《俄羅斯公報》（*Русские ведомости*）等報刊雜誌，亦登有專文撻伐之。然而，這些批評撻伐言論，並未引起聖彼得堡總公司以及俄國財政部的關注，再加上會計及稽察制度的不健全，即使進行調查，也鮮有查獲實證懲處者。據該公司公布文件，築路期間，貪污舞弊遭到查獲懲處者僅有一件，委實不可思議。1901-1902 年間，維特及財政副大臣羅曼諾夫先後前來中東鐵路視察後，誇讚工程人員恪盡職守，咸認為有關中東鐵路非法情事的指控，全屬子虛烏有[76]。由於必須在鐵路合同規定期限完成鐵路的通車營運，俄國政府自然不希望節外生枝影響既

73 參見 Головачев, *Россия на Дальнем Востоке,* с. 166-171.

74 Головачев, *Россия на Дальнем Востоке,* с.171.另一諺語：「100 盧布不算是錢！50 俄里不算長！中國人不算是人！」反映了俄人利用中東鐵路工程，輕易賺取鉅額金錢之一斑，也可看出對中國人的嚴重歧視現象。

75 Головачев, *Россия на Дальнем Востоке,* с. 173.

76 Головачев, *Россия на Дальнем Востоке,* с. 172-173.中東鐵路員工貪污不法情事遭查獲者，僅有一件，是一工程師竊取公司財物 20 萬盧布（Головачев, *Россия на Дальнем Востоке,* с. 172.）。

定的進度，對鐵路工程的種種弊案傳聞，官方有如此的作為，亦不令人意外。

1903 年 7 月，鐵路正式通車營運，不法之事持續存在。最常見的現象，就是負責運輸業務人員將公務運輸優惠憑證轉售私人謀利[77]。日俄戰爭期間，鐵路營運處於非正常狀態，經費支出浮濫更甚於築路期間，貪污舞弊情形之嚴重，可想而知。當時，雖無具體的事例可為佐證，但是，日俄戰爭結束後，1905 年末至 1906 年初，短短的一個半月期間，哈爾濱鐵路管理局大樓連續發生五次大火，固然是受革命罷工風潮的波及，惟會計處和商業部全遭燒毀，不由得令人生疑，是否有鐵路人員利用這股風潮，順勢燒毀一切不法罪證？事後，聖彼得堡總公司選派二名董事前來哈爾濱，調查火災及日俄戰爭期間的弊案[78]，終因會計支出、營業收支等財務詳細資料，悉遭大火燒毀而不了了之。

其後，有關中東鐵路貪污舞弊的指控，從 1906 年以迄 1917 年為止，仍持續不斷，其中不乏見之於英、美等國領事和海關人員的報告。例如，1906 年 11 月 25 日，美國駐哈爾濱領事給國務院的報告，指中東鐵路貪污舞弊問題之嚴重，簡直令人匪夷所思。又如 1908 年 4 月 16 日，英國領事透過英籍中國海關人員的報告，亦有類似說法；直到 1917 年 3 月，英國領事仍認為中東鐵路的「貪污腐化極其嚴重」[79]。

至於路局人員遭外界點名指控貪瀆罪嫌最嚴重者，首推長期擔任路局交涉代辦的達聶爾，認為他利用鐵路公司所屬林地租予

77 Головачев, *Россия на Дальнем Востоке,* с. 169.

78 Нилус, *Исторический обзор КВЖД, 1896-1923 г.г.*, с. 359-360.

79 Quested, *The Tsarist Russians in Manchuria, 1895-1917*, p. 397 註 98, p. 230.

私人伐木，從中非法獲取 150 萬盧布的佣金；局長霍爾瓦特之弟則被控與達聶爾合謀，利用與黑龍江鐵路交涉局總辦周冕私訂地畝及伐木合同，侵吞鉅額款項[80]。霍爾瓦特本人亦遭指控圖利他人罪名。此事起因於霍爾瓦特擅將鐵路公司製磚廠，無償出讓俄商克里莫維奇（Klimovich）經營，後者復邀霍爾瓦特夫人兄弟入股；同時，他又下令凡承包鐵路公司工程的商家若須用磚瓦，一律向該廠訂購[81]。

圖 6-4　中東鐵路公司全權代辦達聶爾。1897 年 2 月起即任勘路辦事員，不久轉任辦理木植事宜兼總監工之代辦。1901 年 2 月起，擔任中東鐵路公司全權代辦，至 1915 年 6 月卸任。在此期間關於地畝、木植合同的簽訂，均是由其一手主導，為鐵路公司爭取可觀的經濟利權。

此外，路局人員與廠商勾結圖利之事，見之記載者有：（1）向木材大商斯基杰利斯基（Leontii S. Skidel'skii，舊譯協結斯）訂購木料，每立方米市價 32 盧布，路局卻以 56 盧布購得；（2）商業部曾購買 12 萬普特的小麥，每普特價格達 1.2 盧布，比市價 45 戈比多

80 Мартынов, *Работа наших железнодорожных дельцов в Маньчжурии,* с. 27；〈東三省總督信一件〉附件：〈東省鐵路小說摘譯錄呈〉，宣統元年 1 月 8 日，中央研究院近代史研究所檔案館藏，《東清鐵路展地勒捐》，檔號：02-03-009-01-005。按，該小說摘譯，即是譯自化名聖哈爾濱斯基（С.-Харбинский）所著《中東鐵路及數百萬盧布是如何花用的？》（*Что такое КВЖД и куда идут его миллионы?* С.- Петербург, 1908）。

81 Мартынов, *Работа наших железнодорожных дельцов в Маньчжурии,* с. 24.

1.6 倍；(3) 礦物處曾將私人購買之食品、魚類等貨物，虛報為該處用品，乃得以利用公物運輸的名義，撙節運費[82]。其他如各站人員利用商家運貨講求速運之故，索求賄款，「出賄者得以速運」，不納賄者，則延時運出；以及「鐵路人員執有免票不出車費者，為數甚多」等等弊端[83]，不一而足。

關於貨物虛報為鐵路用品以撙節運費之事，非僅礦務處一單位而已，鐵路通車營運之初，即發生鐵路人員勾結哈爾濱俄商，將商品虛報為鐵路用品以從中牟利[84]。由於路局管理鬆散，未嚴加查核，虛報情形遂演成普遍現象。儘管貨運統計資料不周全，但從零星的統計數字仍可見蛛絲馬跡。以 1909 年貨運量與貨運收入為例，是年貨運量總計 14,817.5 萬普特，其中申報為鐵路用品者計有 11,017.5 萬普特，占總運量的四分之三；收入方面，總計 1,612.1 萬盧布，其中鐵路用品運費計有 148 萬盧布，實際路局所需者僅有 37 萬盧布，其餘 111 萬盧布的運費，係虛報為鐵路用品得以核減者。運量與收入兩相對照，懸殊對比，一目了然。若再參照俄國國有鐵路營運狀況，其中經營績效最差者，在鐵路用品運量方面所占比重不過是 30%而已，而中東鐵路卻是高達 287%[85]。此種明目張膽營私舞弊現象，令人驚嘆！

---

82 Мартынов, *Работа наших железнодорожных дельцов в Маньчжурии,* с. 23, с. 26-27.

83 〈東三省總督一件〉附件：〈東省鐵路小說摘譯錄呈〉，宣統元年 1 月 8 日，《東清鐵路展地勒捐》，檔號：02-03-009-01-005。

84 Головачев, *Россия на Дальнем Востоке,* с. 169.

85 Маньчжурец, *Русская Казна на Китайской дороге*，日文譯本《東支鐵道に於ける露國國帑》，收入《東支鐵道運賃政策史》(上)，頁 448、450。

除貪污舞弊外，路局人員紀律之不良，可由行車服務態度看出。其時，擔任行車服務的中下級職員，多為鐵道旅軍人充任，這批人員均為義務役軍人，其編制在 4,000 人左右[86]。路局利用其為義務役軍人身分，派任鐵路運輸和技術方面的工作，但給予的待遇卻遠較正式職員為低。以具有技術的工人領班為例，路局職員月薪 150 盧布，若由鐵道旅軍人充任，月薪則為 78 盧布[87]。在此種差別待遇之下，這批義務役工作人員自然難有較好的工作情緒，因而發生行車安全問題。例如，1913 年 1 月至8 月，計有 406 件火車意外事故發生，造成 11 人死亡[88]。行車意外事件頻傳，不免增加營業成本，損及營收利潤。而這些鐵道旅充任的路局人員，亦有行車服務態度極其惡劣者，尤其對該路的主要客源——中國旅客之服務最差，常有勒索或無故踢打之事，甚至有持頭等車票而被降至次等車廂者。鐵路當局雖曾三令五申要求行車人員改善服務態度，終究未能奏效[89]。時北滿移民日漸增加，中東鐵路客運業務的成長，反不如貨運，多少與行車人員服務態度不佳有關。

二、營業方法失當

中東鐵路營業方法失當，首推營業管理組織之不良，亦即管理局組織臃腫與缺乏效率。中東鐵路雖位於滿洲，然總公司地點卻遠在聖彼得堡，另將營業重責交付哈爾濱的管理局，總公司與

86 Нилус, *Исторический обзор КВЖД, 1896-1923 г.г.* T. I, c. 529.

87 Quested, *op. cit.*, p. 99.

88 Тищенко, *История, КВЖД*, c. 229，轉引自 Quested, *op. cit.*, p. 272.

89 Quested, *op. cit.*, p. 98.

管理局相隔萬里之遙，在營運監督上勢必難以奏效。儘管路局對該路的營運管理係以總公司之指示為準則，鐵路公司會辦每年定期赴哈爾濱視察，路局相關人員也須赴聖彼得堡進行業務報告，總公司終究無法全盤掌握營業狀況，故管理局組織之健全與否，攸關營業之成敗。

中東鐵路管理局自 1903 年成立以來，隨著各項利權的增加，組織日漸膨脹擴大，造成同屬於運輸營業的單位，在業務的管理上極不一致，常有各自為政的現象。其實，以日俄戰爭結束後中東鐵路營業里程長達 1,618 俄里而言[90]，除哈爾濱管理局的設立外，尚應就西、東、南三線的管理設立分局才是。而中東鐵路既未設立管理分局，各路段的營業管理遂由各單位針對其業務需要，另設分處或分段以為因應。如會計處設有九個分處，負責全路 70%的收支帳目與統計表編製[91]。又如材料處設有七個分處和四個材料稽察區段，主管材料的保管運用[92]。同時，各分處復依業務需要，再設立各種單位，每個分處猶似一具體而微的管理局。以營業收支業務為例，此項業務本應由會計處及其分處主管，然事實上各處所設之分處，各有其會計部門，如工務處、機務處、材料處等均是[93]。如此一來，會計分處僅能根據各單位之帳目作一登記，並無審核的權力。此種業務管理的不一致與各自

90 〈東省鐵路郭督辦函致交通部東路運輸遲滯及應補救情形文〉，《東省鐵路合成成案要覽》，初編，頁 51。

91 *Исторический обзор КВЖД, 1896-1923 г.г.*, Т. II, Часть II, “Краткий очерк исторического развития местного контроля Общества Кит. Вост. ж. д.”, с. 3.

92 Шлаковский, “Краткия сведения о материальной службе за период времени с мая месяца 1903 г. по 1 июня 1923 г.”, *Экономический вестник Маньчжурии,* №. 21-22, 1923, с. 62.

93 參見 Нилус, *Исторический обзор КВЖД, 1896-1923 г.г.*, Т. I, с. 271-273.

為政現象，不僅造成機關臃腫，行政經費增加，更會帶來效率低落、用度浮濫與漫無章法等弊病。

營業管理組織之不良所造成的弊病，最為嚴重者，是用度浮濫與漫無章法。此一問題尤以日俄戰爭期間最為明顯。其時，各單位支出以材料處最為浮濫，據該處於 1923 年的報告指出，日俄戰爭期間購置過多的物料，未能消化，甚至有部分材料到 1916 年時才消耗用盡。各單位經費支出，亦以材料處為最多，歷年平均占營業總支出的 50%以上，其中又以消耗性的材料，如燃料、機油、枕木、各種機器零件、鋼製軌道、照明、布料，以及各種化學材料及其製品等居多，據 1910-1913 年統計，其支出年平均在 487.3-500 萬盧布左右。此項消耗性材料的採購，路局能自行辦理者僅占 35%，其餘 65%須由總公司自歐俄國本部購得（1917 年中期以後路局自行採購比重增為 70%-80%），其購料成本自然較高[94]。這些消耗性材料如枕木、軌道，年支出 72.7 萬盧布。實際上，工務處受經費限制，無法將受損軌道完全修復，至 1912 年前為止，軌道修復僅有 5 俄里[95]。如以前述路軌材料費計算[96]，每俄里材料費平均 14.5 萬盧布，介於當初鐵路每俄里造價 12.3 萬至 15.8 萬盧布之間[97]，顯然不合常理，證明材

---

94 Шлаковский, “Краткия сведения о материальной службе за период времени с мая месяца 1903 г. по 1 июня 1923 г.”, с. 61, 63, 64.

95 А. В. Рудницкий, “Краткий обзор деятельности службы пути за 25 лет эксплоатации К. В. ж. д.”, *Экономический вестник Маньчжурии*, №. 21-22, 1923, с. 53.

96 路軌材料費：鋼軌 12.4 萬盧布，枕木和轉轍器 60.3 萬盧布，合計 72.7 萬盧布，見 Шлаковский, “Краткия сведения о материальной службе за период времени с мая месяца 1903 г. по 1 июня 1923 г.”, с. 63.

97 徐曰彪，〈試論俄國在華投資與東省鐵路財政〉，頁 121。

料處在採購該項材料時，並未依據工務處提出之計畫，致有浪費之嫌。其他如每年自國外採購的車輛及相關費用有 200 萬盧布，亦遭公司董事指責用度不當[98]。茲以 1913 年機車的存放量為例說明。是年，機車處計有機車 491 輛，其中加入營運者 205 輛，占 42%，除 94 輛損壞等待修復外，尚有 192 輛閒置備用[99]。保留一定數額的機車，以因應突發事件，或營運量激增，本屬必要的做法，不過，以近四成的備用量看來，顯然過多，徒然增加設備費的負擔而已。中東鐵路機車數過多，又可與南滿鐵路比較看出，南滿鐵路貨運量遠比中東鐵路多，其機車數量在 1913 年時有 261 輛[100]，僅及中東鐵路的一半。再以 1917 年 11 月 2 日材料處公告出售各種存貨為例，計有玻璃、各種燈繩、銅鐵、玻璃燈罩、燈器具以及各項器材，數量頗多，再次證明材料處購置物料過多，遠超出路局的需要量，以致有此拍賣之舉[101]。

路局其他單位支出浮濫，見之記載者有：（1）商業部於 1906 年管理局重建時，該部所需經費不過 2.5 萬至 3 萬盧布，卻浮報為 17 萬盧布。（2）工務處在工程材料支出不當有二件：其一，每年浮濫編列外阿穆爾軍區司令房舍維修費 5 千至 2 萬盧布；其二，據該處離職的會計人員瓦帕涅爾楚克（E. Ia. Vapaniarchuk）的指證，1913 年為修建防禦日人之軍事設施，共花費 120 萬盧布，其中有半數純屬浮報，另一半則是工程結束後編

98 Quested, *op. cit*., p. 231.

99 *North Manchuria and the Chinese Eastern Railway*, p. 441.

100 南滿洲鐵道株式會社編，《南滿洲鐵道株式會社十年史》（大連：南滿洲鐵道株式會社，1919），頁 226。

101 〈中東鐵路公司公告〉，1917 年 11 月 2 日，《遠東資料——遠東報摘編（1916-1921）》，第 3 章，頁 9。

造，似有浮報造假嫌疑[102]。除上述事實外，位於 1906 年新建的石製管理局大樓之內的各單位，如材料、機務、會計等處，以及商業部、護路軍司令部，不時發生火災[103]，似乎與這些單位用度浮濫，欲藉此湮滅證據有關。

其次，運費訂定不當，是中東鐵路營業方法失當的另一問題。在運費訂定上，無論是前期或後期的運則，除俄國商品和穀物外，均高於俄國鐵路，也比其競爭對手南滿鐵路高，如電器用品運費，中東鐵路每普特為 109.7 戈比，較南滿鐵路的 59.5 戈比貴約 1 倍[104]。針對特定的貨物和路線實施差別費率，本是列強在華經營鐵路的共同特徵，蓋藉此擴大其在華經濟勢力，乃屬自然現象，只是此一做法如背離常理過甚，必會斲傷鐵路本身的收益，中東鐵路即是一最佳例證。

如第四章所述，中東鐵路營運政策，係以滿洲為俄國商品市場及原料供應地。日俄戰爭結束後，失去了南滿的勢力範圍，為確保俄國商品在北滿市場的壟斷地位，以及海參崴港務發展超過大連港，遂針對穀物和外國商品的進出口方向，訂定差別費率。其中最不合理者，即是哈爾濱至寬城子間的費率。該路段穀物北運東行出口（低）與南行出口（高），以及外國商品進口北行（高）與南行（低）之不同，適用費率高低有別，差距達 1 倍之多。其實施結果，以穀物而言，初期北運東行出口量多於南行出

102 Мартынов, *Работа наших железнодорожных дельцов в Маньчжурии,* с. 27-28, 31-32.

103 Мартынов, *Работа наших железнодорожных дельцов в Маньчжурии,* с. 34.

104 “Записка Харбинскаго Биржевого комитета, Его высокопревосходительству господину Министру финасов”, 收入 *Исторический обзор КВЖД, 1896-1923 г.г.*, Т. II, Часть III, с. 11.

口量，該項政策確實發揮相當的成效；然因哈爾濱至寬城子間馬車業頗為發達，運費低廉，而南滿鐵路運費也較中東鐵路低，北滿穀物以馬車運抵長春，轉經南滿鐵路由大連港出口的情形，逐漸增多，以致到 1913 年時完全改觀。是年，中東鐵路南線經濟區域的穀物出口，由馬車運抵長春，連同一小部分吉長鐵路運抵者，計有 24.8 萬噸，是北運東行出口的 2 倍（12.4 萬噸）[105]。再就外國商品而言，1910 年以前，由海參崴港運入，再西行抵達哈爾濱者，多於由大連港進口，轉經南滿鐵路北行抵達哈爾濱者；但是，在此之後，情勢為之逆轉，尤其是 1912 年中東、南滿兩路實施貨物聯運後，兩者差距日大，顯示該項貨物北行運入哈爾濱的高費率政策，並無法遏阻外國商品取道該路段輸入。

中東鐵路運費訂定不當，對其營運最直接的影響，即是貨運量的成長幅度，以 1908-1913 年營運最為正常時期觀察，五年間貨運量成長僅有 1 倍，成長指數 264%，遠遜於同時期的南滿鐵路 389%（詳見表 29）。另一方面，針對貨物進出口方向之不同，所實施的差別費率，根本無法抵制貨物取道大連港和南滿鐵路進出口。蓋以高昂的運費抵制穀物南行出口之成效，究屬有限，相較於貨源之流失，終究是得不償失。而外國商品東行輸入之運費，低於由南而北輸入者，但是，隨著南滿鐵路營運之昌盛，不僅未能使海參崴港商務發展超越大連港，而且，也無法確保俄國商品在北滿的獨占地位。

其他營業方法失當事項，還包括國際旅客辦事處添設不當、商務活動不積極，以及行車制度不健全等。先就第一項說明，中東鐵路為招攬國際旅客搭乘該路來往於東西方，特別設有名為

105 《東清鐵道南部沿線地方經濟事情》，頁 64-65、73-74。

圖 6-5　特快車頭等車廂內餐車。

「萬國公車」的專車，並於該專車行經國家，廣設辦事處，「所有局費、員薪年費不少。而外國人乘專車往來於東三省者，頭、二等客位，每次不過數人」[106]，相較之下，各國辦事處添設，顯然靡費過多，營業成本過高。所謂商務活動不積極，是指商業部所設六處商務代辦所的績效不彰。該代辦所負有招攬鐵路貨運之重任，據 1909-1912 年統計，除哈爾濱、海參崴兩地貨運承攬較多外，吉林、伯都訥、寬城子、上海等處，營業額均乏善可陳，尤其是伯都訥，在 1910-1912 年的三年內，毫無業績可言[107]。行車制度不健全，是指火車開行既無時刻表，亦無行車規則，車輛調度全憑各車站站長決定[108]，而各站長又以鐵路公司要員的需要，決定行車時刻，全然漠視旅客的便利與否[109]。其他的缺失，如機車燃料效能低，操作方法落後；車輛開行無輪替制度，全程由一位司機負責；行車人員少有配戴手錶者等等，不一而足[110]。在此種情形下，不難想像

106 〈東三省總督文一件〉附件：〈東省鐵路小說摘譯錄呈〉，宣統元年 1 月 8 日，《東清鐵路展地勒捐》，檔號：02-03-009-01-005。

107 參見 Нилус, *Исторический обзор КВЖД, 1896-1923 г.г.*, Т. I, с. 375-376.

108 Quested, *op. cit*., p. 230.

109 〈東三省總督文一件〉附件：〈東省鐵路小說摘譯錄呈〉，宣統元年 1 月 8 日，《東清鐵路展地勒捐》，檔號：02-03-009-01-005。

110 Quested, *op. cit*., p. 231.

火車開行誤點，運輸效能低落，必是極其尋常之事。

三、稽察成效不彰

根據公司章程規定，俄國財政部是中東鐵路的主管機關。表面上，公司會辦、管理局正副局長、各處正副處長等人事的任命，以及董事會的決議、管理局的組織運作等，均須獲財政大臣批准認可。實質上，從維特以來的歷任財政大臣對中東鐵路的重視，乃在於營運政策是否符合俄國在華利益，而非鐵路營運績效是否卓著。換言之，中東鐵路的政治功能遠大於商業營運，故有關中東鐵路營運績效之監督考核，俄國財政部可說是付諸闕如。而在公司組織內，具有監督考核權責者為稽察局，然其稽察業務限於財政收支，所謂營業方法得當與否，非其主管業務。稽察局對鐵路財政收支的稽察事項，偏重於支出方面，鐵路修築期間，該局連同總稽察僅有 5 位稽察員，故對經費支出只作書面審核，未能派員親赴鐵路沿線進行現場稽察，以致經費支出浮濫問題極為嚴重[111]。

1903 年 7 月，中東鐵路正式通車營運，為有效監督經費支出浮濫問題，稽察局組織作了部分更動，即於哈爾濱添設地方稽察局，地位與管理局平等。最初編制擬以全線營業里程 2,400 俄里為準，派任 19 位稽察員，而事後審核的稽察方法則未改變，因此，防治弊案的成效有限；再加上稽察員的派任，未如數派足員額，以致整個稽察成效未盡理想。日俄戰爭期間，稽察業務形

---

111 *Исторический обзор КВЖД, 1896-1923 г.г.,* Т. II, Часть II, “Краткий очерк исторического развития местного контроля Общества Кит. Вост. ж. д.”, с. 1-2.

同停頓，時路局應軍方要求，所完成的各種設施之費用，計有 1,700 萬盧布。在軍情緊急以及支出預算制度尚未建立等情況下，稽察員明知路局用度浮濫浪費，卻無從約束糾正[112]。

日俄戰爭結束後，鑑於營業支出及財政赤字龐大，鐵路公司決定改革稽察制度，首先將稽察方法改為事先審核；其次，加重地方總稽察的權力，賦予其出席路局會議，以及否決議案之權[113]。1907 年 7 月 14 日，前地方總稽察羅曼謝夫（N. N. Romashev）突遭人暗殺身亡，似與涉及弊案者惟恐東窗事發有關。事後，公司總稽察扎德沃恩（Vladislav L. Zhadvoin， 舊譯然得沃音）親赴哈爾濱主持稽察業務。為重建因管理局大樓失火焚毀的 1904-1905 年間會計資料，扎德沃恩在哈爾濱滯留九個月之久。在此期間，他發現中東鐵路全線的現場稽察工作並不確實，返回聖彼得堡後，向總公司建議擴大稽察員編制。1910 年 4 月，鐵路公司採納扎德沃恩建議，除哈爾濱地方稽察局外，另於

圖 6-6　中東鐵路公司總稽察扎德沃恩，1906 年初到任，1920 年 11 月離職，擔任總稽察一職約十五年之久。

112 *Исторический обзор КВЖД, 1896-1923 г.г.,* Т. II, Часть II, “Краткий очерк исторического развития местного контроля Общества Кит. Вост. ж. д.”, с. 4-6.

113 *Исторический обзор КВЖД, 1896-1923 г.г.,* Т. II, Часть II, “Краткий очерк исторического развития местного контроля Общества Кит. Вост. ж. д.”, с. 7-8.

哈爾濱、海拉爾、札蘭屯、一面坡、穆稜等站設立五個分局；而哈爾濱的三個車站及總工廠、材料處所屬倉庫，亦加派稽察員駐留，以隨時監督稽察[114]。

歷經 1907-1910 年稽察方法的改革及組織的擴編，整個稽察工作，已較以往確實，對用度浮濫問題，產生部分嚇阻作用，營業支出因之減少[115]。不過，就預期的理想目標而言，仍有相當的差距。首先是稽察員的編制，依然無法符合實際需要，新添設五個稽察分局，每個分局負責 320 俄里的稽察業務，里程範圍太廣，客觀上很難收到成效，地方稽察局曾數次要求總公司加派員額，卻未獲同意[116]。其次，稽察人員素質低，能力不足，甚且常有收受路局工程師賄賂之事；而公司總稽察親赴哈爾濱現場稽察次數少，每二年才一次，停留時間二至三個月，稽核成效甚為有限[117]。由上述情形看來，如何能查獲支出浮濫或貪瀆舞弊等不法情事？總結歷年來地方稽察局所查獲的支出不當案件，僅有二件，即 1907 年和 1914 年的二筆支出，分別為 107,722 盧布、

---

114 *Исторический обзор КВЖД, 1896-1923 г.г.,* Т. II, Часть II, “Краткий очерк исторического развития местного контроля Общества Кит. Вост. ж. д.”, с. 9, 11-12.

115 *Исторический обзор КВЖД, 1896-1923 г.г.,* Т. II, Часть II, “Краткий очерк исторического развития местного контроля Общества Кит. Вост. ж. д.”, с. 12-13.

116 *Исторический обзор КВЖД, 1896-1923 г.г.,* Т. II, Часть II, “Краткий очерк исторического развития местного контроля Общества Кит. Вост. ж. д.”, с. 12, 14.

117 Мартынов, *Работа наших железнодорожных дельцов в Маньчжурии, с.29*；*Исторический обзор КВЖД, 1896-1923 г.г.,* Т. II, Часть II, “Краткий очерк исторического развития местного контроля Общества Кит. Вост. ж. д.”, с. 13.

11,084 盧布[118]。成效之差，由此可見。

由於稽察成效不彰，俄國國內有關中東鐵路人員不法情事的批評、指控，持續不斷，最初俄國政府認為此均源於對「滿洲佬」（Man'chzhurets，俄國國內對哈爾濱俄人的蔑稱）的偏見所致[119]。直到 1907-1908 年間，先是第三屆國家杜馬針對輿論界有關中東鐵路諸種不法情事，提出質疑[120]；繼之，復有化名聖哈爾濱斯基者，出版《中東鐵路及數百萬盧布是如何花用的？》一書，批評中東鐵路用度浮濫問題叢生[121]，俄國政府始正視其事。1909 年 10 月，財政大臣科科弗曹夫的哈爾濱之行，目的即在了解中東鐵路是否真如外界所言弊端叢生。事後，科科弗曹夫認為中東鐵路除商務活動不夠積極、營業支出過多外，並無任何不法情

圖 6-7　俄國財政大臣科科弗曹夫。先後兩次擔任財政大臣，第一次是 1904-1905 年，任期僅一年；第二次是 1906-1914 年，任期長達八年，為尼古拉二世在位期間任職最久的財政大臣。

118 *Исторический обзор КВЖД, 1896-1923 г.г.*, Т. I, с. 359-360.

119 *Исторический обзор КВЖД, 1896-1923 г.г.,* Т. II, Часть I , “Краткий очерк организации и деятельности коммерческой части и тарифной политики К. В. ж. д.”, с. 38.

120 Мартынов, *Работа наших железнодорожных дельцов в Маньчжурии,* с. 22.

121 Мартынов, *Работа наших железнодорожных дельцов в Маньчжурии,* с. 23. 聖哈爾濱斯基之書封面繪有一醉酒妓女，坐於寫有 3,500 萬盧布數字的紙箱上，恣意拋撒盧布的情景，極盡諷刺中東鐵路用度浮濫之弊。

事[122]。次年，國家杜馬的議員格里辛斯基（Glishchinskii）提案申請調查中東鐵路弊案時，遂遭科科弗曹夫回絕。1913 年，第四屆杜馬作成決議，擬將中東鐵路的財務納入俄國政府審計系統，財政部以此舉會引發干涉中國主權的嫌疑為由，拒絕配合執行該項決議[123]。

總之，在俄國財政部的積極支持與刻意維護下，儘管外界對中東鐵路的營運績效多所批評，始終未見俄國政府有任何調查或糾正行動。而該公司稽察成效既難以彰顯，其營業支出，即使在正常營運期間（1908-1913），下降幅度仍然有限，平均年支出 1,662 萬盧布，約為南滿鐵路的 2.6 倍[124]，影響所及，營業百分率一直居高不下，處於極不健全的狀態（1913 年的指數為 70）。相較於南滿鐵路的營運狀況，該路自 1907 年第一年起正式營運，營業百分率指數為 62，此後逐年下降，財務狀況益趨健全，獲利益增，至 1913 年時，營業百分率指數降為 36，幾近 1 倍，兩者差距，高下立判（參見表 27）。

四、人事用度過高

就中東鐵路營業統計報告，無法得知人事經費支出詳情，但

---

122 參見 *Исторический обзор КВЖД, 1896-1923 г.г.,* Т. II, Часть I , “Краткий очерк организации и деятельности коммерческой части и тарифной политики К. В. ж. д.”, с. 40-43.

123 Мартынов, *Работа наших железнодорожных дельцов в Маньчжурии,* с. 31, 33.

124 參見《南滿洲鐵道株式會社十年史》，頁 937-938，1908-1913 年南滿鐵路營業支出，平均每年 669.9 萬日圓，1913 年 1 盧布＝1.03 日圓，約合 650.4 萬盧布。

由相關的資料顯示，中東鐵路管理局有人員任用浮濫，冗員過多，職員薪資過高等弊病，可以想見人事經費支出必然不少。先就人員任用一項分析。

中東鐵路冗員過多，除與前述路局組織之不良、臃腫有關外，而路局用人「因人委差，並非因差擇人」的做法，實亦難辭其咎。據聖哈爾濱斯基之說，時「得差者非有援手，即係恃勢」而來，以致人員任用甚為浮濫，弊端由是叢生[125]。人事浮濫結果，冗員充斥現象，乃趨於嚴重，其中又以營運前期為最。1906年，據美國方面報導，該路員工人數，職員 5,000 人，技術人員和工人合計 7,000 人。同年，公司會辦文哲理赴哈爾濱視察時，下令解雇不少職員，員工總數減至萬人左右，惟與實際需要量差距仍大，僅哈爾濱一處即有 4,000 名員工，是應用員額的 4 倍。而後來財政大臣科科弗曹夫前來視察時，據說也有意下令路局再裁減半數員額，惟事後並未付諸實施[126]。路局員工人數，至 1916 年時維持在萬人左右（不含短期及每日雇工）[127]。

由上所述，可知中東鐵路公司用人浮濫情形。若以 1906 年的 12,000 名員工計算，每公里平均用人約 7 人，公司已嫌過多，而有裁撤部分人員之舉，甚至 1909 年時員工在萬人左右，仍有再裁減半數員額的說法；顯示以當時的營運量來看，員工人數似應維持在 5,000 名，方符合營運成本。在人事經費上，因資

125 〈東三省總督文一件〉附件：〈東省鐵路小說摘譯錄呈〉，宣統元年 1 月 8 日，《東清鐵路展地勒捐》，檔號：02-03-009-01-005。

126 Quested. *op. cit.*, p. 172.

127 1913 年，中東鐵路管理局員工有 10,337 人，短期和每日雇工有 6,667 人，合計 17,004 人；1916 年，前者有 10,406 人，後者有 8,810 人，合計 19,136 人（“Хроника”, *Экономический вестник Маньчжурии,* №. 3, 1923, c. 18.）。

料的欠缺，無法明確指出其在營運支出所占比重，僅就 1912 年董事會和哈爾濱 4,000 名員工的人事經費合計 1,380,389 盧布[128]，占是年營業支出的 14%觀察，多少亦可反映冗員過多，因而加重營業成本的事實。

在員工薪資方面，和俄國鐵路比較，中東鐵路員工平均薪資較高，其中又以高層人員的待遇最為優渥。以 1912 年為例，局長霍爾瓦特年薪 35,000 盧布，副局長希爾科夫年薪為 23,000 盧布，其他高層人員薪資都比公司董事高，故公司董事為爭取額外津貼，常有至哈爾濱公差之舉。公司董事差旅費支出額度以會辦文哲理最高，每年視察一次，差旅費達 25,000 盧布之多。其他如路界內法院檢察長年薪 11,000 盧布，約俄國國內檢察長（4,000 盧布）的 3 倍；外阿穆爾軍區司令年薪與路局副局長相近，為 22,000 盧布，然若依其軍銜，年薪不過在 10,000-11,000 盧布間。這些高層人員除領有豐厚的薪資外，尚有華宅、馬車、專屬車廂、燃料等配給，以及享有鐵路俱樂部的休閒設施，一旦退休或傷亡，也有可觀的退休金與撫恤金[129]。相較之下，基層人員的待遇，實瞠乎其後，其年薪

圖 6-9　哈爾濱中東鐵路俱樂部。中東鐵路管理局在各主要車站均設有鐵路俱樂部，提供高階職員休閒之用。

---

128 Мартынов, *Работа наших железнодорожных дельцов в Маньчжурии,* с. 16.

129 Мартынов, *Работа наших железнодорожных дельцов в Маньчжурии,* с. 17-

圖 6-9　中東鐵路管理局高階主管官邸之一，包括正副局長霍爾瓦特、伊格納齊烏斯、希爾科夫等人均享有類似宅邸。

最高者僅 1,200-1,300 盧布而已，最低者是 300-360 盧布，華籍員工薪資多屬最低等級。在福利方面，基層員工亦不佳，以員工健康保險一項，直到 1913 年始有之，但華籍員工仍無法享有此項福利[130]。

綜論之，中東鐵路經營績效不彰所呈現的各種弊端，乃是俄屬亞洲各戰略鐵路的普遍現象[131]，當然，若論弊端嚴重程度，中東鐵路堪稱其中之最。就名義而論，它不是俄國國營鐵路，國家審計系統無法審核其財政收支；而有監督權的財政部，因其所重視者，係中東鐵路的政治功能，而非商業營運，故雖全面貼補其營業赤字，卻未對其經營績效不彰情形，提出任何調查或糾正。另一方面，鐵路附屬地民政、軍事機關的設置，無異是使俄國官僚體系種種腐化、缺乏效率之現象，完全顯現於中東鐵路上，造成路局行政運作的官僚化。在此種情形之下，如何能寄望中東鐵路締造營業佳績？若非第一次世界大戰所帶來的過境貨物，中東鐵路要轉虧為盈，似難有實現之日。另一方面，純就商業層面而論，中東鐵路營運績效不佳，代表著俄國在華企業經營能力，無法和列強並駕其驅。以其競爭對手南滿鐵路作一比較，該路亦如中東鐵路，必須以鐵路營業利潤，挹注鐵

19, 30.

130 Quested, *op. cit.*, p. 172, 272.

131 徐曰彪，〈試論俄國在華投資與東省鐵路財政〉，頁 127。

路附屬地的民政、軍事機關支出，然其在營運第一年，即有 201.6 萬日圓的淨利，毋須日本政府貼補，日後獲利金額逐年增加，至 1913 年時，達到 716.7 萬日圓（是年 1 盧布＝1.03 日圓，約合 695.8 萬盧布）[132]，反觀中東鐵路卻仍有 590 萬盧布的赤字，企業經營能力，強弱鮮明。

表 27：1904-1917 年中東鐵路營業百分率統計

項目／年次	營業收入（十萬盧布）	營業支出（十萬盧布）	營業百分率（%）	南滿鐵路營業百分率（%）
1904	237	332	140	–
1905	339	495	146	–
1906	292	418	143	–
1907	170	272	160	62
1908	149	190	130	41
1909	155	169	109	39
1910	175	165	94	42
1911	196	178	91	39
1912	190	147	77	39
1913	212	148	70	36
1914	227	154	68	36
1915	393	176	45	35
1916	503	229	46	30
1917	796	354	45	32

資料來源：中東鐵路營業百分率，據《東省鐵路概論》（頁 143-145）改製；南滿鐵路營業百分率數字，引自南滿洲鐵道株式會社庶務調查課編，《南滿洲鐵道株式會社營業一斑》（大連：南滿洲鐵道株式會社，1924，頁 21）。

說　　明：營業百分率＝營業支出÷營業收入。

132 《南滿洲鐵道株式會社十年史》，頁 943。

表 28：1913-1917 年盧布與日圓變動及中東鐵路盈餘對照表

項目 年月	盧布	日圓	盧布貶值指數		盧布貶值幅度（%）		中東鐵路盈餘（萬盧布）	
							帳面票值	實際票值
1913 年 8 月	1	1.030	100		100			
1914 年 8 月	1	0.935	91		110			
1915 年 8 月	1	0.690	67		149		1,270	850.9
1916 年 8 月	1	0.590	57		175		1,800	1,026
1917 年 1 月	1	0.555	54	平均值 31	185	平均值 438		
1917 年 8 月	1	0.340	33		303			
1917 年 10 月	1	0.235	23		438			
1917 年 12 月	1	0.125	12		824		3,080	954.8

資料來源：據久間猛，《北滿洲ノ政治経済的價值》（頁 433-434）、《東省鐵路概論》（頁 145）等書改製。

表 29：1907-1913 年中東、南滿兩鐵路貨運量成長比較統計

項目 年次	中東鐵路		南滿鐵路	
	貨運量（千噸）	指數（%）	貨運量（千噸）	指數（%）
1907	442	100	1,486	100
1908	547	124	2,609	176
1909	732	166	3,569	240
1910	947	214	3,922	264
1911	1,227	278	4,706	317
1912	1,117	253	4,682	315
1913	1,165	264	5,782	389

資料來源：據《東省鐵路概論》（頁 12）、《北滿與東省鐵路》（頁 288）、《南滿洲鐵道株式會社十年史》（大連：南滿洲鐵道株式會社，1919，頁 339-340）等書改製。

第三篇

中東鐵路的利權

依據鐵路合同，中東鐵路公司除取得鐵路的承修經營權外，尚可在鐵路沿線開礦伐木、鋪設電線，並享有鐵路用地與營業收入免納租稅，以及鐵路運輸俄貨之關稅減收三分之一等特權。這些利權本足以使俄人囊括為數可觀的經濟利益，但是，俄國政府自始即不以此為滿足，在鐵路公司成立之初，便有侵權的做法。先是藉由〈東省鐵路公司章程〉的制定，擅自賦予鐵路公司在路界內行使司法權和警察權。隨著鐵路的動工興建、完工通車以後，護路軍的組建與擴編，路界內自治會的成立，更是侵害中國的軍事權和行政權。其他如擴大鐵路用地的展占面積和林礦的砍伐開採、設關徵稅及干預中國關稅權的行使、航行松花江等種種做法，多屬違法侵權之行為。中方或因未防患於未然，或因多次交涉無成，終讓俄方造成事實而無可挽回，遂使中東鐵路公司以一私人企業，代替俄國政府經營治理「鐵路租界」，建立俄國在中國最大的「殖民地」，於中國主權侵害之大，實是李鴻章訂定中俄密約時始料未及的。

本篇就中東鐵路公司所取得之合法、非法利權，依其性質，分成政治、軍事、經濟，以及其他等項，逐一說明其取得經過，並探討其對中國主權的影響。

第七章

政治利權

俄國向中國「借地修路」的最終目的，是欲將中國東北全境納為己有，因此，在一開始即藉由路權的取得，進行種種非法的擴權活動，因而侵犯了中國在鐵路地帶的管轄權。此種侵權行為，凡涉及政治性質者，主要有司法權、警察權、行政權。前二項利權的攫取，於鐵路修築伊始即已展開。先以總監工尤哥維奇兼理司法業務，護路軍隊長卡扎爾金（Kazarkin）兼辦警務；1900 年秋義和團事變結束後，俄國在滿洲的勢力達於巔峰，而有司法詔令的頒布，在路界內設立正式的法院。1903 年 7 月，中東鐵路完工通車，在路局下設警察部，執行路界內的治安工作。至於行政權的攫取，則在鐵路完工通車以後，最初於路局下設民政機關，主管地方行政業務。日俄戰爭結束後，俄國政府為鞏固其在北滿的勢力，擅稱鐵路合同法文本第六款的“l'Administration”一詞，已將路界內行政權賦予鐵路公司，因而有自治會的籌設。從 1907 年 12 月起，陸續在海拉爾、哈爾濱、滿洲里、橫道河子、博克圖、昂昂溪等處成立自治會。此一侵權做法，雖引起清廷的抗議，而有為期二年餘的自治會問題交涉，最後路界內的行政權仍掌控於鐵路公司手中。

第一節　司法權、警察權

一、司法權

中東鐵路公司對中國主權的侵害，首開其端者為司法權的攫取。根據鐵路合同第五款規定：「所有鐵路地段命盜詞訟等事」，由地方官照約辦理；但是，俄國政府核定的〈東省鐵路公司章程〉第七款，擅自規定：路界內的民、刑事訴訟案件，由中俄雙方「會同審判」[1]。對此，俄國政府既未知會清廷，清廷也無由提出異議，終讓俄國司法權肆行於中東鐵路地帶。當時，俄人在華雖享有治外法權，然因在滿洲尚未設立俄國領事館，為解決未來俄人在滿洲的司法問題，財政大臣維特奏請沙皇核准，於1897 年 6 月召開滿洲司法問題特別會議。該會議由財政副大臣主持，作成如下的決議：鐵路修建期間，鐵路地帶的俄人訴訟案件，全部交由鐵路總監工掌管，鐵路完工通車後，再於鐵路沿線設置正式的法院[2]。

1898 年 7 月，中東鐵路動工興建，鐵路地帶開始湧入大批的俄國人口，至 1899 年時已有 19,000 人（含護路軍 5,000 人），俄人訴訟案件由是增多，以鐵路總監工兼理司法審訊工作已不符

1　〈東省鐵路公司章程〉，收入《東省鐵路合同成案要覽》，初編，頁 4。

2　Нилус, *Исторический обзор КВЖД, 1896-1923 г.г.* , Т. I , с. 556-557.

實際需要，有必要成立正式的司法機關。同年，5 月 15 日，俄國在滿洲的領事館，首度於牛莊開辦；7 月 19 日，國務會議決議，另於北滿地區派駐代表，管轄俄人的司法案件，其地位如同總領事，但不得過問鐵路地帶的有關事務[3]。依此決議，俄國派往北滿的首任代表為劉巴（V. F. Liuba，或譯作呂巴、留巴），駐節於吉林省城[4]。

1899 年 8 月 19 日，為治理旅大租界，尼古拉二世頒布了〈關東州臨時施政規則〉，其中規定在旅順設置正式的法院，審理旅大租界及中東鐵路南滿支線區域等處的訟案；但哈爾濱地區及中東鐵路其他路段的訟案，仍暫歸總監工尤哥維奇和各路段監工負責，遇有重大案件另由護路軍司令指派軍官參與審理，再送交濱海省或阿穆爾省的地方法院判決[5]。

1900 年夏，義和團事變發生，俄軍以助中國平亂為由，大舉進占滿洲，鐵路地帶的訟案激增，鐵路監工原已為兼辦各路段訟案而覺負擔沉重，如今案件激增，更是不勝負荷。尤哥維奇惟恐影響路工進行，屢次向維特建議在路界內設置正式的法院。直到 1901 年，維特才會同外交及司法兩大臣舉行滿洲司法問題會議，於 6 月 22 日達成協議，制定中東鐵路沿線司法機關的籌設規章十二款；8 月 2 日，該規章經沙皇核准頒布，名為〈關於中東鐵路沿線司法權之詔令〉。其要點如下：（一）此規章適用於中東鐵路沿線，但南滿支線位於旅大租界內的路段者不適用。（二）俄人之間的民刑事案件，由俄國派遣法官審理；但涉及俄

3 Нилус, *Исторический обзор КВЖД, 1896-1923 г.г.*, Т. I, с. 557-558.

4 *Исторический обзор КВЖД, 1896-1923 г.г.*, Т. II, Часть III, “Руские консульства в Маньчжурии”, с. 4.

5 Нилус, *Исторический обзор КВЖД, 1896-1923 г.г.*, Т. I, с. 558-559.

人與非俄人間的刑事案件，如受害人為俄人，被告為非俄人，則由俄國派駐滿洲的外交人員送交該管官廳審理。不過，如案件發生在牛莊，即由駐牛莊總領事移送該管官廳審理。另外，中東鐵路人員如在執行業務造成刑事糾紛時，可改依民事條例審理。（三）法官的派任由司法部決定，惟須先行知會財政部同意，而法官的薪金、差旅費、住所，悉由中東鐵路公司支付供應[6]。

上項司法詔令正式將俄人在路界內的訟案，交由俄國司法部派任的法官審理。依領事裁判權施行辦法，俄人司法案件應由領事館所在的領事法庭審理，時俄國在滿洲唯一的領事館設於牛莊，與中東鐵路多數區域相距甚遠，但無論如何，除旅大租界外，俄人在滿洲的任何訟案均應交由牛莊的領事法庭審理才是。但是，俄國政府不依此規定辦理，反在鐵路地帶設置正式法院，實與領事法庭制度相違，等於將鐵路地帶視同其在華租界，根本違反了鐵路合同規定。至於路界內華民的民刑事案件，以及其與鐵路公司的糾紛，雖自 1899 年起即交由鐵路交涉局審理；惟案件審理須與鐵路公司代表協同會審，俄方仍難脫干涉中國司法權行使之嫌，關於此一問題，詳見後文說明。

根據 1901 年的司法詔令，哈爾濱、海拉爾兩地各派 1 名法官審理訟案，哈爾濱另增設 1 名副檢察長，負責訟案調查。在監督機關方面，幹線部分各為海參崴、赤塔地方法院，南滿支線部分為旅順地方法院。日俄戰爭結束後，俄國失去旅大租界，1906 年 2 月，原於戰爭期間遷往哈爾濱的旅順地方法院，更名為邊境

---

6 參見 Нилус, *Исторический обзор КВЖД, 1896-1923 г.г.*, T. I, c. 559-562; 連濬編，《東三省經濟實況攬要》（台北：傳記文學出版社重印，1971），頁 355-356。

地方法院，統轄中東鐵路全線的司法業務，隸屬海參崴地方法院監管[7]。1907 年起，邊境地方法院正式遷入中東鐵路管理局大樓辦公，自此以迄 1917 年十月革命止，路局平均每年給付 11 萬盧布，供作該法院經費支出，不足之數由俄國司法部撥付；而由 1918 年至 1920 年中國收回路界內司法權為止，法院經費全由路局支付[8]。

哈爾濱邊境地方法院的組織，於 1913 年始稱完備，其組織如下：設審、檢廳各一處，審判廳分民、刑事法庭，設正、副廳長各 1 名、法官 5 名、書記官 1 名；檢察廳設檢察長 1 名、副檢察長 3 名。至於鐵路沿線則設初級審判廳（又稱治安審判廳），派有 11 名法官，其中 4 名分駐滿洲里、海拉爾、橫道河子，餘駐哈爾濱[9]。初級審判廳專門審理案情較輕者，包括刑事案件判刑在四年以下、民事案件判處罰金在 500 盧布以內等均歸屬之，案情重大者則由哈爾濱地方審判廳負責。若對初級審判廳判決不服，可上訴地方審判廳，再不服則上訴聖彼得堡樞密院。此外，尚有巡迴審判制度，定期派法官前往札蘭屯、昂昂溪、博克圖、海拉爾、滿洲里、橫道河子、綏芬河等大車站審理法案。而為收容人犯，哈爾濱、滿洲里、海拉爾、博克圖、橫道河子等地，各設監獄一所，其中以哈爾濱的監獄最大，可容納 500 名人犯。其他沿線各站，如札蘭屯、昂昂溪、安達、一面坡、穆稜、綏芬河、窯門等地警察局，則設有暫時羈押人犯處所[10]。

7　參見 Нилус, *Исторический обзор КВЖД, 1896-1923 г.г.*, T. I, c. 563-564.

8　Нилус, *Исторический обзор КВЖД, 1896-1923 г.г.*, T. I, c. 564;《東支鐵道を中心とする露支勢力の消長》，上卷，頁 203。

9　Нилус, *Исторический обзор КВЖД, 1896-1923 г.г.*, T. I, c. 567.

10　遠東外交研究會編，《最近十年中俄之交涉》，頁 90。

俄國對路界內司法權的侵害，一方面是在鐵路地帶設置法院，派任法官，審理訟案，一方面是透過鐵路交涉局的成立，干涉中國在鐵路地帶司法權的行使。若依據鐵路合同來看，中東鐵路勘路、興建期間，有關的中俄交涉，應由在北京的鐵路公司中國總辦負責，而鐵路地帶的訟案，歸屬地方官審理，則在鐵路地帶設交涉局本無必要。但因與鐵路有關的交涉事項，常由北京的總辦行文東省將軍辦理，在兩地相隔千里之遠，電文往來曠日廢時的情況下，於地方上成立專責機構掌理此事，仍有其必要。因此，早在 1897 年夏，俄人入境勘路時，黑龍江將軍即以鐵路交涉事繁，奏請在將軍衙門下設交涉處，專司路事交涉。同年，11 月，經清廷核准，以松祿、于駟興（1878-1942）分任交涉處總理和幫辦[11]。

1898 年春，黑龍江將軍恩澤以鐵路開工在即，哈爾濱既為工程局所在地，乃與總監工尤哥維奇相商，籌設鐵路交涉局，「代辦中俄交涉，兼保護路員事宜」，經費由鐵路公司供給。不久，尤哥維奇「以其保護不力，屢動責言，未及一年，遂行停辦」[12]。此次鐵路交涉局的設置，並未訂定章程，無法確知該局所執行的業務詳情，亦不知俄人是否藉由經費的提供而干涉局務。但是，經費由鐵路公司提供實屬不當，以致日後重設該局

11 參見〈將軍衙門為派專員經理交涉事宜札〉，光緒二十三年 6 月 8 日；〈將軍衙門為派委交涉處員司等事宜札〉，光緒二十三年 7 月 27 日；〈將軍衙門奉旨設交涉處札〉，光緒二十三年 7 月 27 日；〈將軍衙門遵旨刊發交涉處關防並委派人員札〉，光緒二十三年 10 月 10 日，收入黑龍江省檔案館編，《中東鐵路》（一），頁 25-27、37-41。

12 交通鐵道部交通史編纂委員會編，《交通史路政編》，第 17 冊（上海：編者印行，1930），頁 138。

時，繼續沿用此例，遂使俄方得以進一步侵害中國的司法權。

鐵路交涉局的重新設置，係在 1899 年春。由於鐵路已全面開工，為加速工程進行，加上中國工資較為低廉，鐵路公司乃雇用大批中國工人，形成路界內華俄人民雜處的現象。兩國人民語言不通，風俗習慣差異大，不免有誤會衝突發生。其次，中國商民與鐵路公司的交易，如物料糧食的採辦，以及鐵路用地的徵購等事宜，也時有糾紛傳出。再者，華民受雇於鐵路公司，移居或暫住路界內者，為數可觀，諸種作奸犯科之事亦繼之而來。尤哥維奇為防止這些問題影響施工進度，主動提議重設鐵路交涉局。他先於 1899 年 5 月與吉林將軍延茂相商，訂定了〈吉林哈爾濱鐵路交涉總局章程〉；9 月，復與黑龍江將軍恩澤訂定〈黑龍江富勒爾基鐵路交涉總局章程〉，分別在兩省的哈爾濱、富拉（勒）爾基車站附近成立鐵路交涉總局，主管所有華民與鐵路公司有關之案件[13]。

根據該二章程規定，案件審理均須會同鐵路總監工或其全權代表共同審理。華籍勞工如犯有殺人、竊盜、強姦等類案件，由中國地方官審理；但情節重大者，其所在地鐵路監工應向總局報告，並通知地方官由總局會同總監工裁定，是否提交總局，或交地方官就地審理。若總局官員與總監工對案件的認定審理意見不同，或遇有重大案件時，則由二省將軍就雙方的呈文、照會核辦。此外，該二章程尚規定，總局總辦、會辦等官員的委派更調，應由二省將軍與總監工預先酌商，方可定案。總局建物及一

13 參見 Нилус, *Исторический обзор КВЖД, 1896-1923 г.г.*, Т. I, с. 485-486;《東支鐵道を中心とする露支勢力の消長》，上卷，頁 203-205；〈增改富勒爾基鐵路交涉總局章程〉，光緒二十七年 12 月 5 日，以及〈將軍衙門為籌設交涉局及增改章程札〉，光緒二十八年 1 月 23 日，收入《中東鐵路》（一），頁 74、82。

切設備等興辦費用，均由鐵路公司提供，並各撥付 6 萬兩、4 萬兩，作為其常年經費支出[14]。

1900 年夏，義和團事變發生，哈爾濱鐵路交涉總局遭到波及，付之一炬。動亂結束後，中東鐵路全線復工，工人重返各處工地，哈爾濱地區更是華俄商民雲集，繁華勝於往昔，中俄交涉案件日增。1901 年 7 月，尤哥維奇派遣中東鐵路代辦達聶爾向吉林將軍長順提議重建哈爾濱鐵路交涉總局，並增改章程內容，計十一條。在人員的派任上也和以往不同，除重設總局外，另於鐵路各段監工處設立分局，派交涉專員主持[15]。

同年，11 月，署黑龍江將軍薩保（1840-？）鑑於 1900 年的動亂，有關路界內的中俄交涉事項，必須重新協商，尤其是「鐵路公司購買應用地畝，以前未經稽核，曠土太多，尤易私占，並風聞有奸民嗜利，暗中指地售與俄國商民情事」，乃派遣該省鐵路交涉總局總辦周冕赴哈爾濱，修改舊有的章程。惟周冕抵哈爾濱交涉之初，尤哥維奇最初「以從前派員未協，並未保護為辭」，不願改訂，經周冕極力辯白交涉，始於 1902 年 1 月，「援照吉林新訂章程，酌改舊章」，訂定〈增改富勒爾基鐵路交涉總

---

14 參見 "The Lands and Land Administration of the Chinese Eastern Railway Company and the Incident of August, 1st 1923", Part II, "Documents: Annex X/A: Agreement Regarding Jurisdiction over Chinese Subjects in the Chinese Eastern Railways Zone（Kirin Province）", May 19th/31st,1899; "Annex X/B: Agreement Regarding Jurisdiction over Chinese Subjects in the Chinese Eastern Railways Zone（Heilungkiang Province）", September 22nd/October 4th（原件為俄文本，編者譯為英文本）, c. 27, 29. 收入 *Исторический обзор КВЖД, 1896-1923 г.г.*, Т. II, Часть III.

15 參見〈將軍衙門為奏設交涉局及增設改章程札〉，光緒二十八年 1 月 23 日，收入《中東鐵路》（一），頁 80-81。

局章程〉[16]。和吉林省不同者，該章程計有十二條，增添鐵路用地徵購一項，規定該土地徵購，均須送交鐵路交涉總局驗明蓋印，始能生效。而總局設立地點則比照吉林省，遷至哈爾濱地區，鐵路公司撥款 1 萬兩，作為遷辦費，富拉爾基改為分局；另於呼倫貝爾、博克圖兩處添設分局，後又改設安達、昂昂溪、札蘭屯、博克圖、海拉爾、滿洲里等六處分局[17]。

圖 7-1　黑龍江鐵路交涉局總辦周冕。1901 年 9 月起擔任總辦一職，至 1906 年 1 月止。任職期間，擅與鐵路公司訂定地畝及木植合同，影響黑龍江省利權甚鉅，最後雖被撤職，但不久轉任北洋大臣幕僚，未受任何懲處。

奉天省方面，繼黑龍江省之後，於 1902 年 5 月，援例與鐵路公司簽訂〈奉天鐵路交涉總局章程〉，在遼陽車站設總局，遼陽城和哈爾濱設分局，另於鐵路各段監工處派交涉專員，鐵路公司亦撥款 1 萬兩，供作該局建物及一切設備費用[18]。1905 年秋，日俄戰爭結束後，奉天省境內的中東鐵路支線割予日本，該局因而撤銷。

1901-1902 年的章程改定，和舊章程不同者，在訟案的審理機關上，即：「凡正關涉鐵路及連涉鐵路之命盜、雜案及一切交

16　《十二朝東華錄》，光緒朝，總頁 4837；〈增改富勒爾基鐵路交涉總局章程〉，光緒二十七年 12 月 5 日，收入《中東鐵路》（一），頁 74。

17　參見〈增改富勒爾基鐵路交涉總司章程〉，光緒二十七年 12 月 5 日，收入《中東鐵路》（一），頁 76；《黑龍江志稿》（中），頁 1602。

18　〈奉天鐵路交涉總局章程底〉，光緒二十八年 3 月 26 日，收入《中東鐵路》（一），頁 98、100。

涉事宜，無論距哈遠近，均須歸局經理，免致移交地方官會辦轉多遲誤。」其施行辦法視案件的大小而有差異，若「不甚違背中國律例及鐵路章程之事」，交涉專員可「就近與各該段監工商議辦理」[19]。至於重大案件，如命案、聚眾犯上、強姦、竊盜、貪污等事，交涉專員如無法定奪，則應會同鐵路監工，函示哈爾濱總局，由總局官員會同鐵路總監工或其代理人審理[20]。結果，路界內一切大小訴訟案件，全歸鐵路交涉局交涉專員或總局，會同鐵路各路段監工或總監工及其代理人共同審理。華民在路界內的訴訟案件，自此不再歸屬鐵路沿線附近地方官審理。

從 1899 年吉、黑兩省鐵路交涉總局章程的訂定，至 1901-1902 年章程的增改，凡與鐵路有關的中俄訟案以及路界內華民的訟案，不論是由各分局交涉專員或總局審理，均須和鐵路監工或總監工協商，等於同意俄人在路界內對所有華民無論是否涉及鐵路事務之訟案，一律擁有會審權。此種做法，有如外人在華租界內施行的會審制度（對華民），其間的差異，僅止於參與會審的代表有別，前者為鐵路公司人員，後者為各國駐華領事[21]。須知，中東鐵路地帶並非租界，且無通商口岸的開放，而鐵路公司擁有會審權，是繼俄國法院及法官設置派任之後，對中國司法權的再次侵害。此後，中國司法權非僅無法暢行於中東鐵路全線區域，即使對華民司法權之行使，亦難以獨立自主。

---

19 〈將軍衙門為奏設交涉局及增改章程〉，光緒二十八年 1 月 23 日，收入《中東鐵路》（一），頁 81-82。

20 參見〈增改富勒爾基鐵路交涉總局章程〉，光緒二十七年 12 月 5 日；〈將軍衙門為奏設交涉局及增改章程〉，光緒二十八年 1 月 23 日，收入《中東鐵路》（一），頁 75、82。

21 費成康，《中國租界史》（上海：上海社會科學院出版社，1992），頁 135。

檢討俄人自中東鐵路興修以來，得以一再侵害、踐踏中國在路界內的司法權，根本原因，固然是由於俄國恃強凌弱所致，然中國本身昧於法權觀念，亦難辭其咎。依理鐵路交涉總局興辦之事，僅應限於鐵路興修之交涉事務，不宜視同司法機關。凡涉及司法案件，無關領事裁判權者，當由地方官審理；若有關領事裁判權之中俄案件，宜由地方官和俄國領事會審。東省當局在訂定、修改鐵路交涉總局章程時，未能辨明此點，遂令俄國得以進一步擴大其在路界內的司法權；而清廷對該章程內容的異議，僅止於總辦、會辦的任命須與鐵路總監工協商一事，飭令東省當局設法改正[22]。由此顯示，從地方疆吏到中央要員，法權觀念全然不知。這似乎是晚清以來，在中外交涉過程中，中國官員之通病。另外，該局經費由鐵路公司撥給，自不免使其視「該局為伊辦事而設」，若「派員不得其人，轉不免為彼所用」[23]。黑龍江鐵路交涉局總辦周冕即是一例。他在處理華民和鐵路公司的土地糾紛時，即偏袒鐵路公司；又曾與鐵路公司訂定伐木及地畝合同，影響江省利權甚鉅（詳見第九章第一節地畝權、伐木權部分）。

鐵路交涉局的設置，衍生中國在路界內司法權喪失問題，在日俄戰爭結束後，新任署黑龍江將軍程德全有鑑於此，為挽回失去的利權，聯合署吉林將軍達桂（1860-1920），於 1905 年 10 月上書清廷，建議裁撤鐵路交涉局，另於哈爾濱添設道員，專辦兩省交涉事宜，「並設關徵稅而免利源外溢」；與鐵路有關之交涉則依鐵路合同規定，宜續派鐵路公司總辦專司其事[24]。11 月，清

22　《交通史路政編》，第 17 冊，頁 140。

23　〈署吉林將軍等文一件〉，光緒三十一年 10 月 3 日，中央研究院近代史研究所檔案館藏，《中東鐵路》，檔號：02-03-010-01-004。

24　〈署吉林將軍等文一件〉，光緒三十一年 10 月 3 日，《中東鐵路》，檔號：

圖 7-2　吉林鐵路交涉局總辦兼試署濱江關道杜學瀛。1903 年到任，初任會辦，後升任總辦；1909 年 4 月，以「頹廢自私，罔知政體」的罪名被革職。試署濱江關道一職，任期自 1905 年 12 月至 1908 年 2 月止。任職期間，於吉林省利權交涉有其貢獻。

廷遂於哈爾濱添設濱江道，次年以杜學瀛（1852-？）試署該道[25]。在鐵路公司總辦派任方面，清廷曾於 1903 年 12 月著令吉林補用道方朗擔任[26]，然因未得俄方認可[27]，以致該職位始終虛懸，此次程、達二將軍的建議，清廷或恐俄方回拒，無意續派。因此，吉、黑兩省鐵路交涉總局、分局無法撤銷，只是自此至 1914 年末為止，不再支領鐵路公司撥給之經費[28]。

1908 年 12 月，吉林鐵路交涉總局取消鐵路公司人員會審華民案件之權力；而黑龍江鐵路交涉總局

02-03-010-01-004；參見程德全，《程將軍守江奏稿》（台北：文海出版社重印，1967），卷 6，頁 37-40。

25 〈軍機處交鈔摺一件〉，光緒三十一年 10 月 5 日，《中東鐵路》，檔號：02-03-010-01-005。

26 〈收軍機處交片〉，光緒二十九年 10 月 18 日，《中東鐵路雜件》，檔號：03-32-218-01-003。

27 參見〈咨交通部〉，民國四年 8 月 4 日，《中東鐵路雜件》，檔號：03-32-219-01-003。

28 〈外務部復俄廓使照會〉，光緒三十四年 11 月 11 日，《中東鐵路》，檔號：02-03-010-02-016。關於吉、黑兩省鐵路交涉局續領鐵路公司津貼一事，係源於 1914 年末起，該二省巡按使孟恩遠、朱慶瀾電請外交部飭令交涉局依舊章程辦法而來（參見〈收吉林、黑龍江巡按使電〉，民國三年 10 月 27 日；〈哈爾濱交涉員詳一件〉，民國三年 11 月 9 日，《中東鐵路雜件》，檔號：03-32-219-02-050、03-32-219-02-052）。

雖允其會同審理，但在簽押時則加注「不干預」一詞。鐵路公司以該二總局做法有違雙方協定，而提出抗議[29]。1910 年 1 月，濱江關道台兼吉林鐵路交涉局總辦施肇基（1877-1958）會同黑龍江鐵路交涉局總辦劉鏡人，利用與霍爾瓦特協商公議會細章問題之餘，提交修改交涉局章程方案，規定凡未涉及鐵路公司的所有華民案件，無論民刑事，統歸交涉局獨自審理[30]，希望藉此收回部分司法權。後因公議會細章未能議妥，雙方會談中斷，此一願望為之落空，鐵路公司依然享有華民案件的會審權。

圖 7-3 濱江關道台施肇基。1908 年秋到任；1909 年 4 月，杜學瀛被革職後兼吉林鐵路交涉局總辦，任期至 1910 年止。在職期間，主持哈爾濱自治會問題，以及松花江航權與哈爾濱等地設關徵稅事宜交涉，為減少中國利權的損失，可謂不遺餘力。

鐵路公司及俄國政府在路界內的司法權，於 1917 年十月革命以後發生變化。先是北京政府在 1920 年 9 月 23 日宣布停止俄使待遇；繼之，司法部提議收回俄國法院，派司法部次長張一鵬（1873-1944）赴中東鐵路視察，作為路界內司法權收回之預備，並以殷汝熊為籌備接收主任，處理接收業務。10 月 1 日，吉林（鐵路）交涉局會同濱江地方審、檢兩廳長，諭令哈爾濱地方法院停辦其業務，將所有未結案件，點交中國法廳辦理。俄國法官拒絕移交，要求留用全體人員，法廳組織照舊。地方當局不得已，暫行查封「地方廳及第一、第二兩治安審判廳」，復與交涉局商議雇用俄人辦

29 〈外務部復俄廓使照會〉，光緒三十四年 11 月11 日《中東鐵路》，檔號：02-03-010-02-016。

30 〈濱江道施肇基稟一件〉，宣統元年 12 月 4 日，《東清鐵路展地勒捐》，檔號：02-03-009-02-013。

法。在此期間，各國駐哈領事恐此項收回司法權行動，危及其在華特權，以各該國人民案件，橫遭擱壓為由，「群向交涉局質問」；英、法領事甚至要求恢復俄國法院或沿用俄國法官為審判官，以阻撓司法權的收回。歷經二十餘天交涉，司法部頒布〈東省特別區法院編制條例〉，制定〈甄拔特種司法人員章程〉及〈法院外國諮議調查員任免暨辦事章程〉，並同意留用部分俄籍法官、律師和辦事員，法院接收問題始獲解決。11 月 1 日起，著手點查案卷，隨後在哈爾濱設立高等審判廳、地方審判廳各一處，鐵路沿線設地方分庭六處，「專理鐵路界內關涉俄人訴訟案件」[31]。從此之後，路界內俄人案件歸屬中國司法機關審理，喪失十餘年的司法權得以完全收回。

二、警察權

根據鐵路合同規定，路界內的治安及鐵路人員，均由中國政府維持、保護，俄國卻擅自在〈東省鐵路公司章程〉第八款規定：「為防護鐵路界內的秩序」，「由公司委派警察人員，擔負警衛之職任」。最初鐵路公司未專設警察，係由總監工尤哥維奇授權護路軍代行警察業務。1900 年夏，隨著義和團事變的爆發，以及俄軍的進占滿洲，護路軍被調往前線參與對華作戰，無法兼顧鐵路地帶的治安，鐵路公司遂於哈爾濱設置警察機關，以曾任護路軍隊長的卡扎爾金主持其事。當時，法院尚未設立，卡扎爾金除負責市區的警務工作外，還兼具法官、檢察官的身分，審理情節較輕的俄人訴訟案件[32]。

---

31 參見《最近十年中俄之交涉》，頁 90-92。

32 關於中東鐵路地帶警察權的發展沿革受限於資料不足，本小節主要取材

1902 年 11 月，俄國政府為強化俄國在滿洲的勢力，在雅爾達（Yalta）舉行大臣特別會議。甫於 10 月奉命視察中東鐵路歸來的維特，亦出席該次會議。會後作成決議：鼓勵俄人移民中東鐵路地帶，並應限制中國移民的數量。為規劃移民問題，維特於次年 2 月 26 日和 3 月 5 日，兩次召集中東鐵路公司董事，舉行會議討論。6 月，沙皇頒布移民詔令，作為俄人移民中東鐵路地帶之依據[33]。此時，由於護路軍已組建成外阿穆爾軍區，朝向正規軍發展，無法支援警務工作，未來俄國移民湧入，治安問題勢必增多，鐵路公司遂在中東鐵路通車營運後，於鐵路管理局下設正式的警察機關。10 月 14 日，鐵路公司命陸軍中校扎列姆巴（A. I. Zaremba）為警察部長；11 月，編組警察隊，員警則從外阿穆爾軍區抽調 18 名軍官、714 名士兵充任。除哈爾濱的警察部外，鐵路沿線分成七個轄區，調派員警駐留各地。

1904 年 2 月，日俄戰爭爆發，不久，中東鐵路南滿支線部分路段為日軍占領，鐵路公司不得不改組鐵路地帶的警察機關。7 月，路局發布命令，將鐵路沿線原有的七個轄區，縮編為四區，改設警察署，哈爾濱一地仍設警察部，警察人員仍徵調自外阿穆爾軍區，惟其薪金則有不同。10 月，為因應戰爭而湧入哈爾濱的人潮，路局復將哈爾濱的警察部擴大編組，下轄新埠頭區、老埠頭區、新哈爾濱、老哈爾濱等四個警察署。

由於歷年來警察人員全徵調自外阿穆爾軍區，然此一做法卻無明文規範，不免會有身分的隸屬與統轄權問題。1907 年 10

Нилус, *Исторический обзор КВЖД, 1896-1923 г.г.*, Т. I, Глава XIX,（с. 537-555）以下 3 頁行文引用該書時，不再另行加註說明。

33 《中東鐵路歷史編年（1895-1952）》，頁 37。

月，沙皇批准了〈外阿穆爾軍區條例〉，其中第 53 條特別針對上述問題作一明確規定，其內容大要為：鑑於鐵路地帶的治安維護，鐵路公司得自外阿穆爾軍區選拔品行優良，有文化素養的軍士官，充任警察人員；其指揮統轄權，歸屬鐵路局局長，但勤務細則的訂定，須與該軍區司令協商，並得鐵路公司董事會批准，始能生效執行。

1908 年 5 月，鐵路管理局又重新劃分鐵路沿線的警察轄區，計分四區：第一區，從滿洲里站到伊列克得站；第二區，從伊列克得站起至船塢站（哈爾濱江北）西方信號機止；第三區，從哈爾濱新市街邊界起至寬城子站止；第四區，從哈爾濱站東方信號機起至綏芬河站止。中東鐵路地帶的警察機關及其轄區從此確立，俄國的警務系統在路界內得以暢行無阻。

儘管中東鐵路在通車營運後，路局下即設有警察機關，然有關警察章程的訂定，始終付諸闕如。直到 1909 年 9 月，俄國財政大臣才核准中東鐵路地帶臨時警察章程，警務的運作，不再依附於護路軍條例之下（〈外阿穆爾軍區條例〉第 53 條）。該章程沿用至 1917 年十月革命為止。同時，為培育警界人才，1909 年初，路局復仿照聖彼得堡警察學校建置辦法，在哈爾濱成立警察學校，培育警務人才。

在警察勤務方面，除一般的治安勤務、戶口調查外，並協助衛生單位防治疫病流行。關於後項勤務的執行，路局局長霍爾瓦特頗為稱許。例如，1910 年 10 月，滿洲里站發現鼠疫，隨後蔓延至中東鐵路沿線，由於警察人員大力參與救治，疫病得以在次年 3 月完全撲滅，霍爾瓦特為此電請董事會發給獎金，嘉勉警察人員的辛勞。

1910 年 5 月 31 日，路局頒布身分認證法規，針對路界內的中國人，凡擔任廚師或家庭僕役者，均須前往警察機關登記，取得證照。因此，取締無雇傭身分證的華人廚師、僕役，又成為警察人員的一項新勤務。而身分認證法規的施行，無異是將中東鐵路地帶視同俄國領土，以中國人為外國僑民，無雇傭身分證，不得擔任廚師、僕役工作。此外，警察勤務尚有一項與中國居民有關者，即哈爾濱地區鴉片買賣查緝工作。由於從事鴉片買賣者多為華人，哈爾濱的警察認為此項勤務無助於俄國移民區的治安，建議將之取消，以減輕警察的工作負荷，然路局以疫病流行，多起源於鴉片煙館一帶，故為防治疫病，仍須維持鴉片買賣的查緝勤務。

在刑事案件的偵查方面，哈爾濱警局於 1908 年起，成立設備完善的偵察處，其下的刑事檔案課為保存人犯相關資料，在 1914 年特別添設了指紋室、法警照相室、人體檢驗室等單位。1912 年 6 月 28 日，俄國政府又制定〈中東鐵路沿線刑事案件執行規則〉，將路界內的中國人及其他外僑一體納入適用[34]。

圖 7-4　滿洲里石頭樓監獄。1903 年建成使用，主體建築分地上二層、地下一層。其中地下一層及地上一層多為牢房，地上二層部分及一層部分為監獄管理機構，二層主廳為初級審判廳。由於主建築及圍牆係以石頭砌成，故當地居民稱為「石頭樓」，現為沙俄監獄陳列館。

34　《中東鐵路歷史編年（1895-1952）》，頁 88-89。

由於路界內的警政業務隸屬鐵路管理局統轄[35]，再加上員警的來源，係徵調自外阿穆爾軍區，以致警政業務既受鐵路當局指揮，復有軍方牽制，難以獨立自主。因此，警政業務的獨立自主，一直是警政首長努力的目標，尤其是 1908 年起哈爾濱實施自治以後，哈爾濱警局即建議將其業務劃歸市政機關。然局長霍爾瓦特並不贊同，他惟恐鐵路公司同意該項建議，曾於 1909 年初致電董事會，指稱路界內的警政業務若脫離路局管轄，轉而劃歸各地自治市政府，勢必造成路界內民政事務管理的紊亂，進而衍生各種問題，如：無法確保俄人在路界內的安全，政治性的犯罪事件會增加，造成警政機關與法院、路局之間的對立等等。其實，霍爾瓦特最為關心者，當是其權力的減損，而鐵路公司董事會亦深知警政為民政事務之最重要者，由路局主管較能發揮事權統一之效，故有關爭取警政獨立自主計畫，最後僅止於員警的徵募一項而已。1916 年，〈外阿穆爾警察區條例〉草擬完成，規定警力來源不再徵調自護路軍，改招募民間人士充任。1917 年 3 月，鐵路公司董事會通過此一條例，正要付諸實施，卻爆發了俄國革命，警政革新終致一無所成。

除了行政警察外，俄國復在路界內設置鐵路警察。鐵路警察的設立，源於 1904 年 6 月 1 日關東總督阿列克謝耶夫的提議，仿照俄國國內鐵路警察法規，徵調憲兵擔任鐵路警察，歸獨立憲兵團節制。1908 年 7 月 17 日，沙皇下詔取消原有的路警編制，另行設立鐵路警察局，歸內政部警察總署統轄，而非隸屬鐵路管

---

35 警政業務歸主管民政部的副局長監管，由局長節制。副局長阿法納西耶夫於 1908 年 1 月就任此項職務（Нилус, *Исторический обзор КВЖД, 1896-1923 г.г.*, Т. I, с. 543），至 1917 年 3 月解職（《東支鐵道を中心とする露支勢力の消長》，上卷，頁 297）。

理局。其制服與護路軍相同，所擔任的工作，不外是保護鐵路、車站、貨棧、倉庫、機車庫，以及鐵路所屬建物，以維持鐵路的安全與暢通。路警在執行任務時，對中國乘客及其託運貨物的檢查特別嚴格，態度亦不佳，如限制軍隊、軍械的運送，若有中國軍官隨身配帶手槍，即遭扣留；又如華人多乘坐三等車廂，人多擁擠時，「不便俄員查票，則任意推出車外」[36]。

中東鐵路路警的管轄權隸屬俄國內政部警察總署，局長由其派任，此與 1906 年 8 月 1 日鐵路公司董事會的決議相違（警察業務全歸鐵路公司掌管，受財政部監督），然鐵路公司及財政部未提出任何異議。路警施行辦法，沿用至 1917 年十月革命為止。警政業務依法歸屬民政範疇，俄國政府既已將路界內的行政權委由鐵路公司辦理，則不論行政警察或鐵路警察，均應劃歸鐵路公司掌管，以求事權統一，然因鐵路公司業務歸屬財政部主管，內政部為與財政部較勁，才會產生警政業務的統轄上，出現各自為政的現象。此種現象也見之於鐵路局和俄國外交部派駐路界內代表之間，常因民政和外交事務權責問題，造成雙方互相攻伐的情形，最後往往必須由財政部與外交部居中協調，爭議才告平息[37]。

36 《最近十年中俄之交涉》，頁 36。

37 俄國外交部派駐中東鐵路地帶的代表與鐵路當局的衝突，首見於 1907 年 6 月。時鐵路局派員向海拉爾市俄人收稅，俄人引用治外法權，指該局無權徵稅，並向俄國駐海拉爾副領事申訴，獲得其支持。俄國駐哈爾濱總領事劉巴對路局此舉亦頗不以為然，後經外交部及財政部居中協調，俄人仍須依路局規定納稅，此一事件暫告平息。不過，俄國駐哈爾濱總領事館與鐵路局的對立，並未化解。1908 年 9 月 2 日，劉巴離職，總領事改由霍爾瓦特代理，暫告無事。1909 年，珀佩（N. M. Poppe）接任總領事，因與霍爾瓦特在中俄自治會問題交涉上，看法迥異，彼此互相攻伐。有關公議會細此外，為維護松花江航道的暢通與安全，除護路軍所屬艦隊巡弋其間外，1912 年時，俄國哈爾濱總領事還向吉、黑兩省都督要求設置水上警察，結果遭拒未成[38]。

對於鐵路公司非法在路界內行使警察權一事，最初清廷及東省當局並未提出抗議，或力求抵制。直到 1905 年初，程德全主持黑龍江省政，始謀求補救，於昂昂溪、札蘭屯、博克圖等車站設局收稅，並招募巡警，「以保護稅局稽查匪類為名，而實以抵制俄巡，收回警察權為目的」。1907 年，程德全將稅局巡警改歸交涉局兼辦，並有意在各車站普設警兵，保護鐵路，兼搜捕盜匪。同時，又在富拉爾基增設一巡警處。江省當局藉添設稅局巡警，以收回警察權的做法，自然引起鐵路公司不滿，因而指責中國在路界內設警巡查，「不惟侵奪公司權限，亦與鐵路合同大相違背」，要求「務將鐵路境內江省各交涉局華警一律撤去」。程德全以「巡警乃民政之一端，為中國固有之權，非公司所得干預」，駁斥鐵路公司無理要求，並「咨請外務部與俄使據理詰責」[39]。其時，中俄雙方正在北京交涉吉、黑兩省地畝、伐木、煤礦等合同事宜，俄方惟恐此一爭執會波及地畝合同的訂定，乃施以緩兵之計，同意「俟鐵路展占地段劃清後」，在新展地界內可設中國巡警，將路界內所住華民歸地方官管轄。然在吉、黑兩

章事宜的續商，霍爾瓦特甚至未通知珀佩。其二人關係始終不睦，霍爾瓦特還多次建議財政部奏請俄國政府將路界內的一切事務，劃歸鐵路公司管理，不必另派領事管理涉外事務，若無法取消派設該職，不妨由路局人員兼任，以避免彼此之間的衝突再度發生（參見 *Исторический обзор КВЖД, 1896-1923 г.г.*, Т. II, Часть III, “Руские консульства в Маньчжурии”, с. 27-29, 31-35）。

38 《黑龍江志稿》（中），頁 1680。

39 《東三省政略》（上），卷 3，交涉——鐵路交涉篇，頁 10。

省地畝合同簽訂後，鐵路公司卻又以續展地畝尚未劃定為由，避談華警設置事宜。

與此同時，俄國政府開始積極策劃路界內自治會的籌設。1907 年 12 月末，首先在海拉爾成立自治會，黑龍江巡撫程德全除令該省鐵路交涉局會辦于駟興向鐵路公司抗議外，有關華警設置事宜，一則聯合吉省當局共同向鐵路公司交涉，一則咨請外務部照會俄使璞科第，正視該項問題[40]。1908 年 2 月 8 日，璞科第覆文表示，1907 年 6 月俄方同意設置華警一事，係指新劃鐵路地段而非舊有地段，俟新劃地段完成後，再行商議[41]。3 月，暫署濱江關道台杜學瀛（兼吉林鐵路交涉局總辦）會同江省鐵路交涉局總辦宋小濂（1860-1926）呈文東省當局表示，僅設巡警並不足以抵制自治會的設立，根本之圖在籌設警兵，派駐鐵路沿線。東省當局雖覺此議固佳，但涉及「經費籌款、裁兵節餉各節」，「未可倉猝定議」，仍以設巡

圖 7-5　吉林鐵路交涉局總辦宋小濂。任期 1906-1907 年。在職一年餘期間，主要進行黑龍江省地畝及木植合同改訂，設法彌補周冕所造成的損害，避免該省二項利權不盡悉為鐵路公司所有。民國成立後一度擔任黑龍江都督。1920 年 6 月，繼鮑貴卿之後任中東鐵路督辦，為第三任都辦，1922 年 1 月卸任。

40　參見〈東三省總督、黑龍江巡撫文一件〉；〈東三省總督、奉天巡撫文一件〉，光緒三十三年 12 月 13 日，《中東鐵路》，檔號：02-03-010-01-008~009。

41　〈俄璞使照會一件〉，光緒三十四年 1 月 9 日，《中東鐵路》，檔號：02-03-010-01-011。

警為宜[42]。而江省當局因設警一事，始終無法獲得鐵路公司的正面回應，加上「俄匪劫財戕命之案，指不勝屈」，如滿洲里車站一帶，一個月內即發生搶劫重案五起，乃主動擬定巡警辦法五條。該辦法之中有「鐵路地段內俄國及他國人民歸中國巡警會查一節」，俄方認為與鐵路合同第六款不合而拒予承認[43]。隨著鐵路沿線各主要城市相繼設立自治會，為挽回路界內的主權，外務部與東省當局分別在北京、哈爾濱與俄方交涉，設警成為其中的一項議題。歷經一年餘交涉，1909 年 5 月，簽訂〈中俄公議會大綱〉，原訂一個月內商訂公議會細章、巡警及地丁章程，俄方卻藉故延宕；復因英、美、德、奧等國對公議會大綱內容提出質疑，加上清廷有意利用各國的關切，作為奧援，酌改公議會大綱內容，以致續商事項，遲遲未能開議[44]。

1910 年 1 月，中俄雙方在哈爾濱續商公議會細章等事宜，在巡警章程的商訂方面，同年 4 月的會談上，施肇基認為鐵路合同既規定鐵路及其人員，悉由中國政府保護，故鐵路各車站之俄警應行裁撤，巡警事項改由中國辦理，以示尊重中國主權，並「免各國之口舌」。然霍爾瓦特及達聶爾堅持不允，施肇基乃退而求其次，提議由華俄合辦巡警事宜，雙方各自招募警兵，派任警務長，「各辦各事，遇有關係兩面之事，則會同商辦」。霍、達二人卻謂：「兩長同處，斷難相安」，不如「巡警歸俄人照約辦理，其偵探華人事件，由中國派人充之」，須拏捕人犯，再知

---

42 《東三省政略》（上），卷 3，交涉——鐵路交涉，頁 10-11。

43 〈外務部咨東三省總督、黑龍江巡撫文〉，光緒三十四年 4 月 21 日，《中東鐵路》，檔號：02-03-010-01-039；並參見〈總督徐世昌為轉商清剿俄匪辦法咨〉，光緒三十四年 5 月 4 日，收入《中東鐵路》（一），頁 279-281。

44 中俄自治會問題交涉參見下節。

會巡警。施肇基答稱，偵探無捕人之權，中國仍無法行使主權，堅持華俄合辦巡警事宜，華警經費由中國自行籌撥。此一讓步，俄方依然不予同意[45]。其後，因俄方無意續商，東省當局欲藉巡警章程的訂定，挽回部分警察權的心願，終告破滅。除鐵路交涉局內的稅警外，路界內並無華警派駐，吉、黑兩省巡警如要進入路界內拘捕人犯，須先徵求俄方同意，發給腰牌，否則必遭俄警移送法辦。

俄國把持路界內的警察權達十餘年，直到 1917 年俄國革命發生，始出現變化。是年春，二月革命爆發，其後蔓延至中東鐵路地帶，影響及於鐵路沿線的秩序。時哈埠俄兵警多不聽命，情勢頗為危急，吉林當局乃派遣 2 連軍隊，以「警備隊」名義，於 5 月 30 日進入哈埠巡邏[46]。這是中國在路界內設警之始。十月革命後，路界內秩序益加混亂。為處理日益繁重的治安問題，1918 年 2 月，吉林省長郭宗熙下令於哈爾濱成立臨時警察總局，與俄警分區維持治安；保安隊、衛生隊、偵緝隊亦依次設置，「俄警其受約束者仍量用之」[47]。8 月起，吉林省警務處開始調派雙城、德惠、東寧、寧安、阿城、同賓、穆稜、扶餘等八縣員警，赴各

---

45 〈吉黑鐵路交涉總局濱江關道等稟一件〉，宣統二年 3 月 8 日，《東清鐵路展地勒捐》，檔號：02-03-009-02-017。

46 參見〈吉林督軍、省長電〉，民國六年 4 月 8 日；〈吉林孟恩遠等來電〉，民國六年 4 月 9 日；〈收吉林督軍咨〉，民國六年 7 月 2 日，《中俄關係史料》，俄政變與一般交涉（一），頁 77、82、120。關於吉林當局派警進入哈埠巡邏，另見《黑龍江志稿》記載：6 月，「鐵路沿線俄匪麇集，民情惶擾」，為維持治安，吉林省長郭宗熙與霍爾瓦特議定，設置百名華警，「司哈爾濱警查（察）之事」（中冊，頁 1647）。

47 《最近十年中俄之交涉》，頁 80；《黑龍江志稿》（中），頁 1647-1648。

車站執行勤務[48]，惟路警的組建，尚無法付諸實施。

1919 年 8 月，哈爾濱正式設立警察總局，警察員額再次擴增。1920 年 2 月，中東鐵路督辦鮑貴卿（1867-1934）派警察總局會同護路軍總司令部，解除鐵路公司所屬沿線護路軍兵械[49]，路警業務乃歸警察總局兼辦，招募巡警分段接管，並於警察總局下設路警處掌理之[50]。1920 年 6 月，新任中東鐵路督辦宋小濂到職後，著手改組警政，路警處自警察總局獨立而出。是年冬，霍爾瓦特去職，內務部將中東鐵路全線區域劃為東省特別區，頒布〈東省特別區警察編制大綱〉。1921 年 1 月 12 日，改警察總局為東省特別區警察總管理處，統轄路界內的警政。4 月，復頒布〈東省鐵路路警處組織大綱〉，「鐵路沿線秩序治安及保護沿線各站各材料廠、所有鐵路產業」，悉

圖 7-6　中東鐵路第二任督辦鮑貴卿。1917 年十月革命之際，任黑龍江督軍。1919 年 8 月，轉任吉林督軍，並取代郭宗熙兼任督辦至 1920 年 5 月止；復因兼中東鐵路護路軍總司令，積極在其任內將中東鐵路的軍警權收歸中國所有。

48 黑龍江省檔案館：第 114-1-84 號檔案文件，轉引自薛銜天，《中東鐵路護路軍與東北邊疆政局》，頁 287。

49 霍爾瓦特在舊有的護路軍被東省當局遣送出境之後，於 1918 年 5 月起另行招募一批護路軍，至 1919 年 9 月時，計有 2,992 名（詳見第八章第一節）。

50 《黑龍江志稿》（中），頁 1648。

歸路警處節制[51]。至此，哈爾濱及中東鐵路全線的治安，悉由中國警察維持，警察權得以完全收回。

第二節　行政權

一、從鐵路合同看行政權的歸屬問題

鐵路公司攫取路界內的行政權，主要是依據鐵路合同法文本第六款“l'Administration”一詞的解釋而來，認定路界內的行政權係屬鐵路公司所有。究竟鐵路合同第六款是否有行政權的讓渡？中文合同該款全文為：

> 「凡該公司建造、經理、防護鐵路所必需之地；又於鐵路附近開採沙土、石塊、石灰等項所需之地，若係官地，由中國政府給予，不納地價，若係民地，按照時價，或一次繳清，或按年向地主納租，由該公司自行籌款付給。凡該公司之地段，一概不納地稅，由該公司一手經理，准其建造各種房屋工程，並設立電線自行經理，專為鐵路之用。除開出礦苗處所另議辦法外，凡該公司之進項，如轉運搭客貨物所得票價並電報進款等項，俱免納一切稅釐。」[52]

由上述內容可知，第六款主要規定中國提供土地興修鐵路，

51 《黑龍江志稿》（中），頁 1648，頁 1649；《最近十年中俄之交涉》，頁 80-81、88。

52 〈中俄合辦東省鐵路公司合同〉，收入《東省鐵路合同成案要覽》，初編，頁 2-3。

所有鐵路工程及營運等有關事務，悉歸鐵路公司管理，中國政府一概不予過問，而鐵路用地與營業收入，得免納稅釐，至於行政權一項，通款全文並未提及。

法文本合同方面，第六款的文句字義大致與中文本相同，惟獨在「由該公司一手經理」的字句，法文本為：「公司對其土地有絕對和獨占的管理權」（“La Société aura le droit absolu et exclusif l'Administration de ses terrains”）[53]。因此，鐵路地段由該公司「一手經理」，及該公司享有「絕對和獨占的管理權」等文句的出入與解釋，就成為中俄雙方爭議的焦點，其中的關鍵詞在「經理」和“l'Administration”。中文的「經理」一詞，依鐵路合同全文，是指商業的管理，並無行政權的管理之意。法文“l'Administration”，有商業和行政管理的雙重含意。俄方即取行政管理一義，擴大解釋鐵路公司對路界內的土地享有行政權。

單從「公司對其土地有絕對和獨占的管理權」一句來看，“l'Administration”固然可以解釋成「行政管理權」；但是，若從第六款全文觀之，此種解釋則無法成立。蓋該文句後即說明此項管理權為：“La société aura le droit de construire sur ces terrains des constructions de tout genre, et agrément de construire et d'exploiter le télégraphe nécessaire pour les besions de la ligne”（中文本合同「准其建造各種房屋工程，並設立電線自行經理，專為鐵路之用」）[54]。顯見所謂「絕對和獨占的管理權」，僅限於該公司在鐵路地段的各種建物及設施的管理權，與地方行政的管理權毫無關

53 法文原文引自《交通史路政編》，第 17 冊，頁 10。該書附有法文合同全文（頁 6-13），惟法文合同第六款“agrément”誤寫成“également”，“télégraphe”誤寫成“télégrphe”。

54 《交通史路政編》，第 17 冊，頁 10。

聯。而且，如果有行政權的讓渡，該款又何必規定鐵路公司土地和所有營業收入一律免稅？

其次，鐵路公司和中國政府所簽訂的是合同（contract），而非條約（treaty）。條約是兩國政府所簽訂的協定，其內容可包括政治、軍事、經濟等，屬國際公法範疇；合同是商業性質的條款，絕無政治的意義，受一國政府法律的管轄。中東鐵路公司是一私人企業，其在中國的商業活動，應歸屬中國法律管轄[55]。惟因如此，在中東鐵路修築、經營，為期八十年間，鐵路公司人員的保護及路界內治安的維持，均是中國政府應盡的責任，故合同第五款規定：「凡該鐵路所用之人，皆由中國設法保護」，「所有鐵路地段命盜詞訟等事，由地方官照約辦理」。

另外，鐵路合同第七款規定——鐵路公司「建造修理所需料件，應免納各項稅釐」；第十款規定——經由中東鐵路所運入俄貨之關稅，減免三分之一，而過境俄貨則完全免稅。這是中國政府賦予鐵路公司營運等相關稅釐的優惠，以提高其營業利潤。由此也可顯示，鐵路地段的行政權，仍屬中國政府所有，否則這些規定豈不多此一舉？

總之，從鐵路合同第六款全文和其他相關條款的內容來看，中國政府僅同意鐵路公司有修築、經營鐵路之權；且就合同的商業性質而言，其所能行使的權利，也只能限於與鐵路有關的商業活動。鐵路公司引用法文合同“l'Administration”一詞，將之擴大解釋成行政權，實難以言之成理。

---

55 Peter S. H. Tang, *Russian and Soviet Policy in Manchuria and Outer Mongolia, 1911-1931*（Durham: Duke University Press, 1959）, p. 65.

二、行政權的攫取與自治會的籌設

鐵路公司侵害中國在路界內的行政權，築路期間即已見其端倪。由於中東鐵路行經區域多為荒無人煙之境，隨著鐵路的興修，人口開始湧入，1899 年 6 月 29 日，總監工尤哥維奇乃頒布命令，規定非鐵路員工和眷屬者，凡在路界內定居營生，均須經鐵路公司核准[56]。1901 年起，鐵路公司於哈爾濱拍賣出租土地時，又規定承租人須遵守該公司有關巡警、建築、衛生等命令[57]，開設商鋪也須按年繳納執照費[58]。1903 年 7 月，中東鐵路正式完工通車，行政權的侵奪，得以進一步展開。擔負鐵路營運管理的鐵路管理局，設有民政及地畝事務處，作為管理地方行政之機關[59]。1904 年 11 月，路局遵奉俄國財政部指示，為擴展鐵路用地以安置俄國移民，將民政及地畝事務處獨立設置，民政處管理路界內的治安和移民業務；地畝處負責「租放地畝、徵收稅捐、開闢道路、規劃戶居」[60]，路局管理地方行政事務，從而擴大之。

日俄戰爭結束後，俄國失去南滿的勢力範圍，再加上清廷在東北的十六個城市開放通商，其中包括位於中東鐵路區域的哈爾濱、海拉爾、滿洲里。俄國政府惟恐失去對路界內行政權的壟

---

56 參見 Нилус, *Исторический обзор КВЖД, 1896-1923 г.г.*, T. I, c. 539-540.

57 〈東督信一件〉附件：〈東清鐵路建造處總工程司與華人穆成合訂立合同條款〉第五條，宣統元年 1 月 16 日，中央研究院近代史研究所檔案館藏，《東清鐵路展地勒捐》，檔號：02-03-009-01-007。

58 參見〈東三省總督、黑龍江巡撫文一件〉，光緒三十四年 8 月 3 日，《中東鐵路》，檔號：02-03-010-02-007。

59 Нилус, *Исторический обзор КВЖД, 1896-1923 г.г.*, T. I, c. 268.

60 《交通史路政編》，第 17 冊，頁 142。

圖 7-7　俄國財政副大臣契斯加科夫。

斷，決定在鐵路管理局下設民政部，正式賦予鐵路公司管理地方行政之權，使中東鐵路地帶變為俄國的殖民地，強化俄國在北滿的勢力。於是，根據俄國財政大臣科科弗曹夫的提議，邀集財政部、外交部和中東鐵路公司代表，於 1906 年 7 月 10 日至 8 月 1 日，在聖彼得堡舉行特別會議，討論中東鐵路民政部的設置和鐵路附屬地的自治問題。會議由財政副大臣契斯加科夫（Mikhail I. Chistiakov, 1843-1913）主持，會中決議為保障俄國利益及在滿洲事業的發展，有必要盡速將俄人移民至鐵路地帶。為此，須有民政部的設置，並將鐵路地帶的行政納入管理。會後財政部據此決議，擬定了鐵路附屬地民政機關組織辦法六條，其要點為：俄國政府授權中東鐵路管理局設立民政部，代為管理鐵路地帶的民政業務，經費由鐵路公司負擔，財政部為其監督機關[61]。此辦法為後來〈中東鐵路附屬地民政組織大綱〉之所本。

同年，10 月 30 日至 11 月 6 日，俄國財政大臣科科弗曹夫復邀集外交、海軍和陸軍等大臣，舉行為期一週的特別會議，再次討論上項問題，通過〈中東鐵路附屬地民政組織大綱〉十條，並於年底公布施行。該大綱的內容大要為：（一）中東鐵路公司

61　參見 Нилус, *Исторический обзор КВЖД, 1896-1923 г.г.*, T. I, c. 577-578, 611.

依據鐵路合同及公司章程的規定，於路界內設民政部，管理一切民政業務，由鐵路局長統轄，並以一副局長兼民政部幫辦協助之。（二）哈爾濱及鐵路沿線地方，得由居民組織自治會，管理市政業務，鐵路公司負有監督之責；未設自治會的地區，一切民政業務悉歸鐵路公司辦理，警察權一項，無論是否設立自治會，均歸鐵路公司掌管。（三）自治會的組織、職權，由鐵路公司核定，自治會得徵收各種稅捐，以供辦理各項公共事業之用[62]。

在規劃設立民政部之前，鑑於俄國在北滿最重要據點——哈爾濱的開放通商，為防範各國介入該地方的行政管理權，俄國政府開始重視哈爾濱的自治問題。所謂自治問題，起源於俄國國內在 1902 年頒布城市自治規則，實施城市自治；而哈爾濱一地雖符合自治的條件，儘管 1903 年 12 月在鐵路公司主導下，成立市民代表的組織——「城市公共事務管理委員會」[63]，然該會的性質，只是在分擔哈爾濱的街道鋪設經費，並無自治功能。為比照俄國國內城市實施自治，1904 年末，哈爾濱的俄人不願處處受制於鐵路公司，而有自治的倡議。日俄戰爭結束後，哈爾濱的人口增至 4 萬人，遠超出實施自治的條件（2000 人以上）；再加上俄國國內革命風潮的影響，要求自治的聲浪益盛[64]。此時，俄國既為防範各國介入哈爾濱的地方行政權，因而同意俄人的自治要求。1905 年末，依據財政大臣提議，阿穆爾總督格羅杰科夫奉

62 參見 Нилус, *Исторический обзор КВЖД, 1896-1923 г.г.*, Т. I, с. 611-613.

63 哈爾濱「城市公共事務管理委員會」的組成，係根據 1903 年 11 月 15 日鐵路局長霍爾瓦特所頒布的命令，由俄人房主、土地承租人、工商業主等人士中，每 20 名選 1 名代表而來，於 12 月 5 日完成選舉，正式成立該委員會（《東支鐵道を中心とする露支勢力の消長》，上卷，頁 224）。

64 《東支鐵道を中心とする露支勢力の消長》，上卷，頁 224、227。

命前來哈爾濱，研議自治問題，遂成立了以駐哈爾濱遠東軍總司令伊萬諾夫中將（Ivanov）為首的「哈爾濱實施自治問題審議委員會」，決議依據 1902 年俄國國內所實施的城市自治規則，制定哈爾濱自治會章程草案[65]。

1906 年夏，〈哈爾濱自治會章程草案〉出爐，報呈俄國財政部核示；同年底，〈中東鐵路附屬地民政組織大綱〉公布施行，鐵路管理局即根據該大綱，修改〈哈爾濱自治會章程草案〉，於 1907 年 1 月 18 日經鐵路公司董事會核准。同時，為因應民政部的設立，以推動路界內行政權的擴大行使，鐵路公司亦著手修改路局的組織，同年 3 月 23 日報呈財政大臣核准施行。新修訂的路局組織，規定路界內的民政事務由民政部統理之，以一「鐵路副局長」主持其事，下轄民政、地畝、學務、醫務、獸醫、宗教、對華交涉、新聞發行等處。8 月 13 日，沙皇批准民政部章程，舉凡路界內的市政及警務、俄中地方交涉、徵稅、土地租借、林場經營、教育、宗教事務、衛生等等事項，均歸民政部主管；又規定鐵路局長擁有路界內頒布行政命令之自主權[66]。如此一來，路界內的地方行政管理權，正式歸屬鐵路局，局長地位猶如「地方總督」。

歷經這一番精心的策劃後，俄國政府決定以哈爾濱自治會的成立，作為路界內行政權係屬鐵路公司所有之象徵。由於自治會的設立，涉及中國主權問題，在正式施行之前，須先試探中國及列強的反應。於是，俄國駐哈爾濱總領事劉巴在 7 月 14 日的《遠東報》上發表「通告」，宣稱「東清鐵路租借特別完全管理

---

65 Нилус, *Исторический обзор КВЖД, 1896-1923 г.г.*, Т. I, с. 611.

66 Нилус, *Исторический обзор КВЖД,1896-1923 г.г.*, Т. I, с. 579, 611, 613.

地面權，為東清鐵路公司所有」，「故鐵路租借一切地面管理權、警察權、庶務與布置各事，專屬於鐵路公司」。結果，除日本率先承認外，各國咸表反對。次日，美、法兩國駐哈爾濱領事和代表前往會晤署濱江道台杜學瀛，謂「俄領事登此通告為不合約章，據稱鐵路合同並未載有鐵路公司管理地方與警察權明文」，「即各國通例亦無此辦法」[67]。

當時清廷正與中東鐵路公司交涉改訂地畝、伐木、煤礦等合同事宜，不願節外生枝，對劉巴的通告未作任何處置。1907 年 8 月，俄國財政部顧問希鮑夫（Ivan P. Shipov, 1865-1920）以調查俄國在遠東及北滿經濟危機為由，抵達哈爾濱，展開自治會的籌劃工作。10 月 1 日，希鮑夫與哈爾濱埠頭區、秦家崗等處俄人房產主、土地承租人、工商業主所推選出的 10 名市民代表，舉行會談，商議哈爾濱的自治問題。10 月 5 日至 30 日，希鮑夫再次邀集 10 名市民代表，會同霍爾瓦特、希爾科夫（鐵路局副局長）、戈倫勃切夫斯基（B. L. Gronbchevskii，主管民政部的副局長兼地畝處長）、劉巴、巴特謝夫（M. O. Batshev，希鮑夫祕書）等人，於鐵路管理局會議廳舉行多次的會議，逐條審查、修改

圖 7-8　俄國財政顧問希鮑夫。1905 年 10 月至 1906 年 4 月曾短暫接替科科弗曹夫任財政大臣，後轉任顧問。

67　〈杜學瀛給吉林巡撫的公函〉，吉林省檔案館，光緒三十三年 6 月 14 日，轉引自，《沙俄與東北》，頁 537。按，1907 年各國派駐哈爾濱的領事及代表，僅有日、俄、美、法等國。

〈哈爾濱自治會章程草案〉。10 月 30 日，完成該章程的審訂；11 月 23 日，經中東鐵路公司董事會核准，同日，由鐵路管理局公布施行[68]。

〈哈爾濱自治會章程〉，計有五十五條，根據此項章程及實施規則（附於章程後，計七條），自治會的一切活動，受鐵路總公司和鐵路管理局監督。自治會設全權代表會（相當於市議會，通稱公議會）和董事會（相當於市政府，通稱董事局）。全權代表會議員經選舉產生，名額定為 60 名（候補 12 名），任期三年。選舉人和參選人資格為：不分國籍、年滿 25 歲以上，在哈爾濱居住一年以上；擁有房地產值 1,500 盧布、或長短期房地產租金年收入 600 盧布，或每年繳納市政公益金 10 盧布等以上。議長由議員推選。董事會由 6 名董事組成，其中 4 名由議員中推選，餘由鐵路管理局指派，會長須由俄人擔任。自治會的職權範圍極廣，舉凡稅捐的訂定和徵收、各種公共設施、商業、交通、建築、文教、衛生、消防、慈善、保險等，全歸其管轄。市政的運作，是先由全權代表會討論，作成決議再請董事局報呈鐵路管理局批准，始能付諸實施。若有關市政業務，自治會和鐵路管理局如有爭議，則交付鐵路總公司裁決[69]。

1908 年 1 月，哈爾濱自治會的籌設工作展開，先由地畝處

68 Нилус, *Исторический обзор КВЖД, 1896-1923 г.г.*, Т. I, с. 613-614, 618.關於自治會章程的頒布時間，各地不一，《最近十年中俄之交涉》一書指稱：俄人「以欽定方式，於民國元年發布自治會詳章」（頁 100）的說法，在年代上有誤。

69 參見《東支鐵道を中心とする露支勢力の消長》，上卷，頁 228-241；《交通史路政編》，第 17 冊，頁 144-152。該二書均有收錄〈哈爾濱自治會章程〉，惟前書尚附有〈實施規則〉（頁 241-242），為後書所無。

編造選舉人名冊，再於 1 至 2 月間舉行二次的議員預選；3 月 2 日，進行正式的選舉，選出 40 名正式議員，12 名候補議員。3 月 11 日，哈爾濱第一屆公議會於商業俱樂部召開，選舉貝爾格為議長兼董事局領袖；復選舉 3 名董事，連同鐵路管理局指派的 2 名董事，組成第一屆董事局。6 月，路局地畝處將其主管的公園、市場用地，以及各種建物、公共設施，移交市董事局，哈爾濱正式實施自治市制[70]。

事實上，在此之前，中東鐵路地帶的海拉爾、滿洲里兩城鎮已有自治會的籌設。依照 1902 年俄國城市自治規則，凡人口在 2,000 人以上的城市，得設自治會，中東鐵路全線除哈爾濱外，據 1907 年地畝處的調查，人口達到設立自治會標準者，計有位於西線的滿洲里、海拉爾、博克圖、昂昂溪，以及位於東線的一面坡、橫道河子、綏芬河等七個城鎮[71]。1906 年 10 月至 12 月，

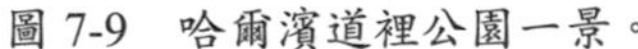

圖 7-9　哈爾濱道裡公園一景。

圖 7-10　哈爾濱香坊一景。

70 Нилус, *Исторический обзор КВЖД, 1896-1923 г.г.*, T. I, c. 626；《中東鐵路歷史編年（1895-1952）》，頁 68。

71 1907 年中東鐵路全線人口（不含哈爾濱），總計 48,870 人，其中俄人有 24,817 人，占 51%，華人有 22,677 人，占 46%。至於西、東、南三線人口的分布，分別是 20,494 人、25,894 人、2,486 人；以車站而論，滿洲里的人口最多，計有 5,577 人（參見 Нилус, *Исторический обзор КВЖД, 1896-1923 г.г.*, T. I, c. 619-621）。

鐵路公司會辦文哲理前來滿洲里、海拉爾視察，當地俄國居民提出自治要求。次年 8 月，海拉爾完成自治會章程的草擬，經核准後，於 12 月 31 日舉行選舉，實施自治。這是中東鐵路全線第一個實施自治的城市。滿洲里自治會章程繼海拉爾之後，於 1907 年 10 月完成，1908 年 5 月 30 日，正式實施自治。至於其他城鎮，除一面坡未設自治會、綏芬河遲至 1918 年 6 月始設立外，陸續於 1908 年 8 月至 9 月完成議員的選舉，實施自治[72]。

各地自治會成立後，開始頒布各種稅則，要求居民納稅。在商業稅的徵收方面，規定居民開設商號，須向該會申請執照，繳納稅捐，否則不准營業。由於路界內居民，中國人約占半數，對自治會徵收商業稅規定，不表認同，何況營業執照費早就按年向鐵路公司繳納[73]，加上東省當局的訓令，禁止華商入會納捐，絕大多數華商，因而拒繳該項稅捐。從 1908 年夏起，歷經多次的催告繳稅無效後，為逼華商就範，各地市董事局於 12 月間先後查封哈爾濱、滿洲里、博克圖、海拉爾、昂昂溪等處華民商鋪[74]。經吉林鐵路

圖 7-11　哈爾濱秦家崗鳥瞰圖。

72　參見 Нилус, *Исторический обзор КВЖД, 1896-1923 г.г.*, Т. I, с. 626-629. 關於綏芬河自治會籌設，未受 1917 年十月革命後中東鐵路地帶秩序混亂影響，仍持續推行自治會運作。

73　〈東三省總督、黑龍江巡撫文一件〉，光緒三十四年 8 月 3 日，《中東鐵路》，檔號：02-03-010-02-007。

74　參見《東三省政略》（上），卷 3，交涉——鐵路交涉篇，頁 13；〈外務部致俄廓使照會〉，光緒三十四年 12 月 7 日，及〈東督信一件〉附件：〈吉、黑鐵路交涉局照會霍總辦〉，光緒三十四年 12 月 22 日，《中東鐵路》，檔號：

交涉局總辦施肇基、黑龍江鐵路交涉局會辦于駟興不斷與鐵路公司交涉，1909 年 1 月中旬，各地商鋪得以啟封，然該公司堅持華商仍須納捐，期限為 1909 年 2 月 21 日前，屆時未繳則再行封鋪[75]。因此，從 2 月下旬起，除哈爾濱外，各地華民商鋪，再度為俄警查封，並「勒限七日不繳，悉行驅逐，不准在鐵路界內居住」[76]。未久，鐵路局長霍爾瓦特又表示，「俄三月初十（3 月 23 日）以前，如各站不如數繳捐，定將哈埠一律封閉。」[77]

須知，華商拒繳自治會稅款，亦與稅額的不平及過鉅有關。各地自治會既為俄人掌控，制定各種稅則的「評價課稅委員會」

圖 7-12　1908 年成立的滿洲里公議會會所。

02-03-010-02-018、02-03-010-02-022。

75 〈東督信一件〉附件：〈東省鐵路公司總辦提督霍為照會事〉（俄曆 1908 年 12 月 30 日），宣統元年1月16日，《東清鐵路展地勒捐》，檔號：02-03-009-01-007。

76 〈俄使廓索維慈、繙譯柯里索福到部〉，宣統元年 2 月 7 日，《東清鐵路展地勒捐》，檔號：02-03-009-01-015。

77 〈東督信一件〉，宣統元年 2 月 22 日，《東清鐵路展地勒捐》檔號：02-03-009-01-022。

成員自然以俄人為主，在稅額的訂定上，明顯有偏袒俄人之處。以昂昂溪為例，該處自治會正副議長均由俄商擔任，其二人專營洋酒販售，本大利多，「照俄國兌酒規矩，每年應納六百盧布，今該兩家僅納捐九十盧布」，華商本小利少，反須加倍納捐[78]。至於稅額過鉅方面，在自治會設立之前，鐵路公司即有藉由營業執照費的收取，行徵稅之實，惟此項做法，華商並未抗拒。蓋其徵收額度，「頭二等價三元，餘則減半」，稅額不高；而今「理事會（即自治會）所發之票，價目奇昂」[79]，「每家一、二百圓，至少三十圓」[80]，兩相比較，驟增數十倍，莫說「華商不肯承領，即俄商亦所不願」[81]。再者，有部分城鎮如海拉爾者，鐵路界內外之線，尚未劃分清楚，「華商所占街基，安知不在退地之列」[82]，豈能一律查封？

1909 年 3 月中旬，中俄雙方就自治會問題，於北京舉行正式會談，二度被查封的商鋪，在中方同意華商捐款暫由華官收取後，始得啟封。俄警前後二次的查封行動，總計為期近二個月，所封大小商鋪和肩販小商，約有 241 家[83]。封鋪過程中，俄警的

78 〈東督信一件〉附件：〈中東鐵路公司總辦霍為照會事〉，光緒三十四年 12 月 22 日，《中東鐵路》，檔號：02-03-010-02-022。

79 〈東三省總督信一件〉，光緒三十四年 12 月 9 日，《中東鐵路》，檔號：02-03-010-02-021。

80 〈外務部致俄廓使照會〉，光緒三十四年 11 月 17 日，《中東鐵路》，檔號：02-03-010-02-017。

81 〈東三省總督信一件〉，光緒三十四年 12 月 9 日，《中東鐵路》，檔號：02-03-010-02-021。

82 〈東督信一件〉附件：〈為照會事照得海拉爾站華商封門一事〉，光緒三十四年 12 月 22 日，《中東鐵路》，檔號：02-03-010-02-022。

83 吳文銜、張秀蘭，《霍爾瓦特與中東鐵路》，頁 125。

舉止，極其惡劣，有不從者，即暴力相向，毆打商民，毀壞匾額，所有房舍，不論營業或居住，一律封閉[84]。封鋪後，復派俄兵持槍防守，禁止貨物外運及商民出入，以致商民「栖宿失所」，淪落街頭，於冰天雪地中，飽嘗飢寒交迫之苦[85]。在此期間，東三省總督徐世昌曾令濱江關道台施肇基，從關款中提撥 1 萬兩，「留作小民養贍之資」，解決商民生活的困窘[86]。

三、清廷的抗議及自治會問題交涉

鐵路公司侵奪中國在路界內的行政權，於築路期間即有之，然清廷及東省當局並未察覺而加以制止，直到俄人在哈爾濱等處設立自治會後，始知問題的嚴重，才提出抗議，而有自治會問題之交涉。

1908 年 1 月，清廷接獲東省當局有關海拉爾及哈爾濱等處自治會的興辦情形報告[87]，乃於 1 月 27 日由外務部照會俄使璞科第，抗議鐵路公司的非法作為，並要求立即停止該項活動[88]，有

---

84 〈東督信一件〉附件：〈為照會事照得昂昂溪站華商封門一事〉，光緒三十四年 12 月 22 日，《中東鐵路》，檔號：02-03-010-02-022；〈記東清俄人勒逼華商事〉，《東方雜誌》，第 6 卷第 3 期，宣統元年 3 月，頁 7-8。

85 徐世昌，《退耕堂政書》（台北：文海出版社重印，1967），卷 43，頁 20；卷 44，頁 4。

86 〈東督信一件〉，宣統元年 2 月 22 日，《東清鐵路展地勒捐》，檔號：02-03-009-01-022。

87 參見〈東三省總督、黑龍江巡撫文一件〉，光緒三十三年 12 月 13 日，《中東鐵路》，檔號：02-03-010-01-008。

88 〈外務部致俄使照會〉，光緒三十三年 12 月 24 日，《東三省政略》（上），卷 3，交涉——鐵路交涉篇，頁 31。關於中俄照會文件日期，中曆與西曆的換算，係據「中央研究院兩千年中西曆轉換」網而得。此件照會日期李

關自治會問題交涉由此展開[89]。初期雙方交涉主要透過照會的方式，論辯自治會的設立是否違背鐵路合同第六款規定。2 月 8 日，璞科第針對清廷的抗議，照會外務部表示，鐵路合同第六款規定，「該鐵路公司得有於所占地段內，專於一手經理並無限制之 權 La Société aura le droit absolu et exclusif l'Administration de ses terrains，嚮時鐵路公司儘用此權」，中國並未辯駁；今因路界內居民日多，為便於管理，方有自治會的設立，此舉並無違背「鐵路合同第六款其所得之理權」[90]。外務部則於 2 月 18 日、3 月 2 日，兩次照會俄使，駁斥其說。照會指出，「所謂占用地段者，專指實在占用之地，准其建造各種房屋，並設立電線，由該公司一手經理，專為鐵路之用」；至於地方治安應歸華官權限，合同第五款特別聲明：鐵路和該公司所用之人，以及鐵路地段命盜詞訟等事，悉由地方官保護、辦理，「足徵地方自治之權，全在中國毫無疑義」[91]。而且，鐵路地段「由該公司一手經理」，「毫無治理地段內人民之意，華文合同特用經理字樣，不用治理字樣」，足以證明當年中國訂定該合同，僅允鐵路公司「有經理鐵路所需地段之權，並未許該公司以治理地段內人民之權」。而自

述笑編《哈爾濱歷史編年（1897-1949）》（哈爾濱：哈爾濱市人民地方政府地方志編纂辦公室，1986，頁 29）及《中東鐵路歷史編年（1895-1952）》（頁 67）等書，指為 1908 年 1 月 14 日（實為俄曆日期）。

89 中俄自治會問題交涉詳情，拙著〈中東鐵路路界內自治會問題之交涉（1908-1910）〉一文（《東吳歷史學報》，第 3 期，1997 年 3 月，頁 159-198），可供參考。

90 〈俄璞使照會一件〉，光緒三十四年 1 月 9 日，《中東鐵路》，檔號：02-03-010-01-011。

91 〈外務部復俄璞使照會〉，光緒三十四年 1 月 17 日，《中東鐵路》，檔號：02-03-010-01-013。

治會一節，「係侵害中國政府治理人民之權，蓋地方自治全係政治上之問題，並非商業上與鐵路上之問題」，應立即撤銷，以示尊重中國主權[92]。

俄方眼見無法從鐵路合同第六款條文取得自治會設立的合法性，5 月，轉而宣稱，「哈爾濱等處非設自治會，乃係公共理事會」，非如中國政府「所疑政治人民，乃係大致振興市面之事務」，「毫無侵害中國主權之意」[93]。9 月，新任俄使廓索維慈復稱，鐵路地段如同各國在華之租界，理事會（公共理事會之簡稱）即是租界之工部局，「不過名稱不同耳」[94]。對於上述說法，外務部頗不以為然，仍照會俄使迅飭鐵路公司撤銷自治會，不得再有勒逼華商納捐之事，並就租界與鐵路地段之區分辯駁之。外務部在 9 月 16 日、10 月 10 日的照會指出，租界係為「普通華洋貿易起見」，與各國明訂章程辦理；「鐵路地段，係專為建造鐵路起見，其宗旨總不得出乎鐵路事宜之外，斷不能援租界設立工部局為例。」[95]再者，鐵路合同內「既未載明劃定地段係為通商及居住外人之專條」，其與租界之性質絕不相同，豈能任意妄加解釋[96]？

---

92 〈外務部致俄璞使照會〉，光緒三十四年 1 月 30 日，《中東鐵路》，檔號：02-03-010-01-025。

93 〈俄阿署使照會一件〉，光緒三十四年 4 月 5 日，《中東鐵路》，檔號：02-03-010-01-035。

94 〈俄廓使照會一件〉，光緒三十四年 8 月 13 日，《中東鐵路》，檔號：02-03-010-02-009。

95 〈外務部復俄使照會〉，光緒三十四年 8 月 21 日，收入《東三省政略》（上），卷 3，交涉——鐵路交涉篇，頁 36-37。

96 〈外務部復俄廓使照會〉，光緒三十四年 9 月 16 日，《東清鐵路展地勒捐》，檔號：02-03-009-01-004。

儘管清廷一再照會抗議，俄國政府並無意飭令鐵路公司撤銷自治會，隨著「勒捐封鋪」事件的發生，自治會問題愈益惡化，為作一根本解決，中俄雙方決定於 1909 年 3 月中旬起，在北京舉行會談。談判代表除外務部官員和俄使外，尚包括施肇基、于駟興、霍爾瓦特、達聶爾等人。談判期間，雙方各自就自治會設立辦法，擬成節略，交付討論。俄方節略計有八款，中方則為十款，兩者差異可從二方面來看，第一，在自治會的組成上，俄方規定：議員名額俄人須占半數，其下所附設之董事局領袖「應以俄人任之」，並「兼議事會會長」。中方規定：自治會的籌設，須先經地方官批准，議員名額華民須占半數；會內設總理一員，由華官充任，副總理二員，由華官及鐵路公司人員各一人充任；董事局「辦事員人數多寡由總理酌定」，其領袖應用中國人。第二，在會務的運作上，俄方規定：「核定出入預算表、公用借款等類緊要之事，應由俄京鐵路公司批准施行」，餘則經多數議決即可，惟須有路局人員參與議決。中方規定：會務限於「衛生、巡警、路工三項」，經議決後，呈報華官總理批准，方可施行；其餘均為「中國地方權限內」，「該會皆不得干涉」。此外，中方為聲明路界內的主權，尚規定：（一）自治會成立後，「凡各站舊有俄國巡警，均須一律撤去，只留護路兵丁」，並「不得干涉會內巡警之職」；（二）路界內的土地，除鐵路必需用地免稅外，所有地畝不論出租與否，「或由鐵路公司經理之產業」，每年每畝「應繳中國地方官地丁銀若干」[97]。

俄方節略基本上，是脫胎於自治會章程，並未放棄對行政權的攫取；中方節略則將自治會興辦事項縮小，並藉由華官總理的

97　《東三省政略》（上），卷 3，交涉——鐵路交涉篇，頁 40-42。

主持會務，以實質掌控地方事務，挽回路界內的行政權。雙方的想法，可謂南轅北轍。歷經近二個月談判，終於在 1909 年 5 月 10 日，由外務部尚書梁敦彥（1857-1924）與廓索維慈共同簽訂〈中俄東省鐵路公議會大綱〉（通稱〈中俄公議會大綱〉），約本分中、俄、法三種文本，以法文本為準。

公議會大綱計有十八條，前五條承認中國在路界內的主權「不得稍有損失」，以及規定所有關涉中國「主權、法令、政治者，皆由中國官員主持，自出告示」。第六條至十五條，為公議會和董事局的組織及其職權。關於前者，多依俄方主張訂定，即：參選議員「須有相當不動產業或出納相當房租等項」；議長由議員推選，兼董事局領袖；凡地方一切公益事務，均歸公議會議定；鐵路交涉局總辦、鐵路局長的地位，在公議會議長之上，有監察公議會之權；路界內「公益款項、重要事件」，經公議會商定後，「呈請中國督辦大臣（中東鐵路公司總辦）及總公司和衷核奪施行」。第十六條至十八條，規定非鐵路用地未出租者，且「不歸公議會者」，「暫免納地丁」；「有關公議會及巡警詳細章程」、「地丁數目」等事項，須於一個月內商訂；公議會細章未訂定前，「暫就現行章程酌量辦理」[98]。

在整個談判過程中，中方所作的讓步，遠比俄方為多。中方最初在公議會議長和董事局領袖等限為華官或華民，以及議員華民居半等訴求上，均未能獲得俄方認可[99]。其後欲以公議會所有

---

98 〈中俄東省鐵路公議會大綱〉，宣統元年 3 月 21 日，《宣統條約》，檔號：02-14-018-01-001。《東三省政略》（上冊，卷 3，交涉——鐵路交涉篇，頁 43-44）及《清宣統朝外交史料》（卷 3，頁 30-35）亦有收錄公議會大綱條文。

99 參見曾述棨及施肇基、于駟興二人赴俄館與霍爾瓦特、達聶爾會談紀錄，

「告示」，悉由道台出具，以象徵中國主權的行使，因俄方實際主談者霍爾瓦特的堅持不讓，亦無法如願，僅取得關乎中國主權、法令、政治的「告示」出具權[100]。該大綱中雖提升交涉局總辦地位，有監察公議會權力，但卻須與鐵路局長共同行使。而中國總辦可與鐵路總公司共同核奪該會「公益款項、重要事件」，然此項核奪權實質上是由俄方所獨享，蓋中國總辦自 1900 年許景澄被殺後不再續派。因此，從公議會大綱全文看來，清廷所爭取到的，僅止於中國主權在路界內，「不得稍有損失」等徒具虛文的字樣，實際上，路界內的行政權仍掌控於俄國之手。勉強稱得上有一實質收穫者，是俄方同意訂定地丁和巡警章程，但證諸後來的交涉結果，仍是一無所得。

總之，該大綱的訂定，基本上，於路界內自治會的實行毫無影響，廓索維慈在給俄國外交大臣的報告，即不諱言地指出，經過此次的協議，路界內的行政權依然在俄國掌握之中[101]。美國國務卿諾克斯（Philander C. Knox, 1853-1921）也曾批評該大綱雖同意中國官員有權監察公議會的施行，實際上，鐵路管理局局長和總公司董事會，仍控有路界內的市政業務，其結果與原有的自治會章程並無不同[102]。

有關公議會細章、地丁數目及巡警章程等事項，原訂於公議

宣統元年閏 2 月 13 日，《東清鐵路展地勒捐》，檔號：02-03-009-01-031。

100 參見廓索維慈、霍爾瓦特，達聶爾等人赴外務部與梁敦彥會談紀錄，宣統元年閏 2 月 23 日，《東清鐵路展地勒捐》，檔號：02-03-009-01-035。

101 朱顯平，〈哈爾濱自治公議會——俄國霸占中國地方市政權的一種特殊形式〉，《東北地方史研究》，1988 年第 4 期，頁 51。

102 “The Secretary of State to Ambassador Riddle, August 6, 1909”, U.S. Department of State, *Papers Relating to the Foreign Relations of United States*（以後簡稱 *FRUS*, Washington D. C.: Government Printing Office, 1910）, p. 213.

會大綱訂定後一個月內議結，然先是俄方以華商捐款須速交鐵路公司或公議會為續商的條件[103]，其後，美、英、德、奧等國於6、7 月間相繼照會清廷，表示公議會大綱關係各國在華權益，將來該會細章的訂定、施行，須得各國認可始得為之。公議會細章等事項的商訂，由是延宕下來。當時，清廷有意藉各國的關切為奧援，仿杭州、蘇州等地之例，也在哈爾濱地區劃定通商埠[104]，供作各國人民通商居住，進而撤銷公議會，收回路界內的行政權。故除在 9 月 25 日將英、美、德、奧等國照會抄錄函送俄使外，並於 10 月 8 日告知俄方，謂中國將來擬在哈爾濱設立通商埠，屆時「無論鐵路界內外」，「各國商人均應在埠內居住貿易」，俄人除在鐵路局服務者，其餘均須遷入商埠內，「鐵路界內不得再有議事會名目」[105]。

與此同時，俄國政府於 10 月 6 日針對美國駐俄公使魯道爾（J. W. Riddle）對公議會大綱的質疑[106]，遞交一份「備忘錄」（“Aide-memoire”），說明各國對該大綱實有誤解之處[107]。這一

---

103 參見〈俄廓使交節略一件〉，宣統元年 4 月 10 日，《東清鐵路展地勒捐》，檔號：02-03-009-01-038；〈擬復俄廓使節略〉，宣統元年 4 月 10 日，《中東鐵路》，檔號：02-03-010-02-029。

104 通商埠又稱通商場，管理權在地方政府，最初設立目的在防範各國於通商口岸要求開闢租界。參見費成康，《中國租界史》，頁 333-336。

105 〈俄廓使照會一件〉，宣統元年 8 月 24 日，《東清鐵路展地勒捐》，檔號：02-03-009-02-009；〈照錄俄柯緒譯官會晤問答〉，宣統元年 8 月 25 日，《中東鐵路》，檔號：02-03-010-02-031。

106 參見“Ambassador Riddle to the Secretary of State, September 4,1909”, Inclosure: “Ambassador Riddle to the Acting Minister for Foreign Affairs, August 17-30, 1909”, *FRUS*, pp. 215-216.

107 參見“Chargé Schuyler to the Secretary of State, October 9, 1909,” Inclosure: “Aide-memoire, October 6, 1909”, *FRUS*, pp. 216-218.

份「備忘錄」於同日，以「通告」（“Circular Note”）的方式，致送英、美、德、法、奧等國駐華公使。其內容大要為：中東鐵路地段不同於中國在各地所開放通商之地，哈爾濱亦與上海不同，不能等同視為萬國租界，鐵路地段之行政權，早在 1896 年的合同中已讓渡予鐵路公司；再經 1909 年 5 月 10 日公議會大綱之訂定，此項權利「更為結實擴張」。「經此兩次訂約後，中國政府已將鐵路地段內自主經理之權，讓予中俄公司（即鐵路公司）。」希望各國勿再反對該大綱，俾使中、俄兩國早日將細章訂妥，以免影響及於哈爾濱的商務與建設[108]。一個月後，即 11 月 3 日，俄使始將此「通告」函送清廷。

清廷在接獲俄國的「通告」後，方知藉各國之力酌改公議會大綱，或將哈爾濱劃作萬國通商埠等做法，已屬不可行，遂行文東三省總督錫良（1853-1917，徐世昌於 1909 年中調任郵傳部尚書），轉飭施肇基速與霍爾瓦特商定會談日期，或能在公議會細章等事項的訂定上，務實地彌補部分權益的損失。12 月 4 日，亦擬一「通告」，駁斥俄國說法，並遞交各國周知。該「通告」除重申鐵路合同第六款絕無行政權的讓渡外，並引日俄和約第三款規定：俄國在滿洲「不得有優先或專屬讓予利益，致有侵犯中國主權及各國利益均沾之主義」，指稱俄方主張與此條款相違，證明「中國主權非但在哈爾濱一隅，並在東三省全地」，非其所能片面宣告更改者[109]。

---

108 〈俄廓使照會一件〉附件：「通告」，宣統元年 9 月 21 日，《東清鐵路展地勒捐》，檔號：02-03-009-02-011。

109 〈俄廓使照會一件〉附件：〈擬復俄廓使通告並致各國駐京公使〉，《東清鐵路展地勒捐》，檔號：02-03-009-02-011。按，原檔未註明覆文日期，但見之於美代辦致國務卿報告（“Chargé Fletcher to the Secretary of State, December 6,

至於公議會細章等事項的開議，經施肇基多方奔走，遲至1910 年 1 月 4 日始得舉行，達成地丁數額的協議，即非鐵路用地出租地畝，每年每畝徵銀二兩[110]。其後復因俄方的推託，事隔三個月，即 4 月 4 日，方有第二次會談，然因巡警章程的商訂，中俄雙方各有堅持，俄方不欲中方介入巡警事務；中方原擬收回警察權不成，退而求其次，主張華俄合辦巡警業務。結果，至會談結束為止，並未能達成協議，公議會細章亦無法付諸討論[111]。由於從公議會大綱訂定之後，俄方認為鐵路公司所享有的行政權，已得到清廷明確認可，且各地公議會運作，絲毫不受該大綱影響。因此，在霍爾瓦特看來，中俄會談已無任何意義，遂不願

1909", *FRUS*, p. 22）。又：《清宣統朝外交史料》（北平故宮博物院編，台北：文海出版社重印，1975）收錄〈外部通告各國政府東清路界內行政權全屬中國文〉的文件，將日期誤載為宣統元年 4 月 11 日，即 1909 年 5 月 29 日（卷 3，頁 40），以致《沙俄與東北》（頁 550）、《哈爾濱歷史編年（1896-1949）》（頁 34）、《中東鐵路歷史編年（1895-1952）》（頁 74）等書，均誤引之。再者，該書復將外務部通告：「本部接准俄國廓大臣照會內稱，前有數國政府議駁中、俄兩國所定鐵路界內公議會大綱，似有侵礙各國人民所享治外法權各情……」等文句中的「數國」誤載為「敝國」，造成《黑龍江志稿》（中）（頁 1662）及《霍爾瓦特與中東鐵路》（頁 132）等書誤引之，竟指俄國政府認為公議會大綱有侵礙各國人民在華治外法權。此種說法與事實完全相違，如本節所述對公議會大綱有意見的是英、美、德、奧等國，即該文件中所指的「數國」。另外，《清宣統朝外交史料》卷 11 又收錄〈外部致駐華各使東三省為中國境界議駁俄政府傳單文義照會〉，內容與前述照會相同，惟「敝國」一詞則更正為「數國」，但日期誤為宣統元年 11 月 1 日，即 1909 年 12 月 13 日。

110 〈濱江道施肇基稟一件〉，宣統元年 12 月 4 日，《東清鐵路展地勒捐》，檔號：02-03-009-02-013。

111 〈吉黑鐵路交涉總局、濱江關道等稟一件〉，宣統 2 年 3 月 8 日，《東清鐵路展地勒捐》，檔號：02-03-009-02-017。

繼續商訂未議妥的事項，巡警章程和公議會細章的商訂，遂不了了之，原已議妥的地丁收取辦法，也未能付諸實施。

各國對自治會的設立一事，除日本外，多不表贊同。日本駐華公使林權助在給清廷的照會中曾表示，根據鐵路合同第六款規定，「鐵路所占地段內，該公司得有自治之權，毫無疑義」；而第五款規定，係「專指中國政府務須設法保衛各種侵害該鐵路所用之事」，並非允諾中國「得有行政之權也」[112]。此種解釋與俄國說法如出一轍，係因日、俄兩國自 1907 年簽訂第一次密約以來，已由昔日宿敵一變而為友好，共同攜手瓜分滿蒙利益。而且，俄人興辦自治會，將來日本也可比照辦理，自無反對之理。英、法、德、奧等國雖不贊同自治會的設立，惟其態度消極。公議會大綱訂定後，英、德、奧等國始照會清廷，指稱該大綱有違各國在華權益，將來訂定細章時，須有各國參與協商，方可實行[113]。

在各國之中，反對自治會的設立，最為激烈者則為美國。其駐哈爾濱領事費希爾（Fred D. Fisher）早在 1907 年 11 月〈哈爾濱自治會章程草案〉公布後，即建議國務卿羅脫（Elihu Root, 1845-1937）向俄國政府提出抗議[114]。時羅脫以哈爾濱尚未正式實施自治，不便貿然行事。次年，3 月 11 日，第一屆哈爾濱公議會宣告成立；4 月 9 日，羅脫乃照會俄國駐美公使，表達美國政府的疑義。該照會指出，從中、法文本鐵路合同來看，鐵路公

112 〈日本林使東文照會一件〉，光緒三十四年 2 月 1 日，《中東鐵路》，檔號：02-03-010-01-027。

113 參見拙著，〈中東鐵路路界內自治會問題之交涉（1908-1910）〉，頁 192-193。

114 Tang, *op. cit.,* pp. 76-77.

司僅取得建造和經營鐵路的權利，鐵路地段的治理權，係屬中國政府所有；而自治會的設立，有違各國在華治外法權及利益均沾的原則[115]。當然，美國政府反對自治會的設立，根本原因是不欲俄國獨享此項權利，故 5 月 5 日羅脫又照會俄使，在重申其上述立場之餘，還表示如俄國政府同意「按照各國平常治外法權辦法」，「設立完全自治市政府」，「則美國政府甚願通力合作也」[116]。其後，羅脫在 7 月 2 日、12 月 29 日的照會，再度表達此一願望[117]，但並未能獲得俄國政府的認可。

1909 年 5 月 10 日，公議會大綱訂定後，美國新任國務卿諾克斯（Philander H. Knox, 1853-1921）認為該大綱「有多款與中外約章甚不相符」，有關細章的商訂，「應先與各國酌議，方可施行」，遂指示駐華代辦費勒琪（Henry P. Fletcher）及駐俄公使魯道爾向中、俄政府聲明其立場[118]。11 月 6 日，諾克斯復針對俄國政府 10 月 6 日的「通告」，指稱鐵路合同早已將鐵路地段的行政權讓渡鐵路公司的說法，照會俄使，提出辯駁。該照會除說明鐵路合同第六款僅賦予鐵路公司修築、經營鐵路的權利外，並謂合同中“l'Administration”一詞的英、法文意義完全相同，用於商業管理之處，極其普遍；而且，從合同全文來看，其意義

---

115 參見“The Secretary of State to the Russian Ambassador, April 9, 1908”, *FRUS*, pp. 203-205.

116 〈照譯美國駐京公使柔克義致正堂梁書〉附件：〈擇錄節略〉（1908 年 5 月 5 日），宣統元年 2 月 5 日，《中東鐵路》，檔號：02-03-010-02-025。

117 參見“Memorandum to Russian Embassy, July 2, 1908”; “The Secretary of State to the Russian Ambassador, December 29, 1908”, *FRUS*, pp. 206-208.

118 〈美費署使照會一件〉，宣統元年 5 月 9 日，《東清鐵路展地勒捐》，檔號：02-03-009-02-002；“The Secretary of State to Ambassador Riddle, August 6, 1909”, *FRUS*, pp. 213-214.

即是中文合同所說的商業管理權，而非政治管理權[119]。值得注意的是，美國儘管不認同俄國的做法，然自此之後，諾克斯為打破日、俄兩國壟斷滿洲的鐵路利權，提出「滿洲鐵路中立化案」（“Manchurian Railway Neutralization Proposal”）[120]，為尋求俄國支持，遂不再與之論辯自治會問題。1910 年 1 月 21 日，該方案遭俄國回拒後，諾克斯復提出各國共同投資修築錦瑷鐵路的計畫[121]，仍冀望俄國支持。有關該鐵路計畫交涉過程中，美駐俄公使柔克義（William W. Rockhill, 1854-1914）甚至表示願意放棄對自治會問題的原則，以換取俄國的支持[122]。未久，聞知日、俄兩國的積極密商（訂定第二次密約），美國政府再次讓步，5 月 24 日，同意在哈爾濱的僑民向俄人「暫時交納一般的市政稅捐」[123]。儘管如此，俄國政府始終無善意回應，錦瑷鐵路計畫終告失敗。

大體而言，隨著中俄有關公議會細章等事項商談的中斷，以及美國態度的轉變，各國實際上都已默認俄國在中東鐵路路界內

---

119 參見“Note Verbal to the Russian Embassy, November 6, 1909”, *FRUS*, pp. 218-220.

120 「滿洲鐵路中立化案」的內容要點為：各國共同借款予中國，贖回滿洲境內的鐵路，借款期間，出資國得監督管理這些鐵路。諾克斯有此構想，係源於 1909 年 10 月 2 日美國銀行團代表司戴德（Willard D. Straight）與東三省總督錫良、奉天巡撫程德全簽訂〈錦瑷鐵路借款草合同〉。該方案首先於同年 11 月 6 日向英國提出，擬以英、美兩國力量，說服其他國家支持。而為爭取俄國支持，美國對自治會問題的態度遂轉趨消極，不再激烈反對。

121 「滿洲鐵路中立化案」，曾論及如該方案一時無法付諸實施，可先藉由各國共同投資修建錦瑷鐵路，作為中立化案的第一步。

122 M. H. Hunt, *Frontier Defence and the Open Door: Manchuria in Chinese-American Relations, 1851-1911*（New Haven: Yale University Press, 1973）, p. 210.

123 “The Secretary of State to the Minister Calhoun, May 24, 1910”, *FRUS*, p. 230.

的行政權。不過，正式承認俄國有此項權利，則遲至 1914 年。先是法國於 2 月 11 日，遞交「備忘錄」，表示承認該項權利，願飭令法國僑民一體遵守俄國之規定[124]。德國繼法國之後，駐哈爾濱領事於 4 月 17 日與中東鐵路管理局簽署有關承認行政權之協定，後來因第一次世界大戰爆發，該協定遂遭廢置[125]。4 月 30 日，英國駐哈爾濱領事史萊（H. E. Sly）與鐵路局長霍爾瓦特及俄國總領事陶守德（V. Trautshol'd，音譯特拉烏紹利德），簽署〈關於東省鐵路界內英國居留民服從自治規章協約〉，簡稱〈英俄協約〉（"Anglo-Russian Agreement"），於 12 月 3 日在北京換文生效，承認俄國在路界內的行政權，同意英國僑民履行納稅義務並享有自治權[126]。1915 年至 1916 年間，陸續有荷、比、西、法、丹、義等國加入〈英俄協約〉的簽署；日本雖是各國中唯一公開支持俄國設自治會者，但遲至 1917 年才加入[127]。相較於各國紛紛加入〈英俄協約〉的簽署，美國則是唯一未加入者，顯示其雖同意該國僑民向俄人納稅，然始終不願在形式上承認俄國擁有路界內的行政權。

綜論之，路界內行政權的歸屬問題，經由中俄自治會問題交涉，並未能進一步地釐清，依然維持各說自話的情況。而公議會大綱的訂定，則予俄國政府一藉口，聲稱鐵路公司所擁有的行政權，已得到清廷的正式認可，從此更是毫無顧忌地肆行該項利

124 Tang, *op. cit.*, p. 79.

125 《東支鐵道を中心とする露支勢力の消長》，上卷，頁 268。

126 Tang, *op. cit.*, pp. 79-80。〈英俄協約〉計七款，內容見《中俄關係史料》，中東鐵路（一），頁 353-355；《交通史路政編》亦有收錄（第 17 冊，頁 152-153）。

127 各國加入〈英俄協約〉的詳細日期，參見 Tang, *op. cit.*, p. 80.

權，其執掌機關——鐵路局民政部的組織，因而不斷地擴編。至 1913 年 8 月時，民政部計轄有：民政、地畝、對華交涉、學務、宗教、新聞發行、醫務、獸醫等八處，其中與地方市政業務有直接關係者為民政處、地畝處。民政處設有行政課、刑事監獄課、建築課、偵探課、哈爾濱市警察部、哈爾濱市警察署、沿線警察署、特別醫務會等單位。其職權為監督、批准各自治市的市政業務，以及管理未實施自治的城鎮之市政業務；而警察業務亦全部劃歸該處管轄。地畝處的業務與地方市政有關者，則是主管未實施自治城鎮之地方建設、農工商業的推廣與監督，以及移民的安置等[128]。整體而言，民政部的組織，所涉及的業務相當廣泛，舉凡一切市政、教育、新聞、外交、衛生、醫務等均在其統轄範圍，猶如一具體而微的地方政府。

總之，整個鐵路地帶已形同俄國的殖民地，它雖無租界之名，卻有租界之實，所擁有的利權，甚至比租界還多，如駐軍權、免納地稅等。而中東鐵路管理局以一私人企業的經營機關，「名符其實地具有殖民地政府的全部功能」[129]，局長霍爾瓦特享有總督般的權勢，藉由行政權的控有，伴隨司法權、軍警權的行使，獨立於中國的管轄權之外，統治著中國境內最為龐大的租界——「中東鐵路王國」，堪稱世界鐵路史上的一大特例，也是沙皇時代俄國在華的最大利權所在。

中東鐵路公司控有路界內的行政權達十餘年，至 1917 年俄

---

128 參見 Нилус, *Исторический обзор КВЖД, 1896-1923 г.г.*, Т. I , с. 598-599; 地畝處的業務見 *Исторический обзор КВЖД, 1896-1923 г.г.*, Т. II, Часть III, “The Lands and Land Administration of the Chinese Eastern Railway Company and the Incident of August, lst, 1923, Historical and Legal Basis”, с. 12-14.

129 Мартынов, *Работа наших железнодорожных дельцов в Маньчжурии,* с. 17.

圖 7-13　東省特別區行政長官朱慶瀾。1922 年 9 月，任中東鐵路護路軍總司令；11 月，東省特別區成立，為首任行政長官。

國十月革命後發生變化。1918-1920 年間，吉、黑二省當局派駐軍警於路界內，逐步收回各項利權，亦一併將直接管理地方行政事務的民政處解散。1921 年 2 月，東省特別區市政管理局成立，接管地方行政事務，然因涉及〈英俄協約〉之故，恐引起列強干涉，並未立即裁撤各地的自治機關[130]。1923 年 9 月，東省特別區行政長官朱慶瀾（1874-1941）以俄人自治會章程與中國政府頒定自治法「多所牴牾」，乃另行編定東省特別區市鄉自治暫行章程八十條、施行細則四十二條。市鄉各設議事會，以董事會「處決一切事件，先從未設自治會地方著手改革」，逐步收回地方行政權[131]。

至於哈爾濱等自治機關的裁撤，遲至 1926 年 3 月底開始實施。時哈爾濱市公議會華籍議員張廷閣（1875-1954）、傅潤成等 12 人對俄人在舊俄政權瓦解後，仍繼續操控市政權，久已不滿；對俄語、俄文的沿用不廢，更視之為奇恥大辱。同年，3 月 23 日，利用公議會召開期間，提案修改市政業務、集會等均以中國文字、語言為主，但未獲通過，華籍議員遂集體退席，以示抗議。同日，除對外發表宣言，指控俄人之非，要求根本改組哈

130 參見《最近十年中俄之交涉》，頁 100。

131 《黑龍江志稿》（中），頁 1664。

爾濱市公議會，並向東省特別區行政長官公署陳情。一週後，東省特別區行政長官張煥相（1882-1962）遂下令裁撤哈爾濱及中東鐵路沿線七處的自治機關，由市政管理局派員設立市自治臨時委員會，制定市自治試辦章程及施行細則[132]。對此，各國駐哈爾濱領事紛紛表示抗議，惟奉天當局並未收回成命，路界內行政權大抵於 1927 年 3 月各自治試辦章程及施行細則的頒布實施時，得以完全收回[133]。

---

132 參見《黑龍江志稿》（中），頁 1664-1665；《東支鐵道を中心とする露支勢力の消長》，上卷，頁 677-678、682。

133 〈哈爾濱市自治試辦章程〉及施行細則於 1926 年 7 月正式公布實施，隸屬東省特別區長官公署管轄；至於滿洲里等七個城鎮自治試辦章程及施行細則，則於 1927 年 3 月由東省特區市政管理局完成〈東省特別區市鄉自治試辦章程〉及施行細則的制定頒布施行（《東支鐵道を中心とする露支勢力の消長》，上卷，頁 731、754）。

第八章

軍事利權

中東鐵路勘路期間，鐵路公司即違約擅組護路軍，保護勘路人員的安全。鐵路動工後，護路軍的編組擴大，至 1900 年夏義和團事變發生前夕，其規模達 5,000 人之多。俄軍大舉進占滿洲期間，俄國政府更將整個中東鐵路地帶劃為一軍區，設立外阿穆爾特別軍區，在哈爾濱設總司令部，護路軍隸屬其下。從此，護路軍日漸擴編，最後發展成正規軍的建置。至第一次世界大戰前夕，全軍區兵額達 6 萬人左右。另外，護路軍在執行勤務時，不免與東北居民發生衝突，而其對東北邊疆政局的影響，亦極為深遠。護路軍駐防期間，不時藉護路之名，擅出路界外，進行軍事偵察，更利用辛亥革命民國初成之際，策動呼倫貝爾獨立，支持內蒙王公叛亂，造成中國東北邊疆政局動盪不安。

第一節　護路軍的組建及發展

一、護路軍初期的建置規模

俄國向中國「借地修路」，即隱含軍事企圖，故儘管：（一）中俄密約第四款規定，俄國得利用中東鐵路「運過境之兵糧」，但不得借故停留；（二）鐵路合同第八款，亦重申此義，以及第五款復規定，中東鐵路及鐵路公司人員悉歸中國政府保護，然俄國政府仍決定自行派駐軍隊保護鐵路及其人員；惟若直接調派鄰近中國的邊防軍，進駐中東鐵路地帶，恐將引起中國抗議，間接影響鐵路的動工修建。為此，維特擬定了一個兩全其美的辦法，由鐵路公司自行籌組軍隊，歸財政部統轄，俾使護路軍無正規軍之名，卻有正規軍之實。其初步目的是保護中東鐵路順利完工通車，防範紅鬍子或當地居民的破壞[1]，最後卻可使之成為俄國在滿洲的長期駐軍，進而威脅中國的國防安全，得以掌控列強在華的軍事優勢。

1897 年春中東鐵路勘路計畫議定後，5 月 23 日，鐵路公司董事會通過第 82 號議案，決定籌組「中東鐵路特別護路軍」（簡稱護路軍）。其人員主要是招募自歐俄的哥薩克及退役軍官，士兵以哥薩克為主。優先徵募歐俄的哥薩克充任護路軍，係與其富於冒險精神及機動性的作戰特質有關，而且多數的哥薩克曾在中亞和高加索地區服役[2]，對於離鄉背井來到異域的服役任務應不陌生才是。6 月 23 日，尼古拉二世頒布詔令，特許退役軍官和現役哥薩克軍官轉任護路軍，可享有現役軍人的一切優待，如榮

1　Нилус, *Исторический обзор КВЖД, 1896-1923 г.г.*, Т. I, с. 504.

2　《中東鐵路護路隊參加一九〇〇年滿洲事件紀略》，頁 12。

譽軍銜、禮服、退休金及「阿穆爾養老金」（“Amurskoi pen-sii”）等[3]。為鼓勵軍人加入護路軍，尼古拉二世又於 1898 年 6 月 26 日頒布優遇詔令，在軍官方面，特別批准其待遇比照 1880 年賜予保加利亞服役的軍官優待條例辦理。根據該條例，凡服役績效卓著者，雖已自軍中退役，仍可保留在原部隊的員額，永享重返部隊之權利。其次，其晉升軍階時與原部隊同年齡軍官一視同仁；津貼的發放，則以 2 天按 3 天計算。士兵方面，除享有現役軍人的各種福利外，服役役期亦以 2 天按 3 天計算。此種役期計算辦法，對哥薩克士兵最為有利，蓋其由二等兵晉升一等兵的時間因之縮短[4]。而對軍官的優遇，確實吸引了不少富於冒險精神的軍官加入其中，據聞應徵護路軍者，除一般軍官外，不乏禁衛軍中赫赫有名之徒[5]。

1897 年 8 月 2 日，中東鐵路公司董事會採納陸軍大臣建議，委派第四外裡海步兵營營長葛倫格羅斯上校為護路軍司令，由他負責籌組首批護路軍。依據正規軍編制，護路軍以哥薩克連為單位，每連有 120 名士兵、號兵 2 名、軍官 2 名、哥薩克軍士 12 名，騎兵司務長和連長各 1 名，另配有獸醫、司務士各 1 名。首批護路軍於 1897 年 10 月下旬編組完成，共編成 5 個哥薩克連，總計 750 名。11 月 13 日，在葛倫格羅斯率領下，由敖德薩乘坐「沃羅涅滋」（“Voronezh”）號出發，於 1898 年 1 月 7 日抵達海參崴，再入境滿洲，前往各處工地，取代原先負責護衛任務的俄國邊防軍（1 個騎兵營）[6]。

3　Нилус, *Исторический обзор КВЖД, 1896-1923 г.г.*, Т. I, с. 504-505.

4　《中東鐵路護路隊參加一九〇〇年滿洲事件紀略》，頁 21。

5　Нилус, *Исторический обзор КВЖД, 1896-1923 г.г.*, Т. I, с. 507.

6　參見 Нилус, *Исторический обзор КВЖД, 1896-1923 г.г.*, Т. I, с. 504-506.

護路軍編制既完全比照正規軍，但為表明其非為正規軍，在制服上特別精心設計。首先，軍官與士兵的制服完全相同，且一律不佩戴肩章，以示不同於正規軍。其次，為博取中國人的好感，消除其對護路軍的戒心，制服上的徽記紋飾，如帽徽、軍官制服的領章和袖扣，刻意以龍作為裝飾。由於哥薩克官兵視龍紋圖案為異端邪惡之物，多不願佩戴，尤其是來自烏拉爾地區的哥薩克，因為信仰舊教的關係[7]，對軍帽上的龍紋圖案特別反感，擔心其信仰會招致褻瀆，曾多次求助於隨軍神甫，以化解其疑慮[8]。

護路軍的薪資較正規軍優厚，除伙食裝備公家支付外，士兵薪餉每月 20 盧布，軍官依軍階不同在 25 盧布至 40 盧布間。1898 年 12 月，鐵路公司鑑於護路軍在防衛之餘，復協助築路工作，乃將部分官兵的薪餉調高，如士兵每月 25 盧布，下士 30 盧布，上士 35 盧布[9]。護路軍的一切開支全由鐵路公司支付，在 1902 年時年支出 1,000 萬盧布[10]，中東鐵路營運後，這筆軍費支出仍是極其可觀，對鐵路公司而言，無異是一項沉重的負擔，以致其營運多無利潤可言。

1897 年 10 月中旬，鐵路公司決定再籌組第二批護路軍，員額共計 10 個連 1,390 人。鑑於第一批護路軍有行為不檢，而遭

---

7 俄國沙皇於 1653 年下令莫斯科教長尼康（Nikon）針對東正教的禮儀和經書提出改革，造成後來俄國教會的分裂，堅守傳統信仰和儀式者，稱為舊信徒（Old Believers）。烏拉爾地區的哥薩克堅持舊教信仰，固守傳統，不易接受外來事物，對龍紋圖案的反應遠較其他哥薩克強烈。

8 《中東鐵路護路隊參加一九〇〇年滿洲事件紀略》，頁 13。

9 Нилус, *Исторический обзор КВЖД, 1896-1923 г.г.*, Т. I, с. 505;《中東鐵路護路隊參加一九〇〇年滿洲事件紀略》，頁 15、19。

10 羅曼諾夫，《俄國在滿洲（1892-1906）》，頁 44。

遣返者，故此次的徵募，特別著重應募者的品行考核。1898 年 4 月初，第二批護路軍編組完成，4 月 20 日，由祖勃科夫斯基（Andrei F. Zubkovskii）上校率領，搭乘法輪「阿爾卑斯」（“Les Alps”）號自敖德薩出發，5 月 30 日，抵達海參崴[11]。

1898 年春，隨著旅大租界的取得，中東鐵路有南滿支線的展築。是年夏，以哈爾濱為中心，全路分西、東、南三線同時動工，原有的護路軍不敷分配，12 月中旬，鐵路公司改向阿穆爾河沿岸軍區尋求支援，由該軍區徵調 250 名士兵，組成 1 個步兵連，取道雙城子入境，前往哈爾濱加入護路行列[12]。

徵調俄軍充任護路工作，乃一時權宜之計，鐵路公司於 1899 年起再度展開三批（第三、四、五批）護路軍的組建。依其計畫，第三、四批係為步兵連。第三批計編成 4 個連，在 1899 年 3 月由巴甫洛夫斯基（Pavel M. Pavlovskii）大尉率領抵達海參崴，其中 1 個連取道海路赴旅順口，另 3 個連則自雙城子入境向哈爾濱開進。第四批計編成 3 個連，由米先科上校率領，於 6 月東來，其中 1 個連在旅順口登陸，另 2 個連抵達海參崴，再開赴哈爾濱。第五批是最後一批，計編成 4 個哥薩克騎兵連，在 12 月中旬由馮－溫寧格（Bogdan B. Fon-Winnig）上校率領抵達滿洲，和前二批一樣，亦有 1 個連在旅順口登陸，另 3 個連依計畫全數開赴哈爾濱，但後來則有 1 個連改駐留在綏芬河車站。為加速部隊組建和減少經費支出，這三批護路軍徵募自現役軍人和後備軍人者，為數不少。如步兵連一部分來自現役軍人，一部

11　Нилус, *Исторический обзор КВЖД, 1896-1923 г.г.*, T. I, c. 506;《中東鐵路護路隊參加一九〇〇年滿洲事件紀略》，頁 16-17。

12　《中東鐵路護路隊參加一九〇〇年滿洲事件紀略》，頁 19。

分來自南方各省的後備軍人，尤以敖德薩的後備軍人所組成的 2 個連人數最多；騎兵連則分別募自烏拉爾和頓河的部隊[13]。

大致上，護路軍的組建，在 1899 年底宣告完成，1900 年有小額的招募，至 6 月東北義和團事變全面爆發前夕，其員額總計 8 個步兵連、19 個哥薩克騎兵連，共有軍官 69 人，士兵 4,658 人。如按尼古拉二世在 1898 年 11 月 4 日（俄曆 10 月 22 日）據維特建議核准的 5,000 名員額來看，其編制尚有些微差距[14]。

護路軍組建完成後，總司令部設在哈爾濱香坊地區，總司令葛倫格羅斯被擢拔為少將，其下轄三個分部，兵力部署概況如下：（一）額爾古納河支線司令部——轄 1 個半步兵連、5 個騎兵連，分布在滿洲里站至哈爾濱站之間，由駐防於富拉爾基的祖勃科夫斯基上校指揮；（二）松花江支線司令部——轄 3 個半步兵連、9 個騎兵連，分布在哈爾濱站至綏芬河站之間，由駐防於一面坡的捷尼索夫上校指揮；（三）旅順口支線司令部——轄 3 個步兵連、5 個騎兵連，分布在哈爾濱站至旅順口之間，包括營口和大連灣兩支線，由駐防於鐵嶺的米先科上校指揮[15]。此外，為保護航行松花江的中東鐵路船隊之安全，另行抽調一部分護路軍部署在哈爾濱至伯力之間的松花江沿岸。而在遠離鐵路沿線部分，如吉林省城郊區和拉林河上游伐木場，則派有 2 個哥薩克騎兵連防衛，連部設在吉林省城[16]。

中東鐵路全線護路軍哨所之分布，最初並無定制，完全取決

---

13 《中東鐵路護路隊參加一九〇〇年滿洲事件紀略》，頁 19-20。

14 參見〈總參謀長致哈巴羅夫斯克部隊司令〉，1900 年 6 月 7 日，收入《1900-1901 年俄國在華軍事行動資料》，第 2 編第 1 冊，頁 16註 1。

15 《中東鐵路護路隊參加一九〇〇年滿洲事件紀略》，頁 112。

16 《中東鐵路護路隊參加一九〇〇年滿洲事件紀略》，頁 22。

於施工進度。在步兵連未抵達前，每個騎兵連的哨所約負責 100 至 120 俄里工段的防務。步兵連抵達後，各哨所改成騎兵、步兵的混合編組，1 個步兵連要跨駐二個至三個工段。隨著工程的推進，沿線大小車站、橋梁、隧道等工程陸續開工，各哨所的地點，亦由此確定下來。護路軍的任務主要在保護鐵路人員、鐵路器材及其施工的安全，其次是軍情偵察、郵件遞送、路線勘測、電信安裝等項任務的執行[17]。在長達 2,500 俄里的防線，平均每個哨所的兵力只有三、四個人左右，加上各哨所的位置極其分散，執勤時不免勢單力薄，引來騷匪劫掠[18]；或因對士兵的執勤方式及軍紀難以監督掌控，致有侵擾地方居民之事。護路軍侵擾居民事件，尤以築路期間為多，造成居民對俄人的反感，而在義和團事變期間全面爆發出來。

二、護路軍的擴編與外阿穆爾軍區的建立

1900 年夏，義和團事變爆發，為因應之，護路軍展開一連串的擴編行動。早在義和團興起於華北時，維特即命令鐵路公司，緊急招募 2 個騎兵連，每連士兵

圖 8-1　1898 年位於香坊的中東鐵路護路軍司令住所。

17 Нилус, *Исторический обзор КВЖД, 1896-1923 г.г.*, Т. I, с. 509-510;《中東鐵路護路隊參加一九〇〇年滿洲事件紀略》，頁 22-23。

18 Нилус, *Исторический обзор КВЖД, 1896-1923 г.г.*, Т. I, с. 509, с. 511.

137 名，計 274 名。是年，6 月 15 日，維特再奏請沙皇批准護路軍的員額擴編為 6,000 名；又命令鐵路公司火速增編 1,000 人的後備大隊，由陸軍部提供武器裝備。至此，護路軍的員額，實際上已達 7,000 名[19]。在義和團事變蔓延至東北以後，維特再奏請沙皇核准，將護路軍擴編為 11,000 人[20]。值得注意的是，這批新擴編的 6,000 名員額，全是直接徵調自莫斯科、基輔、鄂木斯克、敖德薩，以及沿阿穆爾等軍區[21]，顯示維特為因應義和團的全面破壞，不得不破例大量徵調正規軍，以擴增護路軍員額。

9 月，義和團事變結束，俄軍進占滿洲。11 月 13 日，維特與陸軍、外交兩大臣舉行會議，制定〈俄國政府監理滿洲原則〉[22]。11 月 30 日，關東總督阿列克謝耶夫據該原則，強逼奉天將軍增祺簽訂〈奉天交地暫且章程〉[23]。此種公然侵占中國領土的做法，不僅引起清廷嚴重抗議，列強也多表不滿。為緩和各國的壓力，維特主張俄軍撤出滿洲，但陸軍大臣庫羅帕特金只同意 1901 年春以前，將 28 個營的兵力，縮減至 20 個營，並於鐵

---

19 〈總參謀長致哈巴羅夫斯克部隊司令〉，1900 年 6 月 7 日，收入《1900-1901 年俄國在華軍事行動資料》，第 2 編第 1 冊，頁 16 註 1。

20 Нилус, *Исторический обзор КВЖД, 1896-1923 г.г.*, Т. I, с. 511.

21 參見〈陸軍大臣庫羅帕特金陸軍中將、海軍代理大臣阿維蘭海軍中將和副內政大臣齊申斯基代內政大臣於 1900 年 6 月 10 日聯名致：沿阿穆爾軍區部隊司令、西伯利亞軍區部隊司令〉；總參謀部 1900 年 7 月 17 日發出下列電報：〈總參謀長致莫斯科軍區參謀長〉、〈總參謀長致基輔部隊司令〉、〈總參謀長致鄂木斯克部隊司令〉、〈總參謀長致敖德薩部隊司令和第比利斯部隊司令〉，收入《1900-1901 年俄國在華軍事行動資料》，第 2 編第 1 冊，頁 20；第 2 冊，頁 56、135-136。

22 參見羅曼諾夫，《俄國在滿洲（1892-1906）》，頁 233。

23 中國社會科學院近代史研究所所編，《楊儒庚辛存稿》（北京：中國社會科學出版社，1980），頁 223。

路完工後，在哈爾濱、吉林、齊齊哈爾、奉天等地維持 8 個營的兵力部署[24]。與此同時，在滿洲的俄軍將領多主張以正規軍代替護路軍，俾便保有對滿洲的長期占領[25]。維特深知無論軍方人士是否贊同其主張，俄軍將來終歸要撤出滿洲，如何確保俄國既得的利益，才是其考慮的重點。因此，他再度奏請沙皇，要求將護路軍由 11,000 名擴編成 16,000 名[26]，並在中東鐵路全線（含南滿支線）建立軍區，以統轄護路軍。

維特的建言獲得沙皇批准，1901 年 2 月 1 日，俄國政府正式在中東鐵路地帶成立外阿穆爾特別軍區，負責該區域的防衛，總司令部設於哈爾濱。3 月 22 日，鐵路公司董事會通過決議，以薩哈羅夫中將為外阿穆爾軍區司令，後因其另有任命，改由季捷里赫斯（Diterikhs）將軍接任[27]。值得注意的是，外阿穆爾軍區並不歸隸陸軍大臣統轄，在編制上，係屬財政部邊防獨立軍團的一部分[28]，財政大臣為其最高的統帥。

改編成俄國邊防獨立軍團的護路軍，其性質也為之一變，原是單純的保護鐵路及其人員的安全，現則變為俄國在中國的先鋒作戰部隊。鑑於未來滿洲局勢的發展，有可能爆發戰爭，財政部乃與陸軍部協商，將護路軍員額再擴增至 25,000 名，並加強炮兵的火力，建立特別預備隊，以強化其作戰能力。兵源方面，季

---

24 羅曼諾夫，《俄國在滿洲（1892-1906）》，頁 241。

25 倫森，《俄中戰爭——義和團運動時期沙俄侵占中國東北的戰爭》，頁 172。

26 羅曼諾夫，《俄國在滿洲（1892-1906）》，頁 242。

27 Нилус, *Исторический обзор КВЖД, 1896-1923 г.г.*, T. I, c. 512-513.

28 俄國邊防獨立軍團係於 1893 年經財政大臣維特奏請沙皇核准設立，其下有參謀部、炮兵隊，及其他相關的輔助部門（Malozemoff, *Russian Far Eastern Policy, 1881-1904*, p. 45, 266 註 33）。

捷里赫斯到任後，作了一番改革，即是將雇傭制改為義務役制，此後護路軍士兵全由義務役士兵擔任。故除制服外，從兵源、編制、到武器配備，護路軍堪稱名實相副的正規軍。1901 年 5 月 31 日，俄國政府核定護路軍的編制為：55 個步兵連、55 個騎兵連、6 個炮兵連、25 個教導團[29]。依此編制，兵力總額近 4 萬人。實際上，組建完成的兵額，如以 1902 年秋維特赴遠東視察時來看，則有 17,000 名[30]；1903 年時增至 26,000 名[31]。此雖未達到俄國政府核定的員額，然和當時俄國限制中國在東三省的馬步巡捕 13,000 餘名相比[32]，仍占居上風，屆時，縱使俄國能遵守條約，如期撤軍，以護路軍兵力，要重占東三省並非難事。

1902 年季捷里赫斯調離外阿穆爾軍區，契恰高夫（Nikolai M. Chichagov, 1852-1911，舊譯名池察谷甫）接替其職。契恰高夫是任期最久的護路軍司令（1902-1911）。他原是濱海省總督，

---

29 Нилус, *Исторический обзор КВЖД, 1896-1923 г.г.*, T. I, c. 512-513.

30 《沙俄侵華史》，第 4 卷（上），頁 414。

31 Quested, *The Tsarist Russians in Manchuria, 1895-1917*, p. 100.關於 1903 年護路軍的人數，日本的調查指稱是 3 萬人（外務省編纂，《日本外交文書》東京都：日本外交文書頒布會，1954，第 36 卷第 1 冊，頁 826）。如以日俄戰爭結束後，日、俄兩國協商的 42,000 名員額來看，其時護路軍尚不足 13,000-21,000 名（Мартынов, *Работа наших железнодорожных дельцов в Маньчжурии*, c. 102），故 Quested 引用法國政府 1903 年 10 月的調查報告，指為 26,000 人之說應較為可靠。

32 俄軍占據東三省期間，限制三省軍隊一律解散，僅能設馬步巡捕，奉天省允設 6,000 人、吉林省 4,300 人、黑龍江省 3,000 餘人（〈呼蘭副都統倭克金泰摺〉，光緒二十七年 2 月 2 日；〈盛京將軍增祺摺〉，光緒二十七年 2 月 28 日；〈齊齊哈爾副都統薩保摺〉，光緒二十七年 3 月 12 日；〈吉林將軍長順等片〉，光緒二十七年 3 月 16 日，收入《義和團檔案史料》，下冊，頁 999、1033、1073、1090）。

1900 年夏曾入境滿洲，擔任綏芬河至寧古塔一線的俄軍司令，對俄國在華的軍事目的知之甚詳[33]。契恰高夫到任後，開始實行各項軍事改革[34]，護路軍的戰鬥力大為提升，和俄國的野戰部隊相比，毫不遜色，進而奠定俄國在華軍事勢力的基礎。同時，為收集中國的軍事情報，契恰高夫還經常派遣專業軍官前往中東鐵路路界內外之戰略要地及重要村鎮，進行各種調查和勘測，成果極其豐碩，總計出版了數十種統計資料和地形圖[35]。

圖 8-2　外阿穆爾軍區司令契恰高夫。任職期間，積極提升護路軍素質，強化其戰鬥力。

除護路軍外，尚有鐵道兵駐防中東鐵路地帶。鐵道兵進駐中東鐵路地帶，始於 1900 年秋，係為協助中東鐵路的軍事運輸而臨時調派前來。1901 年起，中東鐵路復工後，鐵道兵的作用不復存在，遂撤離中東鐵路。然隨著俄國獨占滿洲利權，日俄關係益加緊張，戰爭有一觸即發之勢，為確保將來戰爭期間中東鐵路軍事運輸的暢通無阻，俄國政府乃決定正式在中東鐵路組建鐵道旅。1903 年 4 月 7 日，尼古拉二世批准〈外阿穆爾鐵道旅條例〉，同意組建中東鐵路鐵道旅。根據該條例，鐵道旅的成立宗

33　Нилус, *Исторический обзор КВЖД, 1896-1923 г.г.*, T. I, c. 514;《中東鐵路護路隊參加一九〇〇年滿洲事變紀略》，頁 161、361。

34　契恰高夫的各項軍事改革概況如下：（一）嚴格執行軍事訓練，並經常舉行演習，使部隊時時保持備戰狀態；（二）改善官兵的居住環境，提高薪資和生活津貼；（三）創辦軍官學校，鼓勵軍官前往聖彼得堡的軍事學院進修（Нилус, *Исторический обзор КВЖД, 1896-1923 г.г.*, T. I, c. 514-515）。

35　Нилус, *Исторический обзор КВЖД, 1896-1923 г.г.*, T. I, c. 515-516.

旨，在維護中東鐵路行車通暢無礙，遇有緊急狀況，如戰爭等，須與外阿穆爾軍區的護路軍合作，共同維持中東鐵路的安全。因此，鐵道旅的工作性質，主要在鐵路技術方面，其次才是軍事任務。而其統轄權最初隸屬鐵路局長，日俄戰爭結束後，始全部併入外阿穆爾軍區，劃歸護路軍司令指揮[36]。

外阿穆爾鐵道旅的編制，計有 4 個獨立營，每營 6 個連，每連 325 名士兵，總計有 7,800 名士兵，加上軍官和技術人員，共達 8,000 餘人。鐵道旅條例頒布之初，組建完成的鐵道兵於 8 月抵達哈爾濱時，每營只有 3 個連，9 月至 10 月陸續補充，始達到編制員額，隨後派遣至鐵路沿線各防禦地點。其駐防地分別是：第一營、第二營駐防哈爾濱，第三營駐防橫道河子，第四營駐防遼陽[37]。日俄戰爭期間，鐵道旅有 80%的兵力，投入中東鐵路的軍事運輸及技術性的工作，以致未能配合軍方要

圖 8-3　外阿穆爾軍區俱樂部。1902 年初建成時為中東鐵路旅館，日俄戰爭期間暫充俄軍野戰醫院，1906 年交付外阿穆爾軍區作為軍官俱樂部，1907 年一部分建物供作俄國駐哈爾濱領事館之用，1909 年哈爾濱領事館遷出，純為軍官俱樂部，1921 年改成中東鐵路公司理事會大樓，1936 年中東鐵路被滿鐵接收後改為大和旅館，今為龍門大廈貴賓樓。這棟建築多次的變更用途，說明了時局的變遷，也見證了中東鐵路的滄桑史。

36　Нилус, *Исторический обзор КВЖД, 1896-1923 г.г.*, T. I, c. 529-530.

37　Нилус, *Исторический обзор КВЖД, 1896-1923 г.г.*, T. I, c. 529.

求，擴增俄軍的戰鬥力。戰後軍方認為鐵道旅未能發揮應有的戰鬥力，建議將之併入外阿穆爾軍區，而於 1907 年付諸實施，並更名為鐵道工兵隊。鐵道工兵隊雖納入外阿穆爾軍區統轄，然其勤務仍以鐵路技術性的工作為主，每年平均約為路局撙節 30 萬盧布的支出[38]。

此外，為維護中東鐵路船隊航行松花江的安全，外阿穆爾軍區另建有特別巡防艦隊。早在義和團事變期間，俄軍統帥薩哈羅夫率軍由伯力上溯松花江進占滿洲時，即派有一艦隊巡防松花江。1903 年 10 月，中東鐵路公司特別撥交 4 艘江輪，以及大炮和其他武器，提供巡防艦隊使用[39]。依中俄條約規定，俄國兵輪無權在松花江航行，迭經東省當局抗議[40]，仍無法阻止之。民國成立後，吉林當局續就此事派鐵路交涉局總辦李家鏊（1863-1926）向鐵路公司交涉，於 1913 年 3 月達成協議，同意該艦隊改掛鐵路公司旗幟（原懸掛外阿穆爾軍區旗幟），得航行松

圖 8-4　吉林鐵路交涉局總辦李家鏊。1911 年 6 月到任，兼濱江關道台（民國成立後改稱道尹），1914 年 9 月請辭。1918 年 4 月回任，並兼哈爾濱交涉員；1919 年 1 月去職。其後歷任東省特別區高等審判廳廳長、特別區長官公署顧問、中國駐蘇聯代表，為民國以來辦理對俄交涉的要員。

38 參見 Нилус, *Исторический обзор КВЖД, 1896-1923 г.г.*, Т. I, с. 530-532.

39 Нилус, *Исторический обзор КВЖД, 1896-1923 г.г.*, Т. I, с. 528-529.

40 參見〈吉林交涉使郭宗熙奉札為禁阻俄艦違約擅入松花江游弋事移〉，宣統三年 5 月 19 日，收入《中東鐵路》（一），頁 472。

花江，以保護中東鐵路所屬橋梁[41]。此後，該艦隊藉由此項權利，肆意出入松花江，甚至違法擅入嫩江游弋[42]。1917 年十月革命後，此一艦隊隨同外阿穆爾軍區的撤銷而解散。

綜上所述，可知在日俄戰爭之前，駐防中東鐵路的俄軍，包括外阿穆爾軍區的護路軍（26,000 人）及特別巡防艦隊、中東鐵路鐵道旅（8,000 餘人），共計約 34,000 餘人；若再加上陸軍大臣庫羅帕特金以外阿穆爾區兵力仍嫌不足，而自俄軍撥出的數千名機動部隊，駐防哈爾濱的鐵路線上[43]，則總人數粗略估計，約達 4 萬人左右。

根據〈交收東三省條約〉規定，進占東三省的俄軍分三期撤出，然俄軍僅在第一期依約撤出，1903 年初起，第二期撤兵行動，則是時撤時停，並有撤而復返情形。是年 4 月 8 日為第二期撤兵期滿之日，俄軍非僅未如期撤出，俄使反於 4 月 18 日向清廷提出七項要求[44]，欲將滿蒙和華北劃為俄國的勢力範圍。此後俄國在御前大臣別佐勃拉佐夫的策劃下，積極擴張在滿洲和朝鮮的勢力，終而演成日俄戰爭的爆發。

日俄戰爭結束後，日、俄兩國於 1905 年 9 月 5 日簽訂〈朴資茅斯條約〉。有關滿洲駐兵一事，該條約的附約特別規定：為

---

41 〈吉林西北路觀察使李家鏊為鐵路巡船掛旗咨部速決呈〉，民國二年 4 月 4 日，收入《中東鐵路》（二），頁 23。

42 參見〈大賚廳為阻止俄輪北往並請交涉事呈〉，民國元年 9 月 18 日，《中東鐵路》（二），頁 16-18。

43 庫羅帕特金下令撥出的機動部隊，其編組為：4 個步兵營、1 個炮兵中隊，以及 1 個哥薩克騎兵連的小部隊（庫羅帕特金著，呂浦等譯，《俄國軍隊與對日戰爭》，北京：商務印書館，1980，頁 92）。

44 俄使所提七項要求內容，詳見柏森輯，〈1903 年沙俄侵占東三省文件輯錄〉，《近代史資料》，1978 年第 2 期，頁 92-95。

保護滿洲各自的鐵路，「守備兵人數，每一基羅米突（公里）不過十五名之數」[45]。護路軍乃得依此項規定，繼續擴編員額。以中東鐵路幹線、支線及輔助軌道，總計 2,800 公里核算，護路軍員額，最多可擴編至 42,000 人[46]。1907 年 10 月 27 日，沙皇頒布〈外阿穆爾軍區條例〉，重新核定護路軍的編制為：54 個步兵連、42 個騎兵連、4 個炮兵隊、25 個教導隊，總計編組成 12 個支隊、3 個旅[47]。依此編制，距補足 42,000 名員額，約差 13,000-21,000 名左右[48]。1910 年 2 月 4 日，俄國政府下令再擴編 6 個步兵團、6 個騎兵團的護路軍；而為增加其火力配備，這些步騎兵團復配置 6 個機槍分隊、7 個教導隊，另有直屬軍區的 4 個炮兵連、1 個工兵連及其他部隊，總計增加軍官 586 人、士兵 21,110 人[49]。至此，護路軍員額（含併入該軍區的鐵道工兵隊），大致上達到了鐵路全線可駐兵 42,000 名的數量。

1911 年 10 月，辛亥革命爆發，俄國積極策動外蒙古和呼倫貝爾的獨立活動。自從外蒙古宣布獨立後，俄國政府即徵調其邊防軍 15,000 名，編入外阿穆爾軍區，駐防於中東鐵路的呼倫貝爾一線[50]，以阻止東三省進兵外蒙古及呼倫貝爾。至第一次世界

---

45 〈日俄樸司茂斯和約二件〉，光緒三十一年 8 月 19 日，《清季外交史料》，卷 191，頁 18。按，《最近十年中俄之交涉》一書將日、俄兩國約定鐵路駐兵，誤為每公里 25 人（頁 76），李濟棠疑誤引該書，亦持上述說法（《沙俄侵華的工具——中東鐵路》，頁 87）。

46 Мартынов, *Работа наших железнодорожных дельцов в Маньчжурии,* с. 102.

47 Нилус, *Исторический обзор КВЖД, 1896-1923 г.г.*, Т. I, с. 513.

48 Мартынов, *Работа наших железнодорожных дельцов в Маньчжурии,* с. 102.

49 Нилус, *Исторический обзор КВЖД, 1896-1923 г.г.*, Т. I, с. 513.

50 徐曦編纂，《東三省紀略》（上海：商務印書館，1915），頁 402。

大戰前夕，護路軍人數擴增至 6 萬名左右[51]，以步、騎兵合編，並配置炮兵的方式，分別駐防於中東鐵路西、東、南三線，各線指揮部設在博克圖、橫道河子、哈爾濱等處[52]。其中炮兵部分，計有 1,000 人左右，駐防地設在鐵路沿線各中心車站一帶，如哈爾濱的松花江兩岸；西線的免渡河站、海拉爾河岸、興安嶺山洞兩面山口；東線的葉赫站、牡丹江站、牡丹江兩岸；南線的蔡家灣站、拉林河岸、老少溝站、松花江兩岸等。同時，各處均修有暗形炮台，安設重炮[53]。

如前所述，儘管外阿穆爾軍區的建置規模與正規軍並無不同，然其指揮統轄權則歸屬俄國財政大臣而非陸軍大臣，此為其特殊之處。而其防區既在中東鐵路，路局為配合、協調其勤務執行，特設軍事部，以一副局長主持，下設動員處（負責戰時鐵路及人員的軍事動員）、軍務處（專司鐵路局長與外阿穆爾軍區及

---

51 中國國民黨中央委員會編，《中俄關於中東鐵路之交涉史略》（南京：編者印行，1929），（上），頁 64。關於第一次世界大戰前夕，外阿穆爾軍區的兵力，《最近十年中俄之交涉》一書指：「鐵路沿線共駐步兵三大隊、馬兵六團、炮兵一大隊，合計人數七萬左右」（頁 76）。按，此書估算該軍區的兵力，係以中東鐵路幹線、支線，及輔助軌道計 2,800 公里，每公里駐兵 25 人，而得 7 萬人之數。而其以每公里駐兵 25 人之說，既屬錯誤，所估算的 7 萬名兵力，自然不實。另外，十月革命後，黑龍江省督軍公署所作調查，指第一次世界大戰前，外阿穆爾軍區的兵力，含鐵道工兵隊（15,000 人），總計有 4 萬人。此說疑未將辛亥革命之後所調入的 15,000 名俄國邊防軍計入（〈黑龍江督軍公署咨〉附件：〈中東鐵路俄亂前暨現在俄軍警額數單〉，民國八年 9 月 9 日，收入《中俄關係史料》，中東鐵路（二），頁 716）。

52 護路軍駐防地之配置編組詳情，參見《東三省紀略》，頁 403-406。

53 〈黑龍江督軍公署咨〉附件：〈中東鐵路俄亂前暨現在俄軍警額數單〉，民國八 年 9 月 9 日，收入《中俄關係史料》，中東鐵路（二），頁 715。

外阿穆爾鐵道旅往來公函、訓令之處理）、運兵局（負責中東鐵路地帶的鐵路、水路之軍隊運輸）等三個處局。其中運兵局原是 1900 年俄軍進占滿洲時，在鐵路沿線所設置的運兵站擴編而來[54]。

以外阿穆爾軍區之兵力，俄國已足以掌控北滿的軍事優勢，繼契洽高夫後任該軍區司令的馬爾蒂諾夫（Evgenii I. Martynov, 1864-1928）竟不以此為滿足，1912 年 9 月，支持烏泰（1866-1920）叛亂失敗後（詳見下節），同年 9 月底，向俄國政府誇稱：中國人擬在滿洲發展類似義和團的組織，以攻擊鐵路及俄人居住區[55]。馬爾蒂諾夫的報告經代理外交大臣尼拉托夫（Anatolii A. Neratov, 1863-1938）於 10 月 1 日向駐北京及東京兩俄使查證，證實並無其事（10 月 9 日）；但仍建議在伊爾庫次克軍區訓練一支武裝部隊，俾於必要時增援外阿穆爾軍區[56]。次年 3 月，陸軍大臣蘇霍姆里諾夫（Vladimir A. Sukhomlinov, 1848-1926） 根據伊爾庫次克軍區司令的報告，藉

圖 8-5　俄國陸軍大臣蘇霍姆里諾夫。1909 年 3 月就任，1911 年 5 月來哈爾濱視察時，即入住外阿穆爾軍區軍官俱樂部，1915 年 6 月卸任。

---

54 Нилус, *Исторический обзор КВЖД, 1896-1923 г.г.*, T. I, c. 535-536.

55 〈代理外交大臣致駐北京公使庫朋斯齊及駐東京大使馬列夫斯基電〉，1912 年 9 月 18 日（10 月 1 日），收入陳春華譯，《俄國外交文書選譯——關於蒙古問題（1911 年 7 月-1916 年 3 月）》（哈爾濱：黑龍江教育出版社，1991），頁 67-68 註 1。

56 〈代理外交大臣致內閣總理大臣科科弗采夫函〉，1912 年 9 月 26 日（10 月 9 日），《俄國外交文書選譯——關於蒙古問題（1911 年 7 月-1916 年 3 月）》，頁 80-81。

口中國有意增加在滿洲的軍備，提出鞏固中東鐵路沿線的防禦設施方案。經陸軍部派員赴北滿調查，復與財政部研商，再提交內閣會議多次討論後，於 1914 年 2 月正式通過該方案，決定暫以 70 萬盧布在興安嶺隧道、興安嶺迂迴線高架橋、富拉爾基嫩江大橋、哈爾濱松花江大橋、老少溝松花江大橋、拉林河大橋、牡丹江大橋等七處修築防禦工事。為儘快完成這些防禦設施，擬先修築臨時工事，日後再改築永久性工事[57]。

另一方面，為限制中國在北滿的駐兵數量，1913 年 2 月，俄國獲悉中國在北滿增兵後，即指示駐北京公使庫朋斯齊（Vasily N. Krupenskii, 1868-1945）不斷地向中國政府施加壓力[58]；9 月，更進一步要求「將北滿各處軍隊人數開單相示」，以履行 1902 年〈交收東三省條約〉第三款規定[59]。幾經交涉，11 月，庫朋斯齊如願地取得中國在吉、黑兩省駐軍數量、地點的報告，以及將來軍隊增減調動「再行隨時知照」的承諾[60]。1914 年 2 月，俄國復要求中國在北滿如有增兵，須於一個月前告知，駐警及其增添等事宜，亦得比照辦理；惟此項要求僅得民國政府在 3

57 參見〈一九一三年十二月二十五日及一九一四年二月二十六日閣議特別議事錄〉，收入外務省調查部第三課譯編，《露國政府ノ極東外交機密文書》，第 1 卷（東京：外務省調查部，1935），頁 5-11。

58 〈上大總統呈〉，民國二年 11 月 8 日，中央研究院近代史研究所檔案館藏，《北滿駐兵》，檔號：03-32-015-01-008。

59 〈致陸軍段總長函〉，民國二年 9 月 20 日，《北滿駐兵》，檔號：03-32-015-01-001。按，該款規定，俄軍撤出後，中國在東三省的駐兵數量及地點，由中國自行核定，但若有增減情形，須知照俄國政府（《中外舊約章彙編》，第 2 冊，頁 40）。

60 〈致俄庫使函〉，民國二年 11 月 6 日，《北滿駐兵》，檔號：03-32-015-01-006。

月 24 日允諾：「如另有意外事變發生，所有增添軍隊應預時知照。」[61]儘管上述多項要求，俄國未能完全如願，然而，透過中東鐵路沿線防禦工事的強化，以及限制中國在北滿的駐軍等作為，俄國在北滿的軍事優勢，仍然取得堅實的保障，遠非中國所能抗衡。

三、中國政府對護路軍駐防中東鐵路地帶之肆應

中東鐵路公司決定籌組護路軍之初，並未知會清廷，尋求同意。勘路期間，首批護路軍抵達滿洲時，吉、黑兩省將軍毫不以為意，未思及鐵路公司派遣護路軍，實是侵害中國駐軍權之舉，只以為護路軍的協同保護鐵路公司人員，可減少地方軍的勤務負擔。1899 年 3 月以前，護路軍均是取道海參崴入境滿洲；此後，由於俄國取得旅大租界，以及中東鐵路南滿支線修築權，護路軍始有取道旅順口登陸，再轉往南滿支線駐防地者，清廷才察覺事態嚴重。同年，4 月，光緒皇帝諭令盛京將軍阻止俄員在中東鐵路沿線駐兵[62]，惟並未能獲得其正面回應。義和團事變結束後，護路軍員額大幅增加，甚至以正規軍的編制，成立外阿穆爾軍區，時清廷懼於俄軍占領滿洲之威勢，未再就護路軍非法駐防一事表示異議。另一方面，為促使俄軍及早撤離，主持東三省交收事宜談判的駐俄公使楊儒，在護路軍問題上，則作了極大的讓步，同意維特所提交的約稿有關鐵路公司「自設保路守兵」一

61　〈總長二月二十三日會晤俄庫使問答〉，民國三年 2 月 26 日入收；〈致俄庫使函〉，民國三年 3 月 24 日，《北滿駐兵》，檔號：03-32-015-02-002、03-32-015-02-010。

62　《清德宗實錄》，卷 441，頁 6。

項，予其合法駐防中東鐵路地帶之權[63]。

日俄戰爭結束後，清廷原擬利用俄國新敗之餘，收回中東鐵路的駐軍權，然因〈朴資茅斯條約〉有鐵路沿線每公里駐兵 15 人之規定，轉而向日本協商。1905 年 12 月，在中日有關東三省問題的會議上，清廷希望日本能將新設的路兵撤離，再以此要求俄國比照辦理。結果，日本同意如俄國撤離護路軍，則願比照辦理[64]。此時，護路軍既已轉型為正規軍，肩負俄國在華的軍事使命，欲令其自動撤離，實是緣木求魚，此理日本政府十分明白，乃以俄國為託辭，拒撤路兵，有關中東鐵路駐軍權的收回，遂難以如願。

中國既無法迫使護路軍撤離，東省地方軍亦難以進駐路界內執行勤務，中國在路界內的駐軍權，可謂淪喪盡淨。1907 年東三省改制，首任總督徐世昌到任後，為求有所補救，1908 年 2 月，以拘捕鬍匪為由，飭令吉、黑兩省鐵路交涉局總辦和會辦杜學瀛、于駟興，會同東三省行營翼長張鎮勛，向鐵路公司交涉，訂定有關華兵駐紮路界內事宜。會商結果，初步達成協議，訂定五項辦法，其要點除劃分路界內外鬍匪的拘捕權，各歸護路軍和華兵外，最重要的是：「為妥善剿滅鬍匪」，鐵路公司允許「華兵隊派往或暫且駐紮於鐵路占用地段之內」。不過，執勤時，「須與俄官員每次預先商妥，始可照辦」；而鐵路公司欲派俄兵往路界外行動，亦須先知照中國官員。關於上項辦法，在東三省行營翼長張鎮勛加入協商後，中方要求作部分修改，亦即：中國派軍

63　《楊儒庚辛存稿》，頁 69。

64　劉瑞霖編，《東三省交涉輯要》（台北：文海出版社重印，1968），卷 1，頁 36。

入路界內只須照會鐵路公司，無須預先商定；鐵路公司應免費運送中國軍隊，並於哈爾濱、橫道河子等車站，提供駐防地段。俄方指稱此與「鐵路合同及前所商訂各節不符」[65]，以致未能續商議定。未久，哈爾濱等處自治會問題發生，東省當局深知駐軍於路界內已無可能，轉而求其次，擬以巡警替代之，也可藉此抵制自治會的籌辦。只是，此項提議依然無法獲得俄方認可，終致一事無成。

民國成立以後，亦如晚清時期，對俄國的罔顧中國主權，利用護路軍，煽動、支持呼倫貝爾和內蒙東部等蒙族的獨立，以及頻頻出界進行各種軍事活動等作為，除透過外交途徑向中東鐵路當局和俄國政府抗議外，根本毫無禁阻之策可施。而在護路軍員額不斷膨脹下，吉、黑兩省受限於財政困窘，兵力成長甚為有限，僅有黑龍江省在 1913 年初，增添步兵 6 營、騎兵 6 營、炮兵 2 連，北滿駐兵始達 32,000 名左右[66]。其後，該省當局「以巴匪搆亂，擾及江省，勢非增加騎兵，不足以資控制」，有意再增添騎兵一旅，「惟庫儲奇窘，無從挹注」[67]，難以實現，故至 1917 年十月革命前為止，中國在北滿駐兵，約略維持在 32,000 名左右。此一數額相較於護路軍在第一次世界大戰前夕的 6 萬名員額，實瞠乎其後。若非第一次世界大戰爆發，絕大多數護路軍調赴歐洲參戰，則十月革命後中國在路界內駐軍權的收回，勢必

65　〈外務部為開送華兵進紮鐵路內一事節略咨〉，光緒三十三年 12 月 29 日，收入《中東鐵路》（一），頁 264-266。

66　〈上大總統呈〉附件：〈呈陸軍部東三省駐軍清摺〉，民國二年 11 月 8 日，《北滿駐兵》，檔號：03-32-015-01-008。

67　〈黑龍江督軍咨一件〉，民國六年 2 月 27 日，《北滿駐兵》，檔號：03-32-015-03-007。

難以順遂。

另外，民國政府雖無法採取積極措施，以抵制護路軍的駐防，然關於中國在北滿駐軍問題上，亦非全然屈從俄國的需索。1913 年 2 月，由於中國在黑龍江省增兵，俄使以此一做法有違 1902 年〈交收東三省條約〉第三款規定，而向中國抗議，並「擬派俄武員會查實在兵數」，遭外交總長陸徵祥（1871-1949）嚴詞拒絕。其後，俄使復要求：「開示兵數地點，聲明現在數目係為足敷剿辦鬍匪之用，一時不再添兵，以後若有添兵舉動，應再知照俄政府」；且以此項問題未解決，則不再續議外蒙協約案相威脅。為早日解決外蒙問題，加上俄國之索項係據清廷所訂條約而來，陸徵祥遂同意其請[68]。

11 月，孫寶琦（1867-1931）接任外交總長後，在函送吉黑兩省駐軍報告的同時，要求俄國亦應將「駐北滿交界之東海濱省、阿穆爾省、薩拜喀勒（外貝加爾）省各處軍隊」之人數及駐紮地點，「開列清單告知」[69]。豈料，俄國非僅不願基於對等原則，提交其邊省駐軍情況，為徹底箝制中國在北滿的一切武力，甚且將維持治安的警力視同武裝部隊，1914 年 2 月，進一步要求：若有增兵，須於一個月前，「預先知照」；駐警事宜，亦須比照辦理[70]。俄國政府會有如此無理要求，與其誤認為吉、黑兩

---

68 〈上大總統呈〉，民國二年 11 月 8 日，《北滿駐兵》，檔號：03-32-015-01-008。

69 〈致俄庫使函〉，民國二年 11 月 6 日，《北滿駐兵》，檔號：03-32-015-02-001。

70 參見〈致參謀本部、陸軍部函〉，民國三年 2 月 25 日；〈總長二月二十三日會晤俄庫使問答〉，民國三年 2 月 26 日入收，《北滿駐兵》，檔號：03-32-015-02-002~003。

省警力達 127,000 人之多有關[71]。孫寶琦在與俄使庫朋斯齊晤談時明確告知：「警察問題，毫無根據」，中國「萬不能辦理」；至於軍隊增加時預先知照一事，「據私人意見，或能辦到」，「但應先詢參謀部、陸軍部意見」[72]。

同年，3 月初，外交部在徵詢陸軍部的意見後，認為增兵限定一個月前，預先通知一節，實「殊多窒礙」，「恐難辦到」，因而回拒俄國的要求。而俄方欲以「警隊一節可以取消」，作為交換，則未能如願[73]。3 月 24 日，外交部函知俄使：「北滿駐兵一事，業於去年十一月六日具函聲明在案，茲因該函文字有未明晰之處，恐有誤解，特再聲明，如有意外事變之發生，所有增添軍隊應行預時知照」[74]，正式拒絕俄國的請求。

有關北滿駐軍問題，俄國政府為期一年的需索，外交部在尊重陸軍部的意見下，並未全然屈從其請。民國初成，政局尚未穩定，又須承襲清廷所訂條約，平心而論，能有此種結果已屬不易。至於要收回喪失已久的路界內駐軍權，須至 1917 年十月革命以後始能為之。

---

71 〈駐支公使クルベンスキ宛外務大臣サゾノフ發電報〉，1914 年 2 月 19 日，收入《露國政府ノ極東外交機密文書》，第 1 卷，頁 3。

72 〈總長二月二十三日會晤俄庫使問答〉，民國三年 2 月 26 日入收，《北滿駐兵》，檔號：03-32-015-02-002。

73 參見〈王僉事景歧三月三日赴俄館問答〉，民國三年 3 月 5 日入收；〈陸軍部函一件〉；〈王僉事景歧赴俄館晤柯里索福君問答紀要〉，民國三年 3 月 13 日，《北滿駐兵》，檔號：03-32-015-02-004、03-32-015-02-008~009。

74 〈致俄庫使函〉，民國三年 3 月 24 日，《北滿駐兵》，檔號：03-32-015-02-010。

四、外阿穆爾軍區的瓦解與護路軍的遣散

俄國藉由外阿穆爾軍區的建立，得以擴張其在華軍事勢力，惟此一優勢自 1915 年起發生變化。先是第一次世界大戰爆發，俄國對德、奧戰事吃緊，不得不在同年 2 月 23 日徵調護路軍赴歐作戰，僅留 6 個騎兵連駐防中東鐵路地帶，儘管不久之後（3 月 5 日），即自俄國國內調派 12 個國民兵自衛隊，填補被徵調的軍隊，然整個軍區的兵力，已是今非昔比。緊接著是二年後，十月革命發生，護路軍及國民兵自衛隊支持布爾什維克者，為數不少，如哈爾濱 5,400 名軍隊即占半數[75]，外阿穆爾軍區瀕臨瓦解之勢。而伴隨著俄軍的停戰，赴歐作戰的護路軍生還者之中，重返中東鐵路地帶的人數，約占全軍區的三分之一，其中不乏響應十月革命者，從而助長了布爾什維克之聲勢。面對此一變局，早在十月革命蔓延至中東鐵路地帶之初，鐵路公司即有意以傭兵制取代現有的義務兵制，重建護路軍，由董事會直接監管[76]。甫由歐洲戰場歸來的前外阿穆爾軍區副司令薩摩伊洛夫（M. K. Samoilov）銜命赴哈告知霍爾瓦特，隨即展開規劃。不久，此一計畫因中國正式派遣軍隊駐防中東鐵路而宣告流產。

中國軍隊進駐路界內，始於 1917 年二月革命之後。是年，4 月，受到二月革命影響，中東鐵路沿線各地秩序大亂，東線一面坡、帽兒山、磨刀石等站發生俄兵搶劫事件；哈爾濱的俄人則有新舊黨派的對立，霍爾瓦特為新黨所反對，「隱然已無實權，哈

---

75 Андреев, *Революционное движение на КВЖД в 1917-1922 г.г.*, с. 35-36.

76 Нилус, *Исторический обзор КВЖД, 1896-1923 г.г.*, Т. I, с. 521-522, 525.

埠俄兵警多不用命」[77]，情勢頗危急，吉林當局決定調派軍隊暫易警服，「就道外扼要駐守」[78]，待北京方面與俄使交涉後，再入界維持秩序。5 月 30 日，駐防扶餘的部隊奉吉林督軍孟恩遠（1858-1933）命令，調撥 2 連，改易服裝，在營長安紹彬率領下，以「警備隊」的名義，開赴哈爾濱保護華民[79]。十月革命後，濱江知事張曾渠再徵募 1 營警備隊入哈巡邏；11 月底，復有 3 營的吉林部隊入哈協防[80]。這些行動係出於吉林當局的決策，並非來自於北京政府授意。12 月 6 日，北京政府始正式下令吉林當局「派兵入界」，維持秩序。吉林督軍孟恩遠在接獲指示後，陸續調派 20 營的部隊赴哈爾濱，並在該處建立中東鐵路一帶臨時警備總司令部，展開護路駐軍權的收回行動[81]。

此時，在路界內的俄國護路軍（含國民自衛隊），約七、八千名。在吉林省路段（東線、南線）護路駐軍權的收回方面，12 月 26 日，首先對哈爾濱一地以留金為首的工兵蘇維埃分子及第 559、第 618 等民兵大隊，約 2,000 餘人，進行繳械，12 月 28 日，分兩批將之遣送出境[82]。其次，將哈爾濱至綏芬河的護路軍

77　〈吉林督軍省長電〉，民國六年 4 月 8 日，收入《中俄關係史料》，俄政變與一般交涉（一），頁 77。

78　〈吉林孟恩遠等來電〉，民國六年 4 月 9 日，收入《中俄關係史料》，俄政變與一般交涉（一），頁 82。

79　〈收吉林督軍咨〉，民國六年 7 月 2 日，收入《中俄關係史料》，俄政變與一般交涉（一），頁 120。

80　《最近十年中俄之交涉》，頁 26-27。三營吉林部隊的協防哈爾濱，其中一營原是行經該地的三姓部隊，應濱江道尹要求而駐留協防，另二營是吉林當局加派者。

81　〈發吉林督軍、省長函〉，民國六年 12 月 6 日；〈收吉林督軍電〉，民國六年 12 月 18 日，收入《中俄關係史料》，中東鐵路（一），頁 5、12。

82　參見〈收哈埠何、張兩中將電〉及〈收哈爾濱何、張兩中將電〉，民國六年

調回哈爾濱，另派吉林軍隊前往該防區駐紮[83]。而南線護路軍員額不多，除駐防老少溝的 160 餘名官兵因附和留金，於 1918 年 1 月 7 日遭繳械遣送回國外，其餘各站如二道溝、張家灣兩處俄兵適值退伍之期，自行乘車回國；至於烏海（卜海）、米沙子等處人數極少，因未附和留金，暫未遣送，該路段防區悉由中國軍隊接收[84]。

黑龍江省路段（西線）方面，該省督軍鮑貴卿獲知吉林開始遣送俄軍後，除立即派遣相當的兵力，前往昂昂溪，準備接手遣返工作外，並在滿洲里、海拉爾、札蘭屯、富拉爾基、昂昂溪、安達等處，調派 7 營的兵力駐防，以為防範。1917 年 12 月 27 日，西線護路軍受第 559 等民兵大隊被遣送的影響，軍心不穩，富拉爾基的「俄兵大肆紛擾，謀搶掠俄軍槍械並站街各商號」。江省當局即下令鎮壓，12 月 29 日，解除其武裝，等待遣返[85]。12 月底，白俄軍在伊爾庫次克與蘇軍交戰失利，霍爾瓦特為挽救其危亡，遂將其所掌控的 3,000 名護路軍，調赴俄境作戰[86]，江省當局遂乘機派軍進駐護路軍營房，收回部分路段的護路權。

---

12 月 26 日；〈收哈爾濱何、張中將電〉及〈收哈爾濱顏世清電〉，民國六年 12 月 27 日，收入《中俄關係史料》，中東鐵路（一），頁 24、28。

83 參見駐哈司令部總司令陶祥貴與霍爾瓦特的五項協議第四項，〈收吉林督軍電〉，民國六年 12 月 27 日，收入《中俄關係史料》，中東鐵路（一），頁 26。

84 〈收吉林督軍電〉，民國七年 1 月 16 日，收入《中俄關係史料》，中東鐵路（一），頁 62。

85 〈收黑督電〉，民國六年 12 月 29 日，收入《中俄關係史料》，中東鐵路（一），頁 32-33。按，該電文中「幫達」地名應是「安達」之誤。

86 〈收陸軍部函〉附件：〈齊齊哈爾來電二〉（民國六年 12 月 31 日），民國七年 1 月 5 日；〈收黑龍江督軍電〉，民國七年 2 月 21 日，收入《中俄關係史料》，中東鐵路（一），頁 46、116。

1918 年 1 月 3 日起，江省當局繼續對各站附和布爾什維克的護路軍進行繳械，至 1 月 15 日止，札蘭屯、碾子山、安達、海拉爾、滿洲里等站，共計 2,000 餘名護路軍被繳械並遣送出境[87]。所收繳武器，「收存各該站俄庫」，由中國軍隊看管[88]。至此，中東鐵路西線的防務，全歸江省軍隊接管。2 月 22 日，北京政府核准該省成立中東鐵路一帶臨時警備總司令部，負責西線的防務[89]。

須知，吉、黑二省軍隊進入路界內，對俄國護路軍實行繳械遣返工作，多係應霍爾瓦特之請求而來，所收繳遣送者，以支持布爾什維克一派為主，故儘管護路軍相繼被遣返或調赴俄境作戰，中東鐵路的防務已由中國軍隊接管，然設在哈爾濱的護路軍總司令部並未撤銷，仍由薩莫伊洛夫主持，奉霍爾瓦特之令行事。1918 年 1 月下旬，哈爾濱的秩序恢復後，霍爾瓦特欲重組護路軍，遂向吉林當局表示，「擬招募蒙人三四千人，以充護路軍隊」，遭「嚴詞拒絕」，其所募得之蒙兵 20 餘人亦被解散[90]。接著，霍爾瓦特又提出「雇用確實可恃之俄軍官，及曾習陸軍之學生，約二三千人」，以辦理路務之計畫，仍遭回拒。霍爾瓦特見其計畫均未獲首肯，轉而藉口奉俄使指示：「擬沿路設置警察，約二華里設警兵二十五名。自長春至五站，共二千餘里，須

---

87 參見〈收黑龍江督軍電〉三件，民國七年 1 月 8 日、1 月 13 日、1 月 27 日，收入《中俄關係史料》，中東鐵路（一），頁 50、56、86。

88 〈收黑龍江督軍電〉，民國七年 1 月 8 日，收入《中俄關係史料》，中東鐵路（一），頁 50。

89 〈收國務院交抄指令〉，民國七年 2 月 27 日，收入《中俄關係史料》，中東鐵路（一），頁 121。

90 〈收吉林督軍電〉，民國七年 1 月 25 日，收入《中俄關係史料》，中東鐵路（一），頁 77。

添設警兵二萬三千餘人，望勿阻止。」[91]此一要求遠多於〈朴資茅斯條約〉附約規定的駐兵人數，若再加上黑龍江省部分，則駐兵人數將達 5、6 萬人之多，無異是恢復外阿穆爾軍區極盛時期的兵力。從十月革命以來，中國為收回路界內的駐軍權，歷經二個月的努力，原則上已掌控了護路權，自然無法容忍外阿穆爾軍區勢力重現。惟霍爾瓦特的要求，既宣稱係奉俄使指示而來，吉林當局及民間同感震驚，吉督孟恩遠、省長郭宗熙在回拒霍爾瓦特之後，並連電北京政府，務必嚴拒其請；哈埠總商會會長徐善梅則代表商民對此事的憂心，而呈文國務院提出解決之道，以杜絕俄人勢力死灰復燃[92]。

有關重建護路軍的要求，雖三度遭到回拒，然霍爾瓦特毫無放棄之意。為消除中國的疑慮，改稱僅「募俄兵四千，專為執行鐵路職務，並無陸軍性質」，其職務「如保守各站錢櫃、看護人犯，及外出奔走各項任務」等。又謂「中國軍隊祇任保護鐵路之責，不與看護錢櫃等事，決難代為分勞」[93]。吉林當局無法完全洞悉霍爾瓦特的真正意圖，惟因鐵路沿線大小車站共三十處，自俄軍被遣返，「服役之兵缺乏」，「內部空虛」；而中國軍隊語言不通，一時尚難承擔保護錢櫃等內勤業務，遂同意其請求，但兵額限為 1,000-1,500 名，且應分批招募，一批「分撥至各站，方

---

91 〈收吉林省長函〉附件：〈施紹常來電〉，民國七年 1 月 25 日，〈收吉林督軍電〉，民國七年 1 月 25 日，收入《中俄關係史料》，中東鐵路（一），頁 76-77。

92 參見〈收吉林督軍電〉及〈發吉林督軍、省長電〉，民國七年 1 月 25 日；〈收國務院公函〉附件：〈照錄哈埠總商會徐善梅呈〉，民國七年 1 月 26 日，收入《中俄關係史料》，中東鐵路（一），頁 77-78、82-84。

93 〈收吉林督軍、省長電〉，民國七年 1 月 31 日，收入《中俄關係史料》，中東鐵路（一），頁 88。

准續招」，使其「零星散處」，不致有他項行動[94]。不過，北京政府對霍爾瓦特的企圖，疑慮仍多，最後僅准其募華警 300 名，執行與鐵路有關的業務[95]。

1918 年 2 月中旬起，謝苗諾夫（Grigorii M. Semyonov, 1890-1946）所領導的白俄軍，被蘇軍擊潰後，於 2 月底 3 月初，計 4,000 餘名部隊退至滿洲里，其所攜帶武器悉遭江省軍隊收繳封存[96]。與此同時，海參崴的白俄軍亦從綏芬河車站進入中東鐵路地帶。時東北當局對俄軍間的交戰，一則保持中立態度；一則卻同意白俄軍於繳械後，可進入路界內駐留。此一做法，遂予霍爾瓦特可乘之機，竟將中東鐵路地帶作為建立白俄政府的基地。3 月下旬，以中東鐵路一帶總長官名義，在哈爾濱成立俄軍總司令部，任命普列什科夫（Mikhail M. Pleshkov, 1856-1927，舊譯普列仕國夫）為總司令[97]；5 月下旬，復在俄文報宣布組織鐵路護路軍，分五路駐紮於老少溝、一面坡、海拉爾、富拉爾基、哈爾濱等處，仍以薩莫伊洛夫為護路軍司令[98]。7 月，霍爾瓦特赴烏蘇里鐵路四站（鄰近綏芬河的邊境站），宣布成立「全

---

94 〈收吉林督軍、省長電〉，民國七年 1 月 31 日，收入《中俄關係史料》，中東鐵路（一），頁 89。

95 〈收交通部抄電〉，民國七年 2 月 27 日，收入《中俄關係史料》，中東鐵路（一），頁 122。

96 參見〈收吉林督軍電〉，民國七年 3 月 1 日，收入《中俄關係史料》，中東鐵路（一），頁 124；《最近十年中俄之交涉》，頁 38。

97 〈收黑龍江督軍電〉，民國七年 3 月 26 日，收入《中俄關係史料》，中東鐵路（一），頁 129；Нилус, *Исторический обзор КВЖД, 1896-1923 г.г.*, Т. I, с. 526.

98 〈收吉林督軍、省長電〉，民國七年 5 月 26 日，收入《中俄關係史料》，中東鐵路（一），頁 141。

俄臨時政府」。另一方面，協約國在 4 月起開始從遠東地區向西伯利亞進兵，干涉俄國革命，並支持遠東及西伯利亞的白俄政權，而中國亦派兵參與協約國出兵西伯利亞，於白俄軍在路界內的活動，更難以嚴加管制。此後，中東鐵路復因其運輸業務納入協約國共管，再加上美、日兩國勢力的角逐，導致路界內的局勢益為複雜。霍爾瓦特所重建的俄國護路軍，藉此得到相當的發展，從 1918 年 8 月底的 300 人[99]，擴增至 1919 年 9 月的 2,992 人，分五段駐防中東鐵路沿線[100]。

1919 年 7 月，吉、黑兩省中東鐵路一帶臨時警備總司令部改稱中東鐵路護路軍總司令部；8 月，鮑貴卿調任吉林督軍並兼中東鐵路督辦，該二省中東鐵路護路軍總司令部合併，亦由鮑貴卿兼任總司令，以張煥相為總參謀長，統籌全路護路事宜[101]。此後，鮑貴卿即對俄國護路軍活動嚴加限制，是年 11 月，嚴令其撤出富拉爾基的橋梁，並令霍爾瓦特解散其所增募韓兵[102]。時值協約國監管中東鐵路及干涉俄國革命期間，在俄國護路軍問題上，北京政府暫時無法採取斷然的解散處置。1920 年 1 月起，協約國干涉俄國革命失敗後，決議撤兵西伯利亞，日本不欲撤兵，1 月 15 日，遂扶助謝苗諾夫在赤塔建立「俄國東部邊區政

---

99 Нилус, *Исторический обзор КВЖД, 1896-1923 г.г.*, Т. I, с. 526.

100 俄國護路軍的部署詳見〈收黑龍江督軍公署咨〉附件：〈中東鐵路俄亂前暨現在俄軍警額數單〉，民國八年 9 月 9 日，收入《中俄關係史料》，中東鐵路（二），頁 717。

101 參見〈收國務院交抄致海參崴劉公使電〉，民國八年 8 月 18 日；〈收鮑督辦電〉，民國八年 8 月 24 日，收入《中俄關係史料》，中東鐵路（二），頁 676、679。

102 〈收吉林督軍鮑電〉，民國八年 11 月 15 日，收入《中俄關係史料》，中東鐵路（二），頁 827。

府」，該政府擅將中東鐵路地帶劃入其統治範圍。前一日，霍爾瓦特也以「中東鐵路界內總長官」的名義，宣布重掌路界內的統治權，直到俄國境內的合法政權成立為止[103]。1 月 20 日，鮑貴卿致電霍爾瓦特，聲明：「中東鐵路係屬中國領土，中國自有完全主權」，令其「立即將該布告取消」[104]。

與此同時，哈爾濱鐵路總工廠中俄工人則展開「驅逐霍爾瓦特」運動。在北京政府的支持下，並配合中俄工人的罷工浪潮，鮑貴卿開始逐步逼迫霍爾瓦特下台。3 月 15 日，罷工風潮轉趨激烈，霍爾瓦特要求地方當局派兵鎮壓，遭拒絕後，決定以俄國護路軍鎮壓之[105]。同日，鮑貴卿照會霍爾瓦特，「剋日將東路一切政權悉行解除，由中國照章分別辦理。其他軍裝、器械等項，一併派員接收」[106]。次日，霍爾瓦特被迫辭職，中國護路軍開始接管俄國護路軍司令部大樓，並收繳哈爾濱及鐵路沿線俄國護路軍武器，至 4 月 16 日收繳完畢，全線的俄國護路軍被解除武裝，並於 7 月 15 日將該批軍隊解散[107]。盤據中東鐵路地帶近二十年的俄國護路軍，至此正式劃下句點，中國的護路駐軍權得以完全收回。

---

103 《中東鐵路歷史編年（1895-1952）》，頁 145；〈收吉林督軍鮑電〉，民國九年 1 月 21 日，收入《中俄關係史料》，中東路與東北邊防（二），頁 13。

104 〈收吉林督軍鮑電〉，民國九年 1 月 22 日，收入《中俄關係史料》，中東路與東北邊防（二），頁 14。

105 Андреев, *Революционное движение на в 1917-1922 г.г.*, с. 100.

106 〈收東省鐵路鮑督代電〉，民國九年 3 月 23 日；並參見〈收交通部函〉附件：〈照抄電鮑督辦〉，民國九年 3 月 15 日，收入《中俄關係史料》，中東路與東北邊防（二），頁 95、105。

107 《中東鐵路歷史編年（1895-1952）》，頁 149；Нилус, *Исторический обзор КВЖД, 1896-1923 г.г.*, Т. I, с. 528.

第二節　護路軍對中國東北邊疆政局的影響

護路軍駐防中東鐵路沿線，最初任務是在保護中東鐵路的順利完工通車，然中東鐵路的修築既隱含軍事目的，護路軍的組建，於中國東北邊疆政局的影響，即難以避免。以日俄戰爭結束為分水嶺，在此之前，護路軍先是執行勤務時，與地方軍發生衝突；繼之，則因義和團事變發生，捲入東北軍民的驅俄運動之中，最後成為俄軍占領滿洲全境的先導。日俄戰爭結束後，俄國藉由〈朴資茅斯條約〉的駐兵規定，名正言順地擴編護路軍員額，其在路界內的兵力益形增強，不時伺機將兵力伸及路界外，擴充勢力範圍，更利用辛亥革命，策動、支持呼倫貝爾及內蒙東部等蒙族的獨立，於中國東北邊疆政局的危害，莫此為甚。

一、護路軍駐防初期至義和團事變期間的軍事衝突

（一）護路軍駐防初期與中國東北地方軍的衝突

護路軍初抵滿洲時，東省當局於其軍事企圖毫無戒心，且未思及駐軍權遭受侵害的問題，反而在護路軍前往駐防地途中，予以協助、引導。其次，中東鐵路興修初期，尚無路界內、外之劃分，為圍捕、清剿鬍匪，不乏地方軍與護路軍合作之事例。如 1898 年 12 月，一面坡附近的地方軍與護路軍共同圍捕著名的鬍匪馬老五（活動於一面坡至烏吉密間的螞蜒河谷地一帶）。又如 1899 年 6 月，中東鐵路西線安達站的鐵路工程人員及護路軍，遭鬍匪王老虎一幫人襲擊，工長及 2 名士兵被殺，財物被劫掠一空。護路軍司令葛倫格羅斯親自由哈爾濱行軍 135 俄里，前來安達指揮由 2 名軍官及 45 名哥薩克組成的追蹤紅鬍子小分隊，以圍捕王老虎一幫鬍匪。黑龍江當局獲悉此事，亦由齊齊哈爾派兵

趕赴安達，合力展開為期半個月餘的圍捕行動[108]。

義和團事變爆發之前，儘管東省當局對護路軍的進駐中東鐵路一帶未表異議，護路軍與其駐防地附近地方軍之關係亦稱和諧。惟因護路軍執勤時，部分軍紀不佳的士兵，損及當地居民生命財產，不免造成軍民的反感，遂有武裝衝突事件發生，而其規模較大者為 1900 年 4 月的寬城子事件[109]。寬城子事件的起因，最先是 4 月 2 日，有俄國工長及 1 名哥薩克赴寬城子陳寶村雇車拉貨，途中又強令一空車為其拉貨，行經該車夫的村莊黑林子村時，反被連人帶貨一齊扣留。該哥薩克竟開槍擊斃一居民，隨同俄國工長一齊脫逃，途中遭居民報請地方官率軍拘捕。駐守寬城子的護路軍指揮官楊特克維奇（Evgeny F. Iantkevich）上尉得悉此事，乃派一軍官率 10 名哥薩克前來要人。4 月 5 日，該軍官等一行人未得知縣允許，強行劫走被拘押的俄人，於歸途中遭前來拘捕的近百名地方軍截留。知縣堅持殺害居民的哥薩克須交付審訊，雙方為此對峙良久，武裝衝突大有一觸即發之勢。後因長春知府不願事態擴大，著令知縣釋放俄人，此一衝突遂得化解[110]。

事隔數日，寬城子一帶再度爆發地方軍與護路軍的衝突。在此之前，吉林省當局於 1899 年底至 1900 年初，將新軍左翼一營

---

108 參見《中東鐵路護路隊參加一九〇〇年滿洲事件紀略》，頁 33-37，頁 41-46。

109 1900 年之前，地方軍與護路軍的零星衝突事件，發生於 1899 年 5 月，當時有 2 名居民被誤為鬍匪，遂遭護路軍追擊，身受重傷。途中，老少溝駐軍為營救之，開槍攻擊前來追捕的俄軍，雙方因而發生槍戰，造成地方駐軍一死二傷（《中東鐵路護路隊參加一九〇〇年滿洲事件紀略》，頁 61）。

110 參見《中東鐵路護路隊參加一九〇〇年滿洲事件紀略》，頁 83-89。

派赴寬城子駐紮，加強鐵路沿線的防衛。4 月 7 日，該營因禁賭而逮捕 6 名工人，俄人工長和中國譯員前往交涉被扣留，押於該營設在北林子村的一座營房。4 月 9 日，楊特克維奇上尉率 11 名哥薩克前往營救，該營駐軍不予理會，關閉營房門戶，俄人乃翻牆入院，開槍射擊，雙方交戰於焉發生。後中國軍隊不敵，有 8 名士兵被擊斃而撤離，楊特克維奇上尉和 1 名哥薩克亦中槍身亡[111]。

此一事件是護路軍進駐中東鐵路以來，與中國軍隊最嚴重的武裝衝突，再加上楊特克維奇是護路軍進駐滿洲以來殉職人員中軍階最高者（以往為鬍匪所殺的多為士兵），總監工尤哥維奇遂向吉林將軍長順致電抗議，電文中嚴厲指責長春知府謝汝欽縱容士兵，殺害俄軍，堅決要求撤換其職。長順乃派遣前長春知府和 1 名管帶會同俄方人員捷尼索夫上校及工程師什得洛夫斯基二人，前往寬城子調查。歷經數月的調查，於 7 月下旬結案，中方認為，地方駐軍並無疏失，俄軍才是肇禍者。對此一調查結果，鐵路當局自然不表同意，但因吉林將軍已派員參與查辦，亦不便再行辯駁[112]。寬城子護路軍和地方軍的衝突事件至此宣告落幕。

（二）義和團事變期間護路軍的撤離行動

1900 年 6 月下旬，義和團事變蔓延中國東北全境，當地居民的仇俄情緒達於巔峰，大肆破壞鐵路，結合義和團攻擊中東鐵路公司人員及護路軍，各地駐軍亦多有響應者。在一波波地攻擊行動中，鐵路人員及護路軍紛紛向各安全地點撤退，等待俄國援

---

111 參見《中東鐵路護路隊參加一九〇〇年滿洲事件紀略》，頁 90-94。

112 參見《中東鐵路護路隊參加一九〇〇年滿洲事件紀略》，頁 94-97。

軍到來。在此期間，護路軍與地方軍民間的武裝衝突，以南線區域的熊岳至鐵嶺一帶最為激烈。南線護路軍司令部設於鐵嶺，其司令米先科上校早在 6 月中旬獲悉義和團可能有攻擊鐵路的舉動，即前往營口就該線的兵力作一部署，在營口、海城、遼陽、奉天、鐵嶺、寬城子等站，集結兵力成一大型哨所，以為防範[113]。

6 月下旬，義和團開始攻擊鐵路及其設施。6 月 27 日，首先有遼陽車站以北的一座橋梁及軍營遭到焚毀。時坐鎮遼陽車站白塔寺哨所的米先科上校，即下令第八騎兵連前去追擊肇事者，其中有 11 名哥薩克在追擊途中，遭遼陽城中國駐軍攻擊，造成 1 人死亡。7 月 5 日，位於煙台、遼陽間的土坎村附近的一座橋梁被焚毀，俄軍營房亦遭波及，米先科派 50 名哥薩克前去搶救。俄軍遷怒鄉民，將尤家莊等處民房焚毀，殺傷多人。此一行徑，激發軍民義憤，育軍統領雲海、承順等會合拳民前去查巡，遂與俄軍在土坎村附近開戰。米先科獲悉俄軍情勢危急，親率 25 名步兵前往支援督戰。俄軍從鐵路路堤兩面發動進攻，歷經半天的激戰，育軍及拳民始撤離土坎村，俄軍進入村中清剿，村民遭無辜殺害者，為數不少。此次的傷亡，中國方面，含當地居民計有 200 人死亡；俄國方面，僅 2 人死亡、9 人受傷。當晚九時，俄軍撤返遼陽車站[114]。次日，遼陽車站為義和團及中國軍隊包圍，米先科決定固守其陣地，一方面加強防禦工事的修築，將物資及人員均集中於離白塔寺 1 俄里的鼠疫隔離房，一方面向營口尋求

113 《中東鐵路護路隊參加一九〇〇年滿洲事件紀略》，頁 186。

114 《中東鐵路護路隊參加一九〇〇年滿洲事件紀略》，頁 187-189；〈盛京將軍增祺摺〉，光緒二十六年 6 月 18 日，收入《義和團檔案史料》，上冊，頁 306。

援兵。7 月 7 日晨，中國軍民向鼠疫隔離房的東面攻擊，炮火持續一整天，戰況激烈。傳聞中國方面的兵力至少有 2,000 人，而俄軍不過 200 餘人，在兵力懸殊及彈藥匱乏等不利因素下，米先科不得不於是日深夜率軍殺出重圍，往南撤離，經鞍山、海城，在 7 月 14 日抵達安全地點大石橋車站。俄軍撤離途中，仍不免遭遇來自中國軍民的攻擊，造成 18 人死亡、26 人受傷、6 人失蹤[115]。

南線其他主要車站，如熊岳、盛京、鐵嶺等地鐵路設施以及鐵路人員，繼遼陽車站之後，自 7 月初起，亦遭中國軍民及義和團的破壞、攻擊。7 月 2 日，熊岳車站護路軍有 76 名奉命北調遼陽與米先科會合，留駐原地護路軍率先破壞中國的電線和電線桿，並圍攻已於 6 月底為義和團控制的熊岳城，招致守軍及義和團反擊，護路軍不敵，朝向營口撤退[116]。盛京車站方面，護路軍係由 15 名步兵和 14 名騎兵組成，隊長瓦列夫斯基（Peter I. Valevskii）中尉深悉其兵力薄弱，在盛京軍民圍攻之前，即發函附近哨所的護路軍向盛京車站集中，計集結了士兵和鐵路員工 84 人。7 月 5 日至 6 日，盛京軍民焚毀車站附近的橋梁和營房，瓦列夫斯基率眾朝向煙台撤退，擬前往遼陽與米先科會合。7 月 9 日，獲悉米先科等人已撤離，決定避開鐵路沿線，東行往朝鮮撤退。途中瓦列夫斯基中彈而亡，該隊人員遂分為二股，一股以護路軍為主，繼續東行，在 7 月 21 日抵達安東，經漢城返回旅順，58 名人員（含一小部鐵路員工）僅有 2 名死亡、4 名受傷。另一股以鐵路員工為主，由工程師維爾霍夫斯基（Verkhovskii）

115 參見《中東鐵路護路隊參加一九〇〇年滿洲事件紀略》，頁 190-202。
116 薛衛天，《中東鐵路護路軍與東北邊疆政局》，頁 54。

率領，欲擇近路南下營口，卻遭盛京軍民追殺，同行的 14 名護路軍有 8 名被俘，其中 5 名被拷問而死，維爾霍夫斯基亦被俘處死，其頭顱則懸掛於遼陽城牆上示眾[117]。

鐵嶺是護路軍在南滿北部的主要據點，由步兵上尉爾熱武茨基（Stepan A. Rzhevutskii）率領 166 名騎兵、39 名步兵駐防。7 月 5 日晚義和團進攻之前，爾熱武茨基將大部分兵力部署在鐵嶺城北約 3 俄里的柴河，以保護鐵路員工住處安全，與城相望的鐵嶺車站，派有 12 名步兵駐守。次日清晨，鐵嶺以南的路軌為中國軍隊拆毀，新台子車站和羊圈子哨所的駐軍奉命撤退，向鐵嶺車站集結。與此同時，聞知中國軍民即將出城圍攻車站，爾熱武茨基親率 50 名哥薩克前往支援。上午十時，雙方發生槍戰，俄軍進占站北的陣地，後又入駐車站站房。中國軍隊不時進出鐵嶺城，向車站進攻。7 月 7 日，仁、奉兩軍抵達鐵嶺，結合當地軍民，於是日晚 10 時，朝向柴河前進，對俄人發動總攻勢。在大批中國軍民包圍下，俄軍自知難以抵擋，亦無法期望哈爾濱或營口方面的援軍，深夜二時，爾熱武茨基率眾突圍而出，向哈爾濱撤退。7 月 9 日清晨，俄軍行經開原時，該城守軍協同拳勇出城迎擊，結合隨後趕到的奉軍馬步隊，將之逼入吉林地界的沙河子哨所[118]。

---

117 參見《中東鐵路護路隊參加一九〇〇年滿洲事件紀略》，頁 173-178；倫森，《俄中戰爭——義和團運動時期沙俄侵占中國東北的戰爭》，頁 34-38；Нилус, *Исторический обзор КВЖД, 1896-1923 г.г.*, Т. I, с. 205-207.

118 參見《中東鐵路護路隊參加一九〇〇年滿洲事件紀略》，頁 245-248，頁 249-250；〈恒春為義和團配合營隊與俄接仗獲勝俄兵後退速派兵防堵的呈文〉，光緒二十六年 6 月 15 日，收入《東北義和團檔案史料》，頁 286；〈盛京將軍增祺摺〉，光緒二十六年 6 月 18 日，收入《義和團檔案史料》，上冊，頁 306-307。

7 月 14 日，俄軍又從沙河子逃至長春府境，於該府西北平頂山地方，「擾害鄉民」。吉林靖邊新軍後營營官阮復元派員查探，獲悉上情，隨即率隊前往圍捕。7 月 15 日清晨，兩軍列隊開戰，達「一時之久」，阮復元以下 4、50 名官兵全部陣亡[119]。接著，俄軍在大孤榆樹殺害蘇姓一家男女 27 名，「往長春西南白龍駒地方竄擾，附近鐵路居民房屋被俄兵殺傷焚毀甚多」，居民苦不堪言，紛紛逃離鐵路地帶附近[120]。7 月 16 日，俄軍行抵吉林府城北大荒地，有 69 名騎兵隨同 1 名通事投宿德源店。次日晨，靖邊新軍統領博多羅、右營營官苑春華率隊 200 餘名，前來圍攻，雙方交戰至 18 日上午，俄軍有 14 名被擊斃，清軍陣亡者，計 10 餘名[121]。是日，鐵嶺的俄軍終於抵達哈爾濱，在此次撤離行動中，其傷亡人數，據俄國軍方的報告，計有 40 餘人，其中有 10 餘人因陣亡或傷重而亡，葬於撤軍途中[122]。

---

119 〈恒春為探報洋人教民與清軍在長春西北開仗情形的呈文〉，光緒二十六年 6 月 20 日；〈長順為近日與俄接仗互有勝負情形並籌議攻取哈爾濱總車站的奏摺〉，光緒二十六年 6 月 29 日，收入《東北義和團檔案史料》，頁 288、308。

120 〈伊通州知州朱兆槐為俄兵在鐵路附近擾害居民事的申文〉，光緒二十六年 6 月 21 日，收入《東北義和團檔案史料》，頁 290-291。

121 〈吉林將軍長順摺〉，光緒二十六年 6 月 29 日，收入《義和團檔案史料》，上冊，頁 377；〈吉林知府文韞為官兵在城北大荒地方與俄接仗情形的詳文〉，光緒二十六年 7 月 2 日，收入《東北義和團檔案史料》，頁 313-314。北大荒地方一役，俄軍的死亡人數，長順與文韞說法出入頗大，長順指為 45 人，俄國軍方雖無此次戰役的傷亡資料，但鐵嶺撤軍的傷亡報告，指稱死亡者計有 40 餘人。以此觀之，文韞據該地屯官報告，謂俄軍死亡者 14 人，應較為可信。

122 〈格羅杰科夫陸軍中將自哈巴羅夫斯克致陸軍大臣電〉，1900 年 7 月 17 日，收入《1900-1901 年俄國在華軍事行動資料》，第 3 編第 2 冊，頁 21；《中東鐵路護路隊參加一九〇〇年滿洲事件紀略》，頁 260。

中東鐵路西線計有 5 個騎兵連和 1 個半的步兵連，約 1,000 餘人駐防。7 月 10 日，該線工作人員接獲總監工和護路軍司令的撤離指示。次日，即在護路軍的保護下展開撤離行動。除富拉爾基—哈爾濱路段向哈爾濱撤退外，其餘各路段均撤向俄國邊境的老祖魯海圖（Staro-Tsurukhaitui）。義和團事變發生之初，署黑龍江將軍壽山為防範俄國出兵滿洲，一則預作兵力部署，一則通知中東鐵路員工及其眷屬、護路軍限期撤出。因此，西線的撤離行動，除札蘭屯—博克圖路段招致清軍攻擊而有傷亡外[123]，大致上，在清軍的監督下，均能安全順利抵達目的地。

中東鐵路東線護路軍駐防地除鐵路沿線外，尚包括鐵路未行經之地的吉林省城，以及距該城 250-350 俄里的松花江和拉林河上游各伐木場，計有 9 個騎兵連和 3 個半的步兵連。依據 7 月 10 日的撤離命令，哈爾濱至橫道河子路段，撤往哈爾濱；橫道河子至牡丹江路段，撤往綏芬河；牡丹江以東路段，因雙城子的援軍即將開到，再加上該路段並未發生騷亂，故毋須撤兵。吉林省城、松花江和拉林河的伐木場哨所等地護路軍，除拉林河哨所外，其餘哨所全部集中於吉林省城，奉命留守在該城營地，不得撤離[124]。

東線護路軍撤離行動中，遭致中國軍民圍攻者，主要集中在阿什河和牡丹江兩處車站。橫道河子以東的護路軍包括帽兒山、一面坡、石頭河子等站所屬 3 個騎兵連，原奉命撤至哈爾濱，然

123 札蘭屯—博克圖路段的俄人撤退途中發生傷亡，係在 7 月 11 日，來自雅魯、巴林、哈拉蘇等車站鐵路員工，在護路軍保護下，行經興安嶺隘口（雅魯河）時，遭清軍攻擊，造成 4 人死亡，約 50 人失蹤（《中東鐵路護路隊參加一九〇〇年滿洲事件紀略》，頁 129）。

124 《中東鐵路護路隊參加一九〇〇年滿洲事件紀略》，頁 207、351。

在 7 月 14 日行抵阿什河後，忽接獲指示謂：「阿什河—哈爾濱一線，在任何情況下都不得撤離」，該路段防務委由哈爾濱派來的工程師希爾科夫指揮[125]。此一轉折，係因鐵路公司預估放棄的各路段即將收復，築路工程亦可展開。阿什河城的中國軍民見俄軍未撤離該車站，因而大舉包圍之，並斷絕其一切糧食來源。希爾科夫乃進城談判，未果，重返哈爾濱。在面臨斷糧的危機下，該批護路軍指揮官巴爾坎（Vladimir Z. Barkan）上尉不得已在 7 月 25 日晚，請求准予撤兵；次日清晨，其撤離行動為中國軍隊發現，沿途展開追擊。是日下午二時半，俄軍搭上開往哈爾濱的列車，途中橋梁已被燒毀，火車無法開駛，不得不棄車步行，入夜後，哈爾濱派來的偵察隊，趕來接應，方能順利抵達目的地[126]。

橫道河子以東至磨刀石路段各哨所，係由第十四、第十二騎兵連駐防，他們分別在 7 月 12 日和 17 日撤抵牡丹江站，約計 200 餘名官兵。駐防綏芬河站的第十七騎兵連原調派至海參崴，擬取道海路赴旅順支援南線的護路軍，然在 7 月 6 日接獲指示改往哈爾濱支援。該騎兵連約近百名官兵，途中在代（抬）馬溝遭遇以劉單子（永和）為首的忠義軍襲擊，造成 5 人傷亡；7 月 15 日，抵達牡丹江站後，未再前進[127]。在此之前，又有來自雙城子的援軍——1 個步槍連、1 個龍騎兵連和山炮連的 1 個排抵達牡丹江[128]。當時坐鎮該車站的東線護路軍指揮捷尼索夫上校，將前

125 《中東鐵路護路隊參加一九〇〇年滿洲事件紀略》，頁 167。

126 阿什河俄軍撤離過程與中國軍民的攻防戰情形，參見《中東鐵路護路隊參加一九〇〇年滿洲事件紀略》，頁 167-171。

127 《中東鐵路護路隊參加一九〇〇年滿洲事件紀略》，頁 113、157-158。

128 《中東鐵路護路隊參加一九〇〇年滿洲事件紀略》，頁 158。按，俄國政府

來支援的部隊作一整編，等待其他俄國援軍到來。

離牡丹江車站以南 1.5 俄里處有一座山脈，其南是乜河河谷，吉林當局在此派有駐軍防守。7 月 17 日深夜，寧古塔的部隊調赴來此，以增強其兵力。7 月 18 日下午四時，乜河駐軍向牡丹江車站進攻，無功而返，退回駐防地；深夜，放棄營地，撤至乜河屯。次日，俄軍指揮官調派 145 名哥薩克至乜河屯偵察，而與中國駐軍再度發生激戰，入夜後，俄軍始撤回牡丹江車站。7 月 25 日，雙城子派出的援軍全部抵達牡丹江車站。同日，吉、黑兩省軍民開始聯合圍攻哈爾濱，捷尼索夫上校隨即奉命率第十四、第十七騎兵連及大批輜重，趕赴哈爾濱救援。留下的第十二騎兵連併入雙城子的部隊，由契恰高夫將軍指揮，7 月 28 日，從牡丹江車站出發，沿乜河村旁的寧古塔大道前進，準備攻占寧古塔城[129]。

至於奉命駐留吉林城的護路軍在薩維茨基（Alexander G. Savitskii）大尉指揮下，原擬在城內設防駐守，以等待哈爾濱的援軍，但隨著俄國僑民區的中東鐵路辦事處員工與眷屬的分批撤離，該區域已陷入中國軍隊的包圍線內。7 月 12 日，薩維茨基率眾出城，改於郊區設營駐防。出城不久，即遭中國軍隊襲擊，有 2 名哥薩克被擊斃，此時要設營駐防已無可能，乃轉向老少溝大道逃離[130]。7 月 17 日，該批護路軍在老少溝大道旁的村莊，遇老少溝防營與民團的聯合襲擊，激戰半小時，俄軍死傷慘重，

應維特要求，從雙城子派遣援軍，計有 2 個步兵營、2 個龍騎兵連、1 個山炮連（薛衜天，《中東鐵路護路軍與東北邊疆政局》，頁 58），7 月 15 日以前抵達牡丹江車站者，只是其中的一部分。

129 參見《中東鐵路護路隊參加一九〇〇年滿洲事件紀略》，頁 158-159、161。

130 《中東鐵路護路隊參加一九〇〇年滿洲事件紀略》，頁 207-208。

計有 12 人陣亡、6 人失蹤、5 人受傷，兵力折損三分之一。薩維茨基率領剩餘的 47 名士兵（含受傷者），繼續向哈爾濱前進；7 月 20 日，安然抵達陶賴昭車站，再轉赴哈爾濱。另外，撤離途中，有 8 名士兵自行脫隊，除 1 名士兵安抵哈爾濱外，餘皆為中國軍隊俘虜處死[131]。相較於東線各哨所護路軍，此次吉林省城的撤離行動所造成的傷亡，可謂慘重，僅有半數安抵哈爾濱。

綜觀護路軍在東三省軍民圍攻下，為期半個月餘的撤離行動，雖有部分人員傷亡，然整體而言，其實力並未就此削弱，撤至哈爾濱者，不久即加入 7 月下旬對抗吉、黑二省軍民圍攻哈爾濱之戰；撤至大石橋和牡丹江兩車站者，等待 8 月俄國援軍抵達後，加入侵占滿洲全境的軍事行動；撤至外貝加爾地區的老祖魯海圖者，於 7 月下旬至月底，陸續併入奧爾洛夫（Orlov）將軍所率領的外貝加爾部隊，再度入境，沿途收復鐵路區域，並占領整個黑龍江省[132]。總之，隨著俄國援軍大舉入境滿洲，護路軍納入其編制，劃歸各路統帥指揮，成為此次軍事行動的嚮導，俄軍能在數月之內順利占領滿洲全境，護路軍可謂「厥功至偉」。

---

131 參見《中東鐵路護路隊參加一九〇〇年滿洲事件紀略》，頁 209-213。老少溝大道村莊一役，俄軍的死傷，中俄雙方的資料略有出入，長順的奏摺謂：「俄兵四百餘名撲我老少溝防營，經新軍左營營官曹得福率隊迎擊，一面約會民團助剿，鏖戰二時，立斃俄人九名，傷者甚眾。」（〈吉林將軍長順摺〉，光緒二十六年 6 月 29 日，收入《義和團檔案史料》，上冊，頁 378。）

132 在老祖魯海圖的護路軍加入外貝加爾部隊進占黑龍江省的軍事行動，詳情參見《中東鐵路護路隊參加一九〇〇年滿洲事件紀略》，頁 133-150。

二、日俄戰爭結束後至第一次世界大戰前護路軍的軍事活動

俄軍占領滿洲時期堪稱俄國在華軍事勢力的巔峰期，護路軍的員額及裝備，均在此時擴增強化，並建立了外阿穆爾軍區，發展成一正規軍，其軍事功能愈益顯著。日俄戰爭期間，護路軍復加入戰鬥行列，戰爭結束後，俄軍撤出滿洲，護路軍取代俄軍的在華任務，成為俄國在華軍事力量的表徵。其員額較以往大為增加，在路界內的兵力益形增強，從 1911 年末起，利用中國面臨辛亥革命所造成的亂局，一則伺機將兵力伸及路界外，一則策動、支持呼倫貝爾及內蒙東部等蒙族的獨立活動。

（一）擅出路界外執勤

第一次世界大戰前，護路軍違法出界執行勤務者，依其性質，可分清剿鬍匪及保護糧商、調查測繪地形、設立哨所等項，詳情見如下說明。

（甲）清剿鬍匪及保護糧商，計有五起。

第一起：1911 年 4 月，駐防中東鐵路西線滿溝站護路軍，由一軍官帶馬兵 15 名，攜同翻譯，赴肇州廳拜會，指稱為追捕鐵路西線馬賊而至此，並出示俄駐哈總領事發給之憑證，上有吉林西北路兵備道蓋印。該廳同知崇綬以該憑證無鐵路交涉局用印，不合出界規定；而且，縱有「馬賊滋擾」，亦當由地方軍剿捕，「毋勞越俎代謀」等理由，回拒其入境，調派巡警遣送出境[133]。

133 〈撫民同知崇授為俄國駐滿溝站營官帶隊入境事呈〉，宣統三年 4 月 1 日，收入《中東鐵路》（一），頁 468。

第二起：1911 年 12 月 25 日，駐防哈爾濱護路軍，計有馬隊 184 名，擅入蘭西縣城，宣稱奉命赴該縣各處剿匪，經縣令詰阻而出境。次日，復有俄兵 100 餘名，攜炮一尊，由呼蘭赴綏化，據稱因鬍匪猖獗，往接俄商糧車[134]。

第三起：1912 年 5 月 4 日，外阿穆爾軍區特別巡防艦隊船艦 1 艘，載炮四尊，炮兵 30 餘名，為保護俄船運出購自大賚廳糧食（貨主為英商），擅入嫩江航行。該廳通判潘殿保以「嫩江既非俄輪指明行駛區域，而廳域又非通商口岸，未便聽其任便進行載運糧石」，故俄輪臨行前即「詳細示知，令其禁止毋來，免起交涉」。惟英商一意孤行，而有藉俄兵船強行出運糧食之舉。此事攸關主權，潘殿保遂令水巡區官前往調查，並阻止扛夫搬運糧食。但俄人非僅拒絕華官登船檢查，且「派兵將船口把住，並將炮船駛於江心，升炮備彈」；復威脅曰：「扛夫不予搬運，必欲使兵裝糧。」後經水巡區官「與之申明條約，講解公法」，俄船始於 5 月 6 日自行駛離[135]。

第四起：1912 年 6 月 2 日，富拉爾基護路軍指揮官以甜草崗車站一帶鬍匪竄擾，派 5 名軍官「帶馬隊三營、機關槍馬隊一營、過山炮一隊、蒙古通事艾拉得呢、漢人通事王姓等二名」，前往圍剿。結果，俄軍擅出界外，「在肇州廳屬桐字二井老邊岡屯地方與鬍匪接仗」，「傷斃匪人七名，受傷匪人十餘名」。事後該批俄軍原擬撤隊回防，卻奉命務必將鬍匪清剿殆盡，遂轉往向家窩堡一帶追捕。途中聞知鬍匪「在昌五界面緒字五井，距甜

134 〈交涉總局為俄鐵路護軍違章越界事照會〉，宣統三年 11 月 9 日，收入《中東鐵路》（一），頁 479。

135 〈大賚廳為禁阻英商擅用俄輪運糧呈〉，民國元年 5 月 6 日，收入《中東鐵路》（二），頁 7-8。

（草岡）十八里路莘家窩堡」，而前往圍剿。一番交戰後，「獲匪六名」而去。所謂「獲匪六名」，經鐵路交涉局與鐵路公司代表會審後，證實 1 人係鬍匪所綁之人質，而當庭釋放，其餘 5 人均是該處安分良民，與匪無涉，亦經江省都督著令交涉局釋放[136]。

第五起：1912 年 12 月 5 日，護路軍軍官 2 名、通事 2 名、帶士兵百餘名，前往肇州廳所屬郭爾羅斯旗貝子府，表示係為「擊賊並保俄國公司派出購買糧石之商旅」而來，公府貝子未與之晤面。次日，該批護路軍北行離去[137]。

（乙）調查測繪地形，計有三起。

第一起：1913 年 12 月 1 日，駐防烏海站的護路軍軍官率 33 名騎兵擅入德惠縣所屬郭家屯投宿；次日，轉往農安縣境。經當地駐軍調查，始行離去，沿途不時有筆記房井，測繪地圖等情形[138]。

第二起：1913 年 12 月 28 日上午，駐防一面坡護路軍排長率騎兵 17 名擅出界外，往衝河一帶調查地形，進入該鎮街店後，為駐防該地的吉林第二十三師所屬第八連偵知，經該連連長王和質問後於下午離去[139]。

第三起：1914 年 5 月 1 日，駐防老少溝站的護路軍軍官率騎兵 27 名擅出界外，投宿站界外公興泰燒鍋，擬前往黃花松甸

---

136 〈宋小濂為俄兵剿匪入華境札〉，民國元年 6 月 13 日；〈宋小濂為釋放劉才等人令〉，民國元年 8 月 8 日，收入《中東鐵路》（二），頁 10、14-15。

137 〈江省都督府為肇州廳呈俄官帶兵擅入郭旗的指令〉，民國元年 12 月 24 日，收入《中東鐵路》（二），頁 21。

138 〈黑龍江行政公署俄軍擅入蘭西函〉附二：〈吉林交涉署與俄領往復照會〉，民國三年 5 月 6 日，收入《中東鐵路》（二），頁 41。

139 〈吉林陸軍第二十三師為俄軍擅入內地應請交涉公函〉，民國三年 2 月 10 日，收入《中東鐵路》（二），頁 29。

子測繪地圖。經當地警務長以外人不得在中國任意繪圖為由阻止，而於 5 月 2 日上午七時出境離去。6 月 10 日午後一時，老少溝護路軍連同眷屬再度前來站界外的高家店街，在福成合燒鍋用餐後，轉訪高家店駐軍，稱係「前來查道，經過靠山屯、黃花崗等處，到此並無別事」。即日返回老少溝站。據查該批人員疑係調查中國駐軍情況而來[140]。

依據中俄協定，中俄雙方進出路界內外追捕鬍匪或執行其他勤務，均須照會鐵路公司或鐵路交涉局，取得同意後方可行動，而前述護路軍任意出界執勤，如入無人之境，侵害中國主權，尤其是測繪地形、調查駐軍情況，於國防安全危害至鉅。因此，1913 年 12 月起，吉林鐵路交涉局及吉林交涉署陸續照會鐵路公司、俄國領事，請其「轉飭禁阻」。俄方答覆竟是，俄商在路界外，時受鬍匪攪擾，「生命財產受莫大之虧損」，「故查察路線兩旁界外地勢，係屬迫不得已之舉」；「各隊所派巡兵外出，因有調查地點之必要，以保中東鐵路租界之治安」。1914 年 5 月 4 日，吉林交涉署派員赴吉林俄國領事館晤商，提交出界辦法：「一、須有護照；二、須先知照地方官得其允許；三、不得查勘測繪；四、租界外之鬍匪自有中國軍隊擔負責任，俄兵弁不應越權。」對中方所擬四項辦法，俄國領事答稱：「曾接駐京俄使諭文，謂俄國兵隊遇有緝追鬍匪及保護中東鐵路交通必要時，始有越過界線以外之舉動，是此項交涉已屬軍事範圍。且奉長官訓諭，本館一時實難專主。」[141]事後，吉林交涉署將上情報呈外交

140 〈黑龍江行政公署為俄軍擅入蘭西函〉附二：〈吉林交涉署與俄領往復照會〉內附件——〈德惠縣致民政長文〉，民國三年 5 月 10 日；〈吉林護軍使函本署文〉，民國三年 6 月 17 日，收入《中東鐵路》（二），頁 44、47。

141 〈黑龍江行政公署為俄軍擅入蘭西函〉附一：〈中東鐵路公司致吉林鐵路交涉

部，請其直接與俄使協商，至於是否有結果，不得而知。

（丙）設立哨所

俄軍非法在路界外設哨駐防，發生於松花江沿岸，而此一作為，早在 1898 年鐵路動工修建伊始即有之。時三姓副都統應鐵路公司輪船總管請求，同意其借用三姓和拉哈蘇蘇（民國後改稱依蘭、同江兩縣）等處地段，建造房棧，存放造路器材用料，並派兵看守，停泊俄輪。後經吉林將軍報呈清廷，總理衙門以鐵路合同無此規定，轉飭該副都統禁阻之，然鐵路公司以「房已建成，難以遽毀」為由，要求暫予借用，願於「路工竣後交還」。總理衙門堅持該公司「拆屋還地」，「迭飭哈爾濱鐵路交涉總局與俄總監工交涉」，仍無結果。中東鐵路完工通車後，該公司未遵守承諾，繼續占用，幾經中方催促交還占用地段，始終未得其隻字片語的回覆。吉林當局改向俄國領事交涉，該領事表示「路事非其所管，難以助力」。民國成立後，拉哈蘇蘇占用地段所建房屋雖已破舊傾頹，仍有數名俄兵防守，而「三姓所修房屋，尚有俄隊長領兵占駐」[142]。另外，鐵路公司又於光緒年間方正縣未設治前，在該縣沿江德莫里、瓜蘭川兩處地方，以保護江輪為名，各駐兵隊數十名，吉林當局多次交涉，並飭該縣「和平驅遣，均未辦到」[143]。

總局復照〉，俄曆 1914 年 4 月 15 日；附二：〈吉林交涉署與俄領往復照會〉內附件──〈俄領照會本署文〉（民國三年 2 月 17 日）、〈本署呈外交總長文〉（民國三年 5 月 12 日），收入《中東鐵路》（二），頁 40、43、47。

142 〈吉林交涉署為俄藉詞派兵駐內地交涉情形詳〉，民國三年 11 月，收入《中東鐵路》（二），頁 54。

143 〈吉林交涉署為俄隊分駐縣屬請速交涉咨〉及附：〈方正縣為俄人盤據德莫里等處情形詳〉，民國四年 2 月 13 日，收入《中東鐵路》（二），頁 60、62。

關於上述護路軍非法駐防松花江沿岸一事，幾經地方當局派員交涉，始終未能迫令其撤防。1914 年 6 月起，護路軍更將其駐防地擴展至依蘭等縣以外地區。據鐵路公司的說法，是因一年半前，富錦、姚恩河兩處華工在俄輪滋事，俄員曾商請當地軍警相助，卻見其袖手旁觀，故該公司路局船舶處為防範類似事件重演，不得不轉請駐依蘭的護路軍在松花江各口岸添設哨所，保護俄輪，並看守該公司冰凍期之暫泊船隻[144]。於是，先有 5 名俄兵在同年 6 月 27 日晚行抵佳木斯，即在沿江碼頭紮營[145]；8 月，復有 5 名俄兵在富錦江岸「結草為廬」；未久，賓縣亦傳來新甸地方駐有 20 名俄兵、烏爾河駐有 5 名俄兵等事[146]。次年 1 月，原駐防德莫里的俄兵竟利用地方官清丈鎮屯街基之際，擅將其營區擴大，視同俄國租界，阻礙清丈工作[147]。

同年，9 月起，吉林當局鑑於護路軍非法擴大設哨範圍，咨請鐵路交涉局向鐵路公司交涉，該公司代辦表示，「華官保護難周」，不得不派駐俄兵；而松花江結冰時期，固然不能行船，然如撤兵，則輪船無人看管。此外，該代辦復宣稱：「松花江一帶，公司用船地點問題，不久將與貴總辦開議，故駐兵一節，請稍從緩議，俟停船地點解決後再定。」[148]按，所謂中俄議商鐵路

144 〈鐵路公司交涉處復為富錦江沿駐俄兵事照會〉，俄曆 1915 年 2 月 27 日，收入《中東鐵路》（二），頁 59-60。

145 參見〈依蘭道公署為俄兵擅駐佳木斯江岸事咨〉，民國三年 9 月 6 日，收入《中東鐵路》（二），頁 50。

146 參見〈吉林交涉署為俄藉詞派兵分駐內地交涉情形詳〉，民國三年 11 月，收入《中東鐵路》（二），頁 55。

147 參見〈吉林交涉署為俄隊分駐縣屬請速交涉咨〉附：〈方正縣為俄人盤據德莫里等處情形詳〉，民國四年 2 月 13 日，收入《中東鐵路》（二），頁 61-63。

148 〈吉林交涉署為嚴飭俄兵撤出富錦等縣咨〉，民國 3 年 9 月 17 日；〈鐵路公

公司停船地點問題，並無其事，吉林當局咨請鐵路交涉局，務必堅持俄兵撤哨，否則「盡放任江岸要地，將愈占愈廣，地方禍患必日久日深，將來棘手恐更倍蓰於今日」[149]。1915 年 5 月初，鐵路公司照會指出，撤兵一案，該公司「不難照辦，惟於事實上須不再有年前富錦、姚恩河發生之事，方能將俄兵撤退」[150]。最後，吉林當局欲利用此次哨所裁撤交涉，一併解決所有松花江沿岸護路軍駐防問題，終究難以如願。

（二）策動、支持呼倫貝爾獨立及烏泰叛變

護路軍利用中國內部政局的劇變，策動支持蒙族的獨立，主要是指辛亥革命之際，製造呼倫貝爾的獨立及支持內蒙王公烏泰的叛變，其對中國東北邊疆政局的影響，至為深遠。

（甲）策動呼倫貝爾的獨立

呼倫貝爾位於黑龍江省西部，面積廣達 50 萬平方里，占該省的四分之一。其居民「大率逐水草而居」，以索倫人為最多，次則為巴爾虎、額魯特。「雍正年間，設統領以管轄之」，光緒初年改設副都統，「並就索倫、巴爾虎、額魯特土著之種族，分設總管，自為矜束」[151]。1907 年，東三省改制，「呼倫貝爾副都統雖暫沿未改，然都統以下有所增設，稍具民政規模矣」。次年，改呼倫貝爾副都統為呼倫道，並擬設一府三廳隸之，即臚濱

司交涉處復為富錦江沿駐俄兵事照會〉，俄曆 1915 年 2 月 27 日，收入《中東鐵路》（二），頁 51、60。

149 〈傅疆請哈鐵路交涉局據理驅逐俄兵分駐富錦等縣咨〉，民國四年 4 月 3 日，收入《中東鐵路》（二），頁 65-66。

150 〈吉林交涉局為速令俄兵撤退駐紮沿江各縣事咨〉，民國四年 5 月 3 日，收入《中東鐵路》（二），頁 68。

151 《東三省政略》（上），卷 1，邊務——呼倫貝爾篇，頁 1。

圖 8-6　臚濱府在滿洲里設置的辦事處，繼臚濱府之後而設，用以防範俄人及鐵路公司伺機侵占呼倫貝爾地區各種農林漁礦等資源。

府（治滿洲里）、呼倫廳（道所駐地，即呼倫城）、室韋廳（治吉拉林）、舒都廳（治免渡河）。「其後臚濱、呼倫皆已設治，吉拉林僅有設治局，舒都則付之闕如」[152]。

就國防地理形勢而言，呼倫貝爾地位的重要，乃在於其與俄國邊境接壤極其綿長，北以額爾古納河，西北以塔爾巴干達山為界，與俄國的外貝加爾省毗連，邊境線長達 1,500 餘華里[153]。而俄國欲侵吞中國邊境領土之野心，由來已久，包括呼倫貝爾在內的蒙古地區，亦是其覬覦目標。同治年間以來，即有俄人越界至額爾古納河孟克西里一帶割草、墾田，占用面積南北長 10 華里，東西寬 50 至 60 華里[154]。中東鐵路興修之後，俄人越界活動益形加劇，呼倫貝爾「沿邊形勢遂一變而為衝繁」[155]。蓋中東鐵路由呼倫貝爾門戶滿洲里（原名霍爾金布拉克）入境，貫穿其西南部，「經海拉爾以

152 《東三省紀略》，頁 188。

153 《東三省政略》（上），卷 1，邊務——呼倫貝爾附件，頁 7、9-10。

154 田志和，〈俄國與 1912 年的呼倫貝爾獨立〉，《東北師大學報》（哲學社會科學版），1991 年第 3 期，頁 43。

155 佚名，《宣統政紀》，（台北：文海出版社重印，1967），卷 67，頁 16。

入江省內部」[156]，其路線從滿洲里至興安，計長 371 公里[157]，占用地畝達 41,911 垧，合 502,932 畝之多[158]；沿線之林地、礦山，亦陸續為鐵路公司及俄人占有。在鐵路地帶以外地區，則不時有俄人恣意越界伐木、割草、採礦、墾種、漁獵、畜牧等[159]；而「俄匪劫財戕命之案，指不勝屈」，「蒙民被其擾害，無以聊生」[160]。

1907 年，東三省改制，宋小濂主持呼倫貝爾邊務，即設法解決俄人越界和俄匪為患等問題。鑑於邊界如此綿長，無法遍設卡倫，難以阻禁俄人越界，加以俄國駐呼倫副領事吳薩締（Usatyi）屢次提出越界割草等要求，宋小濂乃訂定俄人越界割草、牧畜、砍木、鑿石等章程，徵收羊草、牧畜、木植、皮張等稅，如此「主權利權，兩無所失，國際邦交，均能並顧」，且於籌款建設地方亦為一大助益[161]。至於俄匪為患問題，因其多藉鐵路地帶為庇護之所，故報呈東省當局咨請鐵路交涉局及外務部，向鐵路公司及俄使議商路界內派駐華兵事宜，以期徹底消弭俄匪之患。只是此一辦法，影響及於俄國在路界內的軍事利益，無法得其首肯，難以付諸實施。辛亥革命發生後呼倫貝爾宣告獨立，江省當局未能立即派兵鎮壓，與路界內不能派駐華兵不無關係。

---

156 《東三省紀略》，頁 187。

157 《北滿與東省鐵路》，頁 351-352 圖表。

158 《沙俄侵華史》，第 4 卷（下），頁 757。

159 李毓澍，〈民初中俄呼倫貝爾交涉〉，收入作者所著《蒙事論叢》（台北：作者印行，1990），頁 217。

160 〈徐世昌、程德全為准宋小濂稟陳俄匪劫案辦法的咨呈〉，光緒三十四年 1 月 21 日，收入《中東鐵路》（一），頁 268-269。

161 宋小濂，〈呼倫貝爾邊務調查報告書〉，收入蒙秉書等編注，《宋小濂集》（吉林文史出版社，1989），頁 90、92、95。

圖 8-7　呼倫貝爾地區中俄陸界鄂博之一。中俄國界有壘石以為封識，稱鄂博，有守界者曰卡倫。

此外，由於歷年來額爾古納河水道逐年遷移，陸界鄂博失修，而予俄人越界侵占之機，宋小濂復於 1908 年春，建請徐世昌轉咨外務部向俄國政府交涉，重新勘劃兩國水路及陸路界線[162]。同年，6 月至 11 月，宋小濂率員親赴呼倫貝爾各地進行調查，為期六個月，行程總計 1,500 華里[163]，撰成〈呼倫貝爾邊務調查報告書〉，奏呈清廷作為中俄邊界交涉參考。1910 年 5 月，宋小濂與俄國勘界委員在滿洲里舉行勘界會議。歷經四個月十餘次會議，始達成初步協議，展開水陸兩路邊界的履勘。次年春，勘界工作結束，至於「未經會勘或會勘而未立案者，繪圖詳註，匯呈外務部」[164]，另由兩國各派勘界大臣再行協商。6 月，黑龍江巡撫周樹模（1860-1925）與俄國勘界大臣菩提羅夫（Putilov，音譯普梯洛夫）會於齊齊哈爾，核定界務。會議期間，俄方欲將滿洲里劃入俄境，經周樹模力爭及駐俄公使陸徵祥向俄外部交涉，始得迫令俄國放棄滿洲里一地，惟在其餘各處邊界，則多屈從俄方要求[165]。12 月 20 日，雙方簽訂〈滿洲里界約〉。經由此一界約的訂定，俄國又割占了 1,400

162 《黑龍江志稿》（中），頁 1555。
163 〈呼倫貝爾邊務調查報告書〉，收入《宋小濂集》，頁 50。
164 《黑龍江志稿》（中），頁 1555。
165 參見《宣統政紀》，卷 67，頁 16-21。

平方公里的中國領土[166]。

1911 年 10 月，辛亥革命爆發，俄國外交大臣沙佐諾夫（Sergei D. Sazonov, 1860-1927）認為此時是俄國以外交手腕併吞中國領土之良機[167]；外阿穆爾軍區司令馬爾蒂諾夫則密電俄國政府說：「目前可做許多對俄國有利的事情，例如，向滿洲派遣軍隊，割占滿洲里車站，並解決其他各種有爭議的問題。」[168]外蒙古和呼倫貝爾兩地遂成為其侵略的首要目標。為此，俄國政府從 1911 年 11 月 12 日起至 12 月 26 日，陸續徵調邊防軍由滿洲里入境[169]，換裝為護路軍，劃歸外阿穆爾軍區節制，其員額總計 15,000 名[170]，駐防中東鐵路沿線，以阻止中國進軍呼倫貝爾及外蒙古。

圖 8-8　俄國外交大臣沙佐諾夫。任期 1910 年至 1916 年，對中國外交政策方面，最重大的成就是利用辛亥革命之際，策動外蒙獨立與呼倫貝爾的自治，並與日本簽訂第三次密約，劃分兩國各自在內蒙東西部的勢力範圍。

---

166 《沙俄侵華史》，第 4 卷（下），頁 760。

167 陳復光，《有清一代之中俄關係》，頁 416。

168 轉引自薛銜天，《中東鐵路護路軍與東北邊疆政局》，頁 157。

169 參見〈趙爾巽、周樹模為臚濱府呈報俄車載兵事札〉，宣統三年 10 月 17 日；〈趙爾巽、周樹模為俄運兵入境事札〉，宣統三年 11 月 11 日；〈趙爾巽、周樹模為臚濱府呈報俄運兵入境次數事札〉，宣統三年 11 月 18 日，收入《中東鐵路》（一），頁 476、480-482。

170 《東三省紀略》，頁 402。

1912 年 1 月 14 日晚，呼倫貝爾額魯特總管勝福率蒙兵千人，利用外阿穆爾軍區提供的槍枝，包圍呼倫城，聲言次日晨八時攻城，「軍隊商民各掛白旗，否則全行攻殺」，呼倫道台黃仕福曾予以勸諭無效。次日，蒙兵如期攻入呼倫城，宣稱：遵照庫倫活佛來文而宣告獨立[171]。時蒙兵雖號稱千人，堪戰者實僅 200 餘人，「餘皆荷戈充數」；呼倫城駐兵則有 1 營，連同道、廳兩署衛隊百餘名，足可抵禦[172]。不過，海拉爾車站與呼倫城相距僅 1 公里[173]，如若開戰，勢必引發中俄事端，故呼倫道台黃仕福只得暫行出署，退至路界內的商會，蒙兵遂得順利進占道署[174]。

呼倫變亂發生後，東省當局「一面派熟悉蒙情之員前往勸諭」，並「揀素洽蒙情旗員接署」；「一面整備軍隊馳往鎮壓」[175]。1 月 19 日，調派杜蔭田、于家銘二人赴呼倫城勸撫，各蒙旗總管同意取消獨立；數日後，卻又生變，勸撫委員以道、廳兩署官員全准蒙員接替，亦無法為其接受[176]。調派軍隊鎮壓方面，則受阻於俄國的干預。先是俄國駐齊齊哈爾領事在 1 月 18 日照會江

171 〈黑龍江巡撫周樹模致內閣軍諮府陸軍部理藩部電〉，宣統三年 11 月 27 日，收入《辛亥革命》（七），頁 306。周樹模在宣統三年 11 月 27 日兩次電呈北京，第二次電文是報告蒙兵攻入呼倫城情形。

172 《黑龍江志稿》（中），頁 1453。

173 劉鈞仁、朱方編，《中國地名大辭典》（北平：北平研究院出版部，1930），頁 150。

174 〈黑龍江巡撫周樹模致內閣軍諮府陸軍部理藩部電〉，宣統三年 11 月 27 日，收入《辛亥革命》（七），頁 306。

175 〈東三省總督趙爾巽電〉，宣統三年 11 月 30 日，收入《辛亥革命》（七），頁 307。

176 〈黑龍江巡撫周樹模致內閣軍諮府外務部電〉，宣統三年 12 月 6 日；〈黑龍江巡撫周樹模致內閣軍諮府陸軍部外務部電〉，宣統三年 12 月 5 日，收入《辛亥革命》（七），頁 308。

省當局，謂「俄守中立，鐵路界內華兵不得與蒙人衝突，鐵路運兵，非俄政府特別允許不能照辦」[177]。未久，駐海拉爾副領事吳薩締又表示：「路界亦不容道、廳官吏居住，限期迫令出站」，然其對蒙兵「在路界騎馬持槍驅逐漢人」，卻未加以阻止。在此種情況之下，江省當局除報呈清廷向俄國抗議外，亦不得不暫緩調兵，改加派協領慶善、驍騎校景明等前往勸撫[178]。

勝福等蒙人既有外阿穆爾軍區為後盾，無意受撫，決定對呼倫貝爾另一重要據點臚濱府，展開攻擊行動。1 月 24 日，去函臚濱知府張壽增，聲稱「已派蒙兵四百攻取該府」；二天後，復由俄兵伴隨派員前往知會張壽增，請其帶兵回籍，並有強索槍械之舉[179]。另一方面，慶善等人在 1 月 26 日抵呼倫後，於鐵路交涉局會見該局交涉專員何如銘及呼倫道台黃仕福，得知勝福反覆無常後，當日即直赴道署，欲再行勸撫。勝福最初託辭不見，直到次日下午五時，始願談判。他表示：「吾等已商量妥協，非俟君主國體確定，勢不能再歸省垣節制。」經慶善極力勸撫，「方允改日再議，臚府索槍之事亦允暫停。」豈料，1 月 28 日晨，「來函催逐委員等回省」，其後，復有多次的「催逐」；又因俄人「不准黃道在站界居住」，道篆暫由慶善接管，慶善乃轉往臚濱府，「藉調查屬府為名，以杜外人預問」。2 月 1 日，慶善抵達臚

177 〈東三省總督趙爾巽電〉，宣統三年 11 月 30 日，收入《辛亥革命》（七），頁 307。

178 〈黑龍江巡撫周樹模致內閣軍諮府外務部電〉，宣統三年 12 月 6 日，收入《辛亥革命》（七），頁 308。

179 〈黑龍江巡撫周樹模致內閣軍諮府電〉，宣統三年 12 月 6 日；〈東三省總督趙爾巽致內閣軍諮府外務部電〉，〈黑龍江巡撫周樹模致內閣軍諮府外務部電〉，宣統三年 12 月 8 日，收入《辛亥革命》（七），頁 308、310-311。

濱府，欲會蒙人總管車和札，惟其「堅執不見，宣言阻隔多日，礙難再候，索槍不付，只有開戰而已」[180]。

2 月 2 日清晨五時，蒙兵 400 人與換裝蒙服的護路軍，從滿洲里站界內，分別向臚濱府署東、北兩側夾擊，逐步逼進府署，知府張壽增下令還擊。八時，蒙俄兵被擊退，撤回站界內，「計斃助攻俄武官一名」，「蒙兵二十餘名」[181]。2 月 14 日，清晨六時，護路軍 200 餘名帶同蒙兵 100 餘名，再次出界進攻臚濱府，將府署包圍得水洩不通。十一時，「俄蒙武官進衙迫交軍裝，驅逐役人，打毀物件」[182]。時臚濱府僅防兵 1 營，加上「該處孤懸絕徼」，「火車又不肯運兵前往，戰守均難」[183]，張壽增被迫率眾於是日下午五時撤出府署[184]，臚濱府遂宣告失守。

呼倫城失守之後，俄國表面上維持中立，實際上則暗助蒙兵，駐俄公使陸徵祥向俄外部抗議，卻未獲得其回應[185]。爾後二次派兵協助蒙兵圍攻臚濱府，其策動呼倫貝爾獨立的陰謀已暴露無遺。民國政府一則向俄使庫朋斯齊提出抗議，一則再飭令陸徵祥向俄國政府交涉。結果，俄使表示願「派員查辦」；俄外部則

---

180 〈黑撫文一件〉，民國元年 3 月 10 日，中央研究院近代史研究所檔案館藏，《呼倫貝爾》，檔號：02-32-148-01-002。

181 〈黑龍江巡撫周樹模致外務部電〉，宣統三年 12 月 16 日，12 月 17 日，收入《辛亥革命》（七），頁 314-315。

182 〈東督黑撫文一件〉附件：〈臨時紅十字會看護役海關外班劉福具〉，民國元年 2 月 24 日，《呼倫貝爾》，檔號：02-32-148-01-001。

183 〈黑龍江巡撫周樹模致內閣軍諮府外務部電〉，宣統三年 12 月 6 日，收入《辛亥革命》（七），頁 308。

184 〈東督黑撫文一件〉附件：〈狄占元稟〉，《呼倫貝爾》，檔號：02-32-148-01-001。

185 〈駐俄公使陸徵祥致外務部電〉，宣統三年 12 月 8 日，《辛亥革命》（七），頁 310。

否認有助蒙兵為亂之事，指稱係「華官造謠卸責」[186]。2 月 24 日，東省當局根據鐵路交涉局總辦李鴻謨（1863-1944）所作調查，將俄兵助蒙兵進攻臚濱府實在情形，函知外務部，隨函附上旅居該處各國人員之簽字證書九件，咨請轉致陸徵祥向俄外部「嚴重交涉」。3 月 7 日，東省當局又將俄兵助蒙兵進攻臚濱府地圖咨送外務部，作為向俄交涉之依據[187]。

儘管俄兵助蒙兵為亂的證據確鑿，然俄國在呼倫貝爾的行動並未有所收斂。為強化蒙兵的作戰能力，呼倫城有俄馬隊協助駐紮該處的 800 名蒙兵馬隊，演練「跳壕布隊方法」；臚濱府則有一俄武官坐鎮府署，「偽著蒙裝，教蒙人演馬步操法」[188]。同時，為防範江省當局由省城派兵平亂，外阿穆爾軍區增派護路軍及徵調西伯利亞陸軍馬步炮隊十數營，向鄰近該處的富拉爾基集結[189]。其後誤傳江省有意派 3 營配有機槍的軍隊赴海拉爾平亂[190]，而向中國提出抗議，謂：「華官由齊調兵，俄政府不能漠視。」[191]此外，俄國政府復指示中東鐵路當局不得運送中國軍隊，並下令外阿穆爾軍區預作準備，中國如若執意出兵海拉爾，

---

186 《東三省紀略》，頁 206；〈駐俄公使陸徵祥致外務部電〉，宣統三年 12 月 21 日，收入《辛亥革命》（七），頁 316。

187 〈東督、黑撫文一件〉，民國元年 2 月 24 日；〈黑撫文一件〉，民國元年 3 月 7 日，《呼倫貝爾》，檔號：02-32-148-01-001~002。

188 〈黑都督文一件〉，民國元年 4 月 14 日，《呼倫貝爾》，檔號：02-32-148-01-004。

189 黑龍江檔案館：第 76-1-89 號文件，轉引薛銜天，《中東鐵路護路軍與東北邊疆政局》，頁 160-161。

190 〈外交大臣致內閣總理兼財政大臣科科弗采夫函〉，1912 年 5 月 16 日，收入《俄國外交文書選譯——關於蒙古問題》，頁 33 註 3。

191 《東三省紀略》，頁 206。

「應準備以武力予以制止」[192]。

在俄國軍事武力威脅下，民國政府只得暫緩派兵平亂，改派鐵路交涉局分局人員就近監視蒙情，隨時呈報。其次，呼倫貝爾的變亂，本與外蒙獨立有關，故須視外蒙問題定案後，始能謀求解決之道。因此，有關呼倫貝爾之懸案，遲至 1915 年 11 月訂定〈中俄呼倫條約〉後，方告解決。呼倫貝爾雖取消獨立，設特區由副都統節制，然該地軍事悉由旗兵執行，有事中央要派兵，須先知會俄國政府，地方平靖後，軍隊撤回原駐地[193]。從此之後，中國失去呼倫貝爾的駐軍權，俄國卻能藉由護路軍的屯駐該區，掌握軍事優勢。直至 1920 年 1 月，經江省當局勸撫，呼倫旗署才自請取消特區之名[194]，重歸中央治理，中國得以恢復該區的全部主權。

（乙）支持烏泰叛亂

1912 年 8 月 20 日，內蒙東部蒙旗札薩克圖郡王烏泰在俄人的支持下，亦宣告獨立。

對內蒙東部的覬覦，原是俄國的滿蒙政策之一，哲里木盟尤為其必爭之地，蓋「哲里木盟苟為日有，則黑、吉之聲援斷，庫倫、張家口之間，且有橫截之虞，故必謀根據地於東蒙要塞，以聯黑、吉之氣，則洮南為其所必爭，洮南既據，北滿不孤」。為達目的，俄國政府從 1901 年起，即派人深入東蒙各旗活動，「連騎結駟，游於諸扎（札）薩克，貨財軍械，資其餽遺，曲意交

192 〈外交大臣致內閣總理兼財政大臣科科弗采夫函〉，1912 年 5 月 16 日，收入《俄國外交文書選譯——關於蒙古問題》，頁 32。

193 參見《中外舊約章彙編》，第 2 冊，頁 1124。

194 〈黑龍江督軍孫烈臣電國務院〉，民國九年 1 月 12 日，收入《中俄關係史料》，東北邊防（二），頁 1。

驩，曾無顧惜」[195]。

東蒙各旗郡王之中，俄國政府最積極爭取者，則為毗連洮南府的札薩克圖旗郡王烏泰。烏泰與俄人之往來，始於 1901 年，時「俄員格羅莫夫帶護照遊歷十旗」，至札薩克圖旗見烏泰，此為其與俄人相識之始[196]。同年，蒙匪剛保、桑保之亂，「俄人又遣兵至扎（札）旗代防」。「及匪散去，烏泰遣人申謝」，俄兵要求見烏泰，卻因護印協理台吉巴圖濟爾噶勒等糾黨為難，「烏泰遂帶印至黑龍江見俄廓米薩爾；又以避難為辭，至哈爾濱見俄百里總督格魯代格夫。居哈二十餘日，俄人為之備館舍，具飲食，復厚有所贈貽。亦以照像與俄員轉呈俄皇，別陳啟其款曲，語頗祕」[197]。至此，烏泰深信俄人可為倚賴。1904 年至 1906 年間，因財政支絀，烏泰陸續向盛京華俄道勝銀行分行及中東鐵路公司借款 29 萬盧布。此一借款遲至 1909 年初，方由大清銀行代為償還[198]。以上是烏泰叛亂前與俄國關係之梗概。

在起兵之前，烏泰於 1912 年 4 月派旗署協理台吉諾慶額及葛根廟的錫勒圖喇嘛二人為特使，前往庫倫晉見哲布尊丹巴，表示願聯合嫩江流域各蒙旗，脫離中國，歸附其統治，請求給予槍械彈藥援助。此後，烏泰開始部署相關事宜，取得各蒙旗支持之

195 《東三省政略》（上），卷 2，蒙務——述要，頁 2，頁 3。

196 〈奉天行省公署照會蒙務局督辦會同洮南府孫守詳查扎（札）薩克圖郡王烏泰私借俄債並妥商辦法文〉，光緒三十四年 4 月 2 日，收入朱啟鈐編，《東三省蒙務公牘彙編》（台北：文海出版社重印，1969），卷 3，頁 4。

197 《東三省政略》（上），卷 2，蒙務上——蒙旗篇，頁 45。按，烏泰在哈爾濱所見總督格魯代格夫即阿穆爾軍區司令格羅杰科夫，時俄軍占滿洲，中俄雙方雖已簽訂〈交收東三省條約〉，格氏仍在哈尚未撤軍。

198 烏泰借俄款及清廷代為償還等詳情，參見《東三省政略》（上），卷 2，蒙務上——蒙旗篇，頁 45-47。

允諾，其中以鎮國公旗的鎮國公拉喜敏珠爾最為贊同[199]。7 月，奉天都督趙爾巽（1844-1927）聞知烏泰有獨立之意，即派員前往勸諭，惟烏泰並不遵從。8 月 20 日，烏泰在白廟「宣布獨立，驅逐漢官」[200]，然後兵分三路，向洮南府及其所屬各縣進攻。叛軍所到之處，散發獨立宣言傳單，其內容略謂：「大庫倫皇帝派人來勸導加盟，沙皇俄國也援助武器彈藥，特宣布獨立，與中國脫離關係。」[201]鎮國公旗亦相繼宣告獨立，「派烏印軍率蒙兵千人，攻逼安廣」[202]。

烏泰等蒙族宣告獨立消息傳來，趙爾巽奉國務院「以兵力從事」的指示[203]，即令駐防鄭家屯的奉天後路巡防統領吳俊陞（1863-1928）開赴洮南府平亂。為防範亂事波及吉、黑兩省境內各蒙旗，該二省都督陳昭常（1868-1914）、宋小濂亦派兵助剿[204]。吉林省方面，派第二十三鎮所屬計 7 營兵力開赴新城、長嶺、農安一帶，並派長春軍隊赴洮南助剿；黑龍江省方面，由第二路統領許蘭洲率馬步炮隊 3 營向蒙境進軍[205]。吳俊陞在抵達洮南府後，兵分二路，一路開赴鎮國公旗，一路由其親率出府城平

---

199 博爾古德，〈札薩克圖旗和鎮國公旗的叛亂〉，收入中國人民政治協商會議內蒙古自治區委員會文史資料委員會編，《內蒙古文史資料》（呼和浩特：內蒙古人民出版社，1962），第 1 輯，頁 73-74。

200 〈報告用兵內蒙古之實情〉，《盛京時報》（瀋陽：盛京時報影印組輯印，1985），1912 年 10 月 4 日。

201 博爾古德，〈札薩克圖旗和鎮國公旗的叛亂〉，頁 75。

202 〈報告用兵內蒙古之實情〉，《盛京時報》，1912 年 10 月 4 日。

203 〈北京密電〉，收入裴其勳撰，《吉林剿撫蒙亂詳細報告書》（台北：文海出版社重印，1969），頁 22。

204 博爾古德，〈札薩克圖旗和鎮國公旗的叛亂〉，頁 76。

205 〈征蒙軍定期啟程〉、〈吉省關於派兵剿蒙之電咨〉，《盛京時報》，1912 年 8 月 29 日、9 月 4 日。

亂。吳俊陞所部抵洮兒河橋頭附近，先對河北岸的蒙兵展開攻擊，蒙兵不敵，節節敗退[206]。8 月 24 日，「戰於府城西窯基屯，斃頭目金醫豹匪數十名，奪獲馬匹槍械甚多」；25 日，擊潰圍攻鎮東的蒙兵，「救出華官」[207]。9 月 2 日，吳軍「在安廣縣界與蒙匪數百人大戰獲勝」；9 日，進入醴泉境內，攻克噶西廟；10 日，「與王幫統等率隊分路夾擊，靖安附近數十里蒙地一律剷平」；11 日、12 日，吳軍復攻克白虎店民房及葛根廟；13 日，又攻占郡王府，烏泰率眾逃往索倫山，再轉赴庫倫，依附外蒙活佛；15 日，吳軍再攻占烏泰弟主持叛亂的齊特爾府；18 日，派往鎮國公旗的一路軍，擊敗烏印軍，攻克鎮國公府[208]。至此，以烏泰為首的東蒙亂事，正式宣告平定。原先允諾響應起事的嫩江流域各蒙旗（鎮國公旗除外），見烏泰軍隊連連潰敗，知其勢不可為，遂按兵不動，未予支持[209]，此於東蒙亂事的迅速平定，助益極大。

俄國對烏泰亂事的支持，係由外阿穆爾軍區主導，其司令馬爾蒂諾夫的積極介入最為重要。馬爾蒂諾夫的行動於 7 月時即已出現端倪，先是出售槍枝、彈藥予札賚特旗及杜爾伯特旗，數量總計：連珠槍近 3,000 枝、來福槍 50 枝、子彈 115 萬發[210]，繼

---

206 博爾古德，〈札薩克圖旗和鎮國公旗的叛亂〉，頁 78-79。

207 〈趙督電陳剿匪情形〉，〈吳統領電報征蒙情形〉，《盛京時報》，1912 年 8 月 30 日、9 月 6 日。

208 9 月以後吳軍與蒙兵交戰概況均見《盛京時報》下列報導：〈吳統領電報征蒙情形〉（1912 年 9 月 6 日）；〈電報征蒙情形〉（1912 年 9 月 27 日）；〈通電征蒙情形〉（1912 年 9 月 29 日）。

209 博爾古德，〈札薩克圖旗和鎮國公旗的叛亂〉，頁 90。

210 中國第二歷史檔案館藏，〈黑龍江都督宋小濂電稱蒙旗購械多件俄人唆使反抗擬商奉天撥兵鎮懾〉，民國元年 7 月 6 日，轉引《沙俄與東北》，頁 611。

之於 17 日派遣富拉爾基的 70 名俄軍，赴札薩克圖旗、新城、洮南府等處進行地形測繪[211]。8 月，烏泰叛亂消息傳來，馬爾蒂諾夫在 27 日、29 日兩次致電俄國政府，建議予以武器及軍隊的支持[212]。鑑於日、俄兩國才訂定第三次日俄密約（1912 年 7 月 8 日），劃分內蒙和滿洲西部勢力範圍未久，而烏泰叛亂地區恰在洮兒河流域，其南北分屬日、俄勢力範圍[213]，故在日本的態度不明之前，俄國不願貿然行動。外交大臣沙佐諾夫在 9 月 5 日給財政大臣兼內閣總理大臣科科弗曹夫的信函指出：「內蒙東部地區事件之意義，對日本要比對我國更加重大，日本政府完全可能出兵制止該區騷亂。目前事件就該讓日本先出面，何況我國與日本同時出兵內蒙，我們還可指望中國人對我們的要求作更大讓步。」而科科弗曹夫亦認為在「政治局勢並未改變之前」，談不上提供武器給烏泰，或出兵洮南府保護蒙人[214]。

儘管外交大臣和內閣總理大臣對烏泰事件抱持審慎態度，但 9 月 6 日沙皇在沙佐諾夫的奏摺上批示：「關於供給武器問題，請與陸軍大臣磋商。」陸軍部的回應是，「向蒙古烏泰郡王出售二千枝三英分口徑步槍及一百萬發子彈問題」，只要外交部認為此事「符合政治考慮」，該部並無困難。基本上，在日本採取行動之前，俄國外交部的「政治考慮」無由改變，只是為完成「沙

---

211 〈收國務院交抄黑龍江宋都督電一件〉，民國元年 7 月 22 日，《俄兵越界》，檔號：03-32-022-01-001。

212 參見〈外交大臣致內閣總理大臣科科弗采夫函〉，1912 年 8 月 23 日（9 月 5 日），收入《俄國外交文書選譯——關於蒙古問題》，頁 55-56 註 2。

213 〈遠東司司長致外交大臣函〉，1912 年 8 月 25 日（9 月 7 日），收入《俄國外交文書選譯——關於蒙古問題》，頁 59 註 2。

214 〈外交大臣致內閣總理大臣科科弗采夫函〉，1912 年 8 月 23 日（9 月 5 日），收入《俄國外交文書選譯——關於蒙古問題》，頁 55-56 註 3。

皇想為烏泰郡王做些事情」的願望，建議「只能由設在哈爾濱的外阿穆爾軍區司令部向烏泰郡王供應武器」；其次，為避免武器落入日本勢力範圍，引起紛爭，應指示「馬爾蒂諾夫只向哈爾濱附近之諸王公提供武器」[215]。

正當聖彼得堡尚在商議如何予以烏泰支持之際，中國征蒙軍已節節獲勝，馬爾蒂諾夫雖急於干涉，卻苦於無俄國政府的授命，只得利用各種藉口派兵進入內蒙地區，以伺機干涉，故自 9 月 1 日起，即從富拉爾基、哈爾濱等車站派護路軍分批行動。根據黑龍江都督宋小濂的報告，9 月 1 日，富拉爾基「俄營官羅馬什彥夫、幫帶馬阿什帶馬隊八十名，漢蒙通事各一名」，「以尋覓前次測繪統領庫列什等為名」，經大賚廳塔子城往太來氣前去[216]。9 月 7 日、8 日，肇州廳新站、大賚廳分別有俄騎兵 30 名前來，一稱「因公赴哈」，一稱「買糧」而來[217]。另據趙爾巽報告，9 月 10 日，「俄一號馬隊二百餘名」，「由哈埠坐火車至朱家埠下車，前往塔子城、鎮東一帶，尋覓繪圖軍隊」[218]。同日，「馬地老弗（即馬爾蒂諾夫）又派大尉阿爾傳霍甫司，由朱家埠帶隊四十，赴烏泰府鼓動」[219]。

---

215 〈遠東司司長致外交大臣函〉，1912 年 8 月 25 日（9 月 7 日），收入《俄國外交文書選譯——關於蒙古問題》，頁 58-59 註 2、註 4。

216 〈發俄庫使節略一件〉，民國元年 9 月 10 日，《俄兵越界》，檔號：03-32-022-01-005。

217 中國第二歷史檔案館藏，〈黑龍江都督宋小濂電稱據大賚肇州等廳報告俄兵往來防線以內不絕如縷請飭部嚴重交涉〉，轉引自《沙俄與東北》，頁 616。

218 〈收奉天趙督電一件〉，民國元年 9 月 16 日，《俄兵越界》，檔號：03-32-022-01-008。

219 中國第二歷史檔案館藏，〈奉天都督趙爾巽電稱俄馬中將分派各隊赴蒙請外交部警告俄使〉，民國元年 9 月 12 日，轉引自《沙俄與東北》，頁 616。

上述護路軍在內蒙的活動，均未帶護照，值蒙兵潰敗之時，藉「尋覓測繪軍隊」，進入鎮東等戰區，甚至直赴烏泰府助戰，公然助蒙為亂，直視中國主權如無物。為免其藉此尋釁而擴大事端，東省當局僅咨請外交部向俄使交涉，請其轉飭禁阻，並未與護路軍發生衝突。亂事平定後，馬爾蒂諾夫見大勢已去，9 月 26 日，始下令將尚在洮南一帶的 400 餘名護路軍撤回中東鐵路地帶[220]。

至於俄軍在武器的提供上[221]，雖然俄國外交部建議僅可由外阿穆爾軍區向哈爾濱附近的蒙旗供應武器，實際上，馬爾蒂諾夫並未遵辦。為挽救烏泰的敗亡，在郡王府被攻破前夕，外阿穆爾軍區所屬艦隊一兵輪自哈爾濱上溯嫩江，9 月 14 日，行經大賚

220 〈洮南府俄兵撤回〉，《盛京時報》，1912 年 10 月 4 日。按，馬爾蒂諾夫雖在 9 月 26 日悉行撤回在蒙區的護路軍（總計此次烏泰亂事期間，共派護路軍 800 餘人赴蒙區活動），然其仍未完全放棄在該區域的偵查活動。據黑龍江都督宋小濂及奉天都督趙爾巽的報告，從 10 月起，又有護路軍未帶護照，擅入內蒙東部活動，如：（一）「十一日，李家地房子北數里，有俄水隊百名，三兩日即去，不知開往何方」（〈收國務院函一件〉，民國元年 10 月 23 日）；（二）「本日（12 日），有俄武員庫廝四帶第六號馬兵五十餘名，在太來氣經過，詢云：由富拉爾基來此買牛，未帶護照，阻止之不聽」。「十三日，回富拉爾基二名，餘均向鎮東大道而行」（〈收國務院函一件〉，民國元年 10 月 19 日、10 月 23 日）；（三）「奉天趙都督午密十五日電，……頃據洮南靖安縣電稱，有俄武官多碼什鈕夫帶兵五十二名，通譯一名，隨身各有槍械，經鎮東到靖安，詰稱游歷」（〈收國務院函一件〉，民國元年 10 月 19 日）。以上各函，均見《俄兵越界》，檔號依序：03-32-022-01-015、03-32-022-01-012、03-32-022-01-015、03-32-022-01-013。

221 烏泰起事之前，有關俄國予以武器及軍事上的援助傳聞，見之記載者有三起：（一）郭爾羅斯前旗運來大宗槍炮；（二）俄助蒙快炮 6 尊，運抵洮南；（三）烏泰遣其弟赴俄購槍，並在陰曆 7 月間親赴哈爾濱催運前購武器（收入《吉林剿撫蒙亂詳細報告書》，頁 3-4）。

廳老坎子江口，繼續「飛駛北上」，該水巡警區官「招呼停驗不止」。經報呈署廳，疑該輪有「為蒙助戰或私送軍火」之嫌，遂下令派兵沿江追阻。9 月 15 日下午，俄兵輪在柴火垛江口被截獲；次日晨，迫令其行抵老坎子江口接受檢查。查獲所載武器計有：中國舊炮四尊、格林炮一尊，炮彈 2 箱、小子彈 10 箱、槍 30 枝；其人員除翻譯、廚役、工匠等外，軍官及炮兵計 28 人。依法本應將該批武器查扣，時大賚廳通判潘殿保以蒙亂「係彼國暗中煽惑，若辦之過激，恐彼藉詞直起干涉」，不得不予以放行，令其即刻「開輪回哈」，「仍派隊沿江稽查，並飛函知照新城、肇州、安達等處皆須嚴防，勿令乘間偷卸」[222]。由於大賚廳的查獲禁阻，馬爾蒂諾夫欲以武器援助烏泰之企圖，乃無法得逞。

此次東蒙亂事順利平定，主要與叛亂地區遠離中東鐵路地帶有關，原則上，中國派兵平亂，毋須顧忌俄國的干涉。其次，俄國政府雖覬覦東蒙利益，也有意助蒙為亂，然此非其所能單獨行事者，須視日本的態度而定，而截至亂事平定為止，日本並未出面干涉，使得俄國無法採取任何積極的行動，只能消極地任由馬爾蒂諾夫從外阿穆爾軍區調派軍隊，進入東蒙各地伺機而動。對中國政府而言，護路軍頻頻在戰區內活動，如處置不當，可能引來俄國的干涉，所幸東北當局極力克制，杜絕其干涉的口實，使東蒙亂事在馬爾蒂諾夫的刻意尋釁下，轉危為安，終能避免東蒙成為第二個呼倫貝爾。再者，外阿穆爾軍區對東蒙亂事的支持，固然無法得逞，卻由此顯示護路軍對中國東北邊疆政局的威脅，非僅限於中東鐵路地帶，更遠逾此地域之外。

222 俄輪運輸武器事，詳見〈大賚廳為阻止俄輪北往並請交涉事呈〉，民國元年 9 月 18 日，收入《中東鐵路》(二)，頁 16-19。

第九章

經濟及其他利權

俄國透過中東鐵路合同與續訂合同所取得的經濟利權有：煤礦開採權、林木砍伐權、內河航行權、電線鋪設權，以及租稅和關稅之減免優惠權。另外，在中東鐵路完工通車後，為增加鐵路公司的營運利潤，促進俄國在滿洲工商業的發展，鐵路公司私自與地方官員訂定地畝合同，擴大鐵路用地範圍，而有地畝權的取得。鐵路公司利用這大批土地招攬俄國移民，並在路界內興辦各種學校，教育俄國移民，主導地方教育行政權，從而建立俄國在滿洲的殖民地。

第一節　煤礦、林木採伐權及地畝展占權

一、煤礦開採權

東北的礦產以煤藏量最豐富，其中又以奉天省居首，中東鐵

路公司根據鐵路合同第六款：「開出礦苗處所，另議辦法」，以及續訂鐵路合同第四款：「准公司開採木植、煤觔」，「計觔納價」等規定，取得鐵路沿線的煤礦開採權。1897 年 2 月 23 日，中東鐵路公司通過決議，派遣礦苗師阿聶爾特組織調查隊，前往鐵路沿線的松花江流域兩岸各 15 俄里地帶，進行煤礦探勘[1]。1898 年 7 月，中東鐵路分西、東、南三線動工修建。煤藏量豐富的奉天省，即成為鐵路公司首要爭取的目標。12 月，南線監工吉利什滿向盛京將軍依克唐阿要求開採復州瓦房店之元台子，及遼陽州境內煙台以東及狼洞溝等處煤礦，願每井每年提撥銀 17.5 兩，繳納地方政府，作為報效金，並繳納煤價的 5%作為出井稅。經地方官派員查勘後，僅同意瓦房店元台子煤礦的開採權，其他二處因居民早已在此採煤，並無多餘礦區可供開採而予以回絕[2]。

同年冬，鐵路公司對遼陽州境內狼洞溝一帶煤礦展開調查，獲悉該處有八處礦區，其中三處停採，持續開採者亦多處於虧損賠累狀態。1899 年春起，鐵路公司派員遊說各礦主轉讓租票，部分礦主未同意，竟強行在礦區埋樁準備採礦[3]。6 月末，鐵路公司取得二張租票後，即向新任盛京將軍增祺要求批准該項權利。經訪查後，增祺認為瓦房店一處煤礦已足供鐵路所需，「狼洞溝

---

1 Нилус, *Исторический обзор КВЖД, 1896-1923 г.г.*, Т. I, с. 429.

2 參見 Нилус, *Исторический обзор КВЖД, 1896-1923 г.г.*, Т. I, с. 430-431;〈捷報〉，1899 年 10 月 2日，收入汪敬虞編，《中國近代工業史資料》，第 2 輯（上），頁 151-153；遼寧檔案館編，《奉系軍閥檔案史料彙編》（南京：江蘇古籍出版社，1990），第 1 冊，頁 60-61、63-64。

3 參見中央研究院近代史研究所編，《礦務檔》（六）（台北：編者印行，1971），頁 3438、3440-3442；《奉系軍閥檔案史料彙編》，第 1 冊，頁 63。

既居民不願且省城用煤全賴乎此，恐歸彼開辦不便」，遂拒絕其請[4]。鐵路公司未就此罷手，透過威逼利誘的方式，於 10 月再取得二張租票，且有總理衙門派辦東省鐵路委員周蘭亭開立字據認可，經地方官查問該四處礦主後，核准鐵路公司在狼洞溝的採煤權，而有煤礦章程的訂定。鑑於「奉省煤廠無多，民間需用，莫不以遼陽等界煤礦是賴」，故該章程第六條特別規定，鐵路公司採得之煤，「只准供奉省火車需用，不得運往外省」；同時，「車站地方有應設煤棧處所，自應開立，以便出售民間照常需用」[5]。

煙台煤礦的爭取方面，吉利什滿懷疑前次地方官的調查報告並不確實，因該官員在會同鐵路公司人員前往調查之前，已先行劃定路線，以致有無多餘礦區可供採煤的說法。經其親赴該處查看，發現有許多十年以上未曾開採的老礦井，遂與狼洞溝煤礦一併向奉天當局提出申請[6]。其時，煙台煤礦計有茨兒山及尾明山等十處礦井，鐵路公司在提出採煤的申請時，亦同時展開十處華商礦井的收購，共購得五處礦井，連同後來經奉天當局核准者，在煙台茨兒山煤礦共取得六處礦井[7]。

綜上所述，可知鐵路公司在俄軍進占滿洲之前，於奉天省全境取得的煤礦，計有復州瓦房店、遼陽州境內煙台茨兒山、狼洞溝等處，其中煙台煤礦於 1899 年 10 月著手開採以來，除義和團事變期間遭全面破壞而停工外，至 1905 年日軍占領前為止，平

4　《奉系軍閥檔案史料彙編》，第 1 冊，頁 63。

5　參見《礦務檔》（六），頁 3442-3446。

6　〈捷報〉，1899 年 10 月 2 日，收入《中國近代工業史資料》，第 2 輯（上），頁 152。

7　解學詩主編，《滿鐵史資料》（北京：中華書局，1987），第 4 卷第 1 分冊，頁 23，頁 25；徐世昌，《退耕堂政書》，卷 5，奏議，頁 12-13。

均每日出煤約 200 噸[8]，除供鐵路公司之用外，「並可在青泥窪（大連）售賣」[9]。

1900 年秋末，俄軍進占滿洲全境後，為謀取滿洲礦產的開採權，俄國派駐吉、江兩省外交代表劉巴挾俄軍之威勢，分別在 1901 年 3 月 14 日、7 月 23 日與該二省訂定吉林〈礦務草約〉及黑龍江〈採勘礦苗草約〉，取得金、銀、煤、鐵等礦產的探勘採辦權[10]。同年，7 月 15 日，總監工尤哥維奇依吉林〈礦務草約〉之例，與該省將軍長順簽訂〈考查煤苗開採煤斤合同〉。該合同規定：鐵路兩旁各 30 華里內的煤礦，得由鐵路公司開採，華洋人等若欲開採，須鐵路公司允准；鐵路兩旁 30 華里以外，「如華人請辦煤斤，由將軍主持，不必知照鐵路公司，如洋人或他項公司，或華洋同辦，均須知照鐵路公司，俟公司復稱不用該處，始可允准」[11]。如此一來，鐵路公司非僅取得鐵路兩旁 30 華里內煤礦的獨擅權，而且還擁有鐵路兩旁 30 華里以外的優先開採權。該合同簽訂後，長順隨即報呈清廷同意畫押，清廷以「東三省事尚未定議，未便先訂此項合同」為由，未予允准，7 月 19 日，指示長順「即與總監工婉詞推宕」[12]。

9 月 5 日，吉利什滿奉尤哥維奇之命，去函盛京將軍增祺，要求比照吉林之例，訂定開辦奉天全省煤礦合同。10 月 14 日，

---

8 《滿鐵史資料》，第 4 卷第 1 分冊，頁 23-26。

9 〈使俄胡惟德奏俄人建造東三省鐵路竣工繪圖列單呈覽摺〉，光緒二十九年 10 月 13 日，收入《清季外交史料》，卷 178，頁 7。

10 參見《礦務檔》（七），頁 3967-3970、4311-4326。

11 參見《礦務檔》（六），頁 3455-3457；〈考查煤苗開採煤斤合同〉，收入《中東鐵路》（一），頁 68-70。

12 《礦務檔》（六），頁 3478。

吉利什滿親赴奉天省城交涉，增祺告以「須聽候北京妥議遵行，未敢擅自擬辦；且奉天三陵所在，開礦情形亦與吉林情形不同，現在自應緩辦」。吉利什滿謂，垂涎奉省煤礦者多，宜利用「中俄邦交現在和好重敦」之際，早訂合同，以保利權，否則稽延時日，「將有他國闖入，難以阻止」；若堅持不願，俄國將「提派武員來辦」[13]。不久，吉利什滿再來奉省「催立開採奉天全境煤礦合同」，增祺仍以「事關全省煤礦，未敢擅允」為由，駁拒其請。增祺雖力拒俄人要求，卻認為在東三省交收問題尚未定案前，「若一味堅阻」，「於大局不無窒礙」；而且，吉、江兩省已有金礦合同的訂定，俄人復「有遣武員來辦之語」，「恐一經決裂，枝節橫生，辦理情形，更形棘手」。有鑑於此，增祺在 10 月 24 日上奏清廷，建議不如「就吉林合同中量為酌改」，暫與鐵路公司訂定合同，俟奉旨允行或經全權大臣議准，再行「畫押鈐印」[14]。此項建議未獲採納，清廷於 11 月 8 日、25 日兩次去電指示增祺，設法與俄人「婉詞推宕」，切勿「先與畫押」，以免各國爭論[15]。

圖 9-1　吉利什滿與奉天地方官及南線工程人員合影。

有關奉天全省煤礦合同的訂定，在鐵路公司不斷地威逼之

13　《礦務檔》（六），頁 3454。

14　《礦務檔》（六），頁 3458-3459。

15　《礦務檔》（六），頁 3478。

下，延宕近一年後，增祺被迫於 1902 年 5 月與吉利什滿簽訂該項合同，經外務部核議，認為「東省鐵路合同祇載明查出礦苗，另議辦法，並無准俄人在鐵路附近三十里內開採煤礦明文」；若允其請，則「其於鐵路附近三十里內，幾有獨擅之權，而復於三十里外，未經知照鐵路公司，亦不准他人承辦」，如此「不但啟他國嫌疑，亦且妨中國之權利」，乃請旨將該合同作廢，飭令增祺與俄監工另議辦法，「酌照德國在山東造路章程，開採煤礦，以附近鐵路三十里內為限，並應聲明三十里以外，無論何人開採，該公司不得與聞」[16]。

與此同時，鐵路公司礦苗師阿聶爾特在滿洲里附近的札賚諾爾發現含煤量極豐的礦苗，1902 年 1 月 14 日，鐵路公司亦援吉林煤礦合同之例，與黑龍江將軍薩保訂定煤礦合同。須知，吉、江兩省將軍與鐵路公司訂定煤礦合同，固然是出於鐵路公司的力爭，然自中東鐵路興修以來，該二省林木遭砍伐用於築路者，不計其數。1901-1902 年間，中東鐵路試行通車營運，「悉砍林木代煤」，無異以「通省林木悉作火柴」[17]，且「於旗民圍獵生計有礙」[18]，故為保護林木資源及旗民生計，不得不同意其要求。更何況清廷「既已允修鐵路，其鐵路必須之煤，勢難靳而不予」；再者，「當日原訂建築合同亦經允准在先（准其開採煤觔），與其漫無限制，任該公司隨意開挖」，不如明定章程，將之限於一定範圍內，以減少利權損失[19]。吉、江兩省將軍的顧慮，不無道

16 《礦務檔》（六），頁 3483-3485。

17 《礦務檔》（七），頁 3974。

18 《礦務檔》（六），頁 4189。

19 〈黑龍江將軍薩保奏鐵路公司需煤查照吉林原訂合同議立晒煤章程摺〉，光緒二十八年 3 月 19 日，收入《清季外交史料》，卷 154，頁 24。

理。以俄軍進占東省之際，縱使未能順遂俄人要求，其仍可恃強而為。在「人為刀俎，我為魚肉」的困局中，該二省與鐵路公司訂定煤礦合同，可說是一種不得已的做法。江省煤礦合同既是依吉林之例而來，報呈清廷自然未予同意。同年，5 月，清廷在飭令奉天當局與俄監工「另議辦法」的同時，亦分別行文吉、江兩省比照辦理[20]。

鐵路公司自取得吉、江二省煤礦合同，雖無清廷的批准，即自行在各礦區試行開採，不願再與地方當局另行改訂合同。日俄戰爭結束前，其所開採的煤礦以吉林省最多，計有寬城子附近的石碑嶺、陶家屯，以及一面坡、烏吉密等處；黑龍江省境內，僅有札賚諾爾一處[21]。這些煤礦的產量，以札賚諾爾最多，所產之煤，「非但足供東省鐵路之用，並可供其西伯利亞鐵路之用」[22]，於中東鐵路初期營運成本的降低，不無助益。

日俄戰爭結束後，中東鐵路失去南滿支線，該線的煤礦開採權，也一併歸屬日本，而吉、江兩省鐵路沿線的煤礦開採權，僅得地方當局同意，未獲中國政府批准，雖早已開採，究屬不合法。1906 年起，鐵路局長霍爾瓦特利用該二省展地合同簽訂時機，一併討論煤礦的開採權問題，遂有 1907 年 8 月 30 日吉、江兩省東省鐵路煤礦合同的訂定。該二合同的內容大要為：（一）鐵路沿線兩旁各 30 華里以內煤礦，准由鐵路公司開採，華人如無礙鐵路公司已開挖之煤礦，亦得享有路界兩旁 30 華里以內之

---

20 參見《礦務檔》（七），頁 3974、4189。

21 南滿洲鐵道株式會社社長室調查課編，《滿蒙全書》（大連：滿蒙文化協會，1922），第 4 卷，頁 673、675。

22 〈使俄胡惟德奏俄人建造東三省鐵路竣工繪圖列單呈覽摺〉，光緒二十九年 10 月 14 日，收入《清季外交史料》，卷 178，頁 7。

採煤權；30 華里以外，鐵路公司不得過問，如在此採煤，須先呈請地方官核准，方可勘挖。（二）凡勘明某處實可勘挖煤礦，應需地若干，由鐵路公司會同交涉局人員，向業主查看地勢，公平議價，或租或買，始准開採。如係官地，「亦須會同華官勘明，劃定界址，由公司議給租價，惟須比照墾荒，按等交納」。（三）開出之煤，每千斤繳納「省平銀一錢二分」，一年分四季繳交。每座出煤窯洞，每年繳納「省平銀十七兩六錢四分」；「此項山課，俄六月底一次交清」[23]。

和 1901-1902 年的合同比較，此次所訂合同，挽回了部分利權，即鐵路沿線兩旁各 30 華里內，華人亦得享有採煤權；30 華里以外採煤權的租讓與否，毋須先與鐵路公司相商。其次，在給付煤價方面，亦較前增加，由原來的每千斤銀八分提高為一錢二分，計增加四分，此於該二省的財政收入，不無挹注。根據上述合同，鐵路公司所開採經營礦區，計有三處，即寬城子附近的石碑嶺、滿洲里附近的札賚諾爾和察漢敖拉（又稱察罕諾爾）。除札賚諾爾外，其餘二處在鐵路公司開採前，早有華商礦井設立，因而發生華商與鐵路公司的採煤糾紛。

石碑嶺礦區位於中東鐵路南線寬城子車站東南 30 華里，歸吉林省長春府管轄[24]。此礦山原屬長春府正紅旗台丁趙崇恩所有。1901 年春，當地商人董耕雲籌集資本銀 2 萬兩，向趙崇恩承租礦山開挖，經營三年，無法勘得煤層，股東遂紛紛撤回股本，該礦因之歇業停工。1903 年冬，有俄商擬向趙崇恩承租該

23 參見《中外舊約章彙編》，第 2 冊，頁 419-420、431-432。

24 〈俄國開採之滿洲炭礦〉，收入《中國近代工業史料》，第 2 輯（上），頁 50。

礦，約定租期二十年，租金 3 萬盧布。1904 年春，雙方正協議訂定合同之際，鐵路公司以 1901 年 7 月的煤礦合同為由，指此礦區為鐵路公司所有，開始興建房屋，搬運挖煤機器，準備進行開採。依合同規定，凡礦區之地，如係民地，宜給價取得地主同意，但鐵路公司並未支付地主趙崇恩分文銀兩，而且又強占 30 多垧熟地。同年，12 月，趙崇恩因石碑嶺煤礦被占，上告吉林將軍衙門，要求鐵路公司給付礦山租價，賠償損失。吉林將軍令鐵路交涉局總辦杜學瀛派員向鐵路公司交涉，但後者一再推託，遲遲未派員辦理，直到 1907 年 8 月，吉、江兩省煤礦合同訂定後，鐵路公司給付礦主趙崇恩少量的土地收購費，石碑嶺煤礦糾紛始告結束[25]。

察漢敖拉礦區的糾紛發生較遲，係在 1910 年春。該礦區位於滿洲里車站西南方 11 公里處，歸黑龍江省臚濱府管轄。此地煤礦開採原由地方官主辦，1908 年冬，由呼倫貝爾副都統飭令察漢敖拉卡弁試辦，因煤洞出水，時值隆冬嚴寒，被迫停工，擬於來年再行續挖。1909 年秋，署臚濱知府張壽增到任後，允卡弁王文興招集商人穆文青等人重新開採，成立察漢敖拉煤礦有限公司；12 月，獲得江省當局核准，並領有農工商部頒發的勘礦執照[26]。穆文青等礦商投入開挖以來，即在該礦區南、北兩處開出 6 個礦井，「做出煤觔」，「堆積徧地」[27]。

次年春，由於鐵路公司所用自行開採煤炭，主要來自札賚諾爾，惟其所產並不敷用，遂於 4 月 25 日派該礦區工程師「魯然

25　孔經緯編，《清代東北地區經濟史》，頁 630。

26　《礦務檔》（七），頁 4827-4828。

27　《礦務檔》（七），頁 4827、4839。

四基帶領工人多名，到察漢敖拉踩看礦線，並運來土鑽、木板、木樁等多件，堆積在華商已定礦界之旁，意欲搭蓋窩棚，動工開礦」。此事經華商報呈臚濱知府後，派員攔阻俄人不得開工，並「由府就近照會煤窯總管，飭令將工人撤回」，同時，奏呈江省當局，請鐵路交涉局向該公司抗議。5 月 1 日，黑龍江鐵路交涉局照會鐵路公司曰：「察漢敖拉煤礦既有華商集股，設立公司，開採在前，並經稟准有案，按照合同俄人似不便前往勘辦，致啟爭端」，請該公司速將所派工程師及工人「盡數撤回，以符合同而敦睦誼」[28]。

察漢敖拉煤礦糾紛交涉期間，鐵路公司聲稱願暫時停工，卻又食言，反加派華工 15 名及俄兵 5 名前來，於該礦東南處開挖房基，興建地穴土房；又將華商所採煤井 4 個強行「占住打鑽」，以致華商所派工人無法開工[29]。江省當局見鐵路公司不願退讓，只得著令張壽增率同華商與該公司會勘，確定華商先前所埋樁劃線區域，以杜絕其開採之念。惟該公司一味指稱華商所立樁線為新埋而非舊有，不願承認華商早已在此處採煤之事實[30]。

鑑於近半年的交涉無成，江省鐵路交涉局總辦于駟興於 10 月初從哈爾濱出發，親赴察漢敖拉煤礦查勘[31]。此次查勘結果，于駟興發現，華商所立樁線是新埋抑舊有，「無庸指證」，僅據張壽增在 4 月 19 日的稟文[32]，可知該樁線若為新埋，其日期最遲

28 《礦務檔》（七），頁 4832-4833。

29 《礦務檔》（七），頁 4833-4834、4837。

30 臚濱知府張壽增與鐵路公司人員勘定華商採煤區域情形，詳見《礦務檔》（七），頁 4835-4837，頁 4839-4840。

31 《礦務檔》（七）、4841。

32 張壽增在 1909 年 4 月 19 日呈文目的，係為察漢敖拉煤礦公司所屬礦區，

亦在4月19日前，而俄人初次來察礦係在4月25日，則「標椿之樹，在前而不在後」，遂照會該公司謂：「此處既經華商開辦在前，鐵路公司自不得再行採勘。」[33]但是，鐵路公司並未就此撤出該礦區，直到後來因其所出煤炭，煤質低劣，產量有限，不敷成本，才自行放棄。

二、伐木權

鐵路合同訂定之初，並未賦予中東鐵路公司有伐木之權，該公司為撙節修路費用，勘路之初，即向吉林將軍延茂要求，准予其入山伐木，遭到回拒。為杜絕俄人擅自入山伐木，有損利權，延茂乃下令成立木植公司，專辦伐木放票徵費事宜[34]。鐵路公司以其無法直接入山伐木，於木料取得仍多有不便，一再向吉省當局交涉，雙方終於在1898年6月22日簽訂伐木章程。為減少吉省林木之損失，該章程特別規定，鐵路公司所伐林木限於「修造鐵路使用」，伐木期限為六年，「限滿即行停止，將原山場交還」；同時，「所砍木植無論大小」，不得「巧立名目，販運出境，轉售他人」。在木植稅徵收上，規定伐木須由木植公司派員查看，視木植圓徑尺寸，由5寸至3尺，每根繳交樹價銀2.96分至9錢不等，3尺以上，「每根大一寸加銀九分」，以此類推[35]。另外，為防範鐵路公司伐木漫無限制，特別劃定二道江、

經其「親往週歷履勘，樹立木椿為記」，日後凡屬該公司「礦界之內地址，概不准他人開踮占侵，以清界線而免轇轕」，而轉請江省當局「迅飭鐵路交涉局遵照備案」(《礦務檔》(七)，頁4828)。

33 《礦務檔》(七)，頁4842-4843。

34 《東三省政略》(上)，卷3，交涉——森林交涉篇，頁1。

35 〈吉林交涉總局議定鐵路公司砍木十二條〉，光緒二十四年5月4日，收入

色勒薩、木溪河、輝發河等沿江一帶為伐木區[36]。

黑龍江方面，早在 1897 年 1 月初，鐵路公司向該省商購木植時，將軍恩澤即令「各司旗悉心籌度」；然因鐵路公司所需木料極鉅，江省「向無運木巨商，若聽俄人入山自伐」，恐「於地方利權有礙」，乃仿吉林之例，請「本地大戶及南省紳商」，集資 20 萬兩，開設木植公司，專門採辦齊齊哈爾、呼倫貝爾、布特哈、墨爾根、呼蘭等五城木植，「凡鐵路需用各項材，以及輪船柴薪暨民間房木等件，概歸承辦，准按值百抽一認繳捐費」。1 月 22 日，恩澤電請總理衙門，「據情代奏」，得清廷核准，隨即展開木植公司的籌設。江省木植公司以漠河礦務公司道員周冕為總董，專主招股、用人、交涉等事，但以其負有礦務專差，難常駐省城辦理木植業務，復任輿圖局總纂屠寄為另一總董，「常駐省城」，「隨時區畫」[37]。

1898 年 1 月 30 日，周冕與俄監工達成協議，鐵路公司所用木料，委由江省木植公司代辦，但呼倫貝爾一段林地砍伐較易，堅持在此處自行砍伐。經恩澤指示，該段「木價格外減平」，以示優惠，雙方同意在鐵路路線確定後，再正式簽訂購木合同[38]。7 月 6 日，中東鐵路續訂合同簽訂，其中第四款規定：鐵路公司為建造鐵路所需木料，可在「官地樹林內自行採伐，每株繳價若干，由總監工或其代辦與地方官公同酌定」。鐵路公司由此正式

《中東鐵路》（一），頁 54。

36 《東三省政略》（上），卷 3，交涉——森林交涉篇，頁 1。

37 〈將軍衙門為創設木植公司承辦鐵路用材一摺札〉，光緒二十四年 4 月 12 日，收入《中東鐵路》（一），頁 47-48。

38 〈將軍衙門為創設木植公司承辦鐵路用材一摺札〉，光緒二十四年 4 月 12 日，收入《中東鐵路》（一），頁 48。

取得伐木權，即據此與江省木植公司訂定伐木章程，得以入山伐木。1899 年，吉、江兩省鐵路交涉總局成立，該二省木植公司併入其中，鐵路公司伐木票費等業務，悉歸該局辦理。

1900 年秋末，俄軍進占滿洲，吉、江兩省鐵路交涉總局遭逢兵亂而撤廢，鐵路公司即乘機大舉入山伐木，採伐範圍極其廣泛，舉凡林木之處，無不「遍有俄人足跡」[39]。以黑龍江省為例，中東鐵路行經該省「北起滿洲里，南抵哈爾濱，總計長一千八百餘里」，築路所用木材數量，極其可觀，「大小車站房料，以及火車輪船燒柴、民間房木，積年累月，無不就地取材」[40]。結果，其陸路從碾子山至興安嶺、雅克山等鐵路兩旁；水路從呼倫貝爾所屬之海拉爾河、五牛河、依敏河，以及呼蘭城所屬之呼蘭河及其支流、松花江北岸各支流等處林木，均為鐵路公司擅入採伐，甚至在鐵路兩旁有砍至百里內外者。另外，不乏有非承辦鐵路用料之俄商，隨便入山伐木[41]。在此期間，該省林木被俄人砍伐數量，難以估算，僅知呼倫貝爾所屬林地，鐵路公司砍用木料，高達 80 多萬株[42]。在吉林省方面，鐵路公司擅自入山伐木情形，雖未如江省之氾濫，惟在中東鐵路行經該省之處，亦有鐵路公司及俄人非法伐木事例。例如，珠河縣境內，「俄人血結氏等因修中東路，假藉鐵路公司勢力，包辦沿線森林」，「任意砍伐，

---

39 〈周道親供七〉附件：〈呈報軍轅文〉，光緒二十九年 12 月 14 日，見程德全，《撫東政略》，宋小濂、徐鼐霖編校，收入《宋小濂集》，頁 303。

40 《程將軍守江奏稿》，卷 7，頁 3。

41 〈周道親供七〉，《撫東政略》，收入《宋小濂集》，頁 303。

42 黑龍江省檔案館藏，《黑龍江交涉局卷》，第 28 號，轉引自《沙俄與東北》，頁 498。

毫無限制」，甚至勾結華民盜賣國有地林木[43]。又如穆稜縣境內林地，「俱被俄人伐作道方、原木、燒柴等，用已殆盡」[44]。

至於伐木稅捐票費的繳納，鐵路公司在吉、江二省有不同的做法，即吉省稅款尚能依伐木章程繳納，江省部分則是自該公司入山伐木以來，從未納過任何票費，此應與周冕未克盡職責有關。江省署將軍薩保有鑑於此，於 1902 年春東省局勢穩定後，致函尤哥維奇，請該公司「將在江省自辦木植之捐稅票費等等查明算給」；同年 10 月，維特來哈爾濱視察，薩保前往會見，「又將此事向代辦達聶爾提及」。因未見鐵路公司有任何回應，薩保再飭令周冕催辦此事。1903 年 1 月，周冕照會鐵路公司，指稱該公司既已交納吉林「木植捐稅票費」，「為數不少」，江省自應不能例外，請即依規定繳納[45]。儘管如此，鐵路公司仍未繳納該筆款項，直到 1904 年 3 月與周冕私訂伐木合同，始同意如數給付，只是後來江省當局，未允認此一合同，稅捐票費的收取，亦為之落空。因此，從鐵路開辦以來，至 1905 年為止，鐵路公司在江省砍用之一切木材，「從未納過票費」[46]。

依據伐木章程規定，鐵路公司的伐木權期限至 1904 年截止，1905 年起，即無權在各林地伐木。1904 年初，鐵路公司為繼續入山伐木，向吉、江兩省鐵路交涉局交涉，吉林省未予同

43 宋景文修，《珠河縣志》（台北：成文出版社本重印，1974），卷 2，墾殖志，頁 25-26。

44 黑龍江省檔案館藏，《俄人砍伐道木向其索要山本及歷年虧欠票費卷》，第 28 號，轉引自《沙俄與東北》，頁 498。

45 參見〈照會鐵路公司文〉，光緒二十八年 12 月 25 日，《撫東政略》，收入《宋小濂集》，頁 303。

46 黑龍江省檔案館藏，《俄人砍伐道木向其索要山本及歷年虧欠票費卷》，第 28 號，轉引自《沙俄與東北》，頁 499。

意；江省方面，其總辦周冕卻未經薩保核可，擅於 3 月 6 日在哈爾濱與霍爾瓦特、達聶爾訂定伐木合同，而予俄人有繼續伐木之藉口。該伐木合同劃給鐵路公司的伐木區，分水、陸兩路，陸路部分，「自慶其（吉）斯汗站至雅克山（什）站，鐵路兩旁各三十五華里內樹林」，計「長六百里，寬六十里」。水路部分分二段，一為「呼蘭河內之納（諾）敏河東岸至大呼蘭河西岸中間一帶樹林，其界限自此二岔河至各水源為止」，計「長三百餘里，寬一百餘里」；二為「松花江北岸權林河至濃濃河中一帶樹林，其界限自此二岔河至各水源為止」，計「長一百六、七十里，寬七十餘里」。除此之外，「江省所屬別處樹林地方，鐵路公司亦可砍伐木植材料」[47]。

由上述情形看來，周冕所擅訂伐木合同不但將江省產木之區，悉行劃入；而且，江省土地物產，亦多為其所攘奪。蓋其陸路部分，「本多無木之處，名雖與林，實與以地」；水路部分，呼蘭、諾敏兩河物產豐富，呼蘭一段，尤為居民「生計所關」[48]。因此，周冕在 1904 年 2 月初將此合同初稿報呈薩保，所獲批示

47　〈黑撫程德全奏改訂東省鐵路公司購地伐木合同摺〉，光緒三十四年 3 月 26 日，收入《清季外交史料》，卷 213，頁 15、23。按，周冕所私訂伐木合同，《撫東政略》一書收錄者，係周冕為 1905 年末被程德全參劾所作辯駁之附件，其中劃歸鐵路公司林地水路部分並無權林河等處，疑為宋小濂等編校該書時之漏失（頁 308-309）。蓋《光緒條約》（卷 105，頁 2）、《中外舊約章彙編》（第 2 冊，頁 235）、程德全奏摺等，均有該處林地的劃給。

48　〈署黑龍江將軍程德全奏本省生計將絕擬展拓鐵路摺〉，光緒三十一年 11 月 1 日（《清季外交史料》將日期誤為 3 月 1 日，今據《程將軍守江奏稿》一書改正），收入《程將軍守江奏稿》卷 6，頁 1、5；〈黑撫程德全奏改訂東省鐵路公司購地伐木合同摺〉，光緒三十四年 3 月 26 日，收入《清季外交史料》，卷 188，頁 2；卷 213，頁 14。

為：「鐵路砍木合同，俟新任副都統到任後，再行會商核定。」[49] 對此，鐵路公司表示不能苟同，除照會薩保指稱「此事萬難再遲」外[50]，仍持續與周冕協商，至 3 月 6 日正式簽訂伐木合同。在此期間，周冕並未將此事續報薩保周知，直到 5 月 17 日始行告知[51]，惟不久薩保即告卸任。

1904 年 6 月，達桂繼任江省署將軍後，即指示周冕將該伐木合同廢棄另議[52]，但周冕與鐵路公司協商結果，僅就木植稅一項，由「值百抽八」改為「值百抽十」而已[53]。11 月，俄國駐江省全權代表玻克大那夫（A. F. Bogdanov）被殺，達桂電請達聶爾來省協商，達聶爾即出示伐木合同

圖 9-2　1904 年 10 月，俄國駐黑龍江軍事全權代表玻克大那夫中校與黑龍江將軍達桂（中坐者）等官員合影。11 月，玻氏於赴郭爾羅斯後旗途中遇害。

49　〈照會鐵路公司文〉，光緒二十九年 12 月 19 日，《撫東政略》，收入《宋小濂集》，頁 304。

50　〈鐵路公司致薩署將軍照會鈔稿〉，光緒三十年 1 月 10 日，《撫東政略》，收入《宋小濂集》，頁 306。

51　參見〈呈報軍轅文〉，光緒三十年 4 月 3 日，《撫東政略》，收入《宋小濂集》，頁 310-311。

52　〈軍轅札文〉，光緒三十年 7 月 26 日，《撫東政略》，收入《宋小濂集》，頁 312。

53　參見〈木植合同〉，光緒三十年 8 月 15 日，《撫東政略》，收入《宋小濂集》，頁 309。

要求畫押，達桂恐其藉玻案擴大事端，乃同意該合同票費「值百抽十」，但相關細節須再行協商[54]。其後，江省多次照會鐵路公司，商改伐木合同事宜，惟該公司不予理會，反據此合同擅入各林地伐木，甚至有霸占華商山場、索繳票費之事。例如，1906年夏，鐵路公司為砍伐納敏河東岸至大呼蘭河西岸中間一帶林木，強占華商在青黑二山之木廠；又在「呼蘭河口攔綆，不容華人放木」，達聶爾還照會餘慶縣署，「勒令華人上稅」[55]。此外，鐵路公司復於伐木合同指定區域以外的林地伐木。例如，呼倫貝爾所屬牧場原是各旗放牧之地，係為禁伐區，惟因該處松林甚多，築路期間，鐵路公司即擅入伐木，該副都統以築路之故，暫予通融，以致經其多年砍伐，松林所賸無多。鐵路完工通車後，鐵路公司繼續入境伐木，影響旗民生計頗鉅，該副都統先後於 1905 年 11 月至 1906 年 1 月呈文將軍衙門，轉飭鐵路交涉總局照會該公司禁阻之，以免妨礙旗民生計[56]。

1905 年 8 月，日俄戰爭結束，有關中、俄兩國在東省的條約、合同，勢必作一修改，而東省當局與中東鐵路公司所訂各項

54 參見〈軍轅致鐵路總辦霍爾瓦特承認該公司所訂占地合同信〉，光緒三十年 11 月 7 日；〈駁親供七〉，《撫東政略》，收入《宋小濂集》，頁 295-296、300、313。玻克大那夫中校係俄國派駐黑龍江軍事全權代表，1902 年到任。1905 年 11 月 1 日在前往郭爾羅斯後旗途中，在五站、三道崗子、孤店地方被以劉寶珊為首的當地居民伏擊，玻氏與護兵 2 人、翻譯 1 人及隨員多人遇害（《中東鐵路歷史編年（1895-1952）》，頁 47）。

55 王克敏、楊毓輝編，《光緒丙午年交涉要覽》（台北：文海出版社重印，1976），下編，卷 3，鐵路門，頁 83-84。

56 參見〈呼倫貝爾副都統衙門為禁止俄人在屬境砍伐木植咨〉，光緒三十年 10 月 23 日；〈呼倫貝爾副都統衙門請禁止俄人砍伐木植咨〉，光緒三十年 12 月，收入《中東鐵路》（一），頁 150-151。

圖 9-3 杜學瀛與霍爾瓦特及其夫人合影。

合同，因南滿支線的割讓日本，亦須另行訂定。新任署黑龍江將軍程德全擬藉此撤廢周冕所私訂合同，奏派宋小濂於是年 11 月入京，任外務部中俄議約顧問。宋小濂將上情詳告外務部，再加上該項合同衍生的中俄糾紛不斷發生，外務部乃多次照會俄使璞科第，謂江省伐木合同「未經中國政府核定，不能執以為據，須由吉、江兩省將軍派員與公司會商，咨部核辦」[57]。1906 年 8 月，璞科第覆文表示，鐵路公司「願在公司與地方所定展地及砍伐木植各合同內改定變通數條」，「以副中國政府之意」[58]。外務部隨即派宋小濂會同杜學瀛（濱江關道台），在哈爾濱就近和霍爾瓦特會商改訂該等合同。

歷經近二年的交涉，始於 1908 年 4 月 5 日，將原伐木合同廢棄，與鐵路公司另行訂立〈黑龍江鐵路公司伐木合同〉。談判期間，鐵路公司以前訂合同的伐木地段甚寬，尤其「注意在呼蘭、諾敏兩河，必欲達其目的」。宋小濂認為該二河是江省物產富饒之地，「且木植為人民生計所關」；再者，「呼蘭一河，貫穿呼蘭、綏化、餘慶、蘭西二府二縣，為商民交通要道」，在此之前，俄人曾阻攔商民運木，「若將此河撥給公司，勢將據我形勝，扼我咽喉，不僅攬我權利已也」。因此，無論鐵路公司如何

57 《東三省政略》（上），卷 3，交涉——森林交涉篇，頁 27。

58 《光緒丙午年交涉要覽》，下編，卷 3，鐵路門，頁 84-85。

要挾，宋小濂始終堅持未允，以致停議二個月之久。其後，宋小濂轉任呼倫貝爾副都統，赴任前推薦隨同出席談判的鐵路交涉局提調候補同知張壽增「在哈代議」。歷經數月談判，張壽增可謂「心口交瘁」，終能磋商就緒，「不惟呼蘭、諾敏、濃濃等河毫未撥給，而地段亦減縮十分之九」；另就各地段林地「派駐委員以便稽查」一項，與鐵路公司議定，俾使其確實遵守伐木合同規定[59]。

新訂〈黑龍江鐵路公司伐木合同〉撥給鐵路公司伐木地段，在火燎溝、皮洛以、欏林河等三處。砍伐範圍：火燎溝、皮洛以兩處地段，「長不過三十華里，寬不過十華里」；欏林河一處地段，「由該河匯入松花江之河口起，自下流往上，計長五十華里，寬由河岸往右二十華里，往左十五華里」。就伐木面積而言，原合同給予鐵路公司的林地總面積為 77,900 平方華里，新合同為 2,350 平方華里，計減少 75,550 平方華里。其次，在各項票費的核定上，舊合同僅定依木價「值百抽八」；新訂合同則依木植種類訂定不同的費率，從 1/4 戈比至 1 盧布不等，並限定各項票費，「以五年為期」，期滿另行議定。此外，鐵路公司所有岔道、堆木廠、住房等占用地畝，以及伐木地段草甸之割取費等項，舊合同均付諸闕如；新合同則規定地畝若為官地，租價每年每垧 3 盧布，若為民地，「應商允地主，按年償給租價」，割草費每普特須徵納 1 戈比[60]。

由此觀之，宋小濂、張壽增二人不但挽回江省大批林地，免

59 〈黑撫程德全奏改訂東省鐵路公司購地伐木合同摺〉，光緒三十四年 3 月 26 日，收入《清季外交史料》，卷 213，頁 14-15。

60 〈黑撫程德全奏改訂東省鐵路公司購地伐木合同摺〉，光緒三十四年 3 月 26 日，收入《清季外交史料》，卷 213，頁 15、19-21。

於鐵路公司之砍伐，另於木植稅、地畝租價等相關稅金，亦詳加規定，藉此項收入稍加彌補利權損失，俾於江省財政有所挹注。在肯定其二人所作的努力之餘，尚須指出該合同仍有漏失之處，此即第十一條雖規定鐵路公司每年伐木有一定數量，卻又允許其未來如不敷所需而要求增加時，「華官亦可照允」[61]，因而伏下日後鐵路公司要求更換林地之惡因。1912 年起，鐵路公司即據此規定，要求更換林地，而有〈增訂中東鐵路公司砍備應用木植合同〉的訂定。

新增訂合同起因於鐵路公司為開發其所取得江省林地，自 1909 年 7 月起，委託林木勘察公司，前往調查。結果，發現火燎溝、皮洛以兩處林地，早經地方官租予商人採伐，所餘林地不多；而權林河林木資源最為豐富者，係在該河口上溯 60-80 俄里間，而非合同所定的 50 華里[62]。1912 年初，鐵路公司遂向黑龍江鐵路交涉總局提出更換林地的要求。由於原合同已有規定，加上民國甫經成立，政局尚未穩定，該局總辦李鴻謨不得不同意其要求，於 7 月 31 日簽訂更換林地合同。該公司將火燎溝、皮洛以兩處林地退還，「以大興安嶺山脈迤南、綽爾河迤西、巴嘎依勒利達義河西岸、烏圖穆克特河北岸三面中間林木地段」代之，林地面積為 1,500 平方華里；權林河一段，改為「松花江北岸權林河口起，往北一百五十里許之八道河林木地段」，林地面積仍為 1,750 平方華里[63]。如此一來，鐵路公司在江省伐木地段面

61 〈黑撫程德全奏改訂東省鐵路公司購地伐木合同摺〉，光緒三十四年 3 月 26 日，收入《清季外交史料》，卷 213，頁 21-22。

62 《滿洲の森林》，頁 3。

63 〈增訂中東鐵路公司砍備應用木植合同〉，民國元年 7 月 30 日，收入《中東鐵路》（二），頁 12。

積，總計 3,250 平方華里，較前合同增加 900 平方華里，所獲利益自是更形增加。

江省伐木合同改訂交涉的同時，鐵路公司一併要求訂定吉林省伐木合同。歷經一年的談判，1907 年 8 月 30 日，杜學瀛與霍爾瓦特簽訂〈吉林鐵路公司伐木合同〉，同意撥給石頭河子、高嶺子、一面坡等站附近林地，供鐵路公司自行入山伐木[64]；伐木面積：石頭河子、高嶺子合計 2,700 平方華里，一面坡 625 平方華里[65]，總計 3,325 平方華里。在票費等各項稅金的徵收，以及伐木相關事項等規定，均與〈黑龍江鐵路公司伐木合同〉相同。

鐵路公司在取得吉、江兩省伐木權後，最初將林地租予俄商經營。由於合同中准其在砍木地段內，「可自行設法布置砍伐林木等事，並可堆積木料、建設鋸木等廠，搭蓋住房以及鋪修運木支路」，還可「將應用敷餘之木植外賣」[66]，以致 1908 年起中東鐵路東線、西線出現不少俄商經營的林場，他們除了承租鐵路公司林場外，還私自向地方官承租各處林場。於是，「鐵路公司之採集木料，漸變而為私人企業」，「吉、江省境內附近鐵路之處，山巔水涯，皆有俄工師焉」。俄商在林地廣築運木軌道，連接鐵路幹線，轉運木材至各地出售，並設立製材廠、松脂油工廠、火柴桿廠、木材蒸餾廠，伐林製材業因而成為俄人在北滿的重要企業，其營業額「雖無正確計算，大約每年在一億（銀元）以上」，吉、江兩省森林富源，盡為俄人所囊括矣[67]。

---

64 《中外舊約章彙編》，第 2 冊，頁 421。

65 《東支鐵道を中心とする露支勢力の消長》，上卷，頁 149。

66 〈黑撫程德全奏改訂東省鐵路公司購地伐木合同摺〉，光緒三十四年 3 月 26 日，收入《清季外交史料》，卷 213，頁 20、22。

67 《東三省紀略》，頁 398。

三、地畝權

根據中東鐵路合同第六款規定：「凡該公司建造經理鐵路，防護鐵路所必需之地；又於鐵路附近開採沙土、石塊、石灰等項所需之地，若係官地，由政府給與，不納地價，若係民地，按照實價，或一次繳清，或按年向地主納租」，故鐵路公司所徵用購買土地，限於「鐵路所必需之地」。實際上，鐵路公司在築路期間，即利用俄軍進占滿洲之際，開始大量占買、徵用土地；鐵路完工通車後，仍以「鐵路用地需要，持續擴大展占地畝範圍，甚而勾結周冕訂定江省地畝合同，展占面積遠超出鐵路用地所需，迫使清廷不得不於日俄戰爭結束後，重新商訂地畝合同事宜，進而使非鐵路用地的展占合法化，並將之用於招攬俄國移民，建立俄國在北滿的殖民地。

關於鐵路用地的範圍、大小及其取得方式，鐵路合同並無明文規定，完全由鐵路公司自行規劃，再向地方政府交涉，取得用地許可。其徵用面積，最初規劃是鐵路沿線兩旁各寬 15 俄丈和 18 俄丈；車站方面，東線和南線的大站，約在 100 俄畝左右，西線地區因地廣人稀，徵收較易，占地較廣，遠超出 100 俄畝之外[68]。

築路期間，鐵路用地的占買、徵用，鐵路公司董事會授權總監工尤哥維奇全權處理。最初由工程師希爾科夫承尤哥維奇之命，辦理該項業務；1901 年以後，鐵路工程局專設鐵路代辦，以達聶爾專任此一職位，辦理該公司各項交涉事務，地畝的占買、徵用，亦劃歸其主管。大體上，徵用官地，直接與地方官交

---

68 Нилус, *Исторический обзор КВЖД, 1896-1923 г.г.*, Т. I, с. 411.

涉，無償取得即可；但占買民地，除與地方官交涉，核定使用範圍，以及土地與地上物等給價補償標準外，尚須派遣通譯和居民溝通，取得其同意，否則容易滋生糾紛，築路期間，鐵路公司與居民的衝突，多因未依照此一程序而起。

在鐵路用地的規劃上，築路初期，鐵路公司尚能就實際築路所需而占買、徵用，然在俄軍進占滿洲之後，則產生變化。此可以南滿支線為例，在此之前，該線行經「金州、復州、蓋平、海城、遼陽、承德、鐵嶺、開原、昌圖、奉化、懷德等府、廳、州、縣地段」，「共占用旗民地畝十萬零四千餘畝」；義和團事變後，則藉口「應買車站地畝因亂未經購辦」，以及「卜三家子至鐵嶺之路改為靠省直修」等理由，至 1902 年 7 月為止，先後續占 2 萬餘畝（約合 1,080 俄畝）[69]，前後共占用奉天省境內地畝達 12.4 萬餘畝（約合 6,696 俄畝）。又如哈爾濱一地，最初占用地畝 5,656 俄畝，1902 年增至 10,581 俄畝[70]。

以中東鐵路地帶為中心，發展俄國移民事業，是俄國的滿洲政策之一。1902 年 10 月，中東鐵路全線完工，財政大臣維特來滿洲視察。為因應該路未來的營運，有必要發展鐵路地帶的工商業，並鼓勵俄人移民滿洲，維特指示鐵路公司應擴大鐵路地帶的占用面積，在東、西線各大站，每站展占 3,000 俄畝，南線各大

---

69 〈盛京將軍增祺為分行東省鐵路續占地畝情形片咨〉，光緒二十八年 6 月 15 日，收入《中東鐵路》（一），頁 111-112。2 萬餘畝係根據卜三家子至鐵嶺，各車站約 9,000 餘畝，加上後來續占的開原 1 萬餘畝及鐵嶺、遼陽的數千畝等處，約略合計而得。東三省土地面積係以垧、畝為單位，1 垧＝12 畝＝0.648 俄畝。1,080 俄畝數字核算：0.648 俄畝×（2 萬餘畝取 20,000 畝概數÷12）＝1,080 俄畝。

70 Нилус, *Исторический обзор КВЖД, 1896-1923 г.г.*, Т. I, с. 411.

站，每站展占 600 俄畝。針對俄人移民中東鐵路地帶問題，俄國政府則於 1903 年 2 月 26 日和 3 月 3 日在聖彼得堡舉行會議。與會者包括維特、羅曼諾夫、璞科第，以及即將上任的中東鐵路局長霍爾瓦特、烏赫托姆斯基等人。會議中詳盡地討論移民中東鐵路地帶的各種方案。維特認為移民滿洲者，應以工商界人士和護路軍的下層軍官及其家屬為主。前者具有開發經濟的能力和毅力，有助鐵路地帶的繁榮；後者可在鐵路車站附近建立「士兵村」。貧民和無業游民因無經濟能力，不得移入[71]。6 月，沙皇批准〈俄國臣民移居中東鐵路公司附屬地條例〉，規定由中東鐵路公司統籌此項移民事宜。為容納移民，准許該公司購地可達 20 萬俄畝[72]。

鐵路公司自從奉維特指示後，即編列了 1,000 萬盧布的經費[73]，開始規劃鐵路用地的展占。此項計畫的實施，在奉天省方面，先是要求在熊岳、蓋平、大石橋等三處續占地畝，當地居民為此而紛紛向地方官陳情，不願土地被鐵路公司徵買；惟其代辦達聶爾再三保證，自此不再展占，地方官「不得不再勉予通融」，允其所請，並派員安撫開導居民。豈料，蓋平等處地畝展占尚未完全議妥之際，達聶爾又於 1903 年 4 月照會奉天鐵路交涉總局，以鋪設雙道鐵軌作為火車會車之用為由，要求「從四平街起接至遼陽，沿途十一處車站各擬展丈俄畝地伍拾垧」[74]。經

71 Нилус, *Исторический обзор КВЖД, 1896-1923 г.г.*, Т. I, с. 412-413, 540-541.

72 羅曼諾夫，《俄國在滿洲（1892-1906）》，頁 353 註 1；Quested, *The Tsarist Russians in Manchuria, 1895-1917*, p. 95.

73 *Исторический обзор КВЖД, 1896-1923 г.г.,* Т. II, Часть III, “Особая памятная записка по земельному вопросу”, с. 157.

74 〈交涉總局為東省鐵路修造雙道鐵軌詳〉附件，光緒二十九年 3 月 14 日，

奉天鐵路交涉總局一再交涉，鐵路公司才同意減去三處，然「開原縣以北小站八處必須照辦」[75]。吉林省方面，在 1902 年 7 月時，增占地畝，計有 5,267 垧（約合 3,413 俄畝）[76]。黑龍江省部分，在此次之前，占用地畝面積，「每一大站約在三千垧左右，其餘小站自數百垧至千垧為止」。1902 年 10 月奉維特指示以後，有意將各車站地畝更形擴大，而向周冕提出要求：「大站七處，每處二萬俄垧，小站與道岔共二十三處，每處三五千垧不等。」周冕以占用範圍太廣，勢難同意。幾經交涉，鐵路公司「始允每大站至少須占七八千華垧，其餘中、小站亦減一二千垧與數百垧不等」[77]。此即後來 1904 年 3 月 23 日周冕所私訂地畝合同主要條款。

收入《中東鐵路》（一），頁 114-115。

75 〈交涉總局為商阻俄員添買四平街等車站用地事呈〉，光緒二十九年 4 月 12 日，收入《中東鐵路》（一），頁 115-116。

76 *Исторический обзор КВЖД, 1896 1923 г.г.*, Т. II, Часть III, "Особая памятная записка по земельному вопросу", с. 191. 關於俄畝與垧的換算，有二種算法，即 1 垧＝0.625 俄畝（"The Lands and Land Administration of the Chinese Eastern Railway Company and the Incident of August, 1st 1923", Part I, "Historical and Legal Basis", p. 4, 收入*Историческіи обзор КВЖД, 1896- 1923 г.г.*, Т. II, Часть III），以及 1 垧＝0.648 俄畝（見 1924 年 3 月東省鐵路地畝調查委員會石福錢的地畝調查報告附表：「全路線地畝總表」說明，《交通史路政編》，第 17 冊，頁 276 後附表）。而 1910 年 9 月 29 日俄國公使廓索維慈給外務部的照會有吉、江兩省鐵路購地 117,288 俄畝之說（合 18.1 萬垧，亦即 1 垧＝0.648 俄畝）。另外，石福錢的調查報告指全路占用地畝總計 162,443 垧，以 1 垧＝0.625 俄畝計，約合 101,526 俄畝；以 1 垧＝0.648 俄畝計，約合 105,263 俄畝，後者與 1914 年路局地畝處的調查全路地畝 105,510 俄畝相近。因此，有關涉及垧與俄畝的換算，一律採用後者。

77 〈報軍轅文並附密稟〉，光緒二十九年 12 月 14 日，《撫東政略》，收入《宋小濂集》，頁 290-291。

截至 1903 年 5 月為止，鐵路公司在鐵路沿線及各車站所劃定地畝，總計達 143,700 俄畝之多，其中有 10 萬俄畝在各車站附近[78]。各車站占地最廣，增長速度最快者，以哈爾濱首屈一指，從鐵路修建之初的 5,656 俄畝，增至 1903 年的 12,000 俄畝[79]，五年之中，占用地畝增加 1 倍餘。

在徵用土地的過程中，鐵路公司雖有明定土地的徵購價格，但俄軍進占滿洲後，鐵路公司常未依原定價款給付或補償。此類事件見之記載者多在奉天省境，如 1901-1902 年間，兩次減價強買懷德縣公主嶺的民地 970 餘垧、民房 800 餘間，給價不及時價的三分之一[80]。1902 年又強買懷德縣一處民地 370 垧，時地價值 1,400-1,500 吊錢，僅給價 140 吊；同年，在牛莊一帶給付的地價（每畝 10 兩），不及時價（每畝 120 兩）的十分之一[81]。黑龍江省亦有類似情形，如「近省城者，有以中錢數十吊，賣地數十百垧之事」[82]；遇有禾苗或成熟之庄稼，甚至「不給穀值，遽強占之」[83]。其次，在擴大地畝的展占以後，鐵路公司不時利用劃定地畝之機，未經地方官核可，違法多占地畝。如 1903 年 10 月，原定奉天省境內瓦房店、花紅溝等二處續占買 80 俄畝，鐵

---

78 羅曼諾夫，《俄國在滿洲（1892-1906）》，頁 353 註 1。

79 *Исторический обзор КВЖД, 1896-1923 г.г.*, Т. II, Часть III, “Особая памятная записка по земельному вопросу”, с. 154.

80 李文治編，《中國近代農業史資料》（北京：三聯書店，1975），第 1 輯，頁 246。

81 《沙俄侵華史》，第 4 卷（上），頁 418；《中國近代農業史資料》，第 1 輯，頁 246。

82 〈周道親供六〉，《撫東政略》，收入《宋小濂集》，頁 284。

83 《中國近代農業史資料》，第 1 輯，頁 246。

路公司則擅自擴增為 180 俄畝[84]。對於鐵路公司低價強買，以及非法展占地畝等作為，鐵路沿線居民雖甚為忿恨，然囿於俄軍威勢，未敢採取激烈行動抵拒之。

事實上，鐵路公司在 1903 年 5 月以前所占用的 143,700 俄畝鐵路用地，「皆非公司勢所必需，不過以鐵路為名，設肆招商，坐收地租之利」[85]。哈爾濱、大連二處地畝的出租拍賣，即是最佳例證。哈爾濱從 1901 年 6 月至 1902 年 11 月，計有三次出租拍賣土地，所得價款共計 127 萬餘盧布[86]。其獲利率以 1901 年 6 月的土地拍賣為例，93,000 平方俄丈的土地（1 垧＝1,550 平方俄丈，約合 60 垧、39 俄畝），拍賣所得價款為 37 萬盧布[87]，平均每垧得款 6,167 盧布，若以 1902 年 7 月在吉林省最高的徵購價格每垧 45 盧布計算[88]，60 垧購價為 2,700 盧布，轉手之間利潤高達 137 倍。同年，11 月，大連車站 16,843 平方俄丈（約合 10.86 垧）的土地拍賣，得款約 42.5 萬盧布[89]，初每垧以 84 盧布購入[90]，獲利率高達 466 倍，無怪乎維特會期望大連車站尚有餘地 60 萬平方俄丈，若悉行出租，則可為鐵路公司賺入

84 〈徐鼐霖為查核鐵路車站占地數目稟〉，光緒二十九年 8 月 29 日，收入《中東鐵路》（一），頁 120。

85 《程將軍守江奏稿》，卷 7，頁 22。

86 李濟棠，《沙俄侵華的工具——中東鐵路》，頁 97。

87 〈俄國戶部大臣維忒奏陳巡閱東省鐵路工程摺〉，《東省鐵路合同成案要覽》，初編，頁 41。

88 *Исторический обзор КВЖД, 1896-1923 г.г.*, Т. II, Часть III, “Особая памятная записка по земельному вопросу”, с. 190.

89 〈俄國戶部大臣維忒奏陳巡閱東省鐵路工程摺〉，《東省鐵路合同成案要覽》，初編，頁 44。

90 大連徵購地價據李濟棠說法，每畝 7 盧布（《沙俄侵華的工具——中東鐵路》，頁 97），折算成每垧則為 84 盧布。

1,500 萬盧布的利潤[91]。此種驚人的地產獲利率，固然是由於中東鐵路修建結果，然中國提供免費及低價的土地，用以築路，鐵路公司竟將多餘的土地拍賣出租，獲取鉅額利潤，實極盡諷刺之至。

1903 年 7 月，中東鐵路正式通車營運，全線所占用地畝早已超出其所需，然為達成俄國政府指示的 20 萬俄畝，該公司代辦達聶爾從 1902 年秋冬以來，即與周冕交涉江省續占地畝事宜，磋商年餘，1903 年 1 月 30 日合同初稿議妥，3 月 23 日簽訂畫押。這是繼伐木合同之後，周冕所私訂的合同。令人生疑的是，伐木、地畝兩合同的商訂既是同時進行，交涉期間，何以伐木合同一項，時署黑龍江將軍薩保曾指示暫緩議訂，地畝合同則無任何指示？且遲至其本人於 1904 年 6 月離職為止，亦未告知繼任的達桂，直到同年 11 月達聶爾前來要求畫押此二項合同，達桂始知其事。

究竟薩保是否知悉地畝合同一事？若據周冕於 1905 年 11 月 17 日針對程德全參劾其罪狀所作答辯，薩保疑似知情。就該辯文所附密稟觀之，在地畝合同商訂初期，周冕曾於 1903 年 2 月 3 日密稟薩保，謂鐵路公司屢次要求「鐵路兩旁各展寬二十華里，作為鐵路地界」，請其裁示。1904 年 1 月 30 日，周冕又密稟薩保表示，經其一再磋商結果，每大站原欲占地 17,000 垧，後減為 10,000 垧，再減為「七、八千華垧」；並謂「揣摩情勢，似難再減」，屆時畫押，「另行鈔副送核」等情形[92]，顯見薩保當

91 Нилус, *Исторический обзор КВЖД, 1896-1923 г.г.*, Т. I, с. 167.

92 參見〈上軍轅密稟〉，光緒二十九年 1 月 6 日；〈報軍轅文並附密稟〉，光緒二十九年 12 月 14 日，《撫東政略》，收入《宋小濂集》，頁 287-292。

知展地詳情，然何以未如伐木一項有緩議之指示？是否誠如周冕所言，其所允占地畝，較之俄國駐江省全權代表玻克大那夫向薩保索求「鐵路兩旁各讓出一百二十俄里」，「約計只剩至二百分之一」[93]，以致不便再行反對？因無其他公牘為佐證，難以斷定周冕所言悉為實情。然薩保從 1901 年署理黑龍江省政以迄 1904 年 6 月卸任，該省與鐵路公司有關的地畝及伐木等事項辦理，任令周冕貪贓枉法，媚俄圖利，未能嚴加監督，設法遏止，以致有私訂合同之局，周冕之罪固然深重，薩保實亦難辭其咎。

周冕所私訂黑龍江省鐵路公司購地合同，劃給鐵路公司的地畝分別是：大車站九處，「每站應購地畝至少八千三百五十華垧」；小站二十六處，「每站應購地畝，至少一千七百華垧」；其餘岔道小號站計六十三處，「每處應購地畝，至少八百五十華垧」；「西線鐵道共八百九十俄里，每俄里應用三十二華垧，大小各站，統計約需二十萬華垧」。每垧給價，分熟地、合用荒地、有水荒地等三種，分別由 45 盧布至 6 盧布不等；蒙旗用地和官地不分等級，一律給價 5 盧布；「不合用荒地，概不給價」[94]。

---

93 〈上軍轅文並附密稟〉，光緒二十九年 12 月 14 日，《撫東政略》，收入《宋小濂集》，頁 291。按，俄國駐江省全權代表玻克大那夫向薩保要求擴大鐵路占用地畝一事，係在 1902 年秋，計有二次提議，「如在鐵路兩旁各讓給一百二十俄里外，再行放荒，即代謀實缺」；經省城交涉處總理黃致堯會同周冕力請薩保駁拒其請。10 月，維特來哈視察，薩保往見，玻氏舊事重提，仍遭拒絕。其後周冕與達聶爾交涉期間，達聶爾時以此事相脅，謂其可不與之相商，而「效法廓米薩爾（Commissar）自向薩署將軍函商」（《撫東政略》，收入《宋小濂集》，頁 285、288）。

94 〈鐵路公司來文〉，光緒三十年 2 月 7 日，《撫東政略》，收入《宋小濂集》，頁 293。

1904 年 6 月，達桂接掌黑龍江省政。11 月，達聶爾來省要求畫押伐木及地畝等合同。達桂與之論辯三晝夜後，無法令其廢棄該二項合同。12 月 13 日，達桂就地畝合同一項，致函霍爾瓦特表示：「鐵路兩旁展地一事，敝處未之前聞，……既經周道允許，將木作舟……縱使萬分不易，亦必極力設法務期完全，以盡其愛助之意。與達君商明妥擬續合同，由本將軍等畫押，以昭慎重。」[95]同日，諭知周冕，謂「展地約稿，查核各站所占地數，未免過多」，「其中間有應行商改之處，商允達君續注該合同之後，然後畫押以昭核實」[96]。按，達桂到任後，雖知周冕有諸多違法貪瀆之事[97]，然以其在哈爾濱辦理中俄交涉多年，不得不倚重之，故即便周冕有擅訂伐木、地畝等合同之重大違失，仍須請其設法改訂，一時暫難將之撤職查辦。其後，周冕並未依達桂指示續與鐵路公司商改合同事宜，鐵路公司逕自前往各地占劃地畝。日俄戰爭結束，達聶爾於 1905 年 12 月再度攜帶展地合同來省交涉，「謂地價已發，立索畫押」。時新任署將軍程德全「答以須俟和平商辦」，達聶爾乃「悻悻而去」。從此，鐵路公司不再索求畫押，繼續至各地占劃地畝，以致鐵路附近旗民紛紛來省

95 〈軍轅致鐵路總辦霍爾瓦特承認該公司所訂占地合同信〉，光緒三十年 11 月 7 日，《撫東政略》，收入《宋小濂集》，頁 295。

96 〈軍轅諭知職道將間有參改處〉，光緒三十年 11 月 7 日，《撫東政略》，收入《宋小濂集》，頁 296。

97 達桂曾於 1905 年 10 月 4 日密奏周冕罪狀：「為俄國購辦軍糧，故違中立（日俄戰爭期間）」；「經辦鐵路兩旁墾務，所收荒價，悉飽私囊」；「向倚俄人為護符，遇事曲媚固結，凡有益於彼族者，無不盡力迎合，本省公事均置之不理」（〈將軍衙門請旨查辦周冕密陳片〉，光緒三十年 8 月 25 日，收入《中東鐵路》（一），頁 148）。

投訴，指稱「公司逼領地價，將有失業流離之苦」[98]。

鐵路公司強買民地，引起居民強烈的反占地風潮，以哈爾濱馬家船口一處（位於松花江北岸，隸屬黑龍江省管轄）最為劇烈。馬家船口反占地風潮，早在 1904 年春即有之，時江省鐵路交涉總局傳令馬家船口居民張永祿、譚廣德等將房地售予鐵路公司[99]。該地居民「因係世守產業，廬墓俱在」，不願出賣，希望能「仿照江南吉省傅家店（甸）撥留華商營運開設商埠」辦法，以為居民留作生計。而該總局堅持房地須賣予俄人，居民不得已，遂向呼蘭副都統陳情，轉呈該省將軍周知。7 月，達桂接獲呼蘭副都統呈文，尚不知有地畝合同一事，經查核發現，「松花江北岸譚廣德等各地，均在鐵路界外，該公司諒不致有用強勒買民產之舉」。若確有其事，「既與鐵路約章不符，亦與本省奏稟相違」，飭令周冕「速即就近向該俄人據理駁阻」[100]。周冕接獲指示後，辯稱他並未勒逼居民賣地，而是居民樂意出售，甚至有百數十人環跪該局，「請為轉致鐵路（公司）趕緊發價者，月必數次；且每遇俄員在局，來者愈眾」。達桂及程德全（齊齊哈爾副都統）不知此係周冕推託之詞，仍飭令其當「籌妥善辦法」，以駁阻俄人非法行為[101]。周冕既與鐵路公司私訂地畝合同，自然

98 〈署黑龍江將軍程德全奏本省生計將絕擬展拓鐵路摺〉，光緒三十一年 11 月 1 日，收入《清季外交史料》，卷 188，頁 2；《程將軍守江奏稿》，卷 6，頁 2。

99 〈署將軍程德全為俄兵強占地產房屋照會〉，光緒三十一年 10 月 24 日，收入《中東鐵路》（一），頁 178。

100 〈將軍衙門為俄人購買江北地畝事咨札〉，光緒三十年 6 月 13 日，收入《中東鐵路》（一），頁 143-144。

101 〈總辦鐵路交涉周冕為鐵路展占地畝事稟〉，光緒三十年 7 月 3 日，收入《中東鐵路》（一），頁 145；〈上軍轅稟〉，光緒三十年 7 月 1 日，《撫東政

未遵奉指示解決馬家船口問題。

日俄戰爭結束後，鐵路公司索求地畝合同的畫押未成後，對馬家船口居民即採取強硬手段，先是在 1905 年 9 月 9 日派馬隊 30 餘名，將張永祿一家逐出家門至 10 餘華里之外；五天之後，又將其鄰近居民譚廣德等三戶，悉行逐出，迫其「移住他屯」。11 月 3 日，張永祿、譚廣德等再赴江省陳情。11 月 20 日，程德全自知難以再經由鐵路交涉總局辦理此事，乃以將軍衙門名義，直接照會鐵路公司，謂：「原訂鐵路合同，遇有墳墓、廬舍尚須設法繞越，況馬家船口本非鐵路經行之地」；而且，該處既無鐵路公司照會，亦無鐵路交涉局呈報，而民間執意不賣，實「難以相強」，請其將馬隊調回，交還所占一切房舍、田地[102]。另一方面，程德全亦知鐵路公司強行占買馬家船口地畝，係緣於周冕私訂地畝合同而來，以地方當局之力，進行交涉，恐難逼令該公司退讓，遂奏呈清廷轉飭外務部向俄使交涉。事經外務部多次照會，俄使璞科第堅稱鐵路公司購買馬家船口之地，並無非法之處，一切問題的形成，均肇因於黑龍江將軍未肯承認該地畝合同所致，希望外務部電咨該將軍「將馬家船口之地交該公司，並嗣後不得阻礙該公司所有按照訂定合同辦理各事」[103]。

有關馬家船口問題，經外務部半年餘交涉，毫無結果；時復有伐木糾紛接連發生，為根本解決這些問題，璞科第於 1906 年 8 月始同意由鐵路公司與地方當局在哈爾濱進行協商。歷經一年談判，共進行二、三十餘次會議，得以在 1907 年 8 月 30 日改訂

略》，收入《宋小濂集》，頁 297-298。

102 〈署將軍程德全為俄兵強占地產房屋照會〉，光緒三十年 10 月 24 日，收入《中東鐵路》（一），頁 178-179。

103 《光緒丙午年交涉要覽》，下編，卷 3，鐵路門，頁 82-83。

地畝合同。在此期間，由於霍爾瓦特視前訂合同為已得權利，不肯退讓，中方主談者宋小濂奉程德全指示，據理力爭，可謂「殫竭心力，舌敝唇焦」。新訂〈黑龍江鐵路公司購地合同〉，同意鐵路公司從滿洲里至哈爾濱松花江北岸的石當車站為止，購地面積計 12.6 萬垧；徵購價格方面，民地依熟地、合用荒地、水用荒地三等，每垧由 60 盧布至 10 盧布不等，官地則不分等，每垧一律為 8 盧布[104]。和周冕私訂合同比較，新訂合同所劃給的地畝，計減少 7 萬餘垧；地價方面，無論民地或官地，均大為調高（民地原為 45 盧布至 6 盧布，官地為 5 盧布）[105]，單就官地一項，占用「不下八萬晌（垧），增出地價二十三萬餘盧布」。此外，新訂合同除聲明鐵路公司永不再展地外，還同意在車站附近撥留「華商便利足用地段」，以及「交涉局華官廳基址，使路界以內主權不至盡失」[106]。

此次江省伐木、地畝合同的改訂，原是因周冕私訂合同引起，吉林省雖無此項合同的訂定，但因鐵路公司要求，以及該公司亦時有在該省非法伐木占地之事，為根本解決之，清廷遂著令杜學瀛參與談判，而有〈吉林鐵路公司購地合同〉的訂定，同意鐵路公司東自小綏芬河交界站起，西至阿什河車站止，在吉林省境內占用地畝計 5.5 萬垧。至於中東鐵路支線（哈爾濱至寬城子）雖行經該省，並未同意其擴大占用地畝。該合同給付地價標

104 〈黑撫程德全奏改訂東省鐵路公司購地伐木合同摺〉，光緒三十四年 3 月 26 日，收入《清季外交史料》，卷 213，頁 14、16-17。

105 〈鐵路公司來文〉，光緒三十年 2 月 7 日，《撫東政略》，收入《宋小濂集》，頁 293。

106 〈黑撫程德全奏改訂東省鐵路公司購地伐木合同摺〉，光緒三十四年 3 月 26 日，收入《清季外交史料》，卷 213，頁 15。

準與江省地畝合同一致，同時，亦撥留部分地段作為華商及華官廳處之用。而此次所訂購地合同，和先前鐵路公司在該省所占用地畝 5,267 垧相較，則大為增加，亦如伐木合同的訂定一樣，不能不說是受周冕私訂合同拖累所致。

新訂吉、江兩省鐵路公司占用地畝，合計有 18.1 萬垧之多。此時，中東鐵路早已完工通車營運多年，顯示該公司要求展占地畝，實非鐵路用地所必需，而其展占面積既如此龐大，故地畝的勘劃工作，最初進展並不順利，直到 1909 年 9 月止，僅完成三分之一[107]。另一方面，在此期間，鐵路公司仍不時有非法展地之事。如 1908 年秋，鐵路公司雇工在札蘭屯碾子山站，動工挖壕周圍約 36 華里；又在新站（札蘭屯境內）、巴林（里）木站挖壕周圍約 30 華里。札蘭屯地方官乃向達聶爾抗議，謂「札蘭屯站尚未議妥」，不應「派人前往挖壕」，請其速行停工，「其餘各站亦當俟議定後，再行挖壕分界」。達聶爾表面上同意停工，實際上並未照辦[108]。10 月，又有寧古塔非法展地之事。根據地方官的報告，鐵路公司雇工在該城北 60 華里江頭北靠車道之處，「挖毀田苗、房屋，南北寬二、三華里，東西長十餘華里」；「距塔城東六十華里車道附近之區，亦被挖毀墳墓及荒熟地畝」，總計俄人在此兩處，「共毀禾苗五十七垧三畝，房屋四十九間，荒地一百三十六垧」。吉林鐵路交涉局照會俄國領事指出，「鐵路展占地畝，前雖訂立合同，第未經會同勘丈劃界，發

107 *Исторический обзор КВЖД, 1896-1923 г.г.*, Т. II, Часть III, “Особая памятная записка по земельному вопросу”, c. 179, 195.

108 黑龍江省檔案館藏，《黑龍江省交涉總局關於中東路展地事宜卷》（一），第 12 號，轉引自劉家磊，〈中東路展地與反展地的鬥爭〉，《求是學刊》，1982 年第 3 期，頁 95。

給地價，輒毀居民田苗、廬墓，實於理法均屬不合。」[109]

中東鐵路展地面積如此龐大，尤其是在黑龍江省境內，大站計有八處，包括滿洲里、海拉爾、免渡河、博克圖、札蘭屯、昂昂溪、安達、石當等，展地面積多達 6,000-6,800 垧，遠較吉林省境內大站一面坡、乜河、綏芬河等三處的 5,000-5,600 垧為多[110]，故勘劃時彼此的爭執亦多。鐵路公司希望及早將所展占地畝劃定，然江省當局則以大站展占範圍過廣，一時尚難劃定，宜從 600 垧以下的小站優先進行[111]。而石當站更是雙方爭執最多之處，在地畝合同訂定前，石當站即有馬家船口問題，鐵路公司執意將馬家船口劃入路界內，當地居民張永祿等人則堅持不願出售房地予之。為尊重居民意願，鐵路交涉局官員曾與鐵路公司代辦達聶爾爭執達二個月之久。再者，各站附近華屯，如札蘭屯等地，原經雙方議定劃出站界外，然至簽字時，達聶爾「忽翻悔前議，謂地畝處以華屯逼近車站，劃出界外，殊屬不便，須請示森都（聖彼得堡）總局核辦」，以致劃界工作為之停頓。截至 1909 年 3 月為止，中東鐵路在江省境內大中小各站共九十四站，大站劃清者，僅昂昂溪一站，「中站已議定簽押者三處，議定未簽押者七處，小站議定簽押者二十三處，其餘未經議定各站尚有五十

109 吉林省檔案館藏，〈吉林省交涉司照會索領事〉，第 66 號，光緒三十四年 9 月，轉引自劉家磊，〈中東路展地與反展地的鬥爭〉，頁 95。

110 參見 "The Lands and Land Administration of the Chinese Eastern Railway Company and the Incident of August, 1st 1923", Part II, "Documents: Annex V", pp. 18-23, 收入 *Историческiй обзор КВЖД, 1896- 1923 г.г.*, T. II, Часть III.

111 〈東三省總督信一件〉附件：〈照錄于道駟興來稟〉，光緒三十四年 9 月 19 日，中央研究院近代史研究所檔案館藏，《中東鐵路》，檔號：02-03-010-02-012。

餘處以上」[112]。

對於劃界工作進度的遲緩，鐵路公司將一切責任歸於地方官的延宕。1909 年 9 月 20 日，該公司透過俄使照會外務部，指責江省鐵路交涉局所派委員「劃分界限，藉詞延宕」，以致侵損鐵路公司之利益；並謂：「若再如此耽誤，恐該公司將以上各地段視為已價購之產也。」[113]10 月 21 日，東省當局去函外務部說明原因。該函文指出，劃界工作的遲緩，其咎不在地方官的藉詞延宕。蓋以「劃界一事，在在均關重要，既不可草率從事，尤不能同時並舉」；何況該合同「並未區分界址」，各站界「尚須隨時按站勘察，分別商訂」。同時，各車站附近亦須酌留地段為華商之用；「各站界內原有廬墓、村莊、城市」，「皆須設法繞越」，凡此等事項，均須詳加調查，非一時所能劃定。在此期間，鐵路公司又不時有違背合同的非份要求，如：「凡附近路站地段，不問於華民有無關礙，一概要求劃入界內」。最後，東省當局要求外務部，「轉照俄使飭知該公司於劃界事宜，務與華官和衷商辦，勿再膠執己見，以全睦誼」[114]。

經北京方面交涉後，地畝勘劃工作，已有相當的進展，至 1910 年 9 月為止，吉、江兩省各餘十五站、二十九站未完成勘劃[115]，惟鐵路公司仍覺不足，再經由俄使廓索維慈向外務部交

112 〈東三省總督、署黑龍江巡撫文一件〉，宣統元年 9 月 8 日，《東清鐵路展地勒捐》，檔號：02-03-009-02-010。

113 〈俄廓使照會一件〉，宣統元年 8 月 7 日，《東清鐵路展地勒捐》，檔號：02-03-009-02-007。

114 〈東三省總督、署黑龍江巡撫文一件〉，宣統元年 9 月 8 日，《東清鐵路展地勒捐》，檔號：02-03-009-02-010。

115 〈致俄廓使節略〉，宣統二年 9 月 25 日，《東清鐵路展地勒捐》，檔號：02-03-009-02-025；*Исторический обзор КВЖД, 1896-1923 г.г.*, Т. II, Часть III,

涉。9 月 29 日，廓索維慈照會外務部，謂鐵路公司「購買吉林、黑龍江兩省鐵路應用地畝章程共需地十一萬七千二百八十八俄垧，乃三年之久，中國地方官於辦理丈量分劃及繪圖校對等事，殊形遲緩，託故停擱，致迄今不能完結」；昔日中國政府以地數較多，「甚冀將總數減少，而鐵路公司當時不肯退讓」，今日為「篤念兩國久有之睦誼」，如能在六個月內完成勘劃，鐵路公司願「將地畝約照總數減少三分之一」[116]。對於此項地畝減讓，清廷及東省當局自然極力贊成，遂飭令地方官盡快配合鐵路公司，完成地畝的勘劃。只是，此時達聶爾反而以人力不足為藉口，擬先行勘劃吉林省各站[117]，目的在拖延江省各站的勘劃，使之無法於六個月內完成，從而取消地畝的減讓。經江省鐵路交涉局不斷催促，達聶爾仍堅持原意，不願辦理江省地畝勘劃[118]，該局不得已，乃將上情報呈東省當局轉咨外務部照會俄使，謂屆時未能如期議結地畝事宜，「延緩之咎並不在於中國」，江省各站界址如屆期未能勘定，「仍宜照原議減少地畝辦理」[119]。

同年，12 月 6 日，外務部據上情照會廓索維慈；次年（1911

"Особая памятная записка по земельному вопросу", с. 184.

116 〈俄廓使節略一件〉，宣統二年 8 月 26 日，《東清鐵路展地勒捐》，檔號：02-03-009-02-019。

117 〈東三省總督文一件〉，宣統二年 10 月 24 日，《東清鐵路展地勒捐》，檔號：02-03-009-02-024。

118 參見〈東三省總督文一件〉附件：〈黑龍江鐵路交涉總局與鐵路公司往來照會〉，宣統二年 10 月 24 日，《東清鐵路展地勒捐》，檔號：02-03-009-02-024。

119 〈照會俄廓使東省鐵路展地事〉，宣統二年 11 月 5 日，並參見〈東督文一件〉，宣統二年 11 月 1 日，《東清鐵路展地勒捐》，檔號：02-03-009-02-026~027。

年）1 月 26 日，廓索維慈覆文指稱地方官勘劃吉省地畝時，堅持在各站擴大華商占用地段，以致「與鐵路應用者甚不相符」，顯見其刻意為難，「不能按照公允處理」，屆時未能如期劃定，「應仍按原合同所定晌（垧）數，視為鐵路之產」[120]。為爭取俄國維持減讓地畝的原議，2 月 7 日，外務部再次照會指出，據東省當局來電，「除一面坡、乜河、穆稜、小綏芬河交界等五大站，因與各該地方情形，諸多窒礙，尚待商辦外，其餘大小各站均已議妥」，「現擬與公司聲明，已議各站趕速了結，其未定者再由彼此議商」。總之，吉、江兩省「於東清鐵路應用地段，既已多半議定，所未定者，亦復彼此協商，當可從速議結」[121]。其後，在清廷的飭令地方官配合下，東、西兩線地畝的勘劃，終於在 1912 年宣告完成[122]。

歷經四年來地畝的擴大占買，中東鐵路在東、西兩線占用地畝究竟為何？鐵路公司是否遵守協議，將地畝的展占面積減讓三分之一？根據路局地畝處 1914 年調查，中東鐵路全線占用地

---

120 〈俄廓使照會一件〉，宣統二年 12 月 26 日，《東清鐵路展地勒捐》，檔號：02-03-009-02-028。

121 〈致俄廓使照會〉，宣統三年 1 月 9 日，《中東鐵路雜件》，檔號：03-32-217-04-003。

122 中東鐵路東、西兩線地畝的勘劃完成日期，據鐵路管理局 1923 年 8 月的報告為 1911 年（"The Lands and Land Administration of the Chinese Eastern Railway Company and the Incident of August, 1st 1923" , Part I, "Historical and Legal Basis", p. 4, 收入 *Историческiй обзор КВЖД, 1896- 1923 г.г.*, T. II, Часть III）；然達聶爾在 1911 年 6 月 8 日有關地畝勘劃的報告指出，至是年 6 月 3 日為止，黑龍江省方面，除滿洲里至虎爾虎拉的 7,093 垧外，均已劃定，而吉林省方面，至少還須一年才能完成（*Исторический обзор КВЖД, 1896-1923 г.г.*, T. II, Часть III, "Особая памятная записка по земельному вопросу", c. 192, c. 200），由此看來，東、西兩線地畝的勘劃完成，當在 1912 年。

畝，總計 105,510 俄畝（約合 162,824 垧），各線占地分別為：西線 68,067 俄畝，東線 20,133 俄畝，南線 6,206 俄畝，哈爾濱地區（含石當站）11,102 俄畝[123]。由此看來，東線、西線（含石當站）合計，實際占用地畝 93,600 俄畝[124]，較原先的減讓協議多，顯見地畝劃定結果，最後約略減讓五分之一，而非三分之一。

中東鐵路占用如此龐大的土地，實遠超出鐵路用地需要，經地畝處規劃後，實際屬於鐵路需用地畝，僅有 22,439 俄畝，占全部土地的 21.27%，非屬鐵路用地，計有 83,071 俄畝，占全部土地的 78.73%。非鐵路用地之中適合開發者，計有 54,564 俄畝（哈爾濱地區為 4,524 俄畝，中東鐵路三線地區為 50,040 俄畝）被劃分成住宅、工廠、耕地、牧地，以及各種企業和公共團體需用地段，作為出租之用。租期分長期和短期兩種，長期出租為 3-10 年（哈爾濱另有鐵路職員租地 20 年）[125]，短期出租限為 1 年。這些地畝的出租情形，以 1914 年為例，哈爾濱地區有 2,939 俄畝，占可供出租地畝的 64.98%；中東鐵路沿線有 15,262 俄畝，占可供出租地畝的 30.49%[126]。儘管出租情況未盡理想，而且，所得租金收入與鐵路公司用於地畝的規劃開發經費不成正比（歷年來地畝的租金收入，詳見第五章附屬事業的經營，表 20），然和其爭取地畝權的目的相比，實微不足道。須知，俄國

123 Нилус, *Исторический обзор КВЖД, 1896-1923 г.г.*, Т. I, с. 416.

124 西線占地 68,067 俄畝，連同石當站的 5,400 俄畝（8,334 垧，見《交通史路政編》，第 17 冊，頁 276 後附表：「西線地畝總表」），共占地 73,467 俄畝，加上東線的 20,133 俄畝，故東、西兩線占地合計 93,600 俄畝。

125 《交通史路政編》，第 17 冊，頁 276 後附表：「哈爾濱全埠面積」。

126 參見 Нилус, *Исторический обзор КВЖД, 1896-1923 г.г.*, Т. I, с. 416-418.

政府指示鐵路公司擴大土地的占用範圍，根本之圖，在拓展俄國的殖民事業，日俄戰爭結束後，地畝處配合民政處的籌劃自治會，攫取路界內的行政權，即是此一企圖的具體表現。

如前所述，鐵路公司占用如此龐大的非鐵路用地，實與 1896 年鐵路合同所言：鐵路用地當指「建造、經理、防護鐵路所必需之地」，不相符合；而負責規劃管理此項土地的地畝處之職掌，亦多有侵礙中國地方行政權之處，從路局組織章程規定地畝處職掌共八項而言，其中即有四項——「登記未設自治會各城鎮之工商業」、「查驗租放地段建築物」、「辦理各城鎮公益事宜」、「管理自治會事宜」等[127]，係屬地方行政業務，與商業營運毫不相干。職是之故，此項地畝權自然也是日後利權收回項目之一。

1922 年 12 月 8 日，奉天當局於路界內設東省特別區域行政長官，主管路界內的一切事務，以護路軍總司令朱慶瀾兼任。次年，5 月 1 日，朱慶瀾就任，東省特別區行政長官公署正式宣告成立，路界內的行政機關始劃歸統一[128]。有關地畝權的收回，在行政長官公署主導下，得以逐步展開。先是華人以十月革命後，地畝處將鐵路附屬地「紛紛開放及出租於外人，而華人久經租住之地，則忽令增租，忽令遷移，一蒙損失，動逾鉅萬」，乃向行政長官公署投狀控訴。其次，若放任地畝處租放地畝予外人，東省特區勢必變成各國雜居地，進而「隱樹各國共管之基礎」[129]。再者，自軍警權、行政權、司法權、郵政業務等項利權收回以

127 參見《交通史路政編》，第 17 冊，頁 247-251。

128 《東支鐵道を中心とする露支勢力の消長》，下卷，頁 773-774。

129 《交通史路政編》，第 17 冊，頁 244-245。

來，東省特區的行政費用支出，極其可觀，尤以護路軍支出為多，若能將非鐵路用地收回，以其租金收入挹注護路軍經費，則於東省特區的財政不無助益[130]。基於上述原因，朱慶瀾乃密呈東三省保安總司令張作霖（1875-1928），建議撤銷地畝處，另設地畝局統籌管理東省特區土地。6 月 20 日，張作霖電飭東省鐵路公司督辦王景春（1882-1956），謂路局地畝處職掌有違鐵路合同之處，復與東省特區行政長官權限有所牴觸，應指示路局撤銷該處，並將其業務移交東省特區行政長官。7 月 22 日，張作霖正式下令撤銷地畝處，另設地畝局接替其職掌，以濱江鎮守使張煥相兼任局長，定於 8 月 1 日實行接收[131]。

圖 9-4　中東鐵路第四任督辦王景春。留美鐵路運輸專家，曾任京漢鐵路管理局副局長。1922 年 4 月繼宋小濂之後到任，1924 年 2 月請辭。

是時，路局及俄亞銀行對奉天當局的收回地畝權，極力抗拒[132]。7 月 30 日，俄亞銀行北京分行經理趕赴哈爾濱，

130 《東支鐵道を中心とする露支勢力の消長》，下卷，頁 782、784。

131 參見《東支鐵道を中心とする露支勢力の消長》，頁 784；《交通史路政編》，第 17 冊，頁 252。

132 俄亞銀行前身即為華俄道勝銀行，最初中東鐵路合同固然是由該銀行與清廷簽定，惟鐵路的修築、經營係另組公司為之，其與中東鐵路並無直接關係。十月革命後，中東鐵路各項利權逐漸收回之際，鐵路公司為求自保，借助於革命後遷移至巴黎的俄亞銀行，並得法國政府協助，向北京政府交涉，宣稱該路係由該銀行與清廷合辦，且持有該公司全部股份，遂使北京

圖 9-5　中東鐵路管理局局長奧斯特羅烏莫夫。1921 年 2 月到任，任職期間不但抵制中國收回地畝等利權，還曾因慈善募款會的戲劇表演羞辱中國人，引起哈爾濱民眾反感而請願驅逐之。1924 年 9 月，〈奉俄協定〉簽訂後，因新任局長伊萬諾夫到任而解職。

與路局俄籍員工密商，決議拒絕移交所有地畝案卷，並請哈爾濱領事團出面干涉。次日，張煥相率員赴路局告知 8 月 1 日接收地畝處，該局長奧斯特羅烏莫夫（Boris V. Ostroumov, 1867-1944，舊譯渥斯特羅烏莫夫）表示，此項地畝係由該公司花費 1,000 萬盧布收購而來，不能單憑中國片面命令，即行移交[133]。同日，哈爾濱領事團主席日本總領事山內四郎照會朱慶瀾，請張煥相暫緩接收鐵路公司地畝，俟各國駐哈領事呈報本國政府並各該國公使核奪後，再行辦理。其後，英、美、日、法等國公使相繼向北京政府表達關切，俄國勞農政府駐北京代表則遞交節略，表示地畝問題當由中、俄兩國進行協商。如此一來，地畝局雖如期設局並發布地畝暫時登記辦法，然卻無法以強硬手段撤廢地畝處，接管該處業務；至於願意前往地畝局辦理登記的承租戶，其地租僅能暫由特區警察總管理處代為收取。而為了解鐵路公司占用地畝詳情，地畝局成立東省鐵路地畝調查委員會，前往各地調查，惟迫於地

政府交通部於 1920 年 10 月與之訂定〈管理東省鐵路續訂合同〉。由是之故，奉天當局擬將地畝權收回時，俄亞銀行乃有抵拒之舉（參見雷殷，《中東路問題》，頁 68-69）。

133 《東支鐵道を中心とする露支勢力の消長》，下卷，頁 785-786。

畝處的抵拒，至 1924 年 3 月該會解散為止，僅知西、東、南三線鐵路實際需用地畝 20,856 俄畝，占全部地畝的五分之一，哈爾濱一地則不得而知[134]。

1924 年 5 月、9 月，蘇聯政府分別與北京政府及奉天當局簽訂〈中俄北京協定〉和〈奉俄協定〉，就有關中東鐵路的管理事項，達成協議，此後地畝局始有採取強勢作為之依據。先是在 7 月發布公告，謂自 1923 年 8 月 1 日起，凡與地畝處私訂契約均屬無效；9 月，再公告表示，未繳地租者，限 10 月 15 日前，赴特區警察總管理處補繳，逾期受罰。結果，路局所屬租戶改向地畝局繳納地租者日漸增多，相對地，地畝處所收得的地租大為減少。其次，路局重要地畝案卷從 1923 年 7 月 31 日起為駐哈領事團封存以來，地畝局始終無法取得，直到〈中俄北京協定〉、〈奉俄協定〉陸續簽訂後，駐哈領事團不得不於 1924 年 9 月 29 日會同路局解除地畝案卷的封存。11 月，地畝局發布公告，取消特區警察總管理處代收地租規定，改由地畝局直接收取[135]。儘管該局日後對地畝的接收愈益積極強勢，然受阻於俄方的操控路局，接收工作仍無法順遂，遲至 1929 年 7 月中東路事件發生，東北當局始以武力解除俄籍局長及各俄籍處長之職，一併撤銷地畝處[136]，多年來地畝權的收回努力，方能如願以償。

---

134 《交通史路政編》，第 17 冊，頁 253-254、273。

135 參見《東支鐵道を中心とする露支勢力の消長》，下卷，頁 817-821。

136 《中俄關於中東鐵路之交涉史略》（中下），頁 34。

第二節　內河航行權、關稅與租稅之減免優惠權及其他利權

一、內河航行權

鐵路合同第四款規定：凡鐵路公司「建造鐵路需用料件、雇覓工人及水陸轉運之舟車夫馬並需用糧草等」，中國政府「皆須盡力相助，各按市價由該公司自行籌款給發，其轉運各事，仍應隨事由中國政府設法使其便捷」。續訂鐵路合同第二款規定：「准公司用輪船及別船掛公司旗，行駛遼河並該河之枝河及營口並隙地內各海口合用，而有益此路路工者，均可駛入及運卸料件。」由此可知，中東鐵路公司所取得的內河航行權，係為鐵路興修所需材料及人員運輸便利而有之，其時效限於築路期間。換言之，1903 年 7 月，中東鐵路完工通車後，該項利權即自動失效。其次，其開放對象僅止於鐵路公司所屬船隻，且船隻運輸局限於鐵路公司物料及人員，無商業運輸性質。準此而言，所謂內河航行權，係屬短暫性質，鐵路正式營運後，該公司船隊即應解散，不得再任意航行松花江、遼河等河流及其支流。不過，亦如軍警權、行政權等利權的非法擴充行徑，築路伊始，該公司便罔顧合同規定，其船隻在運輸鐵路物料之餘，尚兼營商業運輸；同時，鐵路公司又准許俄國商船懸掛該公司旗幟，航行松花江。中東鐵路完工通車後，更在鐵路管理局下添設船舶處，專門經營松花江及其支流的航運，公然侵害中國的內河航行權。

築路期間，鐵路公司船隻航行東省境內河流，以松花江流域為主。1898 年 7 月，該公司第一艘駁船「伊曼」號在海參崴組裝完成，裝載築路器材及工程人員，由伯力經黑龍江上溯松花江

抵達哈爾濱，以後陸續有其他船隻加入。至 1899 年時，該公司船隊航行松花江的總噸數，達於 150 萬普特（約合 2.4 萬噸）。1900 年起，鐵路公司船隊開闢了伯力至哈爾濱的商業航線。是年夏，義和團事件爆發，俄人遂得利用該航線撤離至濱海省；而俄軍大舉入境滿洲時，薩哈羅夫所率一路俄軍即取道此航線抵達哈爾濱[137]。

1902 年 9 月，築路所需材料全部運輸完畢，鐵路公司船隊轉而在松花江沿岸各港口招攬貨物，進行商業運輸，運輸貨物包括穀物、木材以及個人物品。地方官以該公司此舉違反鐵路合同規定，提出抗議，卻因此時適逢俄軍進占滿洲期間，未獲任何回應。1904 年 10 月，鐵路公司更進一步在路局設船舶處，經營松花江的客貨運輸，其下並設有松花江水利課，收取船舶通行稅。與此同時，俄國交通部完成了松花江水系的調查；而陸軍部測量局結合路局船舶處，亦完成松花江航線的調查，並在拉哈蘇蘇（位於松花江及黑龍江合流處，屬臨江州管轄）至哈爾濱間裝設航線標誌，以利船隻航行。此外，為確保俄船在松花江航行的安全及暢行無阻，沿線且配有電信設施，並派軍隊駐防[138]。

鐵路公司經營松花江航運，不僅嚴重侵犯中國的內河航行權；而且，由於其他俄船的加入，也對中國東北本土的航運業造成極大的打擊。據 1904 年 4 月統計，航行松花江的俄船，計有客船 21 艘、貨船 58 艘[139]，其中以黑龍江商船公司所屬船隻居多[140]。而鐵路公司船隊在日俄戰爭爆發時，航行松花江的汽船即

---

137 《東支鐵道を中心とする露支勢力の消長》，上卷，頁 90-91。

138 《東支鐵道を中心とする露支勢力の消長》，上卷，頁 91-92。

139 《東清鐵道資料》，頁 165-166，轉引《沙俄與東北》，頁 520。

140 《黑龍江志稿》（中），頁 1672。

有 100 餘艘[141]。相較於俄船「輪舟鱗集」，「絡繹江干」[142]，原已不發達的東北本土航運業，自然難以和俄船競爭，而益形蕭條凋敝。

日俄戰爭結束後，為謀求航權收回，1906 年，署黑龍江將軍程德全上任之初，「撥款購公濟、先登小輪二艘。惟船身小，僅可遊弋呼蘭河內」，來往於哈爾濱、呼蘭間。不久，巴彥商人集資購得「齊齊哈爾」號汽船，於 1907 年 6 月順松花江而下，駛入黑龍江，抵達大河溝而返[143]。這是中國汽船航行黑龍江下游之首例，在東北航運史上別具意義。時俄船（含鐵路公司船隊）在松花江水域所載貨物，平均每年總值 240 餘萬盧布[144]，一旦中國汽船加入松、黑兩江航運，勢必影響其利益，遂藉口「中國行輪不諳黑龍江駕駛規條，甚虞失事」，提議兩國會商，以訂定行船章程；然章程未議決前，「華輪先由俄領事發給船牌，或由華官發給執照，交俄官簽字，方免誤會」[145]。東三省總督徐世昌以此一做法，有違〈瑷琿條約〉規定[146]，著令于駟興在哈爾濱就近

141 薛虹，〈沙俄攫取松花江航行權的經過〉，《社會科學戰線》，1979 年第 4 期，頁 187。

142 《東三省政略》（上），卷 3，交涉——航路交涉篇，頁 6。

143 《黑龍江志稿》（中），頁 1675。

144 〈滿洲實業談〉，《東方雜誌》，第 4 卷第 6 期，光緒三十三年 6 月，頁 104。

145 《東三省政略》（上），卷 3，交涉——航路交涉篇，頁 6。

146 1858 年〈瑷琿條約〉規定：「黑龍、松花、烏蘇里各江，只許大清、俄國往來，別國船隻不准行走」（見故宮博物院明清檔案部編，《清代中俄關係檔案史料選編》，第 3 編，中冊，北京：中華書局，1979，頁 508）。按，此處所指松花江並非流經黑龍江、吉林兩省的松花江，而是該江在吉林省東北角黑河與黑龍江、烏蘇里河會合北行出海的一段，亦即黑河至海口一段，又稱混同江。在〈瑷琿條約〉簽訂時，中俄雙方均稱該段江河為松花

與俄總領事劉巴交涉。劉巴多方推託延宕，「始則面稱聞俄使已有定宗旨，有在北京徑與中國政府談判之意，應候訓條；繼則自稱於茲事素未講求，非由俄國派有熟諳船政之員，礙難獨議」[147]。幾經于駟興催促，劉巴始終不願進行協商，以致中國雖有權航行黑龍江下游至出海口，卻遭致俄方阻擋，江輪只能行抵拉哈蘇蘇。

俄國既限制中國江輪航行黑龍江下游，卻又漠視中國內河航行權，任意出入松花江，經營江航運輸，東省當局有鑑於此，決定將中俄航權交涉重心轉至松花江問題上。以俄人多年來非法經營松花江航運，一時之間，要全面禁絕之，實屬不可能，故東省當局初步做法是先收回松花江航運管理權，亦即撤銷哈爾濱水利會。哈爾濱水利會係由經營松花江航運的中、俄船主，在中東鐵

圖 9-6　中東鐵路管理局船舶處處長兼哈爾濱水利會經理威勃爾。1897 年 2 月起即擔任中東鐵路工程第八分段工程師，並任駐吉林代辦，辦理木植事宜。1904 年 10 月起任船舶處處長，1920 年 10 月卸任。

江，故明定中、俄船隻可航行其間。不過，從此之後，俄國反得以藉口非法由黑河上溯松花江抵達三姓、呼蘭、伯都訥、吉林，甚至遠達於嫩江畔的齊齊哈爾，進行水文、地理、物產等調查（薛虹，〈沙俄攫取松花江航行權的經過〉，頁 183）。另一方面，中國雖有權航行該段江河，但因航運業不發達，故截至 1907 年「齊齊哈爾」號下航之前，並無任何船隻航行其間，以致該項權利長期以來為俄國所獨享。

147 《東三省政略》（上），卷 3，交涉——航路交涉篇，頁 1。

路管理局船舶處監督下組成，作為管理松花江航運的機關，其經理由威勃爾（Karl Iu. Weber）擔任。1908 年 5 月，濱江關道台杜學瀛奉命交涉收回哈爾濱水利會。時杜學瀛照會鐵路公司表示：「所有保護航路各事，均應歸我自辦；凡公司前設江心標筒，由我接收；輪船向俄租用，並許仍雇會首威勃爾經理。議如就緒，即聲明已設之水利會，俟中國開辦時即應撤去。」霍爾瓦特覆函指出，「此事須請俄京鐵路總局核議，茲當行輪之時，是會未便驟停，商請仍准暫設，以本年為限。」[148]經徐世昌核可，杜學瀛乃會同霍爾瓦特商訂〈水利會暫行章程〉，作為江航管理權依據。

10 月，松花江航期結束，繼任的署濱江關道台施肇基依先前協議，照會鐵路公司，移交哈爾濱水利會業務。該公司先是以會款未清結為由，不願移交；繼則聲稱「修理航路尚未竣工」，推託延宕。經施肇基多次函告霍爾瓦特催辦，並請濱江關俄籍稅務司葛諾發（Nikolai A. Konovalov）「查探襄助」，水利會始同意所收船捐除酌留付款外，餘均定於 10 月 28 日繳交中國方面收儲，作為下屆航期用款。11 月 21 日，威勃爾將是年結餘船捐 3,000 盧布移交濱江關，至此，松花江航運乃歸中國稅關管

圖 9-7　濱江關俄籍稅務司葛諾發。1920 年 11 月，獲聘為中東鐵路監察局監察員。

148 《東三省政略》（上），卷 3，交涉——航路交涉篇，頁 4。

理[149]。

此次哈爾濱水利會的撤銷交涉，名義上，中國收回了松花江航運管理權，實際上，中國並未能獲得實質的利益。蓋交涉過程中，為使管理權順利收回，中國同意濱江關水利部人員雇用俄籍職員，故原水利會人員一併留用，所有水利資料、航路圖仍操於俄人之手，於俄國而言，並未蒙受任何損失，反而從此取得航行松花江的合法認可。相對地，該船捐收入尚不足以支應航運管理費，無異是增加地方財政的額外負擔。

除謀求江航管理權的收回外，東省當局尚從抵制俄船的營運上著手。1907 年 8 月，吉林巡撫朱家寶（1860-1923）選派候補縣丞王鴻藻調查松花江航路，作為經營該航路之預備[150]。不久，即在哈爾濱成立官輪總局，吉林省城設分局，添購「吉源」、「吉瀛」、「吉槃」、「吉森」等小型江輪，來往於松花江上游；並於省城沿岸修築碼頭，力阻俄人在該處停泊[151]。1908 年 10 月，于駟興呈文建議，為振興松、黑兩江航運，應由吉、江兩省合辦郵船總局於哈爾濱；其航路除現有的「松花江上自三江口新城府起，下至臨江州出口止」，以及「黑龍江上自額爾古納河起，下至烏蘇里河口之伯力止」等外，還可規劃新城府以上之松花江、額爾古納河、烏蘇里江等航路。11 月，徐世昌採納其議，以候選道員王崇文為總理，經辦其事。歷經半年籌劃，松、黑兩江郵船總局在 1909 年 4 月成立。設局最初經費由奉、吉、黑三省攤

149 《東三省政略》（上），卷 3，交涉──航路交涉篇，頁 4。

150 《東支鐵道を中心とする露支勢力の消長》，上卷，頁 94。

151 《中東鐵路歷史編年（1895-1952）》，頁 66；《黑龍江志稿》（中），頁 1727；《東三省政略》（上），卷 3，交涉──航路交涉篇，頁 1。

撥，吉林官輪總局裁併，其船輪歸該局接收[152]。

吉、江兩省合設郵船局加入松花江航運後，以其所擁有的船隻（汽船 6 艘、拖船 3 艘）[153]，本已不易與俄船競爭，然俄船公司為全面抵制華船，又採取減價策略，將客船票價調降，比華船便宜三分之一，以致客運多為其所招攬，華船難有生存空間[154]。其次，1909 年起，松花江航運管理權固然操控在中國稅關，但俄船卻取得了合法航行權，於其營運助益更形增加。基於此二因素，清廷決定開放松花江航行權，並在沿江口岸設關徵稅，一則藉由各國船隻的加入松花江航運，打破俄船壟斷局面；一則以收取商船貨物稅，來彌補航權開放的損失。同年，6 月 21 日，著令濱江關稅務司葛諾發規劃哈爾濱、三姓、拉哈蘇蘇等處設關徵稅事宜。6 月 26 日，濱江關公布〈松花江貿易暨稅關暫行規則〉，開放松花江航運、貿易，及規定哈爾濱等稅關進出口稅類別與稅額[155]。

〈松花江貿易暨稅關暫行規則〉頒布不久，俄國即提出嚴重抗議。俄使廓索維慈照會外務部，來文「引咸豐八年愛（璦）琿和約第一條及光緒七年改訂條約（〈改訂伊犁條約〉）第十八條來相詰責」[156]，認為清廷做法無異是剝奪俄國享有獨占松花江行船之特權，俄國堅不承認該項規則。外務部以〈朴資茅斯條約〉

---

152 《黑龍江志稿》（中），頁 1725-1727。

153 《黑龍江志稿》（中），頁 1725。

154 《沙俄與東北》，頁 525。

155 《東支鐵道を中心とする露支勢力の消長》，上卷，頁 96-97。

156 〈外部致東三省督撫愛琿等處設關及松黑行船章程俄已允認希飭關道妥為因應函〉，宣統元年 6 月 27 日，收入《清宣統朝外交史料》，卷 7，頁 6。

「已將中俄在松花江獨得行船之權利讓出」[157]；「中國在各該處開通商埠，係實行中日會議條約之事，與兩約無涉」等理由，與之論辯。俄使堅持其說，彼此「相持不決」，外務部「遂擬一節略草稿，面與磋商，祇令其允認關章，新舊約均置不論」[158]。歷經數次協商，俄使始允認各關卡及所擬松花江行船章程，「惟按照咸豐八年、光緒七年和約條款於俄商窒礙之處，提議商酌」[159]。外務部同意其請求，派施肇基與俄方人員在哈爾濱會商改定。

1909 年 12 月 27 日，中俄有關松花江行船章程等事宜會議在哈爾濱舉行。首次會議由於俄員欲將原先俄使允認的〈松花江行船試辦章程〉，更名為〈稽查松花江往來船隻暨進出口貨物暫行試辦章程〉[160]，以致雙方不歡而散。12 月 30 日，舉行第二次會議，開始逐條討論該項章程，至 1910 年 5 月下旬為止，歷經二十七次會議，僅將哈爾濱、三姓、拉哈蘇蘇等稅關章程大致議定；至於「其總綱稅鈔內久議未決之各條，彼此均已聲明無可退讓」[161]，只得移交北京由外務部與俄使直接議商。

---

157 外務部說法，係指〈朴資茅斯條約〉第三款第三段所言：俄國政府聲明「在滿洲領土上利益，或優先的讓與，或專權的讓與，有侵害清國主權，非一律均沾者，一概無之」（〈日俄樸司茂斯和約〉二件，光緒三十一年 8 月 9 日，收入《清季外交史料》，卷 191，頁 14）。

158 〈外部致東三省督撫愛琿等處設關及松黑行船章程俄已允認希飭關道妥為因應函〉，宣統元年 6 月 27 日，收入《清宣統朝外交史料》，卷 7，頁 6。

159 〈外部致俄使繕送愛琿等處設關及松黑兩江行船節略函〉，宣統元年 6 月 19 日，收入《清宣統朝外交史料》，卷 7，頁 7。

160 〈東督錫良致外部松花江貿易試辦章程請駁拒電〉，宣統元年 11 月 25 日，收入《清宣統朝外交史料》，卷 12，頁 4。

161 〈濱江道施肇基稟外部會議哈爾濱、三姓、拉哈蘇蘇各關章程繕摺呈核文〉，宣統二年 4 月 16 日，收入《清宣統朝外交史料》，卷 14，頁 32。

此次哈爾濱會議未能圓滿完成任務的根本原因，係為中俄雙方對松花江航行權認知上的歧異。中方引〈朴資茅斯條約〉指稱俄國已退讓該項利權，俄方則堅稱〈瑷琿條約〉、〈改訂伊梨條約〉賦予其享有該項利權不變。因此，會談期間，俄方主張其在松花江有自由貿易之權；而且，「江路與陸路為一類，不與海路並論」[162]，故關稅徵收應比照陸路通商原則辦理。中方針對其說，詳加辯駁。首先指出，從〈瑷琿條約〉「應准兩國人民在黑龍江、松花江、烏蘇里河行船，並與沿江一帶地方居民貿易」等規定而言，「所謂松花江者，係指黑龍江之下游，並非中國境內之松花江」。蓋按該約第一條「黑龍江、松花江左岸由額爾古納河至松花江海口，作為俄羅斯所屬之地」，此處之松花江，如是中國境內之松花江，「則左右兩岸皆中國屬地，何曾作為俄國屬地？且此松花江並未達於海口，何所謂海口字樣」？可見該約文係以上游為黑龍江，下游為松花江，名為中俄界河，「故約定只准中俄行船，不准別國行船，此與中國境內之松花江不相干涉」。其次，所謂「江路與陸路為一類」之說，顯屬無理。蓋「江路即同海路，既無可自辯，而俄商在海路通商應照各國通商總例辦理」，否則，俄商在長江等處商埠通商，豈是比照陸路章程乎[163]？對於上述論點，俄方雖無法辯駁，然卻執意反對。眼見議結期限 7 月 1 日即將屆臨，雙方既無法達成共識，施肇基遂決定將之「提歸京議，俾免無謂之耽延」[164]。

---

162 〈外部致稅務處松花江貿易章程茲酌定宗旨請會函施肇基速議函〉，宣統二年 4 月 3 日，收入《清宣統朝外交史料》，卷 14，頁 23。

163 〈外部致稅務處松花江貿易章程茲酌定宗旨請會函施肇基速議函〉，宣統二年 4 月 3 日，收入《清宣統朝外交史料》，卷 14，頁 23-24。

164 〈濱江道施肇基稟外部會議哈爾濱、三姓、拉哈蘇蘇各關章程繕摺呈核

1910 年 6 月下旬起，中俄雙方繼續在北京議商未能議結問題。歷經近二個月的會談，終於在 8 月 8 日達成協議，簽訂〈松花江行船章程〉，以及〈稽查松花江往來船隻暨進出口貨物暫行試辦章程〉，與哈爾濱、三姓、拉哈蘇蘇等稅關暫行試辦章程等四項附件。其中〈松花江行船章程〉的訂定，固然彰顯了松花江主權歸屬中國所有，但俄船航行松花江的特權，則獲得正式認可，俄國數十年來宿願得以實現。此外，松花江沿岸哈爾濱等三處設關徵稅，挽回關稅利權的同時，卻也賦予俄國貨物取道松花江進口，享有關稅減免或中俄邊境百里內免稅等特權，而中東鐵路所需各項料件（含護路軍所需物件），也可免納各項稅釐[165]。

綜觀之，為期二年餘松花江航權的挽回努力，表面上，中國似將喪失已久的航權悉行收回，實際上，俄國反而就此取得該項利權及江航關稅減免優惠的特權。從此，俄人在松花江航運規模日益擴增，至 1917 年為止，航行其間的俄船不下百餘艘，獲利甚為可觀[166]。其時，中國船隻往來於松花江者，不及俄船的十分之一[167]，僅以規模最大的官營郵船局而言，擁有船隻不過 9 艘而

文〉，宣統二年 4 月 16 日，收入《清宣統朝外交史料》，卷 14，頁 32。

165 參見《中外舊約章彙編》，第 2 冊，頁 677、680。

166 《交通史路政編》，第 17 冊，頁 381。按，他國船隻航行松花江者，遲至 1912 年始有之，係為哈爾濱德商禮滿洋行，雇用華人，懸掛中國旗幟，搭載客貨。同年，10 月，該輪有意改掛德國旗幟，遂引起吉林當局及海關總署稅務處疑慮，擔心俄國抗議。外交部咨文表示，〈松花江行船章程〉並無俄船獨享該江航權，他國船隻得一體均沾（參見〈收吉林省陳都督咨〉，民國元年 10 月 22 日；〈發奉天吉林都督咨、稅務處函〉，民國元年 11 月 21 日，中央研究院近代史研究所檔案館藏，《松黑等江航權》，檔號：03-32-273-01-002~003）。

167 〈交通部咨一件〉附件：〈照抄戊通航業公司呈〉，民國八年 4 月 26 日，《松黑兩江行船交涉》，檔號：03-32-276-01-033。

已，如何能與俄船競爭？北滿最大的水路交通航運，由是落入俄國掌控之中。這是繼中東鐵路的修築經營權之後，俄國取得北滿交通利權的另一重大斬獲。此一結果，於中國東北交通權的自主，無異是雪上加霜。隨著松花江航行權的取得，俄國商船及中東鐵路護路軍艦隊不時擅入嫩江、呼蘭河等水域[168]，深入中東鐵路區域之外的吉、江兩省腹地，對中國東北國防安全構成莫大的威脅，這應是清廷同意俄船航行松花江始料未及的！

1917 年十月革命爆發，對經營松、黑兩江航運的俄國汽船公司影響頗大。為避免船隻為新俄政府沒收，俄國船主紛紛將船隻拋售，中國紳商乃乘機籌集資金，收購俄船，成立汽船公司。其中規模最大者為戊通公司，係由陳陶怡、孟昭常、章緇僧、陳公孟、王筌士等人，於 1918 年 3 月發起成立。資本額定為 200 萬元，先募集 50 萬元，共購入俄船 49 艘（汽船 29 艘、拖船 20 艘），次年 3 月在傅家甸正式開辦。12 月，交通銀行同意撥款 150 萬元支持該公司，其基礎始稱穩固。時俄人繼續經營松花江航運者，大為減少，據 1924 年 1 月調查，俄船僅餘汽船 11 艘、拖船 16 艘（中東鐵路公司船隊汽船 11 艘、拖船 30 艘未計入），和十月革命前相比，蕭條之甚，由此可見。相對地，經由收購俄船結果，華船數量大幅增長，總計汽船 68 艘、拖船 40 艘，資產額為 355.7 萬金盧布（俄船公司 121.8 萬金盧布，鐵路公司 165.9

---

168 俄國商船非法進入嫩江、呼蘭河一事，發生於 1909 年。是年 7 月，先有俄船上溯嫩江，抵達墨爾根城南江畔（〈錫良、周樹模為禁阻俄輪駛入嫩江等地札〉，宣統元年 7 月 18 日，收入《中東鐵路》（一），頁 287）。8 月，又有俄船兩次由哈爾濱駛入呼蘭河「搭客裝糧」（《黑龍江志稿》（中），頁 1680）。中東鐵路護路軍艦隊非法航行嫩江事參見第八章第二節。

萬金盧布）[169]，營運範圍大為擴充，連同烏蘇里江、黑龍江等流域，航線總計約達 7,000 俄里，是松、黑兩江航運開航以來，中國航運業僅見之盛況[170]。

與此同時，奉天當局亦逐步展開松花江航行權的收回。1920 年 6 月，禁止來往於老少溝至吉林間的 2 艘俄船繼續營運，此後該路線僅准華船航行[171]。至於松花江全線禁航俄船，至 1924 年 1 月始有之。時鐵路公司船隊營運狀況極佳，該公司有意併購赤字連年的戊通公司，或與之合作，壟斷松花江航運，華商乃鼓吹

169 1914 年 8 月第一次世界大戰爆發後，俄國政府為因應戰爭支出，無限制發行紙幣，號稱金盧布（戰前盧布可兌現金）。1917 年十月革命之後，西伯利亞各個白俄政府包括高爾察克（Alexander V. Korchak, 1874-1920）、謝苗諾夫等，先後發行各種紙幣，流入哈爾濱等地區；霍爾瓦特也以中東鐵路附屬地「全俄臨時大政府」統治者身分，發行「霍爾瓦特票子」；然這些紙幣的流通兌換價值均不如舊俄政府所發行的新舊盧布（參見中國銀行總管理處編，《東三省經濟調查錄》，北京：編者印行，1919，頁239-240；《東三省金融概論》，頁 109）。1919 年 11 月起，中東鐵路運費一律改收金盧布，折收舊帖和「大帖」，停收西伯利亞政府紙幣；每金盧布折收舊帖 10 盧布、「大帖」15 盧布（《中東鐵路歷史編年（1895-1952）》，頁 143；《哈爾濱歷史編年（1763-1949）》，頁 111-112）。至於哈大洋的發行，則始於 1919 年 11 月，由中國、交通兩銀行哈爾濱分行所發行（《哈爾濱歷史編年（1763-1949）》，頁 112；《東三省金融概論》，頁 70）；惟遲至 1923 年 3 月，中東鐵路客貨運費才改以大洋為本位，100 金盧布折合大洋 106.66 元（《中東鐵路歷史編年（1895-1952）》，頁 178）。儘管如此，虛金本位的金盧布仍流通於哈爾濱等地區，故 1924 年 1 月的統計，華船資產係以金盧布核計，1 金盧布折合大洋 1.127 元，較前一年為高（《東三省金融概論》，頁 110）。

170 參見《東支鐵道を中心とする露支勢力の消長》，下卷，頁 860-861、865-866。

171 《東支鐵道を中心とする露支勢力の消長》，下卷，頁 866。

奉天當局收回該航權，以保障華商權益[172]。同年，1 月 30 日，東三省保安總司令張作霖回應華商要求，致電哈爾濱交涉員兼道尹蔡運升（1879-1959），禁止所有外船航行松花江，以維護中國內河航行權；同時，致電東省鐵路督辦王景春謂：「目下松花江外國船隻均已禁止航行，鐵路公司船舶自應一律取締，藉符名實。」[173]9 月，〈奉俄協定〉簽定，有關航權問題，中俄雙方同意基於平等互惠原則，組織委員會討論華船航行黑龍江下游至出海口，以及俄船航行松花江至哈爾濱等事宜[174]。其後，蘇聯政府與奉天當局於 1925-1926 年間的協商，並無任何具體結果。而鐵路公司船隻既遭查扣，「久停易於損壞，保管修理靡費滋多」[175]，1926 年 8 月，奉天當局遂仿照蘇聯政府收回海參崴金角灣碼頭及沒收船舶辦法，派東北海軍司令沈鴻烈（1882-1969）赴路局撤銷船舶處，接管該處所有資產，移交東北航運局經營[176]。至

---

172 參見《東支鐵道を中心とする露支勢力の消長》，下卷，頁 875-876、883。按，1920 年起，松花江航運的經營，以中東鐵路公司和戊通公司為主，其營運成績在 1920-1923 年間，前者由於俄船的競爭力轉弱，除 1921 年有 9 萬金盧布的赤字外，其餘各年盈餘均較十月革命前為多。如 1920 年有 39.6 萬金盧布，1923 年有 6.5 萬金盧布。後者則連年赤字，四年總計有 203.7 萬元大洋（以 1924 年的兌換率計，約合 180.7 萬金盧布）。1925 年 3 月，戊通公司宣告破產，奉天當局成立東北航務局，接管該公司，繼續經營松花江航運（《東支鐵道を中心とする露支勢力の消長》，頁 876、883、913）。

173 《黑龍江志稿》（中），頁 1684-1685。按，奉天當局禁止中東鐵路公司船隻航行松花江，如以 1923 年的獲利計，勢必造成該公司年獲利減少 6.5 萬金盧布。為此，鐵路公司及哈爾濱俄國商會均曾派代表赴奉天請願，要求收回成命（參見《東支鐵道を中心とする露支勢力の消長》，下卷，頁 890-898）。

174 參見〈奉俄協定〉第二條，《中外舊約章彙編》，第 3 冊，頁 1469。

175 《黑龍江志稿》（中），頁 1728。

176 參見《中東路問題》，頁 81-82；《東支鐵道を中心とする露支勢力の消

此，松花江航行權始得完全收回。

二、關稅與租稅之減免優惠權

中東鐵路修築以來，俄國取得在華稅釐特權，計有對華貿易關稅優惠及中東鐵路營業免納各項稅釐。先就俄國對華貿易關稅優惠而論，在中東鐵路興修之前，根據〈陸路通商章程〉（1862年），俄國即享有中俄邊界貿易百里免稅的特權，以後〈改訂陸路通商章程〉（1870 年）及〈中俄陸路通商章程〉（1881 年），均重申上項規定[177]。1896 年 9 月，俄國取得「借地修路」的特權，鐵路合同第十款規定，俄國貨物由中東鐵路運往滿洲各地，應照各國通商稅則，交納進口正稅，「惟此稅較之稅則所載之數減三分之一交納；若運往內地，仍應交納子口稅，即所完正稅之半」。從關稅減收三分之一，以及邊界貿易百里免稅等項優惠看來，俄國在華貿易所享有的特權，遠較其他列強為多。次論中東鐵路公司的免稅特權，鐵路合同第六款規定：「凡該公司之地段，一概不納地稅……。該公司之進項，如轉運搭客貨物所得票價並電報進款等項，俱免納一切稅釐」；第七款規定：「凡該公司建造、修理鐵路所需料件，應免納各項稅釐」。由此觀之，鐵路公司營業完全免納任何稅釐，進口各種材料、零件，亦免納關稅，凡此均為其他列強在華企業所未享有，於其營業利潤的增加頗有助益。

由於中俄陸路貿易素來以蒙古、新疆等地為主，滿洲地區的中俄貿易發展，中東鐵路修築前尚屬有限，故儘管鐵路合同規

長》，下卷，頁 903-904。

177 《黑龍江志稿》（中），頁 1696。

定，中國應在鐵路交界兩處設關徵稅，惟清廷並未重視，以致稅關遲遲未能設立。相較於中國的消極做法，俄國從中東鐵路修築之初，為禁止滿洲酒類輸入（時酒類為俄國政府專賣品），即著手在滿洲里、綏芬河、拉哈蘇蘇等地籌設稅關，1900 年編列開辦預算，同年夏，義和團事變發生，開辦稅關事宜停議，直到 1902 年始得付諸實施[178]。這三處稅關之中，拉哈蘇蘇並非中東鐵路邊界站，位於吉林東北，雖為中俄交界要隘，但因「地僻人稀，荒涼數百里，幾無人煙」，以致俄國在此非法設關徵稅，既未照會吉林將軍，「地方官吏亦未揭報」，遂任其坐擁關稅之利[179]。另一方面，俄國貨物則利用鐵路公司修路所需材料免納稅釐之便，分從滿洲里、璦琿入境，運抵哈爾濱車站、省城齊齊哈爾等地銷售，逃漏各項稅釐[180]。為彌補關稅、租稅的漏失，1901 年，清廷擬在鐵路各車站派稅吏稽徵地方稅捐兼收關稅，然因俄國的抗議而作罷[181]。

日俄戰爭結束後，中日簽訂〈東三省事宜條約〉，中國被迫在奉天、哈爾濱等十六處城鎮開放通商，北滿設關徵稅問題始獲清廷重視。先是 1905 年 10 月，吉、江兩省署將軍達桂、程德全以中東鐵路地帶「中外商賈輻輳」，奏請設濱江關，辦理徵稅事宜，以免「關稅外漏」[182]。12 月，清廷同意其請，以杜學瀛為濱江關首任道台。同時，針對輸入中東鐵路地帶的穀物稅徵收事宜，擬由傅家甸一中國商會辦理，然因俄國商人抗議，無法付諸

---

178 Нилус, *Исторический обзор КВЖД, 1896-1923 г.г.,* Т. I, с. 469.

179 《東三省政略》（上），卷 3，交涉——稅務交涉篇，頁 25。

180 《東三省政略》（上），卷 3，交涉——稅務交涉篇，頁 1。

181 《東支鐵道を中心とする露支勢力の消長》，上卷，頁 194-195。

182 《程將軍守江奏稿》，卷 6，頁 37-38。

實施[183]。

此外，為彌補江省歷年來稅權的漏失，1906 年，程德全首先在中東鐵路昂昂溪車站設局收稅，課徵對象暫以華商為主[184]，並派巡兵（稅警）保護。此項辦法在 1908 年後半，陸續推廣及於甜草崗（滿溝車站）、對青山、博克圖、札蘭屯等處，因課徵稅款旁及俄商，中俄稅務糾紛由是不斷。再者，鑑於拳亂以來，「俄人販運糧石、牲畜及各種山貨出口，經過各局卡不納稅釐，不服查驗」，程德全又於 1907 年初比照海關通行稅則，訂定「徵権陸路俄商辦法」。其內容為：「凡由省運貨至璦琿，均照值抽五核徵；若運往黑河，須於璦琿稅局再完值百抽二五出口子稅一次，沿途概不重徵；若由黑河運貨至璦琿及省城等處者亦如之。」後因俄國駐江省代表援引中俄邊境貿易百里內免稅之例，要求免徵璦琿出口半稅，乃改為俄商取道璦琿、黑河處進出江省之貨物，一律僅須徵納 5%的關稅[185]。

基本上，江省當局上述做法，僅能挽回部分關稅利權，至於取道中東鐵路進出北滿的關稅徵收，以及俄國非法在中國邊境設關徵稅等問題，則有待中、俄兩國舉行會議來解決。鐵路合同第十款既載有中國應於鐵路交界處添設稅關，外務部乃於 1906 年 7 月先電詢程德全江省設關之處[186]，然後再向駐京俄使交涉設關

183 《東支鐵道を中心とする露支勢力の消長》，上卷，頁 195。

184 《東三省政略》（上），卷 3，交涉——稅務交涉篇，頁 1。關於昂昂溪稅局設立年代，該稅局委員呈文有 1904 年、1905 年等不同說法（〈試署民政使趙淵為昂站稅局徵稅事呈〉，宣統二年 6 月 5 日；〈交涉局為路界內稅局事給公司的照會〉，宣統三年 1 月 24 日，收入《中東鐵路》（一），頁 317、461）。

185 《東三省政略》（上），卷 3，交涉——稅務交涉篇，頁 37。

186 〈署黑龍江將軍程德全奏請設滿洲里稅關片〉，光緒三十二年 12 月 1 日，

事宜。歷經多次交涉，璞科第同意雙方派代表赴哈爾濱進行議商。1907 年 3 月 10 日，中俄北滿關稅問題會議，正式在哈爾濱舉行。中方代表有濱江關道台杜學瀛、黑龍江鐵路交涉局總辦宋小濂及海關稅務司葛諾發；俄方代表有駐哈爾濱總領事劉巴、外阿穆爾地區稅務監督拉特金（S. I. Latkin）、中東鐵路商務部長羅曼（V. A. Roman）及代辦達聶爾。會議期間，雙方歧見最大者，主要有三項，即：（一）中東鐵路所運貨物是否適用中俄邊境貿易百里免稅條例；（二）哈爾濱設置稅關問題；（三）俄國設在拉哈蘇蘇的稅關存廢問題[187]。關係到俄國在北滿貿易利益，以及中東鐵路營業利潤，俄方主張中東鐵路區域適用百里免稅條例，並反對中國在哈爾濱設關徵稅。中方則認為鐵路貨物不限於俄貨，如能在哈埠設關，可減輕滿洲里、綏芬河兩稅關的負擔，於俄國貿易和鐵路公司均有助益[188]。歷經數月的會議磋商，最後，俄國願取消拉哈蘇蘇稅關，同意中國在滿洲里、綏芬河設立稅關，歸哈爾濱總稅關節制；中國則在關稅稽徵上，作相當幅度的讓步。雙方就此項共識，擬定〈北滿稅關試辦章程〉大綱四條，送交北京，7 月 6 日、8 日，由外務部與俄使互換照會生效[189]。

在關稅稽徵上，〈北滿稅關試辦章程〉同意中東鐵路所運入俄國貨物，比照〈中俄陸路通商章程〉及中東鐵路合同等相關規定辦理，不過，免稅及寬減區域則有明確的規範。其辦法為：滿洲里、綏芬河兩處交界站百里之內，暫行免納稅釐；其他各車站

收入《清季外交史料》，卷 200，頁 3。

187 Нилус, *Исторический обзор КВЖД, 1896-1923 г.г.*, T. I, c. 469-470.

188 《東支鐵道を中心とする露支勢力の消長》，上卷，頁 187。

189 Нилус, *Исторический обзор КВЖД, 1896-1923 г.г.*, T. I, c. 472;《黑龍江志稿》（中），頁 935。

「按三分減一納稅」。寬減區域的界限是：哈爾濱總車站「四面各距十華里」；札賚諾爾、海拉爾、札蘭屯、富勒（拉）爾基、齊齊哈爾（昂昂溪）、阿什河、一面坡、海林、乜河、穆稜、雙城堡、老少溝、窯門、寬城子等十四站，「四面各距五華里」；其餘各小車站，「以四面各三華里為限」。但是，「其貨物出以上所指地段及所定各界線以外，均屬內地，應補足正稅，並按照運貨入內地章程辦理」。此外，上項免稅及寬減等優惠辦法，亦適用於其他各國貨物[190]。

〈北滿稅關試辦章程〉擬定後，其詳細施行規章續由中、俄兩國代表於哈爾濱會商訂定。由於「北滿商務幾為俄所獨擅，設立稅關，與俄有密切之關係，故俄人爭辯不遺餘力」，以致該細章磋議半年，始議結五十四條；至於「貨物完納子稅，運往內地所指之處，沿途概免重徵字樣一條，並短少之貨須由鐵路索取應納之稅一節，俄議員多方堅執，不肯承認，竟至停議」。其後，經徐世昌函請外務部向俄使交涉，同時飭令濱江關道台續與俄員議商，乃得將前議五十四條「融會變通」外，復增添三十四條，共議結八十八條，名為〈滿綏兩站稅關暫行試辦詳細章程〉，於 1908 年 6 月 12 日正式公告施行，期限暫定三年[191]。至此，中國稽徵中東鐵路貨物關稅，始得付諸實施，關稅漏失現象不復有之。

在關稅的釐定上，〈滿綏兩站稅關暫行試辦詳細章程〉，係據〈北滿稅關試辦章程〉大綱而定，故除重申滿、綏兩站百里內

---

190 《中外舊約章彙編》，第 2 冊，頁 405-406。

191 《東三省政略》（上），卷 3，交涉——稅務交涉篇，頁 26；《黑龍江志稿》（中），頁 938；Нилус, *Исторический обзор КВЖД, 1896-1923 г.г.*, T. I, c. 473。

免稅、各車站界限內減寬三分之一外，尚就出站界外「應補足正稅」一項，作一明確規定，即：入境貨物「由所定鐵路車站界線內，運赴東三省之各內地，子稅之數係按照海關稅則三分之一計算」，不另徵通行稅；運赴關內各省者，應補足三分之一正稅後，再納正稅之半，作為他省子口稅，以後凡遇關卡，不再重徵稅釐（見章程第三條、第二十八條、第二十九條）。至於中東鐵路公司進口材料免納關稅一項，則見之於該章程第三十七條：「凡東清鐵路所需建造、修理、經理料件，免納各項稅釐；護路軍所需物料，亦在此例」[192]。此項優惠，其他各國貨物雖能「一體均沾」，然取道中東鐵路輸入北滿貨物，多來自俄國，其他各國貨物極為有限。

總結北滿關稅問題交涉結果，拜中俄邊界貿易百里內免稅條例之賜，俄國貨物在滿洲里、綏芬河兩站百里內，享有免稅特權；由各車站內銷往東三省各地及關內各省者，也取得子口稅的減免優惠。此均為原鐵路合同所未有者，俄國逼迫中國做出此種讓步，無非是想藉中東鐵路營運，提升俄國在滿洲的貿易勢力，進而擴及中國關內各省。對清廷而言，關稅、租稅的免徵及減讓，固然造成稅釐收入的損失，但以當時俄國強勢作為，加上日俄聯合瓜分滿洲利權等不利情勢下，釐定關稅、租稅的稅則，以及在中東鐵路地帶設置稅關，至少對稅權的流失，採取了相當的補救措施，能有此種成果已屬不易。

中俄北滿貿易除陸路外，尚有松花江水路貿易。從中東鐵路興修以來，鐵路公司船隊取道松花江運送築路人員及材料，俄船亦假藉該公司名義，航行松花江，其航運事業由此繁興。1902

192 《黑龍江志稿》（中），頁 938-939、942-943。

年，俄國政府更在松花江、黑龍江兩江會流處拉哈蘇蘇設關徵稅；鐵路公司則在中東鐵路通車營運後，繼續航行松花江，經營江航運輸，並設哈爾濱水利會，徵收船捐，壟斷松花江航運。凡此種種非法侵權行徑，不一而足。直到日俄戰爭結束後，清廷始飭令外務部與東省當局，向俄使及鐵路公司交涉，以挽回喪失多年之利權。

1907 年 7 月，〈北滿關稅試辦章程〉大綱議訂後，俄國允諾裁撤拉哈蘇蘇稅關，惟因該關添設多年以來，「俄商占地建屋，布置整齊，稅關附近，儼成市區，俄人未肯交還」。幾經交涉，方允於 1908 年 1 月「撤退俄關，改設華關」，「由濱江關道與駐哈稅務司相機措置，派員接辦」[193]。11 月，哈爾濱水利會撤銷，松花江航運管理權由中國收回，劃歸濱江關管轄，但俄船航行松花江特權不變。為抵制之，濱江關稅務司在 1909 年 6 月頒布〈松花江貿易暨稅關暫行規則〉，開放松花江航運、貿易，並規定哈爾濱、三姓、拉哈蘇蘇等沿江稅關進出口稅類別及稅則。經俄使提出嚴重抗議，中俄雙方代表乃於北京、哈爾濱兩地展開談判。1910 年 8 月，訂定〈松花江行船章程〉，以及〈稽查松花江往來船隻暨進出口貨物暫行試辦章程〉與哈爾濱、三姓、拉哈蘇蘇等稅關暫行試辦章程等四項附件（交涉詳情見松花江航權部分）。

有關該項稅釐的稽徵，〈松花江行船章程〉規定：「凡東清鐵路所需建造、修理、經理料件，免納各項稅釐；護路軍所需物料，亦在此例。」而〈稽查松花江往來船隻暨進出口貨物暫行試辦章程〉規定：「凡俄國口岸運來之貨，運往百里界外地方，其

193 《東三省政略》（上），卷 3，交涉——稅務交涉篇，頁 25。

應完之進口稅」，按通商進口稅則，「折半徵收」，「運入該界內地方，概不徵收稅餉」[194]。由此顯示，中東鐵路公司所需料件以及俄國貨物等取道松花江運入，其進口稅再次獲得免納或減半徵收之優惠，這是繼北滿陸路貿易之後，再次取得該區域水路貿易關稅優惠，俄國對北滿貿易的壟斷，由此益形增加。

北滿關稅等問題既已議定，中國在中東鐵路路界內各項稅權的行使，得以逐次展開。哈爾濱、滿洲里、綏芬河等稅關業務興辦，鐵路公司並無異議，然對地方當局在各車站設稅局、稅卡，徵收捐稅，則極力反對，遂以蠻橫手段，非法拘捕中國稅員，查封稅局，抵制此項地方稅權的行使。就鐵路公司言之，其自認為鐵路界內，「由該公司一手經理」，築路伊始，哈爾濱一地即有店鋪捐徵收；日俄戰爭結束後，又有自治會的籌設，至北滿稅關章程付諸實施時，已有海拉爾、哈爾濱、滿洲里三處自治會成立，開始徵收各項稅捐。如此一來，路界內中國稅局的設立，在稅捐徵收上，勢必與自治會稅捐產生牴觸，鐵路公司為維護其利益，乃有查封中國稅局之舉。就中國地方當局言之，徵收地方稅捐，本是中國應行主權之一，北滿稅關既已於路界內各車站開辦，基於地方主權行使，路界內稅局亦有必要逐一添設。何況在此之前已有昂昂溪稅局設立，「專権華商」之事實，最初鐵路公司既無異議，當可擴及於各外商，以使地方稅權行使完全無缺。此種認知上的歧異，路界內稅務糾紛，終致無可避免。

路界內設稅局收稅，以中東鐵路西線為主，故中俄稅務糾紛以此一區域為主[195]。鐵路公司抵拒中國稅局事件，最早發生在昂

194《中外舊約章彙編》，第 2 冊，頁 677、680。

195 對路界內設稅局徵稅一事，吉林當局的做法較為消極，除 1906 年在老少溝

昂溪稅局，時為 1908 年 8 月。該事件起因於滿洲里邊墾局在昂昂溪向俄人徵收稅捐，俄警總管突然派兵包圍稅局，拘捕稅員閩臣，撤下局懸龍旗，收繳巡兵槍械。閩臣早於是年 6 月即奉命赴滿洲里創設邊墾局後，開始課徵其轄區內的牲畜及毛皮等稅捐。7 月，有俄商抗不納捐被移送俄警查辦。俄警既未處理抗捐俄商，俄商乃恃此而驕。8 月，復有俄商買牛羊拒納稅捐，「局員如前送懲」。豈料，次日，俄警竟有包圍稅局之舉。時江省鐵路交涉局總辦于駟興隨即照會鐵路公司派員會查詳情。東省當局亦派奉天交涉司科員李鴻謨、俄文翻譯周寶臣前來交涉，並令甫上任未久的呼倫貝爾副都統宋小濂協同向俄國駐海拉爾副領事磋商。歷時近半年，始於次年 1 月釋回閩臣，交還巡兵槍械，重升中國龍旗[196]。此次事件雖告終結，然有關俄人在各車站交納牲畜、木植、羊草等地方稅捐問題，俄員「援引鐵道界內百里不稅為詞」，「堅執不允遷就」[197]，以致昂昂溪稅局於 1906 年設立以來，稅捐徵收，僅行之於華商，難以普及俄商。

1910 年 1 月，鐵路公司又查封肇州廳及呼蘭府設在路界內的甜草崗（滿溝車站）、對青山等兩處稅卡。鐵路公司如此變本加厲行徑，實與 1909 年 5 月〈中俄公議會大綱〉訂定有關。儘管該大綱規定：「凡中國主權應行之事，得在鐵路界內施行」，然鐵路公司非但不予尊重，反自認為從此之後，路界內行政之權已全然歸其所有。因此，1909 年 9 月、10 月，甜草崗、對青山

車站對商人徵稅，以及 1910 年在雙城堡等車站，課徵貨物出口稅，均因鐵路公司抗議無成而作罷外，未見在路界內有任何行使地方稅權之舉動（《東支鐵道を中心とする露支勢力の消長》，上卷，頁 195）。

196 參見《東三省政略》（上），卷 3，交涉——稅務交涉篇，頁 23-24。

197 《東三省政略》（上），卷 3，交涉——稅務交涉篇，頁 2。

等稅卡相繼開辦後，俄警即以無鐵路公司允准，不得在此收稅為由，於 1910 年 1 月 8 日先勒令甜草崗稅卡人員「遷出站界」[198]；1 月 28 日，再查封對青山稅卡，並將該卡書識、通事、巡差等三人拘押，移送哈埠鐵路交涉局[199]。

2 月起，為解決路界內設局收稅問題，于駟興開始與霍爾瓦特、達聶爾進行協商。最初，霍爾瓦特反對中國設稅局理由為：「鐵路界內，向只允一鐵路交涉局有行政之權，斷不能再允他項官員及他項局所同在界內有行政之權。」緣於甜草崗設稅卡照會鐵路公司的經驗[200]，于駟興自知若堅持稅局獨立設置，必難獲其認可，3 月初，乃提議甜草崗、對青山兩站稅卡劃歸交涉局兼辦、管轄。對此，霍爾瓦特深表贊同，且謂不獨該兩站稅卡，「無論何站稅局，公司決無違言，且當遇事幫忙」也[201]。4 月，于駟興「將滿溝及馬家船口稅局司事等開送之各項稅捐章程」，抄送鐵路公司。有關百貨徵收一成捐方面，霍、達二人均大加反

198 〈錫良、周樹模為不准俄人阻撓在甜草崗收稅事札〉，宣統元年 12 月 25 日，收入《中東鐵路》（一），頁 304。

199 〈黃維翰為俄人將對青山稅卡書差拘送哈埠事呈〉，宣統元年 12 月 22 日；〈錫良、周樹模為甜草崗設稅務事札〉附件：〈鐵路交涉局與鐵路公司交涉照文〉四件，宣統元年 12 月 15 日，收入《中東鐵路》（一），頁 301、303。

200 1908 年 11 月，黑龍江省鐵路交涉局照會鐵路公司，謂甜草崗稅關已於 9 月 25 日開辦，「惟該處華俄雜處，應先由鐵路交涉局照會鐵路公司，如有洋商運糧者，須照章納稅，以免遇事阻撓」。鐵路公司覆文答稱：「鐵路界內地段歸本公司一手經理，除鐵路交涉總局外，其餘別項局所不得轉設」（〈錫良、周樹模為甜草崗設稅務事札〉附：〈鐵路交涉局與鐵路公司交涉照文〉四件，宣統元年 12 月 15 日，收入《中東鐵路》（一），頁 301）。

201 〈錫良、周樹模為鐵路交涉局稟在對青山、滿溝兩站界內設稅局事札〉，宣統二年 2 月 7 日，收入《中東鐵路》（一），頁 306-307。

對，其以為「各貨一稅之後，不應再稅」，若再徵收該項，即是重徵。為令中國放棄該項稅則，達聶爾甚至表示，「將來稅局即仍獨立，不歸併交涉局亦無不可」。江省巡撫周樹模認為，「江省徵收捐稅成例，賣戶納捐，買主交稅，行之已有年矣」，路界內稅局無論獨立或由交涉局兼辦，「其一成捐自應照章抽收，未便率議變通，致失權利」。況且，徵收一切捐稅，是中國主權應行之事，「該公司何得藉詞阻止」？飭令于駟興「仍應據理力爭，以期就我範圍」[202]。

7 月，李鴻謨繼于駟興之後，續議稅章事項，直到 11 月，仍無進展。12 月 5 日，周樹模電文指示：稅章事項，仍應「機宜趕與磋議」，惟在此之前，霍爾瓦特忽來一照會，「謂界內稅務歸交涉局兼辦，伊並未允可，亦萬無允可之理」，事經李鴻謨再三交涉，達聶爾始謂：「非將稅項類目暨款項逐一磋議妥協，分條簽押，不能見之實行。」[203]12 月中旬，李鴻謨將稅章遞送路局，其竟以查封稅局回應。先是博克圖稅卡於 12 月 23 日為俄警查封，其書差、稅票、槍械等遭提解至哈爾濱；繼之，昂昂溪稅局再度於 1911 年 1 月 10 日遭查封，俄警行為之粗暴，甚且「將昂局文簿公物搜掠一空，並羈禁稅局人等至一晝夜，百端凌虐，巡差趙長海因此驚恐，至哈殞命」[204]。

---

202 〈于駟興為鐵路公司不認界內百貨一成捐事稟〉，宣統二年 3 月 5 日，收入《中東鐵路》（一），頁 308-310。

203 〈錫良、周樹模為交涉局兼辦路界稅務等事札〉附件二：李鴻謨稟文，宣統二年 12 月初，收入《中東鐵路》（一），頁 453-454。

204 〈民政司趙淵為昂昂溪稅局被俄人查封事呈〉，宣統二年 12 月 26 日；〈交涉總局為路界內稅局事給公司的照會〉，宣統三年 1 月 24 日，收入《中東鐵路》（一），頁 459、462。

博克圖稅卡、昂昂溪稅局相繼為俄警查封後，鐵路交涉局立即派員赴路局詰問，俄警「僅將該書差等放回，其稅票、槍械等項迄不送還」。2 月 22 日，鐵路交涉局照會鐵路公司，指責該公司在路界內稅務議商之際，無故派人先後查封博、昂兩稅局，此一行徑，「將置條約、合同於何地？將置交涉局於何地」？請其提出合理解釋，除將俄警議罪外，所搜去稅局之文簿、槍械、匾額等件，應照單悉數送回。最後，要求其應「訂期將路界內稅務從速商定」[205]。

其實，有關稅務問題，本屬路界內行政權的一部分，從公議會大綱訂定後，鐵路公司認為所謂鐵路地帶「由該公司一手經理」之說，得到中國政府明確認可，管理地方行政之權已完全為其所有，自然不可能同意地方當局在路界內設局徵稅，無怪乎該公司一面議商稅務問題，一面卻派俄警查封中國稅局，玩弄兩面手法的作為，實是令人憤慨。就如同公議會細章等事宜的議定無成一樣，儘管中國方面已擬妥稅章函送路局酌核，卻未見任何回應，最後終是不了了之，而路界內稅局只得由鐵路交涉局兼辦，所徵之地方稅捐，僅及於華商而已。

至於鐵路公司本身的營業免納各項稅釐方面，所有營業收入，包括鐵路用地免納地租等，並未引起中俄雙方認知上的歧異，惟在鐵路合同第七款——「凡該公司建造、修理所需料件，應免納各項稅釐」的條文，彼此講解有所不同。按法文合同在「修理」（r'eparation）一詞之後，尚有「經理」（exploitation）字樣，時譯員柯樂德亦將原文逐一譯出，李鴻章卻認為「經理」、

205 〈交涉總局為路界內稅局事給公司的照會〉，宣統三年 1 月 24 日，收入《中東鐵路》（一），頁 462-463。

「修理」係同義詞，令其刪去[206]，以致中、法文本合同字句有所出入，誤會因而產生。最早在 1899 年時，鐵路公司由上海購入材料，中國海關總稅務司對其課徵進口關稅，經該公司向總理衙門抗議後，同意鐵路材料購自中國關內各省，免納稅釐[207]。有鑑於此，日後鐵路公司進口所需料件免稅一項，在〈滿綏兩站稅關暫行試辦詳細章程〉第三十七條，以及〈松花江行船章程〉第五條，均重申其義；同時，為避免誤會，特別加入「經理」一詞，並就護路軍所需物料免稅部分，一併納入。

綜觀中東鐵路修築營運以來，鐵路公司藉由鐵路合同規定，享有免納各項稅釐的特權，並以種種侵權手法，迫使中國不得不與之訂定稅關章程，擴大鐵路公司免稅範圍，並澤及俄國貨物進口關稅的免納與折減，不僅造成原本施行於蒙古、新疆的陸路貿易百里內免稅特權，擴大施行於中東鐵路兩處交接車站（滿洲里、綏芬河）與松花江口岸（拉哈蘇蘇）等區域；而且，取道中東鐵路及松花江輸入的俄國貨物，其關稅也有或三分之一，或二分之一不同程度的減免，由中東鐵路各車站輸往東三省各地及關內各省，另有通行稅的優惠。這些利權原是鐵路合同所未有，完全是俄國利用中東鐵路修築營運之後，侵權擴充而得。相對地，中國在路界內稅權的行使，僅有滿洲里、綏芬河、哈爾濱等稅關徵收進出口關稅，而吉、江兩省地方當局原有地方稅捐徵收之權，由於鐵路公司強烈抵制，路界內稅局興辦最後被迫由鐵路交涉局兼辦，課稅對象僅限華商。此項地方稅權無法充分施展，根本原因乃在於地方行政權的淪喪，只有在十月革命以後，隨著路

---

206 《交通史路政編》，第 17 冊，頁 5。

207 Нилус, *Исторический обзор КВЖД, 1896-1923 г.г.*, Т. I, с. 476.

局民政部及各地公議會的相繼裁撤、取消，始能收回地方稅權。

另外，在關稅優惠的廢止上，雖然 1913-1914 年間，中俄兩國各自取消陸路通商邊界百里內免稅條例，但松花江水路貿易則因俄國拒絕修改稅關章程[208]，以致該區域繼續沿用此項優惠。因此，整個北滿貿易關稅免納及減收三分之一等條例，直到 1922 年 1 月 8 日始由北京政府宣布廢止[209]，十餘年來俄國在北滿享有的關稅特權，至此正式宣告終結。不過，鐵路公司免納各項稅釐特權，並未受影響，遲至 1929 年 2 月國民政府宣布關稅自主後，此項特權得以完全廢除[210]。

三、電信、郵政權及其他利權

根據中東鐵路合同第六款規定，鐵路公司可在路界內架設電線，供作通信之用。1897 年 3 月 23 日，該公司董事會決議，為便於聯絡起見，應在鐵路界線勘定前，先行架設電線[211]。其線路

---

208 〈松花江行船章程〉及〈稽查松花江往來船隻暨進出口貨物暫行試辦章程〉，均規定試辦三年，於 1913 年 8 月屆滿。次年 3 月，哈爾濱稅關稅務司以航期即將於 5 月開始，擬議修改該章程及關稅稽查章程，其中一款的修訂，是鑑於中俄陸路貿易邊界百里內免稅條例的取消，希望水路貿易比照辦理。經咨文外交部照會俄使，惟俄使堅持須俟中俄商約修改時，一併辦理，在此之前，仍照舊章程施行（參見〈稅務處函一件〉，民國二年 8 月 19 日；〈稅務處函一件〉，民國三年 4 月 1 日；〈照會俄格署使〉，民國三年 5 月 4 日；〈俄館照會一件〉，民國四年 3 月 6 日，《松黑兩江行船交涉案》，檔號：03-32-275-01-005、03-32-275-01-011、03-32-275-01-013、03-32-275-01-015）。

209 Нилус, *Исторический обзор КВЖД, 1896-1923 г.г.*, Т. I, с. 478.

210 雷殷，《中東路問題》，頁 143。

211 Нилус, *Исторический обзор КВЖД, 1896-1923 г.г.*, Т. I, с. 441.

由中俄邊界雙城子為起點，接至吉林省東部的寧古塔，然後再延伸至伯都訥以西，越過外興安嶺，抵達額爾古納河畔。架設進度方面，第一年先從吉林省境內線路著手。此一構想經該公司代表向許景澄提出後，所得答覆是，鐵路合同允諾的電信權，係在路界內，現今鐵路路線尚未勘定，不宜先行架設電線；何況中國政府在寧古塔至伯都訥間，已設有電線，若為通信之故，「只須給價發遞，不必重複安設」。鐵路公司代表則表示，「電線為造路開工要務，萬不能從緩」；再者，「現設電線，係東西直行，沿線分段接遞，以便呼應，若（中國）電局之線，則南繞吉林成三角形」，難以符合公司所需。最後，該代表為免中國政府疑慮，提出二項承諾：其一，所設線路專歸公司自用；其二，此線係暫設性質，鐵路界線一劃定，即將界外電桿移入界內。許景澄以上述承諾，「似與合同第六條所載尚無違礙」，遂報呈總理衙門酌核[212]。5 月 23 日，清廷同意鐵路公司要求，核准其在鐵路界線勘定前，先行架設電線[213]。

1898 年 3 月，俄國取得旅大租界；7 月，〈東省鐵路公司續訂合同〉簽訂，鐵路公司取得南滿支線修築經營權，原先架設的電線遂得延伸至遼東半島。為便於旅大租界與俄國本土聯絡便利，鐵路公司除將其線路由二線擴充為三線外，1900 年 4 月起，再展開第四線 6 釐米規格線路的架設；同時，由財政大臣維特函請交通大臣配合此項設施，在外貝加爾鐵路、烏蘇里鐵路以及海參崴電信局等處，亦鋪設相同規格的線路及設備，俾使中東

---

212 《許文肅公遺稿》，函牘 5，頁 28。

213 Нилус, *Исторический обзор КВЖД, 1896-1923 г.г.*, Т. I, с. 442.

鐵路與俄屬遠東的電信通訊往來無礙[214]。由此看來，鐵路公司的電信用途，非僅止於專供自用而已，甚且擴充發展而為俄國政府所用，在鐵路未完工通車之前，其侵權企圖已然顯現。

1900 年夏義和團事變期間，中東鐵路電信設施被破壞殆盡，尤以南滿支線最為慘重，至俄軍進占滿洲全境後，始得重新鋪設。此時，俄軍除占有中國在滿洲的電信設施外，又在鐵路界外，廣設電線。1902 年 4 月，中俄〈交收東三省條約〉在北京簽字，屆時俄軍撤離後，其所占有或架設之電信設施，均須歸還、移交中國政府，1903 年遂有以內政副大臣主持的滿洲及關東省（旅大租界）郵電問題會議，討論該電信設施管轄事宜。其中最受重視者，為松花江沿岸的部分，俄國政府希望俄軍撤離後，能繼續保有此項電信設施，隸屬俄國郵電總局管轄，以保障哈爾濱至濱海省間的水路聯繫暢通無礙，使其原有的經濟及軍事利益不受任何影響。經過一番討論後，由於事涉中國電信權問題，恐難獲其允准，乃作成決議，將該項電信設施交付鐵路公司管理，由其直接與清廷議商[215]。正當鐵路公司與清廷議商之際，日俄戰爭爆發，滿洲全境俄國電信設施（含中東鐵路），統歸俄國陸軍部管轄。1904 年 2 月 18 日，鐵路公司董事會決議，為配合戰爭需要，著令路局在滿洲里至旅順之間添設第六條線路[216]，俄國在滿洲的電信設施得以擴大，通訊範圍更為廣泛。

日俄戰爭結束後，南滿的電信利權轉讓日本，北滿部分，經清廷不斷交涉，1907 年初，俄國政府才同意除松花江沿岸外，

---

214 參見 Нилус, *Исторический обзор КВЖД, 1896-1923 г.г.*, Т. I, с. 443-444.

215 參見 Нилус, *Исторический обзор КВЖД, 1896-1923 г.г.*, Т. I, с. 444-445, 447-449.

216 Нилус, *Исторический обзор КВЖД, 1896-1923 г.г.*, Т. I, с. 449.

所有位於路界外的俄國電線和材料，全部交付中國電報總局，相關事務由鐵路公司與之協商訂定。5 月，雙方達成協議，分別在 5 月 21 日、23 日換文生效，由中國電報總局在 9 月 1 日前，交付鐵路公司鷹洋（墨西哥銀元）12 萬元，作為贖買齊齊哈爾至海蘭泡等十條電線及材料費[217]。10 月 7 日，中國電報總局又與中東鐵路公司簽訂〈東清路電交接辦法合同〉（又稱〈東清鐵路電報合同〉），准許鐵路重要車站與該總局等電線互相接通，以利中俄官商電報收發[218]。此項利權超出鐵路合同限於公司自用的規定，其電信利權得以更為擴充，電信業務遂一變而為該公司的附屬事業之一，由路局電信處經理之。

除有線電報業務興辦外，鐵路公司尚在路界內裝置無線電報及電話等設施。無線電報局的興辦，起源於 1905 年。時俄國政府為因應將來路界外電線交付中國後，哈爾濱與赤塔、伯力、海參崴等地的聯繫，必有所不便，乃有以哈爾濱為中繼站的無線電報局設立；日俄戰爭結束後，交付中東鐵路局管理。其後，該電報局設備不斷更新、增添，通訊範圍由 1907 年的 1,750 公里，擴增至 1912 年的 3,700 公里。除伊爾庫次克、赤塔、伯力、海參崴外，連庫頁島中部的亞歷山得羅夫斯克（Aleksandrovsk）及堪察加半島中部的彼得羅夫斯克（Petrovsk），亦可與哈爾濱往來通訊。哈爾濱無線電報局不同於路界內的有線電報業務，並未隸屬路局電信處，而是由護路軍司令部管理，直到 1920 年護路軍解散後，由路局電信處接管，1922 年 9 月，再由東北電政處

217 參見中央研究院近代史研究所編，《海防檔》，電線（台北：編者印行，1957），頁 2731-2732。

218 參見〈中俄東清路電交接辦法合同〉，收入《東省鐵路合同成案要覽》，續編，頁 1-4；《中外舊約章彙編》，第 2 冊，頁 436-438。

收回[219]。

至於電話的裝設，從 1903 年哈爾濱電局開辦以來，至 1917 年十月革命前為止，各主要車站均有簡易型電話與哈爾濱聯絡，長途電話則僅完成哈爾濱至昂昂溪間的通話（電話業務開辦概況見第五章第二節）。

十月革命後，中國相繼收回中東鐵路各項利權，惟獨電信權的全面收回最遲（無線電信業務例外）。1928 年底，東北電政處先接管哈爾濱電話局，取消路局電話業務的興辦[220]。次年，5 月 27 日，東北當局在哈爾濱蘇聯領事館破獲赤化活動及文件、書籍。為杜絕蘇聯政府繼續利用中東鐵路進行赤化中國之陰謀，7 月 10 日，斷然下令全面接管俄人把持的路政。同日，清晨，電政處亦密派人員會同東省特別區警察與路警前往哈爾濱及中東鐵路沿線各重要車站，接管電報房。此項工作大致上在同日下午一時全部完成。各電報局接收後，電政處將其業務分成國防、營業、行車等三項，第三項「因關係全路車輛調動，故仍准路局自辦，惟無論電報電話，均須經華方查檢，方准放行」。其各局之名稱及組織，自即日起一律更改[221]。至此，中東鐵路公司殘存的最後一項利權不復存在，象徵俄國在華最大利權所在的中東鐵路，長期以來所享有的特權，正式宣告終結。

中東鐵路郵政業務的興辦，始於 1899 年，最初在哈爾濱地區有郵局的設立，僅限於哈爾濱市區郵件的傳遞。1900 年秋末，俄軍進占滿洲後，有野戰郵局的設立，兼及一般俄人的郵件

---

219 《東支鐵道を中心とする露支勢力の消長》，上卷，頁 174-175；《中東鐵路歷史編年（1895-1952）》，頁 173。

220 雷殷，《中東路問題》，頁 134。

221 《中俄關於中東路之交涉史略》（中下），頁 33-34。

服務。1903 年，俄國內政、財政兩部聯合會議，通過 1900 年 1 月所研擬的滿洲郵局計畫，決定在中東鐵路沿線十八站設立俄國郵局，辦理郵件包裹（值 500 盧布以內）的遞送，以及匯兌業務（200 盧布以內），先從哈爾濱、海拉爾、昂昂溪等九站設局興辦，後來因日俄戰爭爆發，此一計畫未能付諸實施。日俄戰爭期間，郵件遞送仍由軍方的野戰郵局辦理。日俄戰爭結束後，俄國財政部考慮到俄軍必須在 1907 年 4 月前全部撤離滿洲，屆時野戰郵局亦停辦，希望能在滿洲里、哈爾濱、綏芬河等站設立俄國郵局，辦理路界內俄人與其國內的郵件傳遞。1906 年 9 月，財政副大臣契斯加科夫邀集內政部及外交部官員舉行會議，討論上項問題。會議上，重提 1900 年興辦郵政計畫，決議交付中東鐵路管理局全權辦理。10 月，該項方案提交內閣會議討論，無異議通過[222]。

1908 年 1 月 15 日，中東鐵路沿線十八站俄國郵局陸續開辦，所有經費支出，全由路局電信處負擔，該處下設郵務課直接掌管是項業務[223]。鐵路合同並未允許鐵路公司有權辦理郵政業務，然清廷對鐵路公司的做法，未有任何異議，且於 1909 年 2 月 29 日分別與俄國政府及鐵路公司簽訂中俄〈互訂代寄郵件章程〉、〈東清鐵路運送大清郵政暫行章程〉，以傳遞中俄郵件。為運送中國郵件，中東鐵路郵件車廂內設有中國郵件間，開辦第一年，中國政府須支付 10,800 盧布，以後每年再付 300 盧布，作為郵件間的維修費[224]。十月革命後，北洋政府交通部於 1921 年

---

222 參見 Нилус, *Исторический обзор КВЖД, 1896-1923 г.г.*, T. I, c. 461-463.

223 《東支鐵道を中心とする露支勢力の消長》，上卷，頁 183。

224 參見《中外舊約章彙編》，第 2 冊，頁 561-564；交通鐵道部交通史編纂委員會編，《交通史郵政編》（上海：編者印行，1930），第 3 冊，頁 1539-

1 月 26 日授權哈爾濱中國郵政管理局，將中東鐵路沿線俄國郵局悉行關閉，喪失已久的郵政權至此得以收回[225]。

除上述各項利權外，中東鐵路地帶的教育權，亦伴隨鐵路的興修通車營運掌控在鐵路公司之手。中東鐵路修築初期，鐵路公司並未規劃在路界內興辦學校，只是為解決築路工程人員子女的教育問題而開辦小學。1902 年起，為因應鐵路完工通車，未來須招募更多的鐵路員工，以及原來員工子女也已到達就讀中學年齡，有必要詳加規劃路界內學校興辦事宜[226]。在此之前，關東總督阿列克謝耶夫曾於 1900-1901 年間奏呈沙皇批准，在旅大租界內興辦俄國學校，計有八所[227]。因此，鐵路公司興辦學校計畫，均以北滿地區為主。1906 年起，鐵路公司正式在鐵路局設學務處，監管所有路界內的教育事務（鐵路公司興辦學校概況見第五章第二節），吉、江兩省地方當局亦未思及教育權原是地方行政權之一，未表示任何異議。

相較於其他利權喪失的強烈感受，當地居民對路界內教育權的認知較為淡薄，反而樂意學習俄國文化。以路界內華民最多的

1540。

225 徐墀，〈東省特區主權恢復的始末〉，《東方雜誌》，第 20 卷第 12 期，1923 年 12 月，頁 57-58。

226 *Исторический обзор КВЖД, 1896-1923 г.г.,* Т. II, Часть II, “Учебный отдел КВЖД”, с. 32.

227 旅大租界的俄國學校，計分三類，即陸軍預備學校、普通學校、職業學校，普通學校又分小學與初中二級。此外，俄國政府又在旅順、大連、金州、貔子窩等地，設立四所俄清學校，以培養親俄漢人，作為其統治旅大租界的工具（參見嶋田道彌，《滿洲教育史》，大連：文教社，1935，頁 656-663、670；齊紅深，《東北地方教育史》，瀋陽：遼寧大學出版社，1991，頁 174-175）。

哈爾濱一地而言，鐵路公司為推廣俄國文化，特別允許華民進入俄國學校就就讀。根據俄國學者梅里霍夫（G. V. Melikhov）統計，1900 年以前，在哈爾濱俄國學校就讀的中國學生約有 20 名，1900 年有 93 名，1901 年有 140 名，1902 年增至 207 名[228]。截至 1917 年為止，究竟有多少華民就讀哈爾濱俄國學校，缺乏詳細的統計，但伴隨中東鐵路通車營運，哈爾濱人口的增長，其人數勢必大有增加。

另外，鐵路公司還針對中國政府所設置的東省鐵路俄文學堂，以及東省當局所興辦的俄文學堂與譯學堂予以支持[229]，積極代覓俄國教師前往任教，一方面有助於辦理中東鐵路交涉人才的培養，減少雙方歧見的產生；一方面也可藉機使學生在學習俄文之餘，接受俄國文化的薰陶，促進華俄人民的交流，拉近彼此間的距離。

如前所述，教育事務的監管，原是地方行政權之一，惟教育

---

228 Мелихов, *Маньчжурия, далекая и близкая* с. 74.

229 為培養辦理中東鐵路交涉人才，清廷於 1899 年 4 月 20 日在鐵路公司總辦許景澄建議下，於北京開設東省鐵路俄文學堂（《中東鐵路歷史編年（1895-1952）》，頁 12；*Исторический обзор КВЖД, 1896-1923 г.г.*, Т. II, Часть II, “Учебный отдел КВЖД”, с. 42）；吉、江兩省則分別有外國語學堂俄文科及俄文學堂的興辦。1907 年東三省改制後，江省鐵路交涉局因該省俄文學堂停辦，另於哈爾濱成立吉江譯學堂，繼續培養俄文人才，江省每年撥付官款 4,000 兩補助之（《東三省政略》（下），卷 9，學務——吉林省，頁 14；學務——黑龍江省，頁 21）。除此之外，東省當局亦時有選派官費生就讀哈爾濱俄國學校者，如 1911 年 8 月，選派男學生 20 名、女學生 10 名，就讀頗富盛名的鐵路局男女商業學校（《中東鐵路歷史編年（1895-1952）》，頁 84；Мелихов, *Маньчжурия, далекая и близкая,* с. 287），其中成就最大的學生李紹庚，後來擔任東省特別區教育管理局局長，主導收回路界內教育行政權。

權的收回，至 1926 年以後始有之。先是 1921 年 2 月東省特別區市政管理局成立；1923 年 5 月，復有東省特別區域行政長官的添設，其下分別設有教育處、教育科，以此作為教育權收回之預備。1924 年〈中俄北京協定〉及〈奉俄協定〉的相繼簽訂，中東鐵路開始實施中俄共管體制，路界內路局所設學校逐漸被赤化，赤俄教師取代原來的白俄教師。1925 年 2 月，路局赤俄局長伊萬諾夫（A. N. Ivanov）更將學務處長及商業學校校長撤換，代之以赤俄分子，其教育方針亦朝向蘇聯體制發展。東省特區長官張煥相有鑑於此，決定採取強硬手段，收回教育權，以避免東省特區學校全面赤化。1926 年 7 月 6 日，張煥相先赴奉天向張作霖密呈其事；7 月 8 日，返回哈爾濱，著手準備；8 月 16 日，宣布成立東省特別區教育管理局，以市政局副局長李紹庚（1896-1949）為局長；8 月 21 日，發布命令，裁撤路局學務處，一切教育事務統歸教育管理局掌管；9 月 4 日，李紹庚由特區警察陪同，赴路局查封學務處[230]。

東省特別區政府裁撤學務處做法，引起路局強烈反對。哈爾濱俄文報紙及莫斯科輿論均出現批判的言論，蘇聯政府亦表示嚴重抗議。中國方面，則以教育權係屬地方行政權，以及路界內教育政策的赤化與中國國情不符等理由回應之[231]。歷經一年餘協

230 參見《東支鐵道を中心とする露支勢力の消長》，下卷，頁 773-774、1315-1318。

231 中蘇雙方有關路界內教育權收回問題，各自論辯其主張詳情，參見《東支鐵道を中心とする露支勢力の消長》，下卷，頁 1324-1329。
另外，東省特別區裁撤路局學務處，除因該處推動特區學校赤化教育外，對於中俄學校經費分配不公平，有違〈奉俄協定〉中雙方對於教育經費的分配，也是原因之一。時特區內各類學校總計 220 所（含市立、公立、路立、私立），路局所興辦者計 110 所，每年獲得路局 169 萬元補助（學務處

商，1927 年 12 月 1 日，東省特別區教育廳（1927 年 10 月教育局更名而來）與路局達成協議，簽署五條協定，路局同意俄國學校的管理，應依中國現行的體制及地方法令辦理，並秉持公平原則撥付經費，補助中國學校；教育廳則允認該廳第四科科長由路局俄局長推薦俄人擔任，凡路款所設及補助而設的俄國學校，均歸該科長管理，其經費亦由其分配支用[232]。原則上，教育權至此宣告完全收回。

為推展路界內的文化活動，鐵路公司還在哈爾濱管理局及鐵路總工廠、鐵路俱樂部，以及護路軍司令部等處，成立圖書館、閱書社，其中以路局中央圖書館藏書最豐富[233]；而鐵路沿線各地雖無圖書館，卻有圖書列車，定期行駛各地，供民眾借閱。這些圖書館在中俄共管中東鐵路後，收藏赤化書籍頗多；圖書館人員亦有利用工作之餘，宣傳赤化言論者。1929年7月，東省特區政府接收路局各處電報局的同時，一併將各圖書館悉行查封[234]。此外，鐵路公司又贊助哈爾濱俄人組織各種俱樂部、東方文化研究會，舉辦各類演講、文物展覽等文教活動。而為滿足俄國移民社會的需要，鐵路公司復協助俄國教會，在哈爾濱、滿洲里、札賚諾爾、海拉爾、博克圖、昂昂溪等地，興建東正教教堂，其事務統歸路局宗教處管理。至於報紙、雜誌的出版發行，除路局出版的中、俄、蒙等三種語文《遠東報》、俄文《哈爾濱信息報》

每年補助學校經費 200 萬元），占八成以上，而中方所辦學校所得不過 40 萬元，差距之大，由此可見（《東支鐵道を中心とする露支勢力の消長》，下卷，頁 1322、1325-1326）。

232 雷殷，《中東路問題》，頁 135-136。

233 《中東路問題》，頁 136。

234 《中俄關於中東路之交涉史略》(中下)，頁 35。

外，另有《新生活報》（*Новая жизнь*）、《哈爾濱交易所公報》（*Торговый бюллетень Харбинской биржи*）、《遠東鐵路生活雜誌》（*Железнодорожная жизнь на Дальнем Востоке*）等數十種政治、經濟、文化性質的報紙和雜誌[235]。透過教育、宗教、出版品，以及各種團體的文教活動，整個鐵路地帶充滿著俄國文化氣息，尤其是哈爾濱，可謂十足典型的俄國城市，生活在其中的華人，身受俄國文化影響之深，不言而喻。

---

235 十月革命前關於哈爾濱出版發行的俄文報紙、雜誌種類，參見 M. C. Тюнин, *Указатель, периодических и повременных изданий, выходивших в г. Харбине на русском и др. европейских языках по 1-е января 1927 года*（Харбин: Издательство общества изучения Маньчжурского края,1927）, c.10-18, 28-31, 33, 35.

結　論

回顧中東鐵路從 1896 年 9 月鐵路合同簽訂，以迄 1917 年俄國革命發生，結束了沙皇時代俄國獨力修築經營時期，在這為期二十年的歲月中，中國名稱雖是「東清鐵路」或「中國東省鐵路」，看似中國鐵路，其實卻是不折不扣的俄國鐵路，充其量僅是位於中國境內而已。檢視中東鐵路這段早期發展的歷史意義，可以從中東鐵路本身及其對中俄兩國所造成的影響等面向來觀察。

首先，就中東鐵路本身而言，可分營運目標及商業經營績效兩項討論。中東鐵路作為西伯利亞鐵路的遠東路段，確切地說，應稱之為「滿洲鐵路」。「借地修路」初衷原止於阿穆爾線施工不易，經濟效益不高；然而，隨著甲午戰爭結束後遠東局勢的發展，其動機已非如此。維特在 1896 年 4 月 12 日奏呈沙皇的「備忘錄」，「借地修路」的目的，已一變而為擴大俄國在華勢力的發展，擬藉由中東鐵路的修築與經營，使俄國成為列強在華勢力最大者。經由維特的悉心規劃，中東鐵路公司雖名為私人公司，實質上是俄國的國營企業。繼維特之後的歷任財政大臣，如科科弗曹夫、巴爾克（Peter L. Bark, 1869-1937）等人大力支持該公司，莫不與此有關。

中東鐵路既然自始即被規劃為政治性的鐵路，一切營運以此為目標，商業營運終沙皇時代結束為止，係屬次要。貨物運輸為鐵路營收的主要來源，但是，在服務政治目的的最高原則下，1903 年 7 月，正式通車營運以來，為期十五年的營運方針，係以發展俄國在滿洲的經濟利益為第一優先，而非促進當地的經濟繁榮，以增加其營業收益。因此，在運費的核定上，有別於一般的商業鐵路，完全視不同的運輸方向與貨物，訂定高低迥然有別的費率。換言之，即是以滿洲作為俄國商品的市場和原料供應地。其結果，在 1912 年以前，確實達到預期效果，俄國商品在北滿市場獨領風騷；不幸的是，同年，中東、南滿兩路貨物聯運辦法正式付諸實施，第二年起，其他國家商品如德國等，藉由南滿鐵路北運至哈爾濱的數量驟增，俄國商品在北滿市場的優勢不復存在。由此顯示，中東鐵路基於母國利益考量的營運政策，一時之間，固然有其成效，一旦客觀環境改變，則難以如願。當然，若就中俄貿易俄國對華輸出而論，其營運政策確實產生了顯著的效果。俄國對華輸出總值由 1902 年的 931.5 萬盧布，激增至 1914 年的 2,876.5 萬盧布，成長 3 倍。以俄國商品在中國內地市場吸引力不足的情況下，若非中東鐵路的低廉運費，以及俄國商品經由中東鐵路運入之進口關稅的核減，對華輸出總值能否有此亮眼成績，實堪懷疑。

其次，為配合俄國政府獨占滿洲的各項利權，築路期間，中東鐵路公司即派有全權代辦，專責各種利權交涉，其核心人物是達聶爾[1]。作為鐵路公司全權代辦，除中東鐵路護路軍問題外，舉凡司法、行政、地畝、伐木、煤礦等利權交涉，達聶爾幾乎無不參與，堪稱是厥功至偉，就服務俄國政府而言，其貢獻實不亞於霍爾瓦特。由於達聶爾等人的積極任事，配合歷任俄國外交大臣及駐華公使等相關官員的努力，大致上，以 1908-1909 年間，從哈爾濱等地自治會成立，到〈中俄公議會大綱〉簽訂為基準，中東鐵路通車營運未及十年，即已有此驚人成就，可謂不辱使

1　達聶爾資歷見第六章第二節圖 6-4 說明。

命。滿洲殖民地——「黃俄羅斯」的建立，由此付諸實現，從此，哈爾濱及中東鐵路沿線地帶正式成為中國的化外之地。

至於中東鐵路商業營運績效，由鉅額的赤字看來，顯見績效不彰。分析其因，固然與營運政策有關。不過，中東鐵路本身的營運管理，亦有種種弊端，足以影響其收益。這些弊端不外是貪污舞弊問題嚴重、鐵路管理局組織龐大臃腫、營業用度浮濫不當、人事經費支出過高等。儘管鐵路公司在董事會之外設有稽察局，復於哈爾濱添設與鐵路管理局平行的地方稽察局，用以稽察、監督之，惟因成效有限，難以遏止弊端的發生。在此種情形之下，中東鐵路的營業利潤自然不高，復受政治、軍事勢力的侵蝕與干擾，如支付路界內鉅額的民政和軍事經費，戰爭與革命的發生等，均是影響商業營運的因素，以致營運績效難以和南滿鐵路相比。總之，中東鐵路的營運績效不彰，可說是先天不足，後天失調，二者相互為因所致。

相較於中東鐵路的商業營運獲利虧損，其對俄國移民在北滿的發展以及俄國在華投資，卻有正面的作用。由於地畝的擴大展占，俄國人得以移民中東鐵路地帶，向鐵路公司租得土地使用權，在哈爾濱及中東鐵路沿線，開設商行，興辦麵粉廠、釀酒廠、榨油廠，以及糖果、肥皂、肉品等等民生必需品的工廠。其中商行開設以秋林商行（Ivan Ia. Churin & Co.）規模最大[2]，從1900 年設立以來，至 1914 年時，資本額達 300 萬盧布之多[3]。

---

2 秋林商行創辦人秋林，原是俄國遠東巨商，於 1900 年最早在香坊開設分公司，販售各類進口商品，也是中東鐵路最大的供應商。1902 年擴大營業，遷至秦家崗大直街，即今日秋林公司現址，堪稱哈爾濱一百年老字號百貨公司。

3 М. И. Сладковский, *История торгово-экономических отношений народов*

製造業方面，則以麵粉業最為昌盛，投資金額最多，至 1917 年為止，計有二十一家，資本額總計 1,630 萬盧布[4]。在林木及航運事業的經營方面，前者以中東鐵路東線各林場為主，規模最大的伐木商為斯基杰利斯基及科瓦利斯基（Koval'skii）。他們分別於 1907 年起陸續分別取得石頭河子至馬橋河間占地 6,035 平方公里、一面坡至穆稜間占地 6,155 平方公里等處伐木權，連同其他俄商所經營的林場，至 1914 年時，總計投資金額約在 500 萬盧布[5]。而航運事業的經營，據 1915 年調查，航行松花江、黑龍江的俄國船隻（中東鐵路公司船隊不計），汽船 245 艘、貨船 260 艘，合計 505 艘。其中以阿穆爾汽船公司規模最大，有 76 艘[6]；至 1917 年時，俄船增至 551 艘，資產總值 2,850 萬盧布[7]。獲利情況，以 1916 年 3 月重新改組的阿穆爾汽船公司（共有 100 餘艘汽船、貨船 70 餘艘）為例，該公司每年 6 月 1 日開航營業，至 11 月 8 日航期結束為止，營業收入 600 萬盧布，支出 150 萬盧布[8]，淨利 450 萬盧布，利潤頗高。

總結中東鐵路修築經營以來，俄國私人企業在滿洲的投資金額，在 1903 年底以前，計有 1,500 萬盧布，占俄國在華投資總額 2,300 萬盧布的 65%；至 1913 年底時，則有 7,500 萬盧布，增加 4 倍，占總投資額 9,200 萬盧布的 82%。和在蒙古及中國其

России с Китаем（*до 1917 г.*）（Москва: Издательство «наука», 1974）, с. 335-336.

4 久間猛，《北滿洲ノ政治経済的價值》，頁 421、423。

5 Сладковский, *История торгово-экономических отношений народов России с Китаем*（*до 1917 г.*）, с. 334.

6 《吉林省東北部松花江沿岸地方經濟事情》，頁 77-78。

7 《東支鐵道を中心とする露支勢力の消長》，下卷，頁 857。

8 孔經緯、朱顯平，《帝俄對哈爾濱一帶的經濟掠奪》，頁 84。

他地區（關內及新疆）的投資額比較，成長幅度最多，後二者分別是：1903 年底以前 300 萬盧布、800 萬盧布，1913 年底時 500 萬盧布、900 萬盧布[9]。由此顯示，俄國在滿洲經貿勢力的擴增，完全受惠於中東鐵路而有之。

此外，盧布在滿洲的廣為流通，又是中東鐵路的另一項政治績效。早在中東鐵路修築期間，華俄道勝銀行先於哈爾濱設立分行，發行盧布。1903 年中東鐵路通車營運後，借助該路營業只收取盧布的規定，盧布得以在哈爾濱及鐵路地帶流通，進而成為滿洲的強勢貨幣。東省當局所發行的官帖、制錢，在路界內全然不能通用。盧布的流通量，不斷增加，至 1914 年第一次世界大戰時，在滿洲的流通量已達 1 億以上[10]；1917 年 9 月，在北滿的流通量更擴增為 4 億，占盧布發行總額12.9 億的 31%，僅哈爾濱一埠即占 2 億，其他沿邊地區如黑河、滿洲里等處，亦約有 2 億左右[11]。影響所及，吉林和黑龍江兩省官帖反成為次要貨幣，民間輒以「羌帖」為貴，以致 1915-1917 年間盧布不斷貶值時，一般商民蒙受的損失，極其慘重[12]。1918 年以後，中東鐵路管理局依然配合俄國國內政局的變化，收取各個政府所發行紙盧布，

---

9 雷麥著，蔣學楷、趙康節譯，《外人在華投資論》（上海：商務印書館，1936），頁 562、564-565、577-578。

10 侯樹彤，《東三省金融概論》，頁 109。

11 《東三省經濟調查錄》，頁 230。

12 民國初年，中國銀行和交通銀行所發行的大洋在哈爾濱和中東鐵路地帶雖未流通，但來此營生的中國居民在「道外」或返回關內，以盧布兌換大洋，可謂身受其害。第一次世界大戰前後，從 1913 年至 1917 年，1 盧布兌換大洋依序是：1.15 元、1.25 元、1.25 元、1.10 元、0.09 元（見 *Северная Маньчжурия, Хэйлунцзянская провинция*, с. 518），貶值幅度更甚於日圓（兌換值另參見表 28）。

包括舊俄政府的舊帖、金盧布，以及克倫斯基政府的「大帖」、高爾察克政府的「黃條子」。1919 年11月起，中東鐵路運費改收金盧布，折收舊帖、「大帖」，停收「黃條子」。次年 5 月 9 日，中東鐵路管理局公告，開始通用現大洋[13]。其後，伴隨中國政府及東北當局陸續收回各項利權之際，同時藉由掌控中東鐵路管理局時機，於 1923 年 3 月 1 日公告，客貨運費改以大洋為本位[14]，盧布昔日的榮景，自此不復存在。

再就俄國政府方面而言，從 1896 年 9 月「借地修路」計畫成功後，緊接著，1898 年 5 月、7 月，利用膠州灣事件，取得旅大租界及中東鐵路支線的修築權。1900 年夏，義和團事變發生，出兵進占滿洲全境，俄國在華勢力達於巔峰。1903 年 8 月，更在關東省（旅大租界）設立總督府，全權處理俄國在遠東的一切事務，將滿洲、朝鮮劃歸俄國勢力範圍，不理會日本的反應，終於招來日俄戰爭的悲劇。1905 年 8 月，俄國戰敗，結束在滿洲的獨霸時代，轉而與日本密切合作，共同攜手瓜分滿蒙勢力範圍，以抵制美國勢力的介入，1907-1916 年間，日俄雙方先後訂定四次密約[15]，即是此一政策的產物。

基本上，日、俄兩國經過四次的密約強化彼此的合作關係後，在滿蒙地區已無重大利益衝突，尤其在北滿地區。而俄國之

13 《中東鐵路歷史編年（1895-1952）》，頁 143、150。

14 《中東鐵路歷史編年（1895-1952）》，頁 178。

15 第一次日俄密約於 1907 年 7 月 30 日在聖彼得堡簽訂，主要內容為：日本承認俄國在北滿、外蒙的利益，俄國則承認日本在南滿的利益及其對朝鮮的宗主權，明確劃分日、俄兩國各自在遠東的勢力範圍。其後，以此為基礎，結成軍事同盟，而有 1910 年 7 月、1912 年 7 月、1916 年 7 月等三次祕密協定，強化彼此的合作關係。

能與日本在滿洲分庭抗禮，各據南北滿發展其勢力範圍，完全是以中東鐵路為核心而形成的；同時，相較於俄國在蒙古、新疆，以及中國本部等地區的勢力發展與各項利權的掌控，毫無疑義地，其在北滿地區獨占鰲頭，遠非其他地區所能企及。在中東鐵路當局的戮力經營下，「中東鐵路王國」成為俄國人在中國的第一故鄉，其人數據 1914 年統計，僅以哈爾濱一地即達 34,115 人[16]，加上中東鐵路東、南兩線主要車站計 6,004 人[17]，三個區域共計 40,119 人，占俄國在華人口 65,000 人的 62%[18]。以此和俄國私人企業在滿洲的投資狀況作一對照，益發證明中東鐵路對俄國在滿洲移民與投資的重要性，也具體地落實了俄國政府的政策。

綜上所述，俄國在滿洲勢力的形成，實乃中東鐵路及俄國政府付出重大的代價而得。就中東鐵路而言，先是犧牲其營業利潤，訂定有利於俄國在滿洲經貿發展的營運政策；其次，擴大各項利權的攫取，以建立俄國在滿洲的殖民地；最後，則以其營業利潤支付路界內一切民政及軍事經費。以該公司既具實質的國營企業色彩，哈爾濱的營業管理局組織運作，又是十足的官僚化作風，要締造營業佳績，主觀上已難達成，更何況還有戰爭與革命等外力的介入與干擾，縱使至 1910 年時，已有盈餘可得，金額畢竟不多，無法和南滿鐵路相比；再加上須支付龐大的民政及軍事經費，既毫無淨利可言，赤字金額更是驚人。從 1903 年至

16 《北滿洲——吉林省》，頁 816。

17 1914 年中東鐵路地帶俄國人口，係據東線、南線部分主要車站，包括阿城、寧安、東寧、雙城、德惠等縣臨近車站，以及寬城子車站等合計而得（《北滿洲——吉林省》，頁 166、207、354、424、465、665）。

18 雷麥，《外人在華投資論》，頁 604。

1914 年為止，虧損金額累計達 17,858 萬盧布之多[19]，而 1915-1917 年的盈餘（淨利），不計盧布貶值的實質盈餘，累計金額 6,150 萬盧布，僅及歷年虧損總金額的三分之一。若以築路經費 37,495 萬盧布計，加上 1904 年俄國政府撥款用以改善其設施等項經費，總計投入金額 70,850 萬盧布的情形來看[20]，十五年來營運結果，其成本即無法回收，遑論獲利！再加上赤字金額來自俄國政府的貼補，利息不計，總金額即近 9 億盧布[21]，其財政狀況之惡劣，至斯而極。

對於中東鐵路營運績效不彰問題，俄國政府並未苛責，即使國內輿論批判之聲不絕，財政大臣科科弗曹夫也曾來哈爾濱巡視，結果不過是商業活動不積極的考評而已，終沙皇政權結束為止，俄國政府對中東鐵路的支持始終不變。這全歸之於中東鐵路的政治績效所致。而為實現擴張在華勢力的遠東政策，俄國政府也不得不投注極其可觀的資金，豢養中東鐵路所建立起來的堡壘。以其財政之窘迫，據統計，至 1913 年止，財政赤字累計高達 88 億盧布[22]，又須撥款挹注中東鐵路的修築費與營業赤字，於其財政負擔無異是雪上加霜。以俄國人民觀點考慮，耗費鉅額資金用於修築經營一條位於外國領土的鐵路，完全犧牲了本國福利與建設，俄國政府從其中所獲得的利益，不過是增長帝國主義的聲威而已。19 世紀末葉的俄國，最迫切解決的問題，乃在於內

---

19 《北滿與東省鐵路》，頁 284。

20 Сладковский, *История торгово-экономических отношений народов России с Китаем*（*до 1917 г.*）, с. 158.

21 雷麥，《外人在華投資論》，頁 567。

22 Marks, *Road to Power, the Trans-Siberian Railroad and the Colonization of Asian Russia, 1850-1917*, p. 217.

政事務，尤其是 1861 年農奴解放以來的農民問題，以及因工業化所衍生的社會問題。作為末代沙皇的尼古拉二世，沿續其父亞歷山大三世的遠東政策；而中東鐵路象徵俄國在華勢力最大者，也是其能與英、法、德等國在華勢力並駕齊驅的表徵。1917 年俄國革命發生，沙皇政權雖垮台，但尼古拉二世卻為逃離祖國的俄國人，建立了一個新天地——「東方莫斯科」，讓他們在這充滿家鄉氛圍的異鄉，延續昔日生活的光景。1918 年至 1923 年間，定居哈爾濱俄僑人口激增，一度達到 20 萬人之多[23]，可為例證。

最後，從中國方面來看，作為最早貫穿東三省的中東鐵路，竟是由外國人修築經營的，而且，伴隨鐵路行經區域全屬中國的化外之地，這是多大的諷刺！儘管這是晚清以來列強在華勢力發展的共同特徵，但清廷對東三省長期的封禁政策之錯誤，當是難辭其咎。從 1860 年〈中俄北京條約〉簽訂後，清廷雖陸續施行局部弛禁政策，然大幅更改東三省地方行政內地化，卻遲至 1907 年始設置總督和巡撫掌理之。數年後，辛亥革命爆發，民國成立後的中國政局並不穩固，對東三省的統轄更是鞭長莫及，只能坐視日、俄兩國各據南北縱橫其間，除徒呼負負外，亦無可如何。

對身處在其中的當地居民，中東鐵路所帶來的既有俄國強勢凌人的苦痛與災難，也有近代文明建設的便利與繁榮，這種迥異

23 十月革命後的哈爾濱俄僑人數：1918 年 60,200 人，1920 年 131,073 人，1922 年 155,402 人（石方、劉爽、高凌，《哈爾濱俄僑史》，頁 71）。另據李興耕等引《黑龍江省志》指 1922 年哈爾濱外僑 15.5 萬，主要是俄僑（《風雨浮萍——俄國僑民在中國（1917-1949）》，北京：中央編譯社，1997，頁 18），與前書（引自《哈爾濱市志．人口志》，未刊稿）略有出入。

矛盾的情景，只有身在其中者才能體會。哈爾濱這座北滿地區最早進入現代化的城市，更是一座典型的俄國城市，也是聖彼得堡和莫斯科的縮影，又是當代俄國僑民眼中的另一個家鄉都城。身在異鄉的俄國人，環繞著中東鐵路所營造的家鄉情境，既不須理解異鄉的語言文化，也不必然需要和當地人來往接觸，依然可優游自在地生活其間。這樣的情景和當代列強在亞非地區所建立的殖民地全然一致，不同的是後者是貨真價實，前者卻似是而非。一條鐵道，劃分了「道裡」、「道外」，未設圍籬，僅從各項具體的設施，就能區別出兩個不同的國度。在當地居民眼裡，羨慕、悲憤、無奈，交織成複雜而難以言喻的情緒。

中東鐵路的歷史在沙皇政權垮台後，開始進入混亂無序的階段，直到 1924 年 5 月、9 月，〈中俄北京協定〉和〈奉俄協定〉相繼簽訂，情況轉趨穩定；可悲的是，名為中俄共管，實權依然操控在俄國手中，新舊政府雖是不同政體，對華政策並無太大不同，從而開啟了另一階段以中東鐵路為中心的中俄糾紛衝突。事隔十年，由於九一八事變發生，中國徹底地失去了中東鐵路，日本也在 1935 年 3 月一償宿願[24]，以 1.4 億日圓的代價，終於擁有中東鐵路的掌控權，這又是另一階段的開始。歲月悠悠，再過十年，中東鐵路重新回到中俄共管的階段；1952 年 12 月，俄國總算願意放手，無償地將中東鐵路歸還中國，至此，中東鐵路的歷史才畫下句點。在此六十餘年之中，中東鐵路歷經如此頻繁的變革，在各個階段象徵各個不同勢力的角逐，牽動著當代國際局勢

24 第一次世界大戰結束後，協約國為干涉俄國革命，計畫從遠東地區取道西伯利亞鐵路進入歐俄本部，並將中東鐵路納入國際共管。日本擬乘機由南滿鐵路出兵北上，進一步掌控中東鐵路，甚至在協約國因干涉行動失敗撤出西伯利亞鐵路之際，日本仍試圖支持謝苗諾夫未成才撤兵。

的變化，從而呈現多樣複雜的發展面貌，堪稱是中國鐵路史的一大特例，也是絕無僅有的個案。

如今，中東鐵路之名稱與俄國在華勢力同樣走入歷史，然而，人們走在哈爾濱的街道，百年前的建築儘管用途改變，過往的印痕依稀可見；即使從哈爾濱西行經札蘭屯、海拉爾，抵達滿洲里，或者東行到阿什河、烏吉密，抵達一面坡，沿途所見，俄國遺風一一浮現眼前。歷史所遺留下的痕跡是無法磨滅的，只是就絕大多數身處在當時的人們，面對俄國勢力在自己的鄉土恣意伸展，卻是一種無窮無盡的磨難。作為他們的後代，該如何解讀、看待這段歷史呢？或許透過歷史的學習研讀，去想像先人所處的環境，從而銘記他們的苦難以策勵未來了！

徵引書目

一、中文

（一）檔案

1. 中央研究院近代史研究所檔案館藏，《東清鐵路展地勒捐》，檔號：02-03-009-01~02。
2. 中央研究院近代史研究所檔案館藏，《中東鐵路》，檔號：02-03-010-01~02。
3. 中央研究院近代史研究所檔案館藏，《宣統條約》，檔號：02-14-018-01。
4. 中央研究院近代史研究所檔案館藏，《北滿駐兵》，檔號：03-32-015-01~03。
5. 中央研究院近代史研究所檔案館藏，《俄兵越界》，檔號：03-32-022-01。
6. 中央研究院近代史研究所檔案館藏，《呼倫貝爾》，檔號：02-32-148-01。
7. 中央研究院近代史研究所檔案館藏，《中東鐵路雜件》，檔號：03-32-217-04、03-32-218-01、03-32-219-01~02。
8. 中央研究院近代史研究所檔案館藏，《松黑等江航權》，檔號：03-32-273-01。
9. 中央研究院近代史研究所檔案館藏，《松黑兩江行船交涉》，檔號：03-32-275-01、03-32-276-01。
10. 中央研究院近代史研究所檔案館藏，《雙方賠償之交涉》，檔號：03-32-541-01。

（二）報刊

1. 《時報》，1912年10月。
2. 《盛京時報》，1912 年 8-10 月。瀋陽：盛京時報影印組輯印，1985。
3. 〈滿洲實業談〉，《東方雜誌》，第 4 卷第 6 期，光緒三十三年 6 月。
4. 〈記東清俄人勒逼華商事〉，《東方雜誌》，第 6 卷第 3 期，宣統元年 3 月。
5. 田志和，〈俄國與 1912 年的呼倫貝爾獨立〉，《東北師大學報》（哲學社會科學版），1991 年第 3 期。
6. 朱顯平，〈哈爾濱自治公議會——俄國霸占中國地方政權的一種特殊形式〉，《東北地方史研究》，1988 年第 4 期。
7. 李玄伯，〈光緒中俄密約之交涉與簽訂〉，收入《光緒中俄密約全卷》。
8. 李玄伯，〈李文忠公使俄與中俄密約〉，收入《中國近現代史論集》，清季對外交涉（二），台北：臺灣商務印書館，1987。
9. 李毓澍，〈民初中俄呼倫貝爾交涉〉，收入作者所著《蒙事論叢》，台北：作者印行，1990。
10. 波波夫著，李嘉谷譯，〈英俄瓜分中國的協定（1899 年）〉，《國外中國近代史研究》，第 1 期，1980 年 12 月。
11. 金世鑄，〈揭開華俄道勝銀行的內幕〉，《歷史研究》，1987 年第 6 期。
12. 柏森輯，〈1903 年沙俄侵占東三省文件輯錄〉，《近代史資料》，1978 年第 2 期。
13. 哈爾濱車輛工廠廠史編寫組，〈三十六棚工人的抗俄鬥爭〉，《歷史研究》，1976 年第 3 期。
14. 徐曰彪，〈試論俄國在華投資與東省鐵路財政〉，《近代史研究》，1992 年第 2 期。
15. 徐墀，〈東省特區主權恢復的始末〉，《東方雜誌》，第 20 卷第 12

期，1923 年 12 月。

16. 馬忠文，〈旅大租借交涉中李鴻章、張蔭桓的「受賄」問題〉，《學術界》，2003 年第 2 期

17. 張鳳鳴，〈帝俄對中國東北的經濟掠奪及其後果〉，《東北地方史研究》，1987 年第 1 期。

18. 許淑明，〈清代東北地區土地開墾述略〉，收入馬汝珩、馬大正主編，《清代邊疆開發研究》，北京：中國社會科學出版社，1990。

19. 陳江海，〈三十六棚鐵路工廠〉，收入中國人民政治協商會議黑龍江省哈爾濱市委員會文史資料委員會編，《哈爾濱文史資料》，第 15 輯，哈爾濱：黑龍江人民出版社，1991。

20. 博爾古德，〈札薩克圖旗和鎮國公旗的叛亂〉，收入中國人民政治協商會議內蒙古自治區委員會文史資料委員會編，《內蒙古文史資料》，第 1 輯，呼和浩特：內蒙古人民出版社，1962。

21. 愉之譯，〈西伯利亞鐵路〉，《東方雜誌》，第 14 卷第 12 期，1917 年 12 月。

22. 葛鳳花，〈沙俄與中東鐵路〉，《河北師範大學學報》，1981 年第 4 期。

23. 趙德玖，〈哈爾濱對俄（蘇）貿易五十年〉，收入中華人民政治協商會議黑龍江省哈爾濱市委員會文史資料委員會編，《哈爾濱文史資料》，第 15 輯，哈爾濱：黑龍江人民出版社，1991。

24. 趙永華，〈19 世紀末 20 世紀初沙俄官方和民間在華出版報刊的歷史考察與簡要評析〉，《俄羅斯研究》，2010 年第 6 期。

25. 劉家磊，〈中東路展地與反展地的鬥爭〉，《求是學刊》，1982 年第 3 期。

26. 薛虹，〈沙俄攫取松花江航行權的經過〉，《社會科學戰線》，1979 年第 4 期。

27. 譚桂戀，〈維特與俄國的對華政策 1894-1896〉，《復興崗學報》，第 51 期，1994 年 6 月。

28. 譚桂戀，〈關於中東鐵路研究評述〉，《近代中國研究通訊》，第 21

期，1996 年 3 月。

29. 譚桂戀，〈中東鐵路路界內自治會問題之交涉（1908-1910）〉，《東吳歷史學報》，第 3 期，1997 年 3 月。

（三）專書

1. 丁名楠等著，《帝國主義侵華史》，第 2 卷，北京：人民出版社，1986。
2. 上海通商海關造冊處編譯，《中華民國海關華洋貿易總冊》，民國三一六 年，台北：國史館重印，1982。
3. 中央研究院近代史研究所編，《中俄關係史料》，中東鐵路（一）（二）；俄政變與一般交涉（一）；中東路與東北邊防（一）（二）；東北邊防（二），台北：編者印行，1960、1969。
4. 中央研究院近代史研究所編，《海防檔》，電線，鐵路，台北：編者印行，1957。
5. 中央研究院近代史研究所編，《礦務檔》（六）（七），台北：編者印行，1971。
6. 中共中央馬克思、恩格斯、列寧、斯大林著作編譯局編，《列寧選集》，第 1 卷，北京：人民出版社，1972。
7. 中東鐵路經濟調查局編，《北滿與東省鐵路》，哈爾濱：編者印行，1927。
8. 中東鐵路經濟調查局編，《東省鐵路概論》，哈爾濱：編者印行，1928。
9. 中國人民銀行參事室編，《中國清代外債史資料》，北京：中國金融出版社，1991。
10. 中國大百科全書出版社譯，《蘇聯百科詞典》，北京．上海：中國大百科全書出版社，1986。
11. 中國史學會編，《辛亥革命》（七），上海：上海人民出版社，

1958。

12. 中國社會科學院近代史研究所編，《沙俄侵華史》，第 1 卷，第 2 卷，第 4 卷（上）、（下），北京：人民出版社，1978、1990。
13. 中國社會科學院近代史研究所編，《楊儒庚辛存稿》，北京：中國社會科學出版社，1980。
14. 中國國民黨中央委員會編，《中俄關於中東路之交涉史略》，上、中、下冊，南京：編者印行，1929。
15. 中國銀行總管理處編，《東三省經濟調查錄》，北京：編者印行，1919。
16. 中華民國開國五十年文獻編纂委員會編，《光緒中俄密約全卷》，台北：編者印行，1965。
17. 孔經緯、朱顯平，《帝俄對哈爾濱一帶的經濟掠奪》，哈爾濱：黑龍江人民出版社，1986。
18. 孔經緯編，《清代東北地區經濟史》，哈爾濱：黑龍江人民出版社，1990。
19. 戈利岑著，奇恰戈夫、沃洛欽科編輯，李述笑、田宜耕譯，《中東鐵路護路隊參加一九〇〇年滿洲事件紀略》，北京：商務印書館，1984。
20. 王之春，《使俄草》，台北：文海出版社重印，1967。
21. 王同文，《東北鐵路問題之研究》，上、下冊，上海：交通大學，1933。
22. 王克敏、楊毓輝編，《光緒丙午年交涉要覽》，下編，台北：文海出版社重印，1976。
23. 王芸生編著，《六十年來中國與日本》，第 3 卷，北京：三聯書店，1980。
24. 王彥威輯，《清季外交史料》，台北：文海出版社重印，1973。
25. 王鐵崖編，《中外舊約章彙編》，第 2、3 冊，北京：三聯書店，1959、1962。
26. 包文峻修，《梨樹縣志》，瀋陽：文化興印書局，1934。

27. 石方、劉爽、高凌，《哈爾濱俄僑史》，哈爾濱：黑龍江人民出版社，2003。
28. 北平故宮博物院編，《清光緒朝中日交涉史料》，上冊，台北：文海出版社重印，1963。
29. 北平故宮博物院編，《清宣統朝外交史料》，台北：文海出版社重印，1975。
30. 北京大學歷史系中國現代史教研室編，《義和團運動史料叢編》，第 2 輯，北京：中華書局，1964。
31. 石秀峰修，《蓋平縣志》（一），台北：廣文書局重印，1968。
32. 交通鐵道部交通史編纂委員會編，《交通史郵政編》，第 3 冊；《交通史路政編》，第 17 冊，上海：編者印行，1930。
33. 吉林社會科學院歷史研究所編，董果良譯，《1900-1901 年俄國在華軍事行動資料》，第 2 編第 1、2 冊，第 3 編第 2 冊，濟南：齊魯出版社，1970。
34. 安．米．潘克拉托娃、康．瓦．巴濟列維奇、謝．費．巴赫魯申、安．維．福赫特合著，《蘇聯通史》，莫斯科：外國文書籍出版社，1995。
35. 曲友誼、安崎編，《遠東資料——遠東報摘編（1916-1921）》，哈爾濱：哈爾濱市地方史研究所，1980。
36. 朱啟鈐編，《東三省蒙務公牘彙編》，台北：文海出版社重印，1969。
37. 朱壽朋纂，《十二朝東華錄》，光緒朝，台北：文海出版社重印，1963。
38. 佚名，《東省鐵路合同成案要覽》，初編，續編，線裝鉛印本，印行者、出版年次不詳。
39 佚名，《宣統政紀》，台北：文海出版社重印，1967。
40. 吳文銜、張秀蘭，《霍爾瓦特與中東鐵路》，長春：吉林文史出版社，1993。
41. 宋景文修，《珠河縣志》，台北：成文出版社重印，1974。

42. 李文治編，《中國近代農業史資料》，第 1 輯，北京：三聯書店，1975。

43. 李述笑編，《哈爾濱歷史編年（1896-1949）》，哈爾濱：哈爾濱市人民政府地方志編纂辦公室，1986。

44. 李國祁，《中國早期的鐵路經營》，台北：中央研究院近代史研究所，1974 年再版。

45. 李澍恩編，《吉林行省賓州府政書》，上海：商務印書館， 1909。

46. 李興耕，《風雨飄萍——俄國僑民在中國（1917-1949）》，北京：中央編譯社，1997。

47. 李濟棠，《沙俄侵華的工具——中東鐵路》，哈爾濱：黑龍江人民出版社，1979。

48. 汪康年，《汪穰卿先生筆記》，台北：文海出版社重印，1967。

49. 汪敬虞編，《中國近代工業史資料》，第 2 輯，上、下冊，北京：科學出版社，1957。

50. 佟冬主編，《沙俄與東北》，長春：吉林文史出版社，1985。

51. 佟冬主編，《中國東北史》，長春：吉林文史出版社，1998。

52. 孟憲章主編，《中蘇貿易史資料》，北京：中國對外經濟貿易出版社，1991。

53. 孟憲章主編，《中蘇經濟貿易史》，哈爾濱：黑龍江人民出版社，1992。

54. 肯特著，李抱宏等譯，《中國鐵路發展史》，北京：三聯書店，1958。

55. 阿瓦林著，北京對外貿易學院俄語教研室譯，《帝國主義在滿洲》，北京：商務印書館，1980。

56. 宓汝成編，《中國近代鐵路史資料（1863-1911）》，第 1 冊，北京：中華書局，1963。

57. 宓汝成，《帝國主義與中國鐵路》，上海：人民出版社，1980。

58. 侯樹彤，《東三省金融概論》，上海：太平洋國際學會，1931。

59. 南滿洲鐵道株式會社哈爾濱事務所編，湯爾和譯，《北滿概觀》，上海：商務印書館，1937。
60. 哈爾濱鐵路分局及中國社會科學院歷史研究所史地組合編，《中俄密約與中東鐵路》，北京：中華書局，1979。
61. 哈爾濱鐵路局志編審委員會編，《哈爾濱鐵路局志（1896-1994）》，下冊，北京：中國鐵道出版社，1996。
62. 故宮博物院明清檔案部編，《清代中俄關係檔案史料選編》，第 3 編，中冊，北京：中華書局，1979。
63. 柏森輯，〈1903 年沙俄侵占東三省文件輯錄〉，《近代史資料》，1978 年第 2 期。
64. 科羅斯托維茨著，李金秋、陳春華、王超進譯，《俄國在遠東》，北京：商務圖書館，1975。
65. 紀鳳輝，《哈爾濱尋根》，哈爾濱：哈爾濱出版社，1996。
66. 倫森著，陳芳芝譯，《俄中戰爭——義和團運動時期俄國侵占中國東北的戰爭》，北京：商務印書館，1982。
67. 孫蓉圖修，《璦琿縣志》，1920 年鉛印本。
68. 徐文述、金士宣編，《中國鐵路發展史》，北京：中國鐵道出版社，1986。
69. 徐世昌，《退耕堂政書》，台北：文海出版社重印，1967 年。
70. 徐世昌編，《東三省政略》，上、下冊，吉林文史出版社重印，1986。
71. 徐曦，《東三省紀略》，上海：商務印書館，1915。
72. 翁特爾別格著，黑龍江大學俄語系研究室譯，《濱海省》，北京：商務印書館，1980。
73. 勒德洪奉敕撰，《清德宗實錄》，台北：大通出版社重印，1973。
74. 國家檔案局明清檔案館主編，《義和團檔案史料》，上、下冊，北京：中華書局，1959。
75. 張之洞，《張文襄公全集》，台北：文海出版社重印，1970。
76. 張伯英總纂，《黑龍江志稿》（中），哈爾濱：黑龍江人民出版社重印，1992。

77. 張瑞德，《平漢鐵路與華北的經濟發展（1905-1937）》，台北：中央研究院近代史研究所，1987。
78. 張蓉初譯，《紅檔雜誌有關中國交涉史料選譯》，北京：三聯書店，1957。
79. 梁啟超，《李鴻章傳》，湖南望城：海南出版社，1993。
80. 許同莘等編，《光緒條約》，台北：文海出版社重印，1974。
81. 許景澄，《許文肅公遺稿》，台北：文海出版社重印，1968。
82. 連濬編，《東三省經濟實況攬要》，台北：傳記文學出版社重印，1971。
83. 郭廷以編著，《近代中國史事日誌》，第 2 冊，台北：編者印行，1963。
84. 陳春華譯，《俄國外交文書選譯——關於蒙古問題》，哈爾濱：黑龍江教育出版社，1991。
85. 陳復光，《有清一代之中俄關係》，昆明： 雲南大學，1947。
86. 程德全，《程將軍守江奏稿》，台北：文海出版社重印，1967。
87. 湯爾和譯，《黑龍江》，上海：商務印書館，1929。
88. 費成康，《中國租界史》，上海：上海社會科學院出版社，1992。
89. 黃維翰編，《呼蘭府志》，黑龍江軍用被服廠鉛印本，1915。
90. 黃遵憲 ，《人境廬詩草》，北平：文化學社，1933。
91. 黑龍江省檔館編，《中東鐵路》（一）（二），哈爾濱：編者印行，1986。
92. 黑龍江博物館歷史部編，《黑龍江義和團的抗俄鬥爭》，哈爾濱：黑龍江人民出版社，1978。
93. 黑龍江博物館製譯，《中東鐵路大畫冊》，哈爾濱：黑龍江人民出版社，2013。
94. 楊公素，《晚清外交史》，北京：北京大學出版社，1991。
95. 楊培新，《華俄道勝銀行與歐亞大陸第一橋》，北京：中國金融出版社，1992。
96. 解學詩主編，《滿鐵史資料》，第 4 卷，第 1 分冊，北京：中華書局，1987。
97. 雷殷，《中東路問題》，台北：文海出版社重印，1967。
98. 雷麥著，蔣學楷、趙康節譯，《外人在華投資論》，上海：商務印書館，1936。
99. 蒙秉書等編注，《宋小濂集》，程德全，《撫東政略》附入該書，長春：吉林文史出版社，1989。
100. 裴其勳撰，《吉林剿撫蒙亂詳細報告書》，台北：文海出版社重印，1969。
101. 趙中孚編輯，《翁同龢日記排印本》（四）（五），台北：中文研究資料中心，1980。
102. 遠東外交研究會編，《最近十年中俄之交涉》，台北：文海出版社重印，出版年不詳。
103. 齊紅深，《東北地方教育史》，瀋陽：遼寧大學出版社，1991。
104. 劉坤一，《劉忠誠公遺集》，台北：文海出版社重印，1967 年。
105. 劉鈞仁、朱方編，《中國地名大辭典》，北平：北平研究院出版部，1930。
106. 劉瑞霖編，《東三省交涉輯要》，台北：文海出版社重印，1968。
107. 鄭長椿編，《中東鐵路歷史編年（1895-1952）》，哈爾濱：黑龍江人民出版社，1987。
108. 遼寧省檔案館、遼寧社會科學院歷史研究所選編，《東北義和團檔案史料》，瀋陽：遼寧人民出版社，1981。
109. 遼寧省檔案館編，《奉系軍閥檔案史料彙編》，第 1 冊，南京：江蘇古籍出版社，1990。
110. 鮑里斯．羅曼諾夫著，陶文釗、李金秋、姚寶珠譯，《俄國在滿洲（1892-1906）》，北京：商務印書館，1980。
111. 薛銜天，《中東鐵路護路軍與東北邊疆政局》，北京：社會科學文獻出版社，1993。
112. 叢佩遠、趙鳴岐編，《曹廷杰集》，北京：中華書局，1985。
113. 竇宗一，《李鴻章年譜》，台北：文海出版社，1980。

二、日文

1. 久間猛，《北滿洲ノ政治経済的價值》，大連：滿蒙文化會，大正十二年（1923）。
2. 外務省編，《北滿洲之產業》，東京：金港堂書籍株式會社，明治四十一年（1908）。
3. 外務省編纂，《日本外交文書》，第 36 卷第 1 冊，明治三十六年，東京都：日本外交文書頒布會，昭和二十九年（1954）。
4. 外務省調查部第三課譯編，《露國政府ノ極東外交機密文書》，第 1 卷，東京：外務省調查部，昭和十年（1935）。
5. 矢野仁一，《滿洲近代史》，東京：弘文堂，昭和十六年（1941）。
6. 吉田金一，〈ロシアと清の貿易について〉,《東洋學報》，第 45 卷第 4 號，1963 年 3 月。
7. 和田耕作，〈東支鐵道運賃政策と北滿市場〉，《滿鐵調查月報》，第 17 卷第 1 號，昭和十二年 1 月 1 日（1937）。
8. 岩間徹，《露國極東政策とウイツテ》，東京：博文館，昭和十六年（1941）。
9. 東清鐵道廳編，外務省通商司編譯，《北滿洲——吉林省》，東京：啟成社，大正六年（1917）。
10. 南滿洲鐵道株式會社總務部事務局調查課編，《東清鐵道南部沿線地方經濟調查資料》，大連：南滿洲鐵道株式會社，大正六年（1917）。
11. 南滿洲鐵道株式會社編，《南滿洲鐵道株式會社十年史》，大連：南滿洲鐵道株式會社，大正八年（1919）。
12. 南滿洲鐵道株式會社庶務部調查課編，《吉林省東北部林業》，大連：滿蒙文化協會，大正九年（1920）。
13. 南滿洲鐵道株式會社總務部調查課編，《吉林省東北部松花江沿岸地方經濟事情》，大連：南滿洲鐵道株式會社，大正十年（1921）。
14. 南滿洲鐵道株式會社社長室調查課編，《滿蒙全書》，第 4 卷，大連：滿蒙文化協會，大正十一年（1922）。
15. 南滿洲鐵道株式會社庶務部調查課譯，《北滿洲と東支鐵道》，上下卷，大連：南滿洲鐵道株式會社，大正十二年（1923）。
16. 南滿洲鐵道株式會社庶務調查課編，《南滿洲鐵道株式會社營業一斑》，大連：南滿洲鐵道株式會社，大正十三年（1924）。
17. 南滿洲鐵道株式會社庶務部調查課編，《滿洲に於ける製粉業》，大連：滿蒙文化協會，大正十三年（1924）。
18. 南滿洲鐵道株式會社哈爾濱事務所編，《東支鐵道貨物運輸統計》（1924 年度），南滿洲鐵道株式會社哈爾濱事務所，大正十五年（1926）。
19. 南滿洲鐵道株式會社庶務部調查課編，《南滿洲鐵道株式會社二十年略史》，大連：南滿洲鐵道株式會社，昭和二年（1927）。
20. 南滿洲鐵道株式會社庶務部調查課編，《吉林省之林業》，大連：南滿洲鐵道株式會社，昭和三年（1928）。
21. 南滿洲鐵道株式會社哈爾濱事務所編，《東支鐵道を中心とする露支勢力の消長》，上、下卷，大連：南滿洲鐵道株式會社，昭和三年（1928）。
22. 東支鐵道經濟調查局編纂，南滿洲鐵道株式會社哈爾濱事務所編譯，《東支鐵道年報》（1929 年版），哈爾濱：南滿洲鐵道株式會社哈爾濱事務所，昭和四年（1929）。
23. 東支鐵道經濟調查局編纂，南滿洲鐵道株式會社哈爾濱事務所編譯，《東支鐵道年報》（1930 年版），哈爾濱：南滿洲鐵道株式會社哈爾濱事務所，昭和五年（1930）。
24. 東支鐵道經濟調查局編纂，南滿洲鐵道株式會社哈爾濱事務所編譯，《東支鐵道年報》（1932 年版），哈爾濱：南滿洲鐵道株式會社哈爾濱事務所，昭和七年（1932）。
25. 南滿洲鐵道株式會社總務部調查課編，《支那農民の北滿植民と其前途》，大阪：每日新聞社，昭和六年（1931）。
26. 南滿洲鐵道株式會社經濟調查會編，《滿洲の鑛業》，大連：滿蒙文化協會，昭和八年（1933）。

27. 滿鐵・北滿經濟調查所編，《北滿に於ける各種工業の現狀》，哈爾濱：滿鐵・北滿經濟調查所，昭和十三年（1938）。
28. 南滿洲鐵道株式會社調查局編，《東支鐵道運賃政策史》（上），大連：南滿洲鐵道株式會社，昭和十八年（1943）。
29. 宮本平九郎，〈西伯利亞鐵道の完成〉，《外交時報》，第 5 卷第 50 號，明治三十五年（1902）。
30. イワシュケエウツチ著，南滿洲鐵道株式會社庶務部調查課編譯，《滿洲の森林》，大阪：每日新聞社，昭和三年（1928）。
31. 麻田雅文，《中東鉄道経営史——ロシアと満洲（1896-1935）》，名古屋：名古屋大學出版會，2012。
32. 越沢明，《哈爾浜の都市計画（1898-1945）》，東京：總和社，1989。
33. 塚瀨進，《中国近代東北経済史研究——鉄道敷設と中国東北経済の変化》，東京：東方書店，1993。
34. 嶋田道彌，《滿洲教育史》，大連：文教社，昭和十年（1935）。

三、英文

1. Anert, E. E., *Mineral Resources of North Manchuria*, Peiping: National Geological Survey of China, 1929.
2. Chang, Tao-shing, *International Controversies over the Chinese Eastern Railway*, Shanghai: The Commercial Press, Ltd., 1936 .
3. Hunt, M. H., *Frontier Defense and the Open Door: Manchuria in Chinese-American Relations, 1851-1911*, New Haven: Yale University Press, 1973.
4. Jelavich, Barbara, *A Century of Russian Foreign Policy, 1814-1914*, New York: J. B. Lippin Company, 1964.

5. Kinnosuke, Adachi, *Manchuria, A Survey*, New York: Robert M. McBride & Company, 1925.
6. Klem ed., *The Memoirs of Khorvat*, Manuscript, Stanford: Hoover Institution Archives, Stanford University.
7. Malozemoff, Andrew, *Russian Far Eastern Policy, 1881-1904*, Berkeley and Los Angeles: University of California Press, 1953.
8. Marks, Steven G., *Road to Power, the Trains- Siberian Railroad and the Colonization of Asian Russia, 1850-1917*, Ithaca: Cornell University Press, 1991.
9. Pasvolsky, Leo, *Russia in the Far East*, New York: MacMillan Company, 1922.
10. Price, E. B., *The Russo-Japanese Treaties of 1907-1916, Concerning Manchuria and Mongolia,* Baltimore: The John's Hopkins Press, 1933.
11. Quested, Rosemary, *The Russo-Chinese Bank: A Multi-National Financial Base of Tsarism in China*, Birmingham: University of Birmingham Press, 1977.
12. Quested, R. K. I., *The Tsarist Russians in Manchuria, 1895-1917*, Hong Kong: University of Hong Kong Press, 1982.
13. Rozen, R. R., *Forty Years of Diplomacy*, New York: Alfred A. Knope, 1922.
14. Sablinsky, Walter, *The Road to Bloody Sunday*, New Jersey: Princeton University Press, 1976.
15. Tang, Peter S. H., *Russian and Soviet Policy in Manchuria and Outer Mongolia, 1911-1931*, Durham: Duke University Press, 1959.
16. The Economic Bureau of the Chinese Eastern Railway ed., *North Manchuria and the Chinese Eastern Railway*, Harbin: The CER Printing Office, 1924.
17. U. S. Department of State, *Papers Relating to the Foreign Relations of United States,* Washington D.C.: Government Printing Office, 1910.

18. Weale, P. L. Putnam, *Manchu and Muscovite*, New York: The Macmillan Company, 1904.

19. Westwood, I. N., *A History of Russian Railways*, London: George Allen and Unwin Ltd., 1964.

20. Wieczynskii, Joseph L. ed., *The Modern Encyclopedia of Russian and Soviet History*,Vol. XIV, Gulg Breeze, FL: Academic International Press, 1979.

21. Witte, S. Ia., *The Memoirs of Count Witte*, Translated and Edited by Sidney Harcave, New York: M. F. Sharp Inc., 1990.

22. Yakhontoff, V. A., *Russia and Soviet Union in the Far East*, New York: Coward-McCann, Inc., 1931.

四、俄文

1. Андреев, Г. И., *Революционное движение на КВЖД в 1917-1922 г.г.*（《1917-1922 年中東鐵路的革命運動》）, Новосибирск: Издательство «наука», 1983.

2. Барри, В. А., "К вопросу о твердом минеральном топливе для Северной Маньчжурий"（〈關於北滿礦物燃料生產問題〉）, *Экономический вестник Маньчжурии*（《滿洲經濟雜誌》）, №. 3, 1923.

3. Головачев, П., *Россия на Дальнем Востоке*（《俄國在遠東》）, С.-Петербург: Издание Е. Д. Кусковой, 1904.

4. Гордеев, М. К., *Леса и лесная промышленность Северной Маньчжурии*（《北滿的森林與林木加工業》）, №. 1, Харбин, 1923.

5. Денисов, В. И., *Россия на Дальнем Востоке*（《俄國在遠東》）, С.-Петербург, 1913.

6. Коммерческой части Кит. Вост. жел. дор., *Северная Маньчж*

урия, Том II-й, *Хэйлунцзянская провинция*（《北滿洲——黑龍江省》）, Харбин:Типография Китайской Восточной железной дороги, 1918.

7. Мартынов, Е. И., *Работа наших железнодорожных дельцов в Маньчжурии*（《俄國鐵路實業家在滿洲的活動》）, Москва : Типогафия П. П. Рябушинкаго, 1914.
8. Мелихов, Г. В., *Маньчжурия, далекая и близкая*（《既遠且近的滿洲》）, Москва: Издательство «наука», 1991.
9. Мещерский, А. С., "Задачи ветеринарнаго отдела Кит. Вост. жел. дор."（〈中東鐵路獸醫處的任務〉）, *Экономический вестник Маньчжурии*（《滿洲經濟雜誌》）, №. 4, 1923.
10. Нилус, Е. Х., *Исторический обзор Китайской Восточной железной дороги, 1896-1923 г.г.*（《中東鐵路沿革史(1896-1923)》）, Том I-й, Харбин: Типографии Кит. Вост. жел. дор. и Т-ва „Озо" , 1923; 第二冊未編輯成書出版，打字油印稿分三部分，目前收藏於 Hoover Institution Archives.
11. Россия.Переселенческое управление, *Азиатская Россия*（《亞洲俄羅斯》）, Том I-й, С.-Петербург: Товарищество "А. Ф. Маркс", 1914.
12. Правления Общества Китайской Восточной железной дороги, *Протокол*（《議定書》）, С.-Петербург：Типо-литография «Евг. ТИЛЕ пр.», 1909.
13. Правления Общества Китайской Восточной железной дороги, *ПриямоеКитайско-Восточное-Южно-Маньжурское грузовое сообщение*（《中東南滿兩路貨物聯運會議報告》）, С. -Петербург: Типография А. Банке, 1912.
14. Рудницкий, А. В., "Краткий обзор деятельности службы пути за 25 лет эксплоатации К. В. ж. д."（〈中東鐵路工務處二十五年來的業務概況〉）, *Экономический вестник Маньчжурии*（《滿洲經濟雜誌》）, №. 21-22, 1923.
15. Скорупский, К. и Верхоглядов, А., "Краткий обзор деятельности

коммерческой части Кит. Вост. жел. дор. за 25 лет"（《中東鐵路商業部二十五年來的業務概況》）, *Экономический вестник Маньчжурии*（《滿洲經濟雜誌》）, №. 21-22, 1923.

16. Сладковский, М. И., *Очерки экономических отношений СССР с Китаем*（《蘇中經濟關係概要》）, Москва: Внешторгиздат, 1957.
17. Сладковский, М. И., *История торгово-экономических отношений народов России с Китаем*（*до 1917 г.*）（《俄中人民經濟貿易關係史》）, Москва: Издательство «наука», 1974.
18. Сурин, В. И., *Железные дороги в Маньчжурии и Китае*（《滿洲與中國的鐵路》）, Харбин: Типография Китайской Восточной железной дороги, 1932.
19. Тернов, Д., "25 лет типографии К. В. Ж. Д."（〈二十五年來中東鐵路印刷所業務〉）, *Экономический вестник Маньчжурии*（《滿洲經濟雜誌》）, №. 21-22, 1923.
20. Тюнин, М. С., *Указатель, периодических и повременных изданий, выходивших в г. Харбине на русском и др. европейских языках по 1-е января 1927 года*（《1927年以前哈爾濱市俄文及歐洲語文的期刊出版品指南》）, Харбин: Издательство общества изучения Маньчжурского края, 1927.
21. Харбинский Биржевой комитет, "Записка Харбинскаго Биржевого комитета, Его высокопревосходительству господину Министру финасов"（〈哈爾濱交易會給敬愛的財政大臣閣下的報告〉）, 收入 *Исторический обзор Китайской Восточной железной дороги,1896-1923 г.г.,* Том II-й, Часть III（《中東鐵路沿革史》，第二冊，第三部分）.
22. Харбинский Биржевой комитет, *О положении Русской торговли и промышленности в Маньчжурии*（《關於俄國在滿洲的工商業狀況》）, Харбин: Типография „Труд " В. И. Антуфьева, 1913.
23. Шпаковский, "Краткия сведения о материальной службе за период

времени с мая месяца 1903 г. по 1 июня 1923 г.”（〈材料處概況報告（1903-1923）〉）, *Экономический вестник Маньчжурии*,（《滿洲經濟雜誌》）, №. 21-22, 1923.

24. Штейнфельд, Н., *Русское дело в Маньчжурии с XVII века до наших дней*（《俄國在滿洲的事業》）, Харбин: Русско-Китайско-Монгольская тип. газ. „Юань-дун-бао“, 1910.
25. Штейнфельд, Н., *Мы и Японцы в Маньчжурии*（《俄國與日本在滿洲》）,Харбин: Типография „Труд“ В. И. Антуфьева, 1913.
26. Штейнфельд, Н., *Что делат с Маньчжурией?*（《俄國在滿洲要如何做？》）, Харбин: Типография „Труд“ В. И. Антуфьева , 1913.
27. Экономическое Бюро Китайской Востйчной железной дор., *Северная Маньчжурия и Китайская Восточная железная дорога*（《北滿與東省鐵路》）, Харбин: Типография Китайской Восточной железной дороги,1922.
28. Экономическое Бюро Кит. Вост. жел. дор., *Справочник по Северной Маньчжурии и Китайской Восточной железной дороги*（《北滿與東省鐵路指南》）, Харбин: Типография Китайской Восточной железной дороги, 1927.
29. Экономическое Бюро Кит. Вост. жел. дор., *Статистический ежегодник на 1928*（《一九二八年度中東鐵路統計年鑑》）, Харбин: Типография Китайской Восточной железной дороги, 1928.
30. Яшнов, Е. Е., *Китайская колонизация Северной Маньчжурии и ее перспективы*（《中國在北滿的移民及其前途》）, Харбин: Типография Китайской Восточной железной дороги, 1928.

俄國譯名對照表

一、人名

Afanasiev, M. E.	Афанасиев, М. Е.	阿法那西耶夫
Aleksandrov, V. I.	Александров, В. И.	阿列克山得羅夫
Alekseev, E. I.	Алексеев, Е. И.	阿列克謝耶夫
Amosov, M. A.	Амосов, М. А.	阿莫索夫
Anert, E. E.	Анерт, Э. Э.	阿聶爾特
Anuchin, D. G.	Анучин, Д. Г.	阿努欽
Arnol'd	Арнольд	阿諾爾德
Artem'ev, P. A.	Артемьев, П. А	阿爾捷米耶夫
Avelan, F. K.	Авелан, Ф. К.	阿維蘭
Badmaev, P. A.	Бадмаев, П. А.	巴德馬耶夫
Bark, P. L.	Барк, П. Л.	巴爾克
Barkan, V. Z.	Баркан, В. З.	巴爾坎
Barskii, M. S.	Барский, М. С.	巴爾斯基
Batshev, M. O.	Батшев, М. О.	巴特謝夫
Berg, E. E.	Берг, Е. Э.	貝爾格（比爾克）
Bezobrazov, A. M.	Безобразов, А. М.	別佐勃拉佐夫
Bocharov, I. P.	Бочаров, И. П.	勃察羅夫
Bogdanov, A. F.	Богданов, А. Ф.	玻克大那夫
Bogdanovich, E. V.	Богданович, Е. В.	波格丹諾維奇
Bronnikovo	Бронниково	卜郎尼科沃
Chichagov, N. M.	Чичагов, Н. М.	契恰高夫
Chistiakov, M. I.	Чистяков, М. И.	契斯加科夫
Daniel, E. V.	Даниэль, Е. В.	達聶爾
Denisov, P. N.	Денисов, П. Н.	捷尼索夫
Diterikhs	Дитерихс	季捷里赫斯
Dubasov	Дубасов	杜巴索夫
Dukhovskoi, S. M.	Духовской, С. М.	杜霍夫斯科伊

Ermak	Эрмак	葉爾馬克
Frid	Фрид	富利德
Fon-Winning, B. B.	Фон-Виннинг, Б. Б.	馮－溫寧格
Gapon, D.	Гапон, Д.	加本
Gerngros, A. A.	Гернгрос, А. А.	葛倫格羅斯
Gershov, A. A.	Гершов, А. А.	蓋爾索夫
Giatsint, N. E.	Гиацинт, Н. Е.	吉阿欽特
Girshman, F. S.	Гиршман, Ф. С.	吉利什滿（吉爾什曼）
Giubbenet, A. Ia.	Гюббенет, А. Я.	丘別涅特
Glishchinskii	Глищинский	格里辛斯基
Golitsyn, V. V.	Голицын, В. В.	戈利岑
Golovachev, P.	Головачёв, П.	戈洛瓦喬夫
Gordeev, M. K.	Гордеев, М. К.	戈爾杰耶夫
Grand Duke Aleksei Aleksandrovich	Алексей Александрович В.кн.	阿列克謝・亞歷山德羅維奇大公
Gronbchevskii, B. L.	Гронбчевский, Б. Л.	戈倫勃切夫斯基
Grodekov, N. I.	Гродеков, Н. И.	格羅杰科夫
Grot, V. Iu.	Грот, В. Ю.	柯樂德
Gubanov	Губанов	古巴諾夫
Iantkevich, E. F.	Янткевич, Е. Ф	楊特克維奇
Ignatiev, A. P.	Игнатиев, А. П.	伊格納季耶夫
Ignatsius, S. V.	Игнациус, С. В.	伊格納齊烏斯
Iugovich, A. I.	Югович, А. И	尤哥維奇（茹格維志）
Ivashkevich, B.	Ивашкевич, Б.	伊瓦什凱維奇
Ivanov, A. N.	Иванов, А. Н.	伊萬諾夫
Kapnist, D. A.	Капнист, Д. А.	卡普尼斯特
Kassini, A. P.	Кассини, А. П.	喀西尼
Kazakevich, D. P.	Казакевич, Д. П.	卡扎凱維奇
Kazakevich, P. V.	Казакевич, П. В.	卡扎凱維奇
Kazarkin	Казаркин	卡扎爾金
Kazy-Girei, N. A.	Казы-Гирей, Н. А.	喀濟吉列（喀則吉列）
Kerbedz, A. I.	Кербедз, А. И.	克爾別茲（蓋爾貝次）
Khabarov, E. P.	Хабаров, Е. П.	哈巴羅夫

Khilkov, M. I.	Хилков, М. И.	希爾科夫
Khilkov, S. N.	Хилков, С. Н.	希爾科夫
Khintse, A. K.	Хинце, А. К.	欣澤（金次）
Khorvat, D. L.	Хорват, Д. Л.	霍爾瓦特
Klem	Клем	克雷姆
Klimovich	Климович	克里莫維奇
Kokovtsov, V. N.	Коковцов, В. Н.	科科弗曹夫
Konovalov, N. A.	Коновалов, Н. А.	葛諾發
Kopytov, N. V.	Копытов, Н. В.	科佩托夫
Korchak, A. V.	Корчак, А. В.	高爾察克
Korf, A. N.	Корф, А. Н.	科爾夫
Korostovets, I. Ia.	Коростовец, И. Я.	廓索維慈
Koval'skii	Ковальский	科瓦利斯基
Krupenskii, V. N.	Крупенский, В. Н.	庫朋斯齊
Kuchum	Кучум	庫臣（汗）
Kuropatkin, A. N.	Куропаткин, А. Н.	庫羅帕特金
Kuznetsov, P. I.	Кузнецов, П. И.	庫茲聶曹夫
Lachinov, V. D.	Лачинов, В. Д.	拉琴諾夫
Lamsdorf, V. N.	Ламсдорф, В. Н.	拉姆斯多爾夫（拉姆斯獨夫）
Latkin, S. I.	Латкин, С. И.	拉特金
Lazarev, K. P.	Лазарев, К. П.	拉扎列夫
Lentovskii, A. N.	Лентовский, А. Н.	連托夫斯基（連鐸夫斯基）
Lepeshinskii	Лепешинский	雷佩辛斯基
Levteev, A. K.	Левтеев, А. К.	列弗捷耶夫（列甫竭耶夫）
Linevich	Линевич	里涅維奇
Liuba, V. F.	Люба, В. Ф.	劉巴（呂巴、留巴）
Liubimov, I.	Любимов, И.	留比莫夫
Lobanov-Rostovskii, A. B.	Лобанов-Ростовский, А. Б.	洛巴諾夫－羅斯托夫斯基（羅拔諾夫）
Lutskii, A. N.	Луцкий, А. Н.	魯茨基
Makeev	Макеев	馬克耶夫

Martynov, E. I.	Мартынов, Е. И.	馬爾蒂諾夫
Melikhov, G. V.	Мелихов, Г. В.	梅利霍夫
Meshcherskii, M. I.	Мещерский, М. И.	梅謝爾斯基
Migulin, P. P.	Мигулин, П. П.	米古林
Mishchenko, P. I.	Мищенко, П. И.	米先科
Murav'ev, M. N.	Муравьёв, М. Н.	穆拉維約夫
Murav'ev, N. N.	Муравьёв, Н. Н.	穆拉維約夫
Natanson, S. K.	Натансон, С. К.	納坦松
Neratov, A. A.	Нератов, А. А.	尼拉托夫
Nevel'skoi, G. I.	Невельской, Г. И.	涅維爾斯科伊
Nilus, E. Kh.	Нилус, Е. Х.	尼魯斯
Oblomievskii, I. I.	Обломиевский, И. И.	奧勃洛米耶夫斯基（沃布羅米耶夫斯基）
Offenberg, S. Ts.	Оффенберг, С. Ц.	奧芬貝爾格
Orlov	Орлов	奧爾洛夫
Ostroumov, B. V.	Остроумов, Б. В.	奧斯特羅烏莫夫（渥斯特羅烏莫夫）
Ostrovskii, N.	Островский, Н.	奧斯特羅夫斯基
Pavlov, A. I.	Павлов, А. И.	巴甫洛夫（巴布羅福）
Pavlovskii, P. M.	Павловский П. М.	巴甫洛夫斯基
Petrov, N. P.	Петров, Н. П.	彼得羅夫
Pleshkov, M. M.	Плешков, М. М.	普列什科夫
Poiakov, V. D.	Пояков, В. Д.	波雅可夫
Pokotilov, D. D.	Покотилов, Д. Д.	璞科第
Polivanov, E. D.	Поливанов, Е. Д.	波利瓦諾夫
Pos'et, K. N.	Посьет, К. Н.	波西耶特
Prosinskii, I. L.	Просинский, И. Л.	普羅辛斯基
Putilov	Путилов	菩提羅夫
Rashet, V. K.	Рашет, В. К.	拉謝特
Riutin, M. H.	Рютин, М. Н.	留金
Roman, V. A.	Роман. В. А.	羅曼
Romanov, B. A.	Романов, Б. А.	羅曼諾夫
Romanov, P. M.	Романов, П. М.	羅曼諾夫

Romashev, N. N.	Ромашев, Н. Н.	羅曼謝夫
Rotshtein, A. Iu.	Ротштейн, А. Ю.	羅啟泰（羅特什捷英）
Rozen, R. R.	Розен, Р. Р.	羅森
Rzhevutskii, S. A.	Ржевуцкий, С. А.	爾熱武茨基
Sakharov, Victor V.	Сахаров, Виктор В.	薩哈羅夫
Sakharov, Vladimir V.	Сахаров, Владимир В.	薩哈羅夫
Samoilov, M. K.	Самойлов, М. К.	薩摩伊洛夫
Savitskii, A. G.	Савицкий, А. Г.	薩維茨基
Sazonov, S. D.	Сазонов, С. Д.	沙佐諾夫
Semenov, G. M.	Семёнов, Г. М.	謝苗諾夫
Shidlovskii, A. I.	Шидловский, А. И.	什得洛夫斯基（石得羅夫斯基）
Shipov, I. P.	Шипов, И. П.	希鮑夫
Skidel'skii, L. S.	Скидельский, Л. С.	斯基杰利斯基
Sladkovskii, M. I.	Сладковский, М. И.	斯拉德科夫斯基
Slavin, B. A.	Славин, Б. А.	斯拉文
Sofronov	Софронов	索佛羅諾夫
Stepanov, O.	Степанов, О.	斯捷潘諾夫
Strelkov, N. A.	Стрелков, Н. А.	斯特列爾科夫
Stroganov	Строганов	斯特羅干諾夫
Sukhomlinov, V. A.	Сухомлинов, В. А.	蘇霍姆里諾夫
Sviiagin, N. S.	Свиягин, Н. С.	斯維雅金
Tikhomirov, T. M.	Тихомиров, Т. М.	齊霍米羅夫
Tikhonov	Тихонов	齊霍諾夫
Trautshol'd, V.	Траутшольд, В.	陶守德
Tsigler, E. K.	Циглер, Э. К.	齊格勒
Tsivinskii	Цивинский	齊文斯基
Tyrtov, P. P.	Тыртов, П. П.	蒂爾托夫
Ukhtomskii, E. E.	Ухтомский, Э. Э.	烏赫托姆斯基（吳克托穆）
Usatyi	Усатый	吳薩締
Vakhovskii, S. M.	Ваховский, С. М.	瓦霍夫斯基
Vakhovskii, Z. M.	Ваховский, З. М.	瓦霍夫斯基

Valevskii, P. I.	Валевский, П. И.	瓦列夫斯基
Vannovskii, P. S.	Ванновский, П. С.	萬諾夫斯基
Vapaniarchuk, E. Ia.	Вапанялчук, Е. Я.	瓦帕涅爾楚克
Vargasov, N. G.	Варгасов, Н. Г.	瓦爾喀索夫
Verkhovskii	Верховский	維爾霍夫斯基
Vol'fovich, F. A.	Вольфович, Ф. А.	沃爾福維奇
Vyshnegradskii, I. A.	Вышнеградский, И. А.	維什涅格拉茨基
Weber, K. Iu.	Вебер, К. Ю.	威勃爾
Wentzel, A. N.	Венцел, А. Н.	文哲理（溫策爾）
Witte, S.Iu.	Витте, С. Ю.	維特（微德）
Zaremba, A. I.	Заремба, А. И.	扎列姆巴
Zhadvoin, V. L.	Жадвойн, В. Л.	扎德沃恩（然得沃音）
Zubkovskii, A. F.	Зубковский, А. Ф.	祖勃科夫斯基

二、地名

Albazin	Албазин	雅克薩（阿爾巴津）
Aleksandrovsk	Александровск	亞歷山得羅夫斯克
Arkhangelsk	Архангелск	阿爾漢格爾斯克
Astrakhan	Астрахан	阿斯特拉罕
Baku	Баку	巴庫
Belozerskoe	Белозерское	別洛澤爾斯科耶
Berezov	Березов	別廖佐夫
Blagoveshchensk	Благовещенск	海蘭泡（布拉戈維申斯克）
Cheliabinsk	Челябинск	車里雅賓斯克
Chita	Чита	赤塔
Dnieper R.	Днепр, р.	德聶伯河
Don R.	Дон, р.	頓河
Egershel'd	Эгершельд	埃格爾協里得
Ekaterinburg	Екатеринбург	葉卡捷琳堡
Enisei R.	Енисей, р.	葉尼塞河
Grafskaia	Графская	格拉夫斯卡雅

Grodekovo	Гродеково	格羅德科沃（四站）
Groznyi	Грозный	格羅茲尼
Iakutsk	Якутск	雅庫次克
Iassy	Яссы	雅西
Irkutsk	Иркутск	伊爾庫次克
Irtysh R.	Иртыш, р.	額爾齊斯河
Isker	Искер	伊斯堪城
Kama R.	Кама, р.	卡馬河
Kazan	Казан	喀山
Khabarovsk	Хабаровск	伯力（哈巴羅夫斯克）
Kishinev	Кишинёв	吉什尼奧夫
Krasnoiarsk	Красноярск	克拉斯諾亞爾斯克
Lena R.	Лена, р.	勒那河
Mariinsk	Мариинск	馬林斯克
Miass	Миасс	米阿斯
Murmansk	Мурманск	摩爾曼斯克
Nerchinsk	Нерчинск	尼布楚（涅爾琴斯克）
Nikolaevsk	Николаевск	尼古拉耶夫斯克
Nikol'sk -Ussuriisk	Никольск-Уссуриисk	雙城子（尼科爾斯克－烏蘇里斯克）
Nizhnii-Novgorod	Нижний-Новгород	下諾夫哥羅德
Novgorod	Новгород	諾夫哥羅德
Novo-Tsrukhaitui	Ново-Црухайтуй	新祖魯海圖
Ob' R.	Обь, р.	鄂畢河
Obdorsk	Обдорск	奧布多爾斯克
Odessa	Одесса	敖德薩
Pelym	Пелым	彼雷姆
Perm	Перм	彼爾姆
Petrovsk	Петровск	彼得羅夫斯克
Poklovsk	Покловск	波克洛夫斯克
Samara	Самара	薩馬拉
Sea of Okhotsk	Охотское море	鄂霍次克海
Shelka R.	Шилка, р.	石勒喀河

Sretensk	Сретенск	斯列堅斯克
Staro-Tsurukhaitui	Старо-Цурухайтуй	老祖魯海圖
Tagil R.	Тагил, р.	塔格爾河
Tara	Тара	塔拉
Terek R.	Терек, р.	捷列克河
Tiumen	Тюмень	秋明
Tobol R.	Тобол, р.	托博爾河
Tobolsk	Тобольск	托博爾斯克
Tomsk	Томск	托木斯克
Ural Mts.	Урал, хр.	烏拉爾山
Verkhneudinsk	Верхнеудинск	上烏金斯克
Vladivostok	Владивосток	海參崴 （符拉迪沃斯托克）
Volga R.	Волга, р.	伏爾加河

後記

古人說十年磨一劍，我則是二十年磨一劍。從 1990 年代初經李毓澍老師的指引，開始投入中東鐵路的研究。最初的設想是利用中央研究院近代史研究所編輯出版的六大冊《中俄關係史料》，研究 1917 年十月革命之後中東鐵路問題，時間限定在 1917-1924 年，聚焦於中國政府如何因應此一變局，乘機收回中東鐵路及其所有相關利權。然而，深入史料研讀後，才發現問題的源頭必須先行了解。換言之，如不理清中東鐵路的修築原委，則難以進行十月革命後中東鐵路問題的研究，遂鎖定在研究中東鐵路早期的歷史沿革。

以俄國獨力經營時期的中東鐵路史為研究主題，原是要理清其源頭，期望能在二、三年之內，完成資料蒐整撰寫出版。如此天真的期望，在開始蒐集資料後，才發現台灣各大圖書館及研究機構，有關中東鐵路早期歷史的資料收藏，甚為有限。幸賴當時正在紐約大學攻讀博士學位的好友余敏玲女士，代為在紐約各大圖書館搜尋，其中最為重要的即是 1923 年中東鐵路管理局出版厚達 689 頁《中東鐵路沿革史》第一冊（俄文本）。這份資料的取得，大大提振了我的研究信心。

為蒐集更多的資料，依理該前往昔日中東鐵路管理局所在的哈爾濱等地各機構及圖書館，然限於軍校教師身分，無法如願，最後只能轉訪美國紐約、華盛頓特區、舊金山等地學校機構。1992 年夏，首度前往紐約，借住於時正在哥倫比亞大學進修的復興崗同事王麗卿老師宿舍。在哥大東亞圖書館及總圖書館蒐集到不少中、日、英、俄文等圖書資料，尤其在總圖書館透過微縮卷閱讀，影印 1905-1908 年的英、俄文圖書，收穫頗多。同時，必須一提的是，在此期間，曾致電在華盛頓州的恩師賀允宜教授，獲知政大學弟劉祥光先生正在哥大攻讀博士學位，特地前往其住處拜訪，也獲得借閱部分重要當代日文圖書資料，於中東鐵路營運統計研究頗有助益。同年 9 月，轉赴馬里蘭州，借住好友吳洵女士家中，利用她上班之便乘車轉搭地鐵，前去華盛頓特區國會圖書館東亞部門查閱資料。國會圖書館設備相當新穎，時電腦檢索資料起步未久，它卻已有觸控式螢幕檢索，相當便利。在為期二週時間，幸運地得到東亞部門館員胥浩功先生的協助，借閱到珍貴的《東省鐵路合同成案要覽》線裝鉛印本一書，這是第一本收錄早期中東鐵路有關文件的書籍，其中的 1902 年維特來哈爾濱視察報告，極具參考價值。

由美國東岸歸來，歷經半年資料消化，將原先利用台灣所得資料撰寫的初稿約 13 餘萬字修改寫成 20 餘萬字，增加了中東鐵路的營運部分；又因營運統計資料不足，獲悉霍爾瓦特的回憶錄手稿及《中東鐵路沿革史》第二冊未出版打字稿等資料，均收藏於史丹福大學胡佛研究所檔案館，遂決定再度前往美國。1993 年夏，前往美國舊金山，因復興崗同事董志群老師緣故，得以借住其親戚胡宇鏡先生家中。更幸運的是，胡先生是胡佛研究所東亞館館員，由於他的協助，借閱資料更為便利，尤其是每日閉館後，能將圖書借出至影印店複印，省下不少可觀的影印費。同時，此次蒐集資料不再單兵作戰，好友輔仁大學歷史系周雪舫老師也因撰寫博士論文需要前來此地，二人同心協力，將所需資料悉行影印。而胡佛檔案館資料受限於影印篇幅，也在她的協助下，印得所需資料，這段革命情感，至今想來，仍難忘懷。當然，這份革命情感，如無胡先生的提供住宿、午餐便當，以及溫馨接送，是無法成就的。

舊金山之行歸來，收穫更多，再經二年餘資料的閱讀消化，已寫好的 20 萬字稿因研究架構擴大必須重整，分成三大篇，對中東鐵路進行全面研究，經營範圍從商業營運擴大至利權發展。此一研究方向的轉變，意味著不可能在短期內完成書稿撰寫；加上家庭與工作的雙重壓力，更難以持續兼顧研究，曾經一度產生放棄的念頭，幸虧有同事兼好友的董志群老師不斷地給予支持、鼓勵，終能在上世紀即將結束的 1999 年 9 月完成 35 萬餘字書稿。

2000 年夏，經敏玲建議，將書稿再進行修改，毛遂自薦寄發聯經出版社，歷經一年，通過審查，原可針對審查意見稍加修改，即能簽約出版。然因自覺仍應再加慎重修訂，以致一直無法完成令人滿意的定稿。

2008 年 5 月，政府開放公教人員可自由前往大陸觀光；次年，軍校文職教師亦可自由前往，始有機會赴大陸觀光。2010 年夏，透過敏玲引薦，得到黑龍江省社會科學院研究員李隨安教授協助，在愷兒陪伴下，前往東北進行中東鐵路史蹟考察，希望藉由尋訪昔日俄人足跡，重拾書稿的修訂。一路由大連、長春、哈爾濱等地逐步尋訪，原計畫全程以火車為工具，實際走訪與中東鐵路及俄人有關的史蹟，惟未能全然如願。對於鐵路幹線東、西兩線的走訪，由於火車票訂購不易，只完成西線部分哈爾濱至滿洲里的體驗，東線部分，限於必須當天來回，僅能抵達一面坡，全程 540 公里，只完成 282 公里，不無遺憾。令我訝異的是，一面坡在 1917 年以前，原是東線的護路軍司令部所在地，儘管現今已淪為一個小車站，但護路軍所在的建物，以及中東鐵路附設俱樂部兼療養院、鐵路人員房舍，仍然保留著。在觀光主義掛帥下，這個荒僻的小鎮竟也開始仿效大連、哈爾濱、滿洲里等大城市，規劃俄羅斯風情街區域。目睹此景，不由得感慨中國大陸自從 1990 年代改革開放以來，一切向人民幣看齊的力量。在這些俄羅斯風情街渲染之下，近百年前「老毛子」對中國人所造成的負面印記似已遠颺而去！

面對清末民初以來俄國在中國東北的擴張史，作為歷史研究工作者，我無意揭舉大中華民族主義的旗幟，只能就當代史料盡可能忠實客觀地呈現歷史的原貌，並提出其間的歷史意義。在走訪近百年前俄人所留下的足跡，尤其在哈爾濱一地，經李述笑、李隨安兩位教授引導解說，遍訪與中東鐵路有關的眾多建築物以及各項設施，每每在讚嘆之餘，不能不敬佩俄人經營哈爾濱用心之深。懷想百年前，一批俄國工程師遠離家鄉，銜命來到陌生荒涼之異地，在山巔水涯，不僅須適應惡劣的自然環境，還得隨時應付出沒無常的鬍匪，竟能如期在六年之內，完成幹線、支線總計 2,515 公里的鐵路，若無強烈的使命感與榮譽感，豈能辦到？客觀上，莫論其身分，這批築路先鋒堪稱北滿地區開發英雄。而停留哈爾濱期間，白天與愷兒及李隨安教授行走在中央大街，賞心悅目地欣賞沿街溫暖色系的歐式建築，漫步在松花江沿岸的斯大林公園，沐浴在 8 月涼風習習的喜悅之中。夜晚的哈爾濱，更是炫麗迷人，我們從中央大街走到聖索菲亞大教堂，彷彿置身在歐洲國度，再轉至馬迭爾賓館品嘗哈爾濱俄式大餐，真是一種難以言喻的享受。事隔多年，至今想起，仍是回味無窮。這一切切美好的饗宴，不能不說是源自於中東鐵路的修築啊！思及此，也不禁懷疑研究這段歷史，是否還要強調主體性了？說實在的，自己也有些迷惘了。

遺憾的是，2010 年夏中東鐵路俄人足跡考察之旅歸來，非僅未能加速書稿的修訂，反而令我更駐足不前，又開始上網遍尋與中東鐵路研究資料，重新爬梳檢視是否有遺漏之處。一年後，於 2012 年 10 月，完成書稿大部分內容的修訂，但仍因營運統計資料的不足問題，始終無法全部定稿。直到今年年初，敏玲再度催促，甚至直言再不定稿出版，過往的心血可能要化為一堆廢紙了。這一震撼的諍言，確實是一記棒頭喝，無數夜晚難以入眠。2014 年 5 月，敏玲完成其大作交付印製後，催我將書稿電郵寄交她看閱。35 萬餘字的書稿，她竟不眠不休地在五天內閱畢，提供了不少意見，也給予相當的鼓勵。從投入中東鐵路的研究，敏玲一直不斷地提供協助，迄今近二十年，依然如此，其殷殷之關切，令我感動莫名，也因為如此，激勵了我的決心，無論如何須在今夏完成定稿，不再裹足不前，否則我的研究生涯也將一事無成，豈不可悲！

同年7 月，在成堆的舊信件中，找到 2002 年聯經編輯的信函，遂鼓起勇氣致電重提舊事。沒想到，她還記得我的書稿，大出我意料之外。若非聯經這樣有制度的出版公司，若無這樣敬業的編輯，則我的書稿絕無希望在聯經出版。

最後，要說明的是，我之所以拉雜又不厭其煩地陳述這些研究歷程，實在是因為不如此書寫，無法表達對諸多親朋好友的深忱謝意，尤其是敏玲與雪舫二人，在最後定稿的階段仍幫忙閱校，提供修正意見，三十年的賀師門下情誼，溫暖而雋永！

2015 年歲末譚桂戀寫於復興崗

補後記

2016年1月，拙著出版後，4月，應中央研究院近代史研究所研究員賴惠敏教授邀請參與「華商與跨境貨幣」專題研究，擬於12月舉行的「跨區域與跨文化的接遇」國際學術研討會發表論文，聚焦在十月革命對華商的衝擊，我們二人加上暨南大學歷史系李今芸教授，將就近代史研究所檔案館所藏北京政府外交檔，分從蒙古、東北、新疆等區域進行研究。在撰寫〈十月革命對東北商民的影響〉一文過程中，始知外交檔案已在多年前開始數位化。拙著第三篇「利權篇」引用外交檔案為數不少，第一篇「修築篇」、第二篇「營運篇」也引用小部分檔案，當年是調閱原檔閱讀，檔案編號採用四碼，數位化後則改為五碼；其次，檔案分類採用宗、冊、文件，數位化後，部分檔案的歸類也有所改變，眼見於此，頗為懊惱，未能在出版前得知檔案數位化訊息，進而加以改正。當然，檔案引用最重要的是文件，宗項、編號屬次要細節，文件引用無誤，未影響研究論點，略感心安。

由於拙著係屬專業研究，在出版業不景氣，學術專著少有市場情況下，聯經出版公司願不計成本出版拙著，甚為感激。多年來，每逢報稅季節，接到聯經寄來版稅扣繳憑單，擔心書籍銷售不佳，未敢正視。今年2月下旬接獲主編告知將印製第二刷，始有機會就引用檔案的文件所屬宗號及編號，一一進行修正，以符合檔案編目現況。此外，書中部分遺漏字句、錯字亦一併補入校正。

2022年暮春譚桂戀寫於復興崗

索引

四劃

五劃

六劃

七劃

八劃

九劃

十劃

十一劃

十二劃

十三劃

十四劃

十五劃

十六劃

十七劃

十八劃

十九劃

二十劃

二十一劃

二十二劃

二十三劃

中東鐵路的修築與經營（1896-1917）：

俄國在華勢力的發展

2022年10月二版　　定價：新臺幣780元

著者	譚桂戀
叢書主編	沙淑芬
校對	吳淑芳
封面設計	李東記

出版者	聯經出版事業股份有限公司
地址	新北市汐止區大同路一段369號1樓
叢書主編電話	(02)86925588轉5310
台北聯經書房	台北市新生南路三段94號
電話	(02)23620308
台中辦事處	(04)22312023
台中電子信箱	e-mail:linking2@ms42.hinet.net
郵政劃撥帳戶第	0100559-3號
郵撥電話	(02)23620308
印刷者	世和印製企業有限公司
總經銷	聯合發行股份有限公司
發行所	新北市新店區寶橋路235巷6弄6號2F
電話	(02)29178022

副總編輯	陳逸華
總編輯	涂豐恩
總經理	陳芝宇
社長	羅國俊
發行人	林載爵

行政院新聞局出版事業登記證局版臺業字第0130號

本書如有缺頁，破損，倒裝請寄回台北聯經書房更換。　ISBN 978-957-08-6536-3 (精裝)
聯經網址 http://www.linkingbooks.com.tw
電子信箱 e-mail:linking@udngroup.com

國家圖書館出版品預行編目資料

中東鐵路的修築與經營(1896-1917)：
俄國在華勢力的發展/譚佳戀著．二版．新北市．
聯經．2022.10．624面．14.8×21公分
ISBN　978-957-08-6536-3（精裝）
[2022年10月二版]

1. CST: 鐵路史 2. CST: 中國

557.258　　111014807